HISTOIRE ILLUSTRÉE

DE

LA GUERRE DE 1870-71

ET DE

LA GUERRE CIVILE A PARIS

TOUTE REPRODUCTION ET TRADUCTION, MÊME PARTIELLE, EST INTERDITE

HISTOIRE ILLUSTRÉE

DE

LA GUERRE DE 1870-71

ET DE

LA GUERRE CIVILE A PARIS

RÉPUBLIQUE — MONARCHIE — COMMUNE

Réflexions morales et politiques

PORTRAITS ET CARTES COLORIÉES

PAR

M. G. MARTINY DE RIEZ

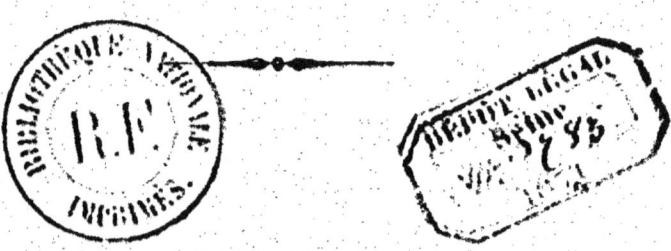

LAON (Aisne)
Chez M. DENEUVILLE, Éditeur

1871

PRÉFACE

Plusieurs ouvrages ont déjà paru sur la guerre de 1870-71 ; mais aucun d'eux ne nous a paru remplir le but que nous nous sommes proposé. Les uns, dus à la plume d'officiers compétents et pleins de renseignements curieux, ne parlaient que de l'armée à laquelle appartenaient leurs auteurs ; les autres, au contraire, publiés aussitôt la signature de l'armistice, prétendaient faire le récit de tout ce qui s'était passé depuis le commencement des hostilités jusqu'au 28 janvier. Malheureusement leurs auteurs, n'ayant pas le don d'ubiquité, n'avaient pas pu se trouver en même temps dans le Loiret avec Chanzy, avec Faidherbe dans le Nord, et avec le général Bourbaki dans l'Est ; de sorte qu'ayant voulu faire trop tôt un ouvrage complet, ils n'ont pu se procurer tous les renseignements qui leur étaient utiles, et leur travail a été inexact sur beaucoup de points.

D'autres écrivains ont publié des brochures sur certains événements marquants de la campagne ; mais, dans ces écrits, on sent l'esprit de parti qui domine, et les auteurs se montrent partiaux et trop sévères.

Nous avons voulu éviter tout cela, et nous croyons y être arrivés. Nous avons attendu, avant de faire paraître notre ouvrage, que nous ayons recueilli des renseignements pris à des sources officielles, sur tous les événements qui se sont passés depuis le mois de juillet ; nous avons été dans le Nord, dans l'Orléanais, dans l'Est, et nous avons pris, sur les lieux mêmes où des combats avaient été livrés par les armées de Faidherbe, de Chanzy et de Bourbaki, des notes dont personne ne pourra contester la parfaite exactitude.

Nous nous sommes montré, nos lecteurs le verront, aussi modéré que possible. Si nous avons été justement sévère pour ceux qui ont entraîné la France dans une guerre à laquelle elle n'était pas préparée; si nous avons été plein de mépris pour les généraux couards, pour les commandants de place pusillanimes, pour le maréchal de France traître, qui ont livré à l'ennemi, sans combat, leurs places, leurs vivres, leurs munitions, leurs soldats, nous avons été plein d'indulgence pour les généraux qui ont, nous le voulons bien, manqué d'énergie, mais qui, somme toute, sont braves et honnêtes, qui ont un passé glorieux et auxquels l'avenir réserve peut-être de nouvelles victoires.

Nous avons démontré l'insuffisance, les vices de notre organisation militaire; nous avons indiqué les réformes qu'il y a à faire pour nous mettre à l'abri de catastrophes nouvelles. Il faut que tous, petits et grands, nous nous mettions à l'œuvre, aujourd'hui que l'horrible tourmente est passée; que nous nous y mettions avec calme, avec méthode, avec patriotisme, sous l'égide de la liberté. Et cette réforme, que nous demandons entière et radicale, contribuera à rendre à notre chère patrie, si douloureusement éprouvée, la sécurité et la grandeur.

Nos épreuves sont terminées; nous vivons sous un gouvernement honnête et fort : car, la République, proclamée le 4 septembre, consolidée par les élections du 2 juillet dernier, est aujourd'hui fondée. Depuis nombre d'années, les monarchistes de toute nuance, c'est-à-dire tous ceux qui ont quelque intérêt à conserver ou à étendre le cercle des priviléges et de abus inhérents à toutes les monarchies, répétaient sur tous les tons que « la France n'était pas républicaine »! Les dernières élections ont prouvé le contraire : la province, — et nous entendons par ce mot non-seulement les villes, mais les campagnes, — a voté d'une façon plus franchement républicaine que Paris, ce qui n'était peut-être jamais arrivé.

La France est intelligente, donc elle est républicaine, et ce qui le prouve, c'est qu'impatiente du joug, elle ne met pas vingt années à renverser les trônes qui semblent le plus solidement établis. La France regimbe de toute sa force contre tout ce qui froisse sa passion pour l'égalité et la liberté et les citoyens les plus ignorants ont au fond de leur cœur un ardent désir d'émancipation. La France veut être libre, et voilà pourquoi on a beau dorer les chaînes qu'on lui met aux mains, elle finit par s'apercevoir que ses mouvements ne sont pas libres, elle se redresse alors tout à coup et culbute en un jour le trône et la dynastie.

La France aime la paix dont elle a besoin pour le développement de son commerce et de son industrie; elle ne désire que la vie douce et sans secousses; elle aime par-dessus tout la liberté, l'égalité et la justice. Elle jouira de tous ces bienfaits sous la République, car la paix, la liberté, l'égalité et la justice, le calme et l'ordre dans les rues sont les conditions premières de la stabilité, de la durée de la République.

Ayons donc l'intelligence de comprendre que la République est le meilleur des gouvernements; sachons, par notre sagesse, le conserver à la France, et empêchons que des ennemis de la République ou de misérables fous ne troublent l'ordre; car sans ordre il n'y a plus de liberté possible.

Espérons qu'après nous avoir replacés, par des épreuves bien douloureuses, dans la voie droite que la société française avait abandonnée depuis vingt ans, la Providence, lasse enfin de nous frapper, nous permettra de reprendre le rôle grand, généreux et nécessaire à l'humanité, qu'elle a assigné de tout temps à notre belle patrie.

CHAPITRE PREMIER

FRANCE ET ALLEMAGNE

La maison de Hohenzollern; son esprit de conquêtes. — Origines de la guerre. — Son opportunité. — Son but. — Préparation de la guerre. — Forces de chacune des deux armées. — Le fusil à tir rapide. — L'artillerie prussienne et l'artillerie française. — Les canons Krupp. — Les mitrailleuses. — Conduite des puissances étrangères. — Haine de la Prusse contre la France. — Son désir de la guerre. — L'éducation de la jeunesse allemande. — Espionnage. — Preuve que depuis longtemps la Prusse rêvait le démembrement de la France. — Comparaison entre le soldat français et le soldat allemand. — Supériorité de l'officier prussien sur l'officier français. — Les uhlans. — L'intendance. — Le service médical. — L'escadre française cuirassée. — État de la marine de guerre allemande. — La façon dont l'armée allemande fait la guerre. — Son refus de reconnaître les francs-tireurs. — Lettre de Riciotti Garibaldi. — Exactions, vols, cruautés des Prussiens en France. — Incendies. — Balles explosibles. — Barbarie des ennemis envers les blessés français. — Circulaire de M. de Chaudordy. — La France, vaincue, est entourée de sympathies; la Prusse victorieuse est méprisée par tous les peuples de l'Europe.

Pour pouvoir montrer une juste sévérité dans nos appréciations, il est d'une importance capitale que nous jetions un coup d'œil en arrière et que nous établissions dans quelles conditions s'est faite la guerre de 1870.

C'est l'empereur Napoléon III qui, le 19 juillet, déclare la guerre à la Prusse. Mais si l'initiative lui appartient, est-ce à dire que la responsabilité n'aille pas plus loin? C'est ce que nous allons rechercher.

Trois familles, en Europe, ont donné l'exemple d'une ambition souveraine : la maison de Savoie, compétitant l'Italie; les Romanoff, l'orient de l'Europe et Constantinople, et enfin les Hohenzollern, qui, depuis le treizième siècle, n'ont cessé d'agiter l'Europe par leurs projets d'agrandissement. A suivre l'histoire depuis Conrad (1164) jusqu'au jour (1701) où le duché de Brandebourg fut changé en royaume de Prusse, on est effrayé de l'idée absorbante de la famille de Hohenzollern.

Ces oiseaux de la mer Baltique savaient profiter de tout ; ils avaient recueilli toutes les familles françaises que la révocation de l'édit de Nantes avait forcées de quitter leur pays natal et ils leur avaient constitué des droits particuliers qui permirent à ces victimes de l'intolérance religieuse de transporter de l'autre côté du Rhin tous les secrets de l'industrie française; la réforme de Luther devint, également, entre leurs mains, un instrument politique de premier ordre.

Qui ne se souvient du grand Frédéric, — si cher à Voltaire, — qui sut profiter du mouvement intellectuel que la France du dix-huitième siècle imprimait au monde entier, pour soutenir la guerre de Sept-Ans, pour commencer l'instruction générale de son peuple et pour garder la Silésie, volée à Marie-Thérèse ?

En 1774 eut lieu le partage de la Pologne. La Prusse agrandit encore son territoire quand la Révolution française éclata.

Laissons de côté la lutte qui s'engagea entre la France et les puissances alliées, l'Autriche, la Prusse et la Russie, en 1792, et qui dura jusqu'en 1806. Napoléon Ier conquit en six semaines le royaume de Prusse; il se montra cruel envers le vaincu et voulut anéantir l'aigle du Nord. Le traité de Tilsitt enleva à la Prusse Clèves, Wesel, Neufchâtel, Anspach, ses possessions entre le Rhin et l'Elbe, la Prusse méridionale et toute la nouvelle Prusse orientale, ainsi que Dantzick.

En 1815, Napoléon fut vaincu à Waterloo; la maison de Hohenzollern se fit restituer par le traité de paix tout ce qu'elle avait été obligée de céder et obtint en plus une grande partie de la Saxe, le grand-duché du Bas-Rhin, la partie suédoise de la Poméranie, enfin le grand-duché de Posen.

Arrivons aux événements de ces dernières années.

La Prusse s'était admirablement refaite et, pour s'en convaincre, on n'a qu'à lire le remarquable rapport que le baron Stoffel, notre attaché militaire à l'ambassade de Berlin, adressait, en 1867, aux ministres des affaires étrangères et de la guerre. La Prusse avait compris que l'instruction générale est la première nourriture du monde, le pain du corps et de l'esprit, et elle avait fait de sa population la nation la plus instruite de l'Europe. Dès 1834, Macaulay, le prudent et sagace observateur, avait déclaré que la monarchie prussienne, le plus jeune des grands États européens et que sa population aussi bien que ses revenus reléguaient au cinquième rang, occupait le second, après l'Angleterre, sous le rapport de l'instruction solide, du goût des arts et de la capacité pour tous les genres de science.

Quand la Prusse se sentit forte, instruite et bien organisée, elle invoqua, pour justifier son appétit de conquêtes, le droit des nationalités, c'est-à-dire, le droit aux peuples parlant la même langue, ayant les mêmes mœurs, la même religion, d'appartenir à une même agglomération politique. Notons, en passant, que d'après ces principes la Prusse pourrait réclamer demain certaines provinces de l'Autriche.

En 1864, elle arrache au Danemark, aux yeux de la France, impassible spectatrice, le Schleswig et le Holstein ; en 1866, la Prusse et l'Autriche entrent en guerre. La France était à cette époque l'arbitre de la situation ; nous pouvions à ce moment, et sans coup férir, prendre la rive gauche du Rhin, asseoir d'une façon durable l'équilibre européen, et tous les malheurs présents eussent été conjurés. Mais le gouvernement de l'empereur se laissa jouer par M. de Bismark ; le chancelier prussien était allé à Biarritz, l'été précédent, régler les conditions de la neutralité de la France. La marche triomphante de l'armée du roi Guillaume et la rapidité de la victoire de la Prusse sur l'Autriche laissèrent indécise la question traitée à Biarritz, c'est-à-dire :

Pour la France, les limites du Rhin et Anvers ;

Pour la Prusse, l'empire d'Allemagne, avec la Hollande et les provinces autrichiennes qui, comme la Bohême et la Moravie, parlent allemand et sont protestantes.

Lorsque le gouvernement impérial se hasarda timidement à demander une compensation à l'énorme extension de la Prusse, qui avait profité de la guerre avec l'Autriche pour faire la conquête du Hanovre, de la Hesse électorale, du duché de Nassau et de l'ancienne ville libre de Francfort, il lui fut répondu que le patriotisme prussien était violemment surexcité et ne consentirait jamais à céder à la France la plus petite partie du territoire allemand. On accorda la démolition des fortifications du Luxembourg, concession dérisoire que la France eut la faiblesse d'accepter.

De ce jour, l'équilibre européen était rompu au profit de la Prusse et tout le monde considérait la guerre comme inévitable : ce n'était plus qu'une question de temps.

La Prusse se prépara à la guerre contre la France ; elle l'y invita dans l'affaire du rachat du duché de Luxembourg. La conférence de Londres, présidée par lord Stanley, aujourd'hui lord Derby, régla cette affaire.

Puis vint le veto de la Prusse à l'annexion des chemins de fer français et des chemins hollandais ; puis l'affaire du ralliement des chemins de fer prussiens avec l'Italie, à travers la Suisse, puis enfin la ridicule présentation au trône d'Espagne du prince de Hohenzollern.

La France, ou plutôt celui dont elle subissait le règne depuis dix-neuf années, s'est jetée tête baissée dans le piège tendu par M. de Bismarck.

L'affaire de la candidature du prince de Hohenzollern n'a été en réalité qu'un prétexte ; mais nous n'aurions pas déclaré la guerre sur la question du trône d'Espagne que nous aurions reçu d'éternelles provocations.

L'empereur la déclara ; il était parfaitement maître de son opportunité ; il pouvait ou la retarder ou ne pas la faire, et puisqu'il la déclarait, il devait être en état de la soutenir avantageusement. Nous verrons plus loin comment il l'avait préparée.

Dans quel but, dans quel intérêt, Napoléon III a-t-il déclaré la guerre, en 1870, sous un prétexte parfaitement ridicule ?

Examinons :

A l'intérieur, un mouvement libéral très-prononcé donnait, depuis quelque temps, des inquiétudes sérieuses au gouvernement. La liberté parlementaire, la liberté de la presse s'étaient imposées au lendemain des élections. L'empereur avait éprouvé le besoin de se retremper dans le suffrage populaire, et il en était sorti victorieux. Sur près de 11 millions d'électeurs inscrits, 7,336,131 avaient voté *Oui*; 1,560,709 seulement avaient voté *Non*.

Napoléon crut le moment favorable pour chercher à opérer, sous le prestige de la victoire dont il ne doutait pas, la transmission de la couronne à son fils. L'enfant pouvait être accepté après le père, s'il avait d'abord reçu le *baptême du feu*, gagné ses éperons, comme on disait dans le langage féodal.

A ce point de vue, une guerre était nécessaire à l'empereur; une campagne du moins lui était indispensable; voilà pourquoi il déclara la guerre. L'honneur national n'était nullement engagé : le gouvernement français pouvait trouver dans la renonciation du prince Léopold de Hohenzollern au trône d'Espagne une satisfaction convenable à ses réclamations. Non-seulement l'intérêt du pays ne réclamait pas cette guerre, mais il exigeait qu'on ne la déclarât pas. En effet, il y avait en France un grand malaise industriel et commercial; les armements exagérés entretenaient la méfiance dans nos transactions; plusieurs de nos grandes industries végétaient, près de succomber sous les effets de nos traités de commerce. La guerre ne pouvait qu'augmenter ces souffrances.

Ce n'est donc que dans un intérêt purement dynastique que la guerre a été entreprise; ce n'est que pour conserver à son fils la couronne dont il s'était emparé le 2 décembre 1851 que Napoléon III engagea cette lutte qui devait faire perdre à sa dynastie le pouvoir qu'il exerçait depuis dix-neuf années, et de laquelle la France devait sortir vaincue.

Le 15 juillet 1870, lorsque M. de Gramont, ministre des affaires étrangères, annonça au Corps législatif que la guerre était déclarée, M. de Kératry, député du Finistère, demanda au maréchal Le Bœuf si nous étions suffisamment préparés. Le ministre de la guerre fit, en réponse à cette interpellation, cette déclaration nette et formelle : « Nous sommes prêts, nous ne l'avons jamais été plus, nous ne le serons jamais davantage. »

M. Le Bœuf trompait la Chambre et le pays en parlant ainsi, et nous allons le démontrer.

L'armée de la Confédération du Nord se composait de treize corps d'armée organisés d'une manière permanente, avec tous leurs accessoires, cavalerie, artillerie, génie, train des équipages, etc., plus la division hessoise.

Chacun de ces corps compte en moyenne 36,500 hommes, ce qui fait, pour les treize corps et demi, 493,000 hommes et 1,230 pièces de canon. En y ajoutant 230,000 hommes de landwehr et 130,000 hommes de troupes de remplacement, nous arrivons au chiffre de 853,000 hommes.

Dans l'hypothèse probable, et qui s'est réalisée, d'une action coopérative de l'Allemagne du Sud, il fallait ajouter à ce chiffre:
Pour la Bavière, 2 corps d'armée, 70,000 hommes et 192 canons;
Pour le Wurtemberg, 1 division, 23,600 hommes et 84 canons;
Pour le grand-duché de Bade, 1 division, 23,600 hommes et 42 canons, sans compter les réserves et les landwehrs, ce qui donne un total général, pour toutes les troupes de l'Allemagne du Nord et de l'Allemagne du Sud, de 970,600 hommes et 1,538 pièces de canon.

Voyons maintenant quelles sont les forces que la France va opposer à celles considérables que nous venons d'indiquer, qui sont, au minimum, de 833,000 hommes, au maximum, et très-probablement, d'un million d'hommes. Elle n'a de constitués par le fait, d'une manière à peu près complète, que la garde, le corps du camp de Châlons, l'armée de Paris, l'armée de Lyon et les troupes d'Afrique, en tout cinq corps.

C'est, en effet, ce nombre de corps qu'elle parvient à jeter en première ligne; puis, en ramassant toutes les troupes éparses de l'intérieur, on arrive à en former trois nouveaux, de sorte que le 25 juillet, il y a vers la frontière Nord-Est, sept corps, plus la garde.

Le 1ᵉʳ corps, maréchal de Mac-Mahon, formé en grande partie des troupes d'Afrique, est à Strasbourg et comprend quatre divisions d'infanterie.

Le 2ᵉ corps, général Frossard, trois divisions d'infanterie, est à Saint-Avold;

Le 3ᵉ corps, maréchal Bazaine, quatre divisions d'infanterie, dont trois appartenaient à l'armée de Paris, se concentre en avant de Metz;

Le 4ᵉ corps, général de Ladmirault, trois divisions d'infanterie, a pour quartier général Thionville;

La garde, général Bourbaki, deux divisions d'infanterie, est à Metz, comme réserve des 2ᵉ, 3ᵉ, et 4ᵉ corps.

Le 5ᵉ corps, général de Failly, trois divisions d'infanterie, est à Bitche, à cheval sur les Vosges, reliant le corps de Mac-Mahon au reste de l'armée;

Le 6ᵉ corps, maréchal Canrobert, quatre divisions, dont deux au camp de Châlons, une à Soissons et une à Paris, forme la réserve générale de l'armée;

Le 7ᵉ corps enfin, général Douay, trois divisions, est en voie de formation à Belfort, sur l'extrême droite de l'armée; il sert de soutien au corps de Mac-Mahon et pourrait éventuellement agir dans l'Allemagne du Sud.

Chaque corps a une division mixte de cavalerie; on avait en outre formé trois divisions de cavalerie de réserve, composées en grande partie de cuirassiers et de quatre régiments de chasseurs d'Afrique.

L'artillerie avait été répartie de la manière suivante : trois batteries de campagne, dont une de mitrailleuses par division d'infanterie, et six, dont une à cheval, pour la réserve de chaque corps d'armée. Ce qui donnait un total de 15 batteries, 90 pièces, par corps d'armée de trois divisions, et 18 batteries, 108 pièces, par corps d'armée de quatre divisions.

Voici donc ce que nous avions à opposer au million d'hommes de l'Allemagne :

8 corps d'armée, y compris celui de la garde, formant 26 divisions d'infanterie; 8 divisions mixtes de cavalerie; 3 divisions de cavalerie de réserve; 123 batteries de campagne avec 750 bouches à feu, plus les troupes accessoires, telles que le génie, le train des équipages, les ambulances, etc.

Il était matériellement impossible de faire plus comme organisation première, puisque, en dehors des corps d'armée que nous venons d'énumérer, il ne restait que quelques troupes en Afrique : les 16e, 38e, 39e, et 92e de ligne ;

Les 3 bataillons d'infanterie légère d'Afrique ;
Le régiment étranger ;
Le 8e hussards,
Le 1er et le 9e chasseurs ;
Les 3 régiments de spahis.

En France, les 22e, 31e, 53e et 79e de ligne étaient en observation sur la frontière espagnole; deux régiments, les 33e et 42e, étaient attendus de Civita-Vecchia, et, comme cavalerie, il ne restait que les 7e et 8e régiments de chasseurs.

Le ministre de la guerre, maréchal Le Bœuf, devenu major général de l'armée du Rhin, avait donc mis du premier coup et sans hésiter toutes les forces de la France sur pied; malheureusement, et c'est encore un vice de notre organisation, les effectifs étaient très-faibles; ceux des régiments d'infanterie ne dépassaient pas dix-huit cents ou deux mille hommes.

En supposant, ce qui ne s'éloigne guère de la vérité, les corps de quatre divisions de 50,000 hommes, ceux de trois divisions de 35,000 et la garde de 20,000, nous arrivons au chiffre total de 310,000 hommes, chiffre plutôt trop élevé que trop faible.

Tel était l'effort maximum que la France pouvait produire en troupes régulières. En arrière, il restait tout juste de quoi former une autre division d'infanterie, plus des bataillons de marche de quatre compagnies, et enfin des dépôts de deux compagnies. Admettons que ces bataillons de marche et ces dépôts aient pu encadrer 100,000 hommes.

Quelques écrivains qui ont publié des brochures sur la guerre actuelle ont dit que notre armée était de plus de 500,000 hommes. Ils ont trouvé ce chiffre en ajoutant aux huit corps d'armée dont nous avons parlé plus haut, la garde nationale mobile. Ils n'ont pas réfléchi que la garde mobile n'était alors ni complétement organisée et habillée, ni instruite et qu'elle ne pouvait, par conséquent, entrer dans le compte des forces disponibles. Nous verrons, du reste, plus tard, que ce n'étaient point les soldats qui manquaient, mais bien l'organisation qui était défectueuse et insuffisante.

Notre avis est que la France ne pouvant opposer à un million d'hommes parfaitement instruits et organisés que 300,000 soldats en première ligne et 100,000 dans les dépôts, il ne fallait pas faire la guerre.

Nous avons clairement démontré, croyons-nous, l'insuffisance numérique de nos troupes; parlons maintenant de l'armement.

Sur le rocher de Sainte-Hélène, dit un officier de l'armée du Rhin qui a publié sur la campagne un ouvrage plein de très-curieux renseignements, Napoléon Ier, au moment de mourir, eut la prévision du changement quasi-radical qui devait s'opérer dans la façon de faire la guerre dès que les puissances auraient adopté les armes à tir rapide, c'est-à-dire les armes à feu se chargeant par la culasse.

Le dernier volume de la correspondance de l'empereur, publié il y a deux ou trois ans, contient à cet égard une note des plus curieuses, écrite de la main même de Napoléon Ier, et trouvée dans les papiers du général Bertrand.

De toutes les puissances continentales, la Prusse, la première, a compris la supériorité que donnerait aux troupes d'une nation sur celles des autres un armement pareil.

Aussi, loin d'en plaisanter, comme nos généraux le faisaient encore en France il y a quelques années, appelant l'arme à tir rapide un fusil *à jet continu*, la Prusse avait adopté le fusil se chargeant par la culasse, et le gouvernement, sans rien ébruiter, avait doté son infanterie de ce fusil systématiquement repoussé, blâmé et ridiculisé en France par la tête de l'armée.

L'artillerie prussienne était de beaucoup supérieure à la nôtre. Lorsque la campagne d'Italie de 1859 eut démontré la supériorité du canon rayé sur la bouche à feu à âme lisse, la Prusse se hâta de transformer son matériel et de remplacer ses anciennes pièces en fonte se chargeant par la bouche, par des pièces rayées, en acier fondu, se chargeant par la culasse.

Elle obtint, au moyen de ces changements, une infanterie munie d'un engin infiniment supérieur à celui en usage dans toutes les infanteries de l'Europe, et une artillerie dont le matériel, plus résistant que celui des autres puissances, donnait aux projectiles une portée beaucoup plus grande, une justesse effrayante, et dont le tir était plus rapide des deux tiers.

Tandis que nous nous admirions dans notre passé glorieux, vivant sur les souvenirs de nos armées du premier Empire, rebelles à tout changement, à toute innovation réputée de prime abord mauvaise, ridicule, absurde, les jeunes princes et les généraux du roi Guillaume étudiaient, expérimentaient et finalement faisaient adopter les armes nouvelles, dont ils avaient reconnu l'énorme supériorité.

Qu'on ne dise pas que le gouvernement impérial ignorait tout cela. Car, outre le rapport du baron Stoffel, dont nous avons eu occasion de parler plus haut, et qui constatait la supériorité de la Prusse sur la France comme organisation de l'armée, discipline des soldats, tir et portée de l'artillerie, des renseignements précis et qui ne laissaient aucun doute à cet égard, avaient été publiés en 1865, à Berlin, par le capitaine Rœrdanz, de l'infanterie prussienne, traduits en français et insérés, en 1867, dans la *Revue de technologie militaire*, avec tables de tir et d'excellentes planches.

Les canons Krupp, formidables engins dont la portée est supérieure nos canons rayés, avaient été expérimentés d'abord en Russie, puis en Prusse. A la dernière Exposition universelle de Paris, ils avaient obtenu une médaille d'or de première classe. Eh bien! la publication des papiers trouvés aux Tuileries après le 4 septembre, nous a appris que le représentant de la maison Krüpp, à Paris, avait écrit à l'Empereur pour lui demander de faire faire une expérience de ses canons, comme cela avait été fait à Saint-Pétersbourg et à Berlin. La demande fut renvoyée à M. Le Bœuf, président du comité d'artillerie, qui, après un examen sommaire, fit un rapport dont la conclusion était que point n'avions besoin des canons de M. Krüpp, les nôtres étant de beaucoup supérieurs. L'expérience, hélas! nous a prouvé le contraire.

Nous avions un nouvel engin de guerre qui a acquis une prompte renommée, c'est la mitrailleuse. On prétendait que par un seul feu, elle faucherait les bataillons prussiens en entier. Son effet est terrible, certainement; mais nos soldats ne savaient que fort peu s'en servir, et l'armée ennemie en possédait également, qui étaient dirigées par d'excellents pointeurs.

Comment se fait-il, dira-t-on, que notre artillerie très-supérieure à celle des Autrichiens, en 1859, par l'adoption des canons rayés, soit restée inférieure à celle des armées allemandes en 1870? Nous allons le dire.

En 1859, un officier d'artillerie, M. Treuil de Beaulieu, travaillant avec Napoléon III, imagina le canon rayé. Les généraux d'artillerie luttèrent faiblement devant une invention revenant au chef de l'État. Et, cela fait, comment ensuite oser toucher à cette artillerie, comment parler de modifier ce jet tout-puissant du génie impérial? Est-ce que la perfection ne devait pas être atteinte par le système du souverain?

Voilà pourquoi les canons Krüpp furent refusés par le comité d'artillerie !

Nous croyons avoir clairement démontré que le gouvernement impérial n'était nullement préparé à la guerre qu'il venait de déclarer, que les forces prussiennes étaient de beaucoup supérieures aux nôtres et que notre armement était inférieur au leur.

Objectera-t-on que l'empereur comptait sur des alliances étrangères? Non. A l'extérieur, la France était sans alliés et n'avait su se créer aucune sympathie : les projets ambitieux de l'Empire avaient éveillé contre nous les susceptibilités de la Belgique et de l'Angleterre. Dès le début de la guerre, M. Gladstone déclarait qu'il ne dépenserait pour l'arrêter, *ni une goutte de sang, ni un penny.* Il oubliait, ce ministre égoïste, les services que la France avait rendus à l'Angleterre, services dont se souvenait Clyde, un des généraux de Crimée, quand il inséra cette clause dans son testament: « Douze millions à la France qui, dans la guerre de Crimée, sauva les Anglais trois fois. » M. Gladstone n'a pas su comprendre que l'indifférence, dans ce cas, c'était l'abaissement pour l'Angleterre, l'abandon de son influence politique.

Non, le chef du cabinet anglais a tout oublié ; il n'a rien compris.

Il s'est empressé de dire : « C'est la France qui l'a voulu. Les Français ont commencé. » Il n'a voulu tenir compte ni des provocations de la Prusse pendant quatre années, ni de l'espionnage militaire des officiers supérieurs et des ingénieurs surpris sur nos forteresses dont ils relevaient les plans. Rien de tout cela n'a pu décider le cabinet anglais à sortir de cette politique lâche et égoïste qu'on est convenu en langage diplomatique d'appeler politique de non intervention.

Donc, il n'y avait pas à compter sur l'Angleterre.

L'Autriche, que nous avions laissée dans l'isolement en 1866, devait forcément nous rendre la pareille, et, du reste, le fantôme de Sadowa se dresse perpétuellement devant l'empereur François-Joseph.

Le gouvernement impérial aurait-il compté, par hasard, sur Victor-Emmanuel, le roi *galantuomo* ? Il aurait eu tort : l'Italie est ingrate, *c'est là son moindre défaut*, et notre intervention permanente à Rome a effacé chez elle tout souvenir de l'appui que lui a prêté la France contre l'Autriche en 1859.

Quant à la Russie, on devait se douter, et on a maintenant la certitude qu'elle était liée à la Prusse non-seulement par des appétits communs, mais par un traité dont les principales clauses sont aujourd'hui connues. Les deux souverains, oncle et neveu, se sont partagé l'Europe en comité secret : Guillaume convoitait l'Alsace et la Lorraine ; Alexandre II désire ardemment Constantinople ; ils devaient naturellement s'entendre.

A l'égard des Etats du sud de l'Allemagne pour lesquels le doute était permis, c'est-à-dire la Bavière et le Wurtemberg, illusions profondes de notre diplomatie qui semblait convaincue, sinon de leur concours, du moins de leur neutralité. Dans les bureaux de notre ministère des affaires étrangères, on affirmait, deux jours avant la déclaration de la guerre, que ces deux Etats marcheraient avec nous. Nous avons vu combien peu fondée était cette affirmation.

Donc, nous n'avions à opposer à un million d'Allemands qu'une armée de 300,000 hommes ; notre artillerie était inférieure à l'artillerie prussienne ; nous ne pouvions compter sur l'alliance d'aucune puissance étrangère, et M. Le Bœuf venait déclarer à la tribune que « nous étions prêts, que nous ne l'avions jamais été plus, que nous ne le serions jamais davantage. »

Nous étions prêts ! et nous ne connaissions même pas la force numérique des armées allemandes !

Nous étions prêts ! et le gouvernement ignorait que l'artillerie française était hors d'état de résister à l'artillerie prussienne !

Nous étions prêts ! et en face de cette nation armée jusqu'aux dents, on avait à peine, à la fin de juillet, 300,000 hommes à mettre en ligne !

Nous étions prêts ! et pas une place forte aux frontières n'était organisée pour la défense !

Nous étions prêts ! et le gouvernement qui savait que dans cette guerre il n'aurait aucun allié, ne s'était même pas préoccupé, nous ne dirons pas de rallier à sa cause, mais tout au moins de détacher de la Prusse, les Etats du sud de l'Allemagne, en faisant chez eux une puissante diversion !

Le gouvernement impérial a été ou menteur, ou ignorant, ou incapable. Mensonge, ignorance, incapacité, il a commis un de ces trois crimes, sinon tous les trois, et la France ne le lui pardonnera pas.

La Prusse nous avait montré, dans la campagne de 1866 contre l'Autriche, qu'elle donnait du premier coup son effort maximum, et il était hors de doute que, dès le début des opérations, nous aurions à soutenir le choc de cette masse de combattants, à laquelle il ne fallait que quelques jours pour pouvoir entrer en campagne. Il était donc insensé au gouvernement français, avec des forces aussi restreintes, de provoquer la lutte, et l'empereur Napoléon III, le maréchal Le Bœuf comme ministre de la guerre, et M. de Gramont comme ministre des affaires étrangères, ont assumé sur leur tête la plus terrible des responsabilités, celle d'avoir compromis par leur légèreté et leur ignorance, l'honneur, le sang et l'avenir de la France.

Si la France a déclaré la guerre sans y être préparée, la Prusse la désirait depuis longtemps et s'y était, elle, préparée de longue main. La Prusse avait conçu de la haine contre nous, mais, comme l'a dit un écrivain, une basse et ignoble haine, fille de l'envie, la jalousie bête du Béotien contre Athènes, du hibou contre le soleil. Son objectif a été notre abaissement, notre humiliation, notre anéantissement, si cela était possible. Qu'a-t-elle fait? Depuis cinquante ans, elle n'a perdu ni un jour, ni une heure. Enseignement, systèmes scientifiques, théories, industrie, organisation civile et militaire, manœuvres politiques, espionnage sur une large échelle, tout a été mis en œuvre non pas seulement à la suite d'un mot d'ordre donné par le gouvernement, mais par chaque citoyen en son particulier. Chacun a voulu être plus instruit, mieux armé, plus aguerri, plus industrieux, plus souple à la discipline qu'on ne l'était chez nous. La jeunesse allemande voyageait à pied, pointait des cartes, s'instruisait sur toutes choses, couvrait des cahiers de notes dans nos usines, sur nos chantiers, dans nos campagnes, s'introduisait dans nos familles en qualité de domestiques, d'apprentis, de commis, de contre-maîtres, et nous espionnait tout à son aise, pendant que la jeunesse française se dépêchait de subir quelques examens insignifiants pour acquérir le droit de ne plus rien faire.

Et le roi Guillaume a eu l'audace, au commencement de la campagne, de dire dans une proclamation à l'armée « que la Prusse ne voulait pas la guerre, et qu'elle ne s'y attendait nullement! » Mensonge que tout cela! Si l'empereur Napoléon a voulu la guerre, M. de Bismark et le roi Guillaume la désiraient avec passion. La guerre, pour la Prusse, n'était pas, comme dans la pensée de Napoléon, un choc entre deux armées sur quelque champ de bataille, une brillante passe d'armes sous les rayons du soleil de juillet, un duel intéressant au point de vue de l'art entre le chassepot et le fusil à aiguille, le clairon et le tambour, la fanfare et la charge; c'était la conquête, la ruine matérielle de la France par le pillage et l'incendie, son amoindrissement politique par le démantèlement des forteresses et la diminution du territoire.

Qui pourrait en douter encore? Il ne s'est pas passé un jour, une heure qui ne traduise en fait la pensée de M. de Bismark.

Si la Prusse ne méditait pas la guerre, d'où vient qu'un million d'hommes étaient déjà sur pied lorsque l'armée française ou plutôt les quelques régiments qui la composaient se sont dirigés vers le Rhin? Pourquoi ces milliers de canons déjà dressés sur leurs affûts, ces approvisionnements immenses, ces munitions inépuisables, cette armée d'espions qui entourait la France d'un vaste et invisible réseau? Comment se fait-il que chaque officier allemand avait dans sa poche la carte de nos provinces avec l'indication minutieuse des montagnes et des vallées, des villes, des villages, des voies ferrées, des routes, des forêts, des rivières?

Non-seulement la Prusse désirait la guerre et y était admirablement préparée, mais elle avait encore la certitude d'être victorieuse, et le démembrement de la France était pour elle le but arrêté de la campagne. Nous en trouvons la preuve manifeste dans la lettre suivante qu'un correspondant du *Standard* adressait en mars 1871 à ce journal. Nous n'avons nul besoin de commenter cette lettre, énergique protestation qui, dans la bouche d'un neutre, ne saurait passer que pour le cri d'une conscience honnête justement révoltée de ce cynique mépris du droit.

« Je suis à même, écrit le correspondant du *Standard*, de mettre sous vos yeux un document très-important qui prouve que bien des années avant la guerre de 1870, la Prusse avait résolu de reculer ses frontières jusqu'à la Moselle et aux Vosges. La carte que je vous envoie fut publiée à Berlin en 1867, par le célèbre géographe Kiepert.

« Elle indique avec une extrême exactitude les limites de l'Allemagne telles qu'elles sont réclamées aujourd'hui. Je vous prie de la garder dans votre bureau, afin que vos lecteurs puissent la consulter, et se convaincre des intentions nourries depuis longtemps par la Prusse. De fait, la carte est de soi une révélation complète, et démontre clairement que si la France a déclaré la guerre, c'est parce qu'elle savait que son indépendance était menacée et que les préparatifs formidables de l'Allemagne du Nord, auxquels on procédait sans interruption depuis plusieurs années, n'avaient d'autre objet que de s'emparer de l'Alsace et de la Lorraine. Ainsi, quoique l'initiative de la lutte soit partie de la France, il est bon de faire savoir et clairement comprendre que la guerre conduite par l'Allemagne est une guerre de conquête et de spoliation. »

Aux causes principales de nos revers que nous venons d'indiquer, nous devons en ajouter quelques autres encore.

Sans doute nos soldats ont la bravoure inhérente aux Français; ils en ont donné des preuves au sein des disgrâces les plus démoralisatrices, mais ils sont indisciplinés, tandis qu'une discipline rigoureuse est maintenue dans l'armée prussienne.

On pourrait faire remonter à quelques années, à la campagne d'Italie peut-être, les germes d'indiscipline qui ont envahi tous les rouages de notre machine militaire et lui donner pour cause: d'une part, les tendances trop accusées du gouvernement impérial au favoritisme, à la prodigalité des croix et des récompenses non méritées, à la mollesse de la répression des fautes ; d'autre part, l'inexécution des prescriptions du code pénal militaire.

On a dit que nos soldats étaient « des lions conduits par des ânes. » Quelque dur qu'il paraisse, ce mot ne manque pas de justesse. L'ignorance de nos officiers subalternes est proverbiale, et nos officiers supérieurs ont donné, pendant la campagne, des preuves d'une nullité désespérante.

Nos officiers aiment trop la vie de salon et de café, et ils négligent toute étude sérieuse. En Prusse, au contraire, chaque soldat est un petit tacticien et, à plus forte raison, les officiers le sont.

Il faut corriger tout cela : espérons que nos désastres auront du moins cet avantage de nous faire réfléchir, et de nous amener à bien des réformes utiles. Que nos généraux rétablissent la discipline, que l'avancement soit accordé seulement à l'officier qui sortira vainqueur d'un examen théorique et pratique à haut camp ; qu'il s'adonne à des études sérieuses ; que nos soldats, occupés exclusivement de leur métier, cessent ces éternelles stations au cabaret ; que tous et chacun, en un mot, vivent de la vie militaire, et notre armée pourra être encore la meilleure du monde ; les éléments ne nous manquent pas pour cela en France, et le cœur moins que le reste.

L'emploi judicieux des différentes armes par les généraux allemands a été pour eux un autre élément de succès.

Les militaires qui ont combattu les troupes ennemies ont vu que les Prussiens se gardaient bien d'engager leur cavalerie dans des charges à fond sans y être contraints par le hasard. Ils savent que les sabres de nos cavaliers sont aussi redoutables que les baïonnettes de nos fantassins ; ils les évitent avec soin, et l'on peut dire qu'on ne voit pas souvent leurs escadrons sur le champ de bataille.

Mais avec quel talent, avec quel art ils utilisent leur cavalerie légère, leurs uhlans ! Grâce à ces cavaliers, ils savent tout ce que fait l'adversaire, s'enveloppent eux-mêmes d'un voile impénétrable, lui dérobent tous leurs mouvements, et sachant au besoin sacrifier quelques coureurs, quelques chevaux, surprennent sans cesse, ne sont jamais surpris, effrayent et rançonnent. Quand donc finira-t-on par faire comprendre en France à nos généraux, à nos officiers de cavalerie, que le jeu de l'homme à cheval ne consiste plus dans ces charges héroïques qui, à Eylau, à Wagram, à la Moskowa, à Waterloo, enfonçaient les carrés d'infanterie ?

On connaît l'insouciance coupable de l'intendance française. Ses rouages sont si compliqués que nos soldats ont manqué souvent du nécessaire. La Prusse, dont des officiers intelligents et choisis en dehors de tout favoritisme suivaient de l'œil les armées en campagne, tandis que d'autres officiers également bien choisis, connaissant la langue du pays où ils étaient envoyés, résidaient chez les puissances étrangères à titre d'attachés militaires, la Prusse, disons-nous, ayant reconnu l'insuffisance de notre corps d'intendance pendant les campagnes d'Orient, d'Italie, du Mexique, la Prusse, souriant à notre maladresse, forma un corps habitué à tout prévoir, à tout ordonner, à nourrir ses hommes, un corps dont les membres firent consister leur gloire, non pas à obtenir des distinctions honorifiques comme en France, mais à ne laisser les troupes manquer de rien de ce qui est nécessaire à la vie des hommes.

Le service médical fut aussi l'objet de la sollicitude de ces habiles organisateurs. Tandis qu'en France nous mettions entraves sur entraves au bon recrutement de cet utile et indispensable rouage, tandis que nous abaissions son niveau en imposant une sorte de tutelle à ceux qui se dévouaient à donner leurs soins à nos malades et à nos blessés, tandis que nous arrivions ainsi à restreindre les cadres des médecins militaires de telle façon que le service n'était plus assuré nulle part, et restait en souffrance aux armées actives comme à l'intérieur, la Prusse, elle, trouvait le moyen d'avoir pour ses troupes en campagne une sorte d'exagération de luxe de personnel médical.

Nous ne parlerons que pour mémoire de la marine des deux puissances.

Les vaisseaux cuirassés, engins de nouvelle invention, qui ont obéré les finances de toutes les puissances maritimes, et qui devaient produire des merveilles, n'ont joué dans cette guerre qu'un rôle ridicule. Ces redoutables citadelles flottantes, comme on les appelle, particulièrement destinées à réduire à néant les forteresses maritimes, n'ont pas seulement tenté d'enlever une bicoque à la Baltique; elles n'ont pas même cherché à produire la plus petite diversion. Elles ont, il est vrai, brûlé, coulé et capturé quelques navires de commerce, dont les armateurs allemands seront indemnisés avec usure par leur gouvernement... avec l'argent de la France.

Dans cette guerre, la formidable marine cuirassée française, qui a absorbé tant de millions, préoccupé tant d'esprits, et sur laquelle on fondait de si grandes espérances, n'a rendu qu'un service négatif.

Notre flotte cuirassée, dont l'effectif dépasse cinquante navires, était commandée par le vice-amiral Bouët-Willaumez.

Nous avions encore 70 voiliers et 316 bâtiments à vapeur, ayant une force totale de 72,680 chevaux.

La marine de guerre prussienne est de beaucoup inférieure à la nôtre sous tous les rapports. La Prusse ne possède que trois frégates et deux vaisseaux cuirassés, dix-neuf corvettes, douze canonnières, deux avisos, un yacht royal, trois bricks, trois voiliers, sept navires pour le service des ports et trente-deux longs bateaux à rames portant deux canons. En tout, 84 vaisseaux et bateaux, 454 canons; force, 7,892 chevaux.

Pour résumer en deux mots la manière de faire la guerre des armées allemandes, nous dirons que leurs généraux inondent les champs de bataille de projectiles et les campagnes de cavaliers. Ne croyez pas que vous arriverez à leur faire livrer un combat sérieux à l'arme blanche, ou qu'ils tenteront une attaque à la baïonnette. Ils s'en garderont bien, car ils connaissent l'élan irrésistible de notre soldat, sa bravoure, son intrépidité. Ils ne font pas la guerre pour le plaisir de la gloire, mais par intérêt.

Les armées allemandes pillent, volent, incendient, tuent, non point dans l'ardeur de la lutte, dans le délire de la victoire, mais par système et *par ordre supérieur;* comme l'a dit un grand écrivain qui connaît l'Allemagne, M. Edgard Quinet, la Prusse pratique la théologie du meurtre, la philosophie du vol, la diplomatie du pillage, la métaphysique du crime.

Tous les moyens leurs sont bons, y compris l'espionnage, le jeu de la crosse en l'air, celui du cri : « Ne tirez pas, nous sommes Français! » Quel est l'officier de notre nation qui consentira à se faire espion? Quel est le soldat qui voudrait lever la crosse en l'air pour faire avancer sans défiance un ennemi plein d'humanité, lui indiquant qu'il se rend, pour ensuite l'assassiner à son aise, à brûle-pourpoint? Quel est enfin le Français qui, abusant de la similitude de tenue, ne se croirait pas indigne d'être soldat, s'il se faisait passer pour ce qu'il n'est pas?

Et cependant, longtemps avant la guerre et de longue main, le gouvernement prussien avait converti en espions de bas étage des officiers de son armée. A plusieurs reprises, des bataillons allemands ont mis la crosse en l'air, indiquant qu'ils se rendaient, puis faisaient feu sur les nôtres à quelques pas; enfin, chaque jour, profitant de nos ridicules et multiples uniformes, ils parvenaient à s'approcher de nos tirailleurs en criant qu'ils appartenaient à tel bataillon ou à tel régiment.

Ces manœuvres déloyales ne seront jamais employées par le soldat français, qui conserve toujours pur et sans tache, même au sein des plus grands revers, l'honneur militaire. Bien souvent, dans le cours de notre récit, nous aurons à signaler des traits de sauvagerie par lesquels se sont déshonorées les armées allemandes. Leur conduite, du reste, a soulevé un sentiment d'indignation dans l'Europe entière, et la presse étrangère l'a flétrie comme elle méritait de l'être.

Les Allemands ont été d'une cruauté révoltante, pendant toute la durée de la campagne. Les résistances que l'invasion a provoquées dans les populations françaises ont fait naître en eux une haine nouvelle et de seconde formation; ils s'en sont vengés par le fer et le sang, style Bismark. Rien n'a été saint pour eux; chaque article du droit des gens a été par eux violé.

Ils ont pillé les villes et y ont mis le feu après avoir versé du pétrole sur les portes et les boiseries des maisons.

Ils ont déclaré qu'ils ne reconnaîtraient pas les francs-tireurs, et ceux-ci ont été l'objet des représailles les plus cruelles. Un général allemand publia un ordre du jour qui ordonnait que tout individu trouvé dans un bois fût traité en franc-tireur, c'est-à-dire fusillé. Ils ont été plus loin encore, et les villages, comme les villes, ont été tenus responsables des opérations des francs-tireurs, et il a suffi qu'une poignée de ces derniers se montrât dans le voisinage d'une localité pour qu'elle fût incendiée! La déclaration de ne pas vouloir reconnaître les francs-tireurs était une violation flagrante des lois de la guerre, car nous ne croyons pas qu'il ait jamais été établi que les défenseurs d'un pays devaient être vêtus d'une façon plutôt que de telle autre, et les combattants reconnus par le gouvernement auquel on fait la guerre, ont le droit d'être traités comme belligérants.

Ils ont été obligés cependant, un jour, de ménager Châtillon-sur-Saône, où ils avaient été surpris par les francs-tireurs, qui leur avaient tué environ deux cents hommes et leur avaient fait autant de prisonniers. C'est que le colonel des francs-tireurs, qui porte le nom de Ricciotti Garibaldi, leur avait donné de bonnes raisons pour ménager cette petite ville. Le fils de Garibaldi avait écrit au commandant des forces prussiennes à Châtillon la lettre suivante :

« On m'informe que vous menacez les habitants de la ville de Châtillon de représailles que vous dites motivées par l'attaque des francs-tireurs, le samedi 19.

« Je ne sache pas que jamais une victoire acquise par la bravoure d'un corps régulier puisse autoriser de telles exactions.

« Une bonne fois, faites donc la guerre légalement et non en vandales qui ne rêvent que pillage.

« Menace pour menace : si vous avez l'infamie de mettre à exécution votre odieux projet, je vous donne l'assurance que je n'épargnerai aucun des 200 Prussiens que vous savez être entre mes mains.

« *Le colonel,*
« R. GARIBALDI. »

Le commandant prussien savait que le colonel Ricciotti Garibaldi tiendrait parole, et Châtillon fut épargné. Ce fut une exception.

En effet, ils ont réduit en cendres tout village qui a osé se défendre, et ils l'ont fait, non pas au fort du combat, mais après s'en être emparé, de sang-froid et de parti pris.

Si des ouvriers ne réparent pas assez promptement les routes défoncées, on en passe un ou plusieurs par les armes pour avoir montré peu d'activité à seconder les opérations militaires de l'envahisseur.

Qu'un journaliste, un jour ou deux avant l'entrée des Prussiens dans la ville où se publie le journal, écrive quelques lignes désagréables à l'ennemi, le journal est suspendu, et l'imprimeur et le rédacteur jetés en prison.

Si les communications prussiennes sont compromises ou entravées par l'enlèvement des rails d'un chemin de fer, des malheureux qui n'ont aucune complicité ou sont dans une parfaite ignorance de ce mode légitime de faire la guerre, sont forcés de partager les dangers des ennemis de leur pays en voyageant avec eux.

Les Prussiens ont surchargé les villes d'amendes énormes, et les ont contraintes de subvenir, non pas seulement aux nécessités, mais encore au luxe de la vie militaire.

Quant au pillage des propriétés particulières, nous aurons occasion d'en parler plus longuement lorsque nous narrerons le siège de Paris. Un fait seulement : les envahisseurs se sont plaints amèrement de ce que, lorsque le général von der Tann fut obligé de quitter Orléans, les Français aient saisi quelques wagons d'ambulance. Cela est vrai, mais cette saisie était parfaitement légitime ; car ces wagons étaient bondés de vêtements de femmes et d'enfants, de boucles d'oreilles, d'effets personnels de toute sorte. Les habitudes pillardes des Allemands ont été révélées par la prise, en d'autres occasions, de wagons contenant des cargaisons du même genre. Pendules, jupons et robes de femmes, joyaux, ornements, rien de ce qui est ni trop chaud ni trop lourd n'échappait à la rapacité de cette armée d'une nation qui se flatte de marcher à l'avant-garde de la civilisation.

Quant aux réquisitions, avec quelle cruauté et quelle rapacité ne les exigent-ils pas? Ils saccagent, pillent et brûlent non pas seulement sous l'empire d'appétits brutaux ou de la fureur, mais bien en vertu d'ordres émanés du quartier-général, et conformément à un plan fortement arrêté d'épuiser la nation, de la dépouiller de tous ses éléments vitaux, sinon de l'anéantir tout entière.

Ils ont exercé d'ignobles violences sur les femmes et les enfants, fait brûler vives des populations en masse, ravagé de vastes contrées avec une licence excessive; enfin, se sont livrés à tous les excès pour satisfaire des désirs déréglés, des instincts gloutons.

Ils se sont, — le fait a été constaté dans plusieurs combats, — servis de balles explosibles; ils ont tiré sur nos convois d'ambulance, et ils ont usé d'une barbarie sans pareille envers nos malades et nos blessés. En voici une preuve certaine résultant d'une lettre adressée à un journal anglais par son correspondant.

« Monsieur,

« Il y a quinze jours, les Hollandais envoyèrent à Versailles une ambulance parfaitement organisée sous la direction de M. van der Welde. Celui-ci se procura dans la ville une vaste salle, dont il fit un hôpital. Il avait rempli les lits dont il pouvait disposer de malades et de blessés français et prussiens, sans préférence pour les uns ou les autres et avec la plus grande impartialité. Après la sortie et l'engagement de Champigny, les Prussiens amenèrent leurs blessés à Versailles, vinrent à l'hôpital hollandais, arrachèrent les blessés français de leurs lits et les jetèrent sur le plancher, puis ils mirent leurs hommes à leur place. Naturellement M. van der Welde et les médecins firent tous leurs efforts pour s'y opposer, en disant qu'ils avaient été envoyés pour traiter également les blessés des deux nations, et que les Prussiens n'avaient pas le droit de monopoliser une ambulance hollandaise de cette manière inhumaine. Les Prussiens répondirent: « Nous chasserons les Hollandais à la porte, » et ils chassèrent de force de Versailles tout le personnel de l'ambulance, mais en ayant soin de s'emparer de tout ce que les Hollandais avaient apporté avec eux, et M. van der Welde a été obligé de retourner à La Haye en cet état. »

Et ils ont fait tout cela avec autant de méthode qu'un chirurgien en met à extraire un œil de son orbite ou à trépaner un crâne, de manière à montrer clairement que ce système de conduite en guerre forme une partie importante de cette éducation militaire à laquelle tout enfant mâle de la race teutone consacre les plus beaux de ses jours. Certes, le monde ne savait pas jusqu'à quel point les enfants de l'Allemagne étaient bien exercés dans l'art de l'assassinat.

Il était nécessaire que les peuples ainsi que les gouvernements de l'Europe sussent bien quels hommes sont les Allemands, et quel mode de combattre ils adoptent, et M. de Chaudordy, délégué du ministère des affaires étrangères à Tours, a rendu un important service à l'Europe en adressant aux agents de la France à l'étranger la circulaire que nous publions ci-dessous. Ce document très-habile est rédigé sans passion; c'est l'expression mâle d'une conviction profonde et justifiée. M. de Chaudordy, par sa circulaire, arrache au brutal et vindicatif Teuton le masque imposteur du patriotisme et de la pitié dont il couvre son hideux visage, pendant qu'il foule sous ses pieds la liberté, les biens, la tranquillité et l'existence d'une des premières nations du monde.

Voici la circulaire de M. de Chaudordy:

Le délégué du ministre des affaires étrangères aux agents de la France à l'étranger.

Tours, le 29 novembre 1870.

« Monsieur, depuis deux mois environ, l'Europe épouvantée ne peut comprendre la prolongation d'une guerre sans exemple, et qui est devenue aussi inutile que désastreuse. Les ruines qui en sont la conséquence s'étendent sur le monde entier, et l'on se demande à la fois quelle peut être la cause d'une telle lutte et quel en est le but.

« Le 18 septembre dernier, M. Jules Favre, vice-président du Gouvernement de la défense nationale et ministre des affaires étrangères, se rendit à Ferrières pour demander la paix au roi de Prusse. On sait la hauteur avec laquelle on s'est expliqué avec lui. Les puissances neutres ayant fait comprendre depuis qu'un armistice militaire était le seul terrain sur lequel il fallait se placer pour arriver ensuite à une pacification, le comte de Bismark s'y montra d'abord favorable, et des pourparlers s'ouvrirent à Versailles. M. Thiers consentit à y aller pour négocier sur cette base. Vous avez appris quel refus déguisé la Prusse lui a opposé.

« On doit reconnaître cependant que les deux plénipotentiaires français ne pouvaient être mieux choisis pour inspirer confiance au quartier général prussien, et mener à bonne fin la triste et délicate mission dont ils avaient si noblement pris la responsabilité. La sincérité de leur amour pour la paix n'était point douteuse, et M. de Bismark savait bien que leur parole avait pour garant le pays tout entier. L'un et l'autre pourtant ont été écartés, et le cours funeste de la guerre n'a pu être suspendu.

« Que veut donc la Prusse? Le souverain auquel il avait été annoncé qu'on faisait exclusivement la guerre est tombé et son gouvernement avec lui. L'armée qu'il conduisait n'existe plus. Il ne reste aujourd'hui que des citoyens en armes, ceux-là mêmes que le roi Guillaume déclarait ne vouloir point attaquer, et un gouvernement où siégent des hommes qui tiennent à honneur de s'être opposés de toutes leurs forces à l'entreprise qui devait couvrir de ruines le sol de notre patrie.

« Que faut-il croire? Serait-il vrai que nos ennemis veulent réellement nous détruire? La Prusse n'a plus maintenant devant elle que la France. C'est donc à la France même, à la nation armée pour défendre son existence que la Prusse a déclaré cette nouvelle guerre d'extermination qu'elle poursuit comme un défi jeté au monde contre la justice, le droit et la civilisation.

« C'est au nom de ces trois grands principes modernes outrageusement violés contre nous que nous en appelons à la conscience de l'humanité, avec la confiance que, malgré tant de malheurs, notre devoir imprescriptible est de sauvegarder la morale internationa

« Est-il juste, en effet, quand le but d'une guerre est atteint, que Dieu vous a donné des succès inespérés, que vous avez détruit les armées de votre ennemi, que cet ennemi lui-même est renversé, de continuer la guerre pour le seul résultat d'anéantir ou forcer à se rendre par le feu ou la faim une grande capitale toute pleine de richesses des arts, des sciences et de l'industrie?

« Y a-t-il un droit quelconque qui permette à un peuple d'en détruire un autre et de vouloir l'effacer? Prétendre à ce but, ce n'est plus qu'un acte sauvage qui nous reporte à l'époque des invasions barbares.

« La civilisation n'est-elle pas méconnue complètement, lorsqu'en se couvrant des nécessités de la guerre, on incendie, on ravage, on pille la propriété privée, avec les circonstances les plus cruelles?

« Il faut que ces actes soient connus.

« Nous savons les conséquences de la victoire et les nécessités qu'entraînent d'aussi vastes opérations stratégiques. Nous n'insisterons point sur ces réquisitions démesurées en nature et en argent, non plus que sur cette espèce de marchandage militaire qui consiste à imposer les contribuables au delà de toutes leurs ressources. Nous laissons à l'Europe de juger à quel point ces excès furent coupables. Mais on ne s'est pas contenté d'écraser ainsi les villes et les villages, on a fait main basse sur la propriété privée des citoyens.

« Après avoir vu leur domicile envahi, après avoir subi les plus dures exigences, les familles ont dû livrer leur argenterie et leurs bijoux. Tout ce qui était précieux a été saisi par l'ennemi et entassé dans ses sacs et ses chariots. Des effets d'habillement enlevés dans les maisons ou dérobés chez les marchands, des objets de toute sorte, des pendules, des montres ont été trouvés sur les prisonniers tombés entre nos mains. On s'est fait livrer et l'on a pris au besoin aux particuliers jusqu'à de l'argent. Tel propriétaire, arrêté dans son château, a été condamné à payer une rançon personnelle de 80,000 francs. Tel autre s'est vu dérober les châles, les fourrures, les dentelles, les robes de soie de sa femme. Partout les caves ont été vidées, les vins empaquetés, chargés sur des voitures et emportés. Ailleurs, et pour punir une ville de l'acte d'un citoyen coupable uniquement de s'être levé contre les envahisseurs, des officiers supérieurs ont ordonné le pillage et l'incendie, abusant pour cette exécution sauvage de l'implacable discipline imposée à leurs troupes. Toute maison où un franc-tireur a été abrité ou nourri est incendiée. Voilà pour la propriété.

« La vie humaine n'a pas été respectée davantage. Alors que la nation entière est appelée aux armes, on a fusillé impitoyablement non-seulement des paysans soulevés contre l'étranger, mais des soldats pourvus de commissions et revêtus d'uniformes légalisés. On a condamné à mort ceux qui tentaient de franchir les lignes prussiennes même pour leurs affaires privées. L'intimidation est devenue un moyen de guerre; on a voulu frapper de terreur les populations et paralyser en elles tout élan patriotique. Et c'est ce calcul qui a conduit les états-majors prussiens à un procédé unique dans l'histoire : le bombardement des villes ouvertes.

« Le fait de lancer sur une ville des projectiles explosibles et incendiaires n'est considéré comme légitime que dans des circonstances extrêmes et strictement déterminées. Mais, dans ces cas même, il était d'un usage constant d'avertir les habitants, et jamais l'idée n'était entrée jusqu'à présent dans aucun esprit que cet épouvantable moyen de guerre pût être employé d'une façon préventive. Incendier les maisons, massacrer de loin les vieillards et les femmes, attaquer, pour ainsi dire, les défenseurs dans l'existence même de leurs familles, les atteindre dans les sentiments les plus profonds de l'humanité, pour qu'ils viennent ensuite s'abaisser devant le vainqueur et solliciter les humiliations de l'occupation ennemie, c'est un raffinement de violence calculée qui touche à la torture. On a été plus loin cependant, et, se prévalant, par un sophisme sans nom, de ces cruautés même, on s'en est fait une arme. On a osé prétendre que toute ville qui se défend est une place de guerre, et que, puisqu'on la bombarde, on a ensuite le droit de la traiter en forteresse prise d'assaut. On y met le feu après avoir inondé de pétrole les portes et les boiseries des maisons.

« Si on lui épargne le pillage, c'est une faveur qu'elle doit payer en se laissant rançonner à merci; et même, lorsqu'une ville ouverte ne se défend pas, on a pratiqué le système du bombardement sans explication préalable, et avoué que c'était le moyen de la traiter comme si elle s'était défendue et qu'elle eût été prise d'assaut.

« Il ne restait plus pour compléter ce code barbare que de rétablir la pratique des otages. La Prusse l'a fait. Elle a appliqué partout un système de responsabilités indirectes qui, parmi tant de faits iniques, restera comme le trait le plus caractérisé de sa conduite à notre égard. Pour garantir la sûreté de ses transports et la tranquillité de ses campements, elle a imaginé de punir toute atteinte portée à ses soldats ou à ses convois par l'emprisonnement, l'exil, ou même la mort d'un des notables du pays. L'honorabilité de ces hommes est devenue ainsi un danger pour eux. Ils ont eu à répondre, sur leur fortune et sur leur vie, d'actes qu'ils ne pouvaient ni prévenir ni réprimer, et qui, d'ailleurs, n'étaient que l'exercice légitime du droit de défense. Elle a emmené quarante otages parmi les habitants notables de Dijon, Gray et Vesoul, sous prétexte que nous ne mettons pas en liberté quarante capitaines de navires faits prisonniers selon les lois de la guerre.

« Mais ces mesures, de quelques brutalités qu'elles fussent accompagnées dans l'application, laissaient au moins intacte la dignité de ceux qui avaient à les subir. Il devait être donné à la Prusse de joindre l'outrage à l'oppression. On a exigé de malheureux paysans, entraînés par force, retenus sous menace de mort, de travailler à fortifier les ouvrages ennemis et à agir contre les défenseurs de leur propre pays. On a vu des magistrats, dont l'âge aurait inspiré le respect aux cœurs les plus endurcis, exposés sur les machines des chemins de fer à toutes les rigueurs de la mauvaise saison et aux insultes des soldats. Les sanctuaires, les églises ont été profanés et matériellement souillés. Les prêtres ont été frappés; les femmes maltraitées, heureuses encore lorsqu'elles n'ont pas eu à subir de plus cruels traitements.

« Il semble qu'à cette limite il ne reste plus dans ce qu'on appelait jusqu'ici d'un beau nom le droit des gens aucun article qui n'ait été violé outrageusement par la Prusse. Les actes ont-ils à ce point démenti les paroles?

« Tels sont les faits. La responsabilité en pèse tout entière sur le gouvernement prussien. Rien ne les a provoqués, et aucun d'eux ne porte la marque de ces violences désordonnées auxquelles cèdent parfois les armées en campagne. Il faut qu'on le sache bien, ils sont le résultat d'un système réfléchi dont les états-majors ont poursuivi l'application avec une rigueur scientifique. Ces arrestations arbitraires ont été décrétées au quartier général, ces cruautés résolues comme un moyen d'intimidation, ces réquisitions étudiées d'avance, ces incendies allumés froidement avec des ingrédients chimiques soigneusement apportés, ces bombardements contre des habitants inoffensifs ordonnés. Tout a donc été voulu et prémédité. C'est le caractère propre aux horreurs qui font de cette guerre la honte de notre siècle.

« La Prusse a non-seulement méconnu les lois les plus sacrées de l'humanité, elle a manqué à ses engagements solennels. Elle s'honorait de mener un peuple en armes à une guerre nationale. Elle prenait le monde civilisé à témoin de son bon droit. Elle conduit maintenant à une guerre d'extermination ses troupes transformées en hordes de pillards ; elle n'a profité de la civilisation moderne que pour perfectionner l'art de la destruction. Et comme conséquence de cette campagne, elle annonce à l'Europe l'anéantissement de Paris, de ses monuments, de ses trésors, et la vaste curée à laquelle depuis trois mois elle a convié l'Allemagne.

« Voilà, Monsieur, ce que je désire que vous sachiez. Nous ne parlons ici qu'à la suite d'enquêtes irrécusables ; s'il faut produire des exemples, ils ne nous manqueront pas, et vous en pourrez juger d'après les documents joints à cette circulaire. Vous entretiendrez de ces faits les membres du gouvernement auprès duquel vous êtes accrédité. Ces appréciations ne sont pas destinées à eux seuls, et vous pourrez les présenter librement à tous. Il est utile qu'au moment où s'accomplissent de pareils actes, chacun puisse prendre la responsabilité de sa conduite, aussi bien les gouvernements qui doivent agir, que les peuples qui doivent signaler ces faits à l'indignation de leurs gouvernements.

« Recevez, etc.

« Pour le ministre des affaires étrangères :
« Le délégué,
« CHAUDORDY. »

L'Europe resta muette : l'Angleterre était enfoncée dans son égoïsme ; l'Autriche n'osa rien dire, se souvenant de Sadowa ; l'Italie demeura ingrate ; quant à la Russie, elle était, comme nous l'avons dit, gouvernée par d'ardentes convoitises.

M. de Chaudordy n'avait pas eu la naïveté de penser que les puissances étrangères adresseraient des remontrances à M. de Bismark, mais il crut remplir un devoir en signalant à l'indignation des peuples civilisés la façon barbare dont la Prusse faisait la guerre. Les divers États du continent qui n'ont pas encore succombé sous le joug allemand peuvent se faire une idée de ce qui les attend, si la « providence » du roi Guillaume conserve la haute main dans les affaires humaines.

Si l'Europe n'a pas eu le courage d'élever la voix devant tous les outrages commis par la Prusse contre la nature humaine, contre le droit des gens, contre les traditions de la civilisation, en un mot devant tous les crimes qui ont souillé la marche victorieuse des sanguinaires envahisseurs, les hommes de tous les pays ont été saisis d'indignation, et la France vaincue, malgré tout le noble héroïsme de son peuple, a reçu des preuves de sympathie du monde entier, tandis qu'il n'y a partout aujourd'hui que mépris et dégoût pour ceux qui ont fait de la force brutale un abus si exorbitant et si féroce.

Un Allemand peut s'attendre maintenant à être regardé par toutes les nations chrétiennes comme l'Angleterre regarde Nana-Sahib, comme le paria des parias partout où les chrétiens forment la classe dominante, comme un lépreux auquel on ne peut toucher sans être souillé.

Ah! le roi Guillaume doit être au comble de ses vœux! Le voilà réalisé ce dessein qu'il avait couvé toute sa vie : il a ruiné la France et s'est fait décerner le titre d'empereur d'Allemagne. Oui, il est parvenu à entasser pour son apothéose un monceau des crânes humains, tel que jamais Tartare, Turc ou Kalmouck n'en avait élevé depuis que les hommes se font la guerre !

CHAPITRE II

PRÉLIMINAIRES DE LA GUERRE

Déclaration de guerre. — Discours de MM. de Gramont et Émile Ollivier au Corps législatif. — Conduite de la Chambre. — Casus belli. — Projets de loi votés par le Corps législatif. — Notification officielle de la déclaration de guerre au roi de Prusse. — Ouverture des hostilités à Forbach. — Rupture du pont du Rhin par les Badois. — Proclamations de l'empereur Napoléon et du roi Guillaume. — Enthousiasme de la population parisienne. — A Berlin ! — La *Marseillaise* à l'Opéra. — Cartes de la guerre. — Attitude de la Presse. — Les engagements volontaires. — Accueil fait à nos soldats dans les gares. — Départ de l'empereur et du prince impérial pour Metz. — Leur suite et leurs équipages. — Plan de campagne des deux armées. — Positions des armées française et prussienne au début de la guerre. — M. de Moltke. — Napoléon III, général en chef. — Le major général Le Bœuf.

Le 4 juillet, le *Constitutionnel* annonçait la candidature du prince de Hohenzollern au trône d'Espagne. M. Robert Mitchell, rédacteur en chef de ce journal, protestait avec énergie contre cette candidature. Le monde politique s'émut en apprenant cette nouvelle; les attaches officielles du *Constitutionnel* étaient connues, et la façon dont ce journal présentait le fait ne permettait pas de douter un instant que le gouvernement français interviendrait pour empêcher le prince allemand de monter sur le trône d'Espagne.

On ne fut pas longtemps dans l'incertitude. Le 6 juillet, le duc de Gramont, ministre des affaires étrangères, fit à la tribune du Corps législatif une déclaration officielle qui engageait la politique française et qui ne permettait pas d'espérer une solution pacifique. Ce ministre répondant à une demande d'interpellation déposée la veille par MM. Cochery, Carré Kérisouët, Le Cesne, baron d'Ivoire, Tassin, Henri Baboin, le comte d'Hescecques, Riondel, Genton et Planat, s'exprima en ces termes :

« Je viens répondre à l'interpellation qui a été déposée hier par l'honorable M. Cochery.

« Il est vrai que le maréchal Prim a offert au prince de Hohenzollern la couronne d'Espagne, et que ce dernier l'a acceptée. (Sensation.) Mais le peuple espagnol ne s'est point encore prononcé, et nous ne connaissons point encore les détails vrais d'une négociation qui nous a été cachée. (Mouvement.) Aussi une discussion ne saurait-elle aboutir maintenant à aucun résultat pratique ; nous vous prions, Messieurs, de l'ajourner.

« Nous n'avons cessé de témoigner nos sympathies à la nation espagnole, et d'éviter tout ce qui aurait pu avoir les apparences d'une immixtion quelconque dans les affaires intérieures d'une grande et noble nation en plein exercice de sa souveraineté ; nous ne sommes pas sortis, à l'égard des divers prétendants au trône, de la plus stricte neutralité, et nous n'avons jamais témoigné pour aucun d'eux ni préférence ni éloignement. (Marques d'approbation.)

« Nous persistons dans cette conduite.

« Mais nous ne croyons pas que le respect des droits d'un peuple voisin nous oblige à souffrir qu'une puissance étrangère, en plaçant un de ses princes sur le trône de Charles-Quint, puisse déranger à notre détriment l'équilibre actuel des forces en Europe.... (Vifs et nombreux applaudissements)... et mettre en péril les intérêts et l'honneur de la France. (Nouveaux applaudissements. — Bravos prolongés.)

« Cette éventualité, nous en avons le ferme espoir, ne se réalisera pas.

« Pour l'empêcher, nous comptons à la fois sur la sagesse du peuple allemand et sur l'amitié du peuple espagnol.

« S'il en était autrement, forts de votre appui, Messieurs, et de celui de la nation, nous saurions remplir notre devoir sans hésitation et sans faiblesse. » (Longs applaudissements répétés. — Mouvements et réclamations sur quelques bancs à gauche.)

La majorité applaudit avec fureur les imprudentes paroles du ministre des affaires étrangères, oubliant, dans son servilisme, que la province, qui avait nommé ses membres, désirait ardemment la paix; ne se souvenant pas que si l'Empire avait obtenu dans les campagnes, le 8 mai précédent, une aussi grande victoire plébiscitaire, cette victoire était due au langage qu'ils avaient tenu aux électeurs ruraux ; ils leur avaient dit : « Voter Non, c'est voter la République, l'impôt des quarante-cinq centimes, c'est voter la guerre! — Voter Oui! c'est voter le maintien de l'Empire, la diminution des impôts, c'est voter la paix! »

MM. Garnier-Pagès, Arago, Crémieux et autres députés de la gauche cherchèrent bien à faire entendre à la Chambre quelques remontrances sur la voie fatale dans laquelle on s'engageait, mais la majorité était convaincue à l'avance, et MM. Granier (de Cassagnac), Dugué de la Fauconnerie et quelques autres approbateurs systématiques des actes de l'empereur étouffèrent, par leurs murmures et leurs clameurs la voix des députés de la gauche.

Le 15 juillet, MM. Emile Ollivier, au Corps législatif, et de M. Gramont, au Sénat, annonçaient que la guerre était déclarée.

Voici comment s'exprimait M. le garde des sceaux :

« Messieurs, la manière dont vous avez accueilli notre déclaration du 6 juillet nous ayant donné la certitude que vous approuviez notre politique et que nous pouvions compter sur votre appui, nous avons aussitôt commencé des négociations avec les puissances étrangères pour obtenir leurs bons offices vis-à-vis de la Prusse, afin qu'elle reconnût la légitimité de nos griefs.

« Dans ces négociations, nous n'avons rien demandé à l'Espagne, dont nous ne voulions ni éveiller les susceptibilités ni froisser l'indépendance; nous n'avons pas agi auprès du prince de Hohenzollern, que nous considérons comme couvert par le roi; nous avons également refusé de mêler à notre discussion aucune récrimination ou de la faire sortir de l'objet même dans lequel nous l'avions renfermée dès le début.

« La plupart des puissances étrangères ont été pleines d'empressement à nous répondre, et elles ont, avec plus ou moins de chaleur, admis la justice de notre réclamation.

« Le ministre des affaires étrangères prussien nous a opposé une fin de non-recevoir, en prétendant qu'il ignorait l'affaire et que le cabinet de Berlin y était resté étranger.

« Nous avons dû alors nous adresser au roi lui-même, et nous avons donné à notre ambassadeur l'ordre de se rendre à Ems auprès de Sa Majesté. Tout en reconnaissant qu'il avait autorisé le prince de Hohenzollern à accepter la candidature qui lui était offerte, le roi de Prusse a soutenu qu'il était resté étranger aux négociations poursuivies entre le gouvernement espagnol et le prince de Hohenzollern; qu'il n'y était intervenu que comme chef de famille et nullement comme souverain, et qu'il n'avait ni réuni ni consulté le conseil de ses ministres. Sa Majesté a reconnu cependant qu'elle avait informé le comte de Bismark de ces divers incidents.

« Nous ne pouvions considérer ces réponses comme satisfaisantes; nous n'avons pu admettre cette distinction subtile entre le souverain et le chef de famille, et nous avons insisté pour que le roi conseillât et imposât, au besoin, au prince Léopold une renonciation à sa candidature. Pendant que nous discutions avec la Prusse, le désistement du prince Léopold nous vint du côté d'où nous ne l'attendions pas, et nous fut remis le 12 juillet par l'ambassadeur d'Espagne.

« Le roi ayant voulu y rester étranger, nous lui demandâmes de s'y associer et de déclarer que si, par un de ces revirements toujours possibles dans un pays sortant d'une révolution, la couronne était de nouveau offerte par l'Espagne au prince Léopold, il ne l'autoriserait plus à l'accepter, afin que le débat pût être considéré comme définitivement clos.

« Notre demande était modérée, les termes dans lesquels nous l'exprimions ne l'étaient pas moins. « Dites bien au roi, écrivions-nous au comte Benedetti, le 12 juillet, à minuit, que nous n'avons aucune arrière-pensée, que nous ne cherchons pas un prétexte de guerre, et que nous ne demandons qu'à résoudre honorablement une difficulté que nous n'avons pas créée nous-mêmes.

« Le roi consentit à approuver la renonciation du prince Léopold, mais il refusa de déclarer qu'il n'autoriserait plus à l'avenir le renouvellement de cette candidature.

« J'ai demandé au roi, nous écrivait M. Benedetti, le 13 juillet, à minuit, de vouloir bien me permettre de vous annoncer en son nom que si le prince de Hohenzollern revenait à son projet, Sa Majesté interposerait son autorité et y mettrait obstacle.

« Le roi a absolument refusé de m'autoriser à vous transmettre une semblable déclaration. J'ai vivement insisté, mais sans réussir, à modifier les dispositions de Sa Majesté. Le roi a terminé notre entretien en me disant qu'il ne pouvait ni ne voulait prendre un pareil engagement, et qu'il devait, pour cette éventualité, comme pour toute autre, se réserver la faculté de consulter les circonstances. »

« Quoique ce refus nous parût injustifiable, notre désir de conserver à l'Europe les bienfaits de la paix était tel, que nous ne rompions pas nos négociations, et que, malgré notre impatience légitime, craignant qu'une discussion ne les entravât, nous vous avons demandé d'ajourner nos explications.

« Aussi, notre surprise a-t-elle été profonde lorsque, hier, nous avons appris que le roi de Prusse avait notifié par un aide de camp à notre ambassadeur qu'il ne le recevrait plus, et que pour donner à ce refus un caractère non équivoque, son gouvernement l'avait communiqué officiellement aux cabinets d'Europe. (Mouvement.) Nous apprenions en même temps que M. le baron de Werther avait reçu l'ordre de prendre un congé, et que des armements s'opéraient en Prusse.

« Dans ces circonstances, tenter davantage pour la conciliation eût été un oubli de dignité et une imprudence ; nous n'avons rien négligé pour éviter une guerre ; nous allons nous préparer à soutenir celle qu'on nous offre, en laissant à chacun la part de responsabilité qui lui revient. (Très-bien ! — Bravo ! bravo ! — Applaudissements répétés. — Vive l'Empereur ! — Vive la France !)

« Dès hier, nous avons rappelé nos réserves, et, avec votre concours, nous allons prendre immédiatement les mesures nécessaires pour sauvegarder les intérêts, la sécurité et l'honneur de la France. (Nouveaux bravos et applaudissements prolongés.) A raison des circonstances politiques, l'administration de la guerre devant être en mesure de faire face à toute éventualité, nous demandons un crédit de 50 millions et nous demandons l'urgence. » (Très-bien ! très-bien ! — Aux voix ! aux voix ! — Agitation.)

Inutilement, cette fois encore, les députés de la gauche adressèrent des conseils au gouvernement. Leurs protestations se perdirent dans le tumulte insolent de la majorité. Vainement M. Thiers, M. Gambetta et M. Jules Favre demandèrent communication des dépêches sur lesquelles on fondait la déclaration de guerre. M. Émile Ollivier qui venait de dire qu'il avait « le cœur léger » se refusa à toute communication.

La clôture de la discussion fut prononcée ; la guerre allait commencer.

L'affaire du trône d'Espagne n'était, nous l'avons déjà dit, qu'un prétexte. Mais quel prétexte ridicule on avait choisi !

Ah ! si le prince Léopold de Hohenzollern avait définitivement accepté la couronne d'Espagne, nous aurions compris que l'on fît la guerre, pour défendre la politique séculaire de la France. Sans prétendre gêner la liberté des Espagnols, nous ne pouvions pas souffrir qu'au delà des Pyrénées on nous préparât une hostilité ouverte ou cachée. Mais le prince de Hohenzollern avait retiré sa candidature, candidature qui avait été évidemment présentée par la Prusse ; le fond du litige était donc accordé, et nous pouvions nous considérer comme satisfaits.

Le gouvernement qui voulait la guerre ne l'entendait pas ainsi.

M. Benedetti avait reçu la mission d'exiger du roi de Prusse qu'il prît l'engagement formel que jamais il ne laisserait le prince Léopold revenir sur sa détermination. Le roi Guillaume répondit à notre ambassadeur qu'il était complétement resté étranger aux négociations qui avaient eu lieu entre Prim et son neveu, qu'une couronne avait été offerte, acceptée d'abord, puis refusée, que le gouvernement français devait se trouver satisfait, et que lui, chef de la famille de Hohenzollern, n'avait à prendre aucun engagement de la nature de celui que réclamait M. Benedetti. Ce dernier revint à la charge, une fois, deux fois, tant et si bien que le roi Guillaume refusa, la troisième fois, de le recevoir, et lui fit dire par un aide de camp de service qu'il n'avait rien de plus à lui dire. — *Inde iræ*.

Si le gouvernement avait été de bonne foi et n'avait pas désiré la guerre, n'aurait-il pas compris que, lorsque la Prusse venait d'être obligée, à la face du monde, de retirer une candidature à laquelle il est hors de doute qu'elle n'était pas restée étrangère, n'aurait-il pas compris, disons-nous, que la Prusse, après ce retrait certainement peu brillant pour elle, ne pourrait jamais, ne voudrait jamais reproduire cette candidature ?

Le gouvernement feignit de ne pas comprendre et déclara la guerre, sous prétexte que le roi de Prusse avait refusé de recevoir notre ambassadeur et avait informé de ce refus tous les cabinets de l'Europe. C'était là, disait M. le ministre des affaires étrangères, un affront pour l'empereur et pour la France.

Quelques mois plus tard, lorsque l'empire s'écroula sous la honte de Sedan, M. Benedetti, n'ayant plus à ménager son ancien maître, a publié le récit de ses entrevues avec le roi Guillaume, et a déclaré n'avoir jamais eu à se plaindre en aucune façon des procédés toujours courtois du roi.

Ainsi l'ambassadeur de Berlin déclare avoir toujours été reçu avec courtoisie par le monarque prussien, et M. le duc de Gramont dit que la France doit faire la guerre parce qu'on a insulté son représentant. Lequel des deux a menti ? Lequel des deux faut-il croire ? Nous préférons accepter pour vraie la déclaration de M. Benedetti.

Dans la séance du 15 juillet furent votés des projets de lois portant ouverture d'un crédit de 50 millions au ministère de la guerre, et de 16 millions au ministère de la marine ; la Chambre décida que la garde nationale mobile serait mobilisée et que les engagements volontaires seraient acceptés pour la durée de la guerre.

M. Glais-Bizoin, seul, vota contre ces différents projets de loi.

Le 19, M. de Gramont s'exprima ainsi au Corps législatif :

« Messieurs,

« L'exposé qui vous a été présenté dans la séance du 15 a fait connaître les justes causes de guerre que nous avons contre la Prusse.

« Conformément aux règles d'usage et par ordre de l'empereur, j'ai invité le chargé d'affaires de France à notifier au cabinet de Berlin notre résolution de poursuivre par les armes les garanties que nous n'avons pu obtenir par la discussion.

« Cette démarche a été accomplie, et j'ai l'honneur de vous faire savoir qu'en conséquence l'état de guerre existe à partir du 19 juillet entre la France et la Prusse.

« Cette déclaration s'applique également aux alliés de la Prusse qui prêteraient contre nous le concours de leurs armes. »

Pendant que M. de Gramont parlait ainsi, les hostilités s'ouvraient, à Forbach, par l'échange de quelques coups de feu entre une patrouille et des douaniers; deux jours après, les Badois rentraient, de leur côté, le pont de bateaux jeté sur le Rhin, et les Prussiens faisaient sauter sur leur rive la culée du pont du chemin de fer.

Le roi Guillaume, lorsque la notification officielle de la déclaration de guerre lui fut faite par M. Lesourd, chargé d'affaires de France à Berlin, après avoir entendu la lecture de cet acte, embrassa son fils avec émotion, — dit-on, — et prononça ces simples mots : « A la grâce de Dieu ! » Car c'est un homme très-pieux que ce roi qui fait verser à flots le sang des nations, qui ordonne le pillage, l'incendie et le meurtre !

Voici, pour n'avoir plus à y revenir, les proclamations adressées par l'empereur Napoléon et le roi Guillaume à leurs peuples et à leurs soldats.

Le 23 juillet, on affichait à Paris la proclamation suivante :

« Français,

« Il y a dans la vie des peuples des moments solennels où l'honneur national violemment excité s'impose comme une force irrésistible, domine tous les intérêts et prend seul en mains la direction des destinées de la patrie. Une de ces heures décisives vient de sonner pour la France.

« La Prusse, à qui nous avons témoigné, pendant et depuis la guerre de 1866, les dispositions les plus conciliantes, n'a tenu aucun compte de notre bon vouloir et de notre longanimité.

« Lancée dans une voie d'envahissement, elle a éveillé toutes les défiances, nécessité partout des armements exagérés, et fait de l'Europe un camp où régnent l'incertitude et la crainte du lendemain.

« Un dernier incident est venu révéler l'instabilité des rapports internationaux et montrer toute la gravité de la situation. En présence des nouvelles prétentions de la Prusse, nos réclamations se sont fait entendre. Elles ont été éludées et suivies de procédés dédaigneux. Notre pays en a ressenti une profonde irritation, et aussitôt un cri de guerre a retenti d'un bout à l'autre de la France. Il ne nous reste plus qu'à confier nos destinées au sort des armes.

« Nous ne faisons pas la guerre à l'Allemagne, dont nous respectons l'indépendance. Nous faisons des vœux pour que les peuples qui composent la grande nationalité germanique disposent librement de leurs destinées.

« Quant à nous, nous réclamons l'établissement d'un état de choses qui garantisse notre sécurité et assure l'avenir. Nous voulons conquérir une paix durable, basée sur les vrais intérêts des peuples et faire cesser cet état précaire où toutes les nations emploient leurs ressources à s'armer les unes contre les autres. Le glorieux drapeau que nous déployons encore une fois devant ceux qui nous provoquent est le même qui porta à travers l'Europe les idées civilisatrices de notre grande révolution. Il représente les mêmes principes, il inspirera les mêmes dévouements.

« Français,

« Je vais me mettre à la tête de cette vaillante armée qu'anime l'amour de la patrie. Elle sait ce qu'elle vaut, car elle a vu dans les quatre parties du monde la victoire s'attacher à ses pas.

« J'emmène mon fils avec moi, malgré son jeune âge. Il sait quels sont les devoirs que son nom lui impose, et il est fier de prendre sa part des dangers de ceux qui combattent pour la patrie. Dieu bénisse nos efforts ! Un grand peuple qui défend une cause juste est invincible !

« NAPOLÉON. »

A l'armée française Napoléon III parla ainsi lorsqu'il arriva à Metz :

« Soldats,

« Je viens me mettre à votre tête pour défendre l'honneur et le sol de la patrie. Vous allez combattre une des meilleures armées de l'Europe, mais d'autres qui valaient autant qu'elle n'ont pu résister à votre bravoure. Il en sera de même aujourd'hui.

« La guerre qui commence sera longue et pénible, car elle aura pour théâtre des lieux hérissés d'obstacles et de forteresses ; mais rien n'est au-dessus des efforts persévérants des soldats d'Afrique, de Crimée, de Chine, d'Italie et du Mexique. Vous prouverez une fois de plus ce que peut une armée française, animée du sentiment du devoir, maintenue par la discipline, enflammée par l'amour de la patrie.

« Quel que soit le chemin que nous prenions hors de nos frontières, nous y trouverons les traces glorieuses de nos pères.

« Nous nous montrerons dignes d'eux.

« La France entière vous suit de ses vœux ardents, et l'univers a les yeux sur vous. De nos succès dépend le sort de la civilisation.

« Soldats, que chacun fasse son devoir, et le Dieu des armées sera avec nous !

« NAPOLÉON.

« Au quartier impérial de Metz, le 28 juillet 1870. »

Les proclamations du roi Guillaume étaient plus simples, moins emphatiques, et avaient surtout le mérite d'être plus courtes que celles de son « frère » Napoléon III. A son peuple il disait :

« En me rendant aujourd'hui à l'armée, afin de combattre pour l'honneur de l'Allemagne et la conservation de nos plus grands biens, je veux, devant l'élan unanime de mon peuple, accorder une amnistie complète pour les crimes et délits politiques.

« Le ministre d'État me présentera un décret à ce sujet.

« Mon peuple sait comme moi que ni rupture de paix ni aucune haine ne sont venues de ma part ; mais, provoqué, nous sommes décidé, comme nos pères, et en mettant notre ferme confiance en Dieu, à accepter la lutte pour le salut de la patrie. »

Et quand le 2 août Guillaume arriva à Mayence, où était son quartier général, il publia la proclamation suivante :

« Soldats, toute l'Allemagne, animée par le même sentiment, se trouve sous les armes contre un État voisin qui nous a déclaré la guerre. Il s'agit de défendre notre patrie et nos foyers menacés.

« Je prends le commandement des armées réunies, et je vais marcher contre un adversaire qu'un jour nos pères ont combattu glorieusement dans la même situation.

« L'attention pleine de confiance de toute la patrie, la mienne, est fixée sur vous. »

La population parisienne accueillit avec enthousiasme la nouvelle de la déclaration de guerre. Souhaitait-elle aussi vivement la guerre qu'il l'eût semblé à entendre les braillards des rues? C'est un point qui n'est pas encore bien éclairci. Nous croyons qu'une fois le gant jeté, le gros de la population s'était abandonné, sans trop de réflexion, à cette humeur belliqueuse, qui est le fond de tout bon Français.

On ne hait pas, chez nous, dit très-justement M. F. Sarcey, de cueillir des lauriers, et l'exemple des campagnes précédentes, qui toutes avaient été promptement et glorieusement terminées, ajoutait à la confiance que nous avions en notre supériorité militaire. La précipitation du gouvernement à déclarer la guerre avait encore fortifié cet espoir. En voyant sur quel frivole prétexte il avait poussé les choses et brûlé ses vaisseaux, on avait naturellement pensé qu'il se sentait absolument prêt, et l'on croyait que ce serait une affaire lestement menée et qu'on serait à Berlin avant six semaines.

— *A Berlin! à Berlin!*

Tel était le cri que la population parisienne fit retentir pendant huit jours. Et qu'on ne dise pas, comme on l'a faussement avancé, que c'était la police qui parcourait les rues de Paris en criant « *Vive la guerre!* » que c'étaient des gens payés, des hommes à *blouses blanches* qui faisaient de l'enthousiasme à trois francs l'heure. Non! nous avons encore devant les yeux le spectacle enfiévré des journées de la fin de juillet. Foule dans les rues, foule dans les cafés, foule partout, foule le soir pour chanter dans les rues des chants patriotiques! La guerre, ce fléau qui fait couler le sang des nations, la guerre qui est un épouvantement, était accueillie comme un jour de fête. Quoi qu'on puisse dire, l'enthousiasme de la population parisienne était bien réel.

La confiance était illimitée; les manœuvres, les attaques à la baïonnette, l'élan irrésistible des soldats français, les mitrailleuses dont on vantait les merveilles, étaient autant d'arguments qui prévalaient non-seulement parmi la troupe et les officiers, mais aussi parmi le peuple. Tous croyaient à un succès prompt et décisif contre les armées prussiennes qu'on n'estimait pas, hélas! à leur juste valeur.

Notre invincible armée! nos braves soldats! nos héros de l'Alma, de Magenta, de Solferino! nos vieux généraux d'Afrique! On n'entendait que ces mots sur le boulevard et dans les rues, et il n'était si pacifique bourgeois qui ne sentît par avance et avec délices l'odeur de la poudre.

On accompagnait aux gares les régiments qui traversaient Paris pour se rendre en Alsace, en chantant la *Marseillaise*, cet hymne guerrier si longtemps proscrit par le gouvernement impérial, *Mourir pour la Patrie*, la *Parisienne* et tous les chants patriotiques connus.

Dans les cafés-concerts, dans les théâtres, c'était comme un mot d'ordre. A peine le rideau était-il tombé que les spectateurs criaient à pleins poumons : *La Marseillaise !* L'administration, qui s'attendait à cette quotidienne manifestation d'enthousiasme, avait tout préparé pour y satisfaire. La toile se relevait, et l'un des artistes du théâtre entonnait l'hymne patriotique, et toute la salle reprenait le refrain en chœur.

Cette cérémonie, qui se renouvelait tous les jours, eut un caractère grandiose la première fois qu'elle naquit de l'élan spontané de la foule. C'était à l'Opéra. L'affiche ne portait point que la *Marseillaise* dût être exécutée ce soir-là. Mais tout Paris, le *tout Paris* des artistes et du grand monde, savait que si le public l'exigeait trop vivement, Mme Marie Sass était prête à la chanter.

Dès une heure de l'après-midi, toutes les places étaient retenues. La salle était comble. Une vraie salle de première représentation, chaude, passionnée, vibrante ! Tout ce que Paris compte d'illustrations dans tous les genres avait tenu à honneur de se trouver là. Au troisième acte de la *Muette*, après que le beau chant *Amour sacré de la Patrie* eût excité la fibre patriotique des assistants, ce ne fut qu'un cri de l'orchestre aux combles du théâtre : « *La Marseillaise ! la Marseillaise !* » Mme Sass apparut, vêtue de la tunique blanche et du drapeau semé d'abeilles ; la salle entière partit d'une immense acclamation. L'hymne sacré commença : *Debout !* cria une voix claire et perçante que tout le monde reconnut pour être celle de M. de Girardin. Le public, comme s'il était secoué d'un choc électrique, se leva tout entier, et une inexprimable émotion traversa la salle. C'était à la fois un spectacle touchant et grandiose que de voir trois mille personnes écouter dans cette attitude le sublime appel aux armes.

Le soir, on défilait par bandes sur les boulevards en chantant la *Marseillaise* et en criant : *A Berlin ! à Berlin !* La presse était presque unanime, du reste, à se réjouir de la guerre, et M. de Girardin écrivit, dans un article qui fut célèbre au moins huit jours, qu'il nous fallait reconduire « ces vandales (les Prussiens) à coups de crosse dans le dos jusqu'à Berlin. »

Tout le monde achetait des cartes et des épingles surmontées de drapeaux. C'est pour les Parisiens, dit spirituellement Francisque Sarcey, la façon la plus commode de prendre leur part des fatigues de la guerre. Ils achètent une carte — en a-t-on vendu pendant les quinze premiers jours, des cartes d'Allemagne, bien entendu, il n'y en avait pas d'autres ! — et s'armant de longues épingles qui marquent les positions des armées belligérantes, ils les font voler sur le papier. Rien ne les arrête dans l'exécution de leurs plans ; ils franchissent les rivières, traversent les montagnes, et en moins de temps qu'il n'en faut pour piquer leurs épingles, ils s'emparent des villes les plus fortifiées. Un bon coup d'épingle, et voilà le drapeau tricolore qui flotte sur Mayence, sur Trèves, sur Cologne. Il n'en eût pas coûté davantage de le planter sur les murs de Berlin.

Cette manière facile d'opérer sur la carte est si simple qu'elle trompe généralement le bourgeois de Paris sur la difficulté des marches en campagne. Il se sentait déjà, aux environs du 1ᵉʳ août, tout hérissé et furieux de n'avoir pas gagné au moins une grande bataille. Ah! s'il avait su ce qui se préparait! l'effroyable désordre de ces troupes, mal commandées, mal nourries, insuffisamment armées et indisciplinées.

Mais les Parisiens ne permettent pas qu'on touche à leur joujou. Et dans ce moment où ils étaient presque tous pleins de chauvinisme guerrier et de crédulité niaise, bien imprudents étaient ceux qui, prévoyant que nous serions vaincus, cherchaient à modérer l'enthousiasme de la foule. On criait *haro* sur les prophètes de malheur, on les traitait de mauvais Français, de Prussiens, d'espions de Bismark; ils étaient houspillés, bousculés et maltraités de la bonne façon. Ceux-là, du reste, étaient rares; ils ne formaient dans la masse de la population qu'une minorité imperceptible. Ils se taisaient autant par prudence personnelle que par patriotisme. Il ne faisait pas bon, en effet, de parler en ce moment-là des bienfaits de la paix.

Nous nous rappelons que, le 16 juillet, un charivari bien organisé fut donné le soir devant l'hôtel de M. Thiers, sur la place Saint-Georges. Ce dernier avait fait tout ce qu'il avait pu au Corps législatif, dans la séance de la veille, pour arrêter cette guerre fatale, et c'en était assez pour que le Parisien, devenu subitement belliqueux, vînt crier: « À bas Thiers! » devant la maison de l'homme qui, conservant son sang-froid, avait pu calculer, connaissant les ressources des deux nations, les chances de cette guerre si légèrement déclarée, et qui gardait à travers cet universel enthousiasme un front soucieux et des appréhensions qu'il avait eu le courage d'exprimer à la Chambre et qui se sont malheureusement réalisées.

Les préfets, consultés sur les dispositions des provinces, avaient répondu presque unanimement qu'elles désiraient la paix. On la leur avait promise en effet, lorsque leurs députés se mettant à la tête des comités plébiscitaires leur avaient conseillé de voter *Oui* au scrutin du 8 mai, et si ceux-ci n'avaient pas été aussi compromis par leurs attaches officielles, ils se seraient tous levés pour protester, lors du discours de M. de Gramont. La Chambre déclarant qu'elle ne voulait pas la guerre, se refusant à voter tout subside, la guerre ne pouvait avoir lieu, et la France ne se trouverait pas aujourd'hui dans la situation désastreuse où l'a plongée cette guerre engagée dans un intérêt purement dynastique et dans des conditions matérielles épouvantables, votée par la Chambre, encouragée par la presse et réclamée par Paris.

Les bureaux où l'on recevait les engagements volontaires pour la durée de la guerre étaient inabordables. Comme l'avait fort bien dit à la Chambre le maréchal Le Bœuf: « Il y a en France beaucoup de jeunes gens qui aiment la poudre et n'aiment pas la caserne. » Les engagements abondaient. Tout le monde voulait être soldat; il y eut en quelques jours plus de cent mille engagements.

Dans les villes de l'Est, lorsqu'un train militaire était signalé, la foule se précipitait dans les gares. Une quantité de pains, des monceaux de viandes froides, des tonnes de vin et de bière étaient rangés en bataille. Les soldats étaient accueillis par des hourras indescriptibles. Des chopes immédiatement remplies leur étaient offertes; les dames distribuaient des vivres à nos futurs héros; c'étaient enfin des cris, des bravos et des chants à ne plus entendre Dieu tonner.

Non! qu'on ne croie pas que c'étaient seulement les *blouses blanches*, des gens payés par la police qui criaient dans les rues: *Vive la guerre!* et chantaient la *Marseillaise;* non! le peuple, le vrai peuple, le rentier, le bourgeois, l'artisan, l'ouvrier prenaient leur bonne part de ces manifestations guerrières. Tout le monde rêvait bataille, et il n'était si pacifique bourgeois qui ne voulût vous expliquer qu'il avait un plan infaillible d'après lequel on devait entrer à Berlin avant huit jours.

L'enthousiasme était vraiment à son comble. Une fois la guerre déclarée, la population parisienne avait senti se réveiller son humeur belliqueuse, et nous ne croyons pas nous tromper en affirmant que le chef de l'État n'aurait pu, sans compromettre sa couronne, arrêter l'élan guerrier de la nation, tant était grande la confiance que nous avions dans nos armées, tant nous nous croyions sûrs du succès.

C'est le 28 juillet que l'empereur, accompagné du prince impérial, quitta Saint-Cloud pour se rendre à l'armée. Voici la liste des personnes qui étaient désignées pour le suivre au quartier général:

Les généraux de Béville, de la Moskowa, Castelnau, de Waubert de Genlis, Reille, Favé, Pajol, Canu, aides de camp de l'empereur;

Le général de Courson de Villeneuve, adjudant général du palais;

Les capitaines Nepp, d'Hendecourt, Dreysse, de Morcourt, de Trécesson, officiers d'ordonnance;

Le vicomte Lepic et le colonel de Tascher de la Pagerie, maréchaux de logis du palais;

Le comte Davilliers de Saint-Jean d'Angély, premier écuyer;

MM. Raimbeaux, Suarez d'Aulan et de Massa, écuyers;

Les docteurs Conneau, Corvisart et Larrey;

M. Franceschini Piétri, secrétaire particulier, et le vicomte Pierre Daru, courrier de cabinet.

La suite du prince impérial se composait de MM. le commandant Larrey et le capitaine Clary, aides de camp, et de MM. Bachon et d'Aure, écuyers.

La veille, deux trains avaient emporté 80 chevaux de la poste impériale, 30 chevaux de selle, 14 voitures, le personnel des écuries et le personnel composant le service de bouche.

Depuis le commencement des hostilités jusqu'à la capitulation de Sedan, les chemins de fer et les routes furent encombrés par les équipages de l'empereur. Voitures du souverain, voitures des officiers de service, bagages, batteries de cuisine, cuisiniers, maîtres d'hôtel et marmitons formaient un magnifique et imposant défilé. Rien ne manquait au ménage de l'austère général en chef, et l'on voyait, assure-t-on, sur une de ses voitures cette inscription: « *Homards frais!* »

Les officiers supérieurs avaient suivi l'exemple de leur maître;

quelques généraux s'étaient fait suivre par toute leur famille; d'autres se faisaient remarquer par le luxe et l'importance de leurs équipages. Leurs noms et les grades qu'ils occupaient dans l'armée du Rhin étaient inscrits sur leurs bagages en lettres tellement gigantesques qu'elles auraient pu exciter l'envie du directeur de théâtre le plus hasardeux en matière de réclame.

Bref, on eût dit, en voyant tout ce luxe, l'armée de Darius; rien n'y manquait, pas même Darius et de tous les bagages, c'était, sans contredit, comme on le verra par la suite, le plus embarrassant.

Aussi, quand, quelques jours après, le général Changarnier arriva à Metz, la première phrase qu'il prononça fut une censure des erreurs du général en chef et des officiers supérieurs. « Ce n'est pas comme cela qu'on fait la guerre, » se borna à dire le général, en jetant un regard dédaigneux sur tous ces trains inutiles.

Lorsque l'empereur arriva à Metz, où il fut reçu avec les marques d'un enthousiasme sans bornes, les commandants français étaient plongés dans une confiance qui devait leur être fatale. Ils passaient leur temps dans les salles de café de la ville. Après quelques paroles à la hâte sur la guerre et sur les glorieuses conquêtes en perspective, après la discussion importante du menu du soir, mêlée aux intrigues de l'entourage de l'empereur, les questions de préséance et d'une ambition avide étaient des sujets beaucoup plus à l'ordre du jour que la marche des Prussiens ou de leurs éclaireurs.

Ces questions étaient considérées comme une matière insignifiante en comparaison du confort présent et futur de ces messieurs.

Le plan qui avait été élaboré de longue main entre l'empereur et le maréchal Le Bœuf a été tenu tellement secret qu'encore aujourd'hui il nous est inconnu; après les événements qui se sont produits dès le début de la campagne, les auteurs ne se sont pas empressés de le publier.

Cependant, à en juger, moins d'après l'attaque de Sarrebrück le 2 août, que par la quantité énorme de cartes et de renseignements spéciaux sur l'Allemagne, envoyés aux divers états-majors, et par l'absence de toute espèce de carte de France, le plan de campagne adopté était offensif.

Voyons quels emplacements furent assignés aux différents corps par le major général Le Bœuf, pour l'exécution de ce plan offensif.

Vers les derniers jours du mois de juillet, les huit corps étaient ainsi répartis : le 1er (Mac-Mahon), en avant de Strasbourg, devant agir de concert avec le 7e (Douay), qui occupe Belfort, et le 5e (de Failly) à Bitche; le 2e corps (Frossard), en avant de Saint-Avold; le 3e (maréchal Bazaine) à Boulay, entre Sarrebrück et Thionville; le 4e (Ladmirault), à Thionville; la garde est à Metz comme réserve partielle pour ces trois derniers corps. Le 6e corps enfin (maréchal Canrobert) forme, à Châlons, Soissons et Paris, la réserve générale de l'armée.

Tous ces corps, excepté le 1er, le 5e et le 7e qui avaient été réunis éventuellement, sous le commandement du maréchal Mac-Mahon, étaient sans aucun lien entre eux et relevaient directement de l'empereur, qui commandait en chef, et du major général de l'armée. C'était une première cause de faiblesse, de désunion et de lenteur dans les mouvements; mais, en outre, il est contraire à toutes les règles de l'art militaire d'aller ainsi éparpiller tout le long de la frontière des corps qui sont dans l'impossibilité matérielle de se soutenir les uns les autres.

Tous les officiers qui ont écrit l'histoire de la campagne blâment ce plan qui reposait sur l'offensive. D'après eux, la prudence la plus élémentaire, eu égard à nos forces et à celles de l'ennemi, nous imposait de faire d'abord une guerre défensive, de profiter des avantages immenses que nous avions, au point de vue militaire, à combattre sur un terrain connu, préparé à l'avance, au risque de sacrifier une légère portion du territoire que nous aurions pu, du reste, largement indemniser plus tard.

Pour cela encore, une énergique concentration était indispensable; il fallait comprendre qu'on protégeait bien mieux notre frontière en prenant en arrière, une position centrale entre Metz et Nancy, par exemple, qu'en cherchant à en couvrir directement toute l'étendue. De là, nous pouvions observer les débouchés des Vosges et nous porter en masse dans n'importe quelle direction, en forçant l'ennemi à démasquer ses projets. Si lui-même s'avançait en grande concentration, nous aurions eu, dans une bataille générale, l'avantage de combattre sur une position choisie et étudiée, et avec toute la supériorité tactique que donne la défensive; s'il pénétrait, au contraire, en France par groupes isolés, nous pouvions tomber successivement sur chacun d'eux et les écraser en détail.

Donc, que nous voulussions prendre l'offensive ou que nous eussions intérêt à nous tenir sur la défensive, nos troupes devaient être concentrées. Nous ne tardâmes pas d'ailleurs à ressentir les effets de la fatale disposition adoptée.

Le plan de la Prusse, dans une guerre contre la France, était depuis longtemps étudié et arrêté; il était connu de tout le monde et avait été reproduit et discuté par toutes les gazettes allemandes.

La Prusse, toutefois, ne s'attendait pas à une attaque aussi brusque de la France, et, dans les premiers jours qui suivirent la déclaration de guerre, elle était très-inquiète sur le sort des provinces de la rive gauche du Rhin, qui étaient complètement sans défense; elle pensait tout naturellement que, puisque nous déclarions la guerre, toutes nos mesures étaient prises, toutes nos concentrations faites et que nous allions immédiatement entrer en campagne.

La Prusse, dit l'officier de l'armée du Rhin dont nous avons déjà eu l'occasion de citer l'intéressant travail sur la campagne de 1870, était fermement résolue à faire une guerre offensive; elle savait qu'elle était exposée à une attaque combinée vers le Mein, par la Bavière rhénane et par la forêt Noire; mais elle préférait sacrifier l'Allemagne du Sud qu'elle ne pouvait pas d'ailleurs efficacement protéger, et marcher sur Paris. C'était sous les murs d'une des deux capitales que devait se trancher la question, et, tandis que le Mein et la Saale nous donnaient la route la plus longue vers Berlin, la vallée de la Moselle offrait aux

Prussiens le chemin le plus court sur Paris. En outre, leur immense supériorité numérique, dont ils se rendaient parfaitement compte, leur permettait, tout en prenant une vigoureuse offensive, de s'opposer également de front à notre attaque.

En supposant que la Prusse respectât aussi la neutralité de la Belgique et du Luxembourg, ce qui était très-probable comme pour la France, trois bonnes lignes d'opération se présentaient à elle.

La première allait de Sarrebrück ou Sarreguemines à Metz et Nancy : Sarrebrück était le point de jonction des trois chemins de fer venant de Trèves, Bingen et Mannheim par Kaiserslautern. Cette ligne permettait donc une concentration de troupes rapide, sur un terrain éminemment propre à la défensive, et dont les derrières étaient couverts par les trois grandes places du Rhin. Nous laissons de côté la ligne de Coblentz, Trèves, Thionville et Metz, qui n'a pas de chemin de fer et qui présente des communications très-restreintes et très-difficiles.

La seconde ligne, venant de Mayence, suit la rive gauche du Rhin entre ce fleuve et les Vosges, appuyée par les places fortes de Germersheim, Landau et Rastadt ; elle tourne Strasbourg au nord par le col de Saverne, et gagne Lunéville et Nancy. Sur celle-ci peut venir éventuellement se greffer une ligne secondaire, celle de Kehl-Strasbourg, mais seulement après la prise de cette place.

Les deux lignes de Sarrebrück-Nancy et Mannheim tournent, ainsi qu'il est facile de le voir sur une carte, toutes nos places fortes de la Moselle, des Vosges et de l'Alsace ; elles permettent aux troupes qui les suivent une concentration de plus en plus grande, et après quelques combats heureux, elles mènent directement sur Châlons et sur Paris.

Une armée française, battue sur la Moselle, aurait, en outre, à peine le temps de se retirer soit sur la Marne, soit sur la Meuse.

La troisième ligne d'opérations était celle de Fribourg par Mulhouse et Belfort sur Langres et Paris. Elle avait l'inconvénient d'être à l'extrémité de l'Allemagne du Sud et d'aller heurter deux grandes places. Elle ne pouvait donc servir qu'à une armée secondaire, dont les mouvements dépendraient plutôt de la défense qu'opposerait le pays que des opérations des armées principales.

C'est sur ces données que fut basé le plan de campagne du général de Moltke, plan que les événements lui ont permis d'exécuter pour ainsi dire pas à pas.

La Prusse, dès le jour de la déclaration des hostilités, mit sur le pied de guerre toutes ses troupes sans la moindre exception ; les landwehrs furent immédiatement réunies ; les soldats des plus jeunes classes complétèrent les effectifs de l'armée régulière ; les soldats des classes moyennes formèrent les troupes de landwehr proprement dites ; les plus anciens, les troupes de remplacement et les bataillons de garnison.

Au commencement de la campagne, l'armée prussienne était divisée en douze corps : le 1er (corps d'armée de la Prusse orientale), commandé par le général Manteuffel ; le 2e (Poméranie), par le général

Fromeschi; le 3e (Brandebourg), par von Avensleben II; le 4e (Saxe prussienne), par von Avensleben Ier; le 5e (Posen), par von Kirchback; le 6e (Silésien), par von Tumplinz; le 7e (Westphalie), par von Zartrow; le 8e (Prusse Rhénane), par von Gœben; le 9e (Schleswig-Holstein), par Momstein; le 10e (Hanovre), par von Voigts-Rhetz; le 11e (Hesse et Nassau), par von Böse; le 12e (Saxe), par le Prince Royal de Saxe.

Ces douze corps formèrent quatre armées :

La 1re armée, placée sous les ordres du général d'infanterie von Steinmetz, et composée des 1er, 7e et 8e corps, se concentra à Coblentz.

La 2e armée, sous les ordres du prince Frédéric-Charles, se concentra à Hombourg, dans la Bavière Rhénane; elle comprenait les 2e, 3e, 9e et 10e corps.

Le 3e armée, commandée par le Prince Royal de Prusse, devait agir entre le Rhin et les Vosges. Elle se concentra près de Mannheim. Elle était formée par les 11e, 5e et 6e corps, auxquels s'était ajouté le 2e corps bavarois et des divisions wurtembergeoise et badoise.

Enfin une 4e armée, dite de réserve, sous les ordres du Prince de Saxe, comprenait le corps de la garde et les 4e et 12e corps. Elle se concentra à Kaiserslautern, en arrière des deux premières, auxquelles elle fut attachée pendant les premiers événements de la campagne.

La division de la Hesse-Darmstadt faisait partie, ainsi que la 8e division prussienne, du 9e corps. La 17e division, qui était sous les ordres du grand-duc de Mecklembourg-Schwerin, forma avec une division de landwehr (la 2e), un nouveau corps, le 13e, sous le nom d'armée de réserve de Lorraine.

La division badoise, avec la 1re division de landwehr, sous les ordres du général von Werder, constitua le 14e corps, qui fit plus tard le siège de Strasbourg.

Une troisième division de landwehr (von Kummer) fut aussi envoyée, vers le 15 août, à Metz.

S. M. Guillaume, roi de Prusse, avait pris le commandement des armées allemandes; il avait pour major général le baron de Moltke, le grand stratégiste, le véritable commandant en chef. Le fameux chef d'état-major auquel la Prusse doit la plus grande partie de ses victoires, n'est pas né Prussien. De même que Blücher, M. de Moltke est une force annexée par la Prusse. Il est né à Gnewitz, dans le Mecklembourg, le 26 octobre 1800.

Il entra d'abord au service du Danemark jusqu'en 1822, époque à laquelle il passa dans l'armée prussienne. Sa place était à l'état-major dans lequel il venait d'être admis lorsqu'il eut l'idée de faire un voyage en Orient. Il fut présenté au sultan Mahmoud et appelé à l'initier aux théories stratégiques. Rentré en Prusse en 1846, il fut désigné comme aide de camp du prince Henri, qui mourut peu de temps après à Rome.

Le baron de Moltke devint, en 1856, aide de camp du prince Frédéric Guillaume, et deux ans après, chef d'état-major de l'armée prussienne. En 1864, il commanda l'état-major du prince Frédéric-Charles, dans la guerre dirigée contre le Danemark. Mais son triomphe devait

COMTE DE MOLTKE

être l'admirable plan de campagne qu'il eut le bonheur de voir réaliser point pour point par l'armée prussienne dans la guerre de sept jours qui se termina par la bataille décisive de Kœniggraetz ou Sadowa, comme nous l'appelons. A dater de cette guerre, le baron de Moltke a acquis le droit de prendre place parmi les grands tacticiens dont l'histoire nous retrace les hauts faits.

M. de Moltke a publié, à la suite de son voyage en Turquie, deux volumes fort estimés : l'*Expédition turco-russe dans la Turquie d'Europe* et les *Lettres sur les événements de Turquie de 1835 à 1839*. Il a pris, en outre, la plus grande part à la publication officielle de la *Campagne d'Italie en 1859*, éditée par ordre du gouvernement prussien.

Voilà l'homme qui, avec le titre modeste de chef d'état-major du roi Guillaume, est le véritable généralissime des armées allemandes. A M. de Moltke, le grand stratégiste, à M. de Moltke, le grand tacticien, qui avons-nous à opposer ? l'empereur Napoléon III et le maréchal Le Bœuf ! !

Nous ne voulons point juger ici Napoléon comme souverain ; nous voulons apprécier en deux mots seulement ses talents militaires. L'empereur n'avait pas prouvé en Italie qu'il eût le génie de son oncle, tant s'en faut ! Il commit même des fautes graves qui faillirent compromettre la campagne. A Buffalora, il était perdu, sans Mac-Mahon. Il occupait avec les grenadiers et les zouaves de sa garde la tête du pont de Buffalora, autour duquel toutes les forces autrichiennes venaient de se retrancher puissamment. Espérant être rejoint par les corps de Mac-Mahon, de Canrobert et de Niel, il donna trop vite l'ordre d'engager le feu, et pendant cinq heures, il eut à soutenir seul tous les efforts de l'ennemi. La garde, inébranlable comme un mur d'airain, tenait ferme, et « l'empereur, dit le rapport officiel, attendait, *non sans anxiété*, le signal de l'arrivée du corps de Mac-Mahon à Buffalora, lorsque, vers les deux heures, il entendit de ce côté une fusillade et une canonnade très-vive : les renforts arrivaient. » Et la faute de l'Empereur fut réparée. Tel était le général en chef de l'armée française !

Son chef d'état-major général était le maréchal Le Bœuf, ministre de la guerre. M. Le Bœuf est né en 1809 ; il a été commandant en second de l'Ecole polytechnique, de 1848 à 1850 ; il commandait l'artillerie en Crimée et en Italie. On se rappelle que c'est en très-grande partie à l'artillerie rayée qu'on doit attribuer le gain de la bataille de Solférino. A la suite de la campagne de 1866, le général Le Bœuf fut chargé de recevoir la Vénétie que l'Autriche cédait à la France, et qui devait, après quelques semaines, faire retour à l'Italie.

Il commandait le 6ᵉ corps d'armée à Toulouse, lorsqu'il fut appelé, par décret du 21 août 1869, à prendre la succession du maréchal Niel au ministère de la guerre.

Quelque temps après, M. Le Bœuf fut élevé à la dignité de maréchal de France, contrairement à la loi militaire, qui fait d'un commandement en chef la condition du maréchalat.

M. Le Bœuf a fait preuve, dans la malheureuse campagne de 1870, d'une incapacité complète et d'une incurie incroyable.

Les forces respectives des deux armées, les plans des deux généraux en chef et les positions de chaque corps étant connus, passons au récit des événements.

CHAPITRE III

SARREBRUCK. — WISSEMBOURG. — FRESCHWILLER. — BORNY

Premiers événements de la guerre dans les derniers jours de juillet. — Affaire de Sarrebrück, le 2 août. — Combat de Wissembourg. — Mort du général Abel Douay. — Bataille de Freschwiller. — Les cuirassiers de Reischoffen. — Inaction du général de Failly. — Retraite des 1er et 5e corps sur le camp de Châlons. — Bataille de Forbach, le 6 août. — Général Frossard. — Formation de deux armées distinctes. — Armée de Châlons. — Armée de Metz. — Le nouveau ministère. — Marche des armées prussiennes du 6 au 11 août. — Bataille de Borny.

Dès les derniers jours de juillet eurent lieu de petites rencontres d'avant-postes, de cavalerie particulièrement : les deux partis cherchaient à se couper réciproquement les lignes de chemins de fer.

Le 28 juillet, il y eut un engagement entre des uhlans prussiens et un petit détachement d'infanterie, au nord-est de Sarreguemines, près du pont sur la Blies. Dans la nuit, un détachement de chasseurs bavarois faisait une pointe sur notre territoire et essayait de couper les communications télégraphiques et le chemin de fer de Sarreguemines à Haguenau.

En Alsace, une reconnaissance faite aux environs de Niederbronn par la cavalerie badoise, fut repoussée par le général de Bernis, commandant une brigade de la cavalerie du 5e corps. Deux officiers de dragons badois furent tués.

Le 2e corps, commandé par le général Frossard, qui, lors de la déclaration de guerre, était au camp de Châlons, avait été le premier jeté à la frontière, aux environs de Saint-Avold, vers le 20 juillet. Après une huitaine de séjour sur ce point, pour donner aux autres corps le temps d'arriver, il se porta en avant sur Forbach, qu'il occupa le 30 juillet avec ses trois divisions ; la 2e division était à environ 2 kilomètres au nord de la ville, à droite de la route de Sarrebrück, sur les hauteurs de Spicheren ; la 3e division, sur le plateau d'Œtingen, un peu en arrière, formant réserve ; la 1ʳᵉ enfin à l'ouest de la ville, face à la forêt de Forbach et à la route venant de Sarrelouis.

Le 1ᵉʳ août au matin, l'empereur et le prince impérial étant arrivés au quartier du général Frossard, une attaque sur Sarrebrück fut décidée. Le lendemain matin, de bonne heure, la ville fut attaquée par l'artillerie française ; la 2ᵉ division se porta en avant vers les hauteurs qui dominent Sarrebrück de la rive gauche, la droite appuyée par la division Laveaucoupet, la gauche soutenue par la première brigade de la division Vergé. En même temps, une brigade d'infanterie, appuyée par l'artillerie et par le 7ᵉ régiment de dragons, s'avança dans la plaine, et, à environ un kilomètre de la place, commença avec vigueur l'attaque régulière des avant-postes prussiens.

Des troupes allemandes en grand nombre étaient concentrées à Ottweiller et Durbweiller, de manière à prévenir toute tentative pour occuper la vallée de la Sarre, et Sarrebrück lui-même était défendu par huit mille Prussiens. Les rues étaient barricadées ; les maisons, crénelées pour permettre l'emploi de la mousqueterie, étaient protégées contre l'artillerie par des espèces de casemates.

A dix heures, la division commandée par le général Bataille était engagée sur toute la ligne, et la brigade du général Rastoul, soutenue par un vigoureux feu d'artillerie bien dirigé sur le pont de la Sarre, avait un engagement sérieux avec les embuscades prussiennes, postées des deux côtés du pont, et flanquées par un régiment d'artillerie dont les hommes luttaient avec ardeur.

La gare du chemin de fer, construite en briques, avait été fortifiée de manière à soutenir un siège régulier, et le passage aboutissant au faubourg Saint-Jean sur la rive droite de la rivière, avait été miné, fait bien connu des généraux français. En ce moment, le colonel Merle, à la tête du 32ᵉ régiment, soutenu par une puissante artillerie et protégé par le feu des batteries françaises, fit un mouvement pour tourner la gauche, et après un court engagement, força les Prussiens à rentrer dans la ville.

Les Prussiens, en dépit de l'avantage de leur position, semblaient avoir abandonné le dessein de se défendre ; ils battirent en retraite en bon ordre, continuant à tirailler sans relâche, pendant que les Français avançaient avec plus d'impétuosité encore. Le feu des Allemands se ralentit bientôt, et leurs masses noires, à moitié repoussées de leurs positions, finirent par se retirer complètement.

Sur ces entrefaites — il était environ midi — l'empereur et le prince impérial étaient arrivés sur le lieu du combat. Les Prussiens étaient en retraite sur toute la ligne.

Une batterie de mitrailleuses fut mise en position devant l'empereur et le prince impérial ; mais Napoléon III, d'après une dépêche adressée par son secrétaire particulier au ministre de l'intérieur, ordonna qu'on ne tirât que si cela devenait nécessaire. Les Prussiens, en effet, étant cachés dans les ravins ou dans des maisons, ou bien encore disséminés en tirailleurs, on ne pouvait se servir utilement de notre nouvelle artillerie. Mais bientôt on aperçut un peloton ennemi qui défilait sur le chemin de fer de la rive droite, à une distance de 1,600 mètres; on dirigea sur lui les mitrailleuses, et, en un clin d'œil, le groupe fut dispersé, laissant la moitié de ses hommes par terre. Un second peloton se hasarda ensuite, sur la même ligne, et subit le même sort. Dès lors personne n'osa plus passer sur le chemin de fer.

À trois heures, les Français étaient maîtres de toutes les positions; leurs pertes s'élevaient à deux officiers et quinze hommes tués, avec soixante hommes hors de combat; tandis que du côté des Prussiens, on comptait environ trois cents hommes tués ou blessés, sans parler de cinquante prisonniers qu'ils laissaient entre les mains des Français. Les Prussiens ont affirmé plus tard que cette victoire avait été remportée par des forces supérieures contre une seule de leurs divisions : le fait est faux. Dix mille Prussiens luttèrent contre sept mille Français, et les combattants étaient également soutenus par leur corps d'armée respectif qui se trouvait à portée; le corps de Steinmetz au Nord, derrière Sarrebrück, le corps de Frossard, à Spicheren. Si les Prussiens l'avaient voulu, l'engagement se serait terminé par une grande bataille.

Le soir du 2 août, le 2ᵉ corps bivouaqua sur le champ de bataille, mais le lendemain, il n'y laissait que quelques grand'gardes et reprenait les emplacements qu'il occupait la veille au matin. Le combat du 2 août n'était donc, en réalité, qu'une parade sans but utile : on n'occupa pas la ville, et au lieu de continuer un mouvement offensif, le général Frossard se retira sur Forbach.

Mais il fallait bien que l'on pût dire : « Louis a reçu le baptême du feu. » Il fallait que les dépêches officielles pussent dire que « sa présence d'esprit, son sang froid dans le danger ont été dignes du nom qu'il porte. » Il fallait que la France apprît par les reporters officiels que « le jeune prince, tout d'abord ému à la vue des cadavres de deux soldats gisant sur le sol, avait soulevé son képi pour saluer les boulets qui lui donnaient son baptême du feu. » Il fallait que le prince impérial assistât à une représentation comme celle que venait de lui donner son gouverneur, M. Frossard, pour que Napoléon III pût, sur le champ de bataille, remettre à son fils la Médaille militaire et adresser à l'impératrice le télégramme suivant :

« Louis vient de recevoir le baptême du feu; il a été admirable de sang-froid et n'a nullement été impressionné.

« Une division du général Frossard a pris les hauteurs qui dominent la rive gauche de Sarrebrück.

« Les Prussiens ont fait une courte résistance.

« Nous étions en première ligne, mais les balles et les boulets tombaient à nos pieds.

« Louis a conservé une balle qui est tombée tout auprès de lui.

« Il y a des soldats qui pleuraient en le voyant si calme.

« Nous n'avons eu qu'un officier et dix hommes tués.

« NAPOLÉON. »

C'est tenir bien peu de compte de la vie des hommes que de les sacrifier ainsi à une aussi coupable cérémonie; c'est apporter bien peu de sérieux dans une guerre cependant si grave.

Mais des événements plus douloureux encore allaient se produire et jeter dans l'armée et dans la nation de lugubres pressentiments pour l'avenir; le 4 août, on apprenait que la division Abel Douay, du 1er corps, surprise par les Prussiens à Wissembourg, avait été écrasée. Voici ce qui s'était passé:

Le maréchal de Mac-Mahon, imitant dans le premier corps le fatal exemple qui avait été donné pour l'ensemble de l'armée, au lieu de grouper ses quatre divisions, leur assigna des emplacements tels qu'elles étaient hors d'état de se soutenir mutuellement.

Le 25 juillet, les positions occupées par ce corps étaient les suivantes: la 1re division (général Ducrot) en avant de Wœrth, la 2e (général Douay) à Haguenau, les 3e et 4e (généraux Raoult et de Lartigue) à Strasbourg. La cavalerie était en avant du front, la brigade de Septeuil à Sultz, la brigade de Nansouty à Seltz, couvrant de leurs avant-postes tout l'espace compris entre les Vosges et le Rhin. La brigade de cuirassiers du général Michel était en réserve.

Mais le maréchal ne trouvait pas encore la frontière entre Wissembourg et Lauterbourg suffisamment protégée contre les tentatives de l'ennemi, et le 2 août, il donna l'ordre à la division Douay de se porter sur Wissembourg et d'occuper la ville. Le général Douay plaça sa division sur les hauteurs du Geisburg au sud-est de la ville, où il envoya comme garnison un bataillon du 74e.

Le 3 au soir, le général Douay fut prévenu par un grand nombre d'habitants que les Prussiens s'avançaient sur la ville en masses compactes et qu'il serait dans l'impossibilité absolue de leur résister. Il communiqua ces renseignements au général Ducrot qui était à Wœrth et auquel le maréchal avait confié éventuellement le commandement des 1re et 2e divisions. Celui-ci lui donna l'ordre formel, au nom du maréchal, de livrer le combat.

Le lendemain, 4 août, vers neuf heures, les Prussiens attaquèrent à l'improviste avec des forces considérables. La division Douay n'avait même pas un peloton de cavalerie pour pouvoir se garder au loin; c'est ce qui explique la surprise dont elle fut victime.

Grâce aux bois qui couvraient la rive gauche de la Lauter, la division Douay fut attaquée dans son camp au moment où les soldats faisaient leur soupe et où de nombreuses corvées étaient allées dans la ville. On crut d'abord à une simple reconnaissance et, sans même lever les tentes, les troupes se portèrent en avant.

Wissembourg opposa une vigoureuse résistance; le général Douay se trouvait en présence des 5e et 11e corps d'armée prussiens, commandés par les généraux von Kirchback et von Böse. Les avantages du terrain occupé par nos troupes leur permirent d'abord de tenir tête à l'attaque et elles firent même éprouver à l'ennemi des pertes sérieuses. Pendant plusieurs heures, les Français combattirent avec une bravoure désespérée; les zouaves et les turcos rivalisaient d'ardeur et d'héroïsme. Chaque pli de terrain était défendu avec obstination par les Prussiens, qui, arrivant par masses, gagnaient du terrain. En ce moment le prince royal faisait mouvoir le 2e corps d'armée bavarois par la route de Lamb-Wissembourg, passait au-dessus de

Geisburg et tombait sur les derrières des Français, les prenant entre deux feux. Il leur fit 500 prisonniers et s'empara des tentes et du matériel du camp.

En dépit de cette position critique, les Français continuèrent à combattre avec une grande bravoure ; mais après avoir résisté avec une opiniâtreté digne d'un meilleur sort, ils furent obligés de se retirer vers le Col-du-Pigeonnier, sur la route de Bitche. Le général Douay fut tué dans ce combat.

Nos pertes furent énormes ; près de 2,000 soldats et officiers avaient été tués ou mis hors de combat. Les Prussiens accusaient de leur côté de grandes pertes qu'on peut évaluer à 1,500 tués ou blessés.

Le terrain étant assez difficile, la cavalerie ne put poursuivre les Français en retraite.

Le général de Werder s'empara de Lauterbourg sans coup férir.

Le 4 au soir, toute l'armée du prince royal de Prusse bivouaqua sur la Lauter.

Le maréchal Mac-Mahon, en apprenant, dans la nuit du 4, le désastre de Wissembourg, fut obligé de concentrer ses trois autres divisions en avant de Reischoffen et de changer ses plans, détruits en un instant par la brillante stratégie du prince royal de Prusse.

Dès le 5 au matin, le maréchal prenait ses dispositions pour livrer bataille sur la rive droite de la Sauer, dans une position excellente aux environs de Freschwiller. Sur la rive gauche se trouve le plateau de Gunstett, également très-important, parce qu'avec l'autre rive, il barre complétement la route d'Haguenau. La 1re division du 1er corps était établie à droite de Freschwiller, vers le village d'Elsashausen ; la 3e, à gauche, vers le village de Langensulzbach. La 2e division devait former la réserve au centre. La 4e division reçut l'ordre de se placer à droite des 1re et 3e divisions. La 1re division du 7e corps (général Conseil-Dumesnil) arriva le 6 au matin et s'établit en arrière de la 4e division.

L'artillerie de réserve était sur les crêtes qui s'étendent entre Freschwiller et Elsashausen. La cavalerie se trouvait dans les plaines qui s'étendent à l'ouest du village de Morsbronn.

L'intention première du maréchal avait été de livrer une bataille purement défensive, car il avait donné au génie l'ordre de couper tous les ponts sur la Sauer entre Wœrth et Bruchmüle. Une heure plus tard, il prescrivit de les conserver : la possibilité d'un succès et d'une offensive hardie comme conséquence s'était présentée à son esprit.

Mac-Mahon se préoccupa de ses lignes de retraite, prit des renseignements précis et donna des instructions en conséquence, ajoutant que « on aurait affaire à des forces énormes et à une artillerie formidable. »

Le soir, vers huit heures et demie, le maréchal reçut une dépêche de l'empereur lui annonçant que le 5e corps était mis également à sa disposition. Il envoya aussitôt au général de Failly une dépêche télégraphique conçue à peu près en ces termes : « L'empereur met votre corps à ma disposition ; venez me trouver *aussitôt que possible.* » Le maréchal était tellement heureux d'un renfort aussi inespéré, il avait tellement confiance dans la force de la position choisie qu'il s'écria tout joyeux : « Messieurs les Prussiens, je vous tiens ! »

Le 6 août, dès six heures du matin, les premiers coups de canon furent tirés sur notre gauche.

Les Prussiens, après leur succès de Wissembourg, s'étaient portés rapidement en avant sur Wœrth, petite ville située entre Soultz-sous-Forêts et Niederbronn, en contournant le massif montagneux et boisé du Hoch-Wald. Le 2ᵉ corps bavarois, suivi du 1ᵉʳ, avait pris la route de Wissembourg à Wœrth par Lembach, et formait ainsi l'aile droite; le 5ᵉ corps s'avançait par une route secondaire longeant le versant sud-est du Hoch-Wald par Roth et Preuschdorf; le 11ᵉ corps enfin et la division wurtembergeoise avaient pris la grande route de Sultz et arrivaient sur Wœrth, directement au centre de la position.

La division Bothmer, du 2ᵉ corps bavarois, qui débouchait par Langelsulzbach, attaqua vigoureusement la division Ducrot. En même temps, le 5ᵉ corps prussien prononçait son mouvement offensif sur la 3ᵉ division (Raoult), par le village de Gœrsdorf.

Le maréchal Mac-Mahon, informé vers sept heures par le général Ducrot de l'attaque des Prussiens, se porta vers son aile gauche pour observer ce qui se passait. Il déclara que l'ennemi ne pouvait s'être autant avancé, que c'était évidemment une simple démonstration, que la bataille ne serait que pour le lendemain, et, séance tenante, il fit rédiger des instructions dans ce sens pour le général de Failly. L'officier du génie qui fut chargé de porter cette dépêche arriva à Bitche vers une heure de l'après-midi.

Pendant ce temps, l'action devenait de plus en plus vive, et le maréchal dut bientôt reconnaître qu'il n'avait pas affaire à une simple reconnaissance d'avant-garde.

La division du général Ducrot, fortement pressée par le 2ᵉ corps bavarois, était obligée de faire un changement de front en arrière de son aile droite pour empêcher l'ennemi de tourner notre position du côté de Neuwiller. L'artillerie ennemie était nombreuse et faisait un carnage effroyable dans les rangs de notre armée. Le 5ᵉ corps prononçait de plus en plus son mouvement vers le centre sur Wœrth. Quoique très-vive, cette seconde attaque n'était encore qu'une démonstration.

Vers midi, les troupes de la 4ᵉ division (Lartigue) furent attaquées avec la plus grande vigueur par le 11ᵉ corps et la division wurtembergeoise, protégés par une batterie de 60 pièces.

Le maréchal essaya plusieurs fois de repousser l'ennemi et fit faire plusieurs attaques offensives par la division Conseil-Dumesnil, qui fut admirable d'intrépidité : un de ses régiments, le 21ᵉ, fut décimé.

Les Prussiens, protégés par le bois de Haguenau, attaquaient avec persistance, couverts par leur artillerie formidable. C'est en vain que nos mitrailleuses faisaient un vide affreux dans leurs colonnes. A chaque régiment décimé par l'adresse des tirailleurs français, il en sortait des bois un nouveau, qui, tournant tous les obstacles, profitant de tous les accidents de terrain, semblait marcher comme à une parade, mû par d'invisibles ressorts.

La lutte fut terrible; les turcos et les zouaves des généraux Raoult et Lartigue, la division du général Ducrot combattirent avec un courage héroïque dans la proportion de un contre quatre.

Il était quatre heures. Nos troupes étaient repoussées sur toute la ligne et fuyaient dans le plus grand désordre. Le maréchal, en cédant à ses instincts de bravoure et de résistance jusqu'à la dernière extrémité, ne s'était pas aperçu qu'il compromettait à la fois et ses troupes et ses positions en arrière. Son armée, héroïque entre toutes, vaincue seulement par le nombre, était complétement débandée et se retirait au hasard dans toutes les directions. Il fallait battre en retraite par Reischoffen et par Niederbronn. La brigade Septeuil, les cuirassiers de la division Bonnemain et de la brigade Michel et la division Debesme s'élancent. Ces soldats sublimes savent qu'ils vont à la mort; n'importe! ils se dévouent pour le salut de l'armée. Rien ne saurait donner une idée des charges merveilleuses exécutées par ces intrépides régiments. La grosse cavalerie, au repos depuis 1815, a prouvé dans cette journée qu'elle n'avait pas dégénéré.

Les cuirassiers s'élancent avec une intrépidité admirable, malgré les batteries qui font dans leurs rangs un vide effroyable; sans s'occuper des hommes qui tombent, criblés de projectiles, ils arrivent sur le front des régiments prussiens, les chargent, et ceux-ci, ébranlés, reculent. L'armée avait sa route de retraite ouverte.

Le 1ᵉʳ régiment de cuirassiers, au moment où il sabrait une colonne prussienne, fut presque entièrement détruit par une batterie masquée derrière un bataillon. Le colonel de ce régiment eut la tête emportée par un boulet, et, détail horrible, son cadavre décapité se tenant encore ferme en selle, fut emporté pendant plus de deux cents mètres sans tomber.

La charge des cuirassiers de Reischoffen mérite de passer à l'état légendaire, au même titre que celle des cuirassiers de Waterloo!

Dans cette bataille, que nous appelons indifféremment Freschwiller ou Reischoffen, et que les Allemands appellent Wœrth, les cinq divisions françaises qui avaient pris part au combat ne présentaient pas un effectif supérieur à 40,000 hommes. Elles avaient eu à lutter contre 150,000 hommes.

Les pertes des deux côtés furent grandes: les Prussiens eurent un plus grand nombre de tués et de blessés que nous: 13,000 environ contre nous 10,000; mais ils nous firent dans la retraite près de 3,000 prisonniers, dont 100 officiers; 35 canons, 6 mitrailleuses, beaucoup de bagages, le parc de réserve du 1ᵉʳ corps, la réserve d'artillerie de la division Conseil-Dumesnil tombèrent entre leurs mains. Enfin deux convois de chemin de fer, chargés d'approvisionnements de toutes sortes, furent pris par eux dans la gare d'Haguenau.

Nous perdîmes à Freschwiller deux braves officiers supérieurs, le général Colson, chef d'état-major du maréchal Mac-Mahon et le général Raoult, commandant la 3ᵉ division du 1ᵉʳ corps.

Voyons maintenant quel fut le rôle du général de Failly. — Ce général avait reçu à Bitche, le 5 au soir, vers neuf heures, les instructions du maréchal Mac-Mahon qui lui prescrivaient de le rejoindre aussitôt que possible. Au lieu de partir immédiatement avec tout son corps d'armée, pour rejoindre le 1ᵉʳ corps, il se contenta d'adresser pour le lendemain un ordre de départ à la 3ᵉ division qui se trouvait à l'est, à cheval sur les routes de Niederbronn et de Wissembourg.

Le général Guyot de Lespart se mit en route le 6 au matin ; mais quelques heures après, le général de Failly, craignant d'être attaqué lui-même du côté de Deux-Ponts, lui envoya un contre-ordre lui prescrivant de s'arrêter ; la 3ᵉ division se trouvait alors à Philippsburg, à quinze kilomètres au maximum du théâtre du combat. L'officier du génie envoyé par le maréchal arriva, comme nous l'avons dit, vers une heure à Bitche et remit la dépêche au général de Failly.

Celui-ci observa qu'il était dans l'impossibilité d'effectuer le mouvement qu'on lui demandait, que son corps était disséminé, qu'il avait une brigade à Sarreguemines qu'il ne pouvait abandonner, que la division de Bitche protégeait son artillerie de réserve, enfin mille autres mauvaises raisons pour justifier son inaction. Cependant il se décida à envoyer à la division Guyot de Lespart l'ordre de se porter en avant. Elle déboucha dans la vallée de Niederbronn, tout juste à temps pour pouvoir protéger la retraite des troupes de Mac-Mahon.

L'inaction du général de Failly est une de ces fautes sur lesquelles l'histoire aura à porter son jugement, nous dirons plus, son blâme, car il est évident que le concours prompt et énergique du 5ᵉ corps aurait changé en victoire la défaite de Freschwiller.

Le même jour, 6 août, par une fatale coïncidence, le corps Frossard était complètement battu en avant de Forbach, et repoussé sur Sarreguemines, ainsi que nous le raconterons dans un prochain chapitre, lorsque nous aurons expliqué comment s'effectua la retraite du 1ᵉʳ corps (maréchal Mac-Mahon), et du 5ᵉ corps (général de Failly), sur le camp de Châlons.

Le soir de la bataille de Freschwiller, la retraite des troupes de Mac-Mahon s'était faite dans le plus grand désordre et un peu dans toutes les directions. Le gros cependant s'était porté sur Saverne ; pendant la journée du 7 août, on voyait arriver des troupes débandées, de tous les régiments, en guenilles, sans armes souvent et sans sacs. A Freschwiller, en effet, nos soldats avaient mis sac à terre pour être plus légers et pouvoir plus facilement courir sus à l'ennemi. C'est ainsi qu'ils faisaient en Algérie, dans leurs escarmouches avec les Arabes ; ils crurent pouvoir en faire autant, en présence des troupes prussiennes. Mal leur en prit. Défaits sur toute la ligne, ils ne purent revenir chercher leurs sacs qui contenaient leur linge et leurs provisions. L'intendance, dont l'insuffisance, l'incapacité et l'incurie ne se sont pas démenties un instant, n'avait pu rien leur donner, si bien que lorsqu'ils arrivèrent à Saverne, ils n'avaient point mangé depuis vingt-quatre heures.

On remit un peu d'ordre dans les régiments, brigades et divisions, en assignant à ces dernières des quartiers différents dans la ville et on fit quelques distributions aux troupes. Vers six heures du soir, le maréchal, voyant l'état de ses troupes, et croyant être suivi de près par les Prussiens, ordonna une marche de nuit ; le 8 au matin le

1ᵉʳ corps atteignait Sarrebourg, après une marche d'environ 33 kilomètres;

Le 9, il est à Blamont;

Le 10, à Lunéville.

Mac-Mahon, craignant que l'ennemi ait poussé jusqu'à Nancy et coupé le chemin de fer sur Châlons par Bar-le-Duc, se décida à se porter encore plus au sud et à aller prendre le chemin de fer qui suit la vallée de la Marne par Chaumont, Joinville et Saint-Dizier.

Cette ligne projette en avant de Chaumont un embranchement dans la direction de Lunéville, jusqu'à Neufchâteau; c'est sur ce point que se dirigea le 1ᵉʳ corps.

Il campe le 11 août à Bayon-sur-Moselle;

Le 12, à Haroué;

Le 13, à Vicherey.

Et le 14, à Neufchâteau, où une partie des troupes s'embarque par chemin de fer pour arriver au camp de Châlons le 15 août. D'autres, la cavalerie particulièrement, continuent la retraite par étapes et vont prendre le chemin de fer plus loin à Joinville ou Saint-Dizier. Des 40,000 hommes dont se composait le 1ᵉʳ corps avant Reischoffen, vingt mille à peine arrivèrent de la sorte au camp de Châlons. Vingt mille avaient donc disparu; les uns étaient restés sur le champ de bataille, d'autres avaient été blessés ou faits prisonniers, un grand nombre enfin s'étaient débandés tout le long du chemin.

Le général de Failly, en apprenant le 6 au soir le désastre de Freschwiller, se décida à battre en retraite et ordonna, comme Mac-Mahon, une marche de nuit. Il se mit en route à huit heures du soir. La marche fut lente et pénible et ses troupes n'atteignirent la Petite-Pierre que le 7, vers trois heures de l'après-midi.

Si le général de Failly avait mis, dans la nuit du 5 au 6, autant d'énergie et d'empressement pour exécuter les ordres du maréchal et pour marcher à son secours qu'il en mit à se dérober aux poursuites de l'ennemi, nous eussions été certainement vainqueurs à Freschwiller.

Le 5ᵉ corps, qui était plus en avant que le 1ᵉʳ et qui n'avait pas été entamé, resta de quelques marches en arrière sur le corps de Mac-Mahon, pour protéger au besoin la retraite.

Le 8, le corps de Failly est à Lixheim;

Le 9, à Sarrebourg;

Le 10, à Avricourt;

Le 11, à Lunéville. Il continue son mouvement dans la direction de Chaumont par Charmes, Mirecourt et Neufchâteau, où il est rejoint par la division Guyot de Lespart, qui depuis Bitche formait l'arrière-garde de la colonne. Il atteint ensuite Chaumont, où il s'embarque en chemin de fer pour le camp de Châlons; il y arriva dans la journée du 19.

Mac-Mahon avait ramené avec lui le 1ᵉʳ corps, la division Conseil Dumesnil, du 7ᵉ corps. La 3ᵉ division de ce corps (général Dumont) était encore en formation à Lyon. Le 7ᵉ corps, commandé par le général Félix Douay, se trouvait à Mulhouse, réduit à une division d'infanterie, une brigade de cavalerie et sa réserve d'artillerie. Après la journée de Freschwiller, le général Douay se replia sur Belfort. Le départ de Mulhouse eut lieu vers midi le 7, avec une précipitation que ne comportaient pas les circonstances et qui jeta l'inquiétude et la défiance parmi les soldats.

Pendant que le maréchal Mac-Mahon luttait à Freschwiller avec le 1er corps, le général Frossard combattait avec le 2e sur les montagnes de Forbach et de Spicheren, à l'ouest de Sarrebrück.

Dès sept heures du matin, le 6 août, de nombreux escadrons traversaient Sarrebrück et se montrèrent sur les hauteurs de l'Exercis Platz; en même temps des masses d'infanterie venant de la direction de Sarrelouis se dirigeaient vers la ville, le long de la rive droite de la Sarre.

Le 5 au soir, trois corps d'armée prussiens étaient campés au nord de Sarrebrück, à une distance moyenne de quinze kilomètres, complétement couverts et masqués par une immense forêt qui s'étend au sud jusqu'à la rivière. Les 7e et 8e corps se trouvaient à peu de distance du village de Herchenbach, et le 3e corps occupait Sulzbach, sur le chemin de fer de Sarrebrück à Hombourg.

Vers neuf heures du matin, les masses de cavalerie prussienne grossissant de plus en plus, la division Laveaucoupet fit avancer deux pièces qui les canonnèrent. Le combat s'engagea. Voici comment le correspondant de l'*Opinion nationale* rend compte de cette sanglante affaire, qui dura toute la journée et dont le résultat resta indécis jusqu'à cinq heures du soir :

« Le 6 au matin, sur les dix heures, les Prussiens ont débouché de Sarbrück en forces considérables et sont venus nous attaquer. A en juger par l'affaire du 2 août, on ne croyait généralement pas qu'ils fussent en nombre; mais ils ont dû profiter activement de ces trois ou quatre jours de répit pour se concentrer en forces très-considérables : car, au dire de tous et sans exagération, ils dépassaient 60.000. De notre côté, il n'y avait à Spicheren que trois divisions — c'est-à-dire 25 à 28,000 hommes, et encore tous n'ont pas donné.

« Le village de Spicheren est dans un pli de terrain, dominé, en avant et en arrière, par des plateaux; en avant, la hauteur se termine sur la plaine, brusquement et par pentes très-raides, en forme d'éperon. De là, on a barre, en quelque sorte, sur toute la vallée; à gauche, on tient sous sa main la grand'route de Forbach à Sarrebrück et le chemin de fer. A droite on a un grand bois, très-fourré, qui couvre tout le côteau et descend jusque sur la plaine... C'est ce bois et cet éperon qui ont joué un si grand rôle dans la journée du 6 août.

« La frontière passe au pied de ce mamelon, et sur la lisière inférieure des bois, on aperçoit les bornes, en pierre blanche, à travers les arbres verts.

« A dix heures, le feu a commencé. On pensait d'abord que ce n'était qu'un feu de tirailleurs : car on s'attendait à une attaque du côté de Sarreguemines; mais les Prussiens ont débouché en masses si profondes par Sarrebrück, à la fois par la grande route de Forbach et par la gorge, en arrière du village d'Arsenal, que l'on a vu bien vite qu'il s'agissait d'une affaire très-sérieuse.

« A droite, les Prussiens se jetèrent sur le bois, en le tournant par deux côtés.

« Là s'engagea un combat terrible. Les coups de fusil ne faisaient

4

qu'un roulement continu ; les ennemis grimpaient par un chemin très-rapide ; nous leur abattions des lignes entières, et la colonne avançait toujours. Lorsqu'elle fut sur le talus, elle se rabattit sur le bois, pour donner la main à ceux qui avaient pris la position par derrière. Au milieu des fourrés et des buissons, le 10ᵉ de ligne lutta héroïquement, pendant que le 10ᵉ chasseurs, sur la lisière, contenait non moins vaillamment les Prussiens sur la gauche. Les deux brigades Doens et Micheler, de la division de Lavaucoupet, étaient en ligne sur Spicheren.

« Dans la confusion inévitable d'un combat dans les bois, le 10ᵉ de ligne et le 10ᵉ chasseurs se seraient envoyés mutuellement des coups de feu. Il est plus certain que l'ennemi a terriblement souffert.

« L'artillerie prussienne, de son côté, nous envoyait boulets et obus avec une profusion terriblement meurtrière : les boulets cinglaient l'air, s'abattant sur tous les points où l'ennemi voyait s'établir une batterie ou se former une colonne.

« Entre trois et quatre heures, nous étions rejetés de nos positions. C'est le commencement d'une nouvelle lutte, acharnée, désespérée ; il faut à tout prix reprendre Spicheren, qui couvre la route de Forbach, et à droite celle de Sarreguemines. Les caissons d'artillerie apportent de nouvelles munitions ; car la plupart des soldats ont déjà brûlé leurs 95 cartouches. De Forbach arrivent quelques renforts d'infanterie, surtout de l'artillerie.

« On s'attend à chaque moment à voir apparaître un secours décisif. La brigade Bastoul est arrivée ; mais il faudrait une division complète, et l'on sait que le corps du général Metmann est là, tout près.

« L'artillerie se place sur un plateau, derrière Spicheren, et de là, elle canonne sans relâche le bois en face. Un capitaine, dirigeant le feu, a la jambe coupée net.

« Arrivent six mitrailleuses. Le commandant Loray essaye de descendre dans le village ; mais telle est, sur le chemin, la grêle de balles, qu'il est obligé de se ranger sur la même ligne que l'artillerie et qu'il ne peut tirer.

« On remonte le second versant de Spicheren. Là, le chemin passe entre deux talus. C'est, dessus nos têtes, un concert de sifflements. Le bois est en face. Sur le chemin, chevaux éventrés, soldats étendus. La colonne s'arrête : deux officiers à cheval escaladent le talus ; ils se dressent droit en face des Prussiens et se tournant vers la troupe :

« — Venez, enfants ! encore un coup de fusil ! Vous voyez bien qu'il n'y a pas de danger !

« Ce magnifique exemple est entendu : chacun gravit le talus sur ses genoux, le feu recommence, et, de nouveau, nous faisons un pas en avant.

« Pendant quatre mortelles heures, la mêlée dura. On la voyait monter et redescendre des crêtes dans les ravins, et des ravins aux crêtes.

« Sur la gauche, du côté de la route de Forbach, vers les six heures, le bruit de la fusillade éclata avec une intensité nouvelle. On crut que c'était du renfort. Vaine espérance !

« On distinguait les éclats répétés des mitrailleuses. Étaient-ce les nôtres ? étaient-ce des engins prussiens ? on ne pouvait le dire ; mais on doutait.

« Sur les huit heures, des troupes arrivaient, sur notre droite, de Sarreguemines. Il était trop tard ; la nuit tombait. Les Prussiens étaient toujours dans le bois et sur le plateau de Spicheren. La division de Lavaucoupet était exténuée. Les deux autres, celles des généraux

Bataille et Verger, ne valaient guère mieux. Il ne restait presque plus rien du 10ᵉ, du 76ᵉ, du 82ᵉ de ligne et du 10ᵉ chasseurs.

« Il fallait renoncer à la lutte. Désormais, c'était la retraite qu'on devait assurer.

« Les batteries vinrent s'établir sur l'avant-dernier plateau de Spicheren, protégeant de leurs derniers feux ces régiments qui revenaient, éparpillés et meurtris.

« A neuf heures la nuit était noire; on coupait à travers champs, pour regagner Hetting. Les officiers marchaient, le sabre crispé au poing, les larmes roulant aux yeux, beaucoup se traînant péniblement.

« Le chemin de Forbach nous était coupé. Les Prussiens étaient arrivés auprès du cimetière, jusqu'à la gare, sur laquelle ils envoyèrent la mitraille. Une pauvre femme tomba raide morte. Les habitants s'enfuyaient par la route opposée, celle de Pulttange et de Sarreguemines. Rien de pitoyable comme ce défilé à travers champs, de femmes éplorées, d'enfants se plaignant de la fatigue et ne comprenant rien à notre malheur.

« La route était encombrée d'artillerie et de convois d'ambulances et de vivres. Pas un seul feu, afin de ne pas indiquer aux canons prussiens le chemin de notre retraite.

« Telle fut la fin de cette déplorable affaire. »

Nos pertes dans ce combat furent énormes; la seule division Lavaucoupet eut 1,800 hommes et 103 officiers tués ou blessés; le nombre total de tués ou blessés fut de 6 ou 7,000; il y eut aussi, paraît-il, 2,000 prisonniers.

Les Prussiens firent aussi des pertes considérables et certainement supérieures aux nôtres. Ils reconnaissent eux-mêmes avoir eu 10,000 hommes mis hors de combat.

Nous étions donc encore battus; nos troupes étaient vaincues par le nombre. Le maréchal Bazaine avait offert son concours au général Frossard, qui lui avait répondu qu'il n'en avait pas besoin. La conduite de ce général, dans la journée du 6 août, doit être, du reste, sévèrement blâmée.

A midi, le résultat probable de la bataille engagée à Forbach était indécis, et les Français étaient pleins de confiance en la victoire. Le général Frossard, avec une légèreté incroyable, quitta le champ de bataille, après avoir donné quelques ordres, ne regardant l'affaire que comme un engagement sans importance. Il passa tranquillement plusieurs heures dans la maison du maire de Forbach, prenant part à un excellent dîner, tout en discutant avec ce digne magistrat la profondeur de ses combinaisons stratégiques. Pendant qu'il se livrait aux charmes de cette conversation, de nouvelles colonnes allemandes arrivaient sur le champ de bataille, et nos soldats, commandés par le brave général Bataille, avaient à soutenir le choc impétueux d'un ennemi dont le nombre s'accroissait de moment en moment. On envoya message sur message au général en chef, ce qui ne le fit pas rentrer plus vite à son poste, et, au lieu d'adopter un nouveau plan pour opérer une retraite qui eût pu sauver la journée, les divisions françaises, malgré leur courage et leur dévouement, leurs attaques à la baïonnette et les charges brillantes de cavalerie, succombèrent sous le choc irrésistible de 70,000 Prussiens,.... pendant que M. Frossard dînait chez le maire de Forbach ! Tristes chefs que ces généraux de cour !

Dans la journée du 7, les avant-postes prussiens ayant atteint Sarreguemines, le général Frossard jugea prudent de mettre encore plus de distance entre l'ennemi et lui, et à une heure le 2ᵉ corps se remettait en marche pour rallier celui de Bazaine sur Puttelange, où il arriva le soir vers quatre heures. Cette retraite précipitée et en désordre, devant un ennemi qui se montrait à peine, changea la défaite en une véritable déroute et enleva aux troupes la confiance qui pouvait leur rester dans leur général.

Le pays, douloureusement impressionné déjà par la surprise de Wissembourg, apprit avec consternation le double désastre qui le même jour frappait nos armées. A l'enthousiasme et à la confiance aveugle des premiers moments succéda un profond découragement, une grande inquiétude pour l'avenir.

Les dépêches impériales, dictées par un sentiment de désespoir, étaient d'ailleurs peu faites pour rassurer le peuple français, si facile à décourager :

« Metz, 7 août, huit heures du matin. — Il est nécessaire que la France et Paris se préparent aux plus grands efforts, aux plus grands sacrifices. Point de défaillance. Mac-Mahon couvre Nancy. Le corps de Frossard est bien dirigé. Le major-général est aux avant-postes. »

« 11 heures 55. — La concentration des troupes sur Metz continue sans difficulté. L'épreuve qui nous est imposée est dure, mais elle n'est pas au-dessus du patriotisme de la nation. »

Ainsi deux combats, dans lesquels le quart seulement de nos forces, deux corps sur huit, avait été engagé ; où nos troupes, en résumé, avaient montré de solides qualités militaires et n'avaient cédé qu'au nombre écrasant de leurs adversaires ; deux combats perdus suffisaient pour enlever aux auteurs de notre fameux plan de campagne toute leur confiance ! Ce sont eux qui les premiers jettent le cri d'alarme dans le pays et dans l'armée, enlevant à l'un et à l'autre le premier élément du succès, l'espoir de vaincre ! Ce sont eux qui viennent jeter un voile de deuil immense sur tout un peuple, après l'avoir nourri si longtemps de fausses idées sur sa puissance et sa grandeur militaire !

L'impératrice régente annonça dans une proclamation au pays ces malheurs inattendus ; Paris était dans un état de surexcitation impossible à décrire. Les Chambres sont convoquées d'urgence pour le 9, et le conseil des ministres déclare, le 7 au matin, Paris en état de siège, ainsi que les divisions militaires de Lille, Châlons, Strasbourg et Lyon. La patrie était en danger ! Voilà où nous avaient conduits, au bout de huit jours, l'étrange aveuglement de l'empereur et les mauvaises dispositions de ses généraux. Notre armée, coupée en deux, se ralliait sur les places fortes, abandonnant à l'ennemi l'Alsace et la

Lorraine. Strasbourg était investi et assiégé. Les Prussiens se promenaient dans Nancy!

L'opinion publique était depuis longtemps soulevée contre l'incapacité du maréchal Le Bœuf, que l'on regardait comme la cause principale des premiers revers. On lui retira sa haute position; l'empereur lui-même se démit du commandement en chef de l'armée du Rhin. Il ne resta plus qu'une grave question à résoudre : c'était le choix d'un général assez populaire pour relever le courage du soldat, ébranlé par nos revers successifs, et assez courageux pour assumer une aussi grave responsabilité. Changarnier, le vieux et populaire général d'Afrique, était arrivé à Metz; il venait, au moment du danger, offrir sa vaillante épée au monarque qui avait signé l'ordre de l'emprisonner en 1851 et qui l'avait envoyé en exil; il venait mettre sa vieille expérience au service de la patrie en danger. Le général Changarnier fut parfaitement accueilli par l'empereur, et, dès ce moment, le vétéran prit la place principale au conseil de guerre et exerça une influence toute-puissante sur ses décisions.

A une réunion des chefs de corps, des maréchaux de France et de l'état-major, réunion présidée par Napoléon III, on mit à l'ordre du jour la discussion importante du choix d'un nouveau général en chef. La séance fut orageuse. Les favoris de la cour, les généraux de salon du second Empire ne pouvaient se faire à l'idée d'abandonner leurs projets d'ambition et d'avoir à obéir à un commandant en chef autre que l'empereur. L'influence de Changarnier triompha de toutes ces intrigues. Deux armées indépendantes l'une de l'autre et sans direction centrale furent formées : celle de Metz eut pour général en chef le maréchal Bazaine; celle de l'Est, qui devint plus tard l'armée de Châlons, le maréchal Mac-Mahon. Ces armées étaient ainsi composées :

ARMÉE DE METZ.

Le maréchal BAZAINE, commandant en chef.
Chef d'état-major général : général de division JARRAS.

Corps de la garde.
Commandant en chef : BOURBAKI.
Chef d'état-major général : général d'AUVERGNE.

IIe corps.
Commandant en chef : général FROSSARD.
Chef d'état-major général : général SAGET.

IIIe corps.
Commandant en chef : maréchal BAZAINE. — Général DECAEN. — Maréchal LE BŒUF.
Chef d'état-major général : général MANÈGUE.

IVe corps.
Commandant en chef : général LADMIRAULT.
Chef d'état-major général : général DESSAINT.

VIe corps.
Commandant en chef : maréchal CANROBERT.
Chef d'état-major général : général HENRY.

Cavalerie et réserve.
1re division : général DE BARAIL.
2e division : général marquis DE FORTON.

ARMÉE DE CHÂLONS.

Maréchal MAC-MAHON, commandant en chef.
Chef d'état-major général : général de brigade FAURE.

1er corps.
Commandant en chef : maréchal MAC-MAHON. — Général DUCROT.
Chef d'état-major général : général PAS. — Colonel ROBERT.

V^e corps.
Commandant en chef : général DE FAILLY. — DE WIMPFFEN.
Chef d'état-major général : général BESSON.

VIIe corps.
Commandant en chef : général Félix DOUAY.
Chef d'état-major général : général ESPRIT.

XIIe corps.
Commandant en chef : général LEBRUN.
Chef d'état-major général : général GRESSECHAMP.

Cavalerie et réserve.
1re division : général MARGUERITTE.
2e division : général DE BONNEMAINS.

Les fameux généraux de l'antichambre impériale descendaient, par cette combinaison, dans les rangs subalternes. On rompait avec les traditions de l'Empire et l'on attendait les meilleurs résultats d'un changement aussi radical.

Les troupes et la nation accueillirent avec joie cette nouvelle : le maréchal Mac-Mahon était connu pour un soldat énergique et courageux, et Bazaine avait donné au Mexique des preuves d'une grande valeur militaire ; ils n'avaient jusqu'ici commandé que des corps d'armée, mais on espérait qu'ils seraient à la hauteur de la lourde tâche qui leur incombait.

Le cabinet Ollivier, dont les fautes politiques avaient préparé nos désastres militaires, succombait le 9 août, et le général Cousin-Montauban, comte de Palikao, trop connu par la façon dont il exerça son commandement dans l'expédition de Chine, fut chargé par l'impératrice de constituer un nouveau ministère. Ce ministère était ainsi composé :

Guerre : le comte DE PALIKAO.
Intérieur : M. Henri CHEVREAU.
Finances : M. MAGNE.
Justice : M. GRANDPERRET.
Commerce : M. Clément DUVERNOIS.
Marine : M. RIGAULT DE GENOUILLY.
Travaux publics : M. Jérôme DAVID.
Instruction publique : M. BRAME.
Affaires étrangères : le prince de LA TOUR D'AUVERGNE.
Président du conseil d'État : M. BESSON-BEAULT.

Le 10, le Corps législatif votait une loi qui appelait sous les drapeaux tous les citoyens non mariés ou veufs sans enfants, de vingt-cinq à trente-cinq ans.

Ce même jour commençait le siége de Strasbourg.

Après le double succès de Freschwiller et de Forbach, les armées prussiennes se portent rapidement en avant, en prenant pour objectif la ligne de la Moselle, Metz et Nancy.

Le prince royal de Prusse et la troisième armée suivent à marches forcées l'armée de Mac-Mahon et font en moyenne, du 6 au 14, vingt kilomètres par jour. Le 2e corps bavarois doit passer au nord du col de Saverne et faire le siége de toutes les petites places fortes des Vosges. Le 8, Bitche est investi ; le 16, la Petite-Pierre est abandonnée par nos troupes et le 12, Lichtemberg capitule.

Le gros de la 3e armée s'avance par Hagueman et Saverne. Phalsbourg est investi ; le 11, le prince royal a son quartier général à Sarrebourg.

Les 1re et 2e armées marchent directement sur Metz. Le 14, Marsal capitule sans résistance possible et les avant-gardes de cavalerie de la 3e armée se montrent à Nancy, poussent jusqu'à Frouahl pour couper les communications du chemin de fer de Metz et occupent Pont-à-Mousson.

En huit jours, nous avions donc perdu l'Alsace et la Lorraine !

Bazaine, dès qu'il eût pris le commandement en chef, fit opérer la concentration autour de Metz de ses troupes, jusque-là éparses sur une longue étendue de territoire. Le 13 août, cinq corps d'armée se trouvaient sur la rive droite de la Moselle, sous la protection des forts qui couvrent de ce côté la ville de Metz, réputée la première place d'armes de France. L'armée de Bazaine présentait un effectif de 160,000 hommes.

L'état-major prussien se souciait peu de nous attaquer de front dans une telle position ; aussi, dès le 13, prenait-il ses dispositions pour tourner Metz par le sud ; la 2ᵉ armée reçut l'ordre de se porter vers Metz par la rive gauche du fleuve ; elle devait arrêter l'armée de Bazaine dans le cas où celui-ci se déciderait à battre en retraite sur Verdun.

Dans un conseil de guerre tenu à Metz le 13, il avait en effet été décidé que l'empereur quitterait Metz le lendemain, pendant que l'armée de Bazaine se retirerait sur Châlons pour y opérer sa jonction avec Mac-Mahon. Des ordres furent donnés pour que les troupes se missent en marche le 14 au matin.

Les positions occupées par l'armée française en avant de Metz étaient les suivantes :

Le 6ᵉ corps (maréchal Canrobert) était au sud de la place, dans l'angle formé par les chemins de fer sur Pont-à-Mousson et sur Sarreguemines, en avant de Saint-Privat, le front bordant les hauteurs de la rive gauche de la Seille ;

Le 2ᵉ corps (général Frossard) s'étendait parallèlement au chemin de fer, en avant du fort Queuleu, par Mercy-le-Haut jusqu'à Ars ;

Le 3ᵉ corps (général Decaen) suivait les crêtes d'un petit ravin qui va au nord d'Ars, par Colombey, jusqu'à Ventoux ;

Le 4ᵉ corps (général Ladmirault) occupait l'espace compris entre ce ravin et la Moselle, en avant du fort Saint-Julien ;

La garde (général Bourbaki) formait la réserve et se trouvait en arrière du village de Borny.

Il était environ une heure de l'après-midi, le 14 août, lorsque Bazaine ordonna la retraite de l'armée par la route de Verdun. Il y avait eu dans la matinée de légères escarmouches entre les avant-postes ; une bataille avait paru imminente ; mais l'ennemi, à couvert sous les bois de Borny, n'avait nullement manifesté l'intention d'accepter le combat.

L'armée du prince Frédéric-Charles avait fait sa jonction avec celle du général von Steinmetz, et, depuis deux jours, elles avaient pris une position en demi-cercle entre Boulay, Saint-Avold et Faulquemont. Leurs forces réunies s'élevaient à 230,000 hommes. Dans la matinée de ce même jour, leur avant-garde avait pris position sur la route de Boulay, au point d'intersection aboutissant à Borny. Les Prussiens occupaient également la route de Bellevue à Borny, au-dessus de la forêt de ce nom, dont les arbres cachaient une partie de leur infanterie.

Nous empruntons le récit de cette journée à M. le comte de la

Chapelle, correspondant militaire du *Standard*, qui a suivi les armées françaises pendant toute la campagne, et qui en a publié une histoire des plus intéressantes :

« A deux heures de l'après-midi, dit M. de la Chapelle, l'avant-garde de l'armée de Bazaine, composée du 2° corps et d'une partie de la cavalerie, franchissait la Moselle sur un pont de bateaux jeté quelques heures auparavant, tandis que les bagages, le matériel et les provisions de l'armée passaient également la rivière sur d'autres points et prenaient la direction de Longeville. Les équipages de l'empereur étaient déjà partis, emmenant le prince Napoléon, et, une demi-heure après, l'empereur lui-même quittait Metz, se dirigeant du même côté.

« A trois heures, le 3° corps, commandé par le général Decaen, le 4° corps, général Ladmirault, et la garde impériale, sous les ordres de Bourbaki, levaient également le camp, lorsqu'on vit soudain les Prussiens se préparer à l'attaque. Quelques-uns de leurs régiments se plaçaient en tirailleurs, tandis que d'autres faisaient un mouvement offensif en avant des bois de Borny et dans la direction de Grizy et de Mercy-les-Metz. Il était impossible de se méprendre sur leurs intentions, et l'invitation à dîner que j'avais reçue et acceptée de quelques officiers de la garde impériale, me fournit tout à la fois l'occasion de suivre le combat dans tous ses détails et de raconter dans ces pages tous les incidents dont j'ai été témoin.

« Au moment de l'attaque, les troupes françaises, commandées par le maréchal Bazaine, faisaient face à Borny, Grizy et Mercy-les-Metz, tandis que la garde impériale, formant la réserve, était postée près du fort de Queuleu. On entendit bientôt de toutes parts un violent feu d'artillerie, et la landwehr prussienne, précédant les colonnes allemandes, s'élançait rapidement à l'attaque. Des deux côtés, les canons et les mitrailleuses commençaient leur œuvre meurtrière. Je me trouvais près d'un fourgon de munitions et, après quelques minutes, je devins spectateur d'une scène de confusion indescriptible. Les hommes tombaient à mes côtés ; les boulets sifflaient à mes oreilles pour aller à quelques pas plus loin semer la mort au milieu des bataillons.

« Il était difficile de conserver son sang-froid en présence d'un massacre aussi terrible. Les cris des blessés, les imprécations des soldats tombant sous les balles, la rage de leurs amis, leur soif de vengeance, tout cela avait quelque chose de fantastique comme dans un mauvais rêve, où l'on se sent entraîné par une de ces rondes infernales si bien reproduites par le pinceau de Callot.

« Mais, hélas ! ce n'était point un cauchemar ; quelques-uns de mes amis, parmi lesquels se trouvait le baron de Vatry, commandant un des bataillons de la garde, passèrent près de moi, et cherchèrent à me faire comprendre le danger auquel je m'exposais sans nécessité ; mais leurs paroles résonnaient à mon oreille comme un simple murmure au milieu des bruits terribles de la bataille. Ils disparurent bientôt dans la fumée, et je restai spectateur de la scène épouvantable qui se passait sous mes yeux, tout en me demandant si je ne ferais pas mieux de revenir sur mes pas pour écrire mes tristes impressions.

« Une batterie d'artillerie, dans laquelle se trouvait une mitrailleuse, faisait un carnage épouvantable dans les rangs des Prussiens, et à chaque détonation, j'entendais des bravos frénétiques annonçant les nouveaux exploits du terrible engin de guerre ; le tir était si bien dirigé et sa précision tellement grande, que chaque coup abattait positivement des colonnes prussiennes entières. Je dois ajouter que les

Allemands combattaient avec une énergie désespérée et que leur artillerie, répondant à la nôtre par un feu meurtrier, détruisait de tous côtés les bataillons français.

« A sept heures du soir, les Prussiens faisaient un mouvement de retraite. Une mitrailleuse avait été à deux reprises différentes enlevée aux Français, et, bien que ce ne soit qu'un des mille incidents de la bataille, je dois le mentionner parce qu'il aboutit à un résultat important. Depuis une heure, les plus grands efforts des Français avaient eu pour but de déloger les Prussiens des bois de Borny, où leurs troupes trouvaient un rempart naturel qui les protégeaient contre nos attaques. Le brave colonel de la 2º division du 41º régiment d'infanterie, en reprenant la mitrailleuse à l'ennemi, fit sortir des bois une masse innombrable de Prussiens, qui se précipitèrent comme un torrent sur les divisions françaises. La reprise de cette mitrailleuse n'était évidemment qu'un prétexte, car on devait s'attendre naturellement à voir les Prussiens suivre la même tactique qui les avait si bien servis à Forbach et à Wœrth. Cette tactique consiste à dissimuler leurs forces, composées principalement de leurs meilleures divisions, et quand la bataille paraît se décider en faveur de l'adversaire, de lancer immédiatement sur l'ennemi ces masses puissantes de troupes fraîches, et changer ainsi en un moment la défaite en victoire; mais cette fois le maréchal Bazaine leur avait préparé une surprise.

« Il avait tenu en réserve la garde impériale, commandée par Bourbaki; son artillerie, placée sur une position élevée, commença à prendre la défensive; les grenadiers firent un mouvement en avant, et, depuis ce moment jusqu'à neuf heures moins un quart, on eût pu se croire au milieu d'une éruption du Vésuve. Le fort de Queuleu, avec ses puissantes batteries, balayait le flanc des colonnes en marche, pendant que des régiments de cavalerie chargeaient à fond de train sur les ailes; à ce moment même les Prussiens battaient en retraite avec une perte de 23 à 24,000 hommes tués ou hors de combat. La perte des Français s'élevait à 8,000 hommes.

« 100,000 Prussiens venaient de lutter contre 60,000 Français, et la grande disproportion entre les pertes subies des deux côtés provenait uniquement d'un faux mouvement des Prussiens, qui les avait amenés, dans leur mouvement de retraite, sous le feu direct du fort de Queuleu.

« Le général Decaen était blessé à la jambe, le général de Castagny avait eu un bras emporté, et le maréchal Bazaine lui-même avait été légèrement contusionné à la tête.

« L'empereur, qui, pendant le combat, s'était tenu au village de Longeville, sur la route de Verdun et à 5 kilomètres de Borny, visita le champ de bataille dans la soirée. Je puis avouer n'avoir jamais vu de ma vie un spectacle aussi lugubre. Sous le fort de Queuleu, des monceaux de cadavres prussiens, entassés les uns sur les autres à la hauteur de plus d'un mètre, éclairés par la lune, projetaient sur le sol leurs ombres sinistres. Marchant avec la garde impériale, je pris la route de Verdun pour aller coucher à Moulins, où j'arrivai à environ une heure du matin.

« Le petit village de Moulins-les-Metz, situé à 6 kilomètres de Metz, offrait un coup d'œil vraiment curieux. Pendant la nuit et dans la matinée du 15 août, toute l'armée française traversait le village, ou formait ses campements dans les environs. Les hôtels, les maisons particulières, les granges étaient occupées par les officiers. Quant aux routes, elles étaient tellement encombrées par les soldats, les fourgons, les chevaux, l'artillerie, qu'il fallait plus d'une heure pour faire un kilomètre. »

En résumé, le combat de Borny fut un succès; l'opération avait été conduite avec ordre et intelligence, et notre infanterie avait montré une grande solidité : tout faisait espérer que nos premiers malheurs allaient être bientôt réparés.

Nos troupes purent enlever leurs blessés; à la tombée de la nuit, elles continuèrent leur mouvement de retraite et campèrent sur les glacis de la place.

Le lendemain matin, le général en chef prussien envoyait proposer au maréchal Bazaine un armistice pour enterrer les morts, et le maréchal acceptait.

Le 15, dès le matin, le mouvement de retraite continua. Le 2ᵉ corps, après une marche très-longue et très-pénible en raison de l'encombrement des routes, atteignit dans la journée le village de Rezonville, et campa un peu en avant et à gauche de la route, sur un plateau qui domine Vionville.

Le 6ᵉ corps s'établit à droite de la route, sur les hauteurs qui s'étendent entre Rezonville et Villers-au-Bois.

Le 3ᵉ corps (le maréchal Le Bœuf en avait pris le commandement, le général Decaen, comme on l'a vu dans le récit de la bataille de Borny, ayant été grièvement blessé) s'installa entre Verneville et Saint-Marcel.

Le 4ᵉ corps (Ladmirault) campa un peu en avant de Woipy, sur la route de Briey, et se mit en route, le 16 au matin, vers Doncourt.

La garde était à Gravelotte, sur le plateau qui se trouve à la bifurcation de la route, sur Conflans et Mars-la-Tour.

La division de cavalerie de Forton, à Vionville, éclairait la route de Saint-Mihiel, celle du général du Barrail la route d'Étain.

CHAPITRE IV

GRAVELOTTE. — SAINT-PRIVAT. — BEAUMONT. — BAZEILLES

Bataille de Gravelotte, le 16 août. — Bataille de Saint-Privat, le 18 août. — Les carrières de Jaumont. — L'armée du maréchal Bazaine rejetée sous Metz. — L'armée de Châlons. — Les hésitations sur son emploi. — Sa composition et sa force. — Sa situation morale. — Position des armées ennemies. — L'armée de Châlons se porte en avant dans la direction de Montmédy. — Journées des 23, 24, 25, 26 et 27 août. — Journée du 28 : Engagement de cavalerie à Buzancy. — Journée du 29 : Combat de Nouart. — Journée du 30 : Combat de Beaumont. — Journée du 31 : Combat de Bazeilles.

Le 16, au matin, nous occupions ces mêmes positions ; aucun ordre de départ n'avait été donné ; les soldats faisaient tranquillement leur soupe ; la cavalerie de la garde faisait boire ses chevaux au ruisseau, par escadrons entiers, lorsque l'ennemi se montra brusquement vers la gauche ; deux régiments de cavalerie chargeaient sur les campements de la division de Forton et du corps Frossard, en même temps que trois de leurs batteries les criblaient de projectiles. Il était environ neuf heures.

Le corps Frossard se déploya au sud de Rezonville, le 6ᵉ corps resta dans la position qu'il occupait à droite de ce village, qui fut mis en état de défense et solidement occupé par deux régiments d'infanterie ; le 3ᵉ corps eut ordre de pivoter sur sa gauche, autour de Saint-Marcel, la droite se dirigeant sur Mars-la-Tour ; le 4ᵉ corps devait marcher sur Saint-Marcel pour soutenir l'aile droite de la position, et, en attendant son arrivée, le maréchal Bazaine plaça en arrière du 6ᵉ corps, à hauteur de Villers, la division de Forton.

L'attaque se porta d'abord sur le corps Frossard ; ses troupes tinrent bon jusque vers midi et demi ; mais à ce moment elles battirent en retraite. Plusieurs charges de notre cavalerie ne purent arrêter l'ennemi qui s'avançait vers la route de Gravelotte, précisément du côté où se tenait le général Bourbaki avec la garde impériale.

Les Prussiens mirent en ligne des forces immenses ; environ

200,000 hommes, commandés par le prince Frédéric-Charles et le général von Steinmetz, furent engagés dans cette affaire. Leurs attaques furent rapides, vigoureuses et souvent répétées, mais toujours repoussées par les Français. La bataille s'étendait sur une longueur de 12 kilomètres. L'action dura depuis neuf heures du matin jusqu'à la nuit, et les Prussiens furent repoussés sur toute la ligne par la division de Forton, sur notre droite, par le corps du maréchal Lebœuf et par celui du général Ladmirault, qui rejeta l'ennemi de Saint-Marcel sur Mars-la-Tour et marcha sur Vionville.

Le 2e corps (général Frossard) et la cavalerie du général de Forton avaient accompli des prodiges de valeur, mais Dieu sait à quel prix! Ils avaient perdu un grand nombre de soldats, avant l'arrivée du 4e corps. Dans un de ces combats furieux, le général Bataille, commandant la 2e division du 2e corps, fut grièvement blessé.

Les pertes furent immenses des deux côtés, et la bataille de Gravelotte a pu compter pour une des plus sanglantes du siècle actuel. Il n'y eu pas moins de 40,000 hommes tués ou mis hors de combat, et les Prussiens ont déclaré eux-mêmes que le chiffre des leurs tués ou blessés dans cette journée doit être porté à 23,000.

Le combat ne cessa qu'à la nuit tombante, et nos corps bivouaquèrent sur le champ de bataille.

L'empereur et le prince impérial, escortés par deux régiments de chasseurs d'Afrique, les guides, les cent-gardes et un bataillon de grenadiers de la garde, avaient quitté Gravelotte le matin même et s'étaient dirigés sur Verdun.

Nous avions été vainqueurs à Gravelotte, comme nous l'avions été à Borny. Et cependant, quand le combat s'engagea, il y avait deux nuits que nos troupes n'avaient pris de repos; et cependant la présence de trois maréchaux sur le champ de bataille avait amené des tiraillements regrettables, car les maréchaux Le Bœuf et Canrobert n'avaient pas encore pris l'habitude de se plier à l'autorité du maréchal Bazaine, plus jeune qu'eux, et qui n'était investi que depuis quelques jours du commandement en chef; malgré l'infériorité du nombre, l'ardeur de nos troupes avait été telle, le feu de notre artillerie avait été si intense et si bien dirigé, et l'élan de notre cavalerie avait été si irrésistible que nous avions remporté un avantage sérieux. Malgré sa fatigue, l'armée, qui sentait qu'elle venait de remporter un succès, reprenait confiance et les visages s'épanouissaient.

Aussi, quel fut son étonnement lorsque le lendemain matin 17, avant le lever de l'aurore, le maréchal Bazaine envoya l'ordre de battre en retraite dans la direction de Metz. Le maréchal prétextait que certains corps n'avaient plus de munitions et que les vivres n'étaient pas non plus en quantité suffisante. Il y avait cependant des parcs de réserve, cinq cents voitures complètement intactes et pleines de rations arrêtées à Plapperville.

Si ce jour-là Bazaine avait continué sa retraite sur Verdun, rendue praticable, facile même par le succès remporté à Gravelotte, il eût évité la bataille du 18 et empêché son armée d'être coupée.

Pourquoi Bazaine ne se porta-t-il pas en avant? Pourquoi agit-il de façon à rendre les Prussiens maîtres de la route de Verdun et libres de marcher sur Paris? La conduite incompréhensible du maréchal devait malheureusement s'expliquer plus tard d'une manière bien claire. L'empereur venait de quitter l'armée; Bazaine était devenu maître absolu de ses actions; voyant dans la défaite de Mac-Mahon à Freschwiller un piédestal personnel, il ne voulait pas s'exposer lui-même à un insuccès. Il n'était plus guidé que par les sentiments d'ambition qui devaient l'amener insensiblement à trahir sa patrie et à livrer lâchement à l'ennemi l'armée dont il devait être le protecteur et la place qui avait été confiée à son honneur de soldat et de citoyen.

Au lieu d'obéir à l'ordre qu'il avait reçu de se retirer sur Châlons, il préféra, par égoïsme personnel, rentrer dans Metz. Il fit donc opérer une conversion en arrière sur son aile gauche : le 2e corps occupa les crêtes de Rozérieulles, à droite de la route de Gravelotte; le 3e corps s'établit sur le prolongement du même plateau; le 4e corps entre la Folie et Amanvilliers; le 6e corps enfin sur les hauteurs à droite de Saint-Privat-la-Montagne. La garde formait la réserve en arrière du Saint-Quentin et de Plappeville, près du Ban-Saint-Martin.

Dans la journée du 17, les troupes prussiennes engagées la veille furent rejointes par des renforts importants des réserves du roi. Le 18 au matin, elles attaquèrent l'armée française qui occupait une position excessivement forte naturellement, surtout vers la gauche, où elle s'appuyait à des pentes de terrain presque inaccessibles; le centre, occupé par le 3e corps, fut couvert, entre les fermes de Moscou et de la Folie, d'une triple ligne de tranchées-abris superposées et de nombreux épaulements pour les batteries; la droite, qui s'appuyait aux villages d'Amanvilliers et de Saint-Privat, était le point faible, mais le maréchal y avait placé énormément de troupes, le 4e et le 6e corps, et l'ensemble de la position était réellement dans de bonnes conditions.

Voici comment un officier de l'armée du Rhin a raconté la bataille qui eut lieu à Saint-Privat, près des carrières de Jaumont.

L'attaque, du côté des Prussiens, se fit avec la plus grande méthode le 18. Jusque vers dix heures du matin, ils restèrent en place, espérant que l'armée de Bazaine continuerait son mouvement en avant et qu'ils pourraient l'attaquer pendant sa marche. A ce moment, ils virent clairement que les Français voulaient se tenir sur la défensive, et ils se décidèrent à prendre l'offensive.

Les trois corps (12e, garde et 9e) qui formaient la gauche de leur armée, reçurent l'ordre de marcher en avant, en décrivant sur leur droite une immense conversion; le 12e corps se dirigea sur Jarny, la garde sur Doncourt, et le 9e corps sur Saint-Marcel.

Les 7e et 8e corps restèrent dans leurs positions abritées, avec mission de s'opposer seulement à une attaque éventuelle de l'ennemi du côté de Gravelotte. Les troupes devaient éviter d'engager l'action avant que le mouvement tournant fût complètement achevé et qu'une attaque générale pût avoir lieu sur tout le front de la position.

Vers midi, un feu violent de notre artillerie entre Verneville et Gravelotte indiqua que le 9ᵉ corps prussien attaquait nos positions. Les 7ᵉ et 8ᵉ corps débouchèrent à peu près en même temps et ouvrirent un feu terrible d'artillerie contre notre gauche. La riposte fut vive et nos troupes conservèrent de ce côté, pendant toute la journée, leurs positions, faisant éprouver à l'ennemi des pertes considérables. Le Saint-Quentin lançait en même temps ses boulets dans les vallons d'Ars et de Vaux sur les troupes qui s'y tenaient en réserve.

La garde prussienne s'était portée de Doncourt sur Saint-Ail et attaquait entre ce village et Verneville le corps Ladmirault : le 12ᵉ corps saxon descendait en même temps la vallée de l'Orne jusqu'à Sainte-Marie-aux-Chênes et prenait une vigoureuse offensive contre le corps du maréchal Canrobert qu'il cherchait à tourner vers sa droite. Le village de Saint-Privat-la-Montagne fut énergiquement défendu par nos troupes ; mais, sur le soir, paraît-il, les munitions d'artillerie vinrent à manquer ; notre ligne fut forcée entre Saint-Privat et Amanvillers, et le 6ᵉ corps se retira dans le plus grand désordre sur Metz, par les bois de Jaumont, de Brouvaux et de Saulny. Une partie du 4ᵉ corps fut également entraînée dans cette déroute.

Le maréchal Bazaine fit alors porter vers la droite, par le ravin de Châtel et par les bois de Lorry, quatre ou cinq batteries de l'artillerie de la garde pour tâcher de reprendre l'offensive ; en même temps une brigade de voltigeurs se dirigeait vers Amanvilliers pour soutenir le corps Ladmirault. Mais il était déjà trop tard : l'artillerie ne put faire feu dans de bonnes conditions et la retraite continua. Les troupes du 6ᵉ et du 4ᵉ corps se rallièrent en arrière de Plappeville.

Les 3ᵉ et 2ᵉ corps couchèrent sur le champ de bataille, ainsi que la garde, en arrière du Saint-Quentin et du fort de Plappeville.

La bataille du 18 ne fut donc, au point de vue tactique, ni une défaite ni une victoire : l'armée française avait tenu tête à une armée deux fois plus nombreuse qu'elle et lui avait fait éprouver des pertes considérables ; elle avait conservé presque toutes ses positions et n'avait battu en retraite que sur sa droite. Mais au point de vue stratégique, le but des Prussiens était atteint : l'armée de Bazaine était rejetée sous Metz et probablement coupée de ses communications avec Paris et l'armée de Mac-Mahon. Le but secret de Bazaine était aussi atteint.

Le roi de Prusse, en rendant compte à la reine de cette bataille, dit : « Nos troupes faisaient des prodiges de valeur contre un ennemi brave également, qui disputait chaque pas et prenait souvent l'offensive. »

Les Prussiens perdirent le 18, en tués ou blessés, à peu près le même chiffre que dans la bataille du 16 ; les troupes de la 1ʳᵉ armée surtout firent des pertes cruelles en attaquant directement les hauteurs de Gravelotte, sans combat d'artillerie préalable. Ce fut même la cause, paraît-il, de la disgrâce du général von Steinmetz qui fut quelques jours après relevé de son commandement.

Les trois journées des 14, 16 et 18 août avaient donc coûté aux Prussiens environ cinquante-quatre mille hommes. Le maréchal Bazaine a déclaré, dans un rapport dont les chiffres ont pu être vérifiés lors de la capitulation de Metz, qu'il n'avait perdu dans ces trois batailles que vingt-cinq mille tués ou blessés.

Nos troupes s'étaient aguerries au feu; elles avaient conscience de leur valeur et des pertes qu'elles avaient fait éprouver à l'ennemi; l'armée de Metz était devenue réellement une armée d'élite. Tout était possible et donnait lieu d'espérer qu'elle reprendrait bientôt une vigoureuse offensive.

La bataille de Saint-Privat-la-Montagne a été fortement exagérée par les journaux français. On prétendait que tout un corps d'armée prussien avait été précipité par Bazaine dans les carrières de Jaumont. Ces carrières, d'une étendue de cinq kilomètres, se trouvent à quinze kilomètres de Metz et les nouveaux forts établis depuis quelques années dans cette place, ont été construits avec des pierres extraites de ces carrières.

L'affaire des carrières de Jaumont, racontée avec tant d'exagération par la presse française, a cependant un certain fond de vérité. Au milieu de cette bataille de géants, le maréchal Canrobert chargea comme un simple général de brigade à la tête de deux divisions. Une lutte corps à corps s'engagea entre ces héroïques soldats et les Prussiens. A la fin, écrasés sous le feu terrible des mitrailleuses, 2,000 ennemis furent repoussés et précipités dans les carrières de Jaumont où ils s'engloutirent brisés et mutilés. Dans certains endroits, les cadavres étaient tellement pressés les uns contre les autres qu'ils n'étaient pas tombés; ils se soutenaient mutuellement.

Ce fait d'armes du maréchal Canrobert fut, comme nous venons de le dire, raconté par nos journaux avec beaucoup d'exagération; pour donner un peu d'espoir à la population parisienne on lui disait que nous avions remporté à Jaumont une victoire éclatante, que l'armée prussienne avait été écrasée, que les Allemands avaient laissé 20,000 des leurs dans les carrières de Jaumont, et 40,000 sur le champ de bataille. Et la population parisienne ajoutait foi à ces récits fantastiques, calculait le nombre des Prussiens morts depuis le commencement de la guerre: c'était par centaines de mille que l'on comptait les cadavres. Jamais, dit Sarcey, les Grecs, ces gascons de l'antiquité, contant les défaites de Xerxès, n'avaient fait un aussi affreux ravage de Perses.

Mais si on exagérait les pertes des Prussiens, on cachait au peuple français le fait le plus important, c'est qu'à la suite des trois batailles de Borny, de Gravelotte et de Saint-Privat, Bazaine, avec l'armée du Rhin, la fleur des troupes françaises, se trouvait coupé de toute communication avec Paris et paralysé dans tous ses mouvements. C'est bien certainement cet avantage obtenu par les Prussiens qui a eu la plus grande influence sur les résultats postérieurs de la campagne.

Après la défaite de Freschwiller, le corps du maréchal Mac-Mahon et celui du général de Failly avaient, ainsi que nous l'avons raconté plus haut, effectué leur retraite sur le camp de Châlons. Le 1er corps y arriva le 16, le 5e le 20 août seulement.

Ce séjour du 16 au 20 fut mis à profit par le 1er corps pour remettre en état ses effets d'équipement et de campement: une division entière n'avait plus ni tentes, ni ustensiles de cuisine; beaucoup de soldats avaient perdu leurs sacs. On compléta aussi l'approvisionnement en vivres et en munitions.

Les effectifs des régiments furent renforcés par des détachements nombreux de jeunes soldats de la réserve ou des deuxièmes portions des contingents et aussi des recrues de la classe 1869, ce qui remit, pour les 1er et 5e corps, leur force aux chiffres qu'ils avaient au début de la campagne.

Il y avait, en outre, au camp de Châlons, le 12e corps primitivement formé d'une division de régiments de marche, d'une division d'infanterie de marine et d'une division de garde mobile, sous le commandement du général Trochu qui, sur ces entrefaites, fut nommé gouverneur de Paris.

D'un autre côté, on avait pu y diriger également une nouvelle division d'infanterie, composée des quatre régiments de ligne qui étaient en observation sur la frontière d'Espagne; on put, par suite, constituer le 12e corps avec des troupes régulières, et on dirigea sur Paris, pour la défense de la capitale, la division de garde mobile. Le 12e corps ainsi formé présentait un effectif total de 45,000 hommes, et le commandement en fut confié au général Lebrun sur qui pesait une certaine défaveur par suite de sa collaboration au plan de campagne, mais qui fit preuve dans ces nouvelles fonctions de solides qualités militaires.

Le 7e corps, général Félix Douay, était, pendant ce temps et jusqu'au 18, à Belfort.

Il y eut, à partir de cette date, une série d'ordres et de contre-ordres relatifs aux mouvements de cette nouvelle armée de Châlons qui dépeint mieux que tout ce que l'on pourrait dire la confusion et l'incertitude qui régnaient à la fois dans les conseils de l'empereur et du maréchal Mac-Mahon, et, à Paris, dans le gouvernement et le conseil des ministres. La suite non interrompue des désastres que les armées françaises venaient de subir avait produit la plus funeste influence à Paris. Dans les rues et sur les places publiques, on demandait ouvertement la déchéance de Napoléon III, et, au Corps législatif, les membres de la droite, eux-mêmes, n'osaient plus prononcer le nom de l'empereur. Celui-ci, qui venait de quitter l'armée et de se dessaisir du commandement en chef des forces militaires de la France, en vue sans doute de retourner à Paris et de reprendre en mains les rênes du gouvernement, s'aperçut bientôt que tout espoir de rentrer dans la capitale avant d'avoir vaincu l'ennemi était perdu pour lui. Ne sachant où se réfugier, il s'arrêta au camp de Châlons, et là, il trouva le duc de Magenta et le général Trochu. Bientôt ces deux officiers généraux, le prince Napoléon, le général Schmitz, chef d'état-major général du général Trochu, et le général Berthaut, commandant de la garde nationale mobile, réunis en conseil autour de Napoléon III, décidèrent: « que l'empereur nommerait le général Trochu au commandement de Paris; que les troupes réunies à Châlons se dirigeraient vers la capitale, sous les ordres du maréchal Mac-Mahon; que la garde nationale mobile se rendrait au camp de Saint-Maur, à Vincennes, et que l'empereur irait à Paris comme son devoir l'y appelait. »

Lorsque cette décision fut connue à Paris, le gouvernement de la régente y fit de nombreuses objections. « Paris, disait-on, est en état de défense; sa garnison est nombreuse; l'armée de Châlons doit être employée à débloquer Metz; la garde nationale mobile serait un danger pour la tranquillité de la capitale; le caractère de Trochu n'inspire aucune confiance; enfin le retour de l'empereur à Paris serait très-mal interprété par l'opinion publique. »

Les généraux, tout en reconnaissant l'opportunité de dégager Bazaine, résolurent cependant d'exécuter ce qu'ils avaient arrêté en conseil. En conséquence, le 21, le maréchal dirigea son armée sur Reims. Le 22, M. Rouher, président du Sénat, vint trouver l'empereur et le maréchal, et leur exposa qu'il fallait quand même marcher au secours de Bazaine, et que, de ce mouvement, dépendait le *salut de l'Empire*. Il fallait, d'après le conseil des ministres, donner cette satisfaction à l'opinion publique.

La retraite des troupes de Mac-Mahon sur Paris avait produit, il est vrai, une impression très-fâcheuse qu'il fallait à tout prix dissiper. Les masses se laissent plutôt guider par leurs instincts, surtout quand il sont généreux, que par la raison, et tout Paris poussa un soupir de soulagement quand il apprit que l'armée de Mac-Mahon marchait au secours de Bazaine.

Le maréchal Mac-Mahon, plus soldat que général, esclave de l'obéissance passive, s'était décidé à obéir aux ordres du conseil des ministres et il dirigea son armée vers la Meuse, presque sûr de courir à un désastre inévitable, de se voir déborder sur la droite et d'être acculé à la frontière belge. Le maréchal est blâmable d'avoir obéi à un ordre qu'il n'approuvait pas. Il eut tort, lui, chef d'armée, de ne pas résister à l'aveuglement du gouvernement et de l'opinion publique.

Mac-Mahon a d'ailleurs été cruellement puni de sa fatale et coupable obéissance. Les huit jours de campagne dont nous allons faire le récit suffirent pour mettre à néant sa glorieuse réputation militaire qui datait d'Afrique, de Crimée et d'Italie.

Avant de dire le trajet que fait l'armée de Mac-Mahon, du 23 au 29 août, voyons quelle était la force de cette armée, sa composition et sa situation morale.

L'armée de Châlons, comme nous l'avons dit plus haut, se composait de quatre corps :

1ᵉʳ corps, général Ducrot, 4 divisions, 40,000 hommes.
5ᵉ — de Failly, 2 divisions 1/2, 25,000 hommes.
7ᵉ — Félix Douay, 3 divisions, 30,000 hommes.
12ᵉ — Lebrun, 3 divisions, 45,000 hommes.

Ce qui faisait un total de 140,000 hommes. Chaque corps avait une division de cavalerie, excepté le 7ᵉ qui n'avait qu'une brigade de 3 régiments, sa seconde brigade étant restée à Lyon. Il y avait en outre deux divisions de cavalerie de réserve; une de cuirassiers, la division Bonnemain, qui suivait le 1ᵉʳ corps depuis le commencement de la campagne; une de cavalerie légère formée des deux régiments de chasseurs d'Afrique qui avaient escorté l'empereur de Metz au camp, plus la brigade Tilliard. Avec sa cavalerie de réserve, l'armée de Mac-Mahon ne dépassait pas 145,000 hommes.

La situation morale de l'ensemble de ces troupes laissait fort à désirer. Le 1er corps, qui avait subi les échecs de Wissembourg et de Freschwiller, et venait d'opérer cette longue retraite, avec toutes les fatigues et les privations qui en sont l'accompagnement nécessaire, avait perdu à la fois la discipline et la confiance, et même exercé une fâcheuse influence sur les autres corps non engagés qui se trouvaient réunis avec lui.

Le 5e corps ne semblait pas présenter non plus de garanties sérieuses de solidité et de commandement : l'inaction coupable du général de Failly était en grande partie cause du désastre de Freschwiller, et toutes les troupes sous ses ordres l'accusaient hautement d'incapacité.

Le 7e corps, dont la 1re division (Conseil-Dumesnil) avait énormément souffert à Freschwiller, était parfaitement commandé par un général intelligent et expérimenté; mais il n'était réuni que depuis fort peu de temps, et était incomplet sous bien des rapports. Son parc d'artillerie ne le rejoignit qu'à Sedan, et il n'eut pour tout moyen de transport que des équipages de réquisition, difficiles à mener, et dont la mauvaise influence se fit sentir dans toutes les opérations.

Le 12e corps présentait comme formation peu d'homogénéité: il y avait un peu de tout, des régiments de ligne, des régiments de marche, de l'infanterie de marine et des troupes coupées du 6e corps; il eut cependant dans le cours des opérations un rôle très-honorable, particulièrement pour les troupes de l'infanterie de marine qui firent preuve d'une grande solidité.

C'est avec cette armée que le maréchal Mac-Mahon devait marcher sur Metz, et, malgré les quatre armées prussiennes, faire sa jonction avec Bazaine.

Voici quelle était, à la date du 20 août, la position des armées ennemies :

Les 1re, 2e et 4e armées, qui venaient de livrer les trois batailles des 14, 16 et 18 août, avaient rejeté sous Metz le maréchal Bazaine; une division de landwehr (von Kummer) était en outre récemment arrivée, ce qui rendait probable la coopération d'une partie de ces troupes avec celles du prince royal.

La 4e armée, qui se composait seulement alors du 12e corps saxon et de la garde, reçut en effet l'ordre de se porter par Reims vers Paris, et elle se mit en marche le 20 août pour Verdun.

A cette même date, le gros de la 3e armée occupait Bar-le-Duc, son avant-garde s'étendant jusqu'à Blesme, Saint-Dizier et Vassy, et sa cavalerie poussant jusqu'à Vitry-le-François, Brienne et Troyes.

Il suffit de jeter les yeux sur la carte pour voir l'insanité de cette conception qui consistait à faire décrire à notre armée un vaste arc de cercle dont le centre était occupé par le prince royal, avec une armée de 180,000 hommes, et à l'extrémité duquel nous devions rencontrer successivement l'armée du prince royal de Saxe, forte d'environ

70,000 hommes et les deux premières armées sous les ordres du prince Frédéric-Charles qui bloquaient Metz avec 200,000 combattants.

Une entreprise aussi téméraire que celle dans laquelle s'engageait Mac-Mahon n'avait pour elle qu'un élément de succès: une rapidité foudroyante dans la marche. Pas une minute n'était à perdre: le plan de la marche, mûrement étudié et arrêté d'une façon immuable, devait avoir pour base l'effort maximum que l'armée pouvait produire chaque jour et rien ne devait, sous quelque prétexte que ce fût, en modifier le programme. Si l'ennemi se présentait, il fallait l'attaquer immédiatement; car marcher côte à côte avec lui, c'était lui permettre une concentration progressive et diminuer de plus en plus nos chances de succès.

23 août. — L'ordre de marche, communiqué aux troupes le 22 au soir à Reims, annonçait que l'armée allait marcher en avant sur Montmédy et le 23, elle devait se porter sur la Suippe.

Le 7º corps (Douay) formait l'extrême droite à Dontrien et Saint-Martin-l'Heureux ; le 1ᵉʳ corps (Ducrot) est à Saint-Hilaire-le-Petit et Bétheniville ; le 5ᵉ corps (de Failly) est entre Pont-Faverger et Selles, et le 12ᵉ corps (Lebrun) forme l'extrême gauche, entre Saint-Masme et Heutrégiville. La division de cavalerie Bonnemain couvre la droite de l'armée, et le général Margueritte, avec sa division, en extrême avant-garde, est à Monthois, observant les débouchés de l'Argonne, de Grand-Pré et de la Croix-au-Bois.

La marche commença à dix heures du matin; elle présenta, à la sortie de Reims, un peu de confusion en raison du grand nombre de troupes et du matériel immense qui en débouchaient par une seule issue. De plus, une grande pluie était tombée la veille et le jour même, et les troupes durent prendre un grand nombre de chemins de traverse mal entretenus et défoncés par les eaux, en sorte qu'elles n'arrivèrent qu'assez tard sur les emplacements qui leur avaient été assignés.

24 août. — Pour faciliter le ravitaillement de l'armée, le maréchal se rabat par sa gauche pour se rapprocher du chemin de fer. Le 7ᵉ corps se dirige sur Semide et Contreuve ; le 1ᵉʳ sur Juniville ; le 5ᵉ et le 12ᵉ sur Rethel. La division Margueritte reste à Monthois, dans les mêmes positions, et le général Bonnemain doit coucher à Pont-Faverger, pour se rendre le lendemain à Rethel.

Cette seconde marche s'exécuta dans des conditions particulièrement bonnes de régularité et de vitesse. L'armée avait franchi en deux jours une distance d'au moins soixante kilomètres, trajet énorme pour une agglomération aussi nombreuse qui formait, pendant la marche, une longueur de 28 kilomètres. Le prince royal de Prusse, dans sa marche cependant très-rapide à la poursuite de l'armée de Mac-Mahon, n'avait pu faire en moyenne plus de 20 kilomètres par jour. En continuant ainsi, l'armée de Châlons pouvait quatre jours plus tard se trouver devant Metz.

Mais les fautes commençaient déjà, et, sans qu'on pût en deviner le motif, le maréchal faisait passer toute la division Bonnemain sur le flanc gauche de l'armée, du côté opposé à l'ennemi, et découvrait ainsi son aile droite qui n'était plus protégée que par la division Margueritte. En outre, les corps étaient très-éloignés les uns des autres: l'armée n'avait donc plus la cohésion désirable.

25 août. — Autre faute, et celle-là impardonnable! Sous le prétexte de faire faire aux 5e et 12e corps des distributions de vivres pour quelques jours, le maréchal les maintint à Rethel pendant cette journée; le 1er corps se porta à Attigny, et le 5e à Vouziers sur l'Aisne.

C'était perdre gratuitement un temps précieux, car le 5e et le 12e corps étaient dans des conditions d'approvisionnement meilleures que les deux autres; de plus, ces corps étant plus éloignés de l'objectif à atteindre, on ne devait pas leur faire perdre le moindre temps.

Pour comble de malheur et d'imprévoyance, le maréchal, tout en conservant à Rethel la division du général Bonnemain, donna l'ordre au général Margueritte d'aller occuper le Chêne-Populeux, si bien que, en arrivant à Vouziers, le général Douay, commandant le 7e corps, apprit que sa droite et ses derrières étaient complétement découverts.

C'est ainsi que, peu à peu, et par des fautes de plus en plus graves, le maréchal compromettait l'existence de son armée. Le général Douay qui n'avait qu'une brigade de cavalerie, donna immédiatement l'ordre au colonel du 1er hussards de rallier ses escadrons, de se porter sur le Grand-Pré et de faire tout pour avoir des nouvelles de l'ennemi et de ses mouvements.

26 août. — Après avoir pivoté le 25 sur sa gauche, l'armée pivote le 26 sur sa droite et occupe les positions suivantes : le 7e corps est à Vouziers, le 1er à Voncq sur la rive droite de l'Aisne, le 5e est à Neuville et le 1er à Tourteron, sur le ruisseau de Saint-Lambert. Le général Bonnemain est à Attigny, et le général Margueritte à Tannay et les Petites-Armoises.

Le 7e corps dut aussi, ce jour-là, se porter sur la rive droite de l'Aisne et franchir le pont de Vouziers. Pendant ce changement de bivouac, le général Douay fut informé que le 1er hussards courait le danger d'être enlevé à Grand-Pré par des masses énormes de cavalerie qui s'y montraient. Le général Dumont, commandant la 3e division, y porta aussitôt une de ses brigades et deux batteries d'artillerie; mais tout se borna à un engagement insignifiant de cavalerie.

27 août. — Le mouvement de conversion sur l'aile droite continue; le 7e corps reste à Vouziers, le 5e se porte sur Germont et Belleville, le 12e sur le Chêne; le 1er se met en marche de Voncq sur Terron; mais à moitié route contre-ordre est donné et il revient sur ses pas.

Le maréchal avait appris le matin que le 7e corps s'était dégagé intact de la position un peu périlleuse qu'il avait occupée à Grand-Pré; il considérait comme gravement compromis le succès d'une jonction, et il se décida à abandonner son premier objectif et à se replier dans la direction de l'ouest; il donna à ses troupes des ordres en conséquence; mais, dans la nuit, le maréchal qui avait communiqué sa détermination au ministre de la guerre, reçut de celui-ci une dépêche télégraphique ainsi conçue : « *Le conseil de régence et le conseil des ministres vous supplient de rallier quand même l'armée de Bazaine, sans quoi une révolution est imminente à Paris.* »

Le maréchal, sur cette invitation pressante, modifia les ordres de mouvements donnés à l'armée et se remit en marche sur Montmédy. Au départ de Châlons, l'obéissance de Mac-Mahon à des ordres qu'il n'approuvait pas, était coupable, mais enfin elle avait une excuse : il y avait peut-être une chance favorable sur mille, et il pouvait, à la rigueur, vouloir l'essayer. Mais le 27, il était convaincu de l'impossibilité absolue du succès; il voyait clairement que persister dans les projets primitifs, c'était fatalement perdre l'armée. Ce jour-là, il devait donc refuser d'obéir et ne pas sacrifier, comme il l'a fait, l'armée à l'empereur, les intérêts du pays à ceux de la dynastie napoléonienne.

28 août. — Le 12ᵉ corps se porta sur la Besace et fut remplacé au Chêne par le 1ᵉʳ; le 7ᵉ se dirigea vers Boult-au-Bois. Le 5ᵉ dut se porter sur Belval, en passant par Haricourt, tout près de Buzancy. Une rencontre assez vive de cavalerie eut lieu à l'entrée de ce dernier village, entre six de nos escadrons de chasseurs et deux régiments de cavalerie ennemie, le 3ᵉ saxons et le 18ᵉ uhlans.

Il devenait évident que les deux armées étaient enfin arrivées l'une et l'autre dans le même rayon d'action et qu'une rencontre sérieuse était inévitable.

La division de cavalerie Bonnemain était ce jour-là, aux Grandes-Armoises, un peu en arrière du 12ᵉ corps, la division Margueritte s'était portée de Stone vers Sommauthe, près du corps de Failly.

29 août. — Le maréchal, renseigné sur les mouvements des Prussiens qui se montraient en masses profondes du côté de Grand-Pré et de Buzancy, comprit qu'il ne pouvait, comme il le désirait, passer la Meuse entre Dun et Stenay; il chercha à gagner l'ennemi en vitesse, de manière à franchir la rivière entre Mouzon et Sedan.

Les chefs de corps reçurent l'ordre de se rendre aux positions suivantes : le 12ᵉ corps, à Mouzon; le 1ᵉʳ à Raucourt; le 5ᵉ à Beaumont, et le 7ᵉ à la Besace.

Le mouvement du 12ᵉ et du 1ᵉʳ corps s'effectua sans encombre; mais le 5ᵉ corps eut un engagement assez sérieux avec l'ennemi. La division Goze se dirigeait vers Beaumont par la route de Raucourt; la division Guyot de Lespart et la brigade de la division de Labadie suivaient la route dite des Etangs. Vers midi ces deux divisions furent attaquées par les troupes saxonnes. La division Goze essaya de se porter directement en soutien, mais, en raison des chemins tout à fait impraticables, elle fut obligée de rétrograder vers Belval et de se reporter sur Beaumont, où elle fut rejointe dans la nuit par les deux divisions Goze et Labadie qui avaient dû soutenir un combat de quatre heures.

Le 7ᵉ corps avait eu, lui aussi, un mouvement assez laborieux. Des pelotons de cavalerie, envoyés le matin en reconnaissance s'étaient sabrés avec des uhlans. Les habitants signalaient, en outre, entre Grand-Pré et Buzancy, la présence d'un corps de cavalerie ennemi de douze ou quinze mille chevaux avec beaucoup d'artillerie. Le général Douay se mit en marche, en commandant au général Ameil de couvrir le mouvement avec sa cavalerie.

Dans le village de Saint-Pierremont, quelques uhlans veulent attaquer le convoi; ils sont reçus par une décharge des soldats d'escorte et ils s'enfuient en laissant cinq ou six des leurs.

Le général ne put arriver à Oches que vers six heures seulement; il était difficile de gagner la Besace, poste qui avait été désigné par le maréchal; le général Douay se décida donc à faire passer la nuit à ses troupes, à Oches.

30 août. — Le maréchal donne aux trois corps qui restent sur la rive gauche l'ordre de passer, coûte que coûte, la Meuse, le jour même, et de se diriger, le 5ᵉ sur Mouzon, le 7ᵉ sur Villers, le 1ᵉʳ sur Remilly. Le général Bonnemain suit le 1ᵉʳ corps, et le général Margueritte doit couvrir la marche en avant vers Mouzon et Carignan.

Voici quelle était, le 30 au matin, la position de l'armée prussienne :

Les 11ᵉ et 4ᵉ corps, ainsi que la garde (4ᵉ armée), se trouvaient près de Nouart;

Les 1ᵉʳ et 2ᵉ (Bavarois) étaient à Bar, un peu au nord de Buzancy;

Le 5ᵉ corps et les Wurtembergeois, à Boult-au-Bois;

Le 11ᵉ corps à Vouziers;

Le 6ᵉ à Senuc, un peu au sud de Grand-Pré;

Les 2ᵉ, 4ᵉ, 5ᵉ et 6ᵉ divisions de cavalerie enfin occupaient Vouziers.

Les rencontres des 28 et 29 avaient démontré aux Prussiens qu'ils n'étaient plus bien loin de l'armée française, et ils espéraient pouvoir l'atteindre dans la journée. Ils opérèrent de façon à arriver à leur but.

La 4ᵉ armée se porta sur Beaumont et Mouzon; le 1ᵉʳ corps bavarois, qui la veille était venu de Vouziers jusqu'à Bar et Buzancy sur la route de Stenay, marcha par Sommauthe sur les troupes ennemies campées à Beaumont, et il devait être suivi par le 2ᵉ corps bavarois.

Le 5ᵉ corps prussien se dirigea de Briquenay sur Authe, Saint-Pierremont et Oches; les Wurtembergeois, de Boult-au-Bois par la route de Buzancy sur Châtillon et le Chêne; le 11ᵉ corps avait même destination, mais à la gauche des Wurtembergeois, par Vouziers et les Quatre-Champs.

Le 6ᵉ corps occupa Vouziers et s'établit face au sud-ouest, observant la direction de Châlons.

La 5ᵉ division de cavalerie se porta à l'ouest du Chêne sur Senuc et Tourteron; la 6ᵉ suivit le 11ᵉ corps et marcha sur Châtillon; la 2ᵉ se dirigea sur Buzancy.

Marche du 7ᵉ corps. — Le 7ᵉ corps, comme nous venons de le dire, ne s'était pas rendu au point qui lui avait été assigné et avait passé la nuit à Oches, au lieu de continuer sa route sur la Besace. Le 30, au matin, le général Douay prit ses dispositions pour partir. Le maréchal Mac-Mahon était venu trouver lui-même le chef du 7ᵉ corps pour lui renouveler verbalement l'ordre d'avoir, *coûte que coûte*, à passer la Meuse dans la journée; les bagages et les voitures, au nombre de quinze cents, devaient se diriger sur Villers, où avait été jeté un pont de bateaux, et la division Conseil-Dumesnil fut chargée de les escorter.

Le mouvement s'effectua vers neuf heures du matin. La brigade Bittard des Portes qui quitta Oches la dernière, en laissant ce village sur sa droite, fut canonnée, pendant qu'elle remontait le versant opposé, par une batterie ennemie placée à une distance très-grande. Après quelques coups de riposte le général Douay fit cesser le feu.

La tête de colonne du 7ᵉ corps arrivait à Stone vers midi et demi, lorsqu'elle entendit sur sa droite, dans la direction de Beaumont, une vive canonnade; plusieurs villages et fermes étaient en feu; c'était le 5ᵉ corps qui paraissait engagé d'une façon sérieuse avec l'ennemi. Le général Douay eut tout d'abord l'idée d'aller soutenir le général de Failly, mais ses troupes étaient disséminées; il lui fallait passer, pour arriver à Beaumont, par le défilé de Stone, très-difficile à franchir; il ne pouvait donc arriver au secours du 5ᵉ corps avant deux heures; de plus, le but stratégique de la journée qui lui avait été impérieusement commandé, le passage de la Meuse, n'était pas atteint. Pour tous ces motifs, le général Douay résolut de continuer et de se porter en avant sur Raucourt.

A quelques kilomètres de là, le 7ᵉ corps vit arriver sur sa droite des centaines de fantassins à la débandade, revenant en courant et l'air effaré : c'était une partie des troupes de la division Conseil-Dumesnil qui, en escortant les convois sur Mouzon, avaient été attaquées par les Bavarois; elles avaient à peine essayé de résister et s'étaient rejetées dans le plus grand désordre sur leur gauche.

Le 7ᵉ corps arriva à Beaumont vers cinq heures; à sept heures du soir, il arriva à Remilly où il trouva encore deux régiments de cuirassiers de la division Bonnemain qui n'avaient pu franchir la Meuse : le village était littéralement bondé de troupes, de voitures et de chevaux, et la circulation y était impossible.

Le génie du 1ᵉʳ corps avait établi sur ce point deux ponts depuis le matin: l'un était une simple passerelle en bois, très-étroite, où les soldats d'infanterie pouvaient à peine passer deux de front, mais qui était complètement impraticable pour la cavalerie; l'autre était formé par un barrage en terre avec quelques pontons dans le milieu, le tout recouvert de madriers et de poutrelles formant garde-fou. Les terres avaient facilement cédé sous le poids des voitures. Il fallut au moins trois heures pour réparer les deux ponts qui, par conséquent, ne furent mis à la disposition du 7ᵉ corps que vers dix heures du soir. Le passage s'effectuait très-difficilement : à deux heures du matin, le général Douay, voyant que tout son corps d'armée ne pourrait traverser la Meuse sur ce pont avant le jour, donna l'ordre à sa 2ᵉ division d'infanterie (général Liébert), à la cavalerie et à l'artillerie de réserve de se porter sur Sedan par la route qui longe la rive gauche de la Meuse. Il y arriva lui-même à cinq heures du matin avec l'intention de se reporter dans la journée sur Mouzon ou sur Carignan.

Un fait qui prouve bien l'incapacité ou la légèreté de l'état-major général de l'armée, c'est qu'il n'avait pas songé à indiquer au général Douay, comme moyen de passage, *le pont du chemin de fer vis-à-vis de Bazeilles*, qui se trouvait à trois kilomètres de Remilly, et dont l'ennemi sut bien s'emparer le lendemain, pour passer la Meuse. Voilà comment nos chefs d'armée connaissaient le terrain des opérations !

Marche du 5e corps. — Combat de Beaumont. — Voici comment un officier de l'armée du Rhin a fait le récit du combat de Beaumont, et a apprécié la conduite du général de Failly pendant cette journée :

« Les troupes du 5e corps, dit cet officier, étaient arrivées le matin même, de 4 à 7 heures, devant le village de Beaumont, après une marche de nuit longue et fatigante, et y avaient dressé leur camp.

« Le combat de la veille et l'engagement du 28 prouvaient suffisamment les intentions de l'ennemi d'en venir rapidement aux mains, et le général de Failly lui-même en était tellement convaincu que le 29 au soir, en faisant rendre compte au maréchal des événements de la journée, il lui demandait du secours en cas d'attaque.

« Eh bien, c'est dans ces conditions que ce corps, poursuivi depuis deux jours, qui a livré la veille un combat de quatre heures, va établir son camp tout autour d'un village, sans la moindre grand'garde de cavalerie, sans même de petits postes d'infanterie. Il y a devant le front de bandière un factionnaire, comme au camp de Châlons.

« Les hommes avaient démonté leurs fusils pour les nettoyer, les uns faisaient la soupe, d'autres étaient allés recevoir des distributions dans le village, les chevaux des généraux et des états-majors étaient dans les écuries, lorsque, tout à coup, vers midi, des balles et des boulets tombent dans le camp, sans que la présence de l'ennemi ait été le moins du monde signalée.

« Les hommes, sans avoir le temps de lever le camp, renversent leurs marmites, saisissent leurs armes et se portent en avant. Le combat commence au milieu d'un désordre qu'on ne peut se figurer, les soldats sans leurs chefs, les généraux cherchant leurs troupes, l'artillerie isolée et sans soutien. Le général d'une de ces divisions a déclaré n'avoir jamais eu dans toute la journée plus de deux bataillons de ses troupes sous la main.

« Ce fut une véritable déroute.

« Une troupe, a dit le grand Frédéric, peut être battue, mais elle ne doit jamais être surprise. »

« Que dire de généraux qui commettent des fautes telles que celle que je viens de signaler. Le gouvernement de la défense nationale a déclaré passible d'un conseil de guerre tout chef d'une troupe qui se laisse surprendre ; il a eu raison. Il ne faut pas laisser à la conscience seule de l'individu le soin de punir un pareil crime ; mais à côté du châtiment physique doit se trouver une flétrissure morale. Oui, il faut que l'opinion et l'histoire, qui tressent des couronnes au soldat, même malheureux, qui a fait son devoir, se lèvent vengeresses contre celui qui, n'apportant dans des fonctions aussi graves ni prudence ni dévouement, compromet avec le sang de ses soldats l'honneur du drapeau et le sol de la patrie.

« Le lendemain d'ailleurs, mais malheureusement trop tard pour ses troupes, le général de Failly était relevé de son commandement et remplacé par le général de Wimpffen.

« C'était le 4e corps prussien qui, parti de Nouart, soutenu à gauche par le 1er bavarois et à droite par le 12e corps saxon, opérait sur Létange et Beaumont, et venait de surprendre, comme je l'ai indiqué, le 5e corps qui se retira en pleine déroute, abandonnant complètement son campement et ses bagages. »

Vers deux heures, le maréchal fit repasser la Meuse à une brigade du corps Lebrun et à la division Bonnemain, de manière à protéger la retraite du 5e corps. Grâce à ce concours, le général de Failly parvint à conduire ses débris sur la rive droite de la Meuse; ceux-ci s'y installèrent au milieu et sous la garde des troupes du 12e corps.

La journée du 30 nous avait coûté 1500 tués ou blessés, 3000 prisonniers; nous avions perdu 23 canons, tout le campement et les bagages du 5e corps.

Le 1er corps, pendant la journée du 30, avait marché sur Carignan, et s'était établi sur les hauteurs de Mouzon où il fut rallié par le 5e et le 12e corps. La position était belle et pourrait être défendue avec avantage.

Mais l'empereur en décida autrement, et Mac-Mahon eut la faiblesse de céder encore une fois. Des ordres furent expédiés pour une concentration autour de Sedan. Si Napoléon III ne s'était pas traîné à la suite de l'armée, il est évident que Mac-Mahon n'eût pas hésité à livrer bataille autour de Mouzon plutôt que d'aller amonceler ses troupes autour d'une petite place comme Sedan, sans ressource aucune et dominée de toutes parts.

Le 5e corps arriva à Sedan vers les trois heures du matin et campa sur les glacis de la place, près d'une grande redoute en terre qui se trouve au nord-est de la ville. Le 1er corps ne quitta Carignan que le 31 au matin et n'arriva sur les hauteurs de Gironne que vers onze heures du soir. Le 12e corps fut attaqué au moment où il traversait la plaine de Douzy, en côtoyant ainsi la rive droite de la Meuse. Pendant une grande partie de l'après-midi et jusqu'à neuf heures du soir, il y eut un engagement formidable: le champ de bataille avait une étendue de près de six kilomètres entre Douzy, Armigny et Bazeilles, à mi-chemin de Carignan à Sedan. Au commencement du combat les Français possédaient l'avantage ; les Prussiens s'emparèrent de Carignan, détruisirent le chemin de fer, incendièrent la station ; ils entourèrent le flanc gauche des Français et cherchèrent à se placer entre eux et la frontière belge, pour les rejeter sur l'armée du prince royal qui venait d'Attigny.

Le résultat de la journée fut indécis ; mais, par suite de la même fatalité et de la même imprévoyance qui présidaient aux opérations de cette armée, le pont du chemin de fer qui avait été défendu énergiquement pendant cette journée, qui fut pris et repris plusieurs fois par nos troupes, fut abandonné le soir, sans qu'on ait pu savoir pourquoi ;

et pour comble de malheur, le génie, auquel le maréchal avait prescrit de le faire sauter, ne put, faute de poudre de mine, paraît-il, exécuter cette opération ; pendant la nuit suivante, les Prussiens y firent passer leurs troupes et leur matériel.

L'affaire de Bazeilles nous avait coûté cher : le correspondant du journal *le Temps* rendant compte des journées du 30, du 31 août et du 1er septembre parle ainsi de celle du 31 :

« Celle-ci fut la plus sanglante.

« Chaque repli de terrain était disputé pied à pied. On se battait avec un acharnement dont les officiers prussiens ne peuvent parler sans rendre hommage à l'héroïsme de nos soldats, qui sont toujours, disait l'un, les premiers soldats du monde.

« Jusqu'à deux heures, les nôtres résistèrent à ces masses profondes, qui se renouvelaient incessamment sous les ravages des mitrailleuses.

« Le carnage fut tel que la Meuse, rouge de sang, ne pouvait entraîner tous les cadavres.

« Un vieux capitaine, vétéran de plusieurs guerres, affirmait que tout ce qu'il avait vu jusque-là n'était qu'un enfantillage en comparaison de cette effroyable boucherie.

« Le soir, il fallut effectuer un mouvement de retraite pour s'appuyer sur Sedan et se garantir contre un mouvement tournant de l'ennemi, qui avait réussi à remonter jusqu'à Francheval.

« Cette retraite fut triste. On n'était pas battu, mais chacun sentait que le lendemain serait le jour décisif, et que, malgré leurs pertes énormes, les Allemands opposeraient aux efforts d'une centaine de mille hommes, épuisés par cette journée, des corps nouveaux que la mitraille n'avait pas encore décimés.

« Pendant la nuit, on se cantonna dans des positions qui exigeaient par leur éloignement des marches pénibles, et le soleil devait à peine se lever le lendemain que l'attaque, évidemment, recommencerait. — Il faut ajouter que, le soir du 31, les soldats eurent à peine une distribution de biscuit. »

Le lendemain était le 1er septembre, date à jamais fatale pour la France

CHAPITRE V

SEDAN

Proclamation de Napoléon III à l'armée. — Positions occupées par les deux armées. — Massacres de Bazeilles. — Tentative de trouée dans la direction de Carignan. — Le drapeau blanc est arboré. — Lettre de Napoléon et réponse de Guillaume. — Négociations. — Récit de M. de Bismark sur son entrevue avec l'Empereur. — Texte de la capitulation. — Proclamation de Wimpffen à l'armée. — Indignation des officiers et des soldats. — Rapport officiel adressé par le général de Wimpffen au ministre de la guerre. — Le prisonnier de Wilhemshœhe.

La bataille, comme nous l'avons dit, était imminente pour le 1er septembre, et pour les esprits clairvoyants, imminent aussi était le désastre. Dans la journée du 31, l'empereur fit un dernier appel à son armée, par la proclamation suivante:

Soldats,

Les débuts de la guerre n'ayant pas été heureux, j'ai voulu, en faisant abstraction de toute préoccupation personnelle, donner le commandement des armées aux maréchaux que désignait plus particulièrement l'opinion publique.

Jusqu'ici le succès n'a pas couronné vos efforts; néanmoins, j'apprends que l'armée du maréchal Bazaine s'est refaite sous les murs de Metz, et celle du maréchal Mac-Mahon n'a été que légèrement entamée hier. Il n'y a donc pas lieu de vous décourager. Nous avons empêché l'ennemi de pénétrer jusqu'à la capitale, et la France entière se lève pour repousser ses envahisseurs. Dans ces graves circonstances, l'Impératrice me représentant dignement à Paris, j'ai préféré le rôle de soldat à celui de souverain. Rien ne me coûtera pour sauver notre patrie. Elle renferme encore, Dieu merci, des hommes de cœur, et, s'il y a des lâches, la loi militaire et le mépris public en feront justice.

Soldats, soyez dignes de votre ancienne réputation. Dieu n'abandonnera pas notre pays pourvu que chacun fasse son devoir.

Fait au quartier impérial de Sedan, le 31 août 1870.

NAPOLÉON.

L'homme qui devait capituler le lendemain à Sedan, osait dire : « *S'il y a des lâches, le mépris public en fera justice.* » Il a prononcé là sa propre condamnation.

Examinons rapidement quelle était la position des deux armées, le matin du 1ᵉʳ septembre.

Sedan est une ville de 14,000 âmes, placée à cheval sur la Meuse. C'est une forteresse de peu d'importance, dominée par les berges des deux rives du fleuve, trop petite pour donner asile à une armée, ou pour lui être utile en quoi que ce soit pour livrer bataille. Deux ruisseaux coulant, l'un à l'est, l'autre à l'ouest du village d'Illy et se jetant dans la Meuse, le premier à 4,000 mètres en amont, le second à 2,000 mètres en aval de Sedan, forment un triangle dont la Meuse forme la base, les ruisseaux les deux autres côtés, et dont le village d'Illy forme le sommet. Le massif enserré par ces cours d'eaux a des berges élevées, assez escarpées, et forme un plateau entrecoupé de profonds ravins, dont le principal s'appelle Fond-de-Givonne.

C'est dans ce triangle sans issue pour effectuer un retour offensif, ou pour opérer la retraite, que Mac-Mahon disposa son armée au combat. Le 7ᵉ corps s'étend en avant des bois de la Garenne, entre les routes de Floing et d'Illy; derrière lui et sur sa gauche, était la cavalerie de réserve; le 1ᵉʳ corps se trouvait sur les hauteurs qui dominent le Fond-de-Givonne; le 5ᵉ corps, qui présentait peu de solidité, était en réserve dans la grande redoute de Sedan; le 12ᵉ corps occupait tout l'espace compris entre la route de Givonne et Bazeilles.

Pendant la nuit du 31 au 1ᵉʳ septembre, l'armée allemande avait exécuté les mouvements suivants : le 1ᵉʳ corps bavarois passa la Meuse à Rémilly et commença à attaquer Bazeilles; le 2ᵉ corps bavarois s'était déployé et avait mis en batterie une artillerie considérable sur la rive gauche de la Meuse, entre Frénois et Vadelincourt; le 12ᵉ corps et la garde se dirigent vers Daigny; la 8ᵉ division du 4ᵉ corps, avec toute l'artillerie de réserve, se porte sur Bazeilles, comme soutien du 1ᵉʳ corps bavarois; la 7ᵉ division reste en observation à Mairy Les 11ᵉ et 5ᵉ corps, ainsi que la 4ᵉ division de cavalerie, suivis par les Wurtembergeois, franchissent le fleuve sur des ponts jetés en amont de Donchery et de Dom-le-Mesnil, et marchent par Briancourt et Vrignes-au-Bois, en contournant le coude du fleuve d'Illy, afin de relier la gauche de l'armée du prince de Prusse avec la droite de celle du prince de Saxe et d'enfermer ainsi les Français dans un cercle de fer qui, par son feu convergent, aura bientôt raison de la résistance qu'ils voudraient opposer en se réfugiant dans la forteresse de Sedan.

A cinq heures du matin, la bataille commence à Bazeilles entre le 12ᵉ corps commandé par le général Lebrun et le 1ᵉʳ corps bavarois. Mac-Mahon, brave comme toujours, se porta sur le terrain de l'engagement et fut, quelques instants après, très grièvement blessé à la cuisse. Il fut ramené à Sedan; avant de quitter le champ de bataille, il laissa le commandement de l'armée au général Ducrot. L'empereur qui se rendait sur le lieu du combat, rencontra en chemin Mac-Mahon blessé.

C'est dans ces moments désespérés que le maréchal de Villars lancait son bâton de maréchal dans les retranchements de Denain; que Napoléon Ier, dont l'énergie et le courage grandissaient avec le danger, paraissait devant ses soldats, et, par quelques paroles inspirées, leur donnait à choisir entre le déshonneur ou la mort.

L'empereur n'avait d'autre parti honorable à prendre que de se mettre à la tête de ses troupes: il sauvait à la fois l'armée et sa dynastie. Il serait tombé, peut-être, mais du moins en soldat, et l'histoire comme la postérité, indulgentes pour ceux qui meurent en braves, eussent pardonné à sa mémoire et à sa famille toutes les humiliations et les souffrances qu'il avait attirées sur le pays. Il ne sut pas avoir ce courage.

Depuis six heures et demie, le prince royal de Saxe était entré en action; le 12e corps s'était emparé de la Moncelle et de Daigny et avait fait sa jonction avec le 1er corps bavarois. Pendant ce temps, le 11e et le 5e corps à gauche continuaient leur manœuvre enveloppante vers Illy et s'emparaient des villages de Saint-Menges, de Fleignaux et de Floing. Ce ne fut pas sans essuyer de grandes pertes; pendant que les troupes prussiennes descendaient des hauteurs de Saint-Menges, deux batteries de mitrailleuses dirigèrent sur elles un feu rapide et précis qui les empêchèrent, pendant plusieurs heures, et en leur infligeant des pertes énormes, de s'avancer dans la vallée. Notre artillerie, quoique écrasée par le nombre des batteries ennemies et la supériorité incontestable de leur tir, fit bonne contenance et ne dut s'arrêter que lorsque leur action circulaire s'étendant de plus en plus et leurs batteries couvrant un espace énorme, la lutte fut jugée impossible.

Pendant ce temps, le général Lebrun se défendait toujours à Bazeilles; mais vers onze heures, il fut obligé d'abandonner la position. Les habitants le secondèrent avec le plus grand courage : une fureur indescriptible s'était emparée d'eux; des barricades furent formées dans les rues et pendant plusieurs heures ils opposèrent la plus héroïque résistance et arrêtèrent la marche de toute une division de Bavarois. Ils payèrent cher leur héroïsme : les Bavarois, après s'être emparés de la ville, incendièrent toutes les maisons, puis ils firent périr tous les habitants au milieu des flammes. De Bazeilles, petite ville de 2,000 âmes, il ne reste aujourd'hui que des ruines qui sont là pour témoigner de la barbarie des Allemands dans cette journée sanglante.

La route de Sedan à Mézières était interceptée; toute retraite sur cette ville était impossible, à moins de se faire jour de vive force. Le général Ducrot voulut tenter cependant de gagner la ligne de retraite. Il donna l'ordre au général Lebrun, commandant du 12e corps, de battre en retraite par son aile droite en pivotant autour de Givonne; en même temps, il lançait vis-à-vis Daigny la 2e brigade de la division Grandchamp, soutenue à gauche par la division de Lartigue du 1er corps, avec mission de s'emparer du plateau qui se trouve entre Givonne et Villers-Cernay et de s'y maintenir. Mais, sur ces entrefaites, le général de Wimpffen, auquel l'empereur avait donné le commandement en chef, après que Mac-Mahon eût été blessé, n'approuvant pas le mouvement offensif du général Ducrot, réclama son commandement, comme c'était son droit, et prescrivit au général Ducrot de reprendre ses positions. Le nouveau général en chef, homme de beaucoup de mérite incontestablement, avait le tort d'être nouvellement débarqué d'Afrique depuis quarante-huit heures, et, par conséquent, inconnu à la plus grande partie de l'armée. Le général Ducrot, au contraire, était le chef d'état-major du maréchal, et lorsqu'il prit le commandement général, la confiance de l'armée n'en fut nullement affaiblie. — C'est ainsi que des circonstances malheureuses poussaient fatalement les Français à leur perte.

A midi, l'arrivée de renforts allemands donna un nouvel aspect au champ de bataille et rendit la position des divisions françaises désespérée.

Vers une heure, le général Douay (7ᵉ corps), écrasé par l'artillerie ennemie dont les batteries foudroyaient les bois de la Garenne, fit demander du renfort au général en chef, qui longtemps après seulement put envoyer de ce côté la brigade Lefèvre du 1ᵉʳ corps. A trois heures, toutes les batteries que le 7ᵉ corps cherchait à mettre en position étaient démontées en moins de dix minutes. La retraite sur la droite d'Illy était, comme nous l'avons dit, devenue impossible par suite du mouvement tournant opéré par les Prussiens. Le général de Wimpffen voulut tenter la dernière chance de salut : il donna l'ordre au général Lebrun (12ᵉ corps) qui tenait toujours avec la plus héroïque énergie, de tenter une trouée sur Carignan. Il envoya pour le soutenir le 1ᵉʳ corps, et chargea le général Douay de couvrir la retraite; malheureusement le 7ᵉ corps, écrasé par le nombre, luttant depuis le matin contre des forces quadruples, ne pouvait songer qu'à une chose : à se retirer le plus lentement possible et en bon ordre. L'idée de Wimpffen était bonne et courageuse : la trouée était possible. Certainement, une partie de l'armée serait restée sur le champ de bataille, mais l'autre aurait passé. Le général en chef écrivit donc à l'empereur le billet suivant qui lui fut porté par les capitaines d'état-major de Saint-Houen et de Lanouvelle.

« Sire, je donne l'ordre au général Lebrun de tenter une trouée
« dans la direction de Carignan, et je le fais suivre par toutes les
« troupes disponibles. Je prescris au général Ducrot d'appuyer ce
« mouvement, et au général Douay de couvrir la retraite.

« Que Votre Majesté vienne se mettre au milieu de ses troupes;
« elles tiendront à honneur de lui ouvrir un passage. »

L'empereur n'accueillit pas cette proposition. Néanmoins, le 12ᵉ corps exécuta le mouvement qui lui avait été prescrit. Le général Martin de Pallières s'élançant à la tête de l'infanterie de marine culbuta les premières colonnes ennemies, sous la protection des canons de la forteresse. Au milieu de ce combat, un régiment de dragons prussiens fut complétement détruit par une batterie de mitrailleuses, au moment même où une brigade française était écrasée par l'artillerie allemande. La cavalerie française prit une part glorieuse à la bataille. La division Marguerite tenta un mouvement audacieux, mais désespéré. Le 1ᵉʳ cuirassiers (colonel d'Alincourt) et le 2ᵉ chasseurs d'Afrique (colonel de Galiffet) se précipitèrent comme un torrent sur les légions allemandes. Ce fut une seconde charge de Balaklava. Une pluie de bombes, de boulets et des murailles de baïonnettes n'arrêtèrent pas ces héros qui pénétrèrent au milieu des colonnes prussiennes avec une témérité sans exemple, et parvinrent jusqu'à un ravin où, sous le feu de l'artillerie ennemie, ils trouvèrent une mort glorieuse. Le général Margueritte, sérieusement blessé par un éclat d'obus, mourut quelques heures plus tard. Les vaillants officiers qui venaient d'accomplir une action digne des chevaliers des temps passés, tombèrent bravement au milieu de leurs soldats. Le colonel de Galiffet et une centaine d'hommes de son magnifique régiment parvinrent seuls à se frayer un passage à travers les lignes ennemies.

Vers trois heures, nos troupes battaient en retraite : ce fut une véritable déroute à travers les forêts des Ardennes et les bois qui bordent le territoire belge ; la brigade du général de Sartines, combattant jusqu'au bout, avait été coupée de son corps d'armée et faite prisonnière après des pertes considérables.

Pendant ce temps, l'empereur arborait sur la citadelle le drapeau blanc et adressait au roi, par un de ses officiers, la lettre suivante :

« Monsieur mon frère,

« N'ayant pu mourir au milieu de mes troupes, il ne me reste qu'à
« remettre mon épée entre les mains de Votre Majesté.

« Je suis de Votre Majesté

« Le bon frère,

« NAPOLÉON. »

« Le roi répondit :

« Monsieur mon frère,

« En regrettant les circonstances dans lesquelles nous nous ren-
« controns, j'accepte l'épée de Votre Majesté, et je vous prie de bien
« vouloir nommer un de vos officiers muni de vos pleins pouvoirs
« pour traiter de la capitulation de l'armée qui s'est si bravement
« battue sous vos ordres. De mon côté, j'ai désigné le général de
« Moltke à cet effet.

« Je suis de Votre Majesté

« Le bon frère,

« GUILLAUME. »

Le général de Wimpffen rentra aussitôt à Sedan et repoussa toute idée de capitulation ; il envoya sa démission à l'empereur qui la refusa et le supplia de conserver son commandement. Dans l'intérêt de l'armée, Wimpffen céda et accepta de se charger des négociations. Sur sa demande, la réunion fut ajournée au lendemain à neuf heures.

Dans la soirée, le général de Wimpffen rassembla un conseil de guerre composé de trente-deux généraux, et, à l'unanimité moins deux voix, on déclara qu'il y avait lieu d'accepter la capitulation.

Le 2, à six heures du matin, Napoléon III se rendit en voiture découverte de Sedan à Donchery, afin d'y avoir une entrevue avec le roi Guillaume. Chemin faisant, l'empereur rencontra le chancelier de la Confédération de l'Allemagne du Nord, descendit de voiture et entra avec le comte dans une petite maison où ils eurent une entrevue de plus d'une heure et dont M. de Bismark rend compte en ces termes :

« Sa Majesté se montrait désireuse par-dessus tout d'obtenir pour l'armée des conditions de capitulation plus favorables. Je m'excusai dès l'abord de ne pouvoir traiter ce sujet avec Sa Majesté, attendu que c'était une question purement militaire, qui devait être résolue entre le général de Moltke et le général de Wimpffen. De mon côté, j'interrogeai l'empereur pour savoir si Sa Majesté était disposée à des négociations de paix. L'empereur répondit que, maintenant, comme prisonnier de guerre, il n'était plus en situation de traiter, et comme je lui demandai encore par qui, à ses yeux, l'autorité politique serait actuellement représentée en France, l'empereur me désigna le gouvernement existant à Paris (1). Après avoir éclairci ce point, qui ne ressortissait pas d'une manière certaine de la lettre adressée la veille par l'empereur à Votre Majesté, je reconnus, et je ne le dissimulai pas à l'empereur, que la situation, à cette heure comme la veille, n'offrait un point pratique que sur le terrain militaire ; conséquemment, je fis ressortir la nécessité pour nous, avant toutes choses, de nous mettre en main, par la capitulation de Sedan, un gage qui nous assurât les résultats militaires obtenus par nos armes. Déjà, la veille au soir, avec le général de Moltke, j'avais examiné sous toutes ses faces la question de savoir s'il aurait été possible, sans préjudice pour les intérêts allemands, d'accorder au sentiment d'honneur militaire d'une armée qui s'était bien battue, des conditions plus favorables que celles qu'on avait fixées. Après le plus sérieux examen, nous avions dû tous les deux persister à répondre négativement à cette question. — Et si le général de Moltke, qui, de la ville, était survenu au milieu de notre entretien, se rendit ensuite auprès de Votre Majesté pour lui soumettre les désirs de l'empereur, ce n'était point, Votre Majesté le sait, dans l'intention d'appuyer ces désirs.

« L'empereur étant alors sorti de la chambre, m'invita à m'asseoir près de lui devant la porte de la maison. Sa Majesté me demanda s'il n'était pas possible de laisser l'armée française passer la frontière belge, pour qu'elle y fût désarmée et internée en Belgique. J'avais déjà discuté, la veille au soir, avec le général de Moltke, cette éventualité, et, par les motifs donnés plus haut, je ne crus point devoir entrer dans la discussion du mode proposé. En ce qui concerne la situation politique, je m'abstins, pour moi, de toute initiative ; l'empereur n'y toucha, de son côté, que pour déplorer le malheur de la guerre, déclarant qu'il n'avait pas voulu cette guerre lui-même, mais qu'il avait été obligé de la faire, sous la pression de l'opinion publique en France.

« Cependant, grâce à des informations prises en ville et surtout à des reconnaissances faites par les officiers de l'état-major général, on sut, entre 9 et 10 heures, que le château de Bellevue, près Frénois, était un lieu convenable pour recevoir l'empereur et qu'aucun blessé n'y avait encore été transporté. J'en informai l'empereur, en lui disant

---

(1) Régence : ministère Palikao.

que j'avais désigné Frénois comme le lieu que je proposais à Votre Majesté pour l'entrevue, et je me mis à la disposition de Sa Majesté, si elle voulait se rendre immédiatement en ce lieu, attendu que le séjour dans une petite maison d'ouvrier était incommode, et que l'empereur aurait peut-être besoin de quelque repos. Sa Majesté accepta volontiers cette offre, et je conduisis l'empereur, que précédait une escorte d'honneur du régiment de cuirassiers de la garde de Votre Majesté, au château de Bellevue, où déjà s'étaient rendus le reste de la suite de l'empereur et ses équipages, dont la sortie de Sedan semblait être considérée jusque-là comme douteuse.

« En même temps arrivait le général de Wimpffen, avec lequel, en attendant le retour du général de Moltke, la discussion des termes de la capitulation, interrompue la veille au soir, fut reprise par le général Podbielski, en présence du lieutenant-colonel de Verdy et du chef d'état-major du général Wimpffen, lesquels deux officiers rédigeaient le protocole. Je ne pris part à cette dernière négociation préparatoire que pour exposer la situation politique et au point de vue du droit international, d'après les explications qui m'avaient été fournies par l'empereur lui-même; ce moment, je reçus du mestre-de-camp comte de Nostitz, envoyé par le général de Moltke, l'avis que Votre Majesté ne voulait voir l'empereur qu'après la signature de la capitulation, — avis qui enlevait ainsi tout espoir, de l'autre côté, de faire modifier les conditions déjà posées.

« Je me dirigeai à cheval vers Chéhery, au-devant de Votre Majesté, pour lui faire connaître la situation des choses; chemin faisant, je rencontrai le général de Moltke, qui portait le texte de la capitulation, approuvée par Votre Majesté. Ce texte, quand nous fûmes revenus, le général et moi, à Frénois, fut accepté sans plus de résistance et signé. »

Le texte de la capitulation était celui-ci :

Entre les soussignés :

Le chef de l'état-major de Sa Majesté le roi Guillaume, commandant en chef des armées allemandes, et le général en chef commandant l'armée française, tous deux munis des pleins pouvoirs de Leurs Majestés le roi Guillaume et l'empereur Napoléon,

La convention suivante a été conclue :

ARTICLE 1er. — L'armée française placée sous les ordres du général de Wimpffen, se trouvant actuellement cernée par des forces supérieures autour de Sedan, est prisonnière de guerre.

ART. 2. — Vu la défense valeureuse de cette armée, il est fait exception pour tous les généraux et officiers, ainsi que pour les employés supérieurs ayant rang d'officier, qui engageront leur parole d'honneur par écrit de ne pas porter les armes contre l'Allemagne, et de n'agir d'aucune autre manière contre ses intérêts jusqu'à la fin de la guerre actuelle. Les officiers et employés qui accepteront ces conditions conserveront leurs armes et les objets qui leur appartiennent personnellement.

ART. 3. — Toutes les autres armes, ainsi que le matériel de l'armée, consistant en drapeaux (aigles), canons, chevaux, caisses de guerre, équipages de l'armée, munitions, etc., seront livrés à Sedan à une commission militaire instituée par le commandant en chef, pour être remis immédiatement au commissaire allemand.

Art. 4. — La place de Sedan sera livrée ensuite dans son état actuel, et au plus tard dans la soirée du 2 septembre, à la disposition de Sa Majesté le roi de Prusse.

Art. 5. — Les officiers qui n'auront pas pris l'engagement mentionné à l'article 2, ainsi que les troupes désarmées, seront conduits, rangés d'après leurs régiments ou corps, et en ordre militaire. Cette mesure commencera le 2 septembre et sera terminée le 3. Ces détachements seront conduits sur le terrain bordé par la Meuse, près d'Iges, pour être remis aux commissaires allemands par leurs officiers, qui céderont alors le commandement à leurs sous-officiers.

Les médecins militaires, sans exception, resteront en arrière pour soigner les blessés.

Fait à Frénois, le 2 septembre 1870.

(Signé) DE WIMPFFEN. — DE MOLTKE.

Au moment où le général de Wimpffen signait la capitulation dont on vient de lire le texte, la proclamation suivante était affichée sur les murs de Sedan :

« Soldats !

« Hier, vous avez combattu contre des forces supérieures. Depuis le point du jour jusqu'à la nuit, vous avez résisté à l'ennemi avec la plus grande valeur et brûlé jusqu'à la dernière cartouche.

« Épuisés par cette lutte, vous n'avez pu répondre à l'appel qui vous a été fait par vos généraux et par vos officiers pour tenter de gagner la route de Montmédy et de rejoindre le maréchal Bazaine. 2,000 hommes seulement ont pu se rallier pour tenter un suprême effort ; ils ont dû s'arrêter au village de Balan et rentrer à Sedan, où votre général en chef a constaté avec douleur qu'il n'existait ni vivres ni munitions de guerre.

« On ne pourrait songer à défendre la place, que sa situation rend incapable de résister à la nombreuse et puissante artillerie de l'ennemi.

« L'armée réunie dans les murs de la ville ne pouvant ni en sortir ni la défendre, les moyens de subsistance manquant pour la population et pour les troupes, j'ai dû prendre la triste détermination de traiter avec l'ennemi.

« Envoyé au quartier général prussien avec les pleins pouvoirs de l'empereur, je ne pus d'abord me résigner à accepter les clauses qui m'étaient imposées.

« Ce matin seulement, menacé d'un bombardement auquel nous n'aurions pu répondre, je me suis décidé à de nouvelles démarches, et j'ai obtenu des conditions dans lesquelles vous sont évitées, autant que possible, les formalités blessantes que les usages de la guerre entraînent le plus souvent en pareille circonstance.

« Il ne vous reste plus, officiers et soldats, qu'à accepter avec résignation les conséquences des nécessités contre lesquelles une armée ne peut lutter : manque de vivres et de munitions pour combattre.

« J'ai du moins la consolation d'éviter un massacre inutile et de conserver à la patrie des soldats susceptibles de rendre encore dans l'avenir de bons et brillants services.

« *Le général commandant en chef,* — DE WIMPFFEN. »

Les soldats furent indignés en apprenant la nouvelle de la capitulation, et les officiers frappés de stupeur. Ils n'avaient pas été consultés, et leur rage était indescriptible. Beaucoup d'officiers refusèrent de souscrire à cet acte déshonorant. Les colonels s'empressèrent de brûler leurs drapeaux et les aigles de leurs régiments; les soldats jetèrent dans la Meuse leurs chassepots, leurs sabres et leurs munitions, et les artilleurs précipitèrent dans la rivière leurs canons et leurs mitrailleuses, afin qu'ils ne tombassent pas au pouvoir de l'ennemi.

Le général de Wimpffen, dans le but d'améliorer le sort des officiers, avait obtenu de l'état-major prussien une clause qui permettait à ceux-ci de se retirer en France prisonniers sur parole, en s'engageant à ne pas porter les armes contre la Prusse pendant la durée de la guerre. C'était briser le lien de solidarité qui jusqu'ici avait, dans le bonheur comme dans l'adversité, fait partager le même sort aux officiers et aux soldats; aussi la plupart de ceux-là ne voulurent-ils pas séparer leur sort de celui de leurs troupes, et le général de Wimpffen lui-même, comme on le verra dans le rapport qui suit, refusa de prendre l'engagement qui l'aurait rendu libre.

Voici le rapport officiel de la bataille de Sedan, adressé par le général en chef de l'armée du Rhin au ministre de la guerre :

« Monsieur le Ministre,

« J'ai l'honneur d'adresser ci-joint à Votre Excellence mon rapport sur la journée du 1er septembre, dans laquelle j'ai pris le commandement de l'armée de Châlons, vers neuf heures du matin, par suite de la blessure reçue par le maréchal de Mac-Mahon.

« Le 31 août, j'avais visité dans leurs emplacements les troupes du 5e corps d'armée, qui venait d'être placé sous mes ordres. Elles occupaient l'ancien camp retranché, la ville et les hauteurs qui dominent au sud-est le fond de Givonne.

« Le 12e corps occupait la Moncelle, la Platinerie, la Petite-Moncelle.

« Le 1er corps s'étendait de la Petite-Moncelle à Givonne, tenant Daigny.

« Le 7e corps, au nord-est de la ville, campait depuis Floing jusqu'au Calvaire-d'Illy.

« Toutes ces troupes étaient arrivées pendant la nuit du 30 au 31 août ou dans la matinée. Pendant ma visite au camp, je constatai que de nombreuses colonnes ennemies venaient couronner de leur artillerie les hauteurs qui, de Rémilly à Vadelincourt, bordent la rive gauche de la Meuse, attaquaient vivement et coupaient notre convoi qui défilait sur la route de Carignan à Sedan, rive droite de la Meuse.

« Cette forte canonnade donnait lieu de croire que l'ennemi voulait détourner notre attention de la route de Mézières pour opérer de ce côté un mouvement tournant. En conséquence, afin de fermer solidement la trouée qui existait entre le 1er et le 7e corps, d'Illy à Givonne, je portai dans cette direction la brigade de Fontanges, de la division de Lespart, laissant la brigade Abbatucci de la même division dans le Grand-Camp avec l'artillerie de réserve en batteries. En même temps je fis sortir de la ville l'unique brigade de la division de Labbadie, et la portai à Casal, pour servir de réserve au 7e corps et le relier au 5e.

« Le 1er septembre, au point du jour, l'ennemi commença son attaque sur le 12e corps et la prolongea successivement sur la droite vers le 1er corps. A sept heures, le maréchal de Mac-Mahon, ayant été blessé, remit le commandement au général Ducrot. Je n'en fus informé qu'environ une heure après, et alors que cet officier général avait déjà donné certains ordres aux commandants de corps d'armée; je crus devoir laisser exécuter ces ordres. Toutefois, vers neuf heures, voyant la gauche du 1er corps opérer un mouvement de retraite assez prononcé, et se diriger sur le milieu du bois de la Garenne, je me décidai à faire usage de la lettre de commandement que Votre Excellence m'avait remise. Le général Ducrot me déclarait que son intention était de se retirer sur Illy; mais ses bataillons, au lieu de suivre cette direction, exécutaient un changement de front en arrière, sur l'aile droite, et se rapprochaient de l'ancien camp.

« Le mouvement projeté me semblait fort dangereux par divers motifs :

« 1° La route était difficile à suivre pour plusieurs corps d'armée;

« 2° Il fallait parcourir au moins 6 kilomètres, espace fort long pour des troupes déjà fatiguées par cinq heures de lutte;

« 3° Enfin, on devait s'attendre à ce que l'ennemi, qui était en force et qui prévoyait ce mouvement, se jetât sur elles avec d'autant plus d'ardeur qu'il savait les refouler en arrière sur des troupes nombreuses ayant pris position pour barrer le passage.

« J'ordonnai en conséquence au général Ducrot de reprendre ses premières positions, et je renforçai sa gauche de la brigade Saurin du 5e corps, bien qu'il regardât ce secours comme inutile.

« Je me portai alors au centre du 7e corps, pour chercher à me rendre compte de la situation des troupes engagées dans la direction de cette ligne de retraite. Là, j'acquis davantage encore la conviction que la marche de notre armée sur Mézières ne pourrait que très-difficilement s'opérer pendant le jour, et je résolus de tenir dans mes positions jusqu'à la nuit.

« Je revins me placer, vers midi, au centre des lignes, afin de donner plus facilement mes ordres, et de suivre les péripéties de la lutte, qui paraissait se soutenir avec succès. Le commandant du 7e corps, ayant témoigné des inquiétudes au sujet des troupes qui occupaient les bois de la Garenne près de la ferme, et qui étaient exposées à un feu d'artillerie meurtrier, je portai de ce côté des troupes des trois armes, du 5e et du 1er corps, ainsi qu'une partie de la réserve de cavalerie, et je m'y rendis de ma personne. Je constatai bientôt que les obus, lancés par l'ennemi, exerçaient d'affreux ravages parmi nos troupes. La cavalerie, l'infanterie elle-même, étaient dans l'impossibilité de tenir. Trois batteries d'artillerie, mises en position, furent désorganisées en dix minutes à peine. Il fallut retirer l'artillerie et abriter la cavalerie dans une clairière, au milieu du bois, et faire de grands efforts pour y maintenir l'infanterie.

« Je revins au milieu du champ de bataille, et remarquai que l'artillerie ennemie avait resserré le cercle de son feu, de manière à couvrir le plateau d'obus lancés dans tous les sens. Le général Douay me fit avertir qu'il lui était impossible de tenir plus longtemps, et qu'il avait devant lui des forces très-considérables qui ne lui permettaient pas d'opérer une retraite sur Illy.

« Le 12ᵉ corps se maintenant d'ailleurs toujours avec succès sur les fortes positions qu'il occupait, je crus devoir joindre à ce corps toutes les troupes disponibles du 1ᵉʳ et du 5ᵉ corps, pour jeter une fraction de l'armée ennemie dans la Meuse et me frayer une issue dans la direction de Carignan. — J'écrivis dans ce sens à l'empereur, en engageant Sa Majesté à venir se placer au milieu de ses troupes, qui tiendraient à honneur de lui ouvrir un passage. Il était environ trois heures et demie.

« L'ennemi céda devant notre mouvement offensif; mais en même temps les troupes du 7ᵉ et du 1ᵉʳ corps, restées sur le plateau pour faire l'arrière-garde, étaient vivement abordées par des forces supérieures, et étaient refoulées. Ces troupes, au lieu de suivre le mouvement du 12ᵉ corps, en passant entre le Grand-Camp et le bois de la Garenne, se rapprochèrent peu à peu des fortifications de Sedan, qui étaient pour elles un aimant irrésistible, et finirent par se ranger sous le canon de la citadelle et dans la ville, dont les portes étaient ouvertes.

« Je me plaçai avec mon état-major à la tête des troupes de tous corps massées autour de la ville, et je marchai sur les traces du 12ᵉ corps, en suivant la grande route de Givonne et escaladant les hauteurs qui dominent cette route à l'est; mais, arrêté par une série de clôtures et de parcs plus encore que par la défense de l'ennemi, je dus prendre le chemin à droite, qui me conduisait à la porte Balan.

« C'est à ce moment, quatre heures, qu'un officier m'apporta une lettre par laquelle l'empereur, me prévenant que le drapeau blanc avait été hissé à la citadelle, m'invitait à cesser le feu, et à me charger de négocier avec l'ennemi. Je refusai, à plusieurs reprises, d'obtempérer à cette injonction. Malgré les pressantes instances de Sa Majesté, je n'en crus pas moins devoir tenter un suprême effort, et je rentrai en ville pour appeler à moi toutes les troupes qui s'y trouvaient accumulées; mais, soit fatigue provenant d'une lutte de douze heures sans prendre de nourriture, soit instructions mal comprises, soit ignorance des suites dangereuses que pourrait avoir leur agglomération dans une ville impropre à la défense, peu d'hommes répondirent à mon appel; c'est avec 2,000 soldats seulement, auxquels se joignirent quelques gardes mobiles et un certain nombre des courageux habitants de Sedan, que je chassai l'ennemi du village de Balan.

« Ce fut le dernier effort de la lutte, l'effectif de ces troupes étant trop peu considérable pour tenter la seule retraite qui fût possible, eu égard à la disposition des troupes ennemies.

« À six heures, je rentrai le dernier dans la ville, encombrée de caissons, de voitures, de chevaux, qui arrêtaient toute circulation. Les soldats, entassés dans les rues avec le matériel d'artillerie, étaient exposés aux plus grands périls en cas de bombardement.

« J'apprenais de plus qu'il restait un seul jour de vivres dans les magasins de la place, les approvisionnements amenés de Mézières par le chemin de fer ayant été renvoyés à Mézières au premier coup de canon.

« Dans ces conditions, et sur un nouvel ordre de l'empereur, je me résignai à aller négocier près de M. le comte de Moltke les conditions d'une capitulation. Dès les premiers mots de notre entretien, je reconnus que le comte de Moltke avait malheureusement une connaissance très-exacte de notre situation et de notre complet dénûment en toute chose. Il me dit qu'il regrettait de ne pouvoir accorder à l'armée tous les avantages mérités par sa conduite valeureuse, mais que l'Allemagne était obligée de prendre ces mesures exceptionnelles à l'égard d'un gouvernement n'offrant, disait-il, aucune chance de stabilité; qu'en raison des attaques répétées et du mauvais vouloir de la France à l'égard de son pays, il lui était indispensable de prendre des garanties matérielles. En conséquence, il se voyait contraint d'exiger que l'armée fût faite prisonnière.

« Je ne crus pas devoir accepter de telles conditions. L'on me prévint que le lendemain matin la ville serait bombardée, et je me retirai avec la menace de voir le bombardement commencer à neuf heures si la convention n'était point arrêtée avec l'ennemi.

« Le 2 septembre, au point du jour, les généraux de corps d'armée et de division se réunirent en conseil de guerre, et, après examen des ressources de la place, il fut décidé à l'unanimité que l'on ne pouvait éviter de traiter avec l'ennemi.

« Ci-joint le procès-verbal de la séance.

« Le même jour, à neuf heures, je me rendis au quartier général du comte de Moltke, où j'obtins quelques adoucissements aux mesures proposées.

« Ci-joint la convention.

« Je ne connais pas encore le chiffre exact de nos pertes; mais j'évalue de 15 à 20,000 hommes le nombre des morts et des blessés pour les deux journées de Beaumont et de Sedan. L'ennemi assure nous avoir fait 30,000 prisonniers dans ces deux mêmes journées. A la bataille livrée sur le plateau d'Illy, nous avions de 60 à 65,000 combattants. M. de Moltke lui-même a reconnu que nous avons lutté contre 220,000 hommes, et que la veille, à cinq heures du soir, un corps prussien d'un effectif supérieur à celui de notre armée était déjà placé sur notre ligne de retraite. — Une lutte soutenue pendant quinze heures contre des forces très-supérieures me dispense de faire l'éloge de l'armée. — Tout le monde a fait noblement son devoir.

« Je regrette profondément de n'être arrivé à l'armée que le soir d'un insuccès, et de n'en avoir pris le commandement que le jour où une grande infériorité numérique et les conditions dans lesquelles étaient placées les troupes rendaient la défaite inévitable. C'est le cœur brisé que j'ai apposé ma signature au bas d'un acte qui consacre un désastre pour la France, sacrifice que mes compagnons d'armes et d'infortune sont peut-être seuls susceptibles de bien comprendre.

« J'avais fait connaître tout d'abord au général de Moltke que je ne séparerais point mon sort de celui de l'armée. Je suis en route pour Aix-la-Chapelle, où je vais me constituer prisonnier, accompagné de mon état-major particulier, et de l'état-major général du 5ᵉ corps, qui, pendant toute la bataille, en l'absence de l'état-major général du maréchal de Mac-Mahon, a rempli près de moi les fonctions d'état-major général de l'armée.

« D'Aix-la-Chapelle je compte me rendre en Wurtemberg, à Stuttgart, ville qui m'a été désignée pour lieu de mon internement.

« Pays-sur-Veneurs (Belgique), 5 septembre 1870.

« *Le général commandant en chef,*

« De Wimpffen. »

Par la capitulation de Sedan, Napoléon abandonna dans les mains des Prussiens 83,000 prisonniers, en dehors des 25,000 environ pris le jour de la bataille, dont 2,300 officiers, 350 bouches à feu de campagne, 70 mitrailleuses, 185 pièces de siége, plus de 12,000 chevaux, et une énorme quantité de matériel de guerre et d'équipages militaires de toute espèce. Si à ces chiffres on ajoute les 3,000 hommes qui parvinrent à se réfugier en Belgique, les 14,000 blessés qui furent retrouvés autour de Sedan, les 8,000 hommes tués le jour de la bataille, et les pertes que nous éprouvâmes à Douzy, à Beaumont et à Bazeilles, on arrive au chiffre de 140,000 hommes, qui était celui de l'effectif total de l'armée de Mac-Mahon.

Voilà le bilan de cette fameuse catastrophe, qui formera le sujet d'un des drames les plus émouvants de l'histoire des nations. Voilà ce que le caprice de l'empereur, l'indécision de Mac-Mahon, l'insouciance coupable, sinon la trahison de de Failly, avaient fait de cette brillante armée de Châlons.

L'armée anéantie, l'empereur prisonnier, la France envahie et ravagée, Paris menacé et sans armée organisée, le drapeau souillé par la honteuse capitulation de Sedan, voilà où nous en étions le 2 septembre!

Et tandis que 83,000 soldats sans armes, à peine vêtus et sans pain, quittaient lentement les portes de la ville et allaient se masser dans une grande presqu'île de la Meuse, en attendant qu'on les transportât en Allemagne, l'auteur de tous ces désastres, de toutes ces ruines, de toute cette misère, l'empereur Napoléon III partait en voiture à deux chevaux, calme et impassible, fumant son éternelle cigarette, pour le lieu de sa captivité, pour le château princier de Wilhelmshœhe, près Cassel, résidence favorite de son oncle Jérôme, pendant sa royauté de Westphalie.

Nous nous abstiendrons de juger Napoléon III : les souffrances que la France vient d'endurer, les humiliations qui lui ont été infligées, la ruine dont elle aura tant de peine à se relever, les horreurs de cette guerre engagée sans raison plausible et dans le seul but d'assurer à la dynastie napoléonienne le trône de France, les lâchetés, les trahisons commises, tout cela est trop récent et trop présent à notre souvenir pour que nous puissions parler avec impartialité de l'homme qui a ainsi compromis, ruiné la France, et qui l'eût déshonorée si la nation française, si pleine de valeur et d'héroïsme, si grande par sa générosité quand elle est victorieuse, si superbe encore et si digne quand elle est vaincue, pouvait être déshonorée. La France saura se relever de sa ruine; la capitulation de Sedan a souillé notre drapeau d'une tache qui n'est pas indélébile et que nous saurons effacer un jour. Nous pleurons notre gloire passée et la perte de nos plus nobles enfants; mais si nous avons dû céder devant la force brutale et la supériorité numérique de nos ennemis, nous n'avons pas été vaincus. La France se relèvera bientôt de sa chute, plus forte que jamais, et, après tant de désastres, elle reprendra sa place à la tête des nations du monde.

LE MARÉCHAL MAC-MAHON

Duc de Magenta.

Le maréchal de Mac-Mahon, grâce à la blessure qu'il avait reçue au début de la bataille de Sedan, n'eut pas la douleur d'avoir à régler les conditions de la capitulation de la place. Nous en sommes heureux pour le duc de Magenta, qui est une des gloires les plus pures et les plus populaires de l'armée.

La tactique de Mac-Mahon sera discutée et le plan stratégique de cette campagne sera sévèrement condamné, du moins quant à son exécution, car, comme nous l'avons dit, le projet de jonction de l'armée de Châlons avec celle de Bazaine n'avait de chances de réussite qu'à la condition qu'on ne perdrait ni une heure, ni une minute, et l'on sait avec quelle lenteur s'avança vers l'Est l'armée dont Mac-Mahon était commandant en chef.

Sans aucun doute, le duc de Magenta doit être blâmé de ce qu'il n'a pas eu une fermeté de caractère suffisante pour refuser d'obéir aux ordres que lui transmettait le ministère Palikao, s'érigeant en conseil aulique. Il eût dû montrer de la résistance à l'adoption d'un plan qu'il n'approuvait pas et dont l'inspiration n'était plus de sauver la France, mais de sauver l'Empire.

Mais nous n'avons pas le courage de nous montrer trop sévère pour le duc de Magenta, qui a des antécédents glorieux. Les révélations des derniers mois nous montrent combien poignantes et clairvoyantes étaient les perplexités du maréchal, et si la netteté avec laquelle il annonçait les désastres auxquels il allait exposer son armée augmente encore son tort d'avoir voulu exécuter un plan irréalisable, du moins son honneur militaire est sans tache, car s'il a eu la faiblesse d'obéir en soldat, au lieu d'agir en général en chef, il a combattu en soldat et est tombé en soldat, tandis que celui pour lequel il exposait l'armée, pour lequel il compromettait une carrière illustre, n'a pas eu le courage de risquer sa vie et a préféré une capitulation honteuse et une captivité douce à une mort honorable.

Si la gloire du vaillant soldat d'Afrique, du vainqueur de Malakoff, du héros de Magenta s'est éclipsée sous le coup d'une infortune qu'il n'a pas préparée, du moins elle reste pure, et nous honorons en lui un grand vaincu, une illustre victime.

L'histoire, pour être impartiale, doit publier, pour sa justification, les documents suivants :

« Camp de Châlons, 19 août 1870, 3 h. 35 soir.

« *Maréchal Mac-Mahon à maréchal Bazaine, Metz.*

« Si, comme je le crois, vous êtes forcé de battre en retraite très-prochainement, je ne sais, à la distance où je me trouve, comment vous

MARÉCHAL MAC-MAHON (page 88)

venir en aide sans découvrir Paris. Si vous en jugez autrement, faites-le moi connaître. »

« Le Chesne, 27 août 1870, 3 h. 25 soir.

« *Maréchal Mac-Mahon au commandant supérieur de Sedan.*

« Je vous prie d'employer tous les moyens possibles pour faire parvenir au maréchal Bazaine la dépêche suivante :

« *Le maréchal Mac-Mahon, au Chesne, au maréchal Bazaine*

« Maréchal Mac-Mahon prévient maréchal Bazaine que l'arrivée du prince royal à Châlons le force à opérer, le 29, sa retraite sur Mézières, et de là à l'Ouest, s'il n'apprend pas que le mouvement de retraite du maréchal Bazaine soit commencé. »

« Le Chesne, 27 août 1870, 8 h. 30 soir.

« *Maréchal Mac-Mahon à guerre, Paris.*

« Les 1re et 2e armées, plus de deux cent mille hommes, bloquent Metz, principalement sur la rive gauche ; une force évaluée à cinquante mille hommes serait établie sur la rive droite de la Meuse pour gêner ma marche sur Metz. Des renseignements annoncent que l'armée du prince royal de Prusse se dirige aujourd'hui sur les Ardennes avec cinquante mille hommes ; elle serait déjà à Attigny. Je suis au Chesne avec un peu plus de cent mille hommes. Depuis le 19, je n'ai aucune nouvelle de Bazaine ; si je me porte à sa rencontre, je serai attaqué de front par une partie des 1re et 2e armées, qui, à la faveur des bois, peuvent dérober une force supérieure à la mienne ; en même temps, attaqué par l'armée du prince royal de Prusse, me coupant toute ligne de retraite. Je me rapproche demain de Mézières, d'où je continuerai ma retraite, selon les événements, vers l'Ouest. »

C'est alors, comme nous l'avons dit, que Mac-Mahon, qui, ainsi qu'on vient de le voir, appréciait avec la plus grande lucidité la réalité de la situation, reçut du ministre de la guerre l'invitation la plus pressante, l'ordre le plus formel de rejoindre Bazaine.

Le maréchal obéit et exécuta le plan qui devait avoir pour résultat la capitulation de Sedan.

Jusqu'à cette désastreuse campagne, Mac-Mahon avait possédé une qualité qui était, dit-on, fort appréciée de Napoléon Ier, et qui, en effet, doit être très-estimée : *il était heureux*. Toute entreprise menée par lui arrivait à bonne fin, et, comme tout chef dont le succès couronne les tentatives, il avait gagné la confiance de ses soldats.

Maurice de Mac-Mahon, duc de Magenta, maréchal de France, est né le 13 juillet 1808, au château de Sully, près Autun, dans le département de Saône-et-Loire. Il descend d'une noble famille irlandaise qui, à la chute de la dynastie des Stuarts, était venue se réfugier en Bourgogne. Son père et son oncle, le premier, lieutenant général, et le second, maréchal de camp dans l'armée française, lui léguèrent les traditions les plus respectables de la fidélité, du courage et de l'honneur. Maurice de Mac-Mahon entra en 1825 à l'école de Saint-Cyr, et il en sortit en 1827 avec le grade de sous-lieutenant. Trois ans plus tard il partait pour l'Afrique, se distinguait à la prise d'Alger et recevait, pour prix de ses glorieux débuts, la croix de la Légion d'honneur.

En 1828, il est nommé lieutenant; il assiste, comme aide de camp du général Achard, au siège d'Anvers, où son intrépidité lui fait obtenir les épaulettes de capitaine. Jusqu'en 1836, il est attaché à l'état-major; mais il demande, à cette époque, à retourner en Algérie, où il se signale par des actes merveilleux d'héroïsme.

Blessé d'un coup de feu à la prise de Constantine, il est néanmoins l'un des premiers sur la brèche, et il y plante le drapeau français sous une grêle de balles arabes. Ce magnifique fait d'armes lui valut la croix d'officier de la Légion d'honneur qui, jamais, jusque-là, n'avait été accordée à un aussi jeune capitaine.

Après être resté quelque temps, comme chef d'escadron, dans l'état-major du général Changarnier, son compatriote, il retourne en Algérie comme chef de bataillon au 10ᵉ chasseurs. Le duc d'Orléans l'avait choisi, avec neuf autres officiers d'élite, pour commander ces troupes de récente formation.

Mac-Mahon avait alors trente-deux ans. C'est à dater de ce moment que l'armée commença à l'apprécier et que ses soldats eurent pour lui une espèce de culte; le jeune chef de bataillon méritait du reste cette estime et cette affection, car il avait les qualités les plus heureuses de l'homme de guerre : vaillance, loyauté, désintéressement, générosité, esprit droit et juste, franchise d'allures et sentiment, délicat de l'honneur.

A la tête de ses troupes, il se fit surtout remarquer au combat du Bois-des-Oliviers (province d'Alger) et pendant l'expédition de Tlemcen, notamment à Bab-el-Thaza.

En 1842, il fut nommé lieutenant-colonel à la légion étrangère qui résidait dans la province de Constantine; sa nomination au grade de colonel au 41ᵉ de ligne lui arriva le 24 avril 1845. En cette qualité, il exerça dans la province d'Oran divers commandements; on était au plus fort de la lutte contre Abd-el-Kader, qui nous opposait une vigoureuse résistance; Mac-Mahon se battit comme un lion dans tous les engagements et prit une part énergique au combat décisif qui amena la soumission de l'émir.

En juin 1848, il est nommé général de brigade, et le cordon de commandeur lui est envoyé par le président de la République; appelé en 1852 au gouvernement de la province de Constantine, il se montre infatigable, équitable, plein de modération, et il se fait adorer des colons comme il l'était déjà de ses soldats.

En 1855, Mac-Mahon, qui était grand-officier de la Légion d'honneur, est mis à la tête d'une division d'infanterie dans le corps du maréchal Bosquet. C'est en Crimée qu'il se montre vraiment grand; on connaît avec quelle bravoure il monta à l'assaut de Malakoff et la réussite miraculeuse de ce hardi fait d'armes qui nous livrait Sébastopol. Il fut nommé grand-croix de la Légion d'honneur.

Mac-Mahon retourne en Afrique en 1857 et dirige la dernière expédition de la grande Kabylie; il enlève brillamment des positions redoutables, poursuit les Kabyles dans leurs repaires les plus secrets, et, par sa rapide et victorieuse campagne, soumet complètement ces hordes turbulentes et nous livre le pays du Djurjura.

En 1858, le général Mac-Mahon est nommé commandant des forces de terre et de mer de l'Algérie. Par son esprit conciliant et sa prudence, il sut éviter des conflits entre l'autorité civile et militaire. Lorsque la guerre éclata entre l'Autriche et l'Italie, l'empereur, qui avait jugé convenable d'intervenir, le plaça à la tête du 2ᵉ corps de l'armée d'Italie. C'est dans cette campagne qu'il s'illustra à tout jamais; la dépêche officielle qui annonçait la victoire de Magenta disait : « M. de Mac-Mahon s'est couvert de gloire. »

Sur le champ de bataille même, l'empereur nomma Mac-Mahon maréchal de France et duc de Magenta.

Le maréchal représenta la France en 1861 au couronnement du roi de Prusse. Triste rapprochement avec la capitulation de Sedan !

En 1869, il alla remplacer le maréchal Canrobert dans le commandement du 3ᵉ corps d'armée à Nancy ; deux ans plus tard, il retournait en Algérie.

Tel est le courageux soldat, le valeureux chef qui commandait l'armée de Châlons. Si, pendant cette triste campagne, Mac-Mahon a commis des fautes, si son obéissance à des ordres qu'il n'approuvait pas a été fatale à la France, nous le répétons, son honneur reste sauf, et l'homme qui a à son actif d'aussi glorieux états de service, qui a accompli tant d'actes de bravoure et d'héroïsme, qui s'est illustré par tant de brillants faits d'armes, doit être plaint et respecté, et il serait injuste de faire peser sur lui la responsabilité d'un désastre dont il n'est pas l'auteur.

CHAPITRE VI

LA RÉPUBLIQUE

Situation de Paris. — Proclamation du général Trochu et de l'amiral La Roncière le Noury. — Le ministère annonce à la population parisienne le désastre de Sedan. — Séance au Corps législatif. — La déchéance de l'Empereur et de sa dynastie. — LA RÉPUBLIQUE! — Le nouveau Gouvernement. — Enthousiasme de Paris. — Fuite de l'Impératrice. — La révolution du 4 septembre. — La République et l'Empire.

Le ministère Palikao, qui avait remplacé le cabinet Ollivier, entassait exagérations sur exagérations, mensonges sur mensonges, essayant de dissimuler au pays les échecs successifs de nos armes; le ministère dit *des honnêtes gens* trompait les Parisiens comme les avait trompés le cabinet du 10 août; aussi était-il devenu aussi impopulaire que celui du 2 janvier.

Il était un homme, cependant, dont la population parisienne était engouée : c'était le général Trochu, qui avait eu sous l'Empire le courage d'écrire un livre où il signalait les défauts de notre organisation militaire. Comme nous l'avons dit dans un précédent chapitre, ce général avait été nommé gouverneur de Paris, à la suite du conseil de guerre tenu au camp de Châlons, le 16 août, par l'empereur, Mac-Mahon, les généraux Berthault et Schmitz. Aussitôt nommé, il avait adressé à la population parisienne la proclamation suivante :

« Habitants de Paris,

« Dans le péril où est le pays, je suis nommé gouverneur de Paris et commandant en chef des forces chargées de défendre la capitale en état de siége. Paris se saisit du rôle qui lui appartient, et il veut être le centre des grands efforts, des grands sacrifices et des grands exemples. Je viens m'y associer avec tout mon cœur; ce sera l'honneur de ma vie et l'éclatant couronnement d'une carrière restée, jusqu'à ce jour, inconnue de la plupart d'entre vous.

« J'ai la foi la plus entière dans le succès de notre glorieuse entreprise, mais c'est à une condition, dont le caractère est impérieux, absolu, et sans laquelle nos communs efforts seraient frappés d'impuissance: je veux parler du bon ordre, et j'entends par là non-seulement le calme de la rue, mais le calme de vos foyers, le calme de vos esprits, la déférence pour les ordres de l'autorité responsable, la résignation devant les épreuves inséparables de la situation, et enfin la sécurité grave et recueillie d'une grande nation militaire qui prend en main avec une ferme résolution, dans des circonstances solennelles, la conduite de ses destinées.

« Et je ne m'en référerai pas, pour assurer à la situation cet équilibre si désirable, aux pouvoirs que je tiens de l'état de siége et de la loi. Je le demanderai à votre patriotisme, je l'obtiendrai de votre confiance, en montrant moi-même à la population de Paris une confiance sans limites.

« Je fais appel à tous les hommes de tous les partis, n'appartenant moi-même, on le sait dans l'armée, à aucun autre parti qu'à celui du pays. Je fais appel à leur dévouement. Je leur demande de contenir par l'autorité morale les ardents qui ne sauraient pas se contenir eux-mêmes, et de faire justice par leurs propres mains de ces hommes qui ne sont d'aucun parti et qui n'aperçoivent dans les malheurs publics que l'occasion de satisfaire des appétits détestables.

« Et pour accomplir mon œuvre, après laquelle, je l'affirme, je rentrerai dans l'obscurité d'où je sors, j'adopte l'une des vieilles devises de la province de Bretagne, où je suis né :

« *Avec l'aide de Dieu, pour la Patrie !* »

« Paris, le 18 août 1870.
                                          « Général TROCHU. »

Paris accueillit avec sympathie la nomination du général Trochu et remarqua avec un plaisir qui augmenta sa confiance, que le gouverneur de Paris avait évité, dans sa proclamation, de prononcer les noms de l'empereur et de l'impératrice régente.

L'amiral La Roncière le Noury avait été nommé commandant en chef des marins qui se trouvaient à Paris, et il leur avait adressé cette proclamation :

« Officiers, sous-officiers mariniers et marins,

« Vous êtes appelés à Paris pour concourir, avec nos frères de la garde nationale et de l'armée, à la défense de la capitale.

« La patrie compte sur votre courage, votre dévouement et votre sentiment de la discipline. Vous ferez voir que ces vertus, qui animent l'homme de mer, ne sont pas moindres sur le terrain d'un bastion que sur le pont d'un vaisseau. Vous serez sur les remparts de Paris ce que vous avez été aux tranchées de Sébastopol.

« Et si l'heure devait sonner d'un effort suprême, votre patriotisme et votre valeur témoigneraient que vous êtes dignes d'être choisis pour défendre le cœur de notre chère patrie.

« *Le vice-amiral commandant en chef la division des marins détachés,*
« LA RONCIÈRE LE NOURY. »

Le 7 août, Paris avait été déclaré en état de siége ; le 24, un arrêté du gouverneur ordonnait l'expulsion des individus dépourvus de moyens d'existence; de nombreuses arrestations de femmes de mauvaises mœurs, dont la présence dans les rues était à cette heure, sinon un danger, du moins un scandale, furent opérées. Les Allemands durent quitter la capitale; les écoles furent transformées en ambulances; enfin Paris s'attendait à quelque grand événement. Mais s'il y a des peuples dont les imaginations, naturellement tristes, sont hantées de papillons noirs, les Parisiens, au contraire, ont l'esprit toujours ouvert aux crédulités et aux espérances. Ainsi, Paris, qui pendant un instant, avait redouté d'être assiégé, avait poussé un soupir de soulagement en apprenant que Mac-Mahon ne se dirigeait pas sur Paris. Le danger s'éloignait; la capitale était satisfaite.

Ce fut le samedi soir 3 septembre que se répandit dans Paris la lugubre nouvelle du désastre de Sedan. L'indignation du peuple fut grande et légitime. Les détails manquaient à tout le monde, et ce ne fut qu'à minuit que le conseil des ministres fit afficher la proclamation suivante :

« Français,

« Un grand malheur frappe la patrie.

« Après trois jours de luttes héroïques, soutenues par l'armée du maréchal Mac-Mahon contre trois cent mille ennemis, quarante mille hommes ont été faits prisonniers.

« Le général Wimpffen, qui avait pris le commandement de l'armée, en remplacement du maréchal Mac-Mahon, grièvement blessé, a signé une capitulation.

« Ce cruel revers n'ébranle pas notre courage. Paris est aujourd'hui en état de défense.

« Les forces militaires du pays s'organisent; avant peu de jours, une armée nouvelle sera sous les murs de Paris; une autre armée se forme sur les rives de la Loire.

« Votre patriotisme, votre union, votre énergie sauveront la France.

« L'empereur a été fait prisonnier dans la lutte.

« Le gouvernement, d'accord avec les pouvoirs publics, prend toutes les mesures que comporte la gravité des événements.

« *Le conseil des ministres :*

« Comte de PALIKAO, Henri CHEVREAU, amiral RIGAULT DE GENOUILLY, Jules BRAME, prince DE LA TOUR-D'AUVERGNE, GRANDPERRET, Clément DUVERNOIS, MAGNE, BUSSON-BILLAULT, Jérôme DAVID. »

Le Corps législatif se réunit extraordinairement le lendemain dimanche 4 septembre. A cette séance, trois propositions de constitution provisoire de gouvernement furent faites : par le ministère, par M. Jules Favre et par M. Thiers.

M. de Palikao déposa le projet de loi suivant :

« ARTICLE PREMIER. — Un conseil de gouvernement et de défense nationale est institué. Ce conseil est composé de cinq membres. Chaque membre de ce conseil est nommé à la majorité absolue par le Corps législatif.

« ART. 2. — Les ministres sont nommés sous le contre-seing des membres de ce conseil.

« Art. 3.—Le général comte de Palikao est nommé lieutenant général de ce conseil.

« Fait en conseil des ministres, le 4 septembre 1870.

« Pour l'empereur et en vertu des pouvoirs qu'il nous a confiés,
« Signé : EUGÉNIE. »

Voici le texte de la proposition présentée par M. Jules Favre :

« Si la Chambre est d'avis que, dans la situation douloureuse et grave que dessine suffisamment la communication faite par M. le ministre de la guerre, il est sage de remettre la délibération à midi, je n'ai aucun motif pour m'y opposer ; mais comme nous avons à provoquer ses délibérations sur le parti qu'elle a à prendre dans la vacance de tous les pouvoirs, nous demandons la permission de déposer sur son bureau une proposition que j'aurai l'honneur de lui lire, sans ajouter, quant à présent, aucune observation.

« Nous demandons à la Chambre de vouloir bien prendre en considération la motion suivante :

« ARTICLE PREMIER.—Louis-Napoléon Bonaparte et sa dynastie sont déclarés déchus des pouvoirs que leur a conférés la Constitution.

« ART. 2.—Il sera nommé par le Corps législatif une commission de gouvernement composée de ..... — Vous fixerez, Messieurs, le nombre de membres que vous jugerez convenable dans votre majorité — qui sera investie de tous les pouvoirs du gouvernement, et qui a pour mission expresse de résister à outrance à l'invasion et de chasser l'ennemi du territoire.

« ART. 3. — M. le général Trochu est maintenu dans ses fonctions de gouverneur général de la ville de Paris.

« Signé : Jules Favre, Cochery, Crémieux, Barthélemy-Saint-Hilaire, Desseaux, Garnier-Pagès, Glais-Bizoin, Larrieu, Gagneur, Steenackers, Magnin, Dorian, Ordinaire, Emmanuel Arago, Jules Simon, Eugène Pelletan, Wilson, Ernest Picard, Gambetta, comte de Kératry, Guyot-Montpayroux, Tachard, Le Cesne, Rampont, Girault, Marion, Léopold Javal, Jules Ferry, Paul Béthmont, de Jouvencel, Raspail. »

M. Thiers, qui avouait ses préférences personnelles pour la proposition de M. Jules Favre, en fit abstraction dans le grand intérêt de l'union qui seule pouvait améliorer notre situation, et il présenta le projet suivant :

« Vu les circonstances,

« La Chambre nomme une commission de gouvernement et de défense nationale,

« Une Constituante sera convoquée dès que les circonstances le permettront.

« Ont signé : A. Thiers, de Guiraud, Lefèvre-Pontalis, marquis d'Andelarre, Gévelot, Millet, Josseau, Gorg, Quesné, comte de Durfort de Civrac, Houssard, de La Monneraye, Mathieu (Corrèze), Chagot, baron Alquier, baron d'Yvoire, Terme, Boduin, Dessaignes, Paulmier, baron Lespérut, Carré-Kérisouët, baron de Benoist, Martel, Mangini, Bournat, Baboin, duc de Marmier, Johnston, Lejoindre, Monnier de la Sizeranne, Chadenet, Monjarret de Kerjégu, Roy de Loulay, Viellard-Migeon, Germain, Le Clerc d'Osmonville, Pinart (Pas-de-Calais), Perrier, Guillaumin, Calmètes, Planat, Buisson, baron Eschasseriaux, Durand, baron de Barante, Laurent-Descours et Rolle. »

La séance fut suspendue et les députés se retirèrent dans les bureaux pour délibérer. Pendant ce temps, la foule, rassemblée depuis midi sur le quai d'Orsay et le pont de la Concorde, grossissait toujours; les gardes nationaux, en armes, se rendaient aux abords de la Chambre. Cette foule immense était calme; on n'entendait que ces cris : « La déchéance! vive la République! » L'escadron de gendarmerie qui garde les abords du palais Bourbon, du côté du quai, et barre l'entrée du pont de la Concorde, cède la place à la garde nationale qui arrive.

Une députation de gardes nationaux se présente à la grille et parlemente avec les gardiens du palais pour que les portes lui en soient ouvertes. Ceux-ci s'y refusent; M. Steenackers, député de la gauche, intervient alors. Sur sa demande, plusieurs personnes sont introduites et la grille se referme. Mais peu d'instants après elle cède sous la pression de la masse populaire. La cour du palais, du côté du quai d'Orsay, est envahie. Le comte de Palikao harangue la foule, mais il ne peut se faire écouter. La foule avait forcé l'entrée des couloirs et pénétrait dans les tribunes. Le ministre de la guerre donne l'ordre au commandant du palais d'agir énergiquement pour faire dégager la salle de la Paix. Mais le bataillon d'infanterie qui arrive, se voyant accueilli par les cris de : « Vive la ligne! » met la crosse en l'air et crie comme la foule : « Vive la République! »

Les députés rentrent en séance à deux heures et quelques minutes. C'est alors que M. Gambetta, à la prière de plusieurs de ses collègues, monte à la tribune et se dispose à haranguer le public des galeries.

Nous mettons sous les yeux de nos lecteurs le compte rendu de cette séance, rédigé par les sténographes du Corps législatif :

« M. GAMBETTA. — Messieurs, vous pouvez comprendre que la première condition de l'émancipation populaire, c'est la règle, et je sais que vous êtes résolus à la respecter.

« Vous avez voulu manifester énergiquement votre opinion; vous avez voulu ce qui est dans le fond du cœur de tous les Français, ce qui est sur les lèvres de vos représentants, ce sur quoi ils délibèrent, la déchéance.

« CRIS NOMBREUX DANS LES TRIBUNES PUBLIQUES. — Oui! oui!

« PLUSIEURS VOIX. — La déchéance et la République!

« D'AUTRES VOIX. — Silence! silence! — Écoutez!

« M. GAMBETTA. — Ce que je réclame de vous, c'est que vous sentiez comme moi toute la gravité suprême de la situation, et que vous ne la troubliez ni par des cris ni même par des applaudissements. (Très-bien! Parlez! Parlez!)

« Mais à l'instant même vous violez la règle que je vous demande d'observer. (On rit.)

« UN CITOYEN DANS LES TRIBUNES. — Pas de phrases! Des faits! Nous demandons la République.

« M. GAMBETTA. — Messieurs, un peu de calme! Il faut de la régularité. — Nous sommes les représentants de la souveraineté nationale. Je vous prie de respecter cette investiture que nous tenons du peuple.

« Voix dans les tribunes. — La gauche seule ! pas la droite. (Bruit.)

« Cris prolongés. — Oui ! oui ! — Vive la République !

« M. Gambetta. — Ecoutez, Messieurs, je ne peux pas entrer en dialogue avec chacun de vous. Laissez-moi expliquer librement ma pensée.

« Ma pensée, la voici : c'est qu'il incombe aux hommes qui siégent sur ces bancs de reconnaître que le pouvoir qui a attiré sur le pays tous les maux que nous déplorons, est déchu. (Oui ! oui ! — Bravo !)

« Mais il vous incombe également à vous de faire que cette déclaration qui va être rendue, n'ait pas l'apparence d'une déclaration dont la violence aurait altéré le caractère. (Très-bien ! très-bien !)

« Par conséquent, il y a deux choses à faire : la première, c'est que les représentants reviennent prendre leur place sur ces bancs ; la seconde, c'est que la séance ait lieu dans les conditions ordinaires. (Très-bien ! très-bien !), afin que, grâce à la liberté de discussion, la décision qui va être rendue soit absolument de nature à satisfaire la conscience française. (Très-bien ! — Bravo ! bravo !)

« Une voix. — Pas de discussion ! Nous voulons la déchéance !

« Une autre voix. — La déchéance ! On ne la discute pas ! Nous la voulons. (Bruit.)

« M. Gambetta. — Si vous m'avez bien compris, et je n'en doute pas (Oui ! oui !), vous devez sentir que nous nous devons tous et tout entiers à la cause du peuple, et que le peuple nous doit aussi l'assistance régulière de son calme, sans quoi il n'y a pas de liberté. (Interruption.)

« Ecoutez ! Nous avons deux choses à faire : d'abord, reprendre la séance et agir suivant les formes régulières ; ensuite, donner au pays le spectacle d'une véritable union.

« Songez que l'étranger est sur notre sol. C'est au nom de la patrie comme au nom de la liberté politique — deux choses que je ne séparerai jamais, — c'est au nom de ces deux grands intérêts, et comme représentant de la nation française qui sait se faire respecter au dedans et au dehors, que je vous adjure d'assister dans le calme à la rentrée de vos représentants sur leurs sièges. (Oui ! oui ! — Bravo ! bravo !)

« M. Gambetta descend de la tribune. Le calme qui s'est un instant rétabli à la suite de son allocution, fait bientôt place à une agitation dans les deux rangées de tribunes circulaires. (Recrudescence des cris : La déchéance ! La République !)

« M. Jules Simon, de son banc. — Un peu de patience, Messieurs !

« Un citoyen dans une des tribunes hautes. — Nous voulons la République démocratique. Voilà vingt ans que nous attendons ! Dépêchez-vous !

« Quelques instants s'écoulent pendant lesquels M. Gambetta va s'entretenir dans les salles contiguës avec des groupes nombreux de députés qui sortent des bureaux.

« La commission nommée pour l'examen des trois propositions est en délibération dans le local du 5ᵉ bureau. Les membres sont : MM. le comte Le Hon, Gaudin, Genton, Dupuy de Lôme, Buffet, Josseau, Jules Simon, Martel et le comte Daru.

« Le bruit se répand que M. Martel est nommé rapporteur, qu'il travaille à la rédaction immédiate de son rapport, et que ce rapport va être sans retard apporté à la tribune.

« A deux heures et demie, M. le président Schneider entre dans la salle et monte au fauteuil.

« M. Magnin, l'un des députés secrétaires, l'accompagne et prend place à sa gauche au bureau.

« M. le comte de Palikao, ministre de la guerre, s'assied au banc du Gouvernement.

« Quelques députés de la majorité, parmi lesquels MM. de Plancy (de l'Oise), Stéphen Liégeard, Cosserat, Léopold Le Hon, Jubinal, Duguó de la Fauconnerie, etc., viennent également prendre séance.

« Le tumulte et le bruit règnent dans les galeries envahies et de plus en plus encombrées par la foule.

« De plus, on entend, dans le fond de la salle, les coups de crosse de fusil assénés sur la seconde porte d'entrée de la salle des Pas-Perdus, le bruit des panneaux qui s'effondrent et le fracas des glaces qui se brisent. On raconte que, de l'intérieur, M. Cochery, par l'ouverture béante, harangue et cherche à contenir la foule agglomérée dans la salle des Pas-Perdus.

« M. Crémieux paraît à la tribune.

« Les huissiers réclament vainement le silence.

« M. le président Schneider se tient longtemps debout et les bras croisés, au fauteuil, attendant que le calme se rétablisse.

« M. CRÉMIEUX, s'adressant au public des tribunes. — Mes chers et bons amis, j'espère que vous me connaissez tous, ou qu'au moins il y en a parmi vous qui peuvent dire aux autres que c'est le citoyen Crémieux qui est devant vous.

« Eh bien ! nous nous sommes engagés, tous les députés de la gauche... (Bruit), nous nous sommes engagés, les membres de la gauche et moi...

« UNE VOIX DE LA TRIBUNE. — Et la majorité ?

« M. le marquis DE GRAMMONT. — La majorité, elle est aveugle !

« M. Gambetta, qui est rentré dans la salle presque en même temps que M. le président, se présente à la tribune à côté de M. Crémieux, dont la voix ne parvient pas à dominer le bruit qui se fait dans les galeries.

« CRIS REDOUBLÉS. — La déchéance ! Vive la République !

« M. GAMBETTA. — Citoyens... (Silence ! silence !) dans le cours de l'allocution que je vous ai adressée tout à l'heure, nous sommes tombés d'accord qu'une des conditions premières de l'émancipation d'un peuple, c'est l'ordre et la régularité. Voulez-vous tenir ce contrat ? (Oui ! oui !) Voulez-vous que nous fassions des choses régulières ? (Oui ! oui !)

« Puisque ce sont là les choses que vous voulez, puisque ce sont les choses qu'il faut que la France veuille avec nous (Oui ! oui !), il y a un engagement solennel qu'il vous faut prendre envers nous et qu'il vous faut prendre avec la résolution de ne pas la violer à l'instant même. Cet engagement, c'est de laisser la délibération qui va avoir lieu se poursuivre en pleine liberté. (Oui ! oui ! — Rumeurs.)

« UNE VOIX DANS LA TRIBUNE. — Pas de rhétorique !

« UNE AUTRE VOIX. — Pas de trahison ! A bas la majorité !

« De nouveaux groupes pénètrent dans la tribune du premier rang, et notamment dans celle des sénateurs.

« Un drapeau tricolore portant l'inscription : « 73e bataillon, 6e compagnie, 12e arrondissement », est arboré et agité par un des nouveaux venus.

« M. GAMBETTA. — Citoyens, un peu de calme ! Dans les circonstances actuelles.....

« QUELQUES VOIX. — La République ! La République !

« M. GAMBETTA. — Dans les circonstances actuelles, il faut que ce soit chacun de vous qui fasse l'ordre ; il faut que dans chaque tribune chaque citoyen surveille son voisin. (Bruits.) Vous pouvez donner un grand spectacle et une grande leçon : le voulez-vous? Voulez-vous que l'on puisse attester que vous êtes à la fois le peuple le plus pén... ...nt et le plus libre ? (Oui ! oui ! — Vive la République !) Eh bien ! si vous le voulez, je vous adjure d'accueillir ma recommandation. Que dans chaque tribune il y ait un groupe qui assure l'ordre pendant nos délibérations. (Bravos et applaudissements dans presque toutes les tribunes.)

« Le travail de la commission s'apprête, et la Chambre va en délibérer dans quelques instants.

« UN CITOYEN, à la tribune. — Le président est à son poste ; il est étrange que les députés ne soient pas au leur. (Bruit. — Ecoutons! écoutons!)

« M. LE PRÉSIDENT SCHNEIDER. — Messieurs, M. Gambetta qui ne peut être suspect à aucun de vous, et que je tiens, quant à moi, pour un des hommes les plus patriotes de notre pays, vient de vous adresser des exhortations au nom des intérêts sacrés du pays. Permettez-moi de vous faire, en termes moins éloquents, les mêmes adjurations. Croyez-moi, en ce moment la Chambre est appelée à délibérer sur la situation la plus grave ; elle ne peut que délibérer dans un esprit conforme aux nécessités du moment et de la situation, et, s'il en était autrement, M. Gambetta ne serait pas venu vous demander de lui prêter l'appui de votre attitude. (Approbation mêlée de rumeurs dans les tribunes.)

« M. GAMBETTA. — Et j'y compte, citoyens!

« M. LE PRÉSIDENT SCHNEIDER. — Si je n'ai pas, quant à moi, la même notoriété de libéralisme que M. Gambetta, je crois cependant pouvoir dire que j'ai donné à la liberté assez de gages pour qu'il me soit permis de vous adresser du haut de ce fauteuil les mêmes recommandations que M. Gambetta : comme lui, je ne saurais trop vous dire qu'il n'y a de liberté vraie que celle qui est accompagnée de l'ordre..... (Très-bien ! — Rumeurs nouvelles dans les tribunes.) Je n'ai pas la prétention de prononcer ici des paroles qui conviennent à tout le monde.....

« UNE VOIX DANS LES TRIBUNES. — On vous connaît.....

« M. LE PRÉSIDENT SCHNEIDER. — Mais j'accomplis un devoir de citoyen... (Interruption) en vous conjurant de respecter l'ordre, dans l'intérêt même de la liberté qui doit présider à nos discussions..... (Assentiment dans plusieurs tribunes. — Exclamations et bruit dans d'autres.)

« UN DÉPUTÉ. — Si vous ne pouvez obtenir le silence des tribunes, suspendez la séance, Monsieur le président.

« (En ce moment M. le comte de Palikao, ministre de la guerre, se lève et quitte la salle, après avoir fait au président un geste explicatif de sa détermination.)

« Plusieurs des députés qui étaient rentrés en séance, imitent son exemple, et sortent par le couloir de droite.

« M. le président Schneider se couvre et descend du fauteuil.

« M. GLAIS-BIZOIN, se tournant vers les tribunes. — Messieurs, on va prononcer la déchéance. Prenez patience ! Attendez ! (Agitation en sens divers.)

« M. le président Schneider, sur les instances de plusieurs députés, reprend place au fauteuil et se découvre.

M. GIRAULT. — Je demande à dire deux mots. (Tumulte dans les tribunes.)

« Un député de la gauche monte les degrés de la tribune et s'efforce de déterminer M. Girault à renoncer à la parole, en lui disant :

« Ils ne vous connaissent pas! Vous ne serez pas écouté! »

M. GIRAULT, s'adressant toujours au public des tribunes. — Vous ne me connaissez pas? Je m'appelle Girault (du Cher); personne n'a le droit de me tenir en suspicion.

« Je demande qu'il n'y ait aucune tyrannie. Le pays a sa volonté, il l'a manifestée. Les représentants viennent de l'entendre; ils sont d'accord avec le pays. Laissez-les délibérer, vous verrez que le pays sera content. Ce sera la nation tout entière se donnant la main..... Le voulez-vous? Je vais les aller chercher. Ils vont venir, et le pays tout entier ne sera qu'un.

« Il ne faut plus de partis politiques devant l'ennemi qui s'approche, il faut qu'il n'y ait aujourd'hui qu'une politique, qu'une France qui repousse l'invasion et qui garde sa souveraineté; voilà ce que je demande.

« (M. Girault descend de la tribune, qui reste inoccupée durant quelques minutes. — L'agitation et le tumulte vont croissant dans les galeries.)

« MM. Steenackers et Horace de Choiseul montent auprès du président et s'entretiennent avec lui.

« MM. Gambetta et de Kératry paraissent un instant à la tribune.

« Le bruit se répand qu'un gouvernement provisoire vient d'être proclamé au dehors.

« Plusieurs députés, MM. Glais-Bizoin, Planat, le comte d'Iléscoques, Marion, le duc de Marmier, le comte Le Hon, Wilson, etc., quittent leurs places, et, du pourtour, s'adressent aux citoyens qui sont dans les galeries.

« QUELQUES VOIX DES TRIBUNES. — Écoutons Gambetta.

M. GAMBETTA. — Citoyens.... (Bruit) il est nécessaire que tous les députés présents dans les couloirs ou réunis dans les bureaux où ils ont délibéré sur la mesure de la déchéance, aient repris place à leurs bancs, et soient à leur poste pour pouvoir la prononcer.

« Il faut aussi que vous, citoyens, vous attendiez, dans la modération et dans la dignité du calme, la venue de vos représentants à leur place. On est allé les chercher; je vous prie de garder un silence solennel jusqu'à ce qu'ils rentrent. (Oui! oui!) Ce ne sera pas long. (Applaudissements prolongés. — Pause de quelques instants.)

« Citoyens, vous avez compris que l'ordre est la plus grande des forces. Il y va de la bonne réputation de la cité de Paris. On délibère et on va apporter le résultat de la délibération préparatoire.

« Il va sans dire que nous ne sortirons pas d'ici sans avoir obtenu un résultat affirmatif. (Bravos et acclamations.)

« (En ce moment — il est trois heures — un certain nombre de personnes pénètrent dans la salle par la porte du fond qui fait face au bureau. Des députés essayent en vain de les refouler, la salle est envahie. On crie : Vive la République! Le tumulte est à son comble.)

« M. le comte de Palikao, qui est revenu de la salle et qui avait repris sa place au banc des ministres, sort de nouveau.

« M. LE PRÉSIDENT SCHNEIDER. — Toute délibération dans ces conditions étant impossible, je déclare la séance levée.

« Un grand nombre de gardes nationaux, avec ou sans uniforme, entrent dans la salle par les couloirs de droite et de gauche et par les portes du pourtour. Une foule bruyante et agitée s'y précipite en même temps, occupe tous les bancs, remplit tous les couloirs des travées de l'amphithéâtre et descend dans l'hémicycle en masse compacte, entourant la table des secrétaires-rédacteurs ainsi que les pupitres des sténographes, en criant : « La déchéance! Vive la République! »

« M. le président Schneider quitte le fauteuil et se retire.

« A peine a-t-il descendu les premières marches de l'escalier de droite du bureau, que deux jeunes gens, se dégageant de la foule répandue dans l'hémicycle, s'élancent sur l'escalier de la tribune et de là sautent, en se cramponnant au rebord de marbre blanc du bureau, sur les pupitres des secrétaires-députés (côté droit — places ordinairement occupées par M. Bournat et M. Terme), et arrivent presque simultanément au fauteuil de la présidence, où ils s'asseoient tous deux en même temps. L'un d'eux, après avoir posé la main comme par hasard sur le levier de la sonnette présidentielle, l'agite vivement et longuement.

« Presque au même instant, les gardes nationaux entrés par les portes latérales de droite et de gauche prennent possession du double escalier de la tribune et du double escalier du bureau, se placent derrière le chef du service sténographique et derrière les sièges des secrétaires-députés, et jusque sur l'estrade où sont, en arrière du bureau présidentiel, les tables du secrétaire général du Corps législatif et du chef de bureau du secrétariat.

« M. Jules Ferry passe alors à travers les rangées des gardes nationaux installés sur les degrés de l'escalier de gauche du bureau, et, avec l'aide de quelques-uns d'entre eux, fait sortir du bureau présidentiel les deux jeunes gens qui s'y sont assis, et interrompt le bruit de la sonnette, toujours agitée par celui qui s'en est emparé.

« On peut remarquer que la plupart des gardes nationaux qui portent des shakos en ont arraché les aigles en cuivre fixées au-dessus de la visière.

« M. GAMBETTA, qui, après avoir conféré avec quelques-uns de ses collègues de la gauche, est revenu à la tribune et s'y rencontre d'abord avec M. Steenackers, puis avec M. de Kératry, s'efforce d'en dégager les abords en conjurant les citoyens non gardes nationaux de s'en écarter.

« Voyons, citoyens, dit-il, il ne faut pas violer l'enceinte. Soyez calmes! Avant un quart d'heure, la déchéance sera votée et proclamée. Voyons, reculez! Est-ce que vous n'avez pas confiance en vos représentants? (Si! si! nous avons confiance!)

« Eh bien! reculez quand je vous le demande, et soyez sûrs que nous allons prononcer la déchéance.

« UN CITOYEN. — Et la République?

« (Scène de confusion et d'agitation devant laquelle M. Gambetta descend encore de la tribune, cause avec quelques-uns de ses collègues des premiers bancs de la gauche, et y remonte de nouveau, accompagné de M. de Kératry, qui se tient à côté de lui.)

« Il se fait un instant de silence.

« M. GAMBETTA. — Citoyens..... (Chut! chut! — Ecoutez!)

« Attendu que la patrie est en danger;

« Attendu que tout le temps nécessaire a été donné à la représentation nationale pour prononcer la déchéance;

« Attendu que nous sommes et que nous constituons le pouvoir régulier issu du suffrage universel libre;

« Nous déclarons que Louis-Napoléon Bonaparte et sa dynastie ont à jamais cessé de régner sur la France. (Explosion de bravos et salve générale d'applaudissements. — Bruyante et longue approbation.)

« UN CITOYEN, agitant le bras. — Et la République?

« Un autre citoyen, debout sur un banc de la salle, à droite. — Nous voulons deux choses : la déchéance d'abord, la République ensuite.

« Une voix. — Et surtout plus d'Empire !

« Un jeune homme, qui paraît être un étudiant. — Il est tombé, tombé pour toujours (Oui ! oui ! — Vive la République !), tombé avec son chef qui n'a pas même su mourir.

« (Le tumulte, tant dans l'intérieur de la salle que dans les tribunes publiques, est général et indescriptible.)

« Des groupes se forment, les uns très-agités, les autres très-calmes, et, dans les conversations plus ou moins bruyantes que quelques-uns des envahisseurs engagent, soit entre eux, soit avec les sténographes et les secrétaires-rédacteurs, on peut saisir des exclamations et des épithètes telles que celles-ci : « Un Napoléon ! allons donc ! dites un pseudo-Napoléon, un Smerdis, un Dimitri ! »

« En ce moment, M. Jules Favre, entré par la porte du côté de la salles des conférences, parvient dans l'enceinte. M. Gambetta va au devant de lui, et tous deux, fendant la foule des gardes nationaux et du peuple, qui s'efface pour les laisser passer, montent à la tribune au milieu des cris : Vive Jules Favre ! Vive Gambetta !

« Un garde national. — Tambours, battez aux champs !

« M. Jules Ferry. — Laissez parler Jules Favre.

« (Pendant quelques instants, aux adjurations que MM. Gambetta et Jules Favre adressent à la foule pour obtenir le silence, la foule répond par les cris répétés de : Vive Jules Favre ! Vive Gambetta !)

« Le tambour bat à la porte du couloir de droite.

« Une intermittence de silence se fait.

« M. Jules Favre. — Voulez-vous ou ne voulez-vous pas la guerre civile ?

« Voix nombreuses. — Non, non, pas de guerre civile ! Guerre aux Prussiens seulement !

« M. Jules Favre. — Il faut que nous constituions immédiatement un gouvernement provisoire.

« Quelques voix. — A l'Hôtel de Ville, alors !

« M. Jules Favre. — Ce gouvernement prendra en main les destinées de la France, il combattra résolûment l'étranger ; il sera avec vous, et d'avance chacun de ses membres jure de se faire tuer jusqu'au dernier.

« Cris nombreux. — Nous aussi ! nous aussi ! Nous le jurons tous ! Vive la République !

« Un citoyen. — Oui, vive la République ! mais vive la France d'abord !

M. Jules Favre. — Je vous en conjure, pas de journée sanglante. (Non ! non !) Ne forcez pas de braves soldats français, qui pourraient être égarés par leurs chefs, à tourner leurs armes contre vous. Ils ne sont armés que contre l'étranger. Soyons tous unis dans une même pensée de patriotisme et de démocratie. (Vive la République !) La République, ce n'est pas ici que nous devons la proclamer.

« (Si ! si ! Vive la République !)

« Un citoyen. — Et les Prussiens, qu'en faites-vous ?

« Un jeune homme s'élance à la tribune en criant : La République ! La République ici !

« Quelques gardes nationaux veulent le faire descendre. Il se débat en criant toujours : La République ! La République ici, tout de suite !

« Cris nombreux. — Vive la République !

« M. GAMBETTA. — Oui, vive la République! Citoyens, allons la proclamer à l'Hôtel de Ville!

« MM. JULES FAVRE et GAMBETTA descendent de la tribune en répétant : A l'Hôtel de Ville! à l'Hôtel de Ville! (Un certain nombre de personnes les suivent, et une partie de la multitude s'écoule par le couloir de gauche.)

« UN CITOYEN. — A l'Hôtel de Ville! et nos députés à notre tête! (Oui! oui!)

« UN AUTRE CITOYEN. — Non, c'est ici qu'il faut proclamer la République. Nous la proclamons.

« La République est proclamée.

« UN GARDE NATIONAL. — Non! non! Il faut dire : « La République est rétablie! »

« CRIS CONFUS. — A l'Hôtel de Ville! A bas l'Empire! vive la République! vive la France! vive la garde nationale! vive la ligne!

« Le cri : à l'Hôtel de Ville! qui a déterminé la sortie d'une partie de la foule à la suite de MM. Jules Favre et Gambetta, n'étant pas entendu ou suffisamment compris de tous, des citoyens étalent en l'air, en élevant les bras, de grandes feuilles de papier qu'ils ont prises sur le bureau ou dans les pupitres des députés et sur lesquelles ils ont écrit à la main en gros caractères :

A L'HOTEL DE VILLE

La foule se porta immédiatement à l'Hôtel de Ville, dont les portes furent ouvertes aux députés de la gauche par les ordres de M. Alfred Blanche, secrétaire général. Vers trois heures, arrive Rochefort, qui était détenu à Sainte-Pélagie ; les portes de la prison avaient été enfoncées et tous les détenus politiques avaient été délivrés. A quatre heures, M. Gambetta annonça à la foule, du haut du balcon de l'Hôtel de Ville, les noms des membres du gouvernement provisoire: MM. EMMANUEL ARAGO, CRÉMIEUX, JULES FAVRE, JULES SIMON, GAMBETTA, PICARD, PELLETAN, FERRY, GLAIS-BIZOIN, GARNIER-PAGÈS et ROCHEFORT. Le général Trochu fut maintenu dans ses fonctions de gouverneur de Paris et nommé président du conseil.

Le peuple de Paris apprit bientôt que la République venait d'être officiellement proclamée; toute la population l'accueillit comme une vieille amie qu'on n'a pas vue depuis longtemps et qu'on est heureux de recevoir. Point de grossiers tumultes ; point de manifestations furieuses : c'était l'animation paisible d'un peuple qui a de la joie plein le cœur, c'était une gaieté expansive et spirituelle qui pétillait de toutes parts. On ne voyait qu'ouvriers improvisés, perchés sur de longues échelles, qui abattaient à coups de marteaux les N se relevant en bosse sur les enseignes des fournisseurs de la maison de l'empereur. Et la foule s'amassait autour de ces grands justiciers démolisseurs.

La veille, on avait appris le plus terrible désastre dont jamais un peuple ait pu être affligé; on avait aperçu avec certitude la saisissante réalité d'un siège devenu imminent; on s'était couché désespéré. Le lendemain, la République était proclamée et l'on ne pensait plus à rien de tout cela. Les Prussiens? Le siège prochain? Ah! bien, oui! c'était bien des Prussiens et du siège qu'alors il s'agissait. La

République était proclamée ! La population parisienne est si habituée à se payer de vaines phrases qu'elle crut de bonne foi qu'à ce seul mot de République, les Prussiens s'arrêteraient. En outre, on se rappelait que le roi Guillaume, dans une proclamation, avait déclaré qu'il ne faisait pas la guerre à la France, mais à Napoléon III. Et Paris eut la faiblesse de croire à la parole d'un roi et jugea la guerre terminée, puisque l'empereur était prisonnier.

Aussi Paris se montra-t-il joyeux de l'avénement de la République, et manifesta-t-il bruyamment cette joie.

JULES FAVRE (page 115)

L'impératrice, pendant ce temps, était aux Tuileries ; vers midi, il lui fut impossible de méconnaître que la crise se déclarait à l'état aigu. Les députés du centre gauche, sous la conduite de M. Daru, se présentèrent aux Tuileries. L'abdication ! tel était le mot que ces députés s'étaient chargés de faire entendre à la régente. Il leur fut fait un refus énergique. Vers deux heures, une courte dépêche de M. Pietri fit comprendre à l'impératrice que la fuite était nécessaire. « ON ABAT LES AIGLES ! » mandait le préfet de police. Quelques instants plus tard, la grille du jardin des Tuileries qui fait face à l'obélisque était brisée et le jardin envahi.

L'impératrice se prépara à partir. Elle n'avait voulu appeler aucun de ses officiers au danger de l'accompagner ; elle se confia à MM. de Metternich et Nigra, que leur caractère diplomatique mettait à l'abri de toute insulte. L'impératrice, accompagnée par les deux ambassadeurs et par M™ Lebreton, sœur du général Bourbaki, arriva sans encombre sur la place Saint-Germain-l'Auxerrois. Là, elle fut reconnue, et, sans la présence d'esprit de M. Nigra, elle eût sans doute été arrêtée dans sa fuite. Voici comment un des aumôniers de l'impératrice a raconté cet incident :

« M. de Metternich alla à la recherche de deux fiacres. M. Nigra était resté avec Sa Majesté et M™ Lebreton. Ses vêtements de veuve ne déguisaient pas assez bien l'impératrice pour qu'un gamin ne pût la reconnaître et crier à tue-tête :

« — Voilà l'impératrice !

« La place était couverte d'une partie des envahisseurs du Corps législatif qui se rendaient à l'Hôtel de Ville, après avoir traversé les Tuileries et le Louvre. Le diplomate italien ne perdit pas sa présence d'esprit en une situation aussi critique. Il envoya une vigoureuse taloche au jeune indiscret ; il le prit ensuite par l'oreille en ayant soin d'appuyer fortement, afin de ne laisser au petit bonhomme que la faculté de se débattre et de se plaindre :

— Ah polisson, disait de son côté l'impitoyable chevalier, tu cries : « Vive la Prusse ! » Je t'apprendrai à être meilleur patriote !

« Et il l'entraînait, sans désemparer, du côté opposé à l'endroit où se trouvait la voiture dans laquelle l'impératrice venait de prendre place avec M™ Lebreton. M. Nigra ne lâcha l'enfant et ne cessa ses imprécations que lorsque le cocher eut enlevé ses chevaux. L'italien avait si bien ménagé son jeu, que M. de Metternich et lui étaient déjà loin lorsque les spectateurs se rendirent compte de ce qu'ils venaient de voir. »

« Il faut des siècles pour fonder un empire, il suffit d'une heure pour le renverser. » Jamais cette parole d'un grand écrivain n'avait trouvé une plus saisissante application. L'acte honteux de Sedan avait amené la chute de l'Empire en moins de temps qu'il n'en faut pour faire le récit de cette journée, qui vit la fin du règne de Napoléon III et l'avènement de la République.

Ainsi se fit la révolution du 4 septembre, avec calme et modération, sans qu'une goutte de sang français eût été répandue. »

« Le peuple, dit Lamartine dans son histoire des Girondins, a le sentiment du droit suprême : le droit de ne pas périr. »

C'est en vertu de ce droit que Paris fit le 4 septembre, et l'on peut dire que jamais acte illégal ne fut plus impérieusement commandé par les circonstances.

Paris a dans son histoire d'admirables pages, et la révolution du 4 septembre en remplira un de ses plus nobles feuillets. Ce fut un acte digne de la grande ville que de répondre à la capitulation de Sedan par la déchéance de Napoléon III. Elle eut raison de renverser l'Empire et de proclamer la République.

Malheureusement, ce mot « République » effraye la population des campagnes, parce que, nous avons déjà eu l'occasion de le dire, la réaction a su habilement profiter des fautes faites et des excès commis par les hommes de 1848. Les députés officiels de l'Empire ont agité le spectre rouge devant les yeux de nos braves paysans. La république, c'était, d'après eux, le pillage, la guerre civile, l'impôt des quarante-cinq centimes, la confiscation des biens.

Il ne s'est jamais trouvé un homme assez influent pour être écouté des habitants des campagnes, assez simple dans son langage pour se faire comprendre d'eux, assez courageux pour leur expliquer ce que c'est que la république et leur en exposer les bienfaits.

Il faudrait un volume entier pour résumer les différents systèmes républicains qui existent en France.

Pour nous, la république, honnête et modérée, peut seule nous donner à la fois l'égalité et la liberté.

Il ne faut pas s'y tromper : RÉPUBLIQUE aujourd'hui signifie bien autre chose que ce qu'elle était soit à Athènes, soit à Rome, soit même au moyen âge dans les villes italiennes, soit encore au XVIIe siècle en Angleterre, sous Cromwell, soit enfin en France le 22 septembre 1792.

L'idée « République » n'emporte plus seule avec elle la forme gouvernementale. C'est le fond social qu'elle doit se poser pour problème, c'est-à-dire qu'elle doit chercher à résoudre la question de donner à l'individu la plus grande somme de liberté possible, d'où dérive pour lui la plus grande facilité de se procurer le travail et par conséquent le bien-être.

La révolution de 1789, en substituant les départements aux provinces, ne fit qu'accentuer le mouvement de centralisation qui était le courant général de la politique française. La Convention nationale, le premier consul et plus tard l'empereur Napoléon donnèrent à cette centralisation un caractère qui ne manque pas de grandeur, qui a rendu de grands services à notre pays, mais qui tombe aujourd'hui par la lourdeur de ses abus, comme toute chose humaine.

Quelle est aujourd'hui la forme qui paraît, aux économistes les plus clairvoyants, la plus propre à asseoir la forme républicaine?

L'idée fédérative domine aujourd'hui les esprits. La fédération a admirablement réussi en Suisse, bien aux États-Unis, au point de vue politique, mal au point de vue économique.

La guerre de sécession n'a eu, sous le fallacieux prétexte de l'abolition de l'esclavage, d'autre cause que le conflit entre les aspirations libres-échangistes du Sud et la tyrannie protectionniste du Nord.

La configuration géographique de la Suisse, État de peu d'étendue de territoire, explique comment une pareille scission ne peut se produire.

Donnons à la France la fédération, la liberté communale pour les grandes villes, la liberté cantonale pour les petites agglomérations, c'est-à-dire liberté de gérer leurs affaires, sous la tutelle de l'État, on obtiendra, à un certain point de vue, d'excellents résultats. En effet, si la centralisation a fait l'unité de la France et sa gloire, elle lui a donné les candidatures officielles, le plébiscite, les maires, les juges et les préfets à poigne du second Empire; elle a aussi amené la défaite de la nation. En effet, si la PROVINCE avait existé, c'est-à-dire si elle avait eu le pouvoir de s'administrer elle-même, les armées allemandes n'auraient pas trouvé, après les capitulations de Metz et de Sedan, la France désarmée. La Lorraine, l'Alsace, la Champagne, toutes les provinces se seraient levées tout entières et toutes à la fois, parce que leur organisation, indépendante de celle de l'État, leur aurait fourni des soldats-citoyens et des armes.

Mais si la fédération a de grands, d'immenses avantages, elle a aussi d'incontestables inconvénients.

La question politique ne résout plus aujourd'hui la question de l'existence d'un peuple comme le nôtre. La question commerciale est d'une importance capitale. Or, nous avons en France des départements vinicoles qui sont libres-échangistes et de grands centres industriels qui ont besoin de protection. Comment empêcher ce dualisme de se produire? Chez un peuple nouveau comme celui des États-Unis, il s'est révélé après quatre-vingts ans d'existence; mais dans une nation *faite* comme la France, il doit s'affirmer dès le premier jour.

Si le problème est difficile à résoudre pour une nation, — l'exemple des États-Unis est là pour nous le prouver, car le Sud vit pour longtemps sous la pression du Nord, — que sera ce problème transporté dans l'étude des rapports de peuple à peuple?

Nous ne nous chargeons pas de trancher le nœud gordien. Quoi qu'il en soit, nous persistons à croire que le système de la fédération est le plus sage et, par conséquent, celui qui donnerait les meilleurs résultats. A notre sens, le gouvernement qui saura dégager le pouvoir de tout ce qui n'est pas la politique, qui jettera par-dessus le bord du vaisseau de l'État l'administration de la commune, du département, de la province, ce gouvernement réussira, vivra. Le peuple sera occupé de ses intérêts immédiats; il les discutera, les administrera à ses frais, risques et périls dans la commune, le département, la province, mieux que le pouvoir central, qui ne peut suffire à tout et qui a assez à faire de régir les grandes affaires de politique intérieure et étrangère intéressant la nation entière.

Il faut faire comprendre aux populations des petites villes et des campagnes que la constitution républicaine est la seule qui puisse assurer à la nation, d'une façon durable, le bien après lequel elle aspire depuis longtemps : le progrès dans l'ordre. La France, qui est désireuse de l'ordre, avide de travail, doit se méfier de ces conservateurs-nés, de ces réactionnaires, de ces monarchistes malgré tout, qui lui peignent la république sous les plus noires couleurs.

La république est l'adversaire déclaré de tout absolutisme et de toute spoliation; elle fait de la lutte dans la rue un crime contre lequel s'élève une réprobation unanime. On invoque, il est vrai, l'histoire même des républiques en France pour prouver qu'elles ne peuvent s'acclimater chez nous, où elles ont toujours été marquées par d'effroyables désastres. On dit à la province que sous un gouvernement républicain, il y a toujours des émeutes. Cet argument usé est sans valeur. Est-ce que la monarchie n'a pas eu d'épouvantables guerres civiles, avant de s'installer en la personne de Louis XIV, dans la plénitude de sa puissance ? Comptons-nous les désastres, les ruines, les cadavres amoncelés pour faire vivre et grandir cette monarchie? Et que de sang, de guerres et de dissensions civiles pour arriver au fonctionnement de cette machine perfectionnée, la monarchie constitutionnelle !

Si, sous la République, la France a été en proie à la guerre civile, a été témoin de luttes dans la rue, les mêmes spectacles ne lui ont-ils pas été donnés sous la Monarchie ?

N'avons-nous pas vu, sous Louis-Philippe, le sac de l'archevêché, l'émeute de la rue Transnonain, les insurrections de Lyon, la résurrection de la chouannerie en Bretagne et en Vendée, sans compter les échauffourées de Strasbourg et de Boulogne? La monarchie n'assure donc pas toujours l'ordre.

La République n'a jamais vécu que quelques heures en France, toujours assassinée ou par un individu, ou par des masses excitées par les partis monarchiques. Faisons donc avec patience l'essai du gouvernement républicain qui est le meilleur de tous et que la nation désabusée et réveillée, éclairée par les désastres que l'Empire a amenés sur la France ne se laisse plus conduire, par faiblesse, par égoïsme, par atonie, aux abîmes où nous conduisent les monarchies.

La France entière était lasse du gouvernement impérial ; la honteuse capitulation de Sedan mit le comble à la mesure. Aussi, quand la nouvelle de la déchéance de l'Empire arriva en province, elle fut partout accueillie avec joie. Napoléon III subissait le châtiment de ses fautes. Pendant vingt ans, maître des emplois, de la fortune publique, chef d'une bande de sycophantes, de séides, enrôlant toutes les ambitions, toutes les cupidités, enlaçant le pays dans les rets d'une police innombrable, comptant dans tous les recoins d'une administration formidable des condottieri prêts à tout, ces Corses dont les Romains, au dire de Tacite, ne voulaient même pas pour esclaves, faisant emprisonner les plus illustres de l'armée et de la tribune, démoralisant le suffrage universel au sein duquel il plaçait le ver rongeur de la candidature officielle, l'homme qui était monté sur le trône au moyen du plus abominable des guet-apens devait en descendre écrasé sous l'ignominie de la capitulation de Sedan.

Les ministres étaient irresponsables ; quoi qu'ils pussent faire, détourner, piller, ils échappaient toujours, couverts par le souverain qui s'était déclaré responsable, mais qui savait se mettre en dehors des atteintes de la responsabilité.

Un sénat de l'empereur, des candidats de l'empereur composaient ces Chambres serviles qui ont sacrifié la nation à un homme, étouffaient les contrôles, couvraient sous le bruit des couteaux d'ivoire la voix du patriotisme, laissaient s'engager la guerre folle du Mexique et applaudissaient à celle contre la Prusse.

La magistrature avait perdu son caractère de haute intégrité, et l'illustre Berryer la flétrit un jour avec sa grande éloquence.

Chaque préfet, chaque sous-préfet, chaque maire, nous pourrions dire chaque garde champêtre, agissait en proconsul, sans nul souci des satisfactions ou mécontentements du pays auquel on les infligeait.

Nous avons assisté à des tripotages financiers de toutes sortes ; les marchés, les monopoles, les entreprises de toute nature, les secours, les subventions, tout cela était à la disposition de l'empereur.

Le chapitre des pensions, des bureaux de tabac, de l'autorisation des Compagnies, les Caisses de l'armée, d'épargne, les Crédits fonciers étaient d'autres moyens d'influence irrésistibles placés entre les mains de Napoléon III.

Voilà, en résumé, ô plébiscitaires du 8 mai, le gouvernement que vous avez accepté et auquel vous avez applaudi pendant vingt ans !

Et maintenant, en sondant la profondeur de l'abîme dans lequel ce gouvernement a fait tomber la France, croyez-vous qu'une république modérée, celle des honnêtes gens, ne soit pas un gouvernement préférable à une monarchie semblable

CHAPITRE VII

LE GOUVERNEMENT DU 4 SEPTEMBRE

LE GÉNÉRAL TROCHU

Le gouverneur de Paris avait été, comme nous venons de le dire, maintenu dans ses fonctions et nommé président du Gouvernement de la défense nationale. Paris avait en lui une confiance entière, et son maintien au pouvoir fut favorablement accueilli. On savait qu'il n'avait point obtenu sous l'Empire le rang que ses talents et sa carrière lui donnaient le droit d'occuper dans l'armée, parce qu'il avait su, dans un ouvrage dont le titre était: *l'Armée française en 1867*, dire la vérité, démontrer que le système militaire de la France était défectueux et qu'il fallait une réforme complète. Paris savait gré au général Trochu du courage qu'il avait eu de parler avec franchise à une époque où la vérité ne pouvait se faire jour, où personne n'osait, ne pouvait la dire, sous peine de se voir compromis, vu d'un mauvais œil dans les sphères officielles, mis à l'écart ou disgracié. Non-seulement il avait été franc, mais il avait été clairvoyant.

Toutes les prédictions de l'auteur de *l'Armée française en 1867* s'étaient malheureusement réalisées. Aussi, Paris était-il heureux de voir à la tête de l'armée celui qui avait, trois ans auparavant, démontré la nécessité de réorganiser l'armée et qui en avait exposé les moyens.

Ah! si l'empereur n'avait pas été aussi aveugle, ni aussi mal entouré, s'il avait écouté les vrais amis de la France et s'il n'avait pas cru ces courtisans de l'Empire et ces généraux d'antichambre qui chantaient à pleins poumons la gloire de son règne, s'il avait chargé le général Trochu de mettre en pratique les théories émises dans son ouvrage, nous aurions eu, au moment du danger, un million de soldats

LÉON GAMBETTA (page 116)

opposer aux armées prussiennes, et certes, avec un pareil nombre de combattants, nous n'eussions pas été vaincus.

Mais sous ce gouvernement démoralisateur, l'homme honnête était écarté et le fourbe seul se faisait écouter. Un général ne pouvait pas avoir d'opinion à lui, ou s'il avait l'audace d'en émettre une qui ne fût pas conforme à celle de la cour, il était bafoué et dédaigné. C'est ce qui était arrivé au président du Gouvernement de la défense nationale. On n'avait pu refuser au général Trochu l'avancement auquel il avait droit, mais on l'avait tenu à l'écart et on l'avait dédaigné, tandis que M. Le Bœuf était ministre de la guerre, que M. de Failly — celui qui se laisse toujours surprendre — et M. Frossard, — qui s'est conduit d'une si étrange façon à Forbach — commandaient des corps d'armée, et que M. Fleury, le confident des secrets de l'alcôve impériale et le grand-maître des écuries, était déclaré tout à coup un de nos plus fins diplomates et envoyé à Saint-Pétersbourg comme ambassadeur!

M. Trochu est né à Belle-Isle-en-Mer (Morbihan), en 1815. Il entra à l'école de Saint-Cyr en 1835 et en sortit en 1838 avec le grade de sous-lieutenant. Nommé lieutenant d'état-major en 1840, il suivit le général Lamoricière en qualité d'aide de camp. En 1843, il reçut les épaulettes de capitaine et fut attaché au maréchal Bugeaud, en Algérie. Il se distingua dans tous les combats qui eurent lieu contre les Arabes, et notamment à la bataille d'Isly. Le maréchal, qui avait su apprécier le caractère énergique, le courage et les talents de son jeune capitaine d'état-major, appela sur lui l'attention de M. Guizot, premier ministre de Louis-Philippe, et demanda qu'on lui accordât le premier grade vacant parmi les chefs d'escadron. « Si vous le connaissiez, écrivait le maréchal au ministre, vous en seriez aussi charmé que moi : il a une tête et des sentiments comme vous les aimez. Il est apte à parvenir à tout. Je ne connais dans l'armée aucun homme aussi distingué que lui. »

Le duc d'Isly se connaissait en hommes ; aussi sa recommandation fut-elle prise en considération, et, en 1846, le capitaine Trochu fut nommé chef d'escadron.

En 1851, il devint lieutenant-colonel et colonel en 1853. Il fut choisi comme premier aide de camp par le maréchal Saint-Arnaud, puis par Canrobert en Crimée. Le 24 novembre 1854, il fut nommé général de brigade ; il se conduisit avec une grande bravoure pendant toute la campagne, et en 1855 il tomba grièvement blessé à l'assaut de Sébastopol. Il fut nommé commandeur de la Légion d'honneur.

En 1859, au début de la guerre d'Italie, il fut promu au grade de général de division et il prit, en remplacement du général Bouat, mort subitement à Suze, le commandement de la 2e division du corps de Canrobert, qu'il remplit avec éclat jusqu'à la fin de la guerre. En 1861, il fut nommé grand-officier de la Légion d'honneur.

Tel était l'homme qui prenait le commandement de l'armée de Paris et en qui la capitale plaçait toute sa confiance. On avait espoir en l'énergie du général Trochu, en son honnêteté et en son patriotisme. Nous ne voulons pas anticiper sur les événements ; nous dirons plus tard comment le président du Gouvernement de la défense nationale a répondu à cette confiance.

JULES FAVRE.

La France, l'Europe, le monde entier connaissent ce nom.

Gabriel-Claude-Jules Favre est né à Lyon le 21 mars 1809, d'une famille de commerçants. Il a été pendant toute sa vie immuable dans ses principes et dans ses convictions, et il a toujours affirmé hautement ses opinions républicaines. Dès 1830, il publiait dans le *National* une lettre dans laquelle il demandait l'abolition de la royauté, et, en 1835, plaidant devant la Cour des pairs pour les accusés d'avril, il commença par ces mots : « Je suis républicain. »

Il avait acquis une brillante position au barreau de Lyon lorsqu'il quitta cette ville et se fit inscrire au tableau des avocats de Paris. Il se fit à Paris, de prime abord, place parmi les avocats les plus distingués ; son talent était grand ; sa connaissance du droit était profonde, et il parlait avec une éloquence que peu d'orateurs ont dépassée.

M. Jules Favre s'était spécialement attaché à la défense des causes politiques, et il avait, dans ses plaidoiries, si énergiquement déclaré ses opinions que, lorsque la révolution de 1848 éclata, M. Ledru-Rollin, devenu ministre de l'intérieur, le choisit pour secrétaire général. Son rôle fut important et son activité infatigable ; il fit tous ses efforts pour asseoir la République sur des bases stables et maintint l'ordre avec la plus grande fermeté. Il comprenait, en effet, que l'ordre est pour une nation le premier des biens, et pour la République la plus sûre condition de durée.

Bien des fautes furent faites par les hommes qui étaient placés, en 1848, à la tête du gouvernement ; bien des excès furent commis. Jules Favre avait un rôle secondaire, et ses sages conseils étaient trop peu écoutés. Il voulut être complètement indépendant, n'avoir aucune attache officielle, et il se présenta à la députation dans le département de la Loire. Il fut élu représentant du peuple.

Il se montra, à la Chambre, d'une grande modération. Il n'avait pas de parti pris, mais une grande sincérité d'opinions. Il vota donc tantôt avec la droite, tantôt avec la gauche. Après l'élection du 10 décembre, il fit au président de la République une opposition des plus marquées ; il avait deviné dans le prince Louis-Napoléon l'homme qui, violant ses serments, renverserait la République à son profit.

Le coup d'État du 2 décembre l'écarta pour six ans de la vie politique, et il se consacra entièrement à l'exercice de sa profession d'avocat. En 1858, il plaida pour Orsini, le principal auteur de l'attentat commis sur la vie de l'empereur, devant le théâtre de l'Opéra. Sa plaidoirie eut un immense retentissement et le fit nommer député de Paris dans une élection partielle.

Il commença alors contre le gouvernement impérial, avec M. Émile Ollivier — depuis ministre de l'Empire — MM. Ernest Picard, Darimon et Hénon, cette opposition des *Cinq* qui eut du retentissement dans toute la France, et ce fut grâce à leur courageuse attitude que cette opposition, aux élections de 1863 et de 1869, s'augmenta d'une façon sensible.

Impitoyable dans sa haine, il poursuivit pendant douze ans de ses sarcasmes et attaqua avec sa grande éloquence le gouvernement usurpateur du 2 décembre. Il ne fit aucune grâce au pouvoir personnel et il fut l'adversaire acharné des mesures arbitraires et de tous les projets contraires à la liberté que l'empereur proposait à la Chambre. Si la voix du courageux député avait été écoutée, que de malheurs, que de hontes la France eût évités! L'aventureuse expédition du Mexique n'eut pas d'adversaire plus acharné, et il flétrit avec indignation l'abandon de Maximilien par les troupes françaises, abandon qui amena le drame de Querétaro.

Nous avons dit, en parlant des séances du Corps législatif qui ont précédé la déclaration de guerre, que M. Jules Favre s'efforça de faire entendre à cette Chambre, en majeure partie composée de candidats officiels, la voix de la sagesse, et qu'il protesta énergiquement contre la guerre avec la Prusse.

Il était donc juste que M. Jules Favre fût appelé à occuper une haute position dans le gouvernement du 4 septembre; il était juste que le républicain sincère, le patriote éclairé, l'avocat éloquent qui, depuis 1858, avait flétri sans pitié les actes odieux de l'Empire, fait une guerre acharnée à tous les abus du pouvoir personnel et contribué puissamment, par son opposition constante et courageuse, à la chute de la dynastie napoléonienne et à l'avénement de la République, reçût enfin la récompense de tant de courage et de tant de dévouement à la cause républicaine. Aussi fut-il nommé vice-président du Gouvernement de la défense nationale.

M. Jules Favre occupe un des premiers rangs, sinon le premier, parmi les avocats français. Son langage est aussi châtié que son éloquence est élevée. M. de Cormenin, dans ses *pamphlets politiques* signés Timon, a fait de M. Jules Favre le portrait suivant, très-élogieux, mais nullement flatté pour ceux qui ont entendu plaider le célèbre avocat ou qui ont lu ses discours :

« Jules Favre, dit M. de Cormenin, est le premier des avocats parisiens, plus parfait peut-être, comme avocat, que Berryer lui-même.

» Ses plaidoyers sont des modèles à la fois de l'enchaînement le plus habile et d'une élégance suprême. Il est maître de la science du cœur humain. Quelle profonde étude du jeu de nos passions! quelle dialectique fine et serrée! quelle pureté de langage! quel respect pour les mœurs! quels portraits achevés! Avec quel art il tisse la trame de ses expositions! comme il assemble ses preuves! comme il enveloppe son adversaire à mesure qu'il se rapproche de lui! comme il empêche, en resserrant, en redoublant le cercle de son argumentation, et en se présentant en même temps à toutes les issues, qu'il n'échappe par quelque côté! Il ne se laisse entraîner que par la passion de la justice, dans les voies de la vérité. On est ému des mots touchants avec lesquels il dépeint, il prémunit la sainteté du mariage, les foyers de la famille et les institutions de la propriété. On sent qu'on a devant soi un honnête homme, et que ses accents inspirés sortent du cœur. Ils sortent aussi, avec une abondance et une grâce infinies, ils sortent de sa foi religieuse, et je lui sais gré, moi, hautement catholique, de professer également, même devant des barreaux voltairiens, ce culte sublime d'où il tire, il faut le lui dire, plus que de toute autre source, la force et le charme de son talent. »

GAMBETTA.

M. Gambetta, un des hommes politiques les plus connus que possède aujourd'hui la France, est né à Cahors en 1834, d'une famille d'origine italienne. Il apporte dans tout ce qu'il entreprend une verve, un entrain, une fougue, une exubérance de vie à nulle autre pareille. De plus, il met au service de cette force première une immense faculté d'assimilation, un esprit prompt, une langue claire et précise.

« Gambetta, dit un de ses biographes, est avant tout un charmeur; il possède au suprême degré cette influence magnétique qui enlève les masses et les tient palpitantes aux lèvres d'un orateur, ce que Voltaire appelle chez les artistes le diable au corps.

« Étrange contraste! Ce tribun possède des opinions très-modérées, et même parfois un peu étroites, au point que ses confrères du barreau l'ont longtemps regardé comme un orléaniste. Cet homme si vivace est paresseux avec délices, ne faisant rien qu'au dernier moment et se fiant sur sa grande facilité pour rattraper le temps perdu.

« C'est à son tempérament qu'il a dû de devenir subitement, d'avocat obscur, connu seulement dans les cercles du quartier Latin, un des hommes les plus populaires de France. Tout le monde se souvient de la plaidoirie, d'une violence inouïe, qu'il prononça lors de l'affaire du tombeau de Baudin, sans que le président du tribunal, complétement fasciné, songeât même à l'interrompre.

« Lors des élections de 1869, la première circonscription de Paris le préféra à l'honorable M. Carnot. Ceux qui eurent l'occasion d'entendre Gambetta dans les réunions publiques de la période électorale ne tardèrent pas à comprendre que les allures fougueuses de l'avocat méridional correspondaient beaucoup mieux avec celles de l'orageux Belleville que la nature calme de l'ancien député.

« Candidat également dans les Bouches-du-Rhône, il fit, pour conquérir au second tour de scrutin les voix des bourgeois de Marseille, des déclarations de principe qui le mirent en froid avec ses premiers électeurs de Belleville.

« À la Chambre, il parut d'abord vouloir marcher sur les traces de M. Picard et de M. Glais-Bizoin ; il prit part à quelques escarmouches parlementaires où il développa toute sa fougue et toute sa verve mordante. Un jour que la question du prochain plébiscite était agitée, Gambetta monte à la tribune et prononce, au milieu de la surprise et de l'attention générale, le grand discours qui le posa comme orateur de premier ordre et comme homme politique. Grâce à une grande modération de langage qui n'enlevait rien à la précision de ses idées, grâce sans doute aussi à cette merveilleuse puissance de fascinateur qu'il possède, il put, sans être interrompu une seule fois, développer toute la théorie du gouvernement républicain.

« Au 4 septembre, lors de l'envahissement de la Chambre, lui seul, même parmi les hommes que l'acclamation populaire portait au pouvoir, ne perdit pas la tête; seul il parvint à se faire écouter de la foule; seul il lutta pour que la révolution eût un caractère légal, et qu'un vote des élus de la nation, eussent-ils même été candidats officiels, prononçât la chute de l'Empire. »

Nous aurons l'occasion dans le cours de cet ouvrage de reparler souvent de M. Gambetta et du rôle actif qu'il a joué en province. Le jeune membre du Gouvernement de la défense nationale a montré, dans son administration, des qualités éminentes et incontestables.

ERNEST PICARD.

Louis-Joseph-Ernest Picard est un vrai Parisien; il est, en effet, né à Paris, le 24 décembre 1821. Il débuta en 1846 au barreau de Paris, sous les auspices de M. Liouville, alors bâtonnier de l'ordre des avocats, et dont il devint plus tard le gendre.

En 1858, le général Cavaignac, MM. Carnot et Goudchaux, élus par l'opposition parisienne, refusèrent de prêter serment à l'Empire. Aux élections partielles qui eurent lieu par suite de ces trois refus de serment, M. Ernest Picard fut élu représentant. Il devint l'un des Cinq, et se fit aussitôt remarquer par sa verve mordante et la causticité de son esprit. Il faisait passer sous une forme piquante les critiques les plus désagréables. On peut dire qu'il fit au gouvernement impérial une guerre de tirailleurs, disant son mot sur tout, faisant une observation, montant à la tribune, attaquant le ministère sur toutes les questions posées devant la Chambre. Il se montra surtout très-compétent dans les questions de finances. Il s'attacha à l'examen du budget de la ville, et M. Haussmann fut, chaque année, impitoyablement critiqué par le spirituel député.

En 1863, M. Picard fut réélu à Paris, et en 1869, il fut envoyé au Corps législatif, non-seulement par la 3e circonscription de la Seine, mais encore par le département de l'Hérault. Il opta pour Montpellier; il se sépara de la gauche radicale et devint le chef d'un nouveau parti qui prit le nom de *gauche constitutionnelle*, et qui eut pour organe le journal *l'Electeur libre*, rédigé par M. Arthur Picard, frère du député de l'Hérault.

M. Ernest Picard était très-populaire à Paris avant le 4 septembre, et sa place était marquée par l'opinion publique parmi les membres du Gouvernement de la défense nationale.

JULES SIMON.

Jules-François-Simon Suisse, dit Jules Simon, est né à Lorient (Morbihan), le 31 décembre 1814, fit ses études au collège de cette ville et à celui de Vannes, débuta dans l'enseignement comme maître suppléant au collège de Rennes. A l'âge de vingt et un ans, il fut reçu agrégé de philosophie et chargé de l'enseignement de cette science au lycée de Caen, et l'année suivante à celui de Versailles, où il ne resta aussi qu'une année. En 1836, il fit, à l'École normale, la conférence d'histoire de la philosophie ; en 1839, il prit la suppléance de M. Cousin à la Sorbonne, et pendant douze ans le jeune professeur sut rendre à ce haut enseignement une partie de l'éclat que son illustre prédécesseur lui avait donné. En 1845, il fut décoré de la Légion d'honneur.

En 1846, il s'était porté candidat de l'opposition modérée dans le département des Côtes-du-Nord ; le clergé employa toute son influence à empêcher l'élection du jeune professeur de philosophie, qui échoua devant M. de Cormenin. Mais en 1848 il fut élu dans ce département le dixième sur seize représentants.

A la Constituante, il s'assit sur les bancs des républicains modérés, et il acquit bientôt dans ce parti une sérieuse influence. Aux journées de juin, M. Jules Simon fut un des représentants qui pénétrèrent avec le plus de résolution dans les quartiers insurgés, et il fut nommé président de la commission chargée de visiter les blessés.

Dès que l'ordre fut rétabli, il s'attacha plus spécialement à la discussion et à l'élaboration des projets de la loi relatifs à l'instruction publique, et il fut rapporteur de la loi sur l'enseignement que l'Assemblée n'eut pas le temps de voter.

Le 16 avril 1849, M. Jules Simon donna sa démission de représentant et devint, par le choix de ses collègues, membre du conseil d'État réorganisé. Il fit partie de la section de législation et fut président de la commission permanente des recours en grâce. Sorti du conseil, lors de la réélection du premier tiers, il n'y fut pas réintégré par l'Assemblée législative.

Éloigné de la vie politique, M. Jules Simon s'occupa beaucoup de journalisme jusqu'à l'époque du coup d'État ; dans le *National*, il combattit avec énergie l'élection du prince Louis-Napoléon à la présidence de la République. Aussi vit-il, le 18 décembre 1851, son cours suspendu par un arrêté spécial ; quelques mois plus tard, il refusa de prêter serment au nouveau régime et fut considéré comme démissionnaire.

De 1851 à 1863, M. Jules Simon fit en Belgique, dans les principales villes, notamment à Gand, à Liége, à Anvers, des conférences de philosophie qui ont excité partout le plus vif enthousiasme, et il publia plusieurs ouvrages philosophiques qui se font tous remarquer par le talent du style, l'indépendance et l'élévation de la pensée. Parmi ces œuvres remarquables, nous citerons : *le Devoir, la Religion naturelle, la Liberté de conscience, l'Ouvrière, l'École*.

En 1863, il fut élu au Corps législatif par la 8ᵉ circonscription de la Seine. Il s'y fit aussitôt remarquer et devint bientôt un des orateurs les plus écoutés de l'opposition. Il a particulièrement défendu la liberté de la presse, les droits de l'instruction publique et les intérêts des femmes dans les classes laborieuses.

En 1869, M. Jules Simon fut réélu à Paris et dans la Gironde. Il opta pour ce dernier département, afin de laisser à Paris plus de chance pour l'élection d'un candidat de l'opposition.

Ce n'est pas seulement au Corps législatif que M. Jules Simon parfait en faveur de la propagation de l'instruction primaire et de l'amélioration de la situation des ouvriers. En 1861, dans plusieurs villes, il fit des conférences dans lesquelles il expliquait les bienfaits des cités ouvrières de Mulhouse. Ses discours provoquèrent, en faveur d'institutions analogues, des souscriptions qui atteignirent des chiffres importants, notamment à Saint-Quentin et à Verviers.

EUGÈNE PELLETAN.

Pierre-Clément-Eugène Pelletan est né à Royan (Charente-Inférieure), le 29 octobre 1813. Il débuta dans la littérature où il se fit tout d'abord une place à part. La *Presse* l'eut pour rédacteur de 1839 à 1848. Il quitta ce journal pour rédiger en 1849 le *Bien public* de MM. de Lamartine et Arthur de La Guéronnière. La *Revue des Deux-Mondes*, le *Siècle*, l'*Avenir* et le *Courrier de Paris* le comptèrent successivement parmi leurs collaborateurs. En 1850, il publia un ouvrage qui eut un grand retentissement : *Profession de foi du XIX° siècle*. « Ce livre, a dit M. Michel Chevalier, est une date philosophique. »

En 1863, M. Eugène Pelletan se porte candidat de l'opposition dans le département de la Seine. Il fut élu, malgré la vive opposition du gouvernement. L'élection fut annulée pour vice de forme ; il fut réélu le 13 décembre 1864, par 15,000 voix sur 24,000 votants. Il fut compté immédiatement parmi les membres les plus distingués de l'opposition démocratique. La parole de M. Pelletan est éloquente ; il possède un véritable talent oratoire, grâce auquel il parvint toujours à se faire entendre à la Chambre, malgré les dispositions hostiles de la majorité, si habituée à tousser avec fureur, à fermer les pupitres avec fracas ou à battre le tambour sur les tables avec les couteaux à papier quand un orateur indépendant était à la tribune.

En 1869, M. Pelletan fut réélu à Paris ; mais il échoua dans le département des Bouches-du-Rhône où sa candidature avait été également portée. Quelques mois avant les élections, il avait fondé avec MM. Glais-Bizoin, Lavertujon et Hérold, le journal *la Tribune*, dont il devint rédacteur en chef.

M. Pelletan a, toute sa vie, été un des champions les plus résolus, un des avocats les plus distingués de la cause républicaine. Dans ses livres, dans ses articles, à la tribune, il a toujours combattu pour la cause de la liberté ; il était donc de toute justice qu'il fût appelé à faire partie du nouveau gouvernement.

EMMANUEL ARAGO.

Emmanuel Arago, né à Paris le 6 juin 1812, est le fils de l'illustre astronome François Arago ; il suivit d'abord l'exemple de ses oncles Étienne et Jacques, auteurs dramatiques en renom, et débuta dans la carrière des lettres. Il publia quelques volumes de vers, collabora à quelques romans et fit représenter un certain nombre de vaudevilles oubliés aujourd'hui.

A vingt-cinq ans, comprenant que les insuccès de ses pièces au théâtre ne lui permettaient pas d'acquérir un nom dans la littérature légère, M. Emmanuel Arago se tourna vers le barreau et plaida, pendant deux ou trois ans, devant les cours d'assises. Ses clients étaient-ils de grands scélérats, ou n'avait-il pas une connaissance suffisante du droit criminel? Nous ne pouvons nous prononcer sur ce point. Tout ce que nous savons, c'est que ceux qu'il défendait étaient toujours condamnés aux peines les plus sévères édictées par les lois; de sorte qu'au Palais, ses collègues ne l'appelaient que *Maître Maximum*. Martin-Bernard et Barbès furent donc mal avisés en lui confiant, en 1839, le soin de leur défense.

Malheureux au théâtre, malheureux au barreau, M. Emmanuel Arago se lança dans la politique. En 1848, il se mêla aux événements de février, et, le 24, il pénétra dans la Chambre des députés, protesta avec éclat sur les marches de la tribune contre la régence et demanda la déchéance de la famille d'Orléans. Le 27, il était nommé commissaire général à Lyon. Là, il appliqua une série de mesures audacieuses qui réussirent à calmer les *voraces* de la Croix-Rousse. Entre autres mesures, on a beaucoup attaqué celle qui ordonnait de prendre au Comptoir national de Lyon la somme de cinq cent mille francs destinée à payer la solde des ateliers nationaux. La ville fut sauvée d'un désastre imminent. Cependant cet acte, qui, tout illégal qu'il fût, était ordonné par la situation, a été l'objet de violentes accusations contre l'honorabilité et l'intégrité de M. Emmanuel Arago.

Ces attaques étaient souverainement injustes. M. Emmanuel Arago n'a ni l'immense talent de son père, ni l'incontestable esprit de ses oncles; il n'est ni brillant avocat, ni orateur éloquent, ni fin vaudevilliste; mais qu'on ne lui refuse pas cette intégrité sévère, et honneur sans tache qui est le signe caractéristique de tout ce qui porte le nom d'Arago.

Le département des Pyrénées-Orientales, berceau de sa famille, l'envoya, en 1849, siéger à l'Assemblée constituante. Mais il ne parut aux séances que par intervalles. Le 23 mai, il fut envoyé à Berlin comme ministre plénipotentiaire, intervint en faveur des Polonais du grand-duché de Posen et fit remettre en liberté le général Mieroslawski.

Après l'élection de Louis-Napoléon à la présidence, il donna sa démission et retourna siéger à la Chambre; il vota ordinairement avec la Montagne.

Le coup d'État du 2 décembre l'éloigna de la vie politique; il rentra au barreau, où il plaida spécialement dans les procès de contrefaçon. En 1869, il se porta aux élections comme candidat de l'opposition démocratique dans les Pyrénées-Orientales. Il ne fut pas élu; mais plusieurs circonscriptions de la Seine se trouvant, au mois de novembre suivant vacantes, par suite d'option, il posa sa candidature qui fut favorablement accueillie.

M. Arago, nous le verrons par la suite, a joué un rôle des plus effacés dans le Gouvernement du 4 septembre.

CRÉMIEUX.

Isaac-Adolphe Crémieux est né à Nimes, de parents israélites, le le 30 avril 1796. Reçu avocat en 1817, il se fit inscrire au tableau des avocats de sa ville natale. Il acquit vite une une grande réputation justifiée par son talent, son libéralisme et son courage. Il osa, le premier, en plein tribunal, dénoncer le fameux Trestaillon, chef d'une bande d'assassins du Midi, homme tellement craint, tellement redouté, que personne n'osait porter plainte contre lui.

1830 arriva : son libéralisme incontestable ne l'empêcha point de plaider devant la Cour des pairs pour un des ministres de Charles X, M. de Guernon-Ranville. M. Crémieux se fixa définitivement à Paris et acheta la charge d'avocat à la cour de cassation de M. Odilon-Barrot. Il plaida tour à tour pour le *National*, la *Tribune*, les accusés d'avril, la *Gazette de France*, le *Constitutionnel*, etc.

En 1843, l'arrondissement de Chinon l'envoya siéger à la Chambre et le réélut en 1846. Il fit une guerre très-vive au ministère Guizot et se distingua parmi les promoteurs de l'agitation réformiste.

En 1848, aussitôt après l'abdication de Louis-Philippe, il se prononça pour la régence de la duchesse d'Orléans ; mais lorsqu'il arriva à la Chambre pour soutenir cette proposition, la salle était déjà envahie. « Entraîné par le mouvement, dit Vapereau, il fit partie du gouvernement provisoire qu'il avait lui-même réclamé, et s'associa, *non sans hésitation*, à la proclamation de la République. »

M. Crémieux devint ministre de la justice. On ne peut évidemment contenter tout le monde ; mais le nouveau ministre trouva, lui, le moyen de mécontenter tous les partis. Lors de la demande de poursuites contre Louis Blanc, M. Crémieux donna sa démission. Une des principales réformes qu'il avait proposées pendant son passage aux affaires, fut le rétablissement du divorce ; mais cette proposition fut mal accueillie.

Comme représentant, M. Crémieux, tout en votant avec la gauche démocratique, soutint la candidature du prince Napoléon. Mais peu de temps après, il apprit à juger l'homme, et il devint un des orateurs les plus ardents de l'opposition. Réélu à l'Assemblée législative, il ne fit point de concession à la politique tortueuse de l'Élysée.

Vint le coup d'État du 2 décembre : M. Crémieux fut arrêté et jeté à Mazas. Rendu peu de jours après à la liberté, il se tint à l'écart et se renferma dans les occupations du barreau où son esprit, son talent, la grande honorabilité de son caractère et la dignité de son attitude lui ont assuré un des premiers rangs parmi les avocats de Paris.

Aux élections partielles de 1869, il fut élu à Paris, comme représentant de la 3ᵉ circonscription et il suivit la même ligne politique que ceux qui composent avec lui le Gouvernement de la défense nationale.

M. Crémieux est un jurisconsulte éminent et un des principaux auteurs du *Code des codes*.

« On a beaucoup, dit Vapereau, plaisanté sur la laideur presque proverbiale de son visage ; mais sous un masque dont il est le premier à rire, on a toujours trouvé en lui l'âme d'un citoyen et l'esprit élevé d'un artiste. »

GARNIER-PAGÈS.

Le plus grand titre de Louis-Antoine Garnier-Pagès à l'attention du pays, c'est d'être le frère utérin du chef du parti républicain, mort en 1841. Il est né à Marseille le 18 juillet 1803.

Courtier de commerce à Paris, ses affaires absorbaient toute son activité, et il n'avait pris que fort peu de part à la révolution de juillet. Lorsque son frère mourut, il fut appelé à recueillir son héritage parlementaire, vendit sa charge, fut envoyé à la Chambre par le département de l'Eure et s'assit sur les bancs de l'extrême gauche. Il chercha à reprendre le rôle de Garnier-Pagès aîné dans les discussions politiques ; s'il était bien au-dessous de son frère comme talent oratoire et comme science, il avait beaucoup de bonne volonté et un grand amour de la liberté. Il s'occupa spécialement des questions de commerce et de finances et concourut à l'élaboration de la loi sur les sucres ; il se fit surtout remarquer dans les discussions relatives à l'établissement des chemins de fer, et ce fut lui qui empêcha le gouvernement d'engager indéfiniment l'avenir, en faisant réduire la durée des concessions.

Lorsque survint la révolution de février, M. Garnier-Pagès fut acclamé membre du gouvernement provisoire et maire de Paris. Le 5 mars suivant, il remplaça M. Goudchaux au ministère des finances. Il eut à faire face à une crise financière terrible et dut prendre des mesures énergiques pour éviter à la France une banqueroute qui était imminente.

Il décréta le cours forcé des billets de banque et indisposa par cette mesure beaucoup de commerçants, tandis qu'aujourd'hui le fait est considéré comme très-simple et très-naturel, et il proposa et fit adopter ce fameux impôt des quarante-cinq centimes qui a été si funeste à la cause de la République, surtout dans les campagnes. La réaction a su si bien exploiter sous l'empire cet impôt, rendu nécessaire par les circonstances, que les paysans, à l'heure actuelle encore, voient la République avec effroi. Nous aurons occasion de prouver combien injuste est cette prévention.

Quoi qu'il en soit, M. Garnier-Pagès assuma sur lui l'entière responsabilité de cette mesure. Il avait placé l'intérêt du pays au-dessus de sa popularité. Le gouvernement provisoire fut compromis et accusé ; mais l'honneur de la France était sauvé : les dettes étaient payées.

Après avoir soumis à l'Assemblée un compte rendu de sa gestion financière, qui fut unanimement approuvé, M. Garnier-Pagès fut nommé, par 715 voix, membre de la Commission exécutive, le second après François Arago. Renversé avec elle par les journées de juin, il traita dans l'Assemblée les questions de finances et siégea dans les rangs du parti démocratique modéré.

M. Garnier-Pagès ne fut pas réélu à l'Assemblée législative ; il consacra alors tous ses loisirs à la publication de l'*Histoire de la Révolution de 1848* qui obtint un grand succès.

Après avoir échoué aux élections de 1857 contre M. Emile Ollivier, il fut élu député en 1864 par la 5ᵉ circonscription de Paris; il fut réélu en 1869, au second tour de scrutin, après une lutte très-chaude contre M. Raspail.

L'opposition démocratique rencontra en lui un puissant auxiliaire; il se montra infatigable et prit une grande part à toutes les discussions.

Comme celui de M. Emmanuel Arago, son rôle, dans le Gouvernement dont il fut appelé à faire partie, fut très-secondaire.

JULES FERRY.

Nous avons peu de mots à dire sur M. Jules Ferry, que le Gouvernement de la défense nationale choisit pour son secrétaire.

Il est né à Saint-Dié (Vosges), le 5 avril 1832. Il a donc, de par les registres de l'état civil, trente-neuf ans. Mais il est beaucoup plus jeune que son âge. C'est une réputation surfaite, un talent exagéré, un homme politique manqué, un administrateur incapable. Nous le prouverons dans le cours de cet ouvrage.

Ce sont les poursuites que le gouvernement impérial a ordonnées contre lui, à l'occasion du procès des *Treize*, qui ont fait connaître M. Ferry à la population parisienne, de même que le procès Baudin a établi la réputation de Gambetta et que les saisies de la *Lanterne* ont fait du vaudevilliste Rochefort un député irréconciliable.

M. Jules Ferry était avocat, s'occupait de travaux de jurisprudence et collaborait à la *Gazette des tribunaux*. Son nom n'était pas connu en dehors du Palais. En 1863, il se présenta, sans succès, aux suffrages des électeurs parisiens. Il est compris, en 1864, avec MM. Carnot, Corbon, Dréo, Hérold, Garnier-Pagès, Clamageran, Floquet, Durier, Hérisson, Jozon, Rory et Melsheim, dans ce fameux *procès des Treize*, qui eut un grand retentissement dans toute la France.

Il fut condamné à cinq cents francs d'amende. Cela suffit pour que M. Ferry, complétement inconnu la veille de la population parisienne, devint subitement populaire.

En 1865, il entra à la rédaction du *Temps* et y traita les questions de politique courante et de finances. Il échangea, en 1868, avec le préfet de la Seine, relativement au budget de la ville de Paris, une vive polémique qui se termina par une brochure assez retentissante: *Les Comptes fantastiques d'Haussmann*. Personne ne prévoyait alors que M. Ferry siégerait en maître, deux ans après, à l'hôtel de ville de Paris, et que, par son incapacité, il ferait presque regretter le grand démolisseur.

Aux élections de 1869, la 6ᵉ circonscription de la Seine préféra M. Ferry à M. Cochin, candidat clérical, et nous n'avons pas le courage de l'en blâmer. Son attitude à la Chambre fut b...... . Il se montra orateur facile, mais il ne sut pas souvent conserver le calme nécessaire à une discussion sérieuse et digne.

HENRI ROCHEFORT (pose 1889)

HENRI ROCHEFORT.

Il faut toujours à Paris un héros dont il puisse se toquer, un homme qui soit la personnification des idées et des goûts du jour.

M. le comte Victor-Henri de Rochefort-Luçay, né à Paris le 30 janvier 1830, a repris le personnage de ce duc de Beaufort qui fut roi des Halles. Il ne pouvait se montrer dans un faubourg, sur les boulevards extérieurs, dans un club, sans que la foule criât : « Vive Rochefort! » S'il était condamné à la prison et qu'on voulût l'incarcérer, une certaine partie de la population s'y opposait et se battait avec les agents de police pour délivrer son idole. Sortait-il de prison? il était porté en triomphe dans les rues de Paris.

Quel était donc cet homme si aimé? Un grand écrivain, un grand orateur, un grand général, un bienfaiteur du peuple, un petit manteau bleu? Nullement! C'était M. Henri Rochefort, que le gouvernement impérial avait eu le tort de prendre au sérieux, dont il avait fait saisir les écrits et qu'il avait condamné à la prison et à des amendes exorbitantes. La persécution élève l'homme, a dit un écrivain. A Paris, elle fait de l'inconnu, du dédaigné d'hier, le grand homme, le dieu du jour. C'est ce qui était arrivé au comte de Rochefort-Luçay.

Son père, le comte Edmond de Rochefort-Luçay, était un légitimiste sincère. Le jeune Henri fut mis au collége Saint-Louis, où il montra beaucoup de goût pour la poésie. Il fit alors plusieurs pièces de vers, entre autres un *sonnet à la Vierge*, frappé au meilleur coin, que les journaux ont réédité dans ces dernières années.

Sa famille étant sans fortune, M. Henri Rochefort dut renoncer à l'étude de la médecine qu'il avait entreprise, et il entra, comme expéditionnaire, dans les bureaux de l'Hôtel de Ville. Il s'occupait aussi de littérature et collaborait au *Charivari*. Ses articles, remarqués par une grande vivacité d'allures, ne nuisirent pas à son avancement, car il était, en 1861, sous-inspecteur des beaux-arts de la ville de Paris, lorsqu'il donna sa démission pour se livrer entièrement à la littérature. Il collabora, tour à tour, à la *Chronique parisienne*, au *Nain jaune*, au *Soleil*, à l'*Evénement* et enfin au *Figaro*, où il avait des appointements annuels de 30,000 francs.

M. Rochefort avait abordé le théâtre et y avait obtenu de grands succès dans ce genre de bouffonnerie excentrique qui vise au succès de fou rire. *Un Monsieur bien mis, la Vieillesse de Brididi, l'Homme du sud, la Foire aux grotesques* et autres drôleries du même genre, lui avaient fait un nom comme vaudevilliste.

La collaboration de M. Rochefort au *Figaro* changeait peu à peu de caractère, et tournait, dit un de ses biographes, de la critique légère des hommes et des choses de la vie parisienne, à la satire de plus en plus amère du régime impérial. Il était devenu le journaliste de Paris le plus désagréable au pouvoir, et sous le régime discrétionnaire de la presse, il attirait à son journal les rigueurs administratives. Le gouvernement crut être fort habile en exigeant de M. de Villemessant son renvoi du *Figaro*. C'était, au contraire, une maladresse insigne.

M. Rochefort n'était pas un homme politique : il n'en a pas le tempérament. C'était un écrivain plein d'humour, un écolier d'esprit, des boutades duquel il fallait rire. Mais M. le ministre de l'intérieur n'en jugea pas ainsi et pensa avoir fait un coup de maître en empêchant l'auteur de la *Vieillesse de Brididi* d'écrire dans le *Figaro*.

Que fit M. Rochefort ? « Ah ! on veut m'empêcher de casser les vitres chez les autres, dit-il, eh bien ! j'aurai ma maison à moi. » Et il annonça qu'il allait faire paraître un journal hebdomadaire : la *Lanterne*. Le premier numéro parut le 1er juin 1868 ; la permission de la vente sur la voie publique qui lui avait été d'abord accordée, lui fut retirée ; les rigueurs se succédèrent, ce qui donna au succès de la publication des proportions inouïes. Plus de cent mille exemplaires furent enlevés le premier jour, et le tirage des numéros suivants ne cessa d'augmenter. Le ministre de l'intérieur Pinard (petit, mais rageur, comme l'appelait M. Rochefort), se mit en fureur. La *Lanterne* fut saisie et l'auteur condamné à un an de prison, dix mille francs d'amende, et un an de privation des droits civils et politiques. Quelque temps après, M. Rochefort fut l'objet des plus injurieux pamphlets, signés de MM. de Stamir et Marchal. La jeune fille de l'auteur de la *Lanterne*, âgée de douze à treize ans à peine, était insultée par ces misérables, agents de la police impériale. M. Rochefort s'en prit à l'imprimeur de ces infâmes brochures, et, ne pouvant le contraindre à se battre, se porta contre lui à des voies de fait pour lesquelles il fut condamné à quatre mois de prison.

Devant ces condamnations réitérées, M. Rochefort se réfugia en Belgique. La *Lanterne* se publia à Bruxelles ; elle ne s'introduisait plus en France qu'en trompant la surveillance la plus rigoureuse et en exposant ses lecteurs à des poursuites. Néanmoins, elle était lue avec avidité, et les numéros se vendaient à un prix très-élevé.

En 1869, il se pose candidat dans la 7e circonscription de la Seine, en concurrence avec MM. Jules Favre et Cantagrel. Il faillit l'emporter sur le premier, mais le bon sens de la population parisienne lui fit comprendre la différence qu'il y avait entre les deux hommes, et au second tour de scrutin, l'auteur de la *Lanterne* échoua.

Il posa de nouveau sa candidature aux élections partielles de novembre. Il vint en France avec un sauf conduit et se présenta dans les réunions publiques ; il accepta le mandat impératif et s'engagea à venir régulièrement rendre compte de ses actes à ses électeurs et prendre leurs ordres ; il fut élu contre M. Carnot, avec une faible majorité.

Voilà donc M. Rochefort devenu homme politique, grâce à M. Pinard.

A la Chambre, il se tient assez sage ; il s'asseoit à côté de M. Raspail, mais il parle peu. Arrive le drame d'Auteuil : le prince Pierre Bonaparte tue Victor Noir, rédacteur de la *Marseillaise*, journal dirigé par M. Rochefort. Le journal annonçant l'événement convoque toute la population parisienne à assister à l'enterrement de la victime d'un Bonaparte.

La véhémence de cet article provoque la saisie du journal, mais il avait été assez lu pour que le lendemain deux cent mille hommes se trouvassent à Neuilly. L'ordre ne fut pas troublé; on n'attendait cependant qu'un signe de M. Rochefort pour marcher sur Paris; mais ce dernier, doutant du succès et effrayé de la responsabilité qu'il assumait, quitta Neuilly en voiture, au moment décisif.

Le procureur général demanda à la Chambre l'autorisation de poursuivre M. Rochefort, député, pour l'article de la *Marseillaise*. La Chambre fit droit à cette demande par deux cent vingt-deux voix contre trente-quatre. M. Rochefort fut condamné à six mois de prison et 3,000 francs d'amende. Son arrestation, qui eut lieu à la sortie d'une réunion publique qu'il venait de présider, donna lieu à des tentatives d'émeute facilement réprimées.

Le 4 septembre, M. Rochefort fut mis en liberté. « MM. les membres du gouvernement national, dit un de ses biographes, à qui on l'imposa comme collègue, l'acceptèrent comme une pilule, sous prétexte qu'ils aimaient mieux l'avoir avec eux que contre eux, et on lui donna pour amusette la présidence d'une commission chargée d'établir des barricades, aussi utiles contre le canon Krupp que des scrupules dans la conscience d'un Bonaparte. »

Tel est l'homme que le Gouvernement du 4 septembre s'adjoignit pour flatter la population des faubourgs.

CHAPITRE VIII

SITUATION DE PARIS. — ENTREVUE DE FERRIÈRES

Organisation de la défense de Paris. — Les fortifications. — Les ministres. — Actes du Gouvernement de la défense nationale. — La délégation de Tours. — La mission de M. Thiers. — Entrevue de Ferrières.

Le Gouvernement de la défense nationale, en arrivant au pouvoir, trouva le pays dans une situation désastreuse. La France était envahie par un ennemi qui venait de lui enlever cent vingt mille soldats en trois jours et qui tenait enfermée sous les murs de Metz la dernière armée qu'elle eût en ligne. Il lui restait quarante mille hommes environ du 13ᵉ corps, qui, arrivés trop tard à Mézières, n'avaient pu prendre part à la lutte et que le général Vinoy, par une retraite des plus habiles, avait pu sauver de Sedan. Ces troupes arrivèrent quelques jours après à Paris ; plus, des gardes mobiles nombreux, mais à peine instruits et dont un grand nombre n'était pas encore armé.

Nos arsenaux ne comptaient qu'un nombre d'armes insignifiant et nos forts étaient à peine en état de défense.

Telle était la position de Paris au 4 septembre. Les troupes allemandes s'avançaient rapidement vers Paris. Les hommes du Gouvernement de la défense nationale acceptèrent la responsabilité terrible de la situation désastreuse dans laquelle se trouvait la capitale, situation que non-seulement ils n'avaient pas contribué à lui créer, mais encore qu'ils avaient fait tous leurs efforts pour lui éviter.

Ils s'occupèrent aussitôt d'organiser la défense. La fabrication, le commerce et la vente des armes sont rendus libres ; les militaires de tout grade, de même que les fonctionnaires de tout rang, révoqués à la suite des événements de décembre 1851, sont réintégrés dans leurs droits et dans leurs titres. Et on commença à fabriquer des canons.

L'artillerie de campagne de l'armée de Paris se composait au 4 septembre de six batteries de siège, de vingt batteries de 4 rayé; de quatorze batteries de 12 rayé; de six batteries de mitrailleuses. Le Gouvernement commanda immédiatement vingt nouvelles batteries. L'usine Cail, à qui fut faite cette commande, prouva que l'industrie privée pouvait avantageusement rivaliser avec les établissements de l'État. Cette usine fabriqua aussi des mitrailleuses de plusieurs modèles : la mitrailleuse inventée par le capitaine Pothier et le commandant de Reffye, et spécialement destinée aux tirs à grande portée, la mitrailleuse Montigny qui ne comptait pas moins de trente-cinq canons, et la mitrailleuse Gatlin qui n'en a que dix, mais d'un diamètre beaucoup plus considérable.

ERNEST PICARD (page 117)

Les travaux de l'armement des fortifications de Paris marchèrent rapidement. Une armée d'ouvriers fut appelée à travailler dans l'enceinte fortifiée.

Quelques notes sur les fortifications de Paris, empruntées à des documents authentiques, ne sont pas déplacées ici.

Ce ne fut qu'en 1814, après ses revers, que Napoléon Ier comprit toute l'importance stratégique qu'aurait pu lui offrir Paris s'il avait été fortifié. Pendant les Cent Jours, l'empereur ne perdit pas de temps;

les travaux de fortification furent commandés et poussés avec activité; mais Waterloo vint bientôt arrêter l'exécution de ces plans conçus trop tardivement.

Le roi Louis XVIII ne s'occupa point de cette question si importante. Le roi Louis-Philippe, au contraire, eut pour constante préoccupation l'idée de fortifier Paris. Il était d'accord, avec plusieurs autorités militaires très-compétentes, que le meilleur système de défense, c'était l'érection de plusieurs forts détachés autour de la capitale, et provisoirement il renonça au projet d'une enceinte fortifiée.

Mais à la Chambre, l'opposition fut d'une opinion tout à fait contraire à celle du roi, de son conseil et de ses généraux; elle prétendait que le seul moyen de fortifier efficacement Paris, c'était de l'entourer d'une ceinture de murailles. Les forts autour de Paris étaient, pour elle, autant de petites bastilles qui menaceraient directement la population parisienne.

La question resta en suspens jusqu'en 1840; à cette époque, le duc d'Orléans, fils aîné de Louis-Philippe, qui périt d'une façon si malheureuse, soumit un nouveau projet combinant les deux théories; il proposa aux Chambres de fortifier Paris au moyen d'une muraille circulaire et de compléter sa défense par des forts détachés. Le maréchal Soult et le duc d'Orléans, avec le concours de quelques officiers du génie préparèrent les plans des fortifications. M. Thiers, alors président du conseil des ministres, prit l'affaire à cœur et confia la direction de ces travaux gigantesques au maréchal Dode de la Brunerie.

Ses plans furent basés sur le système de Vauban, mais avec des modifications importantes; les bastions forment le grand principe de ce système et les intervalles entre les bastions sont pourvus de travaux fortifiés.

Quelques jours après la proclamation de la République, les remparts des forts étaient tous garnis de leurs canons; ces forts sont, sur la rive gauche : les forts d'Ivry, de Bicêtre, de Montrouge, de Vanves, d'Issy et du Mont-Valérien;

Sur la rive droite : les forts de la Briche, de la Double-Couronne, les forts de l'Est à Saint-Denis, d'Aubervilliers, de Romainville, de Rosny, de Nogent, les redoutes de la Faisanderie et de Gravelle et le fort d'Alfort.

L'enceinte continue de Paris est défendue par quatre-vingt-quatorze bastions; elle forme un cercle presque régulier de neuf lieues de circonférence. Ces chiffres prouvent suffisamment la difficulté d'attaquer Paris. Aussi, les Parisiens doutaient-ils encore que les Prussiens eussent l'audace de risquer le siège. En tout cas, ils se tenaient sur le qui-vive, prêts à se défendre, prêts à mourir pour la défense de leur ville et pleins de confiance dans l'énergie et dans le patriotisme des hommes qui étaient au pouvoir.

Tous les décrets rendus par le nouveau gouvernement et toutes les proclamations de ses membres ne sauraient trouver place dans cet ouvrage. Nous les résumerons pour la plupart et nous ne reproduirons *in extenso* que les documents trop importants pour être abrégés.

Le Gouvernement de la défense nationale forma ainsi son ministère :

Président du conseil : général TROCHU.
Affaires étrangères : Jules FAVRE.
Intérieur : GAMBETTA.
Guerre : général LE FLO.
Marine : vice-amiral FOURICHON.
Justice : CRÉMIEUX.
Instruction publique : Jules SIMON.
Finances : Ernest PICARD.
Commerce : MAGNIN.
Travaux publics : DORIAN.

Les deux ministres du commerce et des travaux publics ne faisaient pas, ainsi que les ministres de la guerre et de la marine, partie du gouvernement.

M. Magnin, riche maître de forges de la Côte-d'Or, né à Dijon, en 1824, représentait cette ville depuis 1863 au Corps législatif; il siégeait à la gauche et il se fit à la Chambre une place honorable par ses discours sur les questions de finances.

M. Dorian est né en 1814; il était député de la Loire depuis 1863. C'était, au 4 septembre, un homme peu connu de la foule, mais il devint bientôt populaire, grâce à son zèle et à son activité infatigables.

Le général Le Flô était, depuis le coup d'État, époque à laquelle il avait été arrêté, puis expulsé de France, rentré dans la vie privée. Le vice-amiral Fourichon était connu pour un marin distingué et avait la réputation d'un homme probe et énergique.

M. de Kératry, qui fut appelé à la préfecture de police et dont nous aurons l'occasion de reparler, est né à Paris, d'une ancienne famille bretonne, le 20 mars 1832. Il embrassa d'abord la carrière militaire et fut officier d'ordonnance du maréchal Bazaine au Mexique. A son retour en France, il s'occupa de politique et de littérature, et ses articles, publiés dans la *Revue contemporaine*, sur la guerre du Mexique, furent très-désagréables au gouvernement. En 1869, il fut envoyé à la Chambre par le département du Finistère. Après la session de juillet, la Chambre fut prorogée; il fut un des députés qui réclamèrent le plus énergiquement la convocation dans ce qu'il appelait, avec assez de raison, le délai constitutionnel.

Il déclara même dans les journaux que si cette convocation n'avait pas lieu à la date fixe du 26 octobre, il était du devoir des députés indépendants de se réunir pour lutter contre le gouvernement sur le terrain de la légalité. Cette mise en demeure causa une vive agitation : le rendez-vous devait avoir lieu sur la place de la Concorde; mais la manifestation avorta; M. de Kératry eut la sagesse d'y renoncer lui-même, et, le 26 octobre, on ne vit au lieu convenu pour la réunion que M. Gagne, le poëte archi-fou.

Les premières mesures prises par le gouvernement furent de dissoudre le Corps législatif, cette Chambre corrompue, et le Sénat, cette assemblée caduque, et d'accorder une amnistie pleine et entière à tous les condamnés pour crimes et délits politiques et pour délits de presse depuis le 3 décembre 1852 jusqu'au 3 septembre 1870; le serment politique fut aboli, ainsi que le timbre sur les journaux et le cautionnement. Le corps des cent-gardes fut supprimé; les biens de la liste civile firent retour au domaine de l'État. Le ministère de la maison de l'empereur fut supprimé et les ambassadeurs français près les cours d'Angleterre, de Russie, d'Autriche et d'Espagne révoqués; le corps des sergents de ville fut licencié et remplacé par celui des gardiens de la paix publique sans armes. On supprima également les commissaires cantonaux.

Le commerce souffrait beaucoup de la guerre. Ces souffrances ne pouvaient évidemment qu'augmenter; aussi l'échéance des effets de commerce fut prorogée d'un mois.

M. Étienne Arago, oncle de M. Emmanuel Arago, avait été nommé maire de Paris. C'est un vieux soldat de la République qui avait pris part depuis 1830 à toutes nos luttes politiques, et qui, en 1848, avait rempli les fonctions de directeur des postes.

Le 6 septembre, le général Trochu annonce aux Parisiens que l'ennemi marche sur la capitale. « La défense de la capitale, dit-il, est assurée; le gouvernement compte sur le courage patriotique de tous. »

M. Gambetta adresse aux préfets des départements une circulaire dans laquelle il leur recommande une activité énergique. « Que chaque Français, leur dit le ministre de l'intérieur, reçoive ou prenne un fusil, et qu'il se mette à la disposition de l'autorité. *La Patrie est en danger !* »

Enfin, un troisième document et le plus important, paraît ce même jour : c'est une circulaire de M. Jules Favre, ministre des affaires étrangères, adressée aux agents diplomatiques de la France et conçue en ces termes :

Monsieur,

« Les événements qui viennent de s'accomplir à Paris s'expliquent si bien par la logique inexorable des faits qu'il est inutile d'insister longuement sur leur sens et leur portée.

« En cédant à un élan irrésistible, trop longtemps contenu, la population de Paris a obéi à une nécessité supérieure, celle de son propre salut.

« Elle n'a pas voulu périr avec le pouvoir criminel qui conduisait la France à sa perte.

« Elle n'a pas prononcé la déchéance de Napoléon III et de sa dynastie : elle l'a enregistrée au nom du droit, de la justice et du salut public.

« Et cette sentence était si bien ratifiée à l'avance par la conscience de tous, que nul, parmi les défenseurs les plus bruyants du pouvoir qui tombait, ne s'est levé pour le soutenir.

« Il s'est effondré de lui-même sous le poids de ses fautes, aux acclamations d'un peuple immense, sans qu'aucune goutte de sang ait été versée, sans qu'une personne ait été privée de sa liberté.

« Et l'on a pu voir, chose inouïe dans l'histoire, les citoyens auxquels le cri du peuple conférait le mandat périlleux de combattre et de vaincre, ne pas songer un instant aux adversaires qui la veille les menaçaient d'exécutions militaires. C'est en leur refusant l'honneur d'une répression quelconque qu'ils ont constaté leur aveuglement et leur impuissance.

« L'ordre n'a pas été troublé un seul moment; notre confiance dans la sagesse et le patriotisme de la garde nationale et de la population tout entière nous permet d'affirmer qu'il ne le sera pas.

« Délivré de la honte et du péril d'un gouvernement traître à tous ses devoirs, chacun comprend que le premier acte de cette souveraineté nationale, enfin reconquise, est de se commander à soi-même et de chercher sa force dans le respect du droit.

« D'ailleurs le temps presse : l'ennemi est à nos portes; nous n'avons qu'une pensée : le repousser hors de notre territoire.

« Mais cette obligation que nous acceptons résolument, ce n'est pas nous qui l'avons imposée à la France; elle ne la subirait pas si notre voix avait été écoutée.

« Nous avons défendu énergiquement, au prix même de notre popularité, la politique de la paix. Nous y persévérerons avec une conviction de plus en plus profonde.

« Notre cœur se brise au spectacle de ces massacres humains dans lesquels disparaît la fleur des deux nations qu'avec un peu de bon sens et beaucoup de liberté on aurait préservées de ces effroyables catastrophes.

« Nous n'avons pas d'expression qui puisse peindre notre admiration pour notre héroïque armée, sacrifiée par l'impéritie du commandement suprême, et cependant plus grande par ses défaites que par les plus brillantes victoires.

« Car, malgré la connaissance des fautes qui la compromettaient, elle s'est immolée, sublime, devant une mort certaine, et rachetant l'honneur de la France des souillures de son gouvernement.

« Honneur à elle ! la nation lui ouvre ses bras ! Le pouvoir impérial a voulu les diviser; les malheurs et le devoir les confondent dans une solennelle étreinte. Scellée par le patriotisme, cette alliance nous fait invincibles.

« Prêts à tout, nous envisageons avec calme la situation qui nous est faite.

« Cette situation, je la précise en quelques mots : je la soumets au jugement de mon pays et de l'Europe.

« Nous avons hautement condamné la guerre, et, protestant de notre respect pour le droit des peuples, nous avons demandé qu'on laissât l'Allemagne maîtresse de ses destinées.

« Nous voulions que la liberté fût à la fois notre lien commun et notre commun bouclier; nous étions convaincus que ces forces morales assuraient à jamais le maintien de la paix. Mais, comme sanction, nous réclamions une arme pour chaque citoyen, une organisation civique, des chefs élus; alors nous demeurions inexpugnables sur notre sol.

« Le gouvernement impérial, qui avait, depuis longtemps, séparé ses intérêts de ceux du pays, a repoussé cette politique. Nous la reprenons, avec l'espoir qu'instruite par l'expérience, la France aura la sagesse de la pratiquer.

« De son côté, le roi de Prusse a déclaré qu'il faisait la guerre, non à la France, mais à la dynastie impériale.

« La dynastie est à terre. La France libre se lève.

« Le roi de Prusse veut-il continuer une lutte impie qui lui sera au moins aussi fatale qu'à nous?

« Veut-il donner au monde du xix⁰ siècle ce cruel spectacle de deux nations qui s'entre-détruisent et qui, oublieuses de l'humanité, de la raison, de la science, accumulent les ruines et les cadavres ?

« Libre à lui ; qu'il assume cette responsabilité devant le monde et devant l'histoire !

« Si c'est un défi, nous l'acceptons.

« Nous ne céderons ni un pouce de notre territoire, ni une pierre de nos forteresses.

« Une paix honteuse serait une guerre d'extermination à courte échéance.

« Nous ne traiterons que pour une paix durable.

« Ici, notre intérêt est celui de l'Europe entière, et nous avons lieu d'espérer que, dégagée de toute préoccupation dynastique, la question se posera ainsi dans les chancelleries.

« Mais fussions-nous seuls, nous ne faiblirons pas.

« Nous avons une armée résolue, des forts bien pourvus, une enceinte bien établie, mais surtout les poitrines de trois cent mille combattants décidés à tenir jusqu'au dernier.

« Quand ils vont pieusement déposer des couronnes au pied de la statue de Strasbourg, ils n'obéissent pas seulement à un sentiment d'admiration enthousiaste, ils prennent leur héroïque mot d'ordre, ils jurent d'être dignes de leurs frères d'Alsace et de mourir comme eux.

« Après les forts, les remparts ; après les remparts, les barricades. Paris peut tenir trois mois et vaincre ; s'il succombait, la France, debout à son appel, le vengerait ; elle continuerait la lutte et l'agresseur y périrait.

« Voilà, Monsieur, ce que l'Europe doit savoir. Nous n'avons pas accepté le pouvoir dans un autre but. Nous ne le conserverions pas une minute si nous ne trouvions pas la population de Paris et la France entière décidées à partager nos résolutions.

« Je les résume d'un mot devant Dieu qui nous entend, devant la postérité qui nous jugera : nous ne voulons que la paix. Mais si l'on continue contre nous une guerre funeste que nous avons condamnée, nous ferons notre devoir jusqu'au bout, et j'ai la ferme confiance que notre cause, qui est celle du droit et de la justice, finira par triompher.

« C'est en ce sens que je vous invite à expliquer la situation à M. le ministre de la cour près de laquelle vous êtes accrédité, et entre les mains duquel vous laisserez copie de ce document.

« Agréez, Monsieur, l'expression de ma haute considération.

« Le 6 septembre 1870.

« *Le ministre des affaires étrangères,*

« Jules Favre. »

Cette phrase magnifique mais imprudente : « *Nous ne céderons ni un pouce de notre territoire, ni une pierre de nos forteresses,* » enflamma Paris. Ces mots de Jules Favre, qu'il devait regretter plus tard, excitèrent l'enthousiasme de la foule. Les plus chauvins ajoutaient même à cette phrase : « *Ni un écu de nos caisses.* » Paris était devenu guerrier : au mois de juillet dernier, on criait : « A Berlin ! » Au commencement de septembre, on croyait encore que nous les reconduirions chez eux, à coups de crosse. « La retraite des

Prussiens de Paris, disait-on sérieusement, sera plus affreuse que notre retraite de Moscou. »

Ah ! pourquoi n'ont-ils pas dit vrai, ceux qui tenaient ce langage !

Le 8 septembre, la République française était reconnue officiellement par le ministre des Etats-Unis, M. Washburn. La population de Paris se rendit aussitôt chez ce diplomate pour le remercier au nom du peuple français. Le lendemain, du reste, la République était également reconnue par la Suisse, l'Italie, le Portugal, l'Espagne, la Hollande et l'Angleterre.

Deux jours après, MM. Crémieux, garde des sceaux, et Fourichon, ministre de la marine, se rendent à Tours avec M. Glais-Bizoin pour y former la Délégation du Gouvernement de la défense nationale et pour organiser la défense dans les départements. Une proclamation très énergique de M. Crémieux fait appel au patriotisme de la nation pour élever contre l'invasion étrangère un rempart inexpugnable. Cette Délégation était composée de trois hommes d'une honorabilité parfaite et d'un grand savoir; mais ils n'avaient pas l'ardeur et l'activité nécessaires pour réveiller le patriotisme de la province et la faire lever en masse. Aussi la Délégation de Tours, malgré tout le zèle et la bonne volonté que nous voulons bien lui supposer, n'obtint-elle aucun résultat jusqu'à l'arrivée de M. Gambetta.

Le 14 septembre, le général Trochu passa une grande revue de la garde nationale et des gardes mobiles de la Seine et des départements. L'enthousiasme et la confiance brillaient sur tous les fronts ; le général fut acclamé par les deux cent soixante mille hommes qu'il inspectait.

Le 12, M. Thiers, qui avait accepté une mission du gouvernement près des cours de Londres, de Vienne et de Saint-Pétersbourg, partait pour l'Angleterre. L'illustre homme d'État se chargeait de faire connaître aux gouvernements auprès desquels il se rendait la position de la France, les vues, les aspirations du gouvernement nouveau, les nécessités qui s'imposaient à lui et le concours qu'il se croyait en droit d'attendre, non pas seulement des sympathies des puissances étrangères, mais de leur justice sérieusement éclairée.

Comme M. Jules Favre, M. Thiers avait été opposé à cette guerre, et il n'avait pas dépendu de lui que la France, éclairée par une discussion approfondie, au lieu de s'y lancer d'enthousiasme, ne s'y opposât hautement et de façon à n'être pas désobéie. Mieux que personne M. Thiers était en état de dissiper les préventions qui pouvaient exister, dans les capitales où il allait se rendre, contre le régime républicain de la France. Hélas! comme il fallait s'y attendre, et comme nous le verrons plus tard par le compte rendu que M. Thiers fit de son voyage, il fut reçu à Londres, à Vienne, à Saint-Pétersbourg avec la courtoisie, la considération et le respect qui étaient dus à l'envoyé de la France, à l'homme d'État éminent,.... mais ce fut tout.

M. de Bismark savait bien que les puissances étrangères ne prêteraient à la France aucun secours efficace, et c'est pourquoi il se montra si plein de hauteur vis-à-vis de notre ministre des affaires étrangères à Ferrières. M. Jules Favre donna les détails de cette entrevue dans une circulaire adressée aux membres du Gouvernement de la défense nationale et que nous croyons devoir reproduire *in extenso.*

« *A MM. les Membres du Gouvernement de la défense nationale.*

« Mes chers collègues,

» L'union étroite de tous les citoyens, et particulièrement celle des membres du Gouvernement, est plus que jamais une nécessité de salut public. Chacun de nos actes doit la cimenter. Celui que je viens d'accomplir de mon chef m'était inspiré par ce sentiment ; il aura ce résultat. J'ai eu l'honneur de vous l'expliquer en détail. Cela ne suffit point. Nous sommes un gouvernement de publicité. Si, à l'heure de l'exécution, le secret est indispensable, le fait, une fois consommé, doit être entouré de la plus grande lumière. Nous ne sommes quelque chose que par l'opinion de nos concitoyens ; il faut qu'elle nous juge à chaque heure, et pour nous juger, elle a le droit de tout connaître.

« J'ai cru qu'il était de mon devoir d'aller au quartier général des armées ennemies ; j'y suis allé. Je vous ai rendu compte de la mission que je m'étais imposée à moi-même ; je viens dire à mon pays les raisons qui m'ont déterminé, le but que je me proposais, celui que je crois avoir atteint.

« Je n'ai pas besoin de rappeler la politique inaugurée par nous et que le ministre des affaires étrangères était plus particulièrement chargé de formuler. Nous sommes avant tout des hommes de paix et de liberté. Jusqu'au dernier moment, nous nous sommes opposés à la guerre que le gouvernement impérial entreprenait dans un intérêt exclusivement dynastique, et quand ce gouvernement est tombé, nous avons déclaré persévérer plus énergiquement que jamais dans la politique de la paix.

« Cette déclaration, nous la faisions, quand, par la criminelle folie d'un homme et de ses conseillers, nos armées étaient détruites ; notre glorieux Bazaine et ses soldats, bloqués devant Metz ; Strasbourg, Toul, Phalsbourg, écrasés par les bombes ; l'ennemi victorieux en marche sur notre capitale. Jamais situation ne fut plus cruelle ; elle n'inspira cependant au pays aucune pensée de défaillance, et nous crûmes être son interprète fidèle en posant nettement cette condition : Pas un pouce de notre territoire, pas une pierre de nos forteresses.

« Si donc, à ce moment, où venait de s'accomplir un fait aussi considérable que celui du renversement du promoteur de la guerre, la Prusse avait voulu traiter sur les bases d'une indemnité à déterminer, la paix était faite : elle eût été accueillie comme un immense bienfait ; elle fût devenue un gage certain de réconciliation entre deux nations qu'une politique odieuse seule a fatalement divisées.

« Nous espérions que l'humanité et l'intérêt bien entendus remporteraient cette victoire, belle entre toutes, car elle aurait ouvert une ère nouvelle, et les hommes d'Etat qui y auraient attaché leur nom auraient eu comme guides : la philosophie, la raison, la justice ; comme récompense : les bénédictions et la prospérité des peuples.

« C'est avec ces idées que j'ai entrepris la tâche périlleuse que vous m'aviez confiée. Je devais tout d'abord me rendre compte des dispositions des cabinets européens et chercher à me concilier leur appui. Le gouvernement impérial l'avait complétement négligé, ou y avait échoué. Il s'est engagé dans la guerre sans une alliance, sans une négociation sérieuse ; tout, autour de lui, était hostilité ou indifférence ;

il recueillait ainsi le fruit amer d'une politique blessante pour chaque État voisin, par ses menaces et ses prétentions.

« À peine étions-nous à l'Hôtel de Ville qu'un diplomate, dont il n'est point encore opportun de révéler le nom, nous demandait à entrer en relations avec nous. Dès le lendemain, votre ministre recevait les représentants de toutes les puissances. La République des États-Unis, la République helvétique, l'Italie, l'Espagne, le Portugal, reconnaissaient officiellement la République française. Les autres gouvernements autorisaient leurs agents à entretenir avec nous des rapports officieux qui nous permettaient d'entrer de suite en pourparlers utiles.

JULES SIMON (page 117)

« Je donnerais à cet exposé, déjà trop étendu, un développement qu'il ne comporte pas, si je racontais avec détails la courte mais instructive histoire des négociations qui ont suivi. Je crois pouvoir affirmer qu'elle ne sera pas tout à fait sans valeur pour notre crédit moral.

« Je me borne à dire que nous avons trouvé partout d'honorables sympathies. Mon but était de les grouper et de déterminer les puissances signataires de la ligue des neutres à intervenir directement près de la Prusse, en prenant pour base les conditions que j'avais posées. Quatre de ces puissances me l'ont offert; je leur en ai, au nom de mon pays, témoigné ma gratitude, mais je voulais le concours des deux autres. L'une m'a promis une action individuelle dont elle s'est réservé la liberté, l'autre m'a proposé d'être mon intermédiaire vis-àtre de la Prusse. Elle a même fait un pas de plus : sur les instances de l'envoyé extraordinaire de la France, elle a bien voulu recommander directement mes démarches. J'ai demandé beaucoup plus, mais je n'ai refusé aucun concours, estimant que l'intérêt qu'on nous montrait était une force à ne pas négliger.

« Cependant, le temps marchait; chaque heure rapprochait l'ennemi. En proie à de poignantes émotions, je m'étais promis à moi-même de ne pas laisser commencer le siège de Paris sans essayer une démarche suprême, fussé-je seul à la faire. L'intérêt n'a pas besoin d'en être démontré. La Prusse gardait le silence, et nul ne consentait à l'interroger. Cette situation était intenable ; elle permettait à notre ennemi de faire peser sur nous la responsabilité de la continuation de la lutte; elle nous condamnait à nous taire sur ses intentions. Il fallait en sortir. Malgré ma répugnance, je me déterminai à user des bons offices qui m'étaient offerts, et, le 10 septembre, un télégramme parvenait à M. de Bismark, lui demandant s'il voulait entrer en conversation sur des conditions de transaction. Une première réponse était une fin de non-recevoir tirée de l'irrégularité de notre gouvernement. Toutefois, le chancelier de la Confédération du Nord n'insista pas, et me fit demander quelles garanties nous présentions pour l'exécution d'un traité. Cette seconde difficulté levée par moi, il fallait aller plus loin.

« On me proposa d'envoyer un courrier, ce que j'acceptai. En même temps, on télégraphiait directement à M. de Bismark, et le premier ministre de la puissance qui nous servait d'intermédiaire disait à notre envoyé extraordinaire que la France seule pouvait agir ; il ajoutait qu'il serait à désirer que je ne reculasse pas devant une démarche au quartier général. Notre envoyé qui connaissait le fond de mon cœur, répondit que j'étais prêt à tous les sacrifices pour faire mon devoir, qu'il y en avait peu d'aussi pénibles que d'aller au travers des lignes ennemies chercher notre vainqueur, mais qu'il supposait que je m'y résignerais. Deux jours après, le courrier revenait. Après mille obstacles, il avait vu le chancelier, qui lui avait dit être disposé volontiers à causer avec moi.

« J'aurais voulu une réponse directe en télégramme de notre intermédiaire; elle se faisait attendre. L'investissement de Paris s'achevait. Il n'y avait plus à hésiter, je me résolus à partir.

« Seulement, il m'importait que pendant qu'elle s'accomplissait, cette démarche fût ignorée. Je recommandai le secret, et j'ai été douloureusement surpris en rentrant hier soir d'apprendre qu'il n'a pas été gardé. Une indiscrétion coupable a été commise. Un journal, l'*Electeur libre*, déjà désavoué par le gouvernement, en a profité ; une enquête est ouverte, et j'espère pouvoir réprimer ce double abus.

« J'avais poussé si loin le scrupule de la discrétion, que je l'ai observée moi-même vis-à-vis de vous, mes chers collègues. Je ne m'y suis pas résolu sans un vif déplaisir. Mais je connaissais votre patriotisme et votre affection; j'étais sûr d'être absous. Je croyais obéir à une nécessité impérieuse. Une première fois, je vous avais entretenu des agitations de ma conscience, et je vous avais dit qu'elle ne serait en repos que lorsque j'aurais fait tout ce qui était humainement possible pour arrêter honorablement cette abominable guerre. Me rappelant la conversation provoquée par cette ouverture, je redoutais des objections, et j'étais décidé ; d'ailleurs, je voulais, en abordant M. de Bismark, être libre de tout engagement, afin d'avoir le droit de n'en prendre aucun. Je vous fais ces aveux sincères, je les fais au pays pour écarter de vous une responsabilité que j'assume seul. Si ma démarche est une faute, seul j'en dois porter la peine.

« J'avais cependant averti M. le ministre de la guerre, qui avait bien voulu me donner un officier pour me conduire aux avant-postes. Nous ignorions la situation du quartier général. On le supposait à Grosbois. Nous nous acheminâmes vers l'ennemi par la porte de Charenton.

« Je supprime tous les détails de ce douloureux voyage, pleins d'intérêt cependant, mais qui ne seraient point ici à leur place. Conduit à Villeneuve-Saint-Georges, où se trouvait le général en chef commandant le 6e corps, j'appris assez tard dans l'après-midi que le quartier général était à Meaux. Le général, des procédés duquel je n'ai qu'à me louer, me proposa d'y envoyer un officier porteur de la lettre suivante, que j'avais préparée pour M. de Bismark.

« Monsieur le comte,

« J'ai toujours cru qu'avant d'engager sérieusement les hostilités sous les murs de Paris, il était impossible qu'une transaction honorable ne fût pas essayée. La personne qui a eu l'honneur de voir Votre Excellence, il y a deux jours, m'a dit avoir recueilli de sa bouche l'expression d'un désir analogue. Je suis venu aux avant-postes me mettre à la disposition de Votre Excellence. J'attends qu'elle veuille bien me faire savoir comment et où je pourrai avoir l'honneur de conférer quelques instants avec elle.

« J'ai l'honneur, etc.

« Jules Favre.

« 18 septembre 1870. »

« Nous étions séparés par une distance de 48 kilomètres. Le lendemain matin, à six heures, je recevais la réponse que je transcris :

« Meaux, 18 septembre 1870.

« Je viens de recevoir la lettre que Votre Excellence a eu l'obligeance de m'écrire, et ce me sera extrêmement agréable, si vous voulez bien me faire l'honneur de venir me voir demain, ici, à Meaux.

« Le porteur de la présente, le prince Biron, veillera à ce que Votre Excellence soit guidée à travers nos lignes.

« J'ai l'honneur d'être, etc.,

« De Bismark. »

« A neuf heures, l'escorte était prête, et je partais avec elle. Arrivé près de Meaux vers trois heures de l'après-midi, j'étais arrêté par un aide de camp venant m'annoncer que le comte avait quitté Meaux avec le roi pour aller coucher à Ferrières. Nous nous étions croisés ; en revenant l'un et l'autre sur nos pas, nous devions nous rencontrer.

« Je rebroussai chemin et descendis dans la cour d'une ferme entièrement saccagée comme presque toutes les maisons que j'ai vues sur ma route. Au bout d'une heure, M. de Bismark m'y rejoignait. Il nous était difficile de causer dans un tel lieu. Une habitation, le château de la Haute-Maison, appartenant à M. le comte de Rillac, était à notre proximité ; nous nous y rendîmes. Et la conversation s'engagea dans un salon où gisaient en désordre des débris de toute nature.

« Cette conversation, je voudrais vous la rapporter tout entière, telle que le lendemain je l'ai dictée à mon secrétaire. Chaque détail y a son importance. Je ne puis que l'analyser.

« J'ai tout d'abord précisé le but de ma démarche. Ayant fait connaître par ma circulaire les intentions du gouvernement français, je voulais savoir celles du ministre prussien. Il me semblait inadmissible que deux nations continuassent, sans s'expliquer préalablement, une guerre terrible qui, malgré ses avantages, infligeait au vainqueur des souffrances profondes. Née du pouvoir d'un seul, cette guerre n'avait plus de raison d'être quand la France redevenait maîtresse d'elle-même. Je me portais garant de son amour pour la paix, en même temps que de sa résolution inébranlable de n'accepter aucune condition qui ferait de cette paix une courte et menaçante trêve.

« M. de Bismark m'a répondu que, s'il avait la conviction qu'une pareille paix fût possible, il la signerait de suite. Il a reconnu que l'opposition avait toujours condamné la guerre. Mais le pouvoir que représente aujourd'hui cette opposition est plus que précaire. Si, dans quelques jours, Paris n'est pas pris, il sera renversé par la populace....

« Je l'ai interrompu vivement pour lui dire que nous n'avions pas de populace à Paris, mais une population intelligente, dévouée, qui connaissait nos intentions, et qui ne se ferait pas complice de l'ennemi en entravant notre mission de défense. Quant à notre pouvoir, nous étions prêts à le déposer entre les mains de l'Assemblée déjà convoquée par nous.

« Cette Assemblée, a repris le comte, aura des desseins que rien ne peut nous faire pressentir. Mais si elle obéit au sentiment français, elle voudra la guerre. Vous n'oublierez pas plus la capitulation de Sedan que Waterloo, que Sadowa qui ne vous regardait pas. » Puis il a insisté longuement sur la volonté bien arrêtée de la nation française d'attaquer l'Allemagne et de lui enlever une partie de son territoire. Depuis Louis XIV jusqu'à Napoléon III, ses tendances n'ont pas changé, et quand la guerre a été annoncée, le Corps législatif a couvert les paroles du ministre d'acclamations.

« Je lui ai fait observer que la majorité du Corps législatif avait, quelques semaines avant, acclamé la paix; que cette majorité, choisie par le prince, s'était malheureusement crue obligée de lui céder aveuglément, mais que consultée deux fois, aux élections de 1869 et au vote du plébiscite, la nation avait énergiquement adhéré à une politique de paix et de liberté.

« La conversation s'est prolongée sur ce sujet, le comte maintenant son opinion, alors que je défendais la mienne; et comme je le pressais vivement sur ses conditions, il m'a répondu nettement que la sécurité de son pays lui commandait de garder le territoire qui la garantissait. Il m'a répété plusieurs fois : « Strasbourg est la clé de la maison, je dois l'avoir. » Je l'ai invité à être plus explicite encore : « C'est inutile, objectait-il, puisque nous ne pouvons nous entendre; c'est une affaire à régler plus tard. » Je l'ai prié de le faire de suite; il m'a dit alors que les deux départements du Bas et du Haut Rhin, une partie de celui de la Moselle avec Metz, Château-Salins et Sarrebourg, lui étaient indispensables, et qu'il ne pouvait y renoncer.

« Je lui ai fait observer que l'assentiment des peuples dont il disposait était plus que douteux, et que le droit public européen ne lui permettait pas de s'en passer. » Si fait, m'a-t-il répondu. Je sais fort bien qu'ils ne veulent pas de nous. Ils nous imposeront une rude corvée; mais nous ne pouvons pas ne pas les prendre. Je suis sûr que dans un temps prochain, nous aurons une nouvelle guerre avec vous. Nous voulons la faire avec tous nos avantages. »

« Je me suis récrié, comme je le devais, contre de telles solutions. J'ai dit qu'on me paraissait oublier deux éléments importants de discussion: l'Europe, d'abord, qui pourrait bien trouver ces prétentions exorbitantes et y mettre obstacle, le droit nouveau ensuite, le progrès des mœurs, entièrement antipathique à de telles exigences. J'ai ajouté que, quant à nous, nous ne les accepterions jamais. Nous pouvions périr comme nation, mais non nous déshonorer; d'ailleurs, le pays seul était compétent pour se prononcer sur une cession territoriale. Nous ne doutons pas de son sentiment, mais nous voulons le consulter. C'est donc vis-à-vis de lui que se trouve la Prusse. Et, pour être net, il est clair qu'entraînée par l'enivrement de la victoire, elle veut la destruction de la France.

« Le comte a protesté, se retranchant toujours derrière des nécessités absolues de garantie nationale. J'ai poursuivi : « Si ce n'est pas de votre part un abus de la force, cachant de secrets desseins, laissez-nous réunir l'Assemblée; nous lui remettrons nos pouvoirs; elle nommera un gouvernement définitif qui appréciera vos conditions. »

« Pour l'exécution de ce plan, m'a répondu le comte, il faudrait un armistice, et je n'en veux à aucun prix. »

« La conversation prenait une tournure de plus en plus pénible. Le soir venait. Je demandai à M. de Bismark un second entretien à Ferrières, où il allait coucher, et nous partîmes chacun de notre côté. »

« Voulant remplir ma mission jusqu'au bout, je devais revenir sur plusieurs des questions que nous avions traitées, et conclure. Aussi, en abordant le comte, vers neuf heures et demie du soir, je lui fis observer que les renseignements que j'étais venu chercher près de lui étant destinés à être communiqués à mon gouvernement et au public, je résumerais, en terminant, notre conversation pour n'en publier que ce qui serait bien arrêté entre nous. « Ne prenez pas cette peine, me répondit-il, je vous la livre tout entière; je ne vois aucun inconvénient à sa divulgation. » Nous reprîmes alors la discussion, qui se prolongea jusqu'à minuit. J'insistai particulièrement sur la nécessité de convoquer une Assemblée. Le comte parut se laisser peu à peu convaincre, et revint à l'armistice. Je demandai quinze jours. Nous discutâmes les conditions. Il ne s'en expliqua que d'une manière très-incomplète, se réservant de consulter le roi. En conséquence, il m'ajourna au lendemain onze heures.

« Je n'ai plus qu'un mot à dire; car, en reproduisant ce douloureux récit, mon cœur est agité de toutes les émotions qui l'ont torturé pendant ces trois mortelles journées, et j'ai hâte d'en finir. J'étais au château de Ferrières à onze heures. Le comte sortit de chez le roi à midi moins le quart, et j'entendis de lui les conditions qu'il mettait à l'armistice; elles étaient consignées dans un texte écrit en langue allemande et dont il m'a donné communication verbale.

« Il demandait pour gage, l'occupation de Strasbourg, de Toul et de Phalsbourg, et comme, sur sa demande, j'avais dit la veille que l'Assemblée devait être réunie à Paris, il voulait, dans ce cas, avoir un fort dominant la ville..... celui du Mont-Valérien, par exemple.

« Je l'ai interrompu pour lui dire: « Il est bien plus simple de nous demander Paris. Comment voulez-vous admettre qu'une assemblée française délibère sous votre canon? J'ai eu l'honneur de vous dire que je transmettrais fidèlement notre entretien au Gouvernement; je ne sais vraiment si j'oserai lui dire que vous m'avez fait une telle proposition. »

« Cherchons une autre combinaison, » m'a-t-il répondu. Je lui ai parlé de la réunion de l'Assemblée à Tours, en ne prenant aucun gage du côté de Paris.

« Il m'a proposé d'en parler au roi, et, revenant sur l'occupation de Strasbourg, il a ajouté : « La ville va tomber entre nos mains, ce n'est plus qu'une affaire de calcul d'ingénieur. Aussi je vous demande que la garnison se rende prisonnière de guerre. »

« A ces mots, j'ai bondi de douleur, et, me levant, je me suis écrié : « Vous oubliez que vous parlez à un Français, monsieur le comte ; sacrifier une garnison héroïque qui fait notre admiration et celle du monde, serait une lâcheté, — et je ne vous promets pas de dire que vous m'avez posé une telle condition. »

« Le comte m'a répondu qu'il n'avait pas l'intention de me blesser, qu'il se conformait aux lois de la guerre ; qu'au surplus, si le roi y consentait, cet article pourrait être modifié.

« Il est rentré au bout d'un quart d'heure. Le roi acceptait la combinaison de Tours, mais insistait pour que la garnison de Strasbourg fût prisonnière.

« J'étais à bout de forces et craignis un instant de défaillir. Je me retournai pour dévorer les larmes qui m'étouffaient, et, m'excusant de cette faiblesse involontaire, je prenais congé par ces simples paroles :

« Je me suis trompé, monsieur le comte, en venant ici ; je ne m'en repens pas, j'ai assez souffert pour m'excuser à mes propres yeux ; d'ailleurs, je n'ai cédé qu'au sentiment de mon devoir. Je reporterai à mon gouvernement tout ce que vous m'avez dit, et s'il jugé à propos de me renvoyer auprès de vous, quelque cruelle que soit cette démarche, j'aurai l'honneur de revenir. Je vous suis reconnaissant de la bienveillance que vous m'avez témoignée, mais je crains qu'il n'y ait plus qu'à laisser les événements s'accomplir. La population de Paris est courageuse et résolue aux derniers sacrifices ; son héroïsme peut changer le cours des événements. Si vous avez l'honneur de la vaincre, vous ne la soumettrez pas. La nation tout entière est dans les mêmes sentiments. Tant que nous trouverons en elle un élément de résistance, nous vous combattrons. C'est une lutte indéfinie entre deux peuples qui devraient se tendre la main. J'avais espéré une autre solution. Je pars bien malheureux et néanmoins plein d'espoir. »

« Je n'ajoute rien à ce récit, trop éloquent par lui-même. Il me permet de conclure et de vous dire quelle est à mon sens la portée de ces entrevues. Je cherchais la paix, j'ai rencontré une volonté inflexible de conquête et de guerre. Je demandais la possibilité d'interroger la France représentée par une Assemblée librement élue, on m'a répondu en me montrant les fourches caudines sous lesquelles elle doit préalablement passer. Je ne récrimine point. Je me borne à constater les faits, à les signaler à mon pays et à l'Europe. J'ai voulu ardemment la paix, je ne m'en cache pas, et, en voyant pendant trois jours la misère de nos campagnes infortunées, je sentais grandir en moi cet amour avec une telle violence que j'étais forcé d'appeler tout mon courage à mon aide pour ne pas faillir à ma tâche. J'ai désiré non moins vivement un armistice, je l'avoue encore, je l'ai désiré pour que la nation pût être consultée sur la redoutable question que la fatalité pose devant nous.

« Vous connaissez maintenant les conditions préalables qu'on prétend nous faire subir. Comme moi, et sans discussion, vous avez été unanimement d'avis qu'il fallait en repousser l'humiliation. J'ai la conviction profonde que, malgré les souffrances qu'elle endure et celles qu'elle prévoit, la France indignée partage notre résolution, et c'est de son cœur que j'ai cru m'inspirer en écrivant à M. de Bismark la dépêche suivante qui clôt cette négociation:

« Monsieur le comte,

« J'ai exposé fidèlement à mes collègues du Gouvernement de la défense nationale la déclaration que Votre Excellence a bien voulu me faire. J'ai le regret de faire connaître à Votre Excellence que le Gouvernement n'a pu admettre vos propositions. Il accepterait un armistice ayant pour objet l'élection et la réunion d'une Assemblée nationale, mais il ne peut souscrire aux conditions auxquelles Votre Excellence le subordonne. Quant à moi, j'ai la conscience d'avoir tout fait pour que l'effusion du sang cessât et que la paix fût rendue à nos deux nations, pour lesquelles elle serait un grand bienfait. Je ne m'arrête qu'en face d'un devoir impérieux, m'ordonnant de ne pas sacrifier l'honneur de mon pays, déterminé à résister énergiquement. Je m'associe sans réserve à son vœu ainsi qu'à celui de mes collègues. Dieu, qui nous juge, décidera de nos destinées. J'ai foi dans sa justice.

« J'ai l'honneur d'être, etc.

« Jules Favre.

« 21 septembre 1870. »

« J'ai fini, mes chers collègues, et vous penserez comme moi que, si j'ai échoué, ma mission n'aura pas été cependant tout à fait inutile. Elle a prouvé que nous n'avons pas dévié. Comme les premiers jours, nous maudissons une guerre par nous condamnée à l'avance; comme les premiers jours aussi, nous l'acceptons plutôt que de nous déshonorer. Nous avons fait plus: nous avons tué l'équivoque dans laquelle la Prusse s'enfermait et que l'Europe ne nous aidait pas à dissiper.

« En entrant sur notre sol, elle a donné au monde sa parole qu'elle attaquait Napoléon et ses soldats, mais qu'elle respectait la Nation. Nous savons aujourd'hui ce qu'il faut en penser. La Prusse exige trois de nos départements, deux villes fortes, l'une de cent, l'autre de soixante quinze mille âmes, huit à dix autres également fortifiées. Elle sait que les populations qu'elle veut nous ravir la repoussent; elle s'en saisit néanmoins, opposant le tranchant de son sabre aux protestations de leur liberté civique et de leur dignité morale.

« A la nation qui demande la faculté de se consulter elle-même, elle propose la garantie de ses obusiers établis au Mont-Valérien, et protégeant la salle des séances où nos députés voteront. Voilà ce que nous savons, et ce qu'on m'a autorisé à vous dire. Que le pays nous entende et qu'il se lève, ou pour nous désavouer quand nous lui conseillons de résister à outrance, ou pour subir avec nous cette dernière et décisive épreuve. Paris y est résolu.

« Les départements s'organisent et vont venir à son secours. Le dernier mot n'est pas dit dans cette lutte où maintenant la force se rue contre le droit. Il dépend de notre constance qu'il appartienne à la justice et à la liberté.

« Agréez, mes chers collègues, le fraternel hommage de mon inaltérable dévouement.

« *Le vice-président du Gouvernement de la défense nationale, ministre des affaires étrangères,*
« Jules Favre. »

Le décret convoquant les électeurs pour une Assemblée nationale avait déjà paru; à la suite de cette entrevue, il fut annulé.

L'effet produit par la lecture du récit de M. Jules Favre fut tout autre que celui qu'avait prévu M. de Bismark. Il avait cru nous effrayer; au contraire, il accrut notre fureur patriotique. C'était une lutte à outrance qui allait s'engager, lutte dont l'un des deux combattants sortira amoindri, lutte dont les deux seront meurtris.

M. de Bismark a protesté contre la proclamation de M. Jules Favre, l'a accusée d'être exagérée sur divers points et fausse quant à la demande de reddition du Mont-Valérien. Nous préférons croire à la parole du ministre des affaires étrangères français.

Quoi qu'il en soit, M. Jules Favre rendit un grand service à la France, en publiant le récit détaillé de l'entrevue de Ferrières. Il a été prouvé, par là, au monde entier que si le gouvernement impérial avait déclaré la guerre, le gouvernement de la défense nationale demandait une paix honorable qui lui a été refusée.

Jusqu'au 4 septembre donc, c'était la France qui avait voulu la guerre; depuis le 20 septembre, jour de l'entrevue de Ferrières, c'est la Prusse qui a voulu la continuer.

M. DE BISMARK.

M. le comte Otto-Edouard-Léopold de Bismark-Schœnhausen, qui venait de répondre comme on l'a vu aux propositions de paix faites à Ferrières par M. Jules Favre, attire sur lui depuis quelques années, les regards de toute l'Europe. C'est un habile homme d'État s'il en fût jamais, un homme de tête et d'action, ayant roulé dans son esprit les projets les plus grandioses, et cependant il n'a ni dans son pays ni en Europe le prestige d'un grand ministre. Cela tient d'abord à la raideur de son caractère qui est loin d'exciter les sympathies; de plus, son âme n'est imprégnée d'aucune idée de justice, d'aucun sentiment de l'honnête. Le but de sa politique, l'unité de l'Allemagne, ne manque certainement pas de grandeur, mais les moyens que le premier ministre du roi Guillaume a mis en œuvre pour l'atteindre lui rendra justement sévère le jugement de la postérité.

M. de Bismark est le disciple du héros de l'antiquité qui conseillait aux guerriers d'avoir la ruse du renard en même temps que la force du lion. Pour lui, *la force prime le droit*; il a érigé l'espionnage en vertu militaire, et il a avoué lui-même n'avoir d'autre ambition que d'imiter les Grecs du siècle de Périclès; c'est-à-dire qu'il comprend la guerre dans toutes ses horreurs et qu'il la conduit avec tous les raffinements de la barbarie. La violence, le meurtre et l'incendie lui sont bons; après Bazeilles, Strasbourg; après Strasbourg, Châteaudun.

Il n'a ni foi ni loi; encore une fois, son droit, c'est la force. Le vote populaire, le consentement des annexés, il les dédaigne; les congrès, il les accepte, mais les traités, il les élude. La fraude, le mensonge, l'hypocrisie et l'espionnage sont ses vertus. Voilà l'homme!

Il est né le 1ᵉʳ avril 1815 à Schœnhausen, près de l'Elbe, dans la

PRINCE DE BISMARK (page 110)

Saxe prussienne. Il descend, dit-on, d'une famille très-ancienne qui remonterait aux chefs des premières tribus slaves. Il étudia le droit à Gœttingue, à Berlin et à Greifswald, puis il entra dans la carrière militaire. D'abord volontaire dans un régiment d'infanterie légère, il devint bientôt lieutenant dans la landwehr.

En 1846, il est nommé membre de la diète de Saxe et de la diète générale l'année suivante. Il se fait remarquer par la vivacité de son esprit et la hardiesse paradoxale de ses discours. Un jour, il osa dire à la Chambre : « Je soutiens, Messieurs, qu'une politique intelligente doit balayer toutes les grandes villes de la surface du globe, parce qu'elles sont de véritables foyers de trouble public et de démagogie. »

En 1851, le roi Frédéric-Guillaume IV, partisan des idées de M. de Bismark, lui proposa la légation de Francfort, qui présentait, à cette époque, certaines difficultés que les précédents ambassadeurs n'avaient pu résoudre. Le comte se montra digne de ce choix. Aussi, l'année suivante fut-il envoyé à Vienne ; il contribua à repousser l'Autriche du Zollverein et se montra, soit dans cette ville, soit à Francfort, où il resta jusqu'en 1851, l'adversaire constant de M. de Rechberg, président de la diète fédérale de Francfort. Il osa, un jour, soutenir devant cette assemblée que l'Autriche était un danger pour l'Allemagne et qu'il fallait diminuer sa prépondérance. Il n'ajoutait pas : *afin de la reporter sur la Prusse*, mais chacun comprit.

En 1858, une brochure anonyme fut publiée sous ce titre : *La Prusse et la Question italienne* ; on en attribua avec d'autant plus de raison la paternité à M. de Bismark qu'elle n'était que le développement de sa politique. L'auteur de la brochure rappelait le vieil antagonisme de la Prusse et de l'Autriche et proposait une triple alliance entre la France, la Prusse et la Russie comme moyen d'assurer l'équilibre européen et de produire inévitablement l'unité allemande par la suprématie de la Prusse.

En 1859, il occupa le poste important d'ambassadeur à Saint-Pétersbourg ; il resta dans cette ville jusqu'en 1862, date de sa nomination à Paris. Il ne fut ambassadeur en France que quelques mois seulement. Le roi Frédéric-Guillaume IV venait de mourir sans enfants, et son frère, Guillaume Ier, était monté sur le trône. Il avait une entière confiance dans l'énergie et l'habilité du comte de Bismark ; aussi, le 23 septembre 1862, l'appela-t-il à la présidence du conseil et au ministère des affaires étrangères. Le nouveau maître de M. de Bismark était, dit un écrivain, « un roi-caporal, strict observateur du nombre de boutons de guêtres réglementaire, ne voyant rien de plus beau qu'une belle armée, comme son aïeul ne voyait rien de plus beau qu'un grenadier. » Le président du conseil des ministres favorisa tout de suite la réorganisation de l'armée, fit adopter ses plans au roi et travailla avec lui à les exécuter. La Chambre des députés, ne comprenant point les intentions du roi, s'opposa à cette réorganisation coûteuse. Un conflit s'éleva qui dura des années. Deux fois la Chambre fut dissoute ; une autre fois, elle fut simplement renvoyée, avec la déclaration qu'on se passerait d'elle pour la fixation du budget. « Tous les défis et toutes les insultes, » dit un député allemand, M. Bamberger, furent jetés à la face du pays. M. de Bismark et son principal collègue M. de Roon, le ministre de la guerre, eurent des moments de cynique audace. Un jour, un orateur ayant formulé des soupçons fort graves contre les ministres, et M. Virchow ayant demandé qu'ils fussent invités à assister aux débats, afin de pouvoir répondre, M. de Bismark sortit nonchalamment d'un cabinet attenant à la salle des délibérations et jeta à l'Assemblée quelques mots dédaigneux, déclarant qu'il était inutile de recommencer, attendu que dans la pièce où il était on entendait suffisamment ce qui se passait entre ces Messieurs. Une autre fois, il dit en pleine séance, en face des députés : « Quand nous serons d'avis de faire la guerre, nous la ferons avec ou sans votre approbation. »

M. de Bismark ayant, par des mesures rigoureuses qu'il serait trop long de rappeler, supprimé la tribune et bâillonné la presse, disposant du roi et par le roi du pays, profita habilement de toutes les occasions.

En 1864, il entraîna l'Autriche à la guerre contre le Danemark ; ce petit pays fut écrasé et privé des duchés de Sleswig et de Holstein. Le Danemark abattu et les duchés occupés par les forces austro-prussiennes, M. de Bismark songea alors à les prendre. Il contracta, en 1866, une alliance avec l'Italie ; les armées du roi Guillaume et du roi Victor-Emmanuel prennent entre deux feux les troupes de l'empereur François-Joseph, qui est obligé de traiter.

Les préliminaires de paix furent signés à Nickolsbürg, et le 23 août fut conclu le traité de Prague entre la Prusse et l'Autriche. L'Autriche payait une indemnité de guerre, consentait à sortir de la Confédération germanique qui fut déclarée dissoute, cédait la Vénétie à l'Italie, renonçait à ses droits sur le Sleswig et le Holstein, reconnaissait les agrandissements de la Prusse et la nouvelle organisation que celle-ci voulait faire de l'Allemagne du Nord jusqu'à la ligne du Mein. La Prusse se trouvait, par suite de ce traité, agrandie du Hanovre, de la Hesse Electorale, du duché de Nassau, de la ville libre de Francfort et des duchés danois. Dans les derniers mois de 1866, M. de Bismark signa avec les Etats du Sud, tels que le duché de Bade, le Wurtemberg, la Bavière et la Hesse Grand-Ducale, des traités de paix d'alliance offensive et défensive, qui assuraient, en cas de guerre, le commandement des forces militaires au roi de Prusse.

Nous avons eu occasion, au commencement de ce volume, de dire comment M. de Bismark avait tenu les promesses qu'il avait faites à Biarritz à l'empereur Napoléon III, pour obtenir la neutralité de la France, dans la guerre de 1866 ; et nous avons dit aussi combien de difficultés avaient été soulevées par le chancelier de la Confédération du Nord pour amener, en maintes circonstances, une guerre avec la France.

Nous le répétons, si l'empereur Napoléon III a déclaré la guerre, M. de Bismark la désirait depuis longtemps et a fait tout ce qu'il a pu pour qu'elle ait lieu ; seulement, il a eu le tact de ne pas la déclarer et de donner ainsi les premiers torts à son ennemi; et il avait continué, après Sadowa, à mettre la Prusse sur le pied de guerre que l'on connaît, tandis que, grâce à l'incurie du gouvernement impérial, nous n'étions pas préparés à la lutte, quand l'empereur alla donner, tête baissée, dans le piège que lui tendait le premier ministre prussien.

CHAPITRE VIII

PARIS — LAON — TOUL — STRASBOURG

Laon. — Explosion de la citadelle. — Investissement de Paris. — Attitude des Parisiens. — Forces de la capitale. — Combat de Mesly. — Combat de Châtillon. — Escarmouches. — Combat de Villejuif. — Engagements de Drancy et de Pierrefitte. — Toul. — Strasbourg.

Après la capitulation de Sedan, les armées allemandes avaient rapidement marché sur Paris. A l'exception du corps d'armée du prince Frédéric-Charles, qui faisait le siège de Metz, et de quelques divisions laissées devant Strasbourg, Toul, Verdun, Schlestadt, Neuf-Brisach, Phalsbourg et Thionville, toutes les troupes de l'armée ennemie avaient été dirigées sur la capitale par trois routes différentes.

Le 6 septembre, un des trois corps d'armée entre à Reims, qui n'oppose aucune résistance, et se dirige sur Laon.

Laon, chef-lieu du département de l'Aisne, est bâti sur une hauteur qui domine de vastes plaines. La citadelle occupe une position inattaquable, mais elle ne protège pas la ville sur tous les points. La place de Laon n'aurait jamais pu être prise si, comme le génie en avait eu l'intention dans l'origine, on eût élevé, au lieu d'une seule forteresse, la citadelle actuelle, trois forts se complétant l'un l'autre. Mais on connaît l'incurie du génie militaire français ; les villes les plus fortes par leur position naturelle ont été dédaignées, et Laon avait été laissée dans un état d'abandon vraiment incroyable. Le préfet de l'Aisne, M. Ferrand, imitant M. Le Bœuf, avait adressé aux habitants de son département une proclamation qui fit beaucoup de bruit, et dans laquelle il était dit : « Le chef-lieu donnera l'exemple ; *il est prêt.* »

Les préparatifs dont parlait le préfet consistaient principalement et à peu près exclusivement, dit le *Courrier de l'Aisne*, dans des fossés creusés en travers des routes, devant chacune des portes de Vaux, d'Arlon et de Soissons; ces fossés étaient de profondeur et de largeur suffisantes pour que les enfants de la ville, jouant alors aux Prussiens, afin d'être à la hauteur des circonstances, pussent, dans leurs ébats, les franchir et les escalader d'un bond.

Laon était si peu prêt, que lorsque les troupes du général Vinoy, qui revenait de Mézières, passèrent dans cette ville, les officiers du génie, qui croyaient la place réellement prête à soutenir un siège, ne purent dissimuler leur surprise.

Le général Vinoy abandonna Laon à ses propres ressources : la citadelle était défendue par un bataillon de mobiles du département, commandé par M. de Chézelles, et ne possédait que trente-six canons. Les habitants s'étaient réunis et formaient cinq compagnies de garde nationale qui n'étaient nullement exercées. Le commandant de la citadelle était le vieux général Thérémin d'Hame.

Laon ne pouvant être protégé par sa citadelle, étant dans l'impossibilité d'établir quelques batteries sur certains points et n'ayant pas les troupes suffisantes pour opposer une résistance ayant des chances de succès, ne pourrait pas se défendre et devrait se conduire en ville ouverte.

Le 6 septembre, vingt-sept uhlans montent à Laon; ils sont accueillis par une vive fusillade et fuient en laissant trois prisonniers.

Le 7, un parlementaire se présenta, mais il n'avait pas le grade nécessaire pour traiter avec le général commandant la place : il fut donc congédié. Le jour suivant, le colonel comte Von Alvensleben arriva comme parlementaire et déclara au général Thérémin que si la citadelle ne se rendait pas à discrétion avant le lendemain, à dix heures du matin, la ville de Laon serait bombardée. Le colonel fit les mêmes déclarations à l'hôtel de ville, où le conseil municipal s'était établi en permanence.

Le maire de Laon envoya aussitôt au ministre de la guerre une dépêche ainsi conçue : « L'armée du grand-duc de Mecklembourg entoure Laon et somme la place de se rendre. Si la reddition n'est pas effectuée demain avant dix heures du matin, Laon subira le sort de Strasbourg. »

L'ultimatum posé par le colonel Von Alvensleben avait été bientôt connu par la population laonnoise, qui fut en proie à une émotion facile à comprendre. Le soir, un groupe se porta à l'hôtel où dînait le général et lui demanda quelle conduite il comptait tenir. M. Thérémin d'Hame répondit qu'il était soldat, qu'il n'avait pas à discuter, mais à obéir aux ordres du ministre de la guerre. Cette réponse exaspéra la foule qui déclara qu'elle empêcherait le général de sortir de l'hôtel. À ce moment, le maire arriva, rappela la population au calme, et lui donna connaissance de la dépêche qu'il avait envoyée au ministre de la guerre. La foule se dispersa et attendit avec une vive anxiété la réponse du Gouvernement de la défense nationale, qui n'arriva que le lendemain, à cinq heures du matin. La dépêche, qui était adressée au commandant de Laon et aux conseillers municipaux, disait : « Agissez devant la sommation selon les nécessités de la situation. »

M. de Chézelles, commandant des mobiles, partit aussitôt pour

Eppes, chargé par le général Thérémin d'Hame de régler avec le duc de Mecklembourg les conditions de la capitulation. La garde nationale rapporta ses armes à l'hôtel de ville.

A midi, les troupes prussiennes, ayant à leur tête le duc de Mecklembourg, pénétrent en ville au son de la musique, et se rendent à la citadelle, où elles font leur entrée.

Aux termes de la capitulation, les mobiles, laissés libres sur la parole qu'ils avaient donnée de ne plus servir contre l'Allemagne pendant la durée de la guerre, défilaient et sortaient de la citadelle après avoir déposé leurs armes. Le duc et le général causaient près de la table où ils allaient signer la capitulation. Tout à coup, une effroyable détonation se fit entendre : c'est la poudrière, contenant 95,000 kilogrammes de poudre, qui venait de sauter. Voici le récit que le *Journal de l'Aisne* fait de cette catastrophe :

« L'explosion renverse tout, anéantissant le magasin à poudre, éventrant la caserne, ruinant tout un quartier de la ville et une partie du faubourg de Vaux, portant la mort et les blessures au milieu des Français et des Prussiens.

« Le duc de Mecklembourg reçoit des contusions à la jambe, le général Thérémin deux graves blessures à la tête. Dix officiers de mobiles sont tués sur place, et neuf blessés plus ou moins sérieusement, l'un d'eux mortellement. Plus de deux cents mobiles sont écrasés sous les décombres où ils périssent ; cent cinquante de leurs camarades sont atteints par les pierres. Dans la rue du Cloître, plusieurs personnes sont frappées et blessées dans leurs maisons, et une femme est écrasée à Vaux.

« Du côté des Prussiens, un capitaine d'artillerie et trente-deux sous-officiers et soldats périrent là, tandis que huit officiers et soixante-trois sous-officiers et soldats étaient blessés.

« En résumé, on évalue à quatre cent soixante environ le nombre des victimes : trois cent soixante parmi les Français et quatre-vingt-dix à cent parmi les ennemis.

« Quand on revient de la stupéfaction première, on assiste à une scène terrible. Les Prussiens fusillent les mobiles qui fuient, et ils les poursuivent par les rues et jusque dans les maisons. Sur la place, un poste, qui stationne auprès de l'hôtel de ville, arrête les citoyens qui regagnent à la hâte leurs demeures, et croise la baïonnette en criant à la trahison.

« Le conseil municipal siégeait à l'hôtel de ville en ce moment. Le maire, les conseillers sont entourés, menacés par des soldats furieux qui veulent les tuer à coups de baïonnette. Bientôt arrive le duc de Mecklembourg, couvert de poussière ou plutôt de boue liquide, car il pleuvait toujours. Il est furieux. Il menace et parle d'une vengeance dont on se souviendra dans mille ans. M. Vinchon, maire, est assez heureux pour faire accepter ses explications et prouver toute la loyauté de la conduite de la ville.

« Grâce aussi à l'initiative bienveillante, aux efforts énergiques et persistants du colonel Von Alvensleben, qui plaida chaleureusement la cause de la ville, et apporta à son secours son témoignage personnel, le duc de Mecklembourg renonça à ses projets de vengeance, et Laon échappa ainsi aux représailles que pouvait lui attirer l'acte de désespoir insensé et coupable du garde d'artillerie Henriot, qui avait mis le feu aux poudres de la citadelle et causé cet immense désastre, dont le monde entier va s'occuper.

« Revenus de leur première émotion, les citoyens, les fonctionnaires, le préfet en tête, des prêtres, jusqu'à des femmes, relèvent les blessés et les morts; amis comme ennemis reçoivent les mêmes soins dévoués.

« Le général Thérémin, retiré de dessous les décombres, est transporté à l'Hôtel-Dieu et consigné comme prisonnier. »

Les journaux de Paris ont raconté avec la plus grande exagération, la catastrophe de Laon. Le *Figaro* publia un article dans lequel il est dit que « Laon n'existe plus; la montagne s'est effondrée, » et le *Gaulois* reproduisit une lettre d'un mobile disant que la garnison et la ville étaient convaincues que « le général Thérémin a fait seul le coup. »

Si le général Thérémin, qui est mort des suites des blessures qu'il avait reçues le jour de l'explosion, avait réellement donné l'ordre de mettre le feu aux poudres, ce serait une tache pour l'honneur militaire de la France. Mais personne n'a jamais songé à accuser le commandant de place d'être l'auteur de ce guet-apens, et tout le monde est d'accord, à Laon, pour attribuer l'explosion de la citadelle à un garde d'artillerie nommé Henriot, homme d'un caractère exalté et qui a payé de sa vie cet acte de désespoir.

Depuis le 9 septembre, Laon a été occupé par les Prussiens et doit conserver une garnison allemande jusqu'au payement de deux milliards. Le colonel de Kahlden, colonel du 1er régiment n° 17, des dragons de Mecklembourg, qui commandait à Laon, fit afficher, au mois d'octobre, sur les murs de la ville, une proclamation dans laquelle il est dit :

« Comme, dans les derniers jours, les habitants du pays se sont montrés hostiles envers les troupes allemandes, j'annonce par cela que, pour la moindre attaque ou résistance, la plus rigoureuse vengeance sera exécutée, et que, pour chaque soldat allemand tué, il sera, par contre, fusillé *quatre Français* coupables ou innocents, et que les environs payeront une forte contribution. »

Et voilà comment ce peuple philosophe pratique la guerre! Il est vrai qu'après les assassinats de Bazeilles, le bombardement des villes ouvertes et la destruction de Strasbourg, rien ne peut étonner de la part de ces Attilas méthodiques.

Les Prussiens arrivèrent en force le 10 à Château-Thierry; le 11, un corps d'armée se présenta à Meaux; ils continuèrent leur mouvement sur Paris. Le 17, les Allemands s'avancent sur une large ligne d'une quinzaine de lieues sur la rive droite de la Seine, depuis Villeneuve-Saint-Georges jusqu'à Herblay et Pontoise, à l'extrême gauche; c'est le corps d'armée du général Vogel de Falkenstein. Au centre plusieurs brigades occupent Chelles, Montfermeil et Gonesse; à droite, les avant-gardes vont jusqu'à Pontoise, par les hauteurs de Montmorency, de Cormeilles et les coteaux d'Herblay. La forêt de Saint-Germain est encore intacte; les Allemands ont été arrêtés par la Seine qui, à cause de sa largeur à Poissy, offre, en ces endroits, un véritable obstacle à l'invasion. Les communications avec la province étaient complètement coupées, et ce ne fut que quelques jours après que l'on fit partir des ballons chargés de porter les ordres du gouvernement, auquel des pigeons rapportaient les avis de la Délégation de Tours.

Huit corps d'armée formaient l'armée d'investissement de Paris qui possédait pour défenseurs la garde nationale, les dix-huit bataillons de la mobile de la Seine, quelques bataillons de gardes mobiles de province, quelques marins et le 13ᵉ corps que le général Vinoy avait ramené intact de Mézières. Il était arrivé à Paris le 7 septembre avec treize trains d'artillerie, onze trains de cavalerie et quatorze trains d'infanterie. Faute d'ordres et d'indications précis, le 13ᵉ corps n'avait pu arriver le 1ᵉʳ septembre sur le champ de bataille. La retraite du général Vinoy est un véritable coup de maître; elle a été exécutée avec la plus grande hardiesse et le plus admirable sang-froid.

Paris était devenu un véritable camp retranché; tout le monde était soldat; tous les hommes valides portaient le képi et l'uniforme; vingt-neuf corps francs s'étaient formés; éclaireurs, tirailleurs, artilleurs, chasseurs, carabiniers, toutes ces légions, dont le chiffre variait entre quinze et dix-huit mille hommes, étaient prêtes à se dévouer entièrement pour la délivrance de la capitale. Si parmi ces corps francs, il y a eu a qui se sont déshonorés par des actes de pillage indignes et qui ont, dans certaines localités des environs de Paris, causé plus de dégâts que l'ennemi lui-même, la majorité s'est signalée par de nombreux traits de courage et a rendu de grands services au Gouvernement de la défense nationale.

Le capitaine de vaisseau Thomasset avait pris le commandement supérieur de l'escadrille cuirassée, composée de cinq batteries flottantes, de huit chaloupes-canonnières et de six chaloupes-vedettes.

À l'approche de l'ennemi, tous les bois qui pouvaient compromettre la défense avaient été brûlés. Paris était tellement préoccupé, si plein d'ardeur et si décidé à la lutte à outrance, qu'il eut à peine un soupir de regret en voyant disparaître les ombrages riants et touffus de Montmorency, de Vincennes et du Bois de Boulogne, sa promenade favorite.

Paris, cette ville folle, cette sentine de tous les vices, Paris, la Babylone moderne, Paris que l'ennemi croyait énervé par les jouissances de la paix, se redressait tout entier devant le combat, pour repousser l'envahisseur; Paris devait donner au monde un spectacle auquel il ne s'attendait pas et devait exciter l'admiration de l'Europe, par son calme, sa patience, sa résolution et son courage. Paris devait donner un démenti solennel à l'impudente vanterie du journal allemand, qui avait dit: « Nous y entrerons comme on pénètre dans un mauvais lieu, en enfonçant la porte d'un coup de pied. »

Le 17, un engagement de peu d'importance eut lieu près de Choisy-le-Roi, entre les éclaireurs Franchetti, qui avaient été envoyés en reconnaissance de ce côté, et un détachement de hussards bleus. Ceux-ci perdirent sept hommes; les éclaireurs Franchetti eurent trois des leurs blessés.

Dans la matinée du 18 septembre, une reconnaissance d'environ douze mille hommes, commandés par le général Vinoy, se dirigea vers Créteil. Près de Bonneuil, dans les bois qui couronnent le plateau de

Mesly, l'avant-garde qui se déployait en tirailleurs fut reçue par un violent feu d'artillerie du corps Vogel de Falkenstein. Durant la nuit précédente, les Prussiens, au nombre de quarante mille, avaient établi leurs batteries au sommet des collines, sur un plateau naturellement fortifié. Le général Vinoy fit immédiatement avancer de l'artillerie et des mitrailleuses de manière à protéger la retraite de ses éclaireurs ; il combattit avec succès pendant deux heures et réussit parfaitement dans son projet de reconnaître la position du corps d'armée qui s'avançait dans cette direction. Le général se retira alors sur Charenton, après avoir infligé des pertes sérieuses aux Allemands. Plusieurs officiers de l'état-major furent tués dans cette affaire ; nos troupes avaient eu dix-huit hommes tués et trente blessés.

Le même jour, des escarmouches et des petits engagements eurent lieu sur tous les points de la capitale ; pendant la nuit le général Ducrot fit exécuter à ses troupes des mouvements importants, et fit occuper à ses quatre divisions d'infanterie les positions qui s'étendent des hauteurs de Villejuif à celles de Meudon. Le 19, dès la pointe du jour, le général fit une reconnaissance offensive en avant de ces positions. A sept heures, notre artillerie ouvrit une vigoureuse canonnade dans la direction des bois où étaient dissimulées des masses importantes de troupes. L'ennemi ne tarda pas à riposter ; la gauche de notre armée poussa en avant du côté de Bagneux. Les cuirassiers, tombés sur un gros d'ennemis, subirent de grandes pertes. Pendant une heure nos troupes se trouvèrent engagées presque corps à corps avec les Prussiens. Ceux-ci, cachés dans les bois, ayant un rempart dans chaque arbre, avaient sur nos soldats, qui s'avançaient à découvert, un immense avantage.

Un malentendu déplorable eut lieu, vers neuf heures du matin ; le régiment de zouaves, qui tenait notre aile droite, commença le feu contre les mobiles de la Seine qui étaient en tirailleurs sous bois. Ceux-ci ne reconnaissant pas les zouaves, répondirent par un feu bien nourri qui jeta la panique parmi les zouaves et le 16ᵉ de ligne. Ils exécutèrent alors, avec précipitation, un mouvement en arrière ; un certain nombre d'entre eux se débandèrent et rentrèrent dans Paris, où ils communiquèrent un instant leur frayeur. Ces misérables fuyards furent arrêtés, sévèrement punis, et le général Trochu flétrit leur conduite dans un ordre du jour à l'armée.

Le feu de l'artillerie prit, vers neuf heures et demie, des proportions qu'il n'avait pas atteintes jusqu'alors. Le général Ducrot dut prendre la résolution de porter ses troupes en arrière et les fit ranger sous le feu des forts de Montrouge et de Vanves. Cette retraite se fit dans un ordre parfait, et on ne laissa en arrière ni un caisson ni un cheval. Après avoir assuré la marche vers Paris des attelages et avant-trains de huit pièces en position dans la redoute de Châtillon, le général fit enclouer ses pièces sous ses yeux et se retira le dernier au fort de Vanves. La redoute de Châtillon était perdue.

Notre artillerie eut, dans ce combat, un rôle glorieux et fit éprouver aux Prussiens des pertes considérables ; plus de 2,000 hommes furent mis hors de combat. De notre côté, les pertes furent de peu d'importance; en moins d'une heure, nous pûmes relever nos morts et nos blessés.

Dans la journée du 20, les Prussiens prirent des positions contre les forts d'Aubervilliers et de Noisy, auxquels ils envoyèrent quelques coups de canon. Pendant ce temps, des francs-tireurs s'étaient embusqués dans les maisons des villages de Bondy, d'où ils tiraillèrent avec bonheur contre l'ennemi. Presque au même moment éclatait, non loin du fort, une vive fusillade. Un assez fort détachement de uhlans s'était laissé surprendre par un petit corps de francs-tireurs dans les environs d'Aubervilliers et fut écharpé, après une heure de combat. Le 21, l'ennemi entreprit une attaque contre le fort de Rosny, mais il fut repoussé avec perte.

Un mouvement offensif, préparé prudemment le 23 au soir par le général de Maud'huy et exécuté par tout le corps Vinoy, réussit complètement.

Les Prussiens avaient occupé, sans coup férir, en l'absence de toute garnison, la redoute de Villejuif et le plateau des Hautes-Bruyères. Nos troupes les en délogèrent avec entrain. Les Prussiens revinrent bientôt à la charge et tentèrent de reprendre leurs positions. Nos troupes les accueillirent par une vive fusillade qui les forcèrent à battre en retraite. Ils repassèrent le bas-fond, en arrière de Villejuif et les Hautes-Bruyères; mais notre artillerie les força vers dix heures d'éteindre leurs feux. A dix heures, la canonnade cessa, et les Prussiens se replièrent sur Sceaux et se réfugièrent dans les bois de Verrières.

Le combat de Villejuif, meurtrier pour l'ennemi, ne nous coûta que la perte de cinq hommes et nous fit une quarantaine de blessés. Paris se réjouit de ce succès, qui était en quelque sorte une compensation à la déroute de Châtillon.

Le même jour l'amiral Saisset faisait une brillante reconnaissance avec des fusiliers brevetés de l'infanterie de marine et les éclaireurs de la Seine, sous le commandement du colonel Lafond. L'ennemi fut débusqué de Drancy qu'il occupait et poursuivi jusqu'à quatre cents mètres de la gare du Bourget; ce point était occupé par plusieurs colonnes d'infanterie, que le canon du fort de Romainville refoula dans le village chaque fois qu'elles tentèrent d'en sortir. L'amiral fit la retraite par échelons et dans le meilleur ordre. Nous eûmes un officier d'éclaireurs et un soldat d'infanterie de marine blessés. A Drancy, on brûla toutes les meules de fourrages de l'ennemi.

Un autre engagement eut encore lieu, dans cette même journée du 23, à Pierrefitte. Nos troupes attaquèrent le village avec un entrain et une vigueur admirables; elles firent subir, dans un combat corps à corps, des pertes sensibles à l'ennemi, qui prit la fuite dans la direction de Montmorency.

Les journées suivantes ne furent signalées que par des escarmouches sans importance. Les batteries de nos forts échangèrent quelques obus avec l'ennemi. Le 28 fut une date douloureuse dans l'histoire de la guerre; la nouvelle de la capitulation des deux héroïques cités, Toul et Strasbourg, était apprise aux Parisiens.

Voici en quels termes le Gouvernement annonçait aux Parisiens cette fatale nouvelle :

« Citoyens,

« Le gouvernement vous doit la vérité sans détour, sans commentaires.

« Les coups redoublés de la mauvaise fortune ne peuvent plus déconcerter vos esprits, ni abattre vos courages.

« Vous attendez la France, mais vous ne comptez que sur vous-mêmes.

« Prêts à tout, vous pouvez tout apprendre.

« Toul et Strasbourg viennent de succomber.

« Cinquante jours durant, ces deux héroïques cités ont essuyé, avec la plus mâle constance, une véritable pluie de boulets et d'obus.

« Épuisés de munitions et de vivres, elles défiaient encore l'ennemi; elles n'ont capitulé qu'après avoir vu leurs murailles abattues crouler sous le feu des assaillants.

« Elles ont, en tombant, jeté un regard vers Paris, pour affirmer une fois de plus l'unité et l'intégrité de la patrie, l'indivisibilité de la République, et nous léguer, avec le devoir de la délivrer, l'honneur de les venger.

« Vive la France ! Vive la République !

« *Le ministre de l'intérieur,*
« Léon GAMBETTA. »

Toul avait été investi le 14 août et avait capitulé le 23 septembre, et Strasbourg, assiégé depuis le 11 août, n'avait ouvert ses portes que le 27 septembre, après cinquante jours de résistance héroïque.

Toul, fortifié par Vauban, est une place forte de quatrième classe; cette ville était sous le commandement de M. le chef d'escadron Platel du Plateau, secondé par le capitaine du génie Antoine et par le capitaine d'artillerie Mariette. La garnison se composait d'un bataillon de gardes mobiles, d'un bataillon de ligne et de deux régiments de cavalerie, les 3e et 4e cuirassiers.

Le commandant, sommé, le 14, de se rendre, fit répondre qu'il se rendrait quand les assaillants auraient mis le feu à sa chemise. C'est que Toul est une de ces villes qui, comme Metz, Verdun, Strasbourg, a conservé intact l'esprit municipal, l'amour de la liberté et un profond sentiment de patriotisme local. A Toul, on naît militaire : l'armée française a toujours abondé en Toulois qui marchent vigoureusement sur les traces des Gouvion Saint-Cyr, des Rigny, des Leroux, des Bucquilly, généraux de la République et de l'Empire, tous nés à Toul.

Le corps allemand qui assiégeait Toul était le 13e, sous le commandement en chef du grand-duc de Mecklembourg-Schwerin. Aussitôt que le commandant de place eut répondu, comme nous venons de le dire, à la sommation du général allemand, l'ennemi ouvrit une canonnade, fit pleuvoir sur la ville une grêle de balles, de boulets, de bombes et d'obus; on lui répondit sur le même ton et avec une telle énergie que, au bout de quarante-huit heures, il demandait une trêve pour relever les blessés et enterrer ses morts qui s'élevaient à huit cents. La population mâle de la ville s'était jointe à la garnison pour repousser l'attaque de l'ennemi.

Toul fut bombardé pendant plusieurs jours : la chapelle gothique de Sainte-Gangulphe fut complètement détruite, et l'imposante cathédrale byzantine de Saint-Manzuy, datant de 1393, éprouva de grands dommages.

EUGÈNE PELLETAN (page 113)

Le 21 septembre, le feu ayant éclaté en vingt-trois endroits, les instances des habitants auprès du commandant de place engagèrent celui-ci à hisser le drapeau blanc et à réclamer une capitulation. L'offre fut immédiatement acceptée par le colonel Manteuffel, commandant le siège en l'absence du duc de Mecklembourg, et les vainqueurs entrèrent dans la ville le soir même, à sept heures. Les conditions furent les mêmes que pour Sedan. Dans un conseil tenu à l'Hôtel de Ville, on avait résolu de ne pas se rendre ; mais les instances des citoyens, qui craignaient une dévastation inutile de la ville, prévalurent sur les résolutions belliqueuses des autorités civiles et militaires.

Toul est une charmante ville de 7,500 habitants à peine; cette petite cité a fait son devoir et a bien mérité de la patrie.

La reddition de Strasbourg causa à Paris la plus pénible impression. La capitale avait appris le bombardement de cette héroïque cité et l'énergique résistance des Strasbourgeois et du brave général Uhrich. Aussi tous les bataillons de la garde nationale parisienne et de la garde mobile venaient les uns après les autres déposer des couronnes sur la statue de la ville de Strasbourg qui est place de la Concorde. Le 21 septembre, plus d'un millier de citoyens avaient défilé devant l'image de pierre de la grande cité, qui disparut bientôt complétement sous les fleurs, les bouquets et les couronnes. Le nom du brave général Uhrich avait été donné quelques jours après la promulgation de la République à l'avenue de l'Impératrice. Enfin Paris saisissait toutes les occasions de rendre hommage au courage héroïque de cette valeureuse cité qu'il prenait pour exemple.

Le bombardement de Strasbourg, qui a duré trente-neuf jours sans interruption, a assuré à cette malheureuse cité une place des plus illustres dans les annales de la guerre. La barbarie du général Von Werder, commandant le corps de siège de Strasbourg, a terni la réputation des armées allemandes. Ce siège et ce bombardement ont été conduits d'une façon qui a soulevé un sentiment d'indignation dans l'Europe entière. Les hostilités ne se sont pas bornées à ce que nécessitait la prise de la forteresse; elles se sont étendues à la population sans armes, aux vieillards, aux enfants, aux femmes, et ce ne fut que le 14 septembre que des délégués de la République suisse obtinrent du chef de l'armée assiégeante de faire sortir de la ville la population qui ne prenait pas, par son sexe ou son âge, part à la défense. Les bombes prussiennes n'ont épargné ni les sanctuaires des sciences, ni les asiles des blessés et des malades. Tout dut céder à la rage des assaillants, et Strasbourg, une des cités les plus florissantes de l'Europe, était un monceau de ruines quand elle est tombée entre les mains de ceux qui prétendaient l'avoir rendue à sa nationalité.

Le correspondant du *Standard*, que nous avons eu plusieurs fois déjà l'occasion de citer, a publié, dans son intéressant ouvrage sur la guerre de 1870, un récit du siège de Strasbourg que nous mettons sous les yeux de nos lecteurs.

« A l'époque où la guerre fut déclarée contre la Prusse, Strasbourg, de même que les autres villes fortifiées du nord et du nord-est de la France, n'était pas préparée à soutenir un siège. L'armement, les provisions et les munitions étaient incomplets. L'artillerie se composait de 210 pièces de tout calibre, depuis l'obusier de campagne, jusqu'au canon de siège de 24; quelques mortiers et des pièces de 12, formaient les principaux engins de défense.

« Il n'y avait pas d'artilleurs dans la place; tous avaient été envoyés à l'armée du Rhin, à l'exception du 16e régiment des pontonniers, commandé par le colonel Fievet, qui avait reçu l'ordre d'aller à Metz, mais qui était resté à Strasbourg.

« Ce régiment, avec les dépôts des 5e et 20e régiments d'artillerie, se trouvait sous les ordres du général Barral, et constituait le seul corps d'artillerie qui avait été laissé à Strasbourg, et encore ces soldats étaient arrivés sous un déguisement, après que la ville se trouvait déjà investie par les Allemands.

« Le génie était composé de quelques gardes de 1re et de 2e classe. Les colonels Sobatier et Mengin et le commandant Ducrot, appartenant au génie, se trouvaient aussi dans la place.

« En France, le chef du département de la guerre et l'état-major général de l'empereur et du maréchal Le Bœuf étaient tellement convaincus que les Prussiens ne prendraient pas l'offensive, qu'ils n'avaient jamais songé à la possibilité de voir Strasbourg ou n'importe quelle autre place forte, assiégée par l'ennemi. Strasbourg ne se trouvait donc pas le moins du monde préparé à soutenir un siége, quand le général Alexis Uhrich, nouvellement nommé au commandement de la 6e division militaire, arriva dans ses murs.

« Le général Uhrich avait comme chef d'état-major le général Gaujal, qui mourut subitement à son arrivée, et qui fut remplacé par le général Morens.

« Strasbourg avait été choisi comme quartier général du 1er corps d'armée de Mac-Mahon; mais le 2 août, le maréchal quitta la place avec ses divisions à peine organisées pour aller prendre ses positions à Wissembourg, Wœrth, Soultz et Hagueneau.

« Avant de quitter la forteresse, Mac-Mahon prévint le général Uhrich qu'il venait de recevoir un télégramme de l'empereur qui l'informait qu'une attaque devait être faite par les Prussiens sur son corps d'armée, et que, ayant besoin de toutes ses troupes, il ne lui laisserait qu'un régiment de ligne; il ajouta que Strasbourg serait suffisamment couvert par son armée, mais qu'au cas où il serait obligé de se diriger dans le nord-ouest, il lui enverrait des renforts.

« Au départ du maréchal, la garnison de la forteresse se composait du 87e de ligne, des dépôts des 18e et 96e régiments et des 10e et 16e bataillons de chasseurs. L'état-major du général Uhrich était composé du colonel Ducasse, commandant de place, du colonel Lesieur et de l'intendant Lavalette.

« Dans la soirée du 4 août, la nouvelle de la défaite de la division Douay (Abel) à Wissembourg parvint au général Uhrich, et, le jour suivant, un grand nombre de soldats et d'officiers, quelques-uns blessés, arrivèrent à Strasbourg et apportèrent la nouvelle de la défaite de Mac-Mahon à Wœrth.

« Les renforts inattendus qui arrivaient au général Uhrich ne lui étaient pas d'une utilité si grande qu'il pourrait le sembler au premier abord; ils étaient composés d'hommes blessés ou démoralisés par la défaite, qui avaient perdu armes et bagages, et leur présence n'était pas faite pour augmenter la confiance et relever l'esprit de la garnison.

« Cependant, le général Uhrich ne perdit pas de temps; il forma immédiatement un régiment d'infanterie et un de cavalerie, composés tous deux d'hommes choisis, et il les plaça sous le commandement du colonel Rollet et du commandant de Serlay.

« Le directeur de la douane organisa aussi un bataillon de quatre cent cinquante douaniers, et l'amiral Exelmans, avec le capitaine Du Petit-Thouars, son aide de camp, qui étaient parvenus à former une flottille destinée à traverser le Rhin, restèrent avec leurs dix-neuf marins pour défendre la ville.

« Le 7 août, le général Uhrich assembla un conseil de guerre, dont il prit la présidence, pour vérifier les ressources de la forteresse.

« Elles se composaient d'une garnison de sept mille hommes d'infanterie, y compris les marins et les douaniers, de six cents hommes de cavalerie et seize cents d'artillerie, d'un bataillon de mobiles et de trois mille gardes nationaux, formant ensemble un effectif de quinze mille hommes.

« Les casernes, amplement fournies de lits, pouvaient loger dix mille hommes; il y avait du pain pour cent quatre-vingts jours, des provisions de toutes sortes pour soixante jours, mais il n'y avait que peu de bétail. Le conseil de guerre, à l'unanimité, résolut de résister énergiquement; la garnison devait être divisée en trois corps : un pour le service des remparts, un autre pour la marche, et le dernier pour la réserve. Il fut aussi décidé d'enfermer les provisions dans des caves pour les mettre à l'abri du bombardement, de renvoyer les bouches inutiles, et d'engager les femmes, les enfants et les vieillards à quitter immédiatement la ville.

« Le jour suivant, le même conseil s'assembla plusieurs fois pour prendre des mesures au sujet de la défense; il y fut résolu de nouveau de résister jusqu'à la fin.

« A cette époque, il n'était pas encore possible de prévoir la tournure que prendraient les événements, ni de croire à une ignorance si grande et si coupable d'un ministre de la guerre, qui, quelques jours auparavant, avait déclaré en pleine Assemblée législative que la France était prête — trois fois prête — et qui avait fait à la nation un faux rapport sur sa situation militaire. Comment était-il possible d'imaginer que les commandants en chef de l'armée française donneraient tant de preuves de leur incompétence dans la direction des troupes et de leurs opérations?

« Qui aurait pu croire que tant de circonstances fatales, telles que la supériorité du nombre, de l'armement, de la discipline, de la stragégie se trouveraient réunis chez un ennemi pour anéantir une nation comme la France?

« Immédiatement après la bataille de Wœrth, Strasbourg, bloqué, pouvait être attaqué régulièrement et bombardé. Une pareille appréhension était probable, mais personne n'aurait pu croire que cette importante forteresse, cet arsenal militaire, cette ville importante au point de vue politique et militaire, serait laissée sans secours.

« Le 9 août, un parlementaire porteur d'un drapeau blanc, s'approcha de la ville, et, au nom du général commandant les forces assiégeantes, il fit les sommations d'usage pour la reddition de la forteresse. Le général Uhrich était à sa fenêtre, et, pour toute réponse, il montra au messager prussien les Strasbourgeois remplissant les rues et criant : A bas la Prusse! vive la France!

« Le lendemain, la proclamation suivante fut affichée sur les murs de la ville :

« Habitants de Strasbourg,

« Depuis deux jours des rumeurs ridicules ont été répandues dans notre brave cité; quelques individus ont osé affirmer que la place se rendrait sans se défendre.

« Nous protestons énergiquement, au nom de la courageuse population, contre cette faiblesse lâche et criminelle.

« Les remparts sont armés de quatre cents canons, la garnison est composée de onze mille hommes et de la garde nationale.

« Si Strasbourg est attaqué, Strasbourg se défendra, tant qu'il restera un soldat, un biscuit, une cartouche.

« Les braves peuvent être tranquilles ; les autres n'ont qu'à s'en aller.

« Général UHRICH.

« 10 août 1870. »

« Le corps d'armée de Mac-Mahon avait opéré sa retraite sur Saverne, Lunéville et Châlons, et l'investissement de Strasbourg allait probablement suivre la défaite du 1er corps. Le premier soin du général Uhrich fut d'établir un observatoire d'où les mouvements de l'ennemi, la marche de ses colonnes et de ses convois pourraient être surveillés. Cet observatoire fut placé au sommet de la tour de la magnifique cathédrale, mais les bombes prussiennes en eurent bientôt raison ; et la cathédrale elle-même souffrit considérablement des projectiles.

« Du haut de cet observatoire, de fortes colonnes prussiennes furent signalées le 11 août, à quatre heures du soir. Ces divisions, composées d'hommes de toutes armes, arrivaient de Schiltigheim par la route de Lauterbourg. L'ennemi prit ses positions au nord à quelques milles des travaux avancés, dans les villages de Kœnigshoffen, Oberhausbergen, Mittelhausbergen et Schiltigheim, formant un cercle de près de quatre kilomètres.

« Le gouverneur, désirant empêcher toute tentative de reddition, fit publier une autre proclamation, admirable d'énergie. A la nuit, en présence des événements, il fit occuper les travaux avancés par des forces imposantes.

« Donnons, en passant, quelques détails sur cette forteresse remarquable.

« Strasbourg est une ville forte de premier ordre, située dans la vallée du Rhin et de l'Ill. Elle est divisée en deux parties par cette dernière rivière, qui la traverse du sud-ouest au nord-est. Elle est bâtie au milieu d'une plaine fertile, à un mille du Rhin et de Kehl ; ses maisons sont élevées, mais lourdes et peu élégantes. Quelques-unes de ses rues sont larges et bien alignées, mais la plupart sont étroites et tortueuses. Sa cathédrale, spécimen du style gothique, est une des plus belles de l'Europe ; elle fut commencée en 1015 et achevée en 1275. La tour, qui a cent quarante-neuf mètres de hauteur, est un chef-d'œuvre d'architecture ; elle est construite en pierres de taille si délicatement sculptées à jour que, de loin, elles offrent quelque ressemblance avec de la dentelle.

« Strasbourg est une ville très ancienne et porta jadis le nom d'Argentoratum. Elle devint un des plus grands établissements des Romains dans les Gaules. Les barbares s'en emparèrent ; Attila la ravagea ; Clovis l'enleva aux Allemands. Elle fit partie du royaume d'Austrasie et devint ensuite le siège d'une république indépendante jusqu'à sa réunion à la France en 1681. Louis XIV en fit une des places les plus fortes de l'Europe.

« Ses fortifications sont très-étendues ; elles ont la forme d'un triangle isocèle, dont l'extrémité orientale, qui touche au Rhin, est défendue par un bastion à cinq angles ; c'est sur ce côté de la ville que les Allemands dirigèrent leur principale attaque.

« Les deux parties de la place, séparées par l'Ill, peuvent être facilement inondées, et les fossés, généralement, sont remplis d'eau. Le côté nord des fortifications est, ainsi que les deux autres, composé d'un système de solides bastions, avec des lunettes et des ouvrages fortifiés, communiquant avec les fortifications mêmes par une double ligne de casemates. Ses extrémités sont défendues par deux forts : le fort des Pierres au nord, le fort Blanche au sud. Une route militaire passe au pied des remparts.

« En avançant du nord au sud de ce front d'attaque, on rencontre différents postes militaires : la porte des Pierres, conduisant à la route de Lauterbourg ; la porte de Saverne, sur la route de Saverne, et la porte Blanche, entre les deux premières. Le chemin de fer de Paris traverse les travaux fortifiés, et son débarcadère se trouve dans l'intérieur de la ville, près de la cathédrale. Une autre ligne, celle de Bâle à Strasbourg, rejoint la première à un kilomètre au sud de la porte Blanche ; elle se dirige de l'ouest à l'est vers Kehl, et de là pénètre dans le grand-duché de Bade.

« Nous ne donnerons la description que de ce seul côté des fortifications, parce qu'il a été le principal point d'attaque. Son étendue est de onze cents mètres.

« Le siège de Strasbourg peut être divisé en trois périodes : la première, depuis la déclaration de guerre jusqu'à l'investissement que nous venons de décrire ; la seconde, depuis l'investissement jusqu'au bombardement ; et la troisième, depuis l'assaut jusqu'à la capitulation.

« Nous allons passer maintenant à la seconde période du siège.

« L'approche de l'ennemi fut non-seulement signalée de l'observatoire, dans la journée du 11 août, mais encore, dans la matinée du 12, des espions français vinrent informer les autorités militaires que le corps du général von Werder, composé de plusieurs fortes colonnes, prenait définitivement ses positions en tête des travaux ou lunettes, protégeant les bastions 11 et 12 du côté nord.

« Le général Uhrich, d'accord avec son conseil, prit les arrangements suivants :

« La défense générale du périmètre de la ville serait divisée en quatre sections, ayant pour commandants le général Moreno, l'amiral Excelmans, et deux colonels qui se trouvaient dans la ville. Les régiments provisoires devaient occuper la forteresse, et les mobiles étaient désignés pour appuyer leurs opérations.

« Les ambulances, sous la direction des intendants Brisac et Milon, furent bientôt organisées, et deux étudiants de l'Ecole de médecine se chargèrent du service médical.

« L'ennemi ayant établi ses positions au nord-ouest, à l'arrière des villages, commença par lancer quelques bombes sur les travaux fortifiés et à engager un feu de mousqueterie bien soutenu, comme pour expérimenter la portée et l'efficacité de son tir. La garnison répondit vigoureusement à ce feu. Les hostilités étaient ouvertes, mais il était encore douteux si la prise se ferait par un siége régulier ou par un blocus.

« Les forces des Allemands n'étaient pas connues, et, pour s'assurer du nombre réel de leurs troupes, le général Uhrich, le 13 août, ordonna une reconnaissance par deux escadrons de cavalerie et deux compagnies d'infanterie. Ces hommes poussèrent jusqu'aux villages de Neuhaff et Alkirch, et revinrent sans avoir rencontré de résistance sérieuse, après avoir capturé cent bœufs et quelques provisions.

« Dans la nuit du 13 au 14, la canonnade et les décharges de mousqueterie tinrent les habitants en éveil et leur procurèrent un avant-goût des calamités qui allaient fondre sur leur malheureuse cité. Au jour, on signala de l'observatoire le placement d'une batterie prussienne et de trois obusiers sur la ligne du chemin de fer de Saverne à Bâle. Le feu des assiégeants devint plus violent, et la portée de leurs gros canons, l'adresse de leurs pointeurs, furent sur-le-champ reconnues. C'est à peine si les projectiles des forts atteignaient les Allemands, tandis que le feu de ceux-ci, précis et bien dirigé, battait en brèche les ouvrages avancés des forts.

« A trois heures de l'après-midi, le général Uhrich fit faire une seconde reconnaissance, sur la rive gauche de l'Ill, par le colonel Moritz, du génie. Cet officier, avec neuf cents hommes de la ligne, cinquante hommes de cavalerie et deux canons de campagne, attaqua le camp prussien, et, après un furieux engagement avec l'ennemi, il se retira dans la ville. Le même jour, le général d'artillerie Barral réussit à pénétrer dans Strasbourg sous le déguisement d'un ouvrier.

« Il est à remarquer qu'après la capitulation, ce même général Barral, avec sa fille, parvint à se soustraire à la captivité. Il occupe maintenant un commandement dans l'armée de Lyon. Mais un grand malheur a frappé notre brave général, un des plus glorieux défenseurs de Strasbourg. Sa fille, épouvantée des scènes horribles dont elle avait été témoin, en a perdu la raison. Néanmoins on conserve l'espoir de sauver cette courageuse jeune femme, qui, durant le siége, a été une des gardiennes les plus dévouées des malades et des blessés.

« Le 15 août, jour de la fête de l'empereur, un *Te Deum* fut célébré dans la cathédrale, sous le feu même des canons allemands. A deux heures, leurs boulets attaquaient le front de la deuxième section de défense, commandée par le général Petitfried. Vers le soir les ennemis s'approchèrent de la ville; l'intensité de leur feu avait augmenté. Plusieurs habitants furent tués, et un vaste incendie s'était déclaré dans la ville.

« Comme les assiégés n'étaient pas assez forts pour résister aux Prussiens, et que leurs troupes n'étaient pas en nombre suffisant pour faire des sorties, leur seule chance de salut était de défendre la ville sous le couvert des remparts.

« L'immense supériorité de l'artillerie allemande, le calibre de leurs canons si peu en proportion avec ceux des Français, prouvèrent bientôt à la garnison, ainsi qu'aux habitants, que leur défense était sans espoir.

« Le lendemain fut plus désastreux encore pour nos troupes. Le général Uhrich, dans le but de pénétrer les projets de l'ennemi et de prévenir la construction de nouvelles batteries, fit faire une nouvelle reconnaissance par deux bataillons, deux escadrons de cavalerie et une batterie d'artillerie. Cette colonne s'avança vers le nord-ouest et se rencontra avec des forces importantes. Un engagement eut lieu; il se termina par la retraite des Français, qui laissèrent aux mains de l'ennemi trois canons et quelques prisonniers.

« Le colonel Fiével fut dangereusement blessé dans cette affaire.

« Une des pièces de campagne fut reprise par quelques paysans et rapportée dans la ville.

« Le 17, on aperçut des masses compactes de Prussiens entre le chemin de fer de Paris et la route de Saverne. Ces colonnes, soutenues par une puissante artillerie, s'avançaient dans la direction de Wolfisheim, via Hambergen. Wolfisheim est un village situé à quatre kilomètres des travaux fortifiés de Strasbourg, sur la petite rivière de la Brüche, et il avait été choisi comme point de concentration pour se troupes en marche. Le 87e de ligne fut envoyé en reconnaissance, pour protéger quatre cents ouvriers occupés à couper les arbres et à dégager le terrain près de la porte Blanche en tête de la seconde section de défense.

« Les soldats du 87e de ligne, commandés par leur brave colonel, s'avancèrent sur le village de Schiltigheim, qu'ils trouvèrent barricadé et bien défendu. Après une escarmouche dans laquelle ils perdirent vingt-cinq hommes, ils se retirèrent, leur but de reconnaître la position ennemie ayant été complétement atteint.

« Le feu des Prussiens continua sans interruption pendant toute la journée du 18, et le lendemain ils commencèrent dans toute sa rigueur le bombardement de la ville.

« Je ne raconterai pas les horreurs de ces trente-neuf jours de souffrances endurées par la courageuse population de Strasbourg, les faits d'armes de la brave garnison, l'énergie et la sublime résistance des chefs, l'héroïque défense de la forteresse par l'illustre général Uhrich. Tant de détails ont été publiés à ce sujet par les journaux, qu'il serait superflu de les répéter ici.

« Le 27 septembre, après une défense qui a provoqué l'admiration de toute l'Europe et qui restera comme un des plus pénibles événements dans l'histoire de la France, le général Uhrich, reconnaissant qu'une plus longue résistance était impossible, adressa la proclamation suivante aux habitants de Strasbourg :

« Ayant reconnu aujourd'hui que la défense de la place de Strasbourg n'est plus possible, et le comité de défense partageant à l'unanimité mon avis, j'ai dû recourir à la triste nécessité d'entamer des négociations avec le commandant général de l'armée de siège. Votre attitude virile dans ces longs jours d'épreuves douloureuses m'a permis de retarder autant que possible la chute de notre ville. L'honneur civique, l'honneur militaire, sont intacts. Je vous en remercie.

« Je vous en remercie aussi, préfet du Bas-Rhin et magistrats de la ville, qui, par votre énergie et votre concorde, m'avez prêté un si précieux concours; qui veniez en aide à la malheureuse population et qui avez su soutenir hautement son attachement à notre patrie commune. Je vous remercie, chefs militaires et soldats! surtout vous, membres de mon comité de défense, qui êtes toujours restés si unis, si énergiques, si dévoués à la grande mission que nous avions à accomplir, qui m'avez toujours soutenu dans les moments d'hésitation, conséquence de la lourde responsabilité qui pesait sur moi et de la vue des malheurs publics qui m'entouraient.

« Merci aussi à vous, représentants de notre armée navale, qui avez fait oublier votre petit nombre par l'énergie de vos actes. Merci, enfin à vous, enfants de l'Alsace, à vous, gardes mobiles, francs-tireurs, volontaires, artilleurs de la garde nationale, qui avez si noblement payé le tribut de votre sang à la grande cause perdue aujourd'hui; à vous, douaniers, qui avez aussi donné des preuves de courage et de dévouement. Je dois la même reconnaissance à l'intendance pour le zèle avec lequel elle a su suffire aux exigences d'une situation difficile sous le rapport des subsistances, aussi bien que sous celui du service des ambulances.

« Comment pourrais-je trouver des expressions suffisantes pour dire combien je suis reconnaissant aux médecins civils et militaires qui se sont dévoués à donner des soins à nos blessés, et à nos malades, à ces nobles jeunes gens de l'École de médecine, qui ont accepté avec tant d'enthousiasme le poste dangereux des ambulances dans les forts et aux portes? Comment pourrai-je aussi remercier les personnes charitables des institutions religieuses et publiques qui ont ouvert leurs maisons à nos blessés, leur ont donné des soins si touchants et les ont arrachés à la mort?

« Je conserverai jusqu'à mes derniers jours le souvenir des deux

GENERAL SARICH (page 158)

derniers mois, et les sentiments de gratitude et d'admiration que vous m'avez inspirés ne s'éteindront qu'à ma mort. Vous, de votre côté, souvenez-vous sans amertume de votre vieux général, qui se serait estimé si heureux de vous épargner les dangers et les souffrances qui vous ont frappés, mais qui a dû fermer son cœur à ces sentiments pour ne songer qu'au devoir, à la patrie qui pleure ses enfants. Fermons, si nous le pouvons, les yeux sur le présent sombre et douloureux, et tournons nos regards vers l'avenir; là nous retrouverons l'appui des malheureux, l'espérance.

« Vive la France à jamais!

« Fait au quartier-général, le 27 septembre 1870. »

« Telles furent les nobles paroles du brave général Uhrich!

« La capitulation fut conclue et signée, mais la défense incomparable de Strasbourg ne sera jamais oubliée. »

Le général Uhrich, qui commandait Strasbourg, est né à Phalsbourg en 1802.

Le Gouvernement de la défense nationale fit suivre la communication de la douloureuse nouvelle de la capitulation de Strasbourg du décret suivant:

« Le Gouvernement de la défense nationale,

« Considérant que la noble cité de Strasbourg, par son héroïque résistance à l'ennemi pendant un siège meurtrier de plus de cinquante jours, a resserré les liens indissolubles qui rattachent l'Alsace à la France;

« Considérant que, depuis le commencement du siège de Strasbourg, la piété nationale de la population parisienne n'a cessé de prodiguer autour de l'image de la capitale de l'Alsace le témoignage du patriotisme le plus touchant et de la plus ardente reconnaissance pour le grand exemple que Strasbourg et les villes assiégées de l'Est ont légué à la France;

« Voulant tout à la fois perpétuer le souvenir du glorieux dévouement de Strasbourg et des villes de l'Est à l'indivisibilité de la République et des généreux sentiments du peuple de Paris,

« Décrète:

« Art. 1er. — La statue de la ville de Strasbourg, qui se trouve actuellement sur la place de la Concorde, sera coulée en bronze et maintenue sur le même emplacement, avec inscription commémorative des hauts faits de la résistance des départements de l'Est.

« Art. 2. — Le ministre de l'instruction publique est chargé de l'exécution du présent décret. »

C'était dignement rendre hommage à l'héroïque cité qui donnait à Paris un grand exemple à suivre.

CHAPITRE IX

COMBATS DE CHEVILLY ET CHATILLON — CHATEAUDUN — LE BOURGET — MANIFESTATION DU 31 OCTOBRE

Combat de Chevilly (30 septembre.) — Manifestation des 5 et 8 octobre. — Discours de M. Jules Favre. — Paris et la province. — Départ de M. Gambetta pour la Délégation de Tours. — Combat de Châtillon (13 octobre). — Le comte de Dampierre. — L'armée de Paris. — Ordre du jour du général Trochu. — La défense de Paris, organisée par le Gouvernement de la défense nationale. — Châteaudun. — Combat de Rueil (21 octobre). — Occupation du Bourget (23 octobre). — Reprise du Bourget (30 octobre). — Proposition d'armistice faite par les puissances neutres. — Capitulation de Metz. — Journée du 31 octobre. — La Commune. — Arrestation des membres du Gouvernement. — M. Blanqui. — M. Gustave Flourens. — Les purs. — Vote du 3 novembre. — Le Gouvernement de la défense nationale.

La journée du 29 septembre se passa à Paris en escarmouches, au sud, à l'est et au nord.

Le 30 eut lieu le combat de Chevilly : à la suite de l'occupation, par la division Maud'huy, des positions voisines de Villejuif, les Prussiens étaient restés maîtres des villages de l'Hay, au couchant du plateau de Villejuif et dans la vallée de la Bièvre, de Chevilly au centre, de Thiais et de Choisy-le-Roi, à l'est, protégeant ainsi leur ligne de communication sur Versailles ; car, depuis le 20 septembre, la ville de Louis XIV était devenue le quartier général des armées assiégeantes et le palais du Roi-Soleil servait d'hôtel à l'état-major allemand.

Depuis quelques jours, nos reconnaissances avaient remarqué que les Prussiens faisaient sur la ligne de Choisy-le-Roi à Versailles des travaux de terrassement et crénelaient les villages. Le Gouvernement de la défense nationale décida qu'une action combinée sur les deux rives de la Seine serait tentée pour reconnaître exactement les forces établies dans ces positions.

Dans ce but, les troupes du général Vinoy se massèrent pendant la nuit du 29 au 30, vers les forts d'Ivry, de Bicêtre et de Montrouge, en arrière de nos postes avancés. Le mouvement commença au point du jour. La droite suivait un chemin qui longe la crête de la colline au-dessus de la vallée de la Bièvre, entre la redoute des Hautes-Bruyères et le village de l'Hay; le centre s'avançait à travers champs, directement sur Chevilly; la gauche suivait, au delà de Villejuif, la route de Paris à Fontainebleau.

Les Prussiens s'étaient fortifiés dans l'établissement agricole des pères du Saint-Esprit, situé dans le hameau de Chevilly, et dans un clos, dépendance de cet établissement, qui est entouré de murs très-forts. Le parc de l'établissement des pères du Saint-Esprit a une étendue d'environ trente hectares et est entouré de sauts de loup avec des terrasses couvertes par des allées de vieux tilleuls. Abrités derrière les troncs de ces arbres, les Prussiens dirigèrent sur nos troupes un feu très-vif de mousqueterie et de canon, auquel elles répondirent avec énergie. Vers huit heures du matin, le village de Chevilly fut occupé par le 35e et le 42e de ligne, sous les ordres du général Guilhem qui tomba sur le champ de bataille, frappé de six balles. Ce brave officier n'avait que cinquante-cinq ans. Engagé volontaire en 1831, il avait conquis tous ses grades à la pointe de l'épée, et le général Trochu, le jour des obsèques du courageux général, rendit hommage à son caractère et à sa bravoure, et termina une courte allocution en disant : « Je ne dirai qu'un mot devant le cercueil du général Guilhem : il a bien vécu, il s'est battu comme un brave, il est mort en soldat. Messieurs, je le recommande à votre souvenir. »

Pendant que les troupes aux ordres du général Guilhem occupaient Chevilly, la tête de colonne de la brigade Blaise, de la division de Maud'huy, pénétrait dans le village de Thiais et s'emparait d'une batterie qui ne put être enlevée faute d'attelages. L'aile droite, commandée par le général de Maud'huy, avait été forcée de s'arrêter devant la redoute de l'Hay.

Mais, à ce moment, l'ennemi appela à lui les masses concentrées à sa portée, qui ne s'élevaient pas à moins de trente mille hommes, et nos généraux reconnurent que l'ennemi défendrait avec opiniâtreté la position qui couvre la vallée de la Seine vers Choisy, comme celle qui, à l'Hay, couvre la vallée de la Bièvre. « Alors, dit le rapport militaire, publié par le gouvernement, le général Vinoy, jugeant que l'entreprise ne devait pas être poussée plus loin, ordonna la retraite. Elle s'est effectuée sous le feu avec un calme qui fait honneur à nos troupes. Les chasseurs d'Afrique sont arrivés pour la soutenir. De son côté, le fort de Bicêtre a envoyé par-dessus la tête de nos régiments, dans le village de Chevilly qu'ils évacuaient, plusieurs volées de canon. Nos pertes ont été considérables pour les brigades qui ont directement attaqué les positions fortifiées de l'ennemi. Nous avons à regretter la mort du général Guilhem, qui a bien mérité du pays. »

On évalue à quatre cents le nombre des hommes tués, et à douze cents environ celui des blessés dans le combat de Chevilly.

Pendant le combat, la brigade Susbielle, sous les ordres du général

Blanchard, avait fait, en avant d'Issy et sur le Bas-Meudon, une brillante reconnaissance qui dura cinq heures et demie; nos troupes rencontrèrent trois régiments de la garde prussienne, qui furent forcés de se replier, laissant sur le terrain nombre d'armes et de casques.

Le 1ᵉʳ octobre, il n'y eut pas d'hostilités en avant de nos positions de Villejuif.

En avant de nos forts du Nord-Est, il y eut plusieurs reconnaissances poussées très-brillamment, de Noisy sur Bondy, par quatre compagnies des 3ᵉ et 4ᵉ bataillons des éclaireurs de la Seine (commandant Poulizac), et de Romainville sur Drancy et le chemin de fer de Soissons, par les francs-tireurs des Lilas (commandant Anquetil). La première de ces reconnaissances dépassa Bondy et s'avança vers la Maison-Blanche, forçant ainsi l'ennemi à découvrir, sur ce point, une batterie de quatre pièces, qui a lancé sur elle cinq ou six obus. L'infanterie ennemie s'était retranchée fortement dans les maisons environnantes, et une attaque prolongée aurait pu être payée chèrement sans grand résultat. La retraite se fit en bon ordre; l'ennemi perdit dans ce combat une quinzaine d'hommes.

Le corps des francs-tireurs des Lilas traversa Bobigny et enleva Drancy sous le feu des tirailleurs ennemis. Après avoir poursuivi les Prussiens jusqu'à la ligne du chemin de fer, le commandant Anquetil fit replier sa troupe, en apprenant que des forces sérieuses se montraient du côté du Bourget et d'Aunay.

Pendant la nuit du 1ᵉʳ au 2 octobre, un détachement de francs-tireurs des *Guérillas de l'Ile de France* pénétra dans le camp prussien près de Bicêtre et mit en déroute les mille hommes qu'il renfermait.

Jusqu'au 10 octobre, il n'y eut aucun engagement sérieux; tout se borna à quelques coups de feu échangés entre nos reconnaissances et les avant-postes ennemis.

Paris, en apprenant la capitulation de Strasbourg, se découragea un instant et commença à douter. Le tempérament français va facilement d'un extrême à l'autre. Une des plus grandes souffrances que l'investissement de la capitale imposait à sa population était certainement l'absence complète de toute espèce de nouvelles.

Un malaise indéfinissable s'emparait des âmes; le bien et le mal étaient exagérés; les bruits les plus divers étaient accueillis et colportés, et le trouble moral s'en accrut nécessairement. Le gouvernement ne recevant pas de nouvelles sûres, ne pouvait faire de communication à la population parisienne, qui l'accusait de lui cacher de nouveaux malheurs. On se montrait sévère pour les hommes que l'acclamation populaire avait portés au pouvoir le 4 septembre.

Le 5 octobre, M. Gustave Flourens se rendit avec huit mille hommes en armes à l'Hôtel de Ville et réclama des chassepots, la Commune et des sorties en masse. Les membres du gouvernement lui répondent, dit M. Jules Claretie, auteur de *Paris assiégé*, « qu'il faut bien remplacer les armes qui se perdent ou se brisent; que pour en fabriquer, il faut de l'acier et qu'on n'a plus d'acier;

que pour des sorties il faut du canon et qu'on en fabrique; qu'il patiente, qu'on livrera bientôt deux mitrailleuses par jour. Il s'est entêté, et, malgré Trochu, malgré Dorian exposant pratiquement les choses ; malgré Etienne Arago, malgré Gambetta, malgré une partie de ses officiers eux-mêmes qui le suppliaient, il a maintenu sa démission. « Flourens, lui disait l'un d'eux, vous serez responsable du sang qui va être versé ! » Trochu, ému, lui répétait : « Je ne voudrais pas, monsieur le major, que les Prussiens fussent instruits de votre démarche et qu'ils croient à une désunion. On se bat à cette heure. Je devrais être aux remparts et je suis ici à vous écouter ! » Pâle, froid, résolu, Flourens est sorti, maintenant sa décision. »

Les orateurs des clubs réclamaient les élections municipales, et il avait été décidé que ces élections auraient lieu le dimanche et le lundi 10, *avec ou sans* le concours du gouvernement. Une affiche invitait les gardes nationaux et les citoyens à se réunir le samedi 8 octobre sur la place de l'Hôtel de Ville pour demander l'élection immédiate de la Commune de Paris.

La manifestation ne fut pas ce que ses auteurs avaient désiré, et le petit nombre de ses adhérents, noyé dans le flot de la contre-manifestation qui s'était spontanément organisée, virent échouer leurs projets, si coupables dans les circonstances exceptionnelles où se trouvaient Paris et la France.

Le général Trochu, accompagné de son état-major, se dirigea vers la place de l'Hôtel de Ville, à deux heures environ. Il fut accueilli avec les cris les plus sympathiques. Les groupes hostiles, comprenant leur impuissance, se retirèrent, et la garde nationale ayant occupé la place dans toute son étendue, les membres du Gouvernement de la défense nationale sortirent de l'Hôtel de Ville pour la passer en revue. Ils furent accueillis par les cris mille fois répétés de *Vive la République ! Vive le Gouvernement ! Pas de Commune !*

Après la revue, les officiers se rangèrent en cercle, et M. Jules Favre leur adressa les paroles suivantes :

« Messieurs,

« Cette journée est bonne pour la défense, car elle affirme une fois de plus et d'une manière éclatante notre ferme résolution de demeurer unis pour sauver la patrie. Cette union intrépide, dévouée dans une seule et même pensée, elle est la raison d'être du Gouvernement que vous avez fondé le 4 septembre. Aujourd'hui, vous consacrez de nouveau sa légitimité. Vous entendez le maintenir pour qu'avec vous il délivre le sol national de la souillure de l'étranger; de son côté, il s'engage envers vous à poursuivre ce noble but jusqu'à la mort, et, pour l'atteindre, il est décidé à agir avec fermeté contre ceux qui tenteraient de l'en détourner.

« Par un redoutable hasard de la fortune, Paris a l'honneur de concentrer sur lui les efforts des agresseurs de la France ; il est son boulevard; il la sauvera par votre abnégation, par votre courage, par vos vertus civiques, et si quelques téméraires essayent de jeter dans son sein des germes de division, votre bon sens les étouffera sans peine. Tous, nous eussions été heureux de donner aux pouvoirs mupaux le fondement régulier d'une libre élection, mais tous aussi nous avons compris que, lorsque les Prussiens menacent la cité, ses habitants ne peuvent être qu'aux remparts, et même au dehors, où ils brûlent d'aller chercher l'ennemi. Quand ils l'auront vaincu, ils reviendront aux urnes électorales; et, au moment où je vous parle, entendez-vous l'appel suprême qui m'interrompt? C'est la voix du canon qui tonne et qui nous dit à tous où est le devoir.

« Messieurs, un mot encore. Aux remerciements du Gouvernement, qui est votre œuvre, votre cœur, votre âme, qui n'est quelque chose que par vous et pour vous, laissez-moi mêler un avis fraternel : que cette journée ne fasse naître en nous aucune pensée de colère ou même d'animosité. Dans cette grande et généreuse population, nous n'avons pas d'ennemis. Je ne crois pas même que nous puissions appeler adversaires ceux qui me valent l'honneur d'être maintenant au milieu de vous.

« Ils ont été entraînés; ramenons-les par notre patriotisme. La leçon ne sera pas perdue pour eux; ils verront par votre exemple combien il est beau d'être unis pour servir la patrie, et désormais c'est avec nous qu'ils voleront à sa défense. »

M. Jules Favre avait raison de dire que la journée du 8 octobre était bonne pour la défense; elle équivalait à une victoire remportée sur l'ennemi, en ce sens qu'elle lui enlevait sa suprême espérance, la discorde intestine, l'émeute dans les rues de Paris, et qu'elle infligeait le plus éclatant démenti à cette parole de M. de Bismark à notre ministre des affaires étrangères : « Si d'ici à quelques jours Paris n'est pas pris, la populace vous aura renversé. »

Quand nous parlerons des tentatives de révolution du 31 octobre et du 20 janvier, nous dirons quelques mots sur les clubs de Paris pendant le siège et sur les principaux meneurs de ces mouvements coupables.

Paris reprit confiance; ses défenseurs aujourd'hui étaient nombreux : le Gouvernement avait organisé en gardes nationaux tous les volontaires et tous les hommes de vingt et un à quarante ans, et le ministre de la guerre constatait dans un rapport officiel que l'armée de Paris se composait de deux cent quatre vingt mille gardes nationaux, quatre-vingt-dix mille gardes mobiles, vingt mille francs-tireurs et cent mille hommes de troupes. Paris était imprenable si la province lui envoyait seulement une armée de secours. Viendra-t-elle cette armée? Voilà ce que Paris se demandait avec inquiétude! On savait bien que M. de Kératry, qui avait donné sa démission de préfet de police, était parti en ballon pour aller former dans les départements de l'Ouest une armée de Bretons et de Vendéens; on disait que M. Estancelin était à la tête de plusieurs régiments de gars normands, mais on ne connaissait rien d'exact quant à l'importance et à la situation de ces armées. MM. Crémieux et Glais-Bizoin, délégués du Gouvernement à Tours, manquaient complétement d'initiative et d'ardeur juvénile. Et on était peu rassuré en pensant que l'amiral Fourichon ne voulant plus se charger de l'intérim de la guerre, avait été remplacé dans ce département par le ministre de la justice. Le vénérable,

M. Crémieux, ministre de la guerre! Il y avait là de quoi, il faut l'avouer, décourager complétement la population parisienne.

Le Gouvernement de la défense nationale le comprit, et il envoya à Tours M. Gambetta pour prendre la direction du ministère de la guerre. Le ministre de l'intérieur partit le 10 octobre en ballon, sur l'*Armand-Barbès*. Ce ballon, victime d'un accident, ayant à lutter contre des vents contraires, faillit tomber au milieu des Prussiens. L'aéronaute put heureusement lutter contre les obstacles et le ballon descendit à Épineuse, département de la Somme.

A Amiens, à Rouen, le ministre de l'intérieur est accueilli avec enthousiasme par la population, qui voit en lui l'élément jeune destiné à galvaniser la Délégation de Tours.

A Tours, M. Gambetta est acclamé; son arrivée est considérée comme un coup de fortune pour la France, dont le sort était en des mains un peu séniles. Il s'occupe aussitôt de faire lever la province et de former des armées destinées à venir au secours de Paris.

Paris bloqué ne pouvait se sauver seul : il fallait que la province vînt à son secours ; isolée, l'armée de Paris pouvait sauver l'honneur, mais avec la province, la France était sauvée. Voilà ce qu'il s'agissait de faire comprendre aux départements. M. Gambetta se voua corps et âme à cette œuvre ; il déploya une activité infatigable et accomplit des prodiges comme organisation. Nous le prouverons aisément quand nous parlerons des armées de province.

Dans la soirée du 11 octobre, le général Blanchard occupa, sans coup férir, la maison Millaud, avant-poste ennemi menaçant Cachan. La mise en défense commença immédiatement et fut continuée pendant toute la nuit et durant toute la journée du lendemain.

Le 12, rien à signaler, à part deux reconnaissances faites, l'une par le lieutenant-colonel Reille, commandant le régiment des gardes mobiles du Tarn, pour s'assurer de la présence des forces ennemies au bois de Neuilly et au plateau d'Avron ; l'autre par le général Ducrot, au delà de la Malmaison.

Le 13, une sortie vigoureuse de nos troupes eut lieu sur Bagneux et Châtillon. La 3ᵉ division du 13ᵉ corps (général Blanchard), fut chargée de l'action. Les troupes furent disposées en trois colonnes : celle de droite, formée par deux bataillons du 13ᵉ de marche, avec cinq cents gardiens de la paix, devait agir dans la direction de Clamart ; celle du centre, sous le commandement du général Susbielle (14ᵉ de marche et un bataillon du 13ᵉ et cinq cents gardiens de la paix) devait attaquer Châtillon par la droite ; celle de gauche, enfin, formée par les mobiles de la Côte-d'Or et un bataillon des mobiles de l'Aube, sous le commandement du colonel de Grancey, devait forcer Bagneux et s'y établir solidement, tandis que le 35ᵉ de ligne, avec un autre bataillon de la Côte-d'Or, devait aborder Châtillon et occuper Fontenay, pour surveiller la ligne de Sceaux.

La division Blanchard était soutenue par la brigade Dumoulin, de la division Maud'huy et par la brigade La Charrière, de la division Caussade. Les mouvements commandés étaient protégés par le tir soutenu des forts de Montrouge, d'Issy et de Vanves.

La colonne de droite s'empara, sans coup férir, de Clamart, mais elle fut obligée de s'y maintenir sans pousser plus avant, en présence des forces ennemies massées sur le plateau de Châtillon.

La colonne commandée par le général Susbielle attaqua vigoureusement Châtillon; mais elle fut arrêtée à l'entrée du village par des barricades et par une vive fusillade partie des maisons crénelées. Les troupes furent obligées d'emporter une à une toutes les maisons. Le général Susbielle reçut un coup de feu à la jambe, mais il n'en resta pas moins à la tête de ses troupes.

La colonne de gauche enleva rapidement Bagneux. Les mobiles de la Côte-d'Or, dont la conduite brillante avait déjà été signalée deux fois, et le 1er bataillon des mobiles de l'Aube, qui voyait le feu pour la première fois, se montrèrent admirables d'entrain et aussi solides que de vieilles troupes. Dans cette attaque, le commandant de l'Aube fut tué à la tête de son bataillon.

Le 35e de ligne et un bataillon de la Côte-d'Or pénétrèrent jusqu'au cœur du village de Châtillon, après avoir fait le siège des maisons et des murs du parc, crénelés et vigoureusement défendus. Pendant ce temps, la brigade Dumoulin occupait le bas de Bagneux et la brigade La Charrière faisait taire, par son artillerie habilement dirigée, le feu d'une batterie ennemie, postée vers l'extrémité de Bagneux.

Après cinq heures de combat, le gouverneur ordonna la retraite qui s'effectua dans le plus grand ordre, appuyée par les troupes laissées en réserve. La journée avait été bonne : l'ennemi avait été obligé de déployer toutes ses forces et avait subi de fortes pertes; il laissa plus de trois cents morts dans Bagneux seulement et dut nous demander une suspension d'armes, qui lui fut accordée, pour relever ses morts. De notre côté, nous n'avions eu que cinquante hommes tués et cent cinquante blessés. L'ennemi laissa entre nos mains environ cent vingt prisonniers.

Le commandant des mobiles de l'Aube, tué au combat de Bagneux, était M. le comte Picot de Dampierre. Il possédait de magnifiques équipages et une écurie de courses qui avait été souvent victorieuse sur le turf de Paris; il avait une immense fortune et était âgé de trente-cinq ans à peine. Il quitta tout pour venir défendre Paris; il savait que « noblesse oblige » et qu'un de ses ancêtres était enterré au Panthéon. Il fut vaillant soldat comme il était loyal gentilhomme.

Lorsque le droit d'élire leurs chefs fut donné aux gardes mobiles, M. de Dampierre fut réélu à l'unanimité, — car il était estimé par ses soldats pour sa bravoure et sa loyauté, — malgré l'article récent d'un journal démagogique qui le signalait comme bonapartiste et qui déclarait que le peuple ne voulait pas de nobles à la tête des armées. Si Louis Bonaparte ne s'est pas conduit en soldat, il y a des bonapartistes qui sont morts en braves, comme le commandant Baroche, tué au Bourget. Et les nobles ont prouvé, pendant cette guerre, qu'ils avaient toujours pour devise : *En avant!* Les de Dampierre, les de Grancey, les Chevreuse, les d'Estourmel, les Neverlée ont montré à certains faux patriotes qui ont accusé les uns de tiédeur, les autres de lâcheté, et qui sont restés tranquillement chez eux, les pieds sur les chenets, comment il faut se battre, comment on doit mourir !

Du 13 octobre, date de l'affaire de Châtillon, dont nous venons de parler, au 21 octobre, date du combat de Rueil, nos troupes firent quelques sorties sans importance et nos forts lancèrent des obus sur les postes prussiens ; le 18, les batteries de la Faisanderie tirèrent avec succès sur plusieurs postes servant à l'ennemi, et le fort du Mont-Valérien inquiéta durant toute la journée les travaux que les Prussiens cherchaient à établir à Montretout. Le 20, une reconnaissance exécutée en avant des forts de Rosny et de Nogent, par les mobiles de la Drôme, de la Côte-d'Or et du Tarn, permit de constater la position des avant-postes prussiens, établis à Launay, la Maison-Blanche et Neuilly-sur-Marne, c'est-à-dire à quatre kilomètres de Nogent.

Un fait digne de remarque, c'est que toutes nos reconnaissances atteignaient leur but proposé. Les jeunes soldats, les gardes mobiles de la Seine et des départements, les francs-tireurs rivalisaient de courage, d'audace et de sang-froid. Chacun faisait largement son devoir ; ce n'était plus l'armée de l'empire, avec sa déplorable organisation, que les Prussiens avaient devant eux, c'était un peuple entier, un peuple armé, un peuple frémissant qui était invincible ; c'était la France républicaine, la France régénérée.

Le général Trochu, quelques jours après le combat de Châtillon, avait rompu hautement avec une des plus déplorables traditions monarchiques et avait publié un ordre du jour qui est plus qu'une théorie ou une profession de foi républicaine, qui est un acte essentiellement républicain. Le gouverneur de Paris avait écrit aux chefs de corps la lettre suivante :

« Je suis absolument résolu à faire cesser les vieux errements, originaires de la guerre d'Afrique, qui consistent à citer, après chaque engagement, une foule de noms qui commencent par ceux des généraux et finissent par ceux de quelques soldats. Ce système a créé la banalité dans un ordre de principes, de sentiments et de faits qui devraient garder une haute valeur aux yeux des troupes comme aux yeux du pays, et qui sont la véritable base de l'état moral des armées.

« Je veux qu'une citation à l'ordre de l'armée de Paris soit une récompense qui prime toutes les autres, et qui soit enviée par les plus haut placés comme par les plus humbles défenseurs de la capitale. Nous avons à faire pénétrer dans l'esprit de nos officiers et de nos soldats cette grande pensée, dont n'ont pas voulu les monarchies et que la République doit consacrer :

« *Que l'opinion seule peut récompenser dignement le sacrifice de la vie.*

« Dans ces vues, vous m'adresserez, pour les combats des 19 et 30 septembre et du 13 octobre, une liste de quarante noms, sans plus ; et rappelez-vous que si la notoriété publique militaire ne ratifie pas un à un, les choix que vous allez faire, vous aurez gravement compromis votre responsabilité devant moi, et gravement compromis en même temps le grand principe que je veux faire prévaloir.

« Que vos investigations soient lentes et sûres ; qu'elles descendent jusqu'aux derniers échelons de la hiérarchie ; qu'elles soient contrôlées sévèrement ; que ce soit une enquête d'honneur, faite avec le temps et avec la maturité nécessaires. Les titres antérieurs doivent disparaître en face des titres spéciaux que le combat a créés, et qui font ressortir des individualités qu'il est de notre devoir d'honorer devant le pays et de montrer aux troupes comme un encouragement et comme un exemple. »

Cet ordre du jour relevait l'armée à ses propres yeux, la soustrayait à l'arbitraire de ses chefs, en la plaçant sous la sauvegarde de l'opinion publique, « qui seule peut récompenser dignement le sacrifice de la vie. »

Si l'armée était pleine de confiance dans ses chefs, la population parisienne était animée des meilleurs sentiments envers les membres du Gouvernement de la défense nationale qui venaient de publier un rapport résumant l'effort immense qui avait fait, en quelques semaines, de Paris, ville jugée hors d'état de se défendre, une place véritablement imprenable.

Au lendemain du désastre de Sedan, l'enceinte de Paris était dépourvue de tout armement, et les forts n'étaient pas non plus en état de défense; tout était à faire. Plates-formes, casemates, embrasures, abris furent construits avec une rapidité remarquable. Les remparts où, comme dans les forts, tout faisait défaut, furent mis en état et armés avec une célérité non moins grande.

Le Point-du-Jour, qui, au moment de l'investissement, était jugé si faible et ouvert au feu de l'ennemi, était devenu un des points les plus forts de la place. A Vitry, à Issy, d'une part, entre Saint-Denis et le canal de l'Ourcq, d'autre part, toutes les maisons avaient été crénelées et les rues barricadées; les villages de Noisy, Rosny, Nogent avaient été retranchés.

Le rayon de la défense s'étendait en même temps que la place se renforçait. Ainsi, le 19 septembre, après le premier combat de Châtillon, nous étions réduits à la ligne des forts, et au milieu d'octobre, nous avions reconquis sur l'ennemi Vitry, Arcueil, Cachan, Issy, dont les armées allemandes occupaient le parc au 19 septembre et où nous avions établi des positions formidables. Suresnes, Puteaux et Courbevoie étaient à l'abri des incursions de l'ennemi; Asnières, Villetaneuse, Pierrefitte, Stains, La Courneuve, Fontenay-sous-Bois et Nogent-sur-Marne avaient été couverts par nous de barricades. Enfin, nous possédions, vers l'est, une tête de pont à Joinville, et nous disposions, à l'ouest, de toute la presqu'île de Gennevilliers.

Comme artillerie, le personnel et le matériel étaient des plus pauvres. L'armement des forts, qui doit, d'après les règles établies en 1867, se composer de sept pièces par bastion, n'était que de trois pièces. Les parcs d'artillerie qui doivent composer la réserve de toute place de guerre avaient été envoyés à l'armée du Rhin. Tout manquait ou se trouvait dans une proportion insuffisante : obus oblongs, boîtes à mitraille, éléments pour en faire, rien de tout cela n'existait, et l'approvisionnement en poudre à canon n'était que de 510,000 kilogrammes.

Le personnel de l'artillerie se composait d'une dizaine d'officiers

EMMANUEL ARAGO (page 119)

tout au plus, répartis sur l'immense étendue de l'enceinte. Au mois d'octobre, il se trouvait, grâce au patriotisme des officiers rappelés à l'activité, au concours des artilleurs de la garde mobile des départements et de la marine, atteindre le chiffre de treize mille officiers, sous-officiers et soldats. Il y avait en batterie, sur l'enceinte ou dans les forts, deux mille cent quarante bouches à feu, et l'approvisionnement de poudres avait été porté de 510,000 kilogrammes à trois millions. Ce chiffre était suffisant, puisque le siège de Sébastopol n'avait consommé que 1,590,000 kilogrammes, et cependant la fabrication continuait.

Les projectiles sphériques abondaient à Paris, mais les seuls dont on pût se servir étaient les projectiles oblongs qui, comme nous avons dit, étaient en très-petit nombre ; le Gouvernement de la défense nationale fit venir tous ceux qui existaient dans les forges de l'Ouest et du Midi, fit appel à l'industrie privée, si longtemps mise à l'écart, et les besoins prévus furent bientôt dépassés par la production qu'elle fournit.

Quand la République fut proclamée, les munitions confectionnées qui se trouvaient dans les forts ne représentaient pas plus de dix coups par pièce : l'approvisionnement fut porté à quatre cents coups. On était loin d'avoir en magasin les huit cents cartouches par bouche jugées nécessaires dans les pièces de première classe, et on dut se réduire, au commencement du siège, à deux cent quatre-vingt-dix cartouches; mais de vastes ateliers furent installés et on arriva à une fabrication de deux millions de cartouches par semaine, as sez autant supérieure aux besoins de la consommation.

Par l'usage des pièces à longue portée, l'artillerie obligea l'ennemi à reporter au loin son rayon d'investissement. Tous les forts de la rive droite, à l'exception des forts d'Aubervilliers, de Vincennes et de Nogent, le Mont-Valérien, Charenton, la Gravelle, la Faisanderie, la Double-Couronne furent abondamment pourvus de canons d'un puissant calibre. Avec ces mêmes pièces, on forma les batteries des buttes Chaumont, des buttes Montmartre et du parc de Saint-Ouen. L'armement des forts de la rive gauche et de l'enceinte qui les avoisine fut fortifié de la même manière.

Les corps des ingénieurs des ponts et chaussées, des mines et des ingénieurs civils avaient apporté leur concours à l'œuvre de la défense. En dix-huit jours le corps des ingénieurs des ponts et chaussées construisit le chemin de fer de la rue militaire, cet élément si important de la défense, qui permet le transport rapide des troupes et du matériel sur tout le pourtour de la place. Cette voie ferrée a un développement de 49 kilomètres.

Le ministère des travaux publics avait institué des commissions pour l'étude et l'application des moyens de défense. La commission d'études, présidée par M. Reynaud, directeur des ponts et chaussées, résolut plusieurs problèmes d'un grand intérêt, tels que l'emploi de la lumière électrique pour entraver les travaux de nuit des armées assiégeantes, la fabrication du coton-poudre comprimé, l'inflammation des mines à distance, et elle réalisa un système de boîtes explosibles

12

ou torpilles terrestres qui se cachent facilement à la surface du sol et qui éclatent sous la pression du pied. La commission d'armement s'occupa de la transformation, de la réparation et de la fabrication des armes. Elle résolut un problème important et qui paraissait insoluble : la fabrication des fusils chassepot à Paris, et elle parvint à vaincre les énormes difficultés que la question présentait. Enfin, la commission du génie civil veillait à l'exécution des commandes de matériel et de munitions, émanées du ministère des travaux publics, et dont voici les principales :

Deux cent dix-sept mitrailleuses de divers modèles ;

Trois cent douze mille six cents cartouches pour mitrailleuses, livrées le 15 octobre, ainsi que cinquante mortiers et leurs accessoires avec cinquante affûts ;

Cinq cent mille obus de différents calibres, commandés à plusieurs fondeurs de Paris qui en livraient tous les jours ;

Cinq mille bombes et plusieurs grosses pièces de marine, à longue portée ;

Enfin, trois cents canons de 7 rayés, se chargeant par la culasse, et commandés aux principaux fabricants de la capitale.

Faut-il parler de la commission des barricades dont la présidence avait été donnée, *comme amusette*, à M. Henri Rochefort, par le Gouvernement de la défense nationale qui était très-embarrassé, ne sachant comment utiliser cet homme qui n'avait aucune connaissance ni en politique ni en administration. L'écrivain de la *Lanterne* dirigeait une commission composée d'ingénieurs civils. Quelques barricades furent élevées sur les boulevards extérieurs ; ce fut tout ce que fit cette commission sous la direction de M. Rochefort.

Voilà dans quel état de défense se trouvait Paris au milieu du mois d'octobre ; rien ne lui manquait : ni fusils, ni cartouches, ni canons, ni obus, ni hommes, ni courage. Paris était inexpugnable, Paris ne pouvait être pris par la force. L'assaut, l'ennemi ne l'aurait pas osé ! C'eût été folie de sa part. Paris était plein d'espoir, et à l'impudente fanfaronnade de M. de Bismark qui avait dit à M. Jules Favre : « *Nous prendrons deux de vos forts quand nous voudrons,* » Paris, confiant dans sa force et dans son courage, répondait, en haussant les épaules : « Essayez ! »

M. de Bismark n'osa pas !

Le 18 octobre, Châteaudun, petite ville ouverte du département d'Eure-et-Loir, fut assaillie par un corps de cinq mille Prussiens. L'attaque commença à midi sur tout le périmètre de la ville, dont les rues intérieures étaient barricadées. Châteaudun se défendit énergiquement, malgré l'infériorité de ses forces ; à peine cette héroïque cité possédait-elle deux mille défenseurs, non pas deux mille hommes de troupes régulières, mais des francs-tireurs, des gardes nationaux, des paysans, des bourgeois ; non pas deux mille soldats, mais de pacifiques bourgeois, d'honnêtes laboureurs, de riches fermiers du pays chartrain qui, six mois avant, n'avaient d'autre souci que de bien vendre leurs bestiaux, leurs laines et leurs cuirs.

Ce sont ces braves gens qui ont lutté près de dix heures contre cinq mille soldats allemands, et qui ont lutté pied à pied, disputé leur ville pierre à pierre ; ce sont ces braves gens qui ont tué deux mille ennemis. Homme pour homme ! tout Français a tué son adversaire.

« L'année précédente, dit M. Jules Claretie, les paysans et les paysannes passaient, se tenant par la main. L'eau courante reflétait leurs ombres et doucement répétait leur chanson. Pays heureux, pays fortuné, qui t'eût dit, pays d'Eure-et-Loir, que les rivières rougiraient de sang et qu'on les verrait charrier des cadavres !

« Mais quoi ! les rois veulent et les empereurs ont le droit de guerre et le droit de paix ; guerres atroces, paix cyniques ! Ils ont aussi le droit de capitulation honteuse. »

Oui, guerres atroces ! Quand donc les hommes cesseront-ils de s'exterminer les uns les autres pour le bon plaisir d'un roi ou d'un empereur, ces grands ennemis du peuple ! Mais, si nous sommes pleins de mépris et sans pitié pour ceux qui font verser ainsi tant de sang innocent, nous sommes pleins d'admiration pour ce paysan et ce bourgeois qui prennent un fusil à l'approche de l'ennemi et qui luttent avec intrépidité pour défendre leur sol contre les envahisseurs.

Il y a un proverbe à Châteaudun ; on dit des enfants du canton : *Il est de Châteaudun, il entend le demi-mot.* Aujourd'hui, on dira d'un fils de cette héroïque cité : *Il est de Châteaudun, et il connaît le mot sacré :* Devoir !

La résistance de Châteaudun peut être mise à côté des pages les plus héroïques de notre histoire. Elle se prolongea jusqu'à neuf heures du soir ; la ville ne fut pas occupée ; elle a été bombardée, incendiée, et les Prussiens ne se sont établis que sur des ruines.

M. de La Rochefoucauld, duc de Doudeauville, avait, à l'approche de l'ennemi, quitté son château de la Caudinière et était venu avec tous les gens de sa maison apporter son concours à la défense de la ville. Il combattit en héros et tomba en Français digne de ce nom.

La Délégation du Gouvernement établie à Tours ouvrit un crédit pour subvenir aux besoins des familles de Châteaudun et décréta que cette noble petite cité avait bien mérité de la patrie.

Les troupes placées sous les ordres du général Ducrot firent, le 21 octobre, une sortie du côté du Mont-Valérien. Elles étaient formées en trois groupes.

1er Groupe. — GÉNÉRAL BERTHAUD : trois mille quatre cents hommes d'infanterie ; vingt bouches à feu ; un escadron de cavalerie. Ce groupe était destiné à opérer entre le chemin de fer de Saint-Germain et la partie supérieure du village de Rueil.

2e Groupe. — GÉNÉRAL NOEL : treize cent cinquante hommes d'infanterie et dix bouches à feu. Ce groupe avait reçu l'ordre d'agir vers le côté sud du parc de la Malmaison et dans le ravin qui descend de l'étang de Saint-Cucupha à Bougival.

3e Groupe. — COLONEL CHOLLETOU : seize cents hommes d'infanterie ; dix-huit bouches à feu et un escadron de cavalerie. Ce groupe devait prendre position en avant de l'ancien moulin au-dessus de Rueil et avait l'ordre de soutenir la colonne de droite et la colonne de gauche.

En outre, deux fortes réserves étaient disposées, l'une à gauche, sous les ordres du général Martinot, l'autre au centre commandée par le général Paturel.

A une heure tout le monde était en position et l'artillerie ouvrait son feu sur toute la ligne, formant un vaste demi-cercle de la station de Rueil à la ferme de la Fouilleuse; elle concentrait son feu, pendant trois quarts d'heure, sur Buzenval, la Malmaison, la Jonchère et Bougival. Pendant ce temps nos tirailleurs et nos têtes de colonnes s'approchaient des objectifs à atteindre, c'est-à-dire la Malmaison pour les colonnes Berthaud et Noël, Buzenval pour la colonne Cholleton.

A un signal convenu, l'artillerie cessa instantanément son feu et nos troupes s'élancèrent avec un admirable entrain sur les objectifs assignés; elles arrivèrent promptement au ravin qui descend de l'étang de Saint-Cucupha au chemin de fer américain, en contournant la Malmaison. La gauche du général Noël dépassa ce ravin et gravit les pentes qui montent à la Jonchère; mais elle se trouva bientôt arrêtée sous un feu violent de mousqueterie partant des bois et des maisons, où l'ennemi était resté embusqué malgré le feu de notre artillerie. En même temps, quatre compagnies de zouaves, sous les ordres du commandant Jacquot, se trouvaient acculées dans l'angle qui forme le parc de la Malmaison, au-dessous de la Jonchère, petit hameau d'une vingtaine de maisons, bâti tout au bout d'une pente, sur un plateau, et auraient pu être compromises sans l'énergique intervention d'un bataillon de Seine-et-Marne, qui arriva fort à propos pour les dégager. Ce bataillon ouvrit un feu très-vif sur l'ennemi, qui fut forcé de reculer, et les quatre compagnies de zouaves purent, grâce à ce secours, pénétrer dans le parc.

Quatre mitrailleuses et une batterie de 4, sous la direction du commandant de Miribel, s'étaient portées, avec une remarquable audace, très en avant, pour soutenir l'action de l'infanterie. L'audace de l'artillerie fut poussée dans cette journée jusqu'à la témérité, ce qui amena un incident fâcheux: la batterie de 4 du capitaine Nimes fut surprise près de la porte de Longboyau par une vive fusillade qui, presque à bout portant, tua le capitaine commandant la compagnie de soutien, dix canonniers et quinze chevaux; il en résulta un instant de désordre pendant lequel deux de nos pièces tombèrent entre les mains de l'ennemi.

Presque au même moment, les francs-tireurs qui faisaient partie de la colonne Cholleton entraient dans Buzenval et se dirigeaient, sous bois, vers le bord du ravin de Saint-Cucupha.

L'action était, comme on le voit, vivement engagée.

L'ennemi, qui avait mis en avant la 9ᵉ division du 5ᵉ corps (général de Kirchbach), une fraction du 4ᵉ corps (général de Alvensleben) et un régiment de la garde, avait éprouvé des pertes sensibles. Il n'avait à nous opposer qu'une force d'artillerie bien inférieure à la nôtre, le général Ducrot le dit lui-même dans son rapport. La sortie, continuée vigoureusement, eût pu aboutir à la prise de Versailles où se trouvaient à peine cinq ou six mille Prussiens. Une vive agitation régnait dans cette ville, et les Allemands, pris de panique, se disposaient à l'évacuer.

Malheureusement, l'état-major français, pendant toute la durée du siége, n'a jamais été suffisamment et exactement renseigné, et à cinq heures, le général commandant le 14ᵉ corps donna à ses troupes l'ordre de rentrer dans leurs cantonnements respectifs, ne se doutant pas de l'avantage facile qu'il eût pu remporter s'il avait poussé plus avant.

L'état de nos pertes, dans cette journée, consistait en trente hommes tués, cinquante-trois disparus et deux cent trente blessés.

Jusqu'au 23, jour de la prise du Bourget, rien d'important à signaler. Le Bourget, village situé en avant de nos lignes, était le point par lequel l'ennemi tenait la route du Nord par Senlis et celle de Metz par Soissons. Cette position était donc importante à ce point de vue qu'elle élargissait le cercle de notre occupation au delà des forts et qu'elle privait l'armée assiégeante de deux voies de communication qui lui étaient presque indispensables. Le général de Bellemare, établi à la Courneuve, près de Saint-Denis, résolut d'occuper le Bourget. Il n'ignorait pas, grâce à une reconnaissance du 14ᵉ bataillon de mobiles de la Seine, faite le mercredi 27, que l'ennemi avait de ce côté des forces considérables. Le 27 au soir, le fort de Romainville couvrit d'obus le Bourget, et le lendemain, vers quatre heures du matin, les francs-tireurs de la Presse, sous les ordres du commandant Rolland, et le 14ᵉ bataillon de mobiles abordèrent, sans tirer un seul coup de fusil, les postes prussiens, qui, surpris par notre attaque matinale vigoureusement conduite, s'enfuirent dans le plus grand désordre, après avoir essayé inutilement de défendre les barricades élevées par eux dans le village et qui furent emportées par nos troupes avec un entrain remarquable. Les mobiles de la Seine s'emparèrent de l'église, où l'ennemi était plus fortement établi; bref, quand le jour s'éleva, les Allemands avaient été non-seulement délogés du Bourget, mais poursuivis sur le plateau qui commande ce village au nord et s'étaient repliés, au Pont-Iblon, derrière la Morée.

La position était conquise; le tout était de la conserver. Le Bourget était occupé, à dix heures du matin, par les francs-tireurs de la Presse, les 8ᵉ, 14ᵉ et 16ᵉ mobiles de la Seine, un bataillon du 31ᵉ de marche et un demi-bataillon du 28ᵉ. L'ennemi comprenait assurément la valeur de la perte qu'il venait de subir, et il n'était pas douteux qu'il s'efforcerait à tout prix de reconquérir la position dont nous l'avions délogée. Nous ne possédions, comme artillerie, que *deux pièces de 4 et une mitrailleuse*. Il était facile d'amener en peu de temps quelques pièces de la Courneuve, mais le général de Bellemare n'y songea pas.

Vers onze heures du matin, l'ennemi revint en force, appuyé par une formidable artillerie; les réserves du prince de Saxe débouchèrent de Gonesse et des hauteurs situées entre Pierrefitte et Ecouen. Le Bourget dut subir pendant toute la journée un feu qui ne s'interrompit que pendant deux heures. Les tirailleurs du prince de Saxe, avec une audace inouïe, s'avancèrent jusqu'à dix mètres environ de l'entrée

JULES FERRY (page 123)

du village; mais accueillis par un feu bien nourri de nos troupes, ils durent reculer.

Les francs-tireurs tinrent bon toute la journée, pendant que les mobiles construisaient des barricades, malheureusement incomplètes et insuffisantes, car on n'avait eu, pour leur édification, que des pavés et des moellons.

Les troupes étaient fatiguées : depuis trois heures du matin, elles n'avaient pas eu un moment de repos. Le général de Bellemare, dans le rapport qu'il adressa au ministre de la guerre, dit : « J'ai fait vers six heures (28 octobre), relever par des troupes fraîches celles engagées depuis le matin, afin de les faire reposer et manger la soupe. » Ce général n'a pas dit la vérité; car, le 14e bataillon des mobiles de la Seine, arrivé au Bourget à cinq heures du matin, passa la nuit à travailler à la mise en défense de la position, et en fait de troupes fraîches, il n'arriva à huit heures du soir au Bourget que le 12e bataillon des mobiles de la Seine, commandé par M. Baroche, qui devait être tué dans la journée du 30. Le 30, vers six heures du matin seulement, arrivèrent le 35e de marche, les chasseurs à pied et les turcos du 28e, pour relever la garnison du Bourget, qui était sur pied depuis cinquante heures.

Le 29, le feu continua par intermittence ; les batteries de Garches et de Dugny ouvrirent un feu très-vif qui ne nous causa que peu de mal ; mais il n'y eut ce jour-là aucune attaque d'infanterie.

Le 30, les Prussiens reprennent la lutte avec acharnement. Le général Carré de Bellemare n'avait pris aucune mesure énergique pour mettre le Bourget à l'abri d'un coup de main. Nous n'avions toujours, comme artillerie, à opposer aux nombreuses batteries ennemies, que les deux malheureuses pièces de 4 et la mitrailleuse dont nous avons parlé. Les forces ennemies étaient de trois fois supérieures aux nôtres, et, malgré le courage de nos soldats, nous devions forcément être battus.

Les barricades, construites précipitamment et, comme nous l'avons dit, d'une façon incomplète, faisaient brèche à chaque obus, et les éclats de pierre blessaient autant de nos soldats que la mitraille ennemie. Nos deux pièces tombèrent bientôt sous la pluie de feu des canons ennemis. La mitrailleuse n'avait pas été mise hors de service à la première décharge, comme quelques journaux l'ont dit ; il est vrai qu'elle n'a tiré qu'une seule fois, et en voici la raison : l'artilleur qui la desservait avait été tué, dès le début de l'action, et *il n'y avait pas au Bourget d'autre artilleur connaissant assez le maniement de cette arme pour pouvoir le remplacer.*

Et l'on s'étonne que nous ayons été vaincus dans des conditions semblables ! Et le Gouvernement de la défense nationale a eu le triste courage de rejeter sur la troupe le *pénible accident* du Bourget ; il a osé dire que « c'était le fait d'une troupe qui, après avoir surpris l'ennemi, avait absolument manqué de vigilance et s'était laissé surprendre à son tour ! » Cela est inexact ! Si le Bourget n'a pas été conservé par nous, la faute doit en être rejetée sur le général de Bellemare, qui, non-seulement *a manqué absolument de vigilance*, mais dont la conduite dans les trois journées des 28, 29 et 30 octobre a été incompréhensible et est injustifiable.

L'infanterie fut bientôt dans l'impossibilité de tenir, l'un assez grand nombre de mobiles et de soldats du 28e de marche furent enveloppés et faits prisonniers. Les troupes arrivées le 30 au matin servirent à protéger la retraite, qui se fit en bon ordre sur Saint-Denis, par la route de la Courneuve et la voie ferrée.

Nos pertes furent sensibles, mais importantes cependant que celles des Prussiens, qui nous firent environ cinq cents prisonniers.

La prise du Bourget affligea profondément la population parisienne; les esprits se montèrent ; on crut à la trahison, et les comités hostiles au gouvernement s'agitèrent. Le lendemain matin, le ministre des affaires étrangères annonça, par voie d'affiches, l'arrivée de M. Thiers; les quatre grandes puissances neutres, l'Angleterre, la Russie, l'Autriche et l'Italie proposaient aux belligérants un armistice ayant pour conditions le ravitaillement et pour objet la convocation d'une Assemblée nationale. Cette proposition d'armistice coïncidant avec la défaite du Bourget, effraya la population parisienne, qui crut que tout était perdu et que le gouvernement était disposé à signer un traité de paix désastreux.

Mais la nouvelle qui fit déborder la coupe, qui terrifia la population parisienne et qui servit de prétexte au parti avancé pour tenter de renverser le gouvernement du 4 septembre, fut l'annonce de la reddition de Metz. C'est en ces termes qu'on apprenait à la capitale que *notre glorieux Bazaine*, comme l'appelait M. Jules Favre, avait capitulé :

« Le gouvernement vient d'apprendre la douloureuse nouvelle de la reddition de Metz. Le maréchal Bazaine et son armée ont dû se rendre, après d'héroïques efforts ; le manque de vivres et de munitions ne leur permettait plus de continuer. Ils sont prisonniers de guerre.

« Cette cruelle issue d'une lutte de près de trois mois causera dans toute la France une profonde et pénible émotion. Mais elle n'abattra pas notre courage. Pleine de reconnaissance pour les braves soldats, pour la généreuse population qui ont combattu pied à pied pour la patrie, la ville de Paris voudra être digne d'eux. Elle sera soutenue par leur exemple et par l'espoir de les venger. »

Les comités prirent feu, rassemblèrent les bataillons de la garde nationale sur lesquels ils croyaient pouvoir compter et marchèrent sur l'Hôtel de Ville.

De nombreuses députations arrivent vers midi sur la place, aux cris de : Pas d'armistice! Vive la Commune! La levée en masse! Les maires de Paris sont rassemblés à l'Hôtel de Ville et envoient au Gouvernement des délégués qui demandent l'élection, pour le lendemain, de quatre citoyens par arrondissement pour constituer la Commune.

M. Emmanuel Arago et le général Trochu reçoivent les premières députations; ils expliquent à la foule qu'armistice ne veut pas dire capitulation, mais bien suspension d'armes; qu'ils ne l'accepteront qu'aux conditions suivantes : durée de vingt-cinq jours; ravitaillement de Paris; liberté entière des correspondances et vote libre de la France, y compris l'Alsace et la Lorraine. Le gouverneur de Paris se présente à la grille de l'Hôtel de Ville et cherche à faire entendre quelques paroles tendant à justifier sa conduite et celle de ses collègues, qui croient avoir fait le possible et rendu Paris imprenable. Mais on ne veut pas l'écouter et on lui crie : Vous n'êtes qu'un royaliste ! Et M. Trochu, voyant qu'il ne peut tenir tête à la foule, remonte dans la salle du Conseil.

Des délégués de divers bataillons sont reçus par le général Trochu, MM. Jules Favre et Jules Ferry. Il leur est demandé des explications sur la reddition de Metz, et on leur reproche d'avoir caché cette nouvelle au peuple pendant trois jours. Le gouvernement leur répond que toutes les nouvelles officielles ont été publiées et que la capitulation de Metz n'a eu lieu que le 27. Puis il cherche à se justifier de n'avoir pas pris les précautions nécessaires pour conserver le Bourget, mais il est violemment interpellé, et les délégués réclament la déchéance du Gouvernement, la Commune et la levée en masse.

A ce moment, une balle tirée d'en bas brise le carreau de la salle du Conseil ; ce fut le commencement du tumulte. La foule envahit la cour de l'Hôtel de Ville ; on entend au dehors quelques coups de feu partis on ne sait d'où et qui ne blessent personne. Tout à coup, de plusieurs fenêtres tombent des bulletins portant ces mots :

La Commune est proclamée. Le citoyen Dorian est nommé président.

A cette nouvelle, la foule se précipite dans l'Hôtel de Ville qu'elle envahit entièrement. M. Rochefort cherche à la calmer ; juché sur un bureau, il lui promet qu'une affiche sera posée le soir même dans Paris pour annoncer la date des élections pour la Commune.

Il est trois heures ; de nombreux bataillons de la garde nationale arrivent et se massent sur la place de l'Hôtel-de-Ville ; la plupart sont sans armes. Tous les magasins des rues avoisinantes se ferment.

On vient d'entendre encore trois ou quatre détonations : la panique est générale : les gardes nationaux s'enfuient dans toutes les directions ; on accuse le Gouvernement de faire tirer sur le peuple désarmé, et les fuyards effrayent la population du quartier en criant : « On vient de tirer sur nos frères ! Nous sommes trahis ! » Le Gouvernement était, au contraire, resté complètement étranger à tout ce qui s'était passé, et on arrêta, séance tenante, l'individu qui avait tiré en l'air trois coups de revolver, cause de cette échauffourée.

Vers quatre heures, M. Etienne Arago, maire de Paris, paraît au balcon de l'Hôtel de Ville et lit un décret convoquant à bref délai les électeurs pour la constitution de la Commune. A ce moment, M. Gustave Flourens arrive à cheval, à la tête de ses tirailleurs — ces fameux tirailleurs de Belleville, si courageux sur la place de l'Hôtel de Ville, et si lâches devant l'ennemi. Un officier supérieur de la garde nationale monte sur la croupe du cheval du major Flourens et annonce à la foule, qui répond par des acclamations, que la levée en masse est décrétée.

Des fenêtres de l'Hôtel de Ville tombent à chaque instant des listes différentes des membres de la Commune. Une de ces listes porte les noms suivants :

Dorian, — Ledru-Rollin, — Félix Pyat, — Schoelcher, — Joigneaux, — Louis Blanc, — Victor Hugo, — Martin Bernard, — Motu, — Greppo, — Delescluze, — Bonvalet.

Une autre liste porte les noms de Blanqui, Flourens, et Rochefort. Le tumulte est à son comble ; dans chaque salle, à chaque table, on nomme un gouvernement différent.

A sept heures du soir, M. Blanqui, installé à l'Hôtel de Ville, se dispose à constituer un Comité provisoire de salut public, chargé de procéder aux élections de la Commune, sous la présidence de M. Dorian, ministre des travaux publics. Pendant ce temps, M. Flourens sommait les membres du Gouvernement de donner leur démission, et, sur leur refus, montait sur une table et les gardait à vue. Les braves tirailleurs du major Flourens se chargèrent de ce soin.

M. Ernest Picard, qui était resté libre, avait réuni les forces nécessaires pour délivrer ses collègues. Le 106ᵉ bataillon de la garde nationale, conduit par le commandant Ibos, pénètre dans l'Hôtel de Ville, et parvient à enlever aux tirailleurs de Belleville le général Trochu et M. Jules Ferry. En même temps, par le souterrain qui fait communiquer l'Hôtel de Ville avec la caserne Napoléon, et dont les insurgés ignoraient l'existence, deux bataillons de mobiles bretons pénètrent dans la cour.

Les bataillons de la garde nationale dévoués au Gouvernement cernent complètement l'Hôtel de Ville : la résistance devient désormais impossible. M. Flourens le comprend : « Il est inutile de nous faire tuer, dit-il, cela serait même funeste au succès de notre cause ; » et il prie M. Dorian et le général Tamisier de l'escorter ainsi que ses tirailleurs, — n'étant pas très-rassuré sur la façon dont les bataillons de gardes nationaux qui cernent l'Hôtel de Ville le recevraient à sa sortie, — ce à quoi consentirent le commandant supérieur des gardes nationales et le ministre des travaux publics.

A une heure du matin, le général Trochu passe devant le front des troupes massées sur la place et sur le quai. Sur son ordre, un bataillon de mobiles bretons s'avance, l'arme au bras, et pénètre dans l'Hôtel de Ville, dont les portes s'ouvrent devant leurs sommations. Les gardes nationaux qui occupaient la place se retirent la crosse en l'air. Le général Trochu reprend aussitôt possession de l'Hôtel de Ville, délivre ceux de ses collègues qui étaient encore prisonniers, et le Gouvernement de la défense nationale est réinstallé.

Le gouvernement refusa le lendemain de faire procéder aux élections municipales, comme il l'avait promis la veille, et annonça que le jeudi 3 novembre la population voterait par *oui* ou par *non* pour savoir si Paris entendait conserver ses pouvoirs au Gouvernement de la défense nationale. Voilà quel fut le résultat de la folle équipée de MM. Blanqui et Flourens.

M. Blanqui est un vieillard ; il a soixante-six ans, et depuis sa jeu-

CREMIEUX (page 131)

nesse il n'a jamais été autre chose que conspirateur, comploteur, agitateur, touchant toujours au pouvoir de sa main maigre et ne le gardant jamais. Il fut blessé en 1827 dans l'affaire de la rue Saint-Denis; il tenta, le 12 mai 1839, avec Barbès, la dernière prise d'armes contre le gouvernement de Louis-Philippe; il fut l'âme et le chef des trois journées de 1848, qui compromirent la République; bref, il a conspiré toute sa vie contre tous les gouvernements; il conspirerait contre lui-même ne si par malheur il arrivait jamais au pouvoir. M. Blanqui ne passe pas, aux yeux même des hommes de son parti, pour un homme d'une loyauté parfaite; Barbès, le pur Barbès, montrait pour lui un extrême éloignement, et M. Taschereau, dans la *Revue rétrospective*, a publié une pièce trouvée dans les papiers du roi Louis-Philippe, qui contenait les révélations les plus détaillées sur les anciens complices de M. Blanqui, et qui ne pouvait être attribuée qu'à M. Blanqui lui-même. Il fut sommé de se justifier par tout son parti; mais il esquiva l'explication. Voilà l'homme qui a failli gouverner la France! Pauvre pays, déjà si meurtri, si maltraité par le sort, Dieu te préserve de pareils gouvernants!

M. Flourens, au moins, était un homme de courage et de valeur. « Flourens, a dit un jour Schœlcher, c'est un héroïsme qu'il faut garder à vue. » Cet homme, dans la force de l'âge, riche, instruit et intelligent, porteur d'un nom célèbre dans les sciences et dans la littérature, qui eût pu rendre des services à la France, soit en suivant les traces de son père, soit en combattant pour la défense de son pays, ce jeune homme a gaspillé sa jeunesse, son intelligence et sa bravoure, a gâté sa vie et a été mourir obscurément dans un coin, frappé par la main d'un Français. Quelque coupable qu'il ait été, soyons indulgents pour sa mémoire.

Les Blanqui, les Pyat, les Vermorel, les Vallès et *tutti quanti* sont les plus grands ennemis de la République; ce sont ces gens-là qui, avec leurs systèmes ineptes ou fous, avec leurs rêves utopistes et leurs théories malsaines, ont toujours empêché l'établissement stable de la République en France. C'est à croire, vraiment, qu'ils sont payés pour cela!

Du reste, il y en a qui le sont: la publication des papiers trouvés aux Tuileries nous a appris des choses bien curieuses, et encore tout n'a pas été dit! Parmi les hommes à la solde de M. Piétri, on a trouvé plusieurs membres les plus influents des clubs républicains et des réunions publiques. Ainsi, M. Jules Vallès, considéré comme le pur des purs, a reçu en mai 1869 la somme de 10,000 francs pour contrecarrer l'élection de M. Thiers dans la 2ᵉ circonscription de Paris. On se souvient encore du rôle joué à cette occasion par M. Vallès, qui s'intitulait fièrement *candidat de la misère*. — M. Vermorel, le rédacteur en chef du *Courrier français* et de la *Réforme*, a eu un traitement régulier de 500 francs par mois. M. Briosne, l'ultra-démagogue, le socialiste par excellence, l'orateur des réunions publiques, recevait une rente annuelle de 3,000 francs, et M. Gaillard père, le cordonnier de la République, qui croyait sa journée perdue s'il n'avait pas eu une rixe quelconque avec les sergents de ville, a été traité par M. le préfet de police sur le même pied que M. Briosne.

Tous mo ichards! O Athéniens de Paris, quand donc vous déciderez-vous à ne plus vous payer de mots, à distinguer les vrais amis du peuple et à écarter avec mépris ces misérables qui crient *vive la République!* et qui passent régulièrement une fois par mois à la caisse de la rue de Jérusalem?

Sous tous les gouvernements, même le plus libéral, l'émeute est un acte intelligent, car elle amène la réaction. Celle du 31 octobre était un acte coupable; au moment où les Prussiens étaient à nos portes, nous avions plus que jamais besoin d'être unis dans un effort commun.

La peur de l'émeute consolida le gouvernement du 4 septembre. Le peuple, réuni le 3 novembre dans ses comices, maintint les pouvoirs de nos gouvernants par 557,996 oui contre 62,638 non.

Le Gouvernement de la défense nationale, qui triomphait avec éclat de la révélation et qui venait de remporter sa première victoire, non aux remparts, mais dans la cité, avait commis cependant déjà des fautes graves et devait en commettre par la suite de bien plus graves encore. Ses membres étaient honnêtes, soit, mais timides, hésitants et faibles; ils parlaient trop et n'agissaient point assez; c'étaient des avocats distingués, mais rien de plus. Ils ne prenaient que des demi-mesures, conservaient ce respect de la routine et de la hiérarchie administrative qui ont perdu la France. Ils n'avaient pas l'ardeur, et surtout ils n'avaient pas la foi. Ils n'espéraient pas sauver Paris! — On prêtait à MM. Trochu et Picard ces paroles dites au début de la campagne:

« M. Trochu: La résistance n'est qu'une folie héroïque.

« M. E. Picard: On se défendra pour l'honneur, mais tout espoir est chimérique. »

Nous devions donc être vaincus malgré notre courage, notre héroïsme, malgré le calme et la résignation de Paris aux plus dures souffrances.

Le Gouvernement de la défense nationale libéra tour à tour, le lendemain du plébiscite, les auteurs de la journée du 31 octobre: MM. Flourens et Blanqui se dérobèrent aux poursuites. Les chefs de bataillon Flourens, Razoua, Goupil, Ranvier, de Fromicourt, Ricard, Cyrille Lepraud, Millière, Grousset, Barbaret, Pietsch, Louguet et Cassa furent révoqués.

A la suite de l'affaire du 31 octobre, le Gouvernement de la défense nationale reçut plusieurs démissions: celle du général Tamisier, qui eut pour successeur M. Clément Thomas; celle de M. Edmond Adam, préfet de police, remplacé par M. Cresson, avocat; celle de M. Etienne Arago, maire de Paris, auquel succéda M. Jules Ferry, et enfin celle de M. Henry Rochefort, membre du gouvernement, qui avait promis à la foule assiégée le 31 octobre sur la place de l'Hôtel-de-Ville qu'on procéderait immédiatement aux élections pour la Commune, et qui crut de sa dignité de se retirer, en voyant que ses collègues le refusaient, manquer à sa promesse.

CHAPITRE X

L'ARMISTICE

La mission de M. Thiers. — Négociations avec M. de Bismark. — Rejet de l'armistice. — Rapport de M. Thiers. — Circulaires de M. Jules Favre et de M. de Bismark.

M. Thiers, comme nous l'avons dit, était arrivé à Paris le 31 octobre, revenant de la mission dont l'avait chargé le Gouvernement de la défense nationale. Le but de cette mission était, on s'en souvient, d'aller pressentir les cabinets de Londres, de Saint-Pétersbourg, de Vienne et de Florence, sur leurs véritables dispositions à l'égard de la France.

Les premières impressions du représentant de la France furent pénibles; il eut de longues discussions à soutenir et de multiples obstacles à vaincre; il dut lutter contre les préventions et contre les calomnies : le Gouvernement de la défense nationale inspirait peu de confiance et Paris peu de sympathie. La chaleur de son patriotisme fit fondre la glace et les entretiens prirent une tournure plus pratique.

Jamais la France, jamais M. Thiers n'avaient considéré une intervention armée comme possible. Mais on pouvait espérer que les puissances étrangères interviendraient d'une façon efficace. Il crut un instant avoir réussi : l'empereur de Russie accueillit notre représentant avec les marques du plus grand intérêt pour notre nation si courageuse dans son malheur, il lui dit qu'il reconnaissait qu'une plus longue inaction serait coupable, et, s'étant mis d'accord avec l'Angleterre, l'Autriche et l'Italie, entama des négociations auprès du roi Guillaume.

Les puissances neutres exposèrent au roi de Prusse leur désir de voir la paix conclue; la condition préalable de toute tentative de pacification, c'était la constitution en France d'un gouvernement régulier, et cette constitution devait être soumise à la conclusion d'un armistice.

Le roi de Prusse consentit à entamer les négociations, et M. Thiers quitta Paris le jour même de son arrivée de l'étranger pour aller à Versailles régler les conditions d'armistice.

Cette proposition d'armistice, inopinément présentée par les puissances neutres fut interprétée par la population parisienne, contre toute vérité et toute justice, comme le prélude d'une capitulation, quand, au contraire, cette proposition était honorable pour nous, puisque le gouvernement lui-même en posait les conditions : il stipula une durée de vingt-cinq jours au moins, le ravitaillement de Paris pendant cette période, et le droit de voter pour les élections de l'Assemblée nationale, accordé aux citoyens de tous les départements français.

Le 7 novembre, Paris apprit que l'armistice n'aurait pas lieu, M. de Bismark nous refusant tout ravitaillement. Nous voulons mettre sous les yeux de nos lecteurs toutes les pièces relatives aux négociations entamées à ce sujet. Voici d'abord une circulaire de M. Jules Favre aux agents diplomatiques du Gouvernement français, annonçant la rupture des négociations :

« Monsieur, la Prusse vient de rejeter l'armistice proposé par les quatre grandes puissances neutres : l'Angleterre, la Russie, l'Autriche et l'Italie, ayant pour objet la convocation d'une assemblée nationale. Elle a ainsi prouvé, une fois de plus, qu'elle continuait la guerre dans un but étroitement personnel, sans se préoccuper du véritable intérêt de ses sujets et surtout de celui des Allemands qu'elle entraîne à sa suite. Elle prétend, il est vrai, y être contrainte par notre refus de lui céder deux de nos provinces.

« Mais ces provinces, que nous ne voulons ni ne pouvons lui abandonner, et dont les habitants la repoussent énergiquement, elle les occupe, et ce n'est pas pour les conquérir qu'elle ravage nos campagnes, chasse devant ses armées nos familles ruinées, et tient, depuis près de cinquante jours, Paris enfermé sous le feu des batteries derrière lesquelles elle se retranche. Non : elle veut nous détruire pour satisfaire l'ambition des hommes qui la gouvernent. Le sacrifice de la nation française est utile à la conservation de leur puissance. Ils le consomment froidement, s'étonnant que nous ne soyons pas leurs complices en nous abandonnant aux défaillances que leur diplomatie nous conseille.

« Engagée dans cette voie, la Prusse ferme l'oreille à l'opinion du monde. Sachant qu'elle froisse tous les sentiments justes, qu'elle alarme tous les intérêts conservateurs, elle se fait un système de l'isolement, et se dérobe ainsi à la condamnation que l'Europe, si elle était admise à discuter sa conduite, ne manquerait pas de lui infliger. Cependant, malgré ses refus, quatre grandes puissances neutres sont intervenues et lui ont proposé une suspension d'armes dans le but défini de permettre à la France de se consulter elle-même en réunissant une assemblée. Quoi de plus rationnel, de plus équitable, de plus nécessaire ? C'est dans l'effort de la Prusse que le gouvernement Impérial s'est abîmé. Le lendemain, les hommes que la nécessité a investis du pouvoir lui ont proposé la paix, et, pour en régler les conditions, réclamé une trêve indispensable à la constitution d'une représentation nationale.

« La Prusse a repoussé l'idée d'une trêve en la subordonnant à des exigences inacceptables, et ses armées ont entouré Paris. On leur avait dit la soumission facile, le siège dure depuis cinquante jours, la population ne faiblit pas. La sédition promise s'est fait attendre longtemps; elle est venue à une heure propice au négociateur prussien qui l'a annoncée au votre comme un auxiliaire prévu; mais, en éclatant, elle a permis au peuple de Paris de légitimer par un vote imposant le Gouvernement de la défense nationale, qui acquiert par là aux yeux de l'Europe la consécration du droit.

« Il lui appartenait donc de conférer sur la proposition d'armistice des deux puissances; il pouvait, sans témérité, en espérer le succès. Désireux avant tout de s'éclairer devant les mandataires du pays et d'arriver par eux à une paix honorable, il a accepté la négociation et l'a engagée dans les termes ordinaires du droit des gens.

« L'armistice devait comporter :

« L'élection des députés sur tout le territoire de la République, moins celui envahi.

« Une durée de vingt-cinq jours.

« Le ravitaillement proportionnel à cette durée.

« La Prusse n'a passé toutes les deux premières conditions. Cependant elle a fait, à propos du vote de l'Alsace et de la Lorraine, quelques réserves que nous n'examinerons sans les examiner davantage, parce que son refus absolu d'admettre le ravitaillement a rendu toute discussion inutile.

« En effet, le ravitaillement est la conséquence forcée d'une suspension d'armes s'appliquant à une ville investie. Les vivres y sont un élément de défense. Les lui enlever sans compensation, c'est lui créer une inégalité contraire à la justice. La Prusse oserait-elle nous demander d'abattre chaque jour par son canon un pan de nos murailles sans nous permettre de lui résister?

« Elle nous mettrait dans une situation plus mauvaise encore en nous obligeant à consommer un mois sans nous battre, alors que, vivant sur notre sol, elle attendrait, pour reprendre la guerre, que nous fussions harcelés par la famine. L'armistice sans ravitaillement, ce serait la capitulation à terme fixe, sans honneur et sans espoir.

« En refusant le ravitaillement, la Prusse refuse donc l'armistice. Et cette fois ce n'est pas l'armée seulement, c'est la nation française qu'elle prétend anéantir en réduisant Paris aux horreurs de la faim. Il s'agit, en effet, de savoir si la France pourra réunir ses députés pour délibérer sur la paix. L'Europe demande cette réunion.

« La Prusse la repousse ou la soumet à une condition inique et contraire au droit commun. Et cependant, s'il faut en croire un document publié sans être démenti et qui émanerait de sa chancellerie, elle accuse le Gouvernement de la défense nationale de livrer Paris à une famine certaine! Elle se plaint d'être forcée par lui de nous investir et de nous affamer.

« L'Europe jugera ce que valent de telles imputations. Elles sont le dernier trait de cette politique qui débute par engager la parole du souverain en faveur de la nation française, et se termine par le rejet systématique de toutes les combinaisons pouvant permettre à la France d'exprimer sa volonté. Nous ignorons ce qu'en penseront les quatre grandes puissances neutres, dont les propositions sont écarlées avec tant de hauteur : peut-être deviueront-elles enfin ce que leur réserverait la Prusse, devenue, par la victoire, maîtresse d'accomplir tous ses desseins.

« Quant à nous, nous obéissons à un devoir impérieux et simple en persistant à maintenir la proposition d'armistice comme le seul moyen de faire résoudre par une assemblée les questions redoutables que les armées du gouvernement impérial ont permis à l'ennemi de poser. La Prusse qui sent l'odieux de son refus, le dissimule sous un déguisement qui ne peut tromper personne. Elle nous demande un mois de nos vivres ; c'est nous demander nos armes. Nous les tenons d'une main résolue et nous ne les déposerons pas sans combattre. Nous avons fait tout ce que peuvent des hommes d'honneur pour arrêter la lutte. On nous ferme l'issue ; nous n'avons plus à prendre conseil que de notre courage, en renvoyant la responsabilité du sang versé à ceux qui, systématiquement, repoussent toute transaction.

« C'est à leur ambition personnelle que peuvent être immolés encore des milliers d'hommes : et quand l'Europe émue veut arrêter les combattants sur la frontière de ce champ de carnage pour y appeler les représentants de la nation et essayer la paix : oui, disent-ils, mais à la condition que cette population qui souffre, ces femmes, ces enfants, qui sont les victimes innocentes de la guerre ne recevront aucun secours, afin que, la trêve expirée, il ne soit plus possible à leurs défenseurs de nous combattre sans les faire mourir de faim.

« Voilà ce que les chefs prussiens ne craignent pas de répondre à la proposition des quatre puissances. Nous prenons à témoin contre eux le droit et la justice, et nous sommes convaincus que si, comme les nôtres, leur nation et leur armée pouvaient voter, elles condamneraient cette politique inhumaine.

« Qu'au moins il soit bien établi que jusqu'à la dernière heure, préoccupé des immenses et précieux intérêts qui lui sont confiés, le Gouvernement de la défense nationale a tout fait pour rendre possible une paix qui soit digne.

« On lui refuse les moyens de consulter la France. Il interroge Paris, et Paris tout entier se lève en armes pour montrer au pays et au monde ce que peut un grand peuple quand il défend son honneur, son foyer et l'indépendance de la patrie.

« Vous n'aurez pas de peine, Monsieur, à faire comprendre des vérités si simples et à en faire le point de départ des observations que vous aurez à présenter lorsque l'occasion vous en sera fournie.

« Agréez, etc.

« *Le Ministre des affaires étrangères,*

« JULES FAVRE. »

Le rapport de M. Thiers aux ambassadeurs des puissances comble les lacunes qu'a laissées M. Jules Favre dans sa circulaire aux agents diplomatiques.

« Monsieur l'ambassadeur,

« L'objet de ma mission était parfaitement connu du comte de Bismark, de même que la France avait été avertie des propositions des puissances neutres. Après quelques réserves sur l'intervention des neutres dans cette négociation, réserves que j'ai écoutées sans les admettre, l'objet de ma mission a été exposé et défini par M. le comte de Bismark et par moi-même avec une précision parfaitement claire : Elle avait pour objet de conclure un armistice pour mettre fin à l'effusion du sang entre deux des nations les plus civilisées du monde, et pour permettre à la France de constituer, au moyen d'élections libres, un gouvernement régulier avec lequel il serait possible de traiter dans une forme valable. Cet objet a été clairement indiqué, parce que dans plusieurs occasions, la diplomatie prussienne avait prétendu que, dans l'état actuel des affaires en France, on ne savait à qui s'adresser pour entamer des négociations. A ce propos, le comte de Bismark m'a fait remarquer, sans toutefois insister sur ce point, que quelque débris d'un gouvernement, jusqu'à présent seul gouvernement reconnu en Europe, était en ce moment à Cassel, cherchant à se reconstituer, mais qu'il me faisait cette observation simplement pour préciser nettement la situation diplomatique, et point du tout pour intervenir, à quelque degré que ce soit, dans le gouvernement intérieur de la France.

« J'ai à mon tour répondu au comte de Bismark que nous le comprenions ainsi, ajoutant toutefois que le gouvernement qui venait de précipiter la France dans les abîmes d'une guerre décidée avec folie et conduite avec absurdité, avait pour toujours terminé à Sedan sa fatale existence et ne resterait dans le souvenir de la nation française que comme un souvenir honteux et pénible. Sans faire d'objection à ce que je disais, le comte de Bismark a protesté de nouveau contre toute idée d'intervenir dans nos affaires intérieures; il voulut bien ajouter que ma présence au quartier général prussien et la réception que l'on m'y avait faite étaient une preuve de la sincérité de ce qu'il me disait, puisque, sans s'arrêter à ce qui se faisait à Cassel, le chancelier de la confédération du Nord était tout prêt à traiter avec l'envoyé extraordinaire de la République française. Après ces observations préliminaires, nous avons fait une première revue sommaire des questions soulevées par la proposition des puissances neutres.

« Les conférences se sont succédé l'une à l'autre, et le plus souvent deux fois par jour, car je désirais ardemment arriver à un résultat qui pût mettre fin au bruit du canon que nous entendions constamment et dont chaque éclat me faisait craindre de nouvelles dévastations et de nouvelles victimes humaines. Les objections faites et les solutions proposées dans ces conférences ont été les suivantes:

« En ce qui touche le principe de l'armistice, le comte de Bismark a déclaré qu'il était aussi désireux que les puissances neutres pouvaient l'être elles-mêmes, de terminer ou du moins de suspendre les hostilités, et qu'il désirait la constitution d'un pouvoir avec lequel il pût contracter des engagements valables et durables. Il y avait, en conséquence, accord complet sur ce point essentiel et toute discussion était superflue.

« En ce qui touche la durée de l'armistice, j'ai demandé au chancelier de la confédération .... d qu'elle fût fixée à vingt-cinq ou trente jours, vingt-cinq au ..... Douze jours au moins étaient nécessaires, lui ai-je dit, pour permettre aux électeurs de se consulter et de se mettre d'accord sur les choix à faire. Un jour de plus pour voter, quatre ou cinq jours de plus pour donner aux candidats élus le temps, dans l'état actuel des routes, de s'assembler dans un lieu déterminé, et enfin huit ou dix jours pour une vérification sommaire des pouvoirs et la constitution de la future Assemblée nationale. Le comte de Bismark ne contestait pas ces calculs; il faisait seulement remarquer que, plus courte serait la durée, moins il serait difficile de conclure l'armistice proposé; il semblait toutefois incliner, comme moi-même, pour une durée de vingt-cinq jours.

« Vint ensuite la grave question des élections. Le comte de Bismark voulut bien m'assurer que, dans les districts occupés par l'armée prussienne, les élections seraient aussi libres qu'elles l'avaient jamais été en France.

« Je le remerciai de cette assurance, qui me paraissait satisfaisante, si le comte de Bismark, qui d'abord avait demandé qu'il n'y eût aucune exception à cette liberté des élections, n'avait fait quelques réserves relatives à certaines portions du territoire français le long de notre frontière, et qui, disait-il, étaient allemandes d'origine et de langage. Je repris que l'armistice, si on voulait le conclure rapidement selon le désir général, ne devait préjuger aucune des questions qui pouvaient être agitées à l'occasion d'un traité de paix nettement déterminé ; que pour ma part, je refusais en ce moment d'entrer dans aucune discussion de ce genre, et qu'en agissant ainsi j'obéissais à mes instructions et à mes sentiments personnels.

« Le comte de Bismark répliqua que c'était aussi son opinion qu'aucune de ces questions ne fût touchée, et il me proposa de ne rien insérer sur ce sujet dans le traité d'armistice, de manière à ne rien préjuger sur ce point ; que, quoiqu'il ne voulût permettre aucune agitation électorale dans les provinces en question, il ne ferait aucune objection à ce qu'elles fussent représentées dans l'Assemblée nationale par des notables qui seraient désignés comme nous le déciderions, sans aucune intervention de sa part, et qui jouiraient d'une liberté d'opinion aussi complète que tous les autres représentants de France.

« Cette question, la plus importante de toutes, étant en bonne voie de solution, nous avons procédé à l'examen de la conduite que devraient tenir les armées belligérantes pendant la suspension des hostilités. Le comte de Bismark devait en référer aux généraux prussiens assemblés sous la présidence de S. M. le roi. Et, tout bien considéré, voici ce qui nous a paru équitable des deux côtés et en conformité avec les usages adoptés dans tous les cas semblables.

« Les armées belligérantes restaient dans les positions mêmes occupées le jour de la signature de l'armistice ; une ligne réunissant tous les points où elles se seraient arrêtées formerait la ligne de démarcation qu'elles ne pourraient pas franchir, mais dans les limites de laquelle elles pourraient se mouvoir, sans cependant engager aucun acte d'hostilité.

« Nous étions, je puis le dire, d'accord sur les divers points de cette négociation difficile, quand la dernière question s'est présentée : à savoir, le ravitaillement des forteresses assiégées et principalement de Paris.

« Le comte de Bismark n'avait soulevé aucune objection fondamentale à ce sujet ; il semblait seulement contester l'importance des quantités réclamées aussi bien que la difficulté de les réunir et de les introduire dans Paris (ce qui toutefois nous concernait seuls), et, en ce qui concerne les quantités, je lui avais positivement déclaré qu'elles seraient l'objet d'une discussion amiable et même de concessions importantes de notre part. Cette fois encore, le chancelier de la confédération du Nord désira en référer aux autorités militaires auxquelles plusieurs autres questions avaient déjà été soumises, et nous convînmes de nous ajourner au 3 novembre pour la solution définitive de ce point

« Le jeudi 3 novembre, le comte de Bismark, que j'avais trouvé inquiet et préoccupé, me demanda si j'avais des nouvelles de Paris ; je lui répondis que je n'en avais pas depuis le lundi soir, jour de mon départ de cette ville. Le comte de Bismark était dans la même situa tion; il me tendit alors les rapports des avant-postes qui parlaient d'une révolution à Paris et d'un nouveau gouvernement. Était-ce là ce Paris dont les nouvelles les plus insignifiantes étaient naguère expédiées avec la rapidité de l'éclair et répandues en quelques minutes dans tout l'univers? Pouvait-il avoir été la scène d'une révolution dont pendant trois jours rien n'avait transpiré à ses propres portes?

« Profondément affligé par ce phénomène historique, je répliquai au comte de Bismark que, le désordre eût-il été un moment triomphant à Paris, la tranquillité troublée serait promptement rétablie grâce au profond amour de la population parisienne pour l'ordre, amour qui n'était égalé que par son patriotisme. Toutefois, mes pouvoirs n'étaient plus valables si ces rapports étaient bien fondés. Je fus ainsi obligé de suspendre les négociations jusqu'à ce que des informations me fussent parvenues.

« Ayant obtenu du comte de Bismark les moyens de correspondre avec Paris, je pus, le même jour, jeudi, m'assurer de ce qui s'était passé le lundi et apprendre que je ne m'étais pas trompé en affirmant que le triomphe du désordre n'avait pu être que momentané.

« Le même soir, je me rendis chez le comte de Bismark, et nous pûmes reprendre et continuer, pendant une partie de la nuit, la négociation qui avait été interrompue le matin. La question du ravitaillement de la capitale fut vivement débattue entre nous, et, pour ma part, j'ai maintenu fermement que toute demande relative aux quantités pourrait être modifiée après une discussion détaillée. Je pus bientôt m'apercevoir que ce n'était pas une question de détail, mais bien une question fondamentale qui avait été soulevée.

« J'ai vainement insisté auprès du comte de Bismark sur ce grand principe des armistices qui veut que chaque belligérant se trouve, au terme de la suspension des hostilités, dans la même situation qu'au commencement ; que de ce principe, fondé en justice et en raison, était dérivé cet usage du ravitaillement des forteresses assiégées et de leur approvisionnement jour par jour de la nourriture d'un jour ; autrement, disais-je au comte de Bismark, un armistice suffirait à amener la reddition de la plus forte forteresse du monde. Aucune réponse ne pouvait être faite, du moins le pensais-je, à cet exposé de principes et d'usages incontestés et incontestables.

« Le chancelier de la confédération du Nord, parlant alors, non en son propre nom, mais au nom des autorités militaires, m'a déclaré que l'armistice était absolument contraire aux intérêts prussiens; que nous donner un mois de répit était nous accorder le temps d'organiser nos armées; qu'introduire dans Paris une certaine quantité de vivres, difficile à déterminer, était donner à cette ville le moyen de prolonger indéfiniment son existence; que de tels avantages ne pourraient nous être accordés sans des équivalents militaires (c'est l'expression du comte de Bismark).

« Je me hâtai de répliquer que sans doute l'armistice pouvait nous apporter quelques avantages matériels, mais que le cabinet prussien devait l'avoir prévu, puisqu'il en avait admis le principe ; que toutefois, avoir calmé le sentiment national, avoir ainsi préparé la paix, en avoir rapproché le terme, avoir par-dessus tout montré une juste déférence aux vœux déclarés de l'Europe, constituait pour la Prusse des avantages politiques tout à fait équivalents aux avantages matériels qu'elle pouvait nous concéder.

« Je demandai ensuite au comte de Bismark quels pouvaient être les équivalents militaires qu'il pouvait nous demander; mais M. le comte de Bismark mettait une grande circonspection à ne pas les préciser ; il les fit connaître à la fin, mais avec une certaine réserve.

« C'est, dit-il, une position militaire sous Paris, et, comme j'insistais davantage : un fort, ajouta-t-il, plus d'un peut-être. J'arrêtai immédiatement le chancelier de la confédération du Nord.

GARNIER-PAGÈS (page 129)

« C'est Paris, lui dis-je, que vous nous demandez, car, nous refuser le ravitaillement pendant l'armistice, c'est nous prendre un mois de notre résistance ; exiger de nous un ou plusieurs de nos forts, c'est nous demander nos remparts. C'est, en fait, demander Paris, puisque nous vous donnerions le moyen de l'affamer ou de le bombarder. En traitant avec nous d'un armistice, vous ne pouviez jamais supposer que la condition serait de vous abandonner Paris même, Paris, notre force suprême, notre grande espérance, et pour vous la grosse difficulté qu'après cinquante jours de siége vous n'avez encore pu surmonter.

« Arrivés à ce point, nous ne pouvions plus continuer.

« Il appartient maintenant aux puissances neutres de juger si une attention suffisante a été donnée à leur conseil ; je suis sûr que ce n'est pas à nous qu'on peut faire le reproche de ne l'avoir pas estimé aussi haut qu'il le méritait. Après tout, nous les faisons juges des deux puissances belligérantes, et, pour ma part, comme homme et comme Français, je les remercie de l'appui qu'elles m'ont accordé dans mes efforts pour rendre à mon pays les bienfaits de la paix, de la paix qu'il a perdue, non par sa faute, mais par celle d'un Gouvernement dont l'existence a été la seule erreur de la France. Ça été une grande et irrémédiable erreur pour la France que de s'être choisi un pareil Gouvernement et de lui avoir, sans contrôle, confié ses destinées.

« Tours, le 9 novembre 1870.

« A. THIERS.

Quelques jours après la publication de la circulaire de M. Jules Favre et du rapport de M. Thiers, M. de Bismark adressa aux ambassadeurs de la confédération du Nord la circulaire suivante, écrite de façon à tromper la bonne foi de l'Europe :

« Il est à votre connaissance que M. Thiers avait exprimé le désir de pouvoir se rendre, pour négocier, au quartier général, après qu'il se serait mis en communication avec les différents membres du Gouvernement de la défense nationale à Tours et à Paris ; sur l'ordre de S. M. le roi, je me suis déclaré prêt à avoir cet entretien, et M. Thiers a obtenu de se rendre d'abord, le 30 octobre, à Paris, d'où il est revenu le 31 au quartier général.

« Le fait qu'un homme d'État de l'importance de M. Thiers, et ayant son expérience des affaires, eût accepté les pleins pouvoirs du gouvernement parisien, me faisait espérer que des propositions nous seraient faites dont l'acceptation nous fût possible et aidât au rétablissement de la paix. J'accueillis M. Thiers avec les égards et la déférence auxquels sa personnalité éminente, abstraction faite de nos relations antérieures, lui donnaient pleinement le droit de prétendre.

« M. Thiers déclara que la France, suivant le désir des puissances neutres, était prête à conclure un armistice.

« S. M. le roi, en présence de cette déclaration, avait à considérer qu'un armistice entraîne nécessairement pour l'Allemagne tous les désavantages qui résultent de la prolongation de la campagne pour une armée dont l'entretien repose sur des centres de ressources fort éloignés. En outre, avec l'armistice, nous prenions l'obligation de faire rester stationnaires, dans les positions qu'elles auraient eu le jour de la signature, les masses de troupes allemandes rendues disponibles par la capitulation de Metz et de renoncer ainsi à occuper de nouvelles portions du territoire ennemi, dont nous pouvons actuellement nous rendre maîtres sans coup férir ou, du moins, en n'ayant à vaincre qu'une résistance peu sérieuse. Les armées allemandes n'ont pas à attendre, dans les prochaines semaines, un accroissement de leurs forces ; au contraire, la France, grâce à l'armistice, se serait assuré la possibilité de développer ses propres ressources, de compléter l'organisation des troupes déjà en formation, et, — si les hostilités devaient recommencer à l'expiration de l'armistice, — de nous opposer des corps de troupes capables de résistance, qui aujourd'hui encore n'existent pas.

« Malgré ces considérations, le désir de faire le premier pas pour la paix prévalut chez S. M. le roi, et je fus autorisé à aller immédiatement au-devant de ce que souhaitait M. Thiers, en consentant à un armistice de vingt-cinq, ou même, comme il le désira plus tard, de vingt-huit jours, sur le pied du *statu quo* militaire pur et simple, — à partir du jour de la signature. Je lui proposai : qu'une ligne de démarcation, à tracer, arrêtât la situation des troupes allemandes et françaises, telle que de part et d'autre elle serait au jour de la signature ; que durant quatre semaines les hostilités restassent suspendues ; que, pendant ce temps, fût élue et constituée une représentation nationale. Pour les Français, — de cette suspension d'armes il ne devait résulter militairement, pendant la durée de l'armistice, que l'obligation de renoncer à de faibles sorties, toujours malheureuses, et à un gaspillage inutile et incompréhensible des munitions d'artillerie par le tir des forts.

« Relativement aux élections en Alsace, je pus déclarer que nous n'insisterions sur aucune stipulation qui dût, avant la conclusion de la paix, mettre en question que les départements allemands fissent partie de la France, — et que nous ne demanderions pas compte à un de leurs habitants de ce qu'il eût figuré, comme représentant de ses compatriotes, dans une assemblée nationale française.

« Je fus étonné, lorsque le négociateur français rejeta ces propositions, qui étaient tout à l'avantage de la France, et déclara ne pouvoir accepter un armistice que si l'on y comprenait la faculté pour Paris de s'approvisionner sur une grande échelle. Je lui répondis que cette faculté contiendrait une concession militaire excédant à tel point le *statu quo* et toute exigence raisonnable, que je devais lui demander s'il était en situation de m'offrir un équivalent, et lequel ? M. Thiers répondit qu'il n'avait pas pouvoir de faire aucune proposition militaire, et qu'il devait poser la condition du ravitaillement de Paris sans pouvoir offrir en compensation rien autre chose que le bon vouloir du gouvernement parisien pour mettre à même la nation française d'élire une représentation d'où vraisemblablement sortirait une autorité avec laquelle il nous serait possible de négocier la paix.

« Dans cette situation, j'eus à soumettre au roi et à ses conseillers militaires le résultat de nos négociations.

« S. M. le roi fut justement surpris de demandes militaires si excessives, et déçu dans ce qu'il avait attendu des négociations avec M. Thiers. L'incroyable exigence d'après laquelle nous aurions dû renoncer au fruit de tous les efforts faits depuis deux mois, à tous les avantages acquis par nous, et remettre les choses au point où elles étaient lorsque nous commençâmes à investir Paris, — ne pouvait fournir qu'une nouvelle preuve qu'à Paris on cherchait les prétextes pour refuser à la France les élections, mais non pas une occasion de les faire sans empêchement.

D'après le désir que j'exprimai d'essayer encore, avant la continuation des hostilités, de s'entendre sur d'autres bases, M. Thiers eut, le 5 de ce mois, aux avant-postes, un nouvel entretien avec les membres du Gouvernement de Paris, pour leur proposer ou un court armistice sur la base du *statu quo*, ou la simple convocation des électeurs sans armistice conclu par une convention, — auquel cas je pouvais promettre que nous accorderions toute liberté et toute facilité compatibles avec la sûreté militaire.

« M. Thiers ne m'a point donné de détails sur son dernier entretien avec MM. Favre et Trochu ; il n'a pu que communiquer, comme résultat de cette conférence, l'instruction qu'il avait reçue de rompre les négociations et de quitter Versailles, puisqu'un armistice avec ravitaillement de Paris ne pouvait être obtenu.

« Il est reparti pour Tours, le 7 au matin. »

« Le cours des négociations n'a fait que me convaincre d'une chose, c'est que les membres du Gouvernement actuel en France, dès leur avènement au pouvoir, n'ont pas voulu sérieusement laisser l'opinion du peuple français s'exprimer par la libre élection d'une représentation nationale ; — qu'ils avaient tout aussi peu l'intention d'arriver à conclure un armistice, et qu'ils n'ont posé une condition dont l'inadmissibilité ne pouvait être mise en doute par eux, que pour ne pas répondre par un refus aux puissances neutres dont ils espèrent l'appui.

« Je vous prie de vouloir bien vous exprimer conformément au contenu de cette dépêche dont vous êtes autorisé à donner lecture.

« DE BISMARK. »

En réponse aux allégations mensongères de M. de Bismark, notre ministre des affaires étrangères adressa aux agents diplomatiques de la France la lettre suivante :

« Monsieur, vous avez eu certainement connaissance de la circulaire par laquelle M. le comte de Bismark explique le refus opposé par la Prusse aux conditions de ravitaillement proportionnel que comportait naturellement la proposition d'armistice émanée des puissances neutres. Ce document rend une rectification d'autant plus nécessaire que, par une préoccupation très-conforme d'ailleurs à toute sa politique antérieure, le représentant de la Prusse y a négligé des faits importants, dont l'omission ne pourrait manquer d'induire l'opinion publique en erreur.

« En lisant son travail, on doit croire que M. Thiers a demandé, au nom du Gouvernement de la défense nationale, l'ouverture d'une négociation, et que la Prusse l'a acceptée par un sentiment d'égard pour le caractère personnel de notre envoyé et par le désir d'arriver, s'il était possible, à une conciliation. Le chancelier de la confédération du Nord paraît oublier, et il est indispensable de rappeler, que la proposition d'armistice sur laquelle M. Thiers est venu conférer appartient aux puissances neutres, et que l'une d'elles a bien voulu faire auprès de la Prusse la démarche qui a donné à notre négociateur l'occasion d'entrer en pourparlers.

« Ce bon office n'était point un fait isolé. Dès le 20 octobre, lord Granville adressait à lord Loftus une dépêche communiquée au cabinet de Berlin, et dans laquelle il exposait, avec une grande autorité, les raisons d'intérêt européen qui devaient amener la cessation de la guerre.

« Parlant de la continuation du siège et de l'éventualité de la prise de Paris, le chef du Foreing-Office disait :

« Il n'est pas déraisonnable de mettre dans la balance les avantages et les désavantages qui accompagneront un tel fait ; et ces désavantages touchent tellement aux sentiments de l'humanité, que le gouvernement de la Reine se croit obligé de les signaler au Roi et à ses ministres. Le souvenir amer des trois derniers mois peut être un jour effacé par le temps et par le sentiment de la bravoure de l'ennemi sur les champs de bataille.

« Mais il y a des degrés dans l'amertume, et la probabilité d'une guerre nouvelle et irréconciliable sera considérablement augmentée si toute une génération de Français a devant les yeux le spectacle et la destruction d'une capitale, accompagnée de la mort de personnes sans armes, de la destruction de trésors d'art et de science, de souvenirs historiques d'un prix inestimable, impossibles à remplacer.

« Une telle catastrophe sera terrible pour la France et dangereuse pour la paix future de l'Europe; en même temps, elle ne sera, comme le gouvernement de la Reine le croit, à personne plus pénible qu'à l'Allemagne et à ses princes. Le Gouvernement français a décliné les négociations de paix depuis l'entrevue de M. de Bismark et de M. Jules Favre; mais le gouvernement de la Reine a pris sur lui d'insister auprès du gouvernement provisoire pour qu'il consente à un armistice qui pourrait aboutir à la convocation d'une assemblée constituante et au rétablissement de la paix.

« Le gouvernement de la reine n'a pas omis de faire sentir à Paris la nécessité de faire toutes les concessions compatibles dans la situation actuelle avec l'honneur de la France. Le gouvernement de la Reine ne se croit pas autorisé à l'affirmer, mais il ne peut pas croire que les représentations faites par lui resteront sans effet. Pendant cette guerre, deux causes morales ont, à un degré incalculable, servi l'immense puissance matérielle des Allemands: ils ont combattu pour repousser l'invasion étrangère et affirmer le droit d'une grande nation à se constituer de la manière la plus propre à développer ses aptitudes.

« La gloire de leurs efforts sera rehaussée si l'histoire peut dire que le Roi a épuisé tous les moyens pour rétablir la paix, et que les conditions de paix étaient justes, modérées, en harmonie avec la politique et les sentiments de notre époque.

« Au moment où le ministre anglais tenait ce langage à la Prusse, son ambassadeur insistait à Tours sur les mêmes considérations, sans jamais mettre en doute que l'armistice ne dût nécessairement accompagner de ravitaillement. Il m'est permis d'ajouter que, sur ce point, qui a été le seul objet du débat, l'opinion du chancelier de la confédération du Nord ne pouvait être différente, puisqu'il avait eu connaissance de la mission officieuse du général Burnside, auquel il avait parlé d'un armistice sans ravitaillement, que le gouvernement de la défense nationale n'avait pu accepter.

« C'était donc dans les termes du droit commun, c'est-à-dire avec un ravitaillement proportionnel à la durée, que l'Angleterre conseillait l'armistice; c'est aussi dans ces termes qu'il fut compris par les autres puissances, et directement proposé à la Prusse par une correspondance et des télégrammes auxquels elle adhéra. Dans sa conférence avec les membres du Gouvernement, le 30 octobre, M. Thiers n'admettait pas que cette condition pût être contestée en principe; seulement, il avait l'ordre, auquel il s'est certainement conformé, de ne point être trop rigoureux pour son application.

« Aussi est-ce par erreur que le chancelier de la confédération du Nord affirme qu'il aurait déclaré « ne pouvoir accepter un armistice si l'on y comprenait la faculté, pour Paris, de s'approvisionner sur une grande échelle. » Cette assertion est inexacte.

« Les chiffres d'une consommation journalière et modérée avaient été minutieusement arrêtés par le ministre du commerce, et seuls ils servaient de base à notre réclamation, strictement limitée au nombre de jours de l'armistice. En cela, nous étions d'accord avec l'usage et l'équité, avec l'intention des puissances neutres, et, nous le croyions, avec le consentement de la Prusse elle-même. Peut-être n'eût-elle pas songé à le retirer sans la reddition de Metz et sans la funeste journée du 31 octobre, accueillie par elle avec une satisfaction mal dissimulée.

« Le chancelier de la confédération du Nord insiste sur les inconvénients auxquels l'armistice exposait l'armée assiégeante. Mais il ne tient pas compte de ceux, bien autrement graves, du non-ravitaillement pour la ville assiégée. Ces inconvénients sont tels qu'ils rendaient décisive la convocation d'une assemblée réduite forcément à l'impuissance, à l'heure de ses délibérations, et condamnée par la plus dure des nécessités à subir la loi du vainqueur. L'armistice sans ravitaillement, pour faire statuer au bout d'un mois sur la paix ou sur la guerre, n'était donc ni équitable ni sérieux; il n'était pour nous qu'une déception et un péril.

« J'en dis autant de la convocation d'une assemblée sans armistice. S'il avait cru une pareille combinaison compatible avec la défense, le Gouvernement l'aurait adoptée avec joie. La Prusse peut lui reprocher « de n'avoir pas voulu laisser l'opinion du peuple français s'exprimer librement par l'élection d'une représentation nationale.

« Le besoin de diviser et d'affaiblir la résistance du pays explique suffisamment cette accusation. Mais quel homme de bonne foi voudra l'admettre? Qui ne sent l'immense intérêt qu'ont les membres du Gouvernement à écarter la terrible responsabilité que les événements et le vote de Paris font peser sur leur tête? Ils ont constamment cherché, avec le désir ardent de réussir, les moyens les plus efficaces d'amener la convocation d'une assemblée qui était et qui est encore leur vœu le plus cher.

« C'est dans ce but que j'abordai M. le comte de Bismark à Ferrières. Je laisse à la conscience publique le soin de juger de quel côté ont été les obstacles, et si le Gouvernement doit être dénoncé au blâme de l'Europe pour n'avoir pas voulu placer les députés de la France sous le canon d'un fort livré à l'armée prussienne.

« Une convocation sans armistice nous aurait, il est vrai, épargné cette humiliation, mais elle nous en aurait encore réservé de cruelles. Les élections auraient été livrées au caprice de l'ennemi, aux hasards de la guerre, à des impossibilités matérielles énervant notre action militaire et ruinant à l'avance l'autorité morale des mandataires du pays.

« Et cependant nous sentions si énergiquement le besoin de nous effacer devant les représentants réguliers de la France que nous eussions bravé ces difficultés inextricables, si en descendant au fond de nos consciences nous n'y avions trouvé impérieux, inflexible, supérieur à tout intérêt personnel, ce grand et suprême devoir de l'honneur à sauvegarder et de la défense à maintenir intacte.

« Nous avons maudit et condamné cette guerre; quand des désastres inouïs dans l'histoire ont mis en poussière ses criminels instigateurs, nous avons invoqué, pour la faire cesser, les lois de l'humanité, les droits des peuples, la nécessité d'assurer le repos de l'Europe, offrant d'y concourir par de justes sacrifices. On a voulu nous imposer ceux que nous ne pouvons accepter, et la Prusse a continué la lutte, non pour défendre son territoire, mais pour conquérir le nôtre.

« Elle a porté dans plusieurs de nos départements le ravage et la mort; elle investit depuis plus de deux mois notre capitale qu'elle menace de bombardement et de famine; c'est pour couronner ce système scientifique de violence qu'elle nous convie à réunir une assemblée élue en partie dans ses camps, et appelée à discuter paisiblement quand gronde le canon de la bataille!

« Le Gouvernement n'a pas cru une telle combinaison réalisable. Elle le condamnait à discontinuer la défense; sans armistice régulier, c'était y renoncer. Or, quel est le citoyen français qui ne s'indigne pas à cette idée? Le pays tout entier proteste contre elle. On lui dit de voter, — il fait mieux, il s'arme. — Nos soldats, victorieux sur la Loire, effacent par leur généreux sang les hontes de l'Empire. Paris, dont la Prusse devait forcer l'enceinte en quelques jours, résiste depuis plus de deux mois, et il demeure plus que jamais résolu, après l'avoir rendue inexpugnable.

« Les chefs militaires, que la trahison de Sedan avait laissés sans ressources, ont dû improviser une armée et son matériel, former la garde mobile, organiser la garde nationale. Leurs travaux ne seront pas stériles; et, dans cette crise suprême que nous avons essayé de conjurer par tous les moyens que l'honneur commandait, nous avons la certitude que chacun fera son devoir.

« Le Gouvernement n'a donc pas, comme l'en accuse le chancelier de la confédération du Nord, cherché à se concilier l'appui de l'Europe en paraissant se prêter à une négociation qu'il avait en réalité le dessein de rompre. Il repousse hautement une pareille imputation. Il a accepté avec reconnaissance l'intervention des puissances neutres, et s'est loyalement efforcé de la faire réussir dans les termes que l'une d'elles avait indiqués en rappelant dans son télégramme « les sentiments de justice et d'humanité auxquels la Prusse devait se conformer. »

« A cette heure suprême, il s'en remettrait volontiers au jugement de ceux dont la voix bienveillante n'a point été écoutée. Ce n'est pas d'eux que lui viendrait un conseil de défaillance.

« Après lui avoir donné leur appui moral, ils estimeront qu'il continue à le mériter en défendant énergiquement le principe qu'ils ont posé; il est prêt à convoquer une assemblée, si un armistice avec ravitaillement le lui permet. Mais il faut qu'il soit bien entendu qu'en le refusant, la Prusse, malgré toutes ses déclarations contraires, cherche à augmenter nos embarras en nous empêchant de consulter la France; c'est donc à elle seule que doit être renvoyée la responsabilité d'une rupture démontrant une fois de plus qu'elle est déterminée à tout braver pour faire triompher sa politique de conquête violente et de domination européenne.

« Je crois, Monsieur, avoir exactement traduit les sentiments qui ont inspiré le Gouvernement, et je vous prie de vous en pénétrer lorsque vous serez appelé à vous en expliquer.

« JULES FAVRE. »

Nous avons tenu à reproduire intégralement tous ces documents, parce qu'ils donnent l'enseignement suivant : c'est que deux fois, à Ferrières, par M. Jules Favre, et à Versailles, par M. Thiers, des propositions de conciliation ont été faites à la Prusse, et que M. de Bismark, par des prétentions exagérées et inacceptables, les a empêchées d'aboutir.

Une grande colère patriotique éclata à Paris, en présence de l'arrogance de M. de Bismark, et Paris se dit : « Le devoir est tracé; il faut se battre à outrance, et, si nous succombons, ce sera devant la force, car le courage ne nous fera pas défaut. »

CHAPITRE XI

METZ

L'armée du Rhin rejetée sous Metz. — État des vivres et munitions de la place. — Sortie du 26 août. — Combats de Sainte-Barbe (31 août et 1ᵉʳ septembre). — Bazaine cache à son armée la proclamation de la République. — Les vivres commencent à manquer. — On entame la cavalerie. — Combat de Lauvalliers. — Combats de Peltre et Lebonchamps. — Départ du général Bourbaki. — Combats de Bellevue et Saint-Remy. — Le général Boyer part pour Versailles. — Réunion des chefs de corps. — Le général Coffinières de Nordeck. — Fausses nouvelles rapportées à Metz par le général Boyer. — Cet officier repart pour Versailles. — Rupture des négociations. — Plus de pain! — Le général Changarnier est envoyé près du prince Frédéric-Charles. — Entrevue des chefs d'état-major général Jarras et Stiehle. — Protocole et appendice à la convention militaire. — Les aigles. — Proclamation de Bazaine. — Le général Changarnier cherche à justifier, devant l'Assemblée nationale, la conduite du général en chef. — Le plan de Bazaine; sa trahison. — Proclamation de la délégation de Tours. — État des pertes de l'armée du Rhin.

Nous avons été obligé de laisser de côté l'armée que commandait le maréchal Bazaine, après la bataille du 18 août, à laquelle on a donné le nom de bataille de Saint-Privat, pour suivre l'armée de Mac-Mahon dans sa retraite à Châlons, et pour faire le récit de ses opérations jusqu'à la capitulation de Sedan.

Le maréchal Bazaine, après le combat de Gravelotte (16 août), dans lequel l'armée française avait été victorieuse, donna à ses troupes l'ordre de battre en retraite dans la direction de Metz. Si, au lieu de se replier, l'armée du Rhin eût seulement fait un mouvement de conversion à gauche, en se rabattant sur la vallée de la Moselle, elle bousculait l'ennemi et pouvait peut-être anéantir l'armée du prince Frédéric-Charles.

Mais Bazaine préféra laisser les armées du prince Frédéric-Charles et de Steinmetz faire leur jonction, et, le 18 août, il se trouva attaqué dans les environs de Saint-Privat-la-Montagne par toute l'armée allemande. Le 19, avant le jour, le général en chef de l'armée du Rhin ordonna la retraite. Les Prussiens pouvaient marcher sur Paris; la dernière communication avec la France, la route de Thionville, était coupée.

Ainsi, un mois après la déclaration de guerre, quinze jours après l'ouverture des hostilités, l'armée de Mac-Mahon était anéantie; sur 140,000 hommes, chiffre de son effectif total, 32,000 avaient été tués ou mis hors de combat, et 108,000 étaient prisonniers. L'armée de Bazaine, forte de 170,000 hommes, était bloquée sous Metz par 300,000 ennemis, tandis que plus de 100,000 autres marchaient sur Paris !

Avant de se replier sous Metz, où Bazaine devait s'attendre à être bloqué, il était de son devoir de faire amener dans le camp toutes les ressources des villages environnants. M. l'intendant général Wolff partit, chargé d'aller préparer les vivres sur les routes que l'armée allait suivre. Mais, hélas! M. Wolff ne revint pas. Il fut remplacé dans Metz par un sous-intendant militaire qui fut écrasé bientôt sous cette lourde tâche d'approvisionner l'armée bloquée.

Quelques jours après la rentrée des troupes sous les murs de Metz, ce fonctionnaire fournissait sur les ressources de l'armée la situation suivante qui, on va en juger, ne présentait rien de bien rassurant pour l'issue des opérations :

« La situation des ressources, à la date de ce jour, tant dans les magasins que dans les gares de la place de Metz, ne peut être donnée que d'une façon approximative, en raison des nombreux mouvements qui ont eu lieu ces jours derniers, et de la difficulté d'apprécier, autrement que par aperçu, les quantités existant en gare.

« En supposant un effectif de 200,000 hommes et de 50,000 chevaux, cette situation approximative peut s'établir ainsi :

« Blé, 15 jours; farine, 15 jours; biscuit, 1/2 jour; riz et haricots, 5 jours; sel, 6 jours; sucre, 15 jours; café, 26 jours; vin, 7 jours; eau-de-vie, 8 jours; lard, 12 jour; avoine, 12 jours à 4 kilogrammes la ration; viande, 6 jours. »

Les effectifs portés par l'intendant étaient un peu forcés : l'effectif réel, à cette époque, n'était que de 143,000 hommes, sans les blessés et la garnison de Metz, et de 37,000 chevaux.

Si l'armée était pauvre en vivres, elle se trouvait largement approvisionnée en munitions. Le 22 août, la place possédait :

Bouches à feu..	Canons de 24 (place et siège).	103
	Canons de 12 (id.)	145
	Canons de calibres inférieurs.	103
	Mortiers	189
Approvisionnements.	Projectiles (approvisionnement plus que suffisant).	
	Poudre.	400,000 kilog.
Fusils.	Modèle 1866.	20,000
	Id. 1867 transformé	3,528
	Id. à percussion	37,589
Cartouches.	Modèle 1866.	2,218,000
	Id. 1867.	1,018,340
	Id. à percussion.	3,739,000

Le 26 au matin, le maréchal résolut de faire un semblant de mouvement offensif. Les troupes brûlaient de reprendre la lutte et manifestaient hautement leur impatience. On se mit en route au jour. Les 4e, 6e corps et la garde passèrent sur la rive droite, et allèrent s'établir entre les routes de Boulay et de Bouzonville. Le temps devint tout à coup froid et pluvieux. Le maréchal jugea « le mouvement offensif inexécutable dans de bonnes conditions », et après avoir passé la journée à délibérer avec les commandants des corps d'armées dans la ferme de Grimont, il fit donner aux troupes qui attendaient, depuis le matin, l'arme au bras, sous une pluie battante, l'ordre de regagner les bivouacs, ce qu'elles firent avec un mécontentement facile à comprendre.

L'armée rentra donc dans le repos et l'inaction ; pour l'occuper un peu, on lui fit faire autour du camp des tranchées-abris, et élever quelques retranchements ; enfin, on continua à travailler aux forts dont l'achèvement n'était pas complet.

Le 30 août, Bazaine reçut par le retour d'un émissaire qu'il avait envoyé au camp de Châlons l'avis suivant de Mac-Mahon, daté du 22 :

« Reçu votre dépêche du 19 dernier à Reims, me porte dans la direction de Montmédy ; serai après-demain sur l'Aisne où j'agirai selon les circonstances pour vous venir en aide. »

Bazaine se décida alors à faire, le 31, une sortie. Dès le matin, toute l'armée commença à passer la Moselle sur les trois ponts. Cette opération dura depuis six heures du matin jusqu'à cinq heures du soir. La réserve générale d'artillerie, placée sous les ordres du général Bourbaki, et la cavalerie du général Desvaux n'entrèrent en ligne que fort tard. A quatre heures, la lutte commença par quelques coups de pièces de 24 qu'on avait amenées du fort Saint-Julien, et le feu s'alluma sur toute la ligne. Mais l'artillerie allemande écrasa aussitôt de son feu les quelques batteries que nous avions placées en avant et on fut obligé de les faire reporter toutes en arrière. Les Prussiens, encouragés par ce succès, allongèrent immédiatement leur tir et inondèrent de projectiles tout le plateau de Grimont ; notre infanterie, couchée à terre, ne souffrit pas heureusement de ce feu formidable ; l'infanterie prussienne, fidèle à ses habitudes de prudence, se tenait en arrière des batteries prussiennes.

Vers cinq heures du soir arriva l'ordre d'attaquer les villages de Servigny et de Sainte-Barbe où les Prussiens avaient massé une artillerie formidable. Sainte-Barbe étant dans une situation dominante et sur la route principale à suivre pour gagner Thionville, devait être évidemment considéré comme la clef de la position. Mais ce village était distant de sept kilomètres ; on n'avait plus que trois heures de jour, et il fut impossible d'y arriver.

Le village de Servigny fut enlevé à huit heures et demie, puis repris plusieurs fois ; enfin il resta définitivement aux Prussiens. Pendant ce temps, la division Metmann s'emparait de Nouilly ; la division Fauvart-Bastoul et la division Montaudon prenaient Noisseville et Montoy ; elles couchèrent sur ces positions importantes qui commandent les deux côtés de la route de Sarrelouis.

Le maréchal Canrobert s'était, de son côté, emparé des positions de Chieulles et de Vany; il avait reçu l'ordre de se diriger sur Failly, dont l'occupation pourrait faire tomber Poix et Servigny. Mais la nuit étant arrivée, les 3e et 4e corps s'étant repliés en arrière, le commandant du 6e corps suspendit son mouvement afin de rester lié au général Ladmirault.

On s'arrêta donc, et ce fut une faute: les troupes étaient pleines d'ardeur; il fallait savoir profiter de leur élan.

L'ennemi, prévoyant la continuation de la lutte pour le lendemain, fit arriver pendant la nuit de nouvelles troupes, dont il paraissait difficile de triompher. L'attaque recommença au jour, par un brouillard très-intense qui nous fut défavorable. L'ennemi se bornait à nous inquiéter par une vive canonnade. Le maréchal Le Bœuf, voyant sa retraite compromise par l'arrivée de fortes colonnes ennemies, fut obligé de quitter Noisseville.

La retraite fut ordonnée à onze heures. Le mécontentement de l'armée fut très-vif. « Chacun se disait, écrit le lieutenant-colonel d'état-major Fay, qu'une armée comme la nôtre, attaquant un point quelconque de la circonférence ennemie, devait la traverser dès qu'elle en aurait la volonté; mais qu'il était indispensable pour réussir, de surprendre l'ennemi et de supprimer les bagages. Cela était clair pour tout le monde; aussi ne peut-on s'expliquer notre insuccès qu'en se disant : Avait-on bien l'intention de réussir? »

Non; Bazaine ne voulait pas franchir les lignes prussiennes; il voulait, dit un de ses officiers, s'enfermer dans le camp sous Metz, comme dans un fromage de Hollande. Les Allemands ne s'y sont pas trompés et un officier général prussien, dans une brochure intitulée : *Opérations militaires autour de Metz*, dit : « D'après les informations que nous possédons, incomplètes encore, il est vrai, le maréchal Bazaine, dans la journée du 31, ne paraît pas avoir eu en vue d'abandonner Metz. »

Le commandant en chef de l'armée du Rhin, voyant l'impatience de son armée, voulait simplement, comme il le dit dans son rapport sommaire, « soutenir le moral de ses troupes. »

Nos pertes, dans les deux journées, s'élèvent à cent cinquante officiers et trois mille quatre cents hommes hors de combat.

Les premières rumeurs de la capitulation de Sedan coururent à Metz le 6 septembre. Le maréchal Bazaine qui était, le fait est certain, en communication avec le prince Frédéric-Charles, qui lui faisait parvenir les journaux français, savait, à n'en pas douter, dès le 6, que l'Empereur était prisonnier et que la République était proclamée. Or, ce n'est que le 16 septembre que le commandant en chef annonce à son armée, par l'ordre du jour ci-après, ces faits importants :

« A l'armée du Rhin !

« D'après deux journaux français du 7 et du 10 septembre, apportés au grand quartier général par un prisonnier français qui a pu franchir les lignes ennemies, S. M. l'empereur Napoléon aurait été interné en Allemagne après la bataille de Sedan, et l'impératrice ainsi que le prince impérial, ayant quitté Paris le 4 septembre, un pouvoir exécutif, sous le titre de Gouvernement de défense nationale, s'est constitué à Paris. Les membres qui le composent sont : (*Suivent les noms.*)

« Généraux, officiers et soldats de l'armée du Rhin ! nos obligations militaires envers la patrie en danger restent les mêmes. Continuons donc à la servir avec dévouement et la même énergie en défendant son territoire contre l'étranger, l'ordre social contre les mauvaises passions.

« Je suis convaincu que votre moral, ainsi que vous en avez déjà donné tant de preuves, restera à la hauteur de toutes les circonstances, et que vous ajouterez de nouveaux titres à la reconnaissance et à l'admiration de la France.

« Ban Saint-Martin, 16 septembre 1870. »

Pourquoi, dans quel but, Bazaine a-t-il attendu dix jours avant d'apprendre à ses troupes que le mépris du peuple avait déclaré indigne du trône le souverain capitulard ?

Pourquoi semble-t-il reconnaître de fait, dans le factum que nous venons de reproduire, le gouvernement de la défense nationale, quand, quelques jours après, il va se livrer à des machinations bonapartistes, plus ou moins ténébreuses ?

Pendant ce temps, la position de la place était des plus critiques : le 3 septembre, il ne restait plus que trois cent quatre-vingt mille rations de lard ; on avait été obligé d'entamer la cavalerie, on mangeait deux cent cinquante chevaux par vingt-quatre heures, soit cinquante par corps d'armée ; la ration de fourrage était diminuée de jour en jour ; ordre avait été donné le 13 au général Coffinières de réquérir tous les fourrages existant en ville ; on n'en laissait que pour trente jours aux habitants. La ration de pain qui, depuis longtemps, était à cinq cents grammes, puis à trois cents, fut réduite à deux cent cinquante grammes sans blutage, limite extrême d'après l'opinion du médecin en chef de l'armée. On ne pouvait presque plus nourrir les chevaux ; pour y parvenir, on invitait les cavaliers à faire la cueillette des feuilles de tous les arbres ; mais les chevaux succombaient rapidement sous l'influence d'une pareille alimentation et d'une intempérie persistante.

La population de Metz commençait à souffrir du manque de vivres : le nombre des bouches à nourrir était augmenté des habitants des localités environnantes, dont on porte le chiffre à 30,000, qui s'étaient réfugiés à Metz, affolés par la crainte ou poussés par un zèle malentendu. Il y avait dans les hôpitaux plus de dix mille malades et blessés et vingt mille personnes étaient mortes en un mois. Les épidémies régnaient ; on faisait les amputations sans chloroforme ni éther, et on pansait les blessures sans acide carbonique.

Et on continuait à ne rien faire de sérieux : on échangeait à peine quelques coups de fusil aux avant-postes. De son côté, l'ennemi ne paraissait pas disposé à attaquer, déclarant qu'il ne réduirait l'armée du Rhin que par la famine.

Enfin, le 22 septembre, on se décida à sortir. L'affaire de Lauvalliers avait enfin un objectif sérieux : l'approvisionnement des chevaux. Voici la relation que fait de cette journée, qui fut un succès pour nos armées, M. Albert Alexandre, dans sa brochure de l'*Homme de Metz* :

« Le 22 septembre, au matin, le maréchal Bazaine était informé par un brave habitant de Lauvalliers, qui était parvenu à sortir des lignes ennemies et à arriver jusqu'à Metz, que le village de Lauvalliers était abondamment pourvu de paille et de fourrages.

« Le maréchal résolut immédiatement de faire une perquisition chez MM. les Prussiens. En effet, vers midi, les forts de Queuleu et de Saint-Julien commençaient, avec leurs pièces à longue portée, à troubler le calme dont jouissaient nos ennemis depuis une huitaine de jours. Ces frais d'artillerie avaient pour but, surtout de la part du fort de Queuleu, de masquer le mouvement qu'on se proposait de faire sur Lauvalliers. Vers une heure et demie, quelques compagnies de chasseurs à pied s'avancèrent en tirailleurs depuis la ferme de Bellecroix jusqu'aux hauteurs de Vantoux, sur la gauche. Trois régiments d'infanterie les suivaient à courte distance, également échelonnés en tirailleurs.

« Devant cette démonstration, l'ennemi resta muet; alors vinrent prendre position, à 200 mètres en avant de la ferme Belle-Croix, deux batteries, l'une de pièces de 4, l'autre de mitrailleuses; deux régiments de dragons, rangés en éventail, devaient protéger les batteries. Cent chariots et quelques compagnies de muletiers se dirigèrent alors au village de Lauvalliers, précédés de quelques compagnies de ligne. On entra dans le village presque sans coup férir, et, pendant que nos chariots allaient charger les fourrages, j'ai pu voir les Prussiens, tant infanterie que cavalerie, décamper au plus vite du village, se repliant sur Sainte-Barbe où sont établies leurs batteries. Nos chariots chargèrent sans être trop inquiétés. Par-ci, par-là, quelques coups de fusil venaient seuls se mêler aux voix mâles de Queuleu et de Saint-Julien. Le chargement du fourrage a duré ainsi presque jusque vers quatre heures et demie. A ce moment seulement, quelques escadrons de cavalerie prussienne se décidaient à sortir du village de Sainte-Barbe, et à venir, escortant deux batteries d'artillerie, prendre position sur la droite de la route de Boulay. Leur tir, assez habilement dirigé, faisait pleuvoir une grêle d'obus sur la ferme de Belle-Croix. Ces projectiles n'ont heureusement blessé personne.

« Au même moment, quelques colonnes d'infanterie prussienne, sortant aussi du village de Sainte-Barbe, s'avançaient vers Lauvalliers; elles furent reçues par nos tirailleurs couchés à plat ventre dans les vignes. Une vive fusillade s'engagea, qui dura à peu près une heure.

« Au moment où la cavalerie et l'artillerie prussienne, quittant Sainte-Barbe, s'avançaient sur la route de Boulay, deux coups de canon partis du fort Saint-Julien sont venus donner en plein dans les groupes ennemis. J'ai pu, grâce à ma longue-vue, vérifier le ravage que ces deux projectiles habilement lancés ont fait dans les rangs prussiens. Vers cinq heures, fusillade et canonnade s'éteignaient sensiblement; seule, l'artillerie prussienne se faisait encore entendre.

« J'ai pu, pendant toute l'action, constater la présence de notre brave général Changarnier, qui s'est tenu dans le village de Lauvalliers, sur lequel les Prussiens dirigeaient leurs feux, non-seulement tout le temps qu'a duré la razzia, mais même après le départ du dernier mulet et du dernier chariot. Je l'apercevais très-distinctement, lorgnant les batteries ennemies. A cinq heures et demie, tout était fini, et nos soldats rentraient dans leurs campements respectifs, tenant leur fusil d'une main et soutenant de l'autre une botte de fourrage placée sur leur épaule. Au moins la journée ne se sera-t-elle pas écoulée sans rapporter un trophée.

« Le 27, nouveaux combats, nouveaux succès ! Quelque nuage a-t-il donc passé entre le chef allemand et l'homme de Metz ?

« Trois attaques, ordonnées par le maréchal commandant en chef, et dirigées, le 27, contre différents points des lignes prussiennes, ont été couronnées d'un plein succès.

« Sur la rive droite de la Moselle, le général Lapasset, avec sa brigade, renforcée du 90e de ligne et de six pièces d'artillerie, avait été chargé d'attaquer Mercy-lès-Metz et le village de Peltre, principal centre du ravitaillement de l'ennemi. Ces deux points ont été abordés et enlevés avec la plus grande vigueur. A Peltre, l'ennemi, assailli de front et tourné par son flanc gauche, a eu beaucoup d'hommes tués et blessés, et a laissé entre nos mains bon nombre de prisonniers, ainsi que des armes et des effets. Après ce brillant coup de main, nos troupes sont rentrées dans leurs camps sans être inquiétées.

« Pendant ce temps, M. le maréchal commandant le 5e corps faisait exécuter par la division Montaudon, sur le village de Colombes, une diversion qui a pleinement réussi. Des approvisionnements de fourrages ont été enlevés à l'ennemi, qui s'est retiré en toute hâte en incendiant le bois de Borny.

« Sur la rive gauche de la Moselle, M. le maréchal commandant le 6e corps a fait enlever le bois de Woippy, la ferme de Sainte-Agathe et le château de Ladonchamps. L'attaque, qui avait été préparée par le feu de nos batteries, a été faite avec tant de vigueur et de rapidité que nos pertes sur ce point ont été insignifiantes. Les Prussiens ont dû battre en retraite avec la plus grande précipitation.

« Ces divers engagements ont mis entre nos mains cent soixante-dix-huit prisonniers, dont trois officiers, mais nous ont coûté une vingtaine de tués, dont deux officiers, et plus de trois cents blessés, dont neuf officiers. »

Pendant ce temps, Bazaine conspirait. Il recevait des parlementaires prussiens et avait de longues conférences avec un sieur Regnier qui s'était donné la mission de rétablir l'Empire et qui courait de Londres à Wilhemshœne, de Napoléon à Bismark, de Bismark à Bazaine. A cette époque, au 26 septembre, le maréchal était déjà décidé à vendre Metz, à livrer son armée. C'est à cette date qu'un ordre du jour annonce que le général Desvaux remplace à la tête de la Garde le général Bourbaki en mission.

Qu'allait faire le général Bourbaki à Londres ? On le sut plus tard. La vérité est que Bazaine n'était pas fâché de se débarrasser de ce général très-populaire dans l'armée, et dont l'honnêteté aurait pu entraver les machinations ténébreuses du général en chef. Aussi Bourbaki qui avait, sans difficulté, obtenu du quartier général prussien, un laisser-passer pour sortir de Metz, ne put-il s'en procurer un pour rentrer dans la place et reprendre le commandement de la Garde.

Le 1er octobre arriva. L'intendant fournit un état des ressources pour le mois. Il ne restait plus que pour quatorze jours de pain, de biscuit et de farine ; le 15, on ne devait plus avoir à consommer que de la viande de cheval. L'armée du Rhin n'avait donc plus qu'à capitaler, ou à livrer une bataille dans des conditions désavantageuses avec des hommes épuisés, sans cavalerie, sans artillerie? N'eût-il pas été plus honorable, plus glorieux de prendre une décision avant le terme fatal et de tenter le sort des armes depuis quinze jours, au lieu d'entrer dans la voie de négociations tortueuses?

Dans les premiers jours du mois, des bruits d'une sortie en masse se répandirent dans Metz; l'armée ne cachait pas sa joie de sortir enfin de l'inaction. Mais cette joie fut de courte durée : cette sortie en masse n'eut pas lieu; le 7 octobre, le 6ᵉ corps reçut seulement l'ordre « d'exécuter un grand fourrage vers les Grandes et les Petites Tapes, avec l'appui des 4ᵉ et 5ᵉ corps sur les flancs, d'une division de la Garde comme réserve. »

L'extrait suivant du rapport officiel français fera connaître en détail les différents épisodes de cette journée :

« Le maréchal Canrobert était en position à une heure, s'étendant de la Moselle au bois de Woippy, à hauteur des Maxes, de Ladonchamps et de Sainte-Agathe. La division des voltigeurs de la garde, à laquelle on avait adjoint les quatre compagnies de partisans de la division Tixier du 6ᵉ corps, occupait le milieu de la plaine; elle était sur trois lignes, à 500 mètres l'une de l'autre. A sa droite, le 9ᵉ bataillon de chasseurs de la division Tixier bordait la Moselle, observant la rive droite, et destiné à répondre au feu de l'ennemi venant de Malroy. A sa gauche, le bataillon de chasseurs de la garde était massé derrière la ferme de Sainte-Agathe; plus à gauche encore se trouvait la brigade Gibon, de la division Levassor-Sorval, avec les compagnies de partisans des 3ᵉ et 4ᵉ divisions du 6ᵉ corps; cette brigade occupait le bois de Woippy, et devait en déboucher sur Sainte-Anne et le hameau de Bellevue.

« Au signal donné, toutes les troupes s'ébranlent en même temps; la 1ʳᵉ brigade de voltigeurs dépasse les Maxes, refoule les tirailleurs ennemis, enlève Franc-Lonchamps, et pousse ses propres tirailleurs jusqu'à hauteur des Grandes-Tapes, pendant que la 2ᵉ brigade s'empare de Saint-Remy, où elle trouve une résistance énergique. A peine nos troupes ont-elles dessiné leur mouvement que l'ennemi ouvre sur elles une violente canonnade des batteries d'Olgy, de Malroy, de Sémécourt et de Fèves, et aussi de celles qu'il a placées dans la plaine, en avant de Mézières. Malgré l'intensité de ce feu, et les pertes sérieuses qu'il nous fait subir, la division Deligny, entraînée par l'exemple énergique de ses chefs et de ses officiers, n'en continue pas moins son mouvement en avant; les Grandes-Tapes sont enlevées par la 1ʳᵉ brigade, et, bientôt après, la 2ᵉ reste maîtresse des Petites-Tapes. Le bataillon de chasseurs de la garde avait pris, en même temps, le hameau de Bellevue, qui fut immédiatement mis en état de défense, et il était venu s'embusquer dans un fossé, à 500 mètres en avant des maisons de ce hameau.

« A l'extrême gauche, la brigade Gibon, précédée des compagnies de partisans, avait traversé les bois de Woippy, et s'était jetée sur Sainte-Anne, dont elle ne s'empara qu'après de sérieux efforts; mais elle se trouva alors devant le feu des batteries et des tranchées ennemies, et eut, en outre, à supporter une vive fusillade, dirigée sur sa gauche, que les troupes du 4ᵉ corps n'appuyaient pas.

« A trois heures, tout le terrain attaqué était en notre pouvoir, notre première ligne avait atteint le ruisseau des Tapes et le bordait depuis le chemin de fer jusqu'à la Moselle. Cependant l'ennemi semblait augmenter d'heure en heure le déploiement de son artillerie, et des réserves considérables apparaissaient dans le lointain ; je jugeai dès lors prudent, pour parer à toute éventualité, et bien qu'une partie des troupes du 6ᵉ corps fût encore en deuxième ligne, d'appeler comme réserve la 1ʳᵉ brigade de la division Picard, des grenadiers de la garde ; je la fis placer à la gauche, les zouaves entre les bois de Woippy et Sainte-Agathe, et le 1ᵉʳ grenadiers à Maison-Rouge, avec deux batteries de la Garde.

« L'appui que je voulais faire donner au maréchal Canrobert par la division des 3ᵉ et 4ᵉ corps, n'avait pas produit tout le résultat que j'en attendais. Au 3ᵉ corps, la division Aymard, qui avait été chargée par le maréchal Le Bœuf d'occuper les positions indiquées, n'avait pas dépassé, sur la route de Bouzonville, la tranchée que l'ennemi y a établie, entre la Moselle et le village de Rupigny, et elle se trouvait ainsi dans l'impossibilité d'agir contre les ouvrages de Malroy. Sa 2ᵉ brigade avait enlevé rapidement les villages de Chieulles et de Vany, et s'étendait, par sa droite, jusqu'à Villers, l'Orme et Mey, sur la route de Sainte-Barbe. Ce mouvement fit sans doute craindre à l'ennemi une nouvelle attaque de ses positions de Poix et de Servigny, car il déploya bientôt de ce côté des forces considérables appuyées d'une nombreuse artillerie. Le maréchal Le Bœuf fit alors avancer la division Metmann, à la droite de celle du général Aymard, sur le versant nord du ravin de Vantoux, jusqu'à Lauvalliers ; mais tout se borna sur ce point, de la part des Prussiens, à une démonstration dans laquelle ils n'engagèrent que leurs batteries.

« A la gauche, ce fut la division Grenier, du 4ᵉ corps, qui fut chargée de soutenir l'opération du maréchal Canrobert. La 1ʳᵉ brigade occupa Lorry, Vigneulles et le bois de ce nom, sans coup férir, les petits postes ennemis se retirant devant nous ; la 2ᵉ, à laquelle on avait adjoint le 5ᵉ bataillon de chasseurs, pénétra dans le bois de Woippy en même temps que la brigade Gibon, et s'avança au delà jusque dans la direction de Villiers-le-Plesnois ; elle occupait seulement le poste ruiné de la tuilerie et le vallon de Saulny, où elle se maintint en deçà du village. Mais les troupes ne gardèrent pas assez longtemps leurs positions ; elles suivirent un mouvement de retraite momentané de la brigade Gibon pendant l'attaque de Sainte-Anne, et se retirèrent jusqu'auprès de Woippy, se bornant dès lors à observer les débouchés des bois pour arrêter tout mouvement de l'ennemi du côté de la plaine.

« En présence de l'intensité du feu de l'ennemi, qui ne diminuait pas, et de la direction convergente qu'il lui avait donnée sur les points dont nous nous étions emparés, il n'était pas possible de réaliser l'opération de fourrage que j'avais voulu faire ; nos voitures n'auraient pu traverser un terrain, sillonné en tous sens par les obus, et force fut de les faire rentrer au camp. Je fis néanmoins maintenir les troupes sur les positions conquises, afin d'affermir notre succès, et je ne donnai qu'à 5 heures et demie l'ordre de se replier dans l'intérieur de nos lignes. La retraite se fit dans le meilleur ordre, sous la protection de notre artillerie de campagne et de nos batteries de position ; elle ne fut pas inquiétée par l'ennemi, autrement que par le feu de ses batteries, quoiqu'il pût disposer alors de forces considérables ; il était d'ailleurs tenu en respect par notre poste avancé de Ladonchamps, où la brigade de Chanaleilles s'était établie dès le début de l'action, et solidement maintenue sous une véritable pluie d'obus; c'était là pour nos troupes un point d'appui redoutable, dont tous les efforts de l'ennemi avaient tendu inutilement à nous déloger. Les divisions des 3e et 4e corps suivirent le mouvement du maréchal Canrobert, et se retirèrent également sans être inquiétées.

« Bien que l'opération de fourrages projetée n'ait pu avoir lieu, cette journée n'en constitue pas moins pour nos armes un brillant succès. Nos troupes s'y sont vaillamment comportées, et l'ennemi, chassé de toutes ses positions, abandonnant ses tranchées et ses ouvrages, a laissé entre nos mains 535 prisonniers, dont 4 officiers. Malheureusement nos pertes sont sérieuses; elles s'élèvent à 1,257 hommes mis hors de combat, et se répartissent ainsi:

« Officiers : 11 tués, 53 blessés, parmi lesquels on compte trois officiers généraux.

« Troupe : 90 tués, 981 blessés, 182 disparus.

« L'ennemi porte celles du 3e corps et de la division von Kummer à 65 officiers et 1,605 hommes; il faut y ajouter les 535 prisonniers faits par nous. »

Le soir, les Prussiens, selon leur habitude, mirent le feu au village des Tapes.

Le 10 octobre, un conseil de guerre eut lieu au grand quartier général. Il y fut décidé à l'unanimité que le général Boyer serait envoyé au quartier général royal à Versailles « pour tâcher de connaître la situation réelle de la France, les intentions des autorités prussiennes au sujet d'une convention militaire et les concessions qu'on pourrait en attendre, dans l'intérêt de l'armée de Metz comme dans celui de la paix. »

Il fut convenu et arrêté :

1° Que l'on tiendrait sous Metz le plus longtemps possible;

2° *Que l'on ne ferait pas d'opérations autour de la place, le but à atteindre étant plus qu'improbable;*

3° Que des pourparlers seraient engagés avec l'ennemi, dans un délai qui ne dépasserait pas quarante-huit heures, afin de conclure une convention militaire honorable et acceptable pour tous;

4° Que dans le cas où l'ennemi voudrait imposer des conditions incompatibles avec notre honneur et le sentiment du devoir militaire, on tenterait de se frayer un passage les armes à la main.

Les décisions prises par le conseil sont signées :

Maréchal Canrobert, commandant le 6e corps;
Général Frossard, commandant le 2e corps;
Maréchal Le Bœuf, commandant le 3e corps;
Général de Ladmirault, commandant le 4e corps;
Général Soleille, commandant l'artillerie;
Général Coffinières de Nordeck, commandant supérieur à Metz;
Intendant Lebrun, intendant en chef;
Maréchal Bazaine, commandant en chef de l'armée du Rhin.

Ainsi, il s'est trouvé huit officiers généraux qui ont décidé qu'il ne *fallait pas faire d'opérations autour de la place,* qui ont jugé que le *but à atteindre était plus qu'improbable*, qu'il fallait engager des pourparlers avec l'ennemi *dans un délai qui ne dépasserait pas quarante-huit heures*, qui ont voulu, enfin, faire de l'armée du Rhin ce que Napoléon avait fait de l'armée de Châlons! Ils n'ont pas voulu chercher à éviter un nouveau Sedan! Ils ont préféré livrer la clef de la Lorraine, sans avoir tenté, coûte que coûte, de se faire jour!

Voilà des faits qui sont difficiles à comprendre et que l'histoire doit juger avec la plus inflexible sévérité.

Dans ce conseil de guerre qui prit des résolutions si *prudentes*, un seul général osa demander s'il ne serait pas préférable de tenter le sort des armes, avant d'entamer les négociations; mais « cette question, lisons-nous dans le compte rendu de la séance, fut écartée par la majorité. » Le général qui avait posé cette question était M. Coffinières de Nordeck, commandant supérieur de la place de Metz. Cet officier général a été violemment attaqué par la presse messine et dans plusieurs brochures. On lui reproche d'avoir laissé gaspiller les vivres de la place confiée à son commandement, et d'en avoir livré une grande partie à l'armée. Le général Coffinières a répondu, avec une certaine raison, que le décret du 13 octobre 1863 portant règlement sur le service des places de guerre dit : « que le général commandant l'armée ne doit toucher aux munitions de guerre ou de bouche formant l'approvisionnement de la place que dans le cas d'absolue nécessité et d'extrême urgence; que si la place est menacée d'un siège, il complète la garnison et ses approvisionnements par tous les moyens qui sont en son pouvoir. » Le maréchal Bazaine avait donc le droit, en cas d'absolue nécessité, d'emprunter des vivres à la place. M. Coffinières ajoute que « sur ce point il a eu souvent des observations, et quelquefois même de vives réclamations à faire; mais qu'il a toujours dû céder devant des ordres formels ou devant la nécessité. »

Sur ce point, nous croyons que M. Coffinières a raison, et qu'on a tort de l'attaquer à ce sujet. Mais combien d'autres sanglantes accusations ne peut-on pas porter contre lui? Il a manqué, à Metz, à tous ses devoirs de commandant de place. Il ne s'était pas, au début de la guerre, occupé d'approvisionner abondamment la ville; il n'en avait pas fait sortir les bouches inutiles; il a laissé jusqu'au 13 octobre le conseil municipal dans l'ignorance absolue de la situation. Enfin, le général Coffinières a sa grande part de responsabilité dans la capitulation de Metz, et il aurait dû, — lui qui, quelques jours avant le 10 octobre, avait donné *sa parole d'honneur qu'il ne rendrait jamais Metz, et avait dit qu'il ferait fusiller le premier qui parlerait de capitulation*, — le 10 octobre, d'apposer sa signature à côté de celles des membres du conseil de guerre.

Le général Boyer, chef de cabinet du maréchal Bazaine, auquel un sauf-conduit fut d'abord refusé, obtint enfin l'autorisation de quitter Metz, d'où il partit le 13 pour Versailles, accompagné de deux officiers de l'état-major du prince Frédéric-Charles.

Pendant son absence, on fit courir à Metz les bruits les plus étranges, les plus faux : le fort d'Issy était, disait-on, au pouvoir des Prussiens qui, de là, bombardaient Paris; dans la capitale même, le général Trochu était aux prises avec la révolution sociale, conduite aux barrirades par Rochefort. Enfin tout était mis en œuvre pour achever de décourager la brave population messine.

Le général Boyer revint de Versailles le 17; le 18, un nouveau conseil de guerre eut lieu, et le lendemain la communication officielle suivante était faite aux officiers de l'armée du Rhin :

« Messieurs, je suis chargé par le général de division, et de la part de M. le maréchal commandant en chef, de vous faire connaître des faits importants qui se sont produits depuis quelques jours. Les approvisionnements de la place de Metz diminuant de plus en plus, M. le maréchal Bazaine a cru devoir entrer en pourparlers avec l'ennemi. Il a désigné le général Boyer, son premier aide de camp, qui s'est rendu à Versailles au quartier général du roi Guillaume. L'empressement avec lequel l'envoyé du maréchal a été accueilli semble prouver que les Prussiens sont très-désireux de terminer la guerre. Ainsi le général Boyer ayant parcouru en chemin de fer le trajet de Metz à Château-Thierry, le service des trains était interrompu, afin de rendre son voyage plus rapide ; à Château-Thierry, une voiture aux armes du roi de Prusse l'attendait pour le transporter à Versailles. A peine arrivé, le général est reçu par M. de Bismark, qui remet au Roi sa demande d'audience; il est aussitôt introduit, et se trouve en présence d'un conseil de guerre, auquel assistent, sous la présidence du roi de Prusse, les principaux chefs de l'armée prussienne.

« Le général Boyer ayant exposé le but de sa mission, le général de Moltke prit la parole, et déclara que dans une question toute militaire les négociations ne sauraient être longues. L'armée de Metz devait subir le sort de l'armée de Sedan, et se rendre prisonnière de guerre. M. de Bismark fit observer que la question politique devait primer la question militaire. Je serais disposé à admettre, continua-t-il, une convention qui permettrait à l'armée de Metz de se retirer sur un point désigné du territoire français, afin d'y protéger les délibérations nécessaires pour assurer la paix. Cette idée était suggérée à M. de Bismark par les difficultés que faisait naître pour le gouvernement prussien lui-même l'absence de tout gouvernement en France.

« En effet, les renseignements recueillis par le général le long de la route auprès des chefs de gare et auprès de diverses personnes, les journaux qu'il a pu rapporter, ne laissent malheureusement subsister aucun doute à cet égard; l'anarchie la plus complète règne actuellement en France; Paris investi, affamé et sans communications extérieures, doit s'ouvrir aux Prussiens dans très-peu de jours ; la discorde civile y paralyse la défense; les membres du Comité de défense nationale ont été débordés. Gambetta et Kératry sont partis en ballon; l'un est venu tomber à Amiens, l'autre à Bar-le-Duc. Le désordre est au comble dans le midi de la France. Le drapeau rouge flotte à Lyon, à Marseille, à Bordeaux.

« Une armée de volontaires bretons a été détruite du côté d'Orléans. La Normandie, parcourue par des bandes de brigands, a appelé les Prussiens pour rétablir l'ordre. Le Havre, Elbeuf, Rouen, ont actuellement des garnisons prussiennes qui concourent avec la garde nationale à sauvegarder la sécurité publique. Un mouvement d'un caractère religieux a éclaté en Vendée ; le Nord désire ardemment la paix. La Prusse réclame la Lorraine et l'Alsace et plusieurs milliards d'indemnité de guerre. L'Italie réclame la Savoie, Nice et la Corse.

« Cette anarchie, le gouvernement provisoire étant dispersé, les différentes villes ne s'accordant pas quant à la forme d'un gouvernement nouveau, les d'Orléans ne s'étant pas présentés, cette anarchie cause au gouvernement prussien, disposé à traiter de la paix, des difficultés imprévues. Il ne peut songer à établir des bases de négociations qu'en s'adressant au Gouvernement de fait qui existait avant le 1er septembre, c'est-à-dire à la régente.

« On ignore encore si, dans les circonstances actuelles, la régente voudra prêter l'oreille à des propositions pacifiques. Mais en cas de refus, on ne pourrait s'adresser qu'à la Chambre des députés, issue du suffrage universel, et qui représente encore légalement la nation. Toutefois, pour que le Corps législatif qui a siégé jusqu'au 1er septembre puisse se réunir de nouveau et puisse délibérer, il faut qu'il soit protégé par une armée française. Tel est le rôle qu'aura sans doute à remplir l'armée de Metz.

« En attendant le retour du général Boyer, reparti pour Versailles avec de nouveaux pouvoirs, il est urgent de faire savoir aux troupes que la situation pénible où nous nous trouvons n'est que transitoire. L'armée sépare sa cause de celle de la ville de Metz. En attendant qu'elle puisse partir pour aller remplir une nouvelle mission patriotique, elle saura supporter courageusement encore quelques jours de privation. Si vous avez, Messieurs, quelques explications nouvelles à demander, je m'empresserai de vous les donner ; mais je dois vous dire qu'aucune discussion ne saurait être admise. »

L'invraisemblance de tous ces bruits ressortait de leur exagération même ; ni Bourges, ni le Havre, ni Rouen n'étaient même menacés par les Prussiens ; quant à la réclamation de l'Italie, il va de soi qu'elle était de pure invention. Nous ne pouvons admettre que le général Boyer se soit laissé tromper à ce point ; nous devons donc croire que ces nouvelles ont été fabriquées par le maréchal et son envoyé et ont été propagées pour décourager l'armée.

Dans le conseil qui avait eu lieu le 18 octobre, il avait été décidé, comme il a été dit plus haut, que le général Boyer retournerait à Versailles ; mais le *rapport sommaire* écrit par le maréchal Bazaine ajoute ceci qu'on avait pas bien entendu, fait savoir à l'armée : De Versailles, le général Boyer devait se rendre en Angleterre, « dans l'espoir que l'intervention de l'impératrice régente auprès du roi de Prusse obtiendrait des conditions plus favorables pour l'armée de Metz. »

Cette démarche, si elle n'eût été indigne de l'armée, pourrait être qualifiée d'acte de démence. En apprenant le départ du général Boyer, la population de Metz et les troupes qui composaient l'armée du Rhin ne doutèrent plus d'une capitulation prochaine.

Pendant que l'envoyé du maréchal Bazaine se rend à Londres, l'armée mange son dernier morceau de pain et voit tomber chaque jour un millier de chevaux ; les tiraillements se font de plus en plus sentir entre la place et le commandant de l'armée du Rhin : le général Coffinières s'oppose à une distribution attendue avec impatience par l'armée, et le maréchal lui écrit la dépêche suivante : « Il est indispensable que la distribution de pain soit faite le 18 pour la journée du 19. On me dit que vous avez arrêté la fabrication ; cette ration est indispensable, et je ne saurais trop insister pour qu'elle soit donnée aux hommes. » La mortalité augmentait chaque jour ; elle était le 20 octobre de 50 à 60 personnes par jour. Le nombre des malades en traitement dans les hôpitaux et dans les ambulances était à cette époque de 15.343. Le 22, à une séance du conseil municipal de Metz, le général Coffinières annonce qu'il n'a plus de vivres que pour quelques jours, et que l'armée n'a plus d'approvisionnements.

Le 25 octobre, une nouvelle réunion des commandants de corps a lieu ; le général en chef leur annonce qu'il a reçu, la veille, par l'intermédiaire du prince Frédéric-Charles l'avis que l'on n'entrevoyait plus, au quartier général royal, aucune chance d'arriver à un résultat par des négociations politiques.

Bazaine avait échoué dans ses projets ténébreux : l'impératrice avait refusé de se prêter à sa combinaison. On se trouvait donc à ce moment sans autre issue qu'une capitulation. La fière cité, protégée par des forts, hérissée de canons, remplie d'une population mâle et virile, avec ses remparts entiers, Metz la Pucelle qui, en 1815, après la capitulation de Paris, avait construit un pont sur la Moselle, en dehors de la ville, plutôt que de laisser l'armée alliée passer dans son enceinte, Metz allait ouvrir ses portes à l'ennemi. Plus de pain! ah! le maréchal avait bien fait ses calculs : de négociations en négociations, il avait conduit son armée au terme fatal.

Le conseil de guerre reconnut à l'unanimité la nécessité d'envoyer un officier supérieur au quartier général allemand pour en connaître les véritables intentions et pour lui demander, chose bien incroyable à obtenir, l'envoi de l'armée du Rhin en Algérie, où elle serait neutralisée. Le général Changarnier fut désigné pour cette mission qui n'eut pas un meilleur résultat que les précédentes.

Le 26, à cinq heures, le général Jarras, chef de l'état-major général de l'armée du Rhin, se rendit au château de Frescaty où il se rencontra avec le général Stiehle, chef d'état-major de l'armée allemande. Le général Jarras demanda pour l'armée les honneurs de la guerre, dont il n'était pas question dans le protocole, et la conservation de l'épée pour tous les officiers. Le général Stiehle répliqua que le roi, irrité de certains faits, advenus à la suite de la capitulation de Sedan, refusait de laisser l'épée aux officiers qui ne s'engageraient pas, sur l'honneur, à ne pas servir contre la Prusse pendant la durée de la guerre.

Le général Jarras insista : « Il est vrai, dit-il au général Stiehle, nous sommes vos prisonniers; la faim nous oblige à nous rendre ; mais qui nous empêche, si vous ne nous donnez pas tous les adoucissements honorables possibles, de faire sauter nos forts, de détruire nos affûts, de détériorer nos canons, de casser nos fusils, de brûler nos poudres, de mettre au feu nos drapeaux, et, cette destruction opérée, d'ouvrir les portes en vous disant : « Entrez, vous êtes les maîtres. Que ferez-vous alors, en présence de nos poitrines nues, sans défense. »

Ce qu'ils auraient fait? Un officier général prussien l'a dit dans une brochure que nous avons déjà citée dans ce chapitre :

« Il y a des usages consacrés dans les guerres entre nations civilisées, d'après lesquels l'armée vaincue par les armes ou la famine doit, si elle capitule, livrer à l'armée victorieuse ses armes et ses drapeaux; le même le vainqueur a l'obligation de prendre soin des prisonniers qu'il garde jusqu'à la conclusion de la paix; il rend alors à leur patrie ces soldats qui peuvent, dans des temps plus heureux, tenter pour elle de nouveaux efforts couronnés de succès. Si le maréchal et son armée n'avaient pas tenu compte de ces usages, le vainqueur se trouvait par ce fait même délié de ses engagements. Le cercle de fer qui entourait les troupes désarmées et qu'il n'était plus possible de rompre, leur serait resté fermé; à peine aurait-il ouvert un passage à la population innocente de Metz; *quelques jours plus tard, la faim aurait terminé son ouvrage; la voix de ceux qui, grâce à la capitulation, accusent aujourd'hui le maréchal, se serait éteinte dans un lugubre silence.* »

Cette page glorieuse fait honneur à la Prusse.

Hâtons-nous de dire que les observations du général Jarras firent impression sur le général prussien qui promit de demander au prince Frédéric-Charles d'en référer à Sa Majesté.

Le 27 octobre, le général de Stiehle écrivit au commandant en chef français que le Roi autorisait le maintien de l'épée ou du sabre pour tous les officiers. À six heures du soir, le protocole et l'appendice que nous publions ci-après furent signés au château de Frescaty :

Protocole de la capitulation de Metz.

« Entre les soussignés, le chef d'état-major général de l'armée française sous Metz, et le chef de l'état-major de l'armée prussienne devant Metz, tous deux munis des pleins pouvoirs de Son Excellence le maréchal Bazaine, commandant en chef, et du général en chef Son Altesse Royale le prince Frédéric-Charles de Prusse,

« La convention suivante a été conclue :

« Article premier. — L'armée française placée sous les ordres du maréchal Bazaine est prisonnière de guerre.

« Art. 2. — La forteresse et la ville de Metz, avec tous les forts, le matériel de guerre, les approvisionnements de toute espèce et tout ce qui est propriété de l'État seront rendus à l'armée prussienne dans l'état où tout cela se trouve au moment de la signature de cette convention.

« Samedi 29 octobre, à midi, les forts de Saint-Quentin, Plappeville, Saint-Julien, Queuleu et Saint-Privat, ainsi que la porte Mazelle (route de Strasbourg), seront remis aux troupes prussiennes.

« À dix heures du matin de ce même jour, des officiers d'artillerie et du génie, avec quelques sous-officiers, seront admis dans lesdits forts pour occuper les magasins à poudre et pour éventer les mines.

« Art. 3. — Les armes, ainsi que tout le matériel de l'armée, consistant en drapeaux, aigles, canons, mitrailleuses, chevaux, caisses de guerre, équipages de l'armée, munitions, etc., seront laissés à Metz et dans les forts à des commissions militaires instituées par M. le maréchal Bazaine, pour être remis à des commissaires prussiens. Les troupes, sans armes, seront conduites, rangées d'après leurs régiments ou corps, et en ordre militaire, aux lieux qui sont indiqués pour chaque corps. Les officiers resteront alors, librement, dans l'intérieur du camp retranché ou à Metz, sous la condition de s'engager, sur l'honneur, à ne pas quitter la place sans l'ordre du commandant prussien.

« Les troupes seront alors conduites par leurs sous-officiers aux emplacements de bivac. Les soldats conserveront leurs sacs, leurs effets et les objets de campement (tentes, couvertures, marmites, etc.).

« Art. 4. — Tous les généraux et officiers, ainsi que les employés militaires ayant rang d'officiers, qui engageront leur parole d'honneur par écrit de ne pas porter les armes contre l'Allemagne, et de n'agir d'aucune autre manière contre ses intérêts jusqu'à la fin de la guerre actuelle, ne seront pas faits prisonniers de guerre ; les officiers et employés qui accepteront cette condition conserveront leurs armes et les objets qui leur appartiendront personnellement.

« Pour reconnaître le courage dont ont fait preuve pendant la durée de la campagne les troupes de l'armée et de la garnison, il est, en outre, permis aux officiers qui opteront pour la captivité d'emporter avec eux leurs épées ou sabres, ainsi que tout ce qui leur appartient personnellement.

« Art. 5. — Les médecins militaires sans exception resteront en arrière pour prendre soin des blessés ; ils seront traités d'après la convention de Genève ; il en sera de même du personnel des hôpitaux.

« Art. 6. — Des questions de détail concernant principalement les intérêts de la ville seront traitées dans un appendice ci-annexé, qui aura la même valeur que le présent protocole.

« Art. 7. — Tout article qui pourra présenter des doutes sera toujours interprété en faveur de l'armée française.

« Fait au château de Frescaty, le 27 octobre 1870.

« *Signé :* L. JARRAS, STIEHLE. »

Appendice à la convention militaire en ce qui concerne la ville et les habitants.

« Article premier. — Les employés et les fonctionnaires civils attachés à l'armée ou à la place, qui se trouvent à Metz, pourront se retirer où ils voudront, en emportant avec eux tout ce qui leur appartient.

« Art. 2. — Personne, soit de la garde nationale, soit parmi les habitants de la ville ou réfugiés dans la ville, ne sera inquiété à raison de ses opinions politiques ou religieuses, de la part qu'il aura prise à la défense ou des secours qu'il aura fournis à l'armée ou à la garnison.

« Art. 3. — Les malades et les blessés laissés dans la place recevront tous les soins que leur état comporte.

« Art. 4. — Les familles que les membres de la garnison laissent à Metz ne seront pas inquiétées, et pourront également se retirer librement avec tout ce qui leur appartient, comme les employés civils.

« Les meubles et les effets que les membres de la garnison sont obligés de laisser à Metz ne seront ni pillés ni confisqués, mais resteront leur propriété. Ils pourront les faire enlever dans un délai de six mois, à partir du rétablissement de leur mise en liberté.

« Art. 5. — Le commandant de l'armée prussienne prend l'engagement d'empêcher que les habitants ne soient maltraités dans leurs personnes ou dans leurs biens.

« On respectera également les biens de toute nature du département, des communes, des sociétés de commerce ou autres, des corporations civiles ou religieuses, des hospices et des établissements de charité. Il ne sera apporté aucun changement aux droits que les corporations ou sociétés, ainsi que les particuliers, ont à exercer les uns contre les autres, en vertu des lois françaises, au jour de la capitulation.

PRINCE FRÉDÉRIC-CHARLES (page 321)

« Art. 6. — A cet effet, il est spécifié en particulier que toutes les administrations locales et les sociétés ou corporations mentionnées ci-dessus conserveront les archives, livres et papiers, collections et documents quelconques qui sont en leur possession.

« Les notaires, avoués et autres agents ministériels conserveront aussi leurs minutes en dépôt.

« Art. 7. — Les archives, livres et papiers appartenant à l'État resteront, en général, dans la place, et, au rétablissement de la paix, tous ceux de ces documents concernant les portions de territoire restituées à la France seront aussi retour à la France.

« Les comptes en cours de règlement nécessaires à la justification des comptables ou pouvant donner lieu à des litiges, à des revendications de la part de tiers, resteront entre les mains des fonctionnaires ou agents qui en ont actuellement la garde, par exception aux dispositions du paragraphe précédent.

« Fait au château de Frescaty, le 27 octobre 1870. »

C'en était donc fini de Metz et de cette armée du Rhin sur laquelle la France comptait tant. La douleur de l'armée fut grande; l'indignation de la ville ne connut plus de bornes. Metz se révolta à l'idée d'ouvrir ses portes à l'ennemi. On voila de noir la statue du maréchal Fabert, sur le socle de laquelle on lit : « Si pour empêcher qu'une place que le Roi m'a confiée ne tombât au pouvoir des ennemis, il fallait mettre à une brèche, ma personne, ma famille et tout mon bien, je n'hésiterais pas un moment à le faire. » Fabert! Bazaine! quel rapprochement!

Les Prussiens devaient entrer le 29 dans Metz. Une dernière infamie mit le comble aux honteuses menées du commandant en chef. Le 28, à dix heures du soir, les généraux de division recevaient la lettre confidentielle suivante :

« Général,

« Veuillez donner des ordres pour que les aigles des régiments d'infanterie de votre division soient réunies, ce soir, dans le logement que vous occupez. Demain matin, à sept heures, elles seront transportées, par les soins du général commandant l'artillerie, dans un fourgon fermé sous l'escorte d'un officier et de maréchaux des logis d'artillerie, à l'arsenal de Metz; elles devront être enveloppées de leurs étuis, et vous préviendrez les chefs de corps que ces aigles SERONT BRULÉES à l'arsenal. Le directeur de cet établissement les recevra et en délivrera des récépissés aux corps!

« *Le maréchal de France, commandant le 6ᵉ corps d'armée.*

« *Par ordre :*

« *Le général chef d'état-major général.*

« *Signé :* HENRY. »

Le lendemain 29, les aigles ne furent pas brûlées et passèrent entre les mains de l'ennemi, comme le dernier trophée de notre honte.

Le maréchal se constitua prisonnier le 29, à Corny, quartier général du prince Frédéric-Charles. En se séparant de cette brave armée qui a toujours été, elle, un modèle de loyauté, Bazaine osa lui adresser l'ordre du jour suivant, qui ne fit qu'augmenter le mépris que les troupes avaient pour un tel chef :

A L'ARMÉE DU RHIN !

« Vaincus par la famine, nous sommes contraints de subir les lois de la guerre en nous constituant prisonniers. A diverses époques de notre histoire militaire, de braves troupes, commandées par Masséna, Kléber, Gouvion-Saint-Cyr, ont éprouvé le même sort, qui n'entache en rien l'honneur militaire, quand, comme vous, on a aussi glorieusement accompli son devoir jusqu'à l'extrême limite humaine.

« Tout ce qu'il a été loyalement possible de faire pour éviter cette fin a été tenté et n'a pu aboutir.

« Quant à renouveler un suprême effort pour briser les lignes fortifiées de l'ennemi, malgré votre vaillance et le sacrifice de milliers d'existences qui peuvent encore être utiles à la patrie, il eût été infructueux, par suite de l'armement et des forces écrasantes qui gardent et appuient ces lignes ; un désastre en eût été la conséquence.

« Soyons dignes dans l'adversité ; respectons les conventions honorables qui ont été stipulées, si nous voulons être respectés comme nous le méritons. Évitons surtout, pour la réputation de cette armée, les actes d'indiscipline comme la destruction d'armes et de matériel, puisque, d'après les usages militaires, places et armements doivent faire retour à la France lorsque la paix sera signée.

« En quittant le commandement, je tiens à exprimer aux généraux, officiers et soldats, toute ma reconnaissance pour leur loyal concours, leur brillante valeur dans les combats, leur résignation dans les privations, et c'est le cœur navré que je me sépare de vous.

« Ban-Saint-Martin, 28 octobre 1870.

« *Le maréchal de France, commandant en chef,*
« BAZAINE. »

Dans une séance de l'Assemblée nationale, le 29 mai 1871, M. le général Changarnier, en rendant hommage, comme elle le méritait, à la bravoure de l'armée de Metz, a essayé de justifier la conduite du maréchal Bazaine.

La cause était mauvaise ; aussi le général Changarnier, malgré ses bonnes intentions, l'a fort mal plaidée.

De son discours, il ressort que Bazaine *a eu tort*, après la bataille du 16 août, de ne pas continuer sa marche en avant, quand il pouvait facilement gagner Châlons ; que Bazaine *a eu l'insigne infortune* de ne pas assister à la bataille de Gravelotte ; que le 22 août, l'armée aurait pu rayonner à dix-huit ou vingt kilomètres autour de Metz, dans un pays planturreux, fertile et admirablement cultivé ; qu'on aurait pu, en quelques jours, faire rentrer une quantité de bétail, de grains et de fourrages suffisante pour plusieurs mois d'approvisionnement, mais que Bazaine *n'a pas eu cette sage prévoyance* ; que le 26, jour de la première sortie, la plus grande partie de la journée se passa dans une immobilité regrettable. « Vers midi, dit le général Changarnier, le général en chef fit appeler tous les chefs de corps au château de Grimont, et tint un conseil de guerre. Messieurs, quand un général en chef est possédé d'une idée énergique, il ne doit réunir ses lieutenants que pour leur donner des ordres. » Le général Changarnier dit que Bazaine ne marchant pas en avant et n'essayant pas la trouée ce jour-là, a commis *une grande faute*, car l'armée du Rhin aurait pu rallier l'armée de Mac-Mahon, deux jours avant qu'elle vînt se jeter dans Sedan. Bazaine, d'après son défenseur, n'avait pas de volonté ferme, de plan arrêté; bref, M. le général Changarnier, pour laver le commandant en chef de l'armée du Rhin, du reproche de trahison que la France a été si unanimement à lui adresser, a essayé de prouver qu'il était incapable.

Le discours du brave général Changarnier n'a fait changer d'opinion à personne. Le maréchal Bazaine a commis les grandes fautes militaires que lui reproche son défenseur lui-même; mais au point de vue politique, les accusations portées contre lui sont plus graves encore. Nous regrettons que la Chambre n'ait envisagé que le côté militaire et ait négligé le côté politique, le plus intéressant à examiner.

Le maréchal Bazaine a-t-il, oui ou non, voulu entamer, a-t-il poursuivi en son compte personnel, en dehors du Gouvernement de la défense nationale, des négociations avec l'ennemi? A-t-il, oui ou non, essayé de faire de son armée l'instrument d'une restauration bonapartiste? A-t-il, oui ou non, le 23 septembre, eu une longue conférence avec M. Regnier, ce warwick-voyageur, et l'a-t-il autorisé à traiter avec M. de Bismark de la reddition de Metz avec les honneurs de la guerre? A-t-il envoyé, oui ou non, un de ses officiers à l'ex-Impératrice?

Jusqu'ici, tous les récits qui ont été publiés lors de la capitulation restent exacts; nul démenti ne leur a été donné, et il est, au contraire, avéré que le maréchal a réellement conçu une restauration bonapartiste.

Le maréchal Bazaine est un homme très-intelligent; malheureusement pour lui, on ne peut donc croire qu'il est incapable. Aussi nous, qui ne prononçons qu'avec la plus grande répugnance le mot de trahison, croyons-nous, dans notre âme et conscience, que Bazaine, comme général en chef, a trahi son armée, et qu'en sortant de son rôle militaire et en engageant des négociations avec la dynastie déchue, il a trahi le pays.

Le héros du Mexique a voulu rétablir l'Empire : Napoléon IV régnant de nom, Bazaine de fait. Ce malheur a été épargné à la France. Bazaine voulait rétablir l'Empire et renverser la République, parce que l'Empire, il le savait bien, c'est la corruption et le vol, et que la République c'est la probité et la liberté. Une fois convaincu qu'il ne pourrait amener la France et les Prussiens tout à la fois à des idées de restauration de Bonaparte, qu'en ajoutant le désastre de la capitulation de l'armée de Metz et de la ville elle-même à tous les malheurs qui pesaient déjà sur notre pauvre pays, le maréchal a pris à tâche de hâter le moment de la reddition et il a livré aux Prussiens la ville et la forteresse de Metz, ainsi que l'armée française, forte de cent dix mille hommes campée dans l'enceinte retranchée.

Les Bazaine et Coffinières passeront — la morale publique et l'honneur de la France l'exigent — devant un conseil de guerre et recevront le châtiment que méritent leurs crimes. Pas de grâce pour les traîtres ! Plus de traîtres dans l'armée !

Pendant qu'à Paris le Gouvernement de la défense nationale annonçait dans les termes les plus élogieux pour Bazaine la capitulation de Metz, les membres de la délégation de Tours adressaient au peuple français et à l'armée les deux proclamations suivantes :

Proclamation aux Français.

« Tours, 9 novembre.

« Français !

« Élevez vos âmes et vos résolutions à la hauteur des effroyables périls qui fondent sur la patrie ; il dépend encore de nous de lasser la mauvaise fortune et de montrer à l'univers ce qu'est un grand peuple qui ne veut pas périr, et dont le courage s'exalte au sein même des catastrophes.

« METZ A CAPITULÉ !!! Le général sur qui la France comptait, même après l'expédition du Mexique, vient d'enlever à la patrie en danger plus de cent mille de ses défenseurs.

« Bazaine a trahi ; il s'est fait l'agent de l'homme de Sedan, le complice de l'envahisseur, et au mépris de l'honneur de l'armée, dont il avait la garde, il a livré, sans même essayer un suprême effort, cent vingt mille combattants, vingt mille blessés, ses fusils, ses canons, ses drapeaux, et la plus forte citadelle de la France, METZ VIERGE, jusqu'à lui, des souillures de l'étranger.

« Un tel crime est au-dessus même des châtiments de la justice ; et maintenant, Français, mesurez la profondeur de l'abîme où vous a précipités l'Empire. Vingt ans, la France a subi ce pouvoir corrupteur qui tarissait en elle toutes les sources de la grandeur et de la vie.

« L'armée de la France, dépouillée de son caractère national, devenue, sans le savoir, un instrument de règne et de servitude, est engloutie, malgré l'héroïsme des soldats, par la trahison des chefs, dans les désastres de la patrie ; en moins de deux mois, deux cent vingt mille hommes ont été livrés à l'ennemi ; sinistre épilogue du coup de main militaire de Décembre ! Il est temps de nous relever, et c'est sous l'égide de la République que nous sommes décidés à ne laisser capituler ni au dedans ni au dehors, de puiser dans l'extrémité de nos malheurs le rajeunissement de notre moralité, de notre virilité politique et sociale.

« Oui, quelle que soit l'étendue du désastre, il ne nous trouve ni consternés ni hésitants ; nous sommes prêts aux derniers sacrifices, et en face d'un ennemi que tout favorise, nous jurons de ne jamais nous rendre ; tant qu'il restera un pouce du sol sacré sous nos semelles, nous tiendrons ferme le glorieux drapeau de la République française.

« Notre cause est celle de la justice et du droit.

« L'Europe le voit, l'Europe le sait ; devant tant de malheurs immérités, spontanément, sans avoir reçu de nous ni invitation, ni adhésion, elle s'est émue, elle s'agite.

« Pas d'illusions ; ne nous laissons ni alanguir, ni énerver, et prouvons par des actes que nous voulons, que nous pouvons tenir de nous-mêmes l'honneur, l'indépendance, l'intégrité, tout ce qui fait la patrie libre et fixe. Vive la France. — Vive la République une, indivisible !

« *Les membres du gouvernement,*

« Signé : CRÉMIEUX, GLAIS-BIZOIN, GAMBETTA. »

Proclamation à l'armée après la capitulation de Metz.

« Soldats !

« Vous avez été trahis, mais non déshonorés. Depuis trois mois, la fortune trompe votre héroïsme. Vous savez aujourd'hui à quels désastres l'ineptie et la trahison peuvent conduire les plus vaillantes armées.

« Débarrassés des chefs indignes de vous et de la France, êtes-vous prêts, sous la conduite de chefs qui méritent votre confiance, à laver dans le sang des envahisseurs l'outrage infligé au vieux nom français ?

« En avant ! vous ne lutterez plus pour l'intérêt ou les caprices d'un despote ; vous combattrez pour le salut même de la patrie, pour vos foyers incendiés, pour vos familles outragées, pour la France, notre mère à tous, livrée aux fureurs d'un implacable ennemi. Guerre sainte et nationale, mission sublime pour le succès de laquelle il faut, sans jamais regarder en arrière, nous sacrifier tous et tout entiers !

« D'indignes citoyens ont osé dire que l'armée avait été rendue solidaire de l'infamie de son chef. Honte à ces calomniateurs, qui, fidèles au système des Bonaparte, cherchent à séparer l'armée du peuple, les soldats de la République !

« Non, non ! j'ai flétri, comme je le devais, la trahison de Sedan et le crime de Metz, et je vous appelle à venger votre propre honneur qui est celui de la France !

« Vos frères d'armes de l'armée du Rhin ont déjà protesté contre ce lâche attentat, et retiré avec horreur leurs mains de cette capitulation maudite.

« A vous de relever le drapeau de la France, qui, dans l'espace de quatorze siècles, n'a jamais subi pareille flétrissure.

« Le dernier Bonaparte et ses séides pouvaient seuls amonceler sur nous tant de honte en si peu de jours ! Vous nous ramènerez la victoire ; mais sachez la mériter par la pratique des vertus républicaines, le respect de la discipline, l'austérité de la vie, le mépris de la mort. Ayez toujours présente l'image de la patrie en péril ; n'oubliez jamais que faiblir devant l'ennemi, à l'heure où nous sommes, c'est commettre un parricide et en mériter le châtiment.

« Mais le temps des défaillances est passé, c'est fini des trahisons ! Les destinées du pays vous sont confiées, car vous êtes la jeunesse française, l'espoir armé de la patrie : vous vaincrez, et après avoir rendu à la France son rang dans le monde, vous resterez les citoyens d'une République paisible, libre et respectée.

« Vive la France ! vive la République !

« *Le Membre du gouvernement, ministre de l'intérieur et de la guerre,*
« Léon Gambetta. »

Voici l'état des pertes des cinq corps de l'armée du Rhin enfermés dans Metz (du 14 août au 7 octobre) :

AFFAIRES	NUMÉROS des CORPS D'ARMÉE.	OFFICIERS				SOUS-OFFICIERS ET SOLDATS			
		Tués	Blessés	Disparus	Total.	Tués	Blessés	Disparus	Total.
Combat de Borny, 14 août.	3e....	23	132	1	156	260	2,015	433	2,708
	4e....	19	35	»	54	75	476	161	762
	TOTAL...	42	167	1	204	335	2,491	594	3,408
Bataille de Rezonville, 16 août.	2e....	30	154	17	201	323	2,252	2,480	5,085
	3e....	11	35	»	49	73	518	127	718
	4e....	39	131	30	200	157	1,579	525	2,254
	6e....	41	135	24	244	482	3,231	1,743	5,456
	Garde...	18	117	23	167	170	1,768	413	2,351
	Cavalerie de réserve.	»	21	»	21	7	43	38	88
	Artillerie de réserve.	2	4	»	6	13	72	19	104
	TOTAL...	117	597	93	837	1,220	9,523	5,379	16,122
Défense des lignes d'Amanvillers, 18 août.	2e....	3	24	»	27	57	342	193	595
	3e....	16	79	15	110	206	1,390	463	2,050
	4e....	45	184	17	246	459	3,095	1,016	4,561
	7e....	21	109	79	212	314	1,477	2,613	4,473
	TOTAL...	85	396	111	595	1,056	6,313	4,302	11,678
Combat de Servigny et Saint-Barbe, 31 août et 1er septembre	Garde...	»	»	»	»	»	2	»	2
	2e....	»	4	»	4	2	95	24	126
	3e....	20	67	2	89	165	1,418	423	2,011
	4e....	6	25	1	34	71	610	186	867
	6e....	3	16	1	20	42	231	103	368
	TOTAL...	29	112	4	145	285	2,379	733	3,397
Combat de Lauvalliers, 22 sept.	3e....	1	7	»	8	12	96	4	112
Combat de Peltre et de Ladonchamps, 27 septembre	3e....	1	3	»	3	28	158	18	204
	4e....	»	6	»	6	8	82	»	90
	6e....	1	»	»	1	7	66	1	74
	TOTAL...	2	9	»	11	43	306	19	368
Combat de Bellevue et de Saint-Remy, 7 octobre.	3e....	»	4	»	4	12	99	1	112
	4e....	»	4	»	4	10	136	16	162
	6e....	2	15	»	17	13	205	53	271
	Garde...	9	30	»	39	55	540	52	647
	TOTAL...	11	53	»	64	90	981	122	1,193
TOTAL GÉNÉRAL...		329	1,331	209	1,86	3,041	22,032	11,157	36,278

Total pour les officiers et la troupe 38,138

CHAPITRE XII

LA PROVINCE

Neuf-Brisach. — Schlestadt. — Verdun. — Thionville. — Phalsbourg. — Montmédy. — Bitche. — L'Armée de la Loire. — M. Gambetta à Tours. — Sa proclamation aux départements. — Arrivée de Garibaldi à Tours et des députés républicains d'Espagne. — Départ de Garibaldi pour les Vosges. — Les généraux de l'armée de la Loire. — M. de Polhès. — M. de Lamotte-Rouge. — M. d'Aurelles de Paladines. — Prise d'Orléans par les Prussiens, le 11 octobre. — Décrets du Gouvernement de Tours. — Occupation de Vesoul ; capitulations de Soissons et de Chartres. — L'armée de Bretagne. — Emprunt de 250 millions. — Prise de Dijon. — Troubles à Marseille, à Grenoble, à Toulouse, à Perpignan. — Le général Walsin-Esterhazy. — Bataille de Coulmiers ; reprise d'Orléans par l'armée de la Loire. — Inaction du général d'Aurelles. — Le duc de Mecklembourg s'avance jusqu'au Mans. — Démission de MM. de Kératry et Carré Kérisouët. — Combats de Beaune-la-Rolande et de Villepion. — Bataille de Montargis. — Bataille et prise d'Orléans par les Prussiens. — Révocation du général d'Aurelles de Paladine. — Prise de Rouen. — L'armée de la Loire est partagée en deux commandements donnés à Chanzy et Bourbaki. — Retraite d'Orléans. — Combats à Saint-Laurent-les-Bois, Beaugency et Josne. — Prise de Blois. — Le Gouvernement se transporte à Bordeaux. — Combat de Fréteval. — Lettre de Chanzy. — Arrivée de Chanzy au Mans. — Bataille du Mans. — Retraite de Chanzy sur Laval. — Arrestation du prince de Joinville. — Le général Chanzy.

Tant que les armées allemandes eurent devant elles les armées de Mac-Mahon et de Bazaine, elles n'eurent d'autre objectif que de les détruire ou de les réduire à l'inaction. Elles étaient arrivées à ce résultat à Sedan et à Metz. Du jour où elles n'eurent plus à compter avec ces deux armées, elles se répandirent dans les départements du Nord-Est, assiégeant les villes fortes, pillant et réquisitionnant les villes ouvertes, les bombardant même, comme à Sainte-Marie-aux-Mines le 12 septembre, Nantes le 14 du même mois, Épernon le 4 octobre, et tant d'autres que nous pourrions citer ; bientôt elles ont investi la capitale même et s'étendent dans l'Ouest et dans le Centre. Avant de continuer le récit des opérations engagées pour la défense de Paris, nous allons consigner ici les efforts faits par la province, les souffrances qu'elle a endurées, et dire comment la défense fut organisée dans les départements.

Les places de l'Est se montrèrent héroïques. Comme Strasbourg, comme Toul, elles ne se rendirent qu'après d'effroyables bombardements, et lorsque la garnison eut tenté plusieurs sorties. Neuf-Brisach fut à moitié brûlé et ne capitula qu'après huit jours de bombardement; Schlestadt fut bombardé six jours et dut ouvrir ses portes à l'ennemi qui fit 2,400 prisonniers et prit 120 canons. Le 17 août, le capitaine Stévenot, de la mobile du Bas-Rhin, était sorti de Schlestadt avec quarante-huit hommes et tint pendant quatre heures contre trois cents Prussiens. Il les mit complétement en déroute et rentra dans la place ramenant sept prisonniers et n'ayant que deux hommes blessés.

La ville de Verdun est obligée de capituler le 8 novembre, après un siége qui avait duré vingt-neuf jours et un bombardement épouvantable; mais elle obtient les honneurs de la guerre, et la garnison sort, enseignes déployées et musique en tête. Les officiers ayant *tous* refusé de donner leur parole, restent prisonniers de guerre, avec leurs soldats. Le général Marnier partage avec le général Guérin de Waldersbach la gloire de cette héroïque résistance. Le commandant de Verdun ne s'est décidé à capituler qu'à la suite de dépêches que lui a fait remettre le commandant de l'armée assiégeante, dépêches qui annonçaient la reddition de Metz, et comme conséquences la capitulation de Paris et la fin de la guerre. MM. les Prussiens appellent cela une *ruse de guerre*.

Thionville, après de vigoureuses sorties, capitula le 24 novembr., après avoir supporté pendant trois jours un bombardement auquel l'ennemi n'avait pas voulu que les femmes et les enfants puissent se soustraire. Les assiégeants lançaient dix-huit obus par minute dans cette ville.

A Phalsbourg, le commandant refusa à plusieurs reprises les capitulations les plus honorables; la place subit quatre bombardements; les projectiles ennemis mirent en flammes la plus grande partie de la ville. Les courageux habitants de cette noble petite cité tinrent bon. Le 12 décembre, les vivres manquant totalement, le colonel Taillant, commandant de la place fit noyer les poudres, brûler les 11,000 fusils qui se trouvaient entre les mains des sodats et à l'arsenal, enclouer les 65 canons, et brûler les affûts; puis, cela fait, il fit ouvrir les portes, en avertissant les Prussiens qu'il avait détruit tout son matériel et que la garnison ne demandait rien.

Montmédy, assiégé depuis le 13 septembre, capitule le 14 décembre; la ville n'est qu'un amas de ruines. 3,000 hommes et 65 canons tombent entre les mains de l'ennemi, ainsi que 237 prisonniers allemands.

La petite forteresse de Bitche, défendue par 400 hommes, était assiégée depuis le mois d'août. Cette citadelle a résisté jusqu'à fin de la guerre. *Elle n'a pu être prise*; elle ne pouvait l'être, au reste, que par la famine ou à l'assaut. L'ennemi n'a pas voulu tenter ce dernier moyen; il n'a du reste, pendant toute cette guerre, donné l'assaut à aucune forteresse, et a préféré en acquérir la possession en bombardant les villes et les habitants inoffensifs. Après quelques jours d'une violente canonnade à laquelle la ville ripostait vigoureusement, après une sortie dans laquelle la garnison encloua quelques canons et tua un grand nombre d'ennemis, le commandant de la place fit prier le général prussien de vouloir bien lui accorder un entretien dans l'intérieur de la forteresse. Celui-ci s'y étant rendu, le commandant de place lui dit :

« Il y avait dans la ville quatre-vingt maisons, vos obus les ont détruites, et les habitants logent avec mes soldats dans les casemates creusées dans le roc et entièrement à l'abri de vos bombes.

« Quant aux fortifications, elles sont recouvertes de terre et vos obus n'éclatent pas; on se contente de les recouvrir; les vivres! voici mes magasins; j'en ai pour deux ans!

« Les munitions! j'en ai pour vingt et un mois.

« Vous n'avez donc qu'un moyen de me forcer à me rendre, c'est de me donner l'assaut, et je ne vous engage pas à vous y exposer; à quoi donc servirait une dépense continuelle de poudre qui ne blesse même pas un homme?

« Concluons une sorte de trêve; bloquez-moi, mais ne me bombardez plus.

« Lorsque l'un de nous deux voudra reprendre l'offensive, il devra en prévenir l'autre vingt-quatre heures d'avance. »

L'accord fut promptement établi, et, depuis ce moment, assiégés et assiégeants vécurent presque en bonne intelligence. Le général badois poussait même la gracieuseté jusqu'à faire remettre régulièrement au commandant de Bitche les journaux français et étrangers.

Toutes ces villes étaient alors livrées à leurs propres ressources et n'avaient à compter sur aucun secours extérieur. Pendant ce temps, des armées se formaient, sur les rives de la Loire, en Bretagne et dans le Nord, comme nous l'avons déjà dit; les trois personnages qui avaient été délégués à Tours pour représenter le gouvernement de la défense nationale manquaient complétement de l'énergie nécessaire pour faire lever la province. Fourichon, Crémieux et Glais-Bizoin, triumvirat de vieillards pacifiques, étaient complétement incapables d'organiser la défense en province pour tenir tête à l'invasion. Au lieu d'une impulsion nouvelle et forte, d'un esprit patriotique et révolutionnaire pour organiser et vivifier les armées de la République, c'était la routine du militarisme qui dominait dans les conseils du gouvernement, c'était le fétichisme de la hiérarchie qui dictait ses restrictions. On avait la chance, en cherchant parmi les jeunes officiers, de mettre la main sur des capacités militaires ignorées, reléguées dans l'oubli par un régime de favoritisme. Non, pour commander l'armée de la Loire, à peine formée, on avait choisi des généraux parvenus aux limites de l'âge. D'abord, c'était le général Maruluz, un héros du boulevard Montmartre au 2 décembre, qui commandait la 18e division à Tours; puis, il fut remplacé par le général Sol, de la réserve. Le général de

Polhès, qui fut placé à la tête de l'armée de la Loire, n'avait pas la foi. On assure que dans une conversation qu'il avait eue avec M. Girault du Cher, il manifestait un dédain complet pour cette armée, composée en partie de mobiles et de jeunes paysans.

Le 20 septembre, la brigade Peitavin avait battu en retraite devant une colonne prussienne inférieure en nombre. Dans la nuit du 26 au 27 septembre, le général de Polhès à la tête d'un corps d'armée fort respectable, ayant trois généraux sous ses ordres, tint un conseil de guerre dans lequel il fut résolu que l'on se replierait sur Tours en bon ordre devant les forces prussiennes considérables qui s'avançaient dans la direction de Toury et de Pithiviers. Les forces de l'ennemi étaient bien moins considérables que celles dont disposaient le général de Polhès et les trois généraux placés sous ses ordres. La population civile d'Orléans s'émut, se porta à la mairie en demandant des armes, des éclaireurs volontaires allèrent reconnaître le pays, à quatre ou cinq lieues d'Orléans, et revinrent sans avoir rencontré un seul Prussien. Le préfet, M. Pereira, et une délégation composée de M. Cochery, ancien député, de M. Fousset, conseiller municipal, et de M. Dubec, notaire, partirent pour Tours rendre compte au Gouvernement de cette étrange retraite devant un ennemi qui ne se montrait pas. Ordre immédiat fut donné aux troupes de rentrer à Orléans, d'occuper de nouveau la forêt : le général de Polhès fut destitué et remplacé par le général de Lamotte-Rouge.

On le voit, ces débuts de l'armée de la Loire n'étaient ni brillants ni rassurants pour l'avenir; on sentait que ce gouvernement sans force et sans énergie, ces généraux sans entrain et sans confiance dans leurs soldats ne feraient pas triompher la République de l'invasion.

C'est à ce moment que l'amiral Fourichon donna sa démission de ministre de la guerre; l'intérim de ce ministère fut fait par Crémieux, en attendant l'arrivée de Gambetta, qui devait venir le délivrer, dans quelques jours, de ce lourd fardeau.

Le 2 octobre, l'armée de la Loire fit une reconnaissance en avant d'Orléans et Chevilly, et constata que l'ennemi avait réuni à Toury de nombreux troupeaux, provenant des réquisitions faites dans les villages environnants. Le 5 octobre, le général Reyau attaqua à Toury un corps de cavalerie allemande qu'il repoussa et qui fut poursuivi sur son passage par les francs-tireurs et les gardes nationaux levés en masse.

Le 9, Gambetta arriva à Tours, à midi. Le jeune et brillant orateur de la gauche, le ministre de l'intérieur du Gouvernement de la défense nationale fut reçu à Tours comme il l'avait été à Amiens et à Rouen, par les plus vives et les plus unanimes acclamations. La population de Tours qui, depuis le 12 septembre, avait su apprécier à sa juste valeur ce qu'il y avait à attendre de la délégation sénile qui représentait le Gouvernement, comprit qu'un homme, le *vir* des Latins, était enfin là, plein de patriotisme, énergique et jeune, ardent et passionné, ennemi de tout ce qui sentait la routine, et surtout républicain sincère et convaincu.

GÉNÉRAL TROCHU (page 113)

Le Ministre de l'Intérieur adressa, en arrivant, aux citoyens du département la proclamation suivante :

« Citoyens des départements,

« Par ordre du gouvernement de la République, j'ai quitté Paris pour venir vous apporter avec les espérances du peuple renfermé dans ses murs, les instructions et les ordres de ceux qui ont accepté la mission de délivrer la France de l'étranger.

« Paris, depuis vingt jours étroitement investi, a donné au monde un spectacle unique, le spectacle de plus de deux millions d'hommes qui, oubliant leurs préférences, leurs dissidences antérieures pour se serrer autour du drapeau de la République, ont déjà déjoué les calculs de l'envahisseur qui comptait sur la discorde civile pour lui ouvrir les portes de la capitale.

« La révolution avait trouvé Paris sans canons et sans armes : à l'heure qu'il est, on a armé quatre cent mille hommes de la garde nationale, appelé cent mille mobiles, groupé soixante mille hommes de troupes régulières; les ateliers fondent des canons, les femmes fabriquent un million de cartouches par jour. La garde nationale est pourvue de deux mitrailleuses par bataillon; on lui fait des canons de campagne pour qu'elle puisse opérer bientôt des sorties contre les assiégeants; les forts occupés par la marine ressemblent à autant de vaisseaux de haut bord immobiles garnis d'une artillerie merveilleuse et servie par les premiers pointeurs du monde. Jusqu'à présent et sous le feu de ces forts, l'ennemi a été impuissant à établir le moindre ouvrage. L'enceinte elle-même, qui n'avait que cinq cents canons le 4 septembre, en compte aujourd'hui 3,800. A la même date, il y avait 30 coups de canon à tirer par pièce; aujourd'hui, il y en a quatre cents, et l'on continue à fondre des projectiles avec une fureur qui tient du vertige; tout le monde a son poste marqué dans la cité et sa place de combat. L'enceinte est perpétuellement couverte par la garde nationale qui, de l'aube à la nuit, se livre à tous les exercices de la guerre avec l'application du patriotisme. On sent tous les jours grandir la solidité de ces soldats improvisés. Derrière cette enceinte ainsi gardée, s'élève une troisième enceinte construite sous la direction du Comité des barricades. Derrière ces pavés savamment disposés, l'enfant de Paris a retrouvé, pour la défense des institutions républicaines, le génie même du combat des rues. Toutes ces choses, partout ailleurs impossibles, se sont exécutées, au milieu du calme, de l'ordre, et grâce au concours enthousiaste qui a été donné aux hommes qui représentent la République. Ce n'est point une illusion, ce n'est pas non plus une vaine formule : Paris est inexpugnable, il ne peut être pris ni surpris. Restaient aux Prussiens deux autres moyens d'entrer dans la capitale : la sédition et la faim. La sédition ! Elle ne viendra pas, car les suppôts et les complices du gouvernement déchu, ou bien ils ont fui, ou bien ils se cachent. Quant aux serviteurs de la République, les ardents comme les tièdes trouvent dans le gouvernement de l'Hôtel de Ville d'incorruptibles otages de la cause républicaine et de l'honneur national. La famine ! Prêt aux dernières privations, Paris se rationne volontairement tous les jours, et il a devant lui, grâce aux accumulations de vivres, de quoi défier l'ennemi pendant de longs mois encore; il supportera avec une mâle constance la gêne et la disette, pour donner à ses frères des départements le temps d'accourir et de le ravitailler.

« Telle est, sans déguisements ni détours, la situation de la capitale de la France.

« Citoyens des départements, cette situation vous impose de grands devoirs : le premier de tous, c'est de ne vous laisser divertir par aucune préoccupation qui ne soit pas la guerre, le combat à outrance ; le second, c'est, jusqu'à la paix, d'accepter fraternellement le commandement du pouvoir républicain sorti de la nécessité et du droit. Ce pouvoir d'ailleurs ne saurait, sans déchoir, s'exercer au profit d'aucune ambition. Il n'a qu'une passion et qu'un titre : arracher la France à l'abîme où la monarchie l'a plongée ; cela fait, la République sera fondée et à l'abri des conspirateurs et des réactionnaires. Donc, toutes autres affaires cessantes, j'ai mandat, sans tenir compte ni des difficultés ni des résistances, de remédier, avec le concours de toutes les libres énergies, aux vices de notre situation, et, quoique le temps manque, de suppléer, à force d'activité, à l'insuffisance des délais. Les hommes ne manquent pas : ce qui fait défaut, c'est la résolution, la décision et la suite dans l'exécution des projets ; ce qui fait défaut après la honteuse capitulation de Sedan, ce sont les armes. Tous nos approvisionnements de cette nature avaient été dirigés sur Sedan, Metz et Strasbourg, et l'on dirait que, par une dernière et criminelle combinaison, l'auteur de tous nos désastres a voulu, en tombant, nous enlever tous les moyens de réparer nos ruines. Maintenant, grâce à l'intervention d'hommes spéciaux, des marchés ont été conclus qui ont pour but et pour effet d'accaparer tous les fusils disponibles sur les marchés du globe. La difficulté était grande de se procurer la réalisation de ces marchés ; elle est aujourd'hui surmontée. Quant à l'équipement, à l'habillement, on va multiplier les ateliers et requérir les matières premières, si besoin est ; ni les bras ni le zèle des travailleurs ne manquent, l'argent ne manquera pas non plus. Il faut enfin mettre en œuvre toutes nos ressources qui sont immenses, secouer la torpeur de nos campagnes, réagir contre de folles paniques, multiplier la guerre de partisans, et, à un ennemi si fécond en embûches et en surprises, opposer des pièges, harceler ses flancs, surprendre ses derrières, et enfin inaugurer la guerre nationale.

« La République fait appel au concours de tous ; son gouvernement se fera un devoir d'utiliser tous les courages, d'employer toutes les capacités. C'est sa tradition à elle d'armer les jeunes chefs ; nous en ferons. Le ciel lui-même cessera d'être clément pour nos adversaires ; les pluies d'automne viendront, et, retenus, contenus par la capitale, les Prussiens, si éloignés de chez eux, inquiétés, troublés, pourchassés par nos populations réveillées, seront décimés par nos armes, par la faim, par la nature.

« Non, il n'est pas possible que le génie de la France se soit voilé pour toujours, que la grande nation se laisse prendre sa place dans le monde par une invasion de cinq cent mille hommes.

« Levons-nous donc en masse et mourons, plutôt que de subir la honte du démembrement. A travers tous nos désastres et sous les coups de la mauvaise fortune, il nous reste encore le sentiment de l'unité française, l'indivisibilité de la République. Paris cerné affirme plus glorieusement encore son immortelle devise, qui dictera aussi celle de toute la France : Vive la nation ! vive la République une et indivisible !

« *Le Membre du gouvernement de la défense nationale, ministre de l'intérieur,*

« LÉON GAMBETTA. »

Ce langage était tout autre que celui que la France avait l'habitude d'entendre sortir de la bouche des délégués de Tours. Le 9 octobre fut un jour de fête pour le chef-lieu du département d'Indre-et-Loire. Garibaldi y était arrivé le même jour que Gambetta ; la population lui fit une ovation digne de ce héros si grand et si modeste, qui, malgré ses soixante-quatre ans, avait quitté son île de Caprera pour mettre au service de la France républicaine sa valeureuse épée.

Garibaldi, que Michelet proclame le seul héros de notre triste époque, avait, aussitôt la proclamation de la République, écrit de Caprera à ses amis d'Italie :

« Hier, je vous disais : Guerre à outrance à Bonaparte. Je vous dis aujourd'hui : il faut secourir la République française par tous les moyens possibles.

« Invalide moi-même, je me suis offert au gouvernement provisoire de Paris, et j'espère qu'il ne me sera pas impossible de remplir un devoir. Oui, mes concitoyens, nous devons considérer comme un devoir sacré de secourir nos frères de France.

« Notre mission ne consistera pas certainement à combattre les frères d'Allemagne qui, étant le bras de la Providence, ont renversé dans la poussière le germe de la tyrannie qui pesait sur le monde ; mais nous irons soutenir l'unique système qui puisse assurer la paix et la prospérité entre les nations.

« Je le répète, soutenir par toutes les voies possibles la République française qui, rendue à la sagesse par les leçons du passé, sera toujours l'une des meilleures colonnes de la régénération humaine. »

Débarqué le 7 octobre à Marseille, Garibaldi avait été acclamé avec enthousiasme par la population et la garde nationale. A Tours, les francs-tireurs l'attendaient à la gare et lui présentèrent les armes en criant : Vive Garibaldi ! Le vieux héros leur répondit par quelques paroles émues et cordiales et entra à la préfecture où il fut reçu par Crémieux et le préfet d'Indre-et-Loire.

Quelques jours après, le général Garibaldi quittait Tours ; Gambetta lui avait confié le commandement des compagnies franches, avec une brigade des gardes mobiles dans le département des Vosges. Nous verrons plus loin quels services rendit, sous ce vaillant chef, une armée composée d'éléments complètement hétérogènes.

Le même jour où Garibaldi était arrivé à Tours, quatre députés républicains d'Espagne, Orense, Emilio. Castellar, Angulau et Tutau y vinrent dans le but de s'entendre avec le Gouvernement de la défense nationale sur l'appui réciproque que pouvaient se prêter les républicains de France et d'Espagne.

Le 10 octobre, à 8 heures 55 du soir, le général Lamotte-Rouge, nommé commandant du 15e corps, en remplacement du général de Polhès, télégraphiait d'Orléans au ministère de la guerre : « Ce matin, vers neuf heures et demie, Arthenay, où se trouvaient la brigade Longuerue et quelques compagnies de chasseurs, a été attaqué par des forces considérables et occupé par l'ennemi. Le général Reyau s'est porté au secours de la brigade avec cinq régiments, quatre bataillons, plus une batterie de 8. Après avoir résisté jusqu'à deux heures et demie du soir, nos troupes ont été refoulées dans la forêt que j'occupe toujours et que je défendrai à tout prix. Dans cet engagement, l'ennemi était supérieur en infanterie, en cavalerie et surtout en artillerie. »

Le 11, dans l'après-midi, malgré sa promesse de défendre la forêt à tout prix, le général Lamotte Rouge s'était replié avec ses troupes sur la rive gauche de la Loire ; vers six heures du soir, les Prussiens entraient dans Orléans et leurs éclaireurs s'avançaient vers Meung, où le lendemain douze cent cinquante cavaliers faisaient leur première entrée. La retraite de nos troupes dans la journée du 11 avait été couverte par la légion étrangère, commandée par M. Arago, et par les zouaves pontificaux. L'ennemi brûla une partie de la gare des Aubrais et plusieurs maisons du faubourg Bannier ; les hôtels, cafés et restaurants furent pillés.

Le jour même de la prise d'Orléans, M. le général d'Aurelles de Paladines était appelé au commandement du 15ᵉ corps, en remplacement de M. le général de Lamotte-Rouge, relevé de son commandement. Le nouveau commandant du 15ᵉ corps, vieux soldat d'Afrique, connu dans l'armée par son inflexibilité sur la discipline, était à Marseille dans les premiers jours d'août. Le 4 septembre, la République avait été proclamée à Marseille par toute la population, reconnue et acclamée par le conseil municipal qui envoya une délégation de trois membres au général d'Aurelles pour demander la délivrance des républicains détenus au fort Saint-Nicolas, qui avaient été arrêtés au commencement d'août pour avoir publiquement réclamé la déchéance de l'Empire. M. d'Aurelles, pour toute réponse, fit mettre en bataille ce qu'il avait de troupes sous la main, croiser la baïonnette et *trois fois* commanda le feu. *Trois fois* le lieutenant Thébaut refusa d'obéir.

C'est ce général que Gambetta mettait à la tête de l'armée de la Loire! Franchement, le choix n'était pas heureux. On était las, du reste, des vieux généraux, et tout le monde sentait qu'il fallait des hommes nouveaux, des hommes jeunes. Aussi le décret du 13 octobre fut-il accueilli avec joie, comme l'annonce d'une nouvelle ère militaire.

Le Gouvernement de la défense nationale,

« Vu les circonstances exceptionnelles créées par l'état de guerre ; considérant qu'il importe de susciter l'émulation dans tous les rangs de l'armée et de faire appel aux jeunes talents ; que c'est en rompant résolument avec la tradition que la première République a pu réaliser les prodiges de 1792 :

« Décrète :

« Art. 1ᵉʳ. — Les lois qui règlent les nominations et l'avancement dans l'armée sont suspendues pendant la guerre. En conséquence, des avancements extraordinaires pourront être accordés à raison de services rendus ou de capacités.

« Art. 2. — Des grades militaires pourront être conférés à des personnes n'appartenant pas à l'armée. Toutefois, ces grades ne resteront pas acquis après la guerre, s'ils n'ont été justifiés par quelque action d'éclat ou par d'importants services constatés par le gouvernement de la République. »

Gambetta, du reste, rendit plusieurs décrets qui n'auraient pas été désavoués par la Convention et qui semblaient s'inspirer de son esprit : entre autres celui-ci qui fut parfaitement accueilli par l'opinion publique :

« Considérant que le premier devoir d'un chef de corps en temps de guerre est la vigilance ;

« Décrète :

« Sera traduit devant un conseil de guerre tout chef de corps ou de détachement qui se sera laissé surprendre par l'ennemi, ou qui se sera engagé sur un point où il ne soupçonnait pas la présence de l'ennemi. »

Gambetta travailla avec ardeur à l'armement de la France, à la fabrication des cartouches et des munitions. Après un rapide voyage à Besançon, où il avait été pour aplanir les difficultés que Garibaldi rencontrait, à l'armée des Vosges, dans le mauvais vouloir du général Cambriels qui donna sa démission et fut, quelques jours plus tard, remplacé par le général Michel, le jeune membre du gouvernement revint à Tours, où il trouva d'assez mauvaises nouvelles du théâtre de la guerre. Vesoul venait d'être occupé par les Prussiens ; Soissons, après un assez long siège avait capitulé le 16, après trois jours de bombardement. La garnison forte de 4,000 hommes fut emmenée prisonnière par une escorte de 6,000 Allemands ; dans les bois d'Hartennes, ils tentèrent de s'échapper. Une décharge des Prussiens tua ou blessa plusieurs mobiles, mais un grand nombre réussit à s'enfuir à travers bois. Les Prussiens étaient entrés à Châteaudun après l'héroïque résistance que l'on connaît ; enfin Chartres ayant été investi par une force de 20,000 hommes, avec 40 pièces de canon, le préfet avait conclu avec le général Wittick une convention, en vertu de laquelle, toutes les troupes pouvaient quitter la ville, qui ne fut frappée d'aucune contribution d'argent.

M. de Polhès, le même qui s'était replié devant un ennemi qui n'existait que dans son imagination, avait été mis à la tête de l'armée du Centre. M. de Kératry, ancien préfet de police au 4 septembre, nommé général des forces de Bretagne, établit son quartier général à Laval ; ses soldats devaient être instruits au camp de Conlie, dans le département de la Sarthe, à très-peu de distance du quartier général. M. Carré-Kérisouet fut adjoint à M. de Kératry avec le rang de général de brigade, comme commissaire de guerre.

Il fallait de l'argent pour subvenir à toutes les dépenses que nécessitait de l'armement du pays, qui se faisait par l'intermédiaire de la commission présidée par M. Jules Lecesne, ancien député de la Seine-Inférieure. M. Clément Laurier, accompagné du comte de Germiny, ancien gouverneur de la Banque de France, partit pour Londres, chargé de négocier un emprunt de 250 millions. Cet emprunt donna lieu à un procès entre M. Laurier et un certain courtier d'affaires financières.

L'emprunt réussit, il fut émis à 85 francs portant intérêt à 6 0/0, et remboursable à 100 francs en trente-quatre ans.

L'armée des Vosges livra plusieurs combats sérieux vers la fin du mois; le 22 octobre, entre Voray et Cussey, le 23, à Chatillon-le-Duc; ces combats furent assez heureux pour nos armes; malgré ces avantages et des attaques réitérées du corps de Cambriels, remplacé le 29 par le général Michel et des francs-tireurs de Garibaldi, les forces allemandes s'avançaient toujours vers Dijon. Le 29 octobre, une lutte acharnée eut lieu entre 12,000 Prussiens et un détachement de troupes françaises : la disproportion du nombre obligea celui-ci à se replier. Dijon fut pris le 30; cette ville avait demandé au Gouvernement de lui envoyer des troupes, étant disposée à se défendre à outrance. La 8ᵉ division militaire expédia le 25 sur Dijon toutes les troupes disponibles. Le ministre de la guerre désignait le colonel Fauconnet pour remplacer le colonel Lavalle, commandant des mobiles et mobilisés. Mais le comité de défense de la ville n'admettait pas la défense à l'intérieur de la ville, et voulait qu'on se bornât à défendre une ligne d'obstacles tracée à deux kilomètres de la ville. Prévenu de cet état de choses, le ministre de la guerre donna l'ordre au colonel Fauconnet de transporter son quartier général à Auxonne. Le même jour, 27, le département était envahi. Le préfet, partisan de la résistance, ne put obtenir ni du conseil municipal ni même du comité de défense que Dijon fût barricadé. Le colonel Fauconnet crut devoir se mettre en pleine retraite sur Beaune. Enfin le 29 octobre, la ville de Dijon se réveilla; le président du comité de défense fut arrêté et mis en prison à Beaune, et les troupes se concentrèrent sur Dijon.

Le lendemain 30, on combattit depuis 9 heures du matin jusqu'à 4 heures et demie du soir. Il fallut, vers cette heure, arborer le drapeau blanc. Le colonel Fauconnet expira dans la nuit des suites d'une blessure qu'il reçut au fort du combat. La ville fut obligée de payer 500,000 francs.

À la fin du mois d'octobre, on apprit la désastreuse nouvelle de la capitulation de Metz. Quelques désordres eurent lieu à Marseille; le 30, M. Esquiros, préfet, avait donné sa démission, parce que M. Gambetta avait annulé certaines mesures arbitraires prises par lui. M. Alphonse Gent, délégué du Gouvernement, arrive à Marseille, se rend à l'Hôtel de Ville, escorté par la garde nationale. Mais là, la garde civique s'oppose à son entrée, et veut que le délégué s'associe à Esquiros qui préside la *Ligue du Midi*, qui a formé un *Comité de salut public*, et auquel le *Club de la Révolution* a donné pour mission d'organiser les efforts des quinze départements ligués. Sur le refus de M. Gent, on veut qu'il donne sa démission. Il ne cède pas, un coup de pistolet tiré sur lui le blesse dans la région du ventre. La blessure de M. Gent était légère; quelques jours après, par sa conduite conciliante, il sut rétablir l'ordre et entra en maître à l'Hôtel de Ville où était établi un nouveau gouvernement dont le trop fameux Cluseret était le général en chef.

Quelques désordres facilement réprimés éclatèrent aussi vers la fin du mois à Grenoble, à Toulouse et à Perpignan. A Alger la population exaspérée par certains actes arbitraires du général Walsin Esterhazy le fait enlever par la garde nationale et l'embarque pour la France.

En somme, durant le mois d'octobre, malgré la présence et l'activité de Gambetta, les affaires de la guerre et de la politique ne s'étaient pas améliorées d'une façon notable. Aucun succès n'avait relevé le moral des troupes, l'ennemi avançait toujours et enserrait Paris dans une ceinture de travaux de siége : il était temps d'agir ; il fallait que l'armée de la Loire montrât ce dont elle était capable.

Le général d'Aurelles le comprit. L'armée de la Loire, qui s'appelait alors le 15e corps, était campée dans le Cher et le Loiret entre Argent et la Motte-Beuvron ; elle comptait de 40,000 à 50,000 hommes. La 1re division (général Martin des Pallières) remonte au Nord-Est pour franchir la Loire, à Gien; le gros de l'armée se porte sur Beaugency, passe sur la rive droite dans les premiers jours de novembre, et effectue sa jonction avec le 16e corps, commandé par le général Chanzy, qui se trouvait en avant dans la forêt de Marchenoir. Un premier engagement qui nous fut favorable eut lieu le 7, à Saint-Laurent-des-Bois, à l'ouest d'Orléans ; les Prussiens furent repoussés sur Vallière et Villeclair. La cavalerie poursuivant l'ennemi fit 64 prisonniers; les Allemands laissaient sur le terrain 2 officiers et 50 hommes.

Le général von der Thann évacua précipitamment Orléans et se porta sur Coulmiers, où il fut culbuté le 9, laissant entre nos mains deux canons, un nombre de caissons et de voitures, et deux mille prisonniers. Nous avions eu quinze cents hommes tués ou blessés.

C'est dans les caissons enlevés aux Bavarois ce jour-là que l'on trouva, comme nous l'avons dit dans le cours de cet ouvrage, des glaces, des pendules, des châles, des dentelles et autres objets précieux ; les prisonniers étaient aussi munis de bijoux de femme. Ce sont des gens très-pratiques que les Allemands : la guerre est pour eux une affaire, et il faut que chacun, officier ou soldat, en tire sa part de bénéfices.

Cette victoire de Coulmiers produisit un grand effet en France et à l'étranger. Il y avait si longtemps que nous n'avions eu de succès! nous croyions que cette journée nous ouvrait une ère nouvelle, et les imaginations et les cœurs rêvaient déjà Paris débloqué et la patrie délivrée. Les journaux anglais, le *Times* lui-même, cette feuille prussienne de Londres, nous félicitait de notre victoire. Le 14 novembre, le général d'Aurelles était nommé au commandement en chef de l'armée de la Loire. Pourquoi, après la bataille de Coulmiers, ne profita-t-il ni de la victoire ni de l'élan de ses troupes? Nous croyons que s'il avait poursuivi l'ennemi rapidement et s'il l'avait forcé à livrer bataille avant qu'il ait pu faire sa jonction avec le prince Frédéric-Charles, les Bavarois de von der Thann étaient infailliblement exterminés. Au contraire, en temporisant, en perdant un temps précieux, on laissait la jonction se faire, et ce n'était plus 25,000 hommes qu'on avait à combattre, mais bien une armée de 100,000 hommes, traînant après elle une artillerie formidable.

Un général audacieux aurait pu sauver la France en agissant rapidement et en s'avançant hardiment sur Paris. M. d'Aurelles de Paladines préféra s'arrêter pour faire des camps et mettre sur la défensive des troupes auxquelles généralement l'offensive convient mieux. Pendant ce temps von de Thann faisait sa retraite sans être inquiété et opérait sa jonction avec les corps d'armées de Wittich, du prince Albert et du duc de Mecklembourg.

Quoi qu'il en soit, la victoire de Coulmiers releva le moral des troupes. Gambetta crut avoir organisé la défense et préparé la revanche. Il voulait une vigoureuse et générale offensive, et n'oubliant pas que Paris attendait, il montrait du doigt à l'armée de la Loire ce but de sa marche en avant. Pourquoi cette marche fut-elle différée ? C'est ce que nous apprendront plus tard les explications, que, sans nul doute, Gambetta voudra fournir sur son ministère.

L'inaction d'Aurelles de Paladine était tellement inexplicable qu'elle parut suspecte aux Allemands, et un incident prouve à quel point ils concevaient peu l'attitude passive des Français. Vers le 13 novembre, le quartier général prussien apprit que des colonnes ennemies apparaissaient du côté de Dreux. Ce côté était dégarni, une panique eut lieu à Versailles, assure-t-on ; on crut que le général d'Aurelles s'était subitement transporté dans la vallée de l'Eure pour s'appuyer sur les réserves que M. de Kératry préparait au camp de Conlie et donner la main à l'armée du Nord. Il n'en était rien, quoique c'eût peut-être été un sage parti à prendre. Pendant ce temps, le duc de Mecklembourg s'avançait presque jusqu'au Mans, sans autre but évidemment que de piller des pays encore épargnés par l'invasion. Puis, certain que l'armée de la Loire était massée tout entière près d'Orléans, il s'en rapprocha.

D'un autre côté, les troupes ennemies qui menaçaient Orléans venaient d'être plus que doublées par l'arrivée du prince Frédéric-Charles. L'armée du neveu du roi de Prusse, à laquelle était échue la tâche de bloquer Metz, arriva à Troyes le 9 novembre. Cette marche peut sembler extraordinairement rapide, si l'on pense que la capitulation de Metz n'a eu lieu que le 27 octobre ; mais il est à considérer qu'elle s'opérait dans un pays des plus riches, qui n'avait pas encore vu l'ennemi et où les réquisitions étaient faciles à lever. Le prince Frédéric-Charles fut prévenu dès le 10 novembre au soir, que von der Thann avait été battu à Coulmiers ; les troupes devaient se reposer deux ou trois jours à Troyes et de là continuer leur route sur Auxerre. Aussitôt les ordres furent changés, et le 11 au matin, elles se remettaient en route sur Sens, puis elles continuaient par Nemours, Puiseaux et Pithiviers, où le prince établit son quartier général le 19.

La démonstration du duc de Mecklembourg sur le Mans, après une rencontre à Houdan, où quelques bataillons de mobiles avaient été dispersés, fit juger nécessaire un voyage de Gambetta au chef-lieu de la Sarthe et au camp de Conlie. Il paraît qu'il ne fut pas satisfait de l'organisation des forces de Bretagne commandées par MM. de Lorcy et Carré-Kérisouet, car il nomma l'amiral Jaurès commandant du corps d'armée chargé de défendre le Mans, et les plaça sous ses ordres. Le général de Kératry et le commissaire du camp donnèrent tous les deux leur démission, et le premier adressa à M. Gambetta la lettre suivante :

Angers, 28 novembre 1870.

« Monsieur le ministre,

« Par décret du 22 octobre dernier, vous m'aviez nommé commandant en chef des forces mobilisées des cinq départements de Bretagne. A cette date, rien n'existait encore. Grâce au patriotisme de mes compatriotes et au dévouement de tous mes officiers, le 22 novembre le camp de Conlie était créé et rendu inexpugnable.

« Quarante-sept bataillons de Bretons mobilisés, sept compagnies de francs-tireurs hardis et disciplinés étaient accourus tout équipés à mon appel ; neuf batteries d'artillerie, toutes formées en matériel et en personnel, n'attendaient plus que des harnais pour manœuvrer utilement. Ce spectacle était unique en France ; et le 21 novembre, après avoir vu de vos propres yeux, vous exprimiez hautement à tous les coopérateurs de cette œuvre nationale votre plus vive satisfaction, dont vous m'avez renouvelé l'assurance le même soir à la préfecture du Mans.

« A la même heure, le Mans était menacé, l'aile gauche de l'armée de la Loire pouvait être débordée ; les troupes du général Fiéreck avaient été déroutées, et fuyaient de Nogent-le-Rotrou jusqu'aux portes de mon camp. Vous fîtes un appel pressant à l'armée de Bretagne : dix mille de ses enfants, malgré leur organisation incomplète, comptant plus sur leur courage que sur leur armement inachevé, me suivirent le 21 novembre au matin, du camp de Conlie au bivouac d'Yvré, et le 23 nous faisions une marche de 31 kilomètres à l'ennemi. Mes braves volontaires marins traînèrent leurs pièces d'artillerie pendant douze heures de route ; l'ennemi venait d'évacuer en toute hâte.

« Les intérêts de la défense ne me permettent pas d'ajouter un seul mot aujourd'hui.

« Malgré les prières de mes troupes, je vous ai informé, le 27 novembre, que la teneur de vos ordres conçus le 25 novembre, à Tours, à l'heure même où nous allions à l'attaque, me forçait à tous égards, à résigner mon commandement.

« Vous avez accepté le même jour ma démission, qui aurait dû paraître aujourd'hui même au *Journal officiel*.

« La douleur que j'avais d'abandonner l'armée que j'avais formée avec mon brave ami et ancien collègue, Carré-Kérisouet, qui a cru devoir me suivre dans la retraite, a été profonde ; mais elle ne me fait pas oublier mes devoirs impérieux.

« Rentré dans la vie privée, j'ai retrouvé ma liberté politique que j'avais aliénée complètement sous l'uniforme. En appelant mes concitoyens à la défense de la patrie, j'avais contracté charge d'âmes ; aussi j'ai l'honneur de vous annoncer que, dès que les événements vont me le permettre, je ferai traduire en conseil de guerre les hautes administrations de la guerre et de la marine : du même coup, elles et moi nous comparaîtrons à la barre du pays, et aucun des documents que j'ai sous la main ne sera écarté.

« Agréez, monsieur le ministre, l'assurance de ma haute considération.

« Comte DE KÉRATRY.

P. S. J'ai entre les mains les décrets et arrêtés que vous avez signés comme ministre ; vous avez commis l'insigne faiblesse de les laisser tous protester, et cela par une administration dont M. Lorendo est le véritable chef, et qui, pour tous les yeux clairvoyants, personnifie la trahison vis-à-vis de la France *non impérialiste*. Il n'y a que vous qui ne vous en soyez pas aperçu, malgré mes avertissements réitérés et télégraphiés. »

M. de Lorendo, si nettement attaqué par M. de Kératry, était un colonel d'état-major que M. Gambetta avait élevé au grade de général de brigade et nommé directeur du personnel au ministère de la guerre.

Examinons maintenant quelles étaient les forces qui se trouvaient en présence devant Orléans. Les troupes dont le prince Frédéric-Charles était généralissime, formaient deux armées, l'une à gauche, commandée par le prince lui-même, et l'autre, à droite, sous les ordres du duc de Mecklembourg. La première comprenait le 3ᵉ corps (Brandebourg, général von Arensleben), le 9ᵉ corps (Sleswig-Holstein, général Manstein), et le 10ᵉ (Hanovre, général Voigts-Rhetz), plus une division de cavalerie (général von Hartman). Le 3ᵉ et le 9ᵉ corps comptaient quinze mille hommes chacun ; le 10ᵉ n'en avait pas plus de huit mille. Sous le grand-duc de Mecklembourg, il y avait la 17ᵉ division (Holstein, général von Treskow), la 22ᵉ (Hesse, général von Wittich), et le 1ᵉʳ corps bavarois (général von der Thann). Chacune des divisions comptait dix mille hommes ; le corps bavarois affaibli par les combats précédents n'en avait plus que quinze mille. En outre, il y avait trois divisions de cavalerie prussienne commandées par le prince Albrecht, le comte Stockelberg et le général von Rheinbaben. L'effectif total des troupes allemandes ne peut pas être évalué à plus de cent trente mille hommes, cavalerie et artillerie comprises ; elles possédaient plus de 400 bouches à feu.

L'armée française, sous les ordres d'Aurelles de Paladine, se divisait en cinq corps, savoir : le 15ᵉ (le général Martin des Pallières, cinquante à soixante mille hommes), le 16ᵉ (général Chanzy, de trente à trente-cinq mille hommes) ; le 17ᵉ (le général de Sonis, vingt à vingt-cinq mille hommes), le 18ᵉ (général Bourbaki, vingt-cinq à trente mille) ; le 20ᵉ (général Crouzat, trente-cinq à quarante mille). Ces chiffres ne reposent sur aucun document officiel ; mais nous croyons être dans la vérité en disant que l'effectif total des troupes du général d'Aurelles de Paladines était de cent quatre-vingt à deux cent mille hommes. Dans les 17ᵉ et 18ᵉ corps, de récente formation, l'artillerie était incomplète ; mais le défaut capital de cette belle armée qui était un véritable prodige et qui faisait le plus grand honneur à Gambetta, c'était la cohésion, défaut inévitable à toutes les organisations rapides. De plus, quelques commandants en chef avaient eu à peine le temps de faire connaissance avec leurs régiments. De Sonis était débarqué d'Afrique tout récemment, et Bourbaki, arrivé de l'armée du Nord, n'avait rejoint son régiment que depuis quelques jours.

Nous étions arrivés aux derniers jours de novembre. Sur toute la ligne de l'armée de la Loire se livraient des engagements journaliers : le 24, notre 18ᵉ corps soutint une lutte vigoureuse entre Ladon, Maizières et Boiscommun, et resta maître du terrain ; le 26, à Neuville, sur notre droite, nos troupes remportaient l'avantage ; le 28, le 20ᵉ corps fut engagé à son tour devant Beaune-la-Rolande, contre les Hanovriens de Voigts-Rhetz, au secours duquel le prince Frédéric-Charles se hâta d'accourir avec deux divisions du 3ᵉ corps. La lutte fut chaude ; l'ennemi, obligé d'évacuer Beaune-la-Rolande, avoua une perte de 1,000 hommes tués ou blessés, il laissait aussi un canon entre nos mains.

Le 30 novembre, on apprit à Tours la sortie de Ducrot, du côté de la Marne. Gambetta l'annonçait dans une proclamation pleine de brillantes promesses, et le général d'Aurelles, plein d'enthousiasme, disait à ses soldats : « Paris, par un sublime effort, a rompu les lignes prussiennes. Le général Ducrot, à la tête de son armée, marche vers nous ; marchons vers lui avec l'élan dont l'armée de Paris nous donne l'exemple. »

Hélas ! quelle illusion ! A ce même moment le général Ducrot repassait la Marne, et, quelques jours plus tard, l'armée de la Loire devait être défaite.

Le 16ᵉ corps surprit les Bavarois, le 1ᵉʳ décembre ; il délogea les Prussiens campés sur la ligne d'Orgères à Terminiers et enleva à la baïonnette les positions de Nonneville, Villepion et Faverolles sur lesquelles bivouaqua la 1ʳᵉ division, commandée par l'amiral Jauréguiberry. L'ennemi se retira dans la direction de Loigny et de Château-Cambrai. Le général Chanzy, dans la dépêche qui annonçait l'heureux résultat de cette affaire, disait qu'il suivrait l'ennemi le lendemain.

Pendant la nuit du 1ᵉʳ au 2 décembre, le grand-duc de Mecklembourg ramassa ses forces, et le 2 au matin il recommença le combat avec toutes ses divisions. De notre côté, le 16ᵉ et le 17ᵉ corps et une faible partie du 15ᵉ étaient engagés. Pendant plusieurs heures, nos troupes soutinrent le combat avec succès depuis Sougy jusqu'à Baroches-les-Hautes. Malheureusement le général de Sonis, officier d'un caractère chevaleresque, homme de cœur et d'action fut emporté trop loin par son élan ; il fut blessé grièvement et fait prisonnier. Privés de leur chef, ses soldats ne résistèrent plus que mollement et furent ramenés en arrière. Le 16ᵉ corps se vit aussi contraint de se replier sur Patay. Les zouaves pontificaux, guidés par l'intrépide Charette, furent admirables d'héroïsme. On raconte qu'au moment où les autres régiments paraissaient faiblir, ils se lancèrent en avant et soutinrent seuls tout l'effort de l'ennemi. Quand ils battirent en retraite, leur effectif était réduit des trois quarts. Le colonel de Charette, le duc de Luynes et le plus grand nombre des autres officiers restèrent sur le champ de bataille.

Le 3, au matin, Frédéric-Charles lançait avec vigueur le 3ᵉ et le 9ᵉ corps sur la route de Pithiviers ; les Bavarois du duc de Mecklembourg et la 17ᵉ division se portaient sur Arthenay. Nos 15ᵉ et 16ᵉ corps portèrent seuls le poids de cette attaque. Sur notre droite, les soldats se replièrent avec trop de précipitation de Chilleurs et de Loury sur Orléans ; à gauche, les positions fortifiées de Chevilly furent perdues, ainsi que les villages de Gidy et de Janvry. Nous avions donc perdu notre première ligne de défense, et il était à craindre que les autres lignes ne seraient pas plus efficaces.

Le résultat de ce combat parut inquiétant au général d'Aurelles; il jugea impossible de défendre Orléans contre une nouvelle attaque et, dans la nuit du 3 au 4, il télégraphia au gouvernement qu'il était nécessaire d'évacuer Orléans et d'opérer la retraite sur la rive gauche de la Loire.

Après délibération prise en conseil de gouvernement à l'unanimité, la délégation de Tours envoya le télégramme suivant au commandant en chef de l'armée de la Loire:

« L'opinion du gouvernement consulté était de vous voir tenir ferme à Orléans, vous servir des travaux de défense et ne pas s'éloigner de Paris.

« Mais puisque vous affirmez que la retraite est nécessaire, que vous êtes mieux à même sur les lieux de juger la situation, que vos troupes ne tiendraient pas, le gouvernement vous laisse le soin d'exécuter les mouvements de retraite, sur la nécessité desquels vous insistez, et que vous présentez comme de nature à éviter à la défense nationale un plus grand désastre que celui même de l'évacuation d'Orléans. En conséquence, je retire mes ordres de concentration active et forcée à Orléans et dans le périmètre de vos feux de défense.

« Donnez des ordres d'exécution à tous les généraux placés sous votre commandement en chef. »

Cette dépêche était envoyée à onze heures. A midi, le général d'Aurelles écrivait à Tours : « Je change mes dispositions, je dirige sur Orléans le 16ᵉ et le 17ᵉ corps; j'appelle le 18ᵉ et le 20ᵉ. J'organise la résistance. Je suis à Orléans, à la place. » A dix heures du soir, une autre dépêche arriva au gouvernement. M. d'Aurelles de Paladines écrivait: « J'avais espéré jusqu'au dernier moment pouvoir me dispenser d'évacuer Orléans; tous mes efforts sont impuissants. Cette nuit la ville sera évacuée. »

A minuit, le général Martin des Paillères envoyait la dépêche suivante au gouvernement : « Ennemi a proposé notre évacuation d'Orléans à onze heures et demie du soir, sous peine de bombardement de la ville. Comme nous devions la quitter cette nuit, j'accepte au nom du général en chef. Batteries de marine ont été enclouées; poudre et matériel détruits. »

Que s'était-il donc passé le 4? Au point du jour, après une longue nuit d'hiver, le 15ᵉ corps avait été attaqué par les troupes du grand-duc de Mecklembourg et par les Prussiens du général Manstein. Les mobiles, dont ce corps était presque entièrement composé, opposèrent une molle résistance et se débandèrent. A midi, les batteries de marine établies à Cercottes furent enlevées par l'infanterie allemande et, à onze heures du soir, les Prussiens étaient à l'entrée des faubourgs.

Le gouvernement de Tours, rendant compte de cette fatale journée, en rejeta toute la responsabilité sur le général d'Aurelles, qui fut relevé de son commandement. Celui-ci, de son côté, accusait M. de Freycinet, directeur au ministère de la guerre, d'être le véritable auteur de ce désastre. « Cet infatigable Carnot, a-t-il dit ironiquement, aux plans multiples, inexécutables, très-opposé aux fortes concentrations de troupes instamment et continuellement réclamées par moi, usera ainsi tous les généraux. »

Le général d'Aurelles de Paladines demanda à passer devant un conseil de guerre. Pour juger sa conduite, le ministère de la guerre institua une commission, dont la présidence fut donnée au maréchal Baraguey d'Hilliers, et dont faisaient partie le général Barral et M. Ricard préfet des Deux-Sèvres après le 4 septembre. Cette commission a-t-elle fonctionné? Nous ne pouvons le dire; en tout cas, sa décision n'a pas été connue du public. Tout ce que l'on sait, c'est que peu de jours après la révocation du commandant en chef, le gouvernement lui offrit le commandement du camp d'instruction de Cherbourg pour les mobilisés. Le général d'Aurelles de Paladines refusa. Plus tard encore, après la translation du gouvernement à Bordeaux, Gambetta écrivit au général pour lui offrir un grand commandement. Mais celui-ci répondit avec dédain qu'il ne l'accepterait que d'un gouvernement régulier. Ces offres prouvent que le ministre de la guerre était revenu de ses opinions défavorables.

Le même jour qu'Orléans, Rouen, abandonné par le général Briand, capitulait à la suite de deux petits combats dans lesquels les Français perdent un canon et quatre cents hommes prisonniers.

L'armée de la Loire fut, aussitôt après la disgrâce du général d'Aurelles, partagée en deux commandements : l'un, confié au général Bourbaki, comprenait les 15e, 18e et 20e corps; l'autre, confié au général Chanzy, s'étendait au 16e (amiral Jauréguiberry) et au 17e (général de Colomb).

Notre retraite d'Orléans se fit en assez bon ordre. Le 18e et le 20e corps franchirent la Loire sur les ponts de Jargeau, de Sully et de Gien, qu'ils firent ensuite sauter, et se concentrèrent dans le Cher, aux environs d'Argent et d'Aubigny. Les débris du 15e corps, sous le commandement du général des Pallières, s'étaient repliés sur Bourges, en laissant des avant-gardes à Vierzon pour préserver, s'il était possible, la bifurcation des chemins de fer du Centre. Enfin, le général Chanzy, avec le 16e et le 17e corps, prend de fortes positions entre Meung et Baccon.

Les troupes du duc de Mecklembourg éprouvèrent une résistance inattendue quand elles se portèrent sur Meung au-devant des Français. On se battit toute la journée du 7; le résultat fut indécis. Le lendemain, la bataille recommença sur toute la ligne, entre la Loire et Saint-Laurent-des-Bois, et, sur la fin du jour, les positions françaises étaient à peine entamées. Le 9 et le 10 décembre, renforcé par le 21e corps, qui était arrivé en toute hâte du Mans, sous les ordres de l'amiral Jaurès, Chanzy prit à son tour l'offensive. Vers le 10 décembre, toute l'armée allemande était concentrée sur l'attaque de Beaugency, à l'exception des Bavarois, qui, abîmés dans les derniers combats, étaient rentrés à Orléans. À Josac, le 10, malgré les attaques vigoureuses renouvelées par les Prussiens, le général Chanzy tint bon toute la journée sur les positions qu'il avait habilement choisies; on se battit depuis huit heures du matin jusqu'à cinq heures du soir; l'ennemi fut partout repoussé, bien que nos troupes eussent affaire à une très-nombreuse artillerie. Nous avions fait quatre cents prisonniers dans cette journée.

Tandis que Chanzy combattait vaillamment sur la droite de la Loire, le général Morandy, sur la rive gauche, se laissait honteusement surprendre et chasser de l'importante position de Chambord, laissant ainsi Blois à l'ennemi et lui ouvrant la route d'Amboise et de Tours. Le gouvernement de la défense nationale dut donc quitter cette dernière ville et se rendre à Bordeaux. Le même jour, au moment où l'ennemi mettait le pied en Touraine, le préfet écrivait aux maires des cantons une lettre-circulaire pour faire désarmer les gardes nationales des campagnes; Tours, abandonné le 13 par le général Sol, qui commandait la 18ᵉ division militaire, dut ouvrir ses portes le 23 aux Allemands, après un commencement de bombardement.

La position de nos troupes à Beaugency devenait de plus en plus dangereuse depuis l'arrivée des troupes allemandes à Blois. Le général Chanzy se mit donc en retraite, mais avec lenteur. Le 14, il est à Freteval, à trente-cinq kilomètres de Meung à la jonction des routes d'Orléans au Mans et de Chartres à Vendôme et Tours, ce qui en fait un point stratégique de la plus grande importance : de hautes collines dominent le village bâti sur la rive même de la rivière, et ce sont ces hauteurs qui ont été si vivement disputées, enlevées le 14 par les Prussiens, reprises le lendemain par nos troupes, puis abandonnées après la bataille qui fut livrée le 16, aux environs de Vendôme.

Car, en même temps que le combat de Freteval avait lieu, le duc de Mecklembourg, renforcé d'une partie des forces de l'aile gauche allemande, portant le gros de son armée en avant, attaquait nos positions autour de Vendôme; après un vif engagement qui dura toute la nuit, nos soldats évacuèrent la ville.

Chanzy continua sa retraite sur le Mans, et il y arriva le 20 décembre. Le 23 seulement, les Allemands entraient à Saint-Calais et le général français, en apprenant les dévastations qu'ils y avaient commises, adressa à leur chef la belle protestation qui suit :

« *Au commandant prussien, à Vendôme.*

« J'apprends que des violences inqualifiables ont été exercées par des troupes sous vos ordres sur la population inoffensive de Saint-Calais. Malgré nos bons traitements pour vos malades et vos blessés, vos officiers ont exigé de l'argent et ordonné le pillage. C'est un abus de la force qui pèsera sur vos consciences et que le patriotisme de nos populations saura supporter; mais ce que je ne puis admettre, c'est que vous ajoutiez à cela l'injure, alors que vous savez qu'elle est gratuite.

« Vous avez prétendu que nous étions les vaincus. Cela est faux. Nous vous avons battus et tenus en échec depuis le 4 de ce mois. Vous avez osé traiter de lâches des gens qui ne peuvent vous répondre, prétendant qu'ils subissaient la volonté du Gouvernement de la défense nationale, qui les oblige à résister alors qu'ils voulaient la paix et que vous la leur offriez. Je proteste avec le droit que me donne de vous parler ainsi la résistance de la France entière, et celle que l'armée vous oppose et que vous n'avez pu vaincre jusqu'ici. Cette communication a pour but d'affirmer de nouveau ce que la résistance vous a déjà appris. Nous lutterons avec la conscience du droit et la volonté de triompher, quels que soient les sacrifices qui nous restent à faire ; nous lutterons à outrance, sans trêve ni merci, parce qu'il s'agit aujourd'hui de combattre, non plus des ennemis loyaux, mais des hordes de dévastateurs qui ne veulent que la ruine et la honte d'une nation qui prétend, elle, conserver son honneur, son indépendance et son rang. A la générosité avec laquelle nous traitons vos prisonniers et vos blessés, vous répondez par l'insolence, l'incendie et le pillage. Je proteste avec indignation au nom de l'humanité et du droit des gens que vous foulez aux pieds.

« Le présent ordre sera lu aux troupes à trois appels consécutifs.

« Au quartier général, au Mans, le 26 décembre 1870.

« *Le général en chef,*

« CHANZY. »

Le gros de l'armée de Chanzy occupe de fortes positions autour du Mans ; des ouvrages fortifiés sont construits et de nombreuses batteries sont placées sur tous les points élevés. Le camp de Conlie ayant été levé, une partie des troupes va rejoindre l'armée du Mans ; les moins exercées se retirent à Rennes.

Le duc de Mecklembourg et le prince Frédéric-Charles s'avancent vers le Mans. Pendant ce temps que fait Bourbaki ? Qu'est devenue son armée depuis le jour où il a passé sur la rive gauche de la Loire ? Pourquoi ne vient-elle pas en aide à Chanzy ? Elle pourrait sauver la deuxième armée sur laquelle tout le poids de la lutte est tombé depuis la reprise d'Orléans jusqu'à la fin de décembre. Nous verrons plus tard ce que faisait Bourbaki et pourquoi il ne vint pas.

Une attaque des Prussiens, le 6 janvier, contre deux divisions françaises, en avant de Saint-Amand, n'est pas suivie de succès. Ils sont refoulés au delà de ce bourg, vers Vendôme, avec des pertes sérieuses.

Mais l'éloignement de l'armée de Bourbaki permit au prince Frédéric-Charles et au duc de Mecklembourg de porter tous leurs efforts sur la deuxième armée. Voici la dépêche par laquelle le général Chanzy rend compte de la première journée (10 décembre) de cette lutte devenue manifestement inégale :

« Les armées du prince Frédéric-Charles et du grand-duc de Mecklembourg ont redoublé d'efforts aujourd'hui dans leurs attaques sur l'Huisne, au sud-est du Mans. Pressés de tout côté, nos colonnes ont dû battre en retraite sur les positions définitives qui leur avaient été assignées à l'avance. L'action a été des plus vives à Montfort, à Champagne, à Parigné-l'Évêque, à Jupilles, à Changé ; sur ce dernier point, la brigade Rebel, après une vive résistance de plus de six heures, a dû abandonner le village à l'ennemi, qui l'occupe depuis la nuit. Nous avons fait aujourd'hui des pertes sensibles ; mais l'ennemi a plus souffert que nous, de l'aveu des prisonniers faits sur plusieurs points ; il y a eu beaucoup de morts et de blessés depuis quelques jours par notre mousqueterie. Dans une brigade prussienne, celle à laquelle appartient le 35ᵉ fusiliers, le général Rothmaler blessé, le major tué,

GÉNÉRAL CHANZY (page 215)

l'adjudant de brigade tué, l'adjudant de régiment et plusieurs officiers tués. »

Le lendemain, mercredi, le prince Frédéric-Charles ordonna l'attaque sur tous les points; sur la rive droite de l'Huisne, à Saint-Corneille, Montfort, Parigné-l'Evêque et le plateau d'Anvours; sur la rive gauche de la rivière, entre Champigné et Yvré-l'Evêque, Changé jusqu'au faubourg de la Tuilerie. L'amiral Jauréguiberry se maintint solidement sur la rive droite de l'Huisne; les troupes du général de Colomb se battirent pendant six heures avec acharnement sur le plateau d'Anvours. Le général Gougeard qui montra la plus grande vigueur eut son cheval percé de six balles.

Au-dessous de Changé et sur la route de Parigné-l'Evêque, nos troupes se maintinrent avec fermeté, malgré les efforts de l'ennemi et couchèrent sur toutes nos positions, moins la Tuilerie abandonnée devant un retour inoffensif tenté par les Allemands à la tombée de la nuit.

Mais la position qui était bonne le 11 au soir n'était plus tenable le lendemain matin. La panique des mobilisés de la Bretagne (les Morbihannais) avait été le signal de la débandade de toutes les troupes qui se trouvaient sur la rive gauche de l'Huisne. Après un conseil de guerre tenu sur le champ de bataille, la retraite fut sonnée. L'ennemi entre au Mans, mélangé aux fuyards, et il fait de nombreux prisonniers. Il exige de la ville une contribution de quatre millions, sous prétexte que des coups de feu ont été tirés par les habitants sur les troupes. Le maire et le préfet luttèrent contre cette accusation et cette exigence, mais ce fut en vain; il fallut payer.

La retraite de Chanzy sur Laval s'effectua péniblement à cause du mauvais temps et de l'état des routes. Heureusement, il ne fut pas poursuivi; il s'occupait de la reconstitution de son armée, et, grâce aux renforts qu'il avait reçus de Cherbourg, il se préparait à reprendre les opérations quand la nouvelle de l'armistice arriva en province.

Le prince de Joinville qui servait cette armée sous un nom d'emprunt avait été arrêté quelques jours auparavant et embarqué à Saint-Malo pour l'Angleterre.

Le général Chanzy qui avait été appelé par M. Gambetta au commandement de la deuxième armée de la Loire, est l'un de nos plus jeunes généraux. Il est né en 1824. Ses états de services sont admirables, et c'est surtout l'Afrique qui a été le théâtre de ses faits d'armes. Sorti de Saint-Cyr en 1843, il alla immédiatement en Afrique, où il entra avec le grade de sous-lieutenant dans un de nos régiments d'infanterie. Il a passé dix-sept ans dans notre colonie d'outre-mer; et il n'en est sorti qu'en 1860 pour prendre part à l'expédition de Syrie. En 1863 il était colonel d'un des régiments qui tenaient garnison à Rome. En 1864, il partait pour réprimer l'insurrection arabe qui nous a coûté tant d'efforts.

Comme le brave général Faidherbe, dont nous parlerons dans le prochain chapitre, il était encore en Afrique le 4 septembre. Il commandait la subdivision de Sidi-bel-Abbès, quand il fut appelé au commandement d'un des corps de l'armée de la Loire.

Le général Chanzy a un tempérament froid et en même temps un caractère énergique. Il vient de se révéler comme l'un des plus braves et des plus héroïques chefs de nos armées et il a donné, depuis la bataille d'Orléans, des preuves irrécusables d'une grande science stratégique ; il nous a fait assister à une retraite dont chaque phase a été marquée par une habileté de combinaisons auxquelles nous n'étions plus habitués. Il a vaincu en tactique, en précision militaire, en rapidité de mouvements, le célèbre général prussien, le prince Frédéric-Charles.

Lorsqu'un homme surgit tout à coup et fait de grandes choses, au milieu d'obstacles innombrables, on peut, en règle presque absolue, être assuré que dans lui se trouve l'étoffe d'un de ces êtres privilégiés qui arrivent au génie.

Aux élections du 8 février pour l'Assemblée nationale, le général Chanzy a été élu dans le département des Ardennes.

CHAPITRE XIII

LA PROVINCE (Suite)

L'ARMÉE DU NORD. — Organisation de la défense. — M. Testelin est nommé commissaire de la défense. — Le général Farre lui est adjoint. — Le général Bourbaki est appelé au commandement de l'armée du Nord qu'il quitte le 19 novembre. — Composition des troupes. — Bataille d'Amiens ou de Villers-Bretonneux. — Attaque et prise de la citadelle d'Amiens. — Capitulation de La Fère. — Faidherbe est nommé général en chef de l'armée du Nord. — Reprise de Ham par les Français. — Division de l'armée en deux corps. — Combat de Querrieux. — Bataille de Pont-Noyelles. — Combats d'Achiet-le-Grand et de Béhagnies. — Bataille de Bapaume. — Bombardement et capitulation de Péronne. — Combat de Vermand. — Saint-Quentin; bataille du 8 octobre; les Prussiens sont repoussés; occupation de la ville par l'ennemi le 22 octobre. — Reprise de Saint-Quentin par les Français, le 15 janvier. — Combat de Bellicourt. — Bataille de Saint-Quentin. — Situation dans laquelle se trouvait l'armée du Nord, au moment de l'armistice. — Le général Faidherbe.

L'armée du Nord a été la moins importante, par le nombre, de toutes les armées de la République; mais elle a brillé, entre toutes, par sa forte organisation, par sa discipline et par l'excellent esprit dont elle n'a cessé d'être animée.

Cette armée a toujours eu à lutter contre des forces supérieures; par son courage et sa bonne attitude devant l'ennemi, par les succès qu'elle a obtenus, elle a puissamment contribué à rétablir l'honneur de nos armes.

Lorsque M. Gambetta arriva à Tours, il investit dans chaque région des pouvoirs les plus étendus les hommes qui, par leur patriotisme et leur énergie, lui parurent les plus propres à le seconder. Dans le Nord, il choisit le docteur A. Testelin, qui reçut avec le titre de commissaire délégué du gouvernement pour les départements de l'Aisne, du Pas-de-Calais, du Nord et de la Somme, la mission d'utiliser les ressources militaires considérables que présentait cette riche contrée. Aucun choix ne pouvait être plus heureux : M. Testelin montra le plus grand zèle à la cause de la défense et déploya la plus grande activité. Il invita les généraux qui se succédèrent dans le commandement de la 3ᵉ division militaire à prendre des mesures à cet effet, mettant à leur disposition toute l'autorité et tous les moyens d'action qu'ils pourraient désirer. Il les pressait d'organiser des forces capables de tenir la campagne, ou tout au moins d'empêcher les dévastations que les coureurs venaient, par petits détachements, faire dans le pays, à de grandes distances des forces ennemies. Mais, malgré tous ses efforts, il ne pouvait rien obtenir.

On ne pouvait, répond-it-on à M. Testelin, que rassembler et instruire les conscrits et les gardes mobiles pour les mettre à la disposition du gouvernement, puis armer et défendre les places du Nord. Mais on ne faisait rien pour améliorer les éléments de cette défense. On habillait et on armait les gardes mobiles, mais on ne se préoccupait pas de constituer des cadres suffisants. On tirait de sept ou huit dépôts établis dans la région des détachements de troupes de ligne qui étaient expédiées dans le centre de la France. Chacun d'eux renfermait plus d'un millier d'hommes, avec les cadres incomplets de deux compagnies. En fait d'artillerie, il n'y avait à Lille qu'une seule batterie, hors d'état de marcher ; enfin pour la cavalerie, le dépôt du 7ᵉ dragons pouvait fournir à peine quelques cavaliers d'escorte.

Voyant que le travail d'organisation de la défense ne pourrait marcher en présence des difficultés de toute nature que soulèverait une autorité divisionnaire indifférente et incapable, M. Testelin, voulant à tout prix sortir de cette situation, s'adressa au colonel Farre, directeur des fortifications à Lille, et se le fit adjoindre, avec le grade de général de brigade, vers le 15 octobre.

Cet officier supérieur seconda M. le commissaire de la défense nationale avec le plus grand zèle, et on avait déjà obtenu de bons résultats comme organisation lorsque le général Bourbaki vint prendre le commandement de l'armée du Nord.

M. Gambetta avait commis une grande faute en donnant ce commandement au général Bourbaki. Ce dernier venait de voir anéantir en deux mois deux magnifiques armées, bien organisées, bien instruites ; il ne pouvait avoir grande confiance dans la composition de l'armée qu'il venait commander. De plus, le général était profondément découragé par nos revers et il ne croyait pas à la possibilité de prolonger la défense. Comme l'amiral Fourichon qui disait qu'il fallait faire un *simulacre de défense,* comme le général Trochu qui appelait, dès le début, la défense de Paris *une héroïque folie,* nous pensons que Bourbaki se mettait à la tête de l'armée, par devoir, pour ne pas déserter son poste de soldat, mais sans la moindre espérance de réussir. En outre, l'opinion ne lui était pas favorable. On se défiait de lui ; on connaissait son dévouement à l'Empire, ses relations intimes avec la Cour ; le commandement de la garde impériale qu'il exerçait au début de la guerre, ce voyage mystérieux de Metz à Londres, près de l'ex-

Impératrice, lui enlevaient toute la confiance de l'armée et des troupes. Donc le général Bourbaki se défiait de ses soldats qui se méfiaient de leur chef ; il n'y avait rien à espérer de l'armée du Nord dans des conditions pareilles.

Cependant le général Bourbaki se montra satisfait des essais d'organisation entrepris, il les appuya de toute son autorité et prit le général Farre pour chef d'état-major général de l'armée.

Lille fut mis en état de défense ; les maisons situées dans la première zone des servitudes militaires furent démolies, et un arrêté du préfet prescrivit les inondations définitives autour de la place. Les troupes dont on disposait consistaient en infanterie de ligne et en garde mobile. Les bataillons de garde mobile avaient un effectif de douze à quinze cents hommes. Ils étaient donc trop nombreux pour pouvoir être maniés. Il fut arrêté que tous les bataillons entrant dans l'armée active seraient constitués à cinq compagnies de cent cinquante hommes avec trois officiers par compagnie. De nouvelles batteries, notamment du calibre 12, étaient en formation. Une batterie de ce calibre qui se trouvait à Mézières fut rappelée à Lille pour être mise en état de faire campagne. La place de La Fère fournit tout le matériel inutile à la défense ; le transport de ce matériel à Douai fut terminé la veille du jour où La Fère fut investie. Les travaux de la direction d'artillerie à Douai qui dut pourvoir les places d'approvisionnements nécessaires, sans négliger la fabrication du matériel de campagne et les approvisionnements de cartouches, etc. Le ministère de la marine envoya cinquante pièces de gros calibre pour ajouter à l'armement des places. Grâce à l'activité déployée, on put, le 6 novembre, établir la composition de la 1re division du 22e corps. Chaque brigade comprenait sept bataillons : un bataillon de chasseurs, un régiment de marche de trois bataillons d'infanterie et un régiment de marche de trois bataillons de garde mobile. L'effectif de chaque brigade atteignait cinq mille cinq cents hommes.

A la suite de la capitulation de Metz, une certaine quantité d'officiers et de sous-officiers évadés arrivèrent dans le Nord, pleins d'ardeur et de bonne volonté. Grâce à eux, on put constituer les principaux éléments des cadres de la 1re division.

Le colonel Lecointe, évadé de Metz, reçut le commandement de la 1re brigade, et un digne vétéran de l'armée du génie, le colonel Rittier, fut mis à la tête de la 2e brigade. Le commandant Charon, évadé de Sedan, fut appelé au commandement de l'artillerie de l'armée qui ne comprenait alors que trois batteries de 4 en formation et une batterie de 12. Grâce à quatre petits dépôts de dragons du Nord et aux cavaliers qui furent recueillis de toutes parts, on eut bientôt deux escadrons de dragons, qui, sur la désignation du ministre, devinrent le 7e dragons. En outre, on constitua avec les gendarmes de la région deux autres escadrons qui se trouvèrent promptement prêts à marcher.

La 1re division était prête à entrer en campagne et la formation des corps devant entrer dans la 2e division était entamée, lorsque le général Bourbaki, à la suite de manifestations hostiles des populations du Nord, quitta son commandement, le 19 novembre, et le remit intérimairement au général Farre. Tous les officiers de l'état-major général suivirent leur chef, de sorte que tout se fût trouvé entravé, si le général Farre, resté absolument seul, n'eût trouvé dans le colonel de Villenoisy et dans quelques autres officiers un dévouement complet à l'œuvre, qui avait été entreprise et qui fut poursuivie sans relâche avec l'aide du colonel Lecointe, promu général.

On était donc à peu près prêt à agir, lorsque Amiens fut menacé par les forces considérables de Manteuffel. On ne pouvait laisser prendre une ville de cette importance sans essayer de la défendre. Une troisième brigade fut donc constituée en toute hâte et en moins de quarante-huit heures, les troupes furent cantonnées entre Amiens, Villers-Bretonneux et Corbie.

Voici la composition des trois brigades :

1re Division.	1re brigade : général Lecointe.
	2e — colonel Derroja.
2e Division.	1re brigade : colonel du Bessol.
	. . . .

La 2e brigade de la 2e division était en formation sous la direction du colonel Rittier. Elle fournit un bataillon de chasseurs et deux autres bataillons à peine organisés pour garder les passages de la Somme entre Péronne et Corbie.

Les troupes comprenaient en outre deux escadrons de dragons, deux escadrons de gendarmes, six batteries d'artillerie (quatre batteries de 4 et deux batteries de 12). Une septième batterie de 12, qui ne put être prête qu'au dernier moment, arrivée à dix heures par le chemin de fer d'Amiens, combattait glorieusement à une heure. Enfin une compagnie du génie avec un petit parc complétait cette petite armée, dont l'ensemble fournit un effectif de dix-sept mille cinq cents hommes, qui réunis aux huit mille hommes de la garnison d'Amiens sous les ordres du général Paulze-d'Ivoy, formaient un total de vingt-cinq mille cinq cents hommes, dont le général Farre alla prendre le commandement.

Le général Farre s'établit sur les hauteurs de la rive gauche, comprises entre la Somme et l'Avre dont le point culminant était à la petite ville de Villers-Bretonneux et dont l'arête est occupée par les bois de Blangy et de Cachy ; la 3e brigade, sous les ordres du colonel du Bessol, occupait Corbie et les villages environnants, Villers-Bretonneux, Cachy et Gentelles ; la 2e était établie à Bores sur l'Avre, à Canon sur la Somme, sous les ordres du général Derroja ; la 1re, sous les ordres du général Lecointe, était à Amiens.

« La totalité des troupes n'était pas encore réunie sur le terrain, dit le général Faidherbe dans l'ouvrage intitulé : *Campagne de l'armée du Nord*, dédié à M. Gambetta, lorsque le 23 au soir une compagnie de francs-tireurs s'engageait avec l'ennemi à Villers-aux-Érables où des forces assez nombreuses étaient signalées. Une reconnaissance offensive fut dirigée le lendemain de ce côté par le colonel du Bessol. Un brillant combat fut livré près de Mézières. L'ennemi repoussé à la baïonnette et chassé des bois ne s'arrêta qu'à Bouchoir, emportant sept voitures de morts et de blessés. Nos pertes furent peu importantes; malheureusement le lieutenant d'artillerie Laviolette fut atteint mortellement d'une balle à la poitrine.

« Le 25, le pays fut battu par les uhlans que nos avant-postes tinrent à distance, mais le 26 un combat assez vif s'engagea dans l'après-midi vers Gentelles où se trouvait une partie du 20ᵉ bataillon de chasseurs à pied qui fut soutenu par une compagnie du 43ᵉ, prise à Villers-Bretonneux.

« Le même jour une colonne prussienne partie de Moreuil vint se jeter dans la vallée de l'Avre sur les villages de Fouencamps et Boves. Le premier de ces points occupé faiblement comme grand'garde fut évacué; mais l'ennemi ne tarda pas à être arrêté par les tirailleurs du 1ᵉʳ bataillon de chasseurs et du 24ᵉ de ligne, qui lui firent éprouver de fortes pertes.

« De notre côté, un officier supérieur de premier mérite, le commandant Jan, trouva une mort glorieuse dans cette affaire qui se termina à notre avantage.

« La 1ʳᵉ et la 2ᵉ brigade eurent l'ordre d'envoyer le lendemain chacune deux bataillons en reconnaissance sur la ligne des hauteurs entre Villers-Bretonneux et Longueau, afin de bien éclairer le pays et de tenir le surplus des troupes prêtes à marcher, pour venir en aide aux points qui seraient menacés. Le temps était pluvieux, les terres labourées peu praticables, et les efforts de l'ennemi n'avaient point paru assez considérables le 26 pour faire présumer avec certitude une action générale le lendemain.

« Cependant le temps s'améliora pendant la nuit; les rapports qui arrivèrent dans la matinée du 27 étaient menaçants. Il fut convenu que le général Paulze-d'Ivoy se porterait avec toutes les troupes de la garnison en avant des retranchements commencés pour servir Amiens. On lui adjoignit une batterie de 12 servie par des marins, qui descendait à l'instant même du train par lequel elle arrivait de Douai.

« L'ennemi se présenta bientôt en forces et l'action s'engagea vivement à Boves et à Gentelles. »

Le général Lecointe traversa le bois de Gentelles et repoussa l'ennemi jusqu'au bois de Domart qui fut conquis brillamment par le 4ᵉ bataillon du Nord. Ce général continua son mouvement offensif jusqu'à la nuit; il se retira sur Longueau, où il n'apprit qu'à huit heures du soir le résultat de la journée.

Le village de Cachy occupé le matin par les Prussiens, malgré la résistance héroïque du bataillon du 43ᵉ, qui perdit son commandant et sept officiers, fut vivement repris dans la journée par le 20ᵉ bataillon de chasseurs et par le 9ᵉ bataillon de mobiles.

Vers trois heures de l'après-midi, la lutte atteignit le plus haut degré d'intensité à Villers, où le colonel du Bessol venait d'être blessé après avoir eu un cheval tué sous lui. La batterie de 12 et celle de 8 s'établirent à gauche du village. L'infanterie de marine, le 2ᵉ bataillon de chasseurs et la compagnie du génie repoussèrent l'ennemi à une grande distance; mais à la droite, la garde mobile fléchit et finit par céder en entraînant les troupes de ligne qui combattaient avec elle. Les munitions manquaient à la fin de la journée; une batterie d'ar-

…illerie prussienne prenant nos troupes en flanc, le général Farre dut ordonner la retraite. Une partie des troupes se dirigea par la route d'Amiens, et le surplus fut dirigé sur Corbie avec la majeure partie de l'artillerie, appuyée par le 2ᵉ bataillon de chasseurs, l'infanterie de marine et la compagnie du génie. Ces dernières troupes s'étaient avancées fort loin; elles rentrèrent à Villers avec l'ennemi. Quelques détachements de l'infanterie de marine défendirent les rues du village avec une grande énergie. Nos pertes furent sérieuses; la compagnie du génie fut enveloppée, et ce n'est que pendant la nuit que les deux capitaines et plus de la moitié des hommes parvinrent à rejoindre l'armée. D'ailleurs la retraite ne fut exécutée ni sur Corbie ni sur Longueau.

L'effectif du corps d'armée n'avait permis d'affecter que peu de monde, sur la droite aux portes de Boves, Cagny et Longueau, qui devaient compter principalement sur la protection des ouvrages élevés par la garnison d'Amiens, en avant de cette ville. Le général Paulze d'Ivoy avait fait garnir ces ouvrages de troupes. Une batterie de 12 rayée, servie par les marins de Brest, et commandée par le lieutenant de vaisseau Meunier, répondit avec énergie au feu des Prussiens, mais non sans éprouver des pertes dont la plus regrettable fut celle du brave commandant Meunier, coupé en deux par un obus, après avoir reçu trois blessures. Cette batterie aurait été démontée totalement, sans l'appui que lui prêta la compagnie des marins commandée par les lieutenants Rolland et Bertrand, qui lui vint en aide avec des pièces de 4 empruntées à la garde nationale et protégea la lutte jusqu'à la nuit.

Les Prussiens s'établirent dans le village de Dury, à demi incendié et dans celui de Saint-Fuscien qu'ils dépassaient, de sorte que la position de Boves fut tournée. Là, se trouvaient deux compagnies du 24ᵉ et du 33ᵉ de ligne. Le colonel Pittié, avec le 2ᵉ bataillon du 24ᵉ et le 4ᵉ bataillon des mobiles du Nord était en reconnaissance sur la rive droite de l'Avre, tandis qu'un bataillon du 33ᵉ et une partie du 5ᵉ bataillon du Nord s'avançaient dans la direction de Saint-Fuscien que l'on croyait encore au pouvoir des nôtres. Toutes ces troupes furent vivement attaquées. Les deux compagnies, enfermées dans les ruines du vieux château de Boves, empêchèrent l'ennemi, par leur résistance énergique, de s'avancer directement et le contraignirent de défiler au travers des marais. Il en résulta un répit pendant lequel les bataillons de la gauche continuèrent leur marche offensive et prirent part à la prise de Gentelles. Mais bientôt les bataillons de la droite, tournés par les marais, furent refoulés sur Longueau. Le colonel Derroja rallia les troupes et fit exécuter une vigoureuse charge à la baïonnette. L'heure avancée mit fin au combat et le reste de la soirée fut employé à rallier les troupes à Longueau.

Il fallut songer à la retraite. Le mouvement commença vers six heures en quatre colonnes : la première, sous les ordres du général Lecointe, se dirigea vers Doullens ; la deuxième, conduite par le général Paulze d'Ivoy, suivit la route de Pas. Le général Farre se dirigea directement vers le Nord avec la troisième, tandis que la quatrième suivait la route longeant le chemin de fer par Albert et Achiet.

Les troupes de ligne conservèrent l'ordre le plus complet, mais une partie des gardes mobiles, et, il faut malheureusement l'avouer, plusieurs de leurs officiers, se débandèrent pour retourner isolément chez eux.

Cette première journée de lutte fut glorieuse pour l'infanterie presque entièrement composée de jeunes soldats au service depuis quelques semaines à peine, qui se comportèrent admirablement.

Nos pertes avaient été assez fortes : pour une lutte de six heures, nous avions eu deux cent soixante-six hommes tués et onze cent dix-sept blessés ; en outre, un millier de disparus et beaucoup de mobiles débandés. Les pertes de l'ennemi étaient beaucoup plus considérables.

La citadelle d'Amiens était garnie de vingt-deux pièces de canon, servies par la 1re batterie d'artillerie de la garde mobile de la Somme, forte de cent trente hommes, et possédait en outre, comme garnison, les 1re, 2e et 7e compagnies du 10e bataillon de la garde mobile de la Somme ; ce qui portait la garnison totale à quatre cent cinquante hommes.

Lorsqu'on apprit que l'armée française battait en retraite, le commandant de la citadelle, M. le capitaine Vogel, fit lever le pont-levis et placer des sentinelles sur les remparts. Le 28 à midi, il fut sommé de se rendre, mais il refusa énergiquement. A la fin de la journée, un nouveau parlementaire se présenta, porteur d'une lettre du général von Gœben, qui, tout en rendant hommage au courage et aux sentiments patriotiques du commandant, lui représentait qu'il n'y avait point lieu d'engager une résistance impossible et qu'une capitulation ne pourrait porter atteinte à son honneur. M. le capitaine Vogel refusa une seconde fois de se rendre.

Le 29, à onze heures du matin, un parlementaire vint faire sa troisième sommation, et, sur un troisième refus, annonça que le feu allait commencer dans un quart d'heure. En effet, ce délai était à peine expiré, qu'une fusillade des plus nourries, partant des maisons situées entre l'église du faubourg Saint-Pierre et le Jardin des plantes fut dirigée sur la porte de la citadelle qui regarde la ville. On y répondit par un feu de mousqueterie bien nourri qui dut faire de nombreuses victimes dans les rangs ennemis.

L'action engagée, le capitaine Vogel fit une ronde sur les remparts pour organiser et diriger la défense. Il allait avoir terminé sa tournée dangereuse lorsqu'il fut frappé dans le côté droit par une balle qui le traversa de part en part.

Le capitaine Vogel étant mort, le commandant de l'artillerie de la mobile prit la direction de la défense. Le feu cessa à quatre heures. Vers minuit, et alors que personne ne s'y attendait, le médecin et le vicaire représentèrent au commandant et aux chefs de corps qu'une lutte plus longue était devenue impossible, le commandant de la citadelle ayant été tué et les artilleurs de la mobile, tous enfants d'Amiens, se trouvant dans la situation pénible d'être obligés, pour se défendre, de diriger leur feu sur leurs propres demeures. Un conseil de guerre fut réuni et il fut décidé d'entrer en pourparlers ; le drapeau blanc fut hissé et le lendemain, à huit heures, le commandant Vœrbaye signait une capitulation par laquelle toute la garnison était prisonnière de guerre.

Le 27 novembre, La Fère était obligée de capituler, après un investissement de douze jours et un bombardement qui avait duré trente heures consécutives. L'ennemi avait lancé sur la ville trois mille six cents obus ou bombes, parmi lesquels il s'en trouvait de chargés au pétrole.

Le 3 décembre, le général Faidherbe, appelé par décret du 18 novembre à remplacer le général Bourbaki dans le commandement de l'armée du Nord, adressa à ses troupes cette proclamation énergique et pleine de patriotisme :

« Officiers, sous-officiers et soldats,

« Appelé à commander le 22ᵉ corps d'armée, mon premier devoir est de remercier les administrateurs et les généraux qui ont su, en quelques semaines, improviser une armée qui s'est affirmée si honorablement les 23, 26 et 27 novembre sous Amiens.

« J'exprime surtout ma reconnaissance au général Farre qui vous commandait, et qui, par une habile retraite devant des forces doubles des siennes, vous a conservés pour le service du pays.

« Vous allez reprendre de suite les opérations avec des renforts considérables qui s'organisent chaque jour, et il dépendra de vous de forcer l'ennemi à vous céder à son tour le terrain.

« Le ministre Gambetta a proclamé que, pour sauver la France, il vous demande trois choses : la discipline, l'austérité des mœurs et le mépris de la mort.

« La discipline, je l'exigerai impitoyablement.

« Si tous ne peuvent atteindre à l'austérité des mœurs, j'exigerai du moins la dignité et spécialement la tempérance. Ceux qui sont aujourd'hui armés pour la délivrance du pays sont investis d'une mission trop sainte pour se permettre les moindres licences en public.

« Quant au mépris de la mort, je vous le demande au nom même de votre salut. Si vous ne voulez pas vous exposer à mourir glorieusement sur le champ de bataille, vous mourrez de misère vous et vos familles sous le joug impitoyable de l'étranger. Je n'ai pas besoin d'ajouter que les cours martiales feraient justice des lâches, car il ne s'en trouvera pas parmi vous. »

Depuis la bataille d'Amiens, on s'était occupé activement de la formation de nouveaux corps et de l'établissement du matériel d'artillerie nécessaire. Le commandant Charon, promu lieutenant-colonel, fit ajouter à cette batterie existante ou en voie de formation une demi-ligne de caissons, et chaque bataillon d'infanterie fut accompagné d'un caisson de cartouches, en utilisant à cet effet les caissons modèle Gribeauval dont on possédait un grand nombre. L'activité déployée avait été telle, que le 8 décembre on put mettre le 22ᵉ corps en campagne avec trois divisions, savoir :

1ʳᵉ Division. Général LECOINTE.	1ʳᵉ brigade	Colonel Derroja.
	2ᵉ —	Lieutenant-colonel Pittié.
2ᵉ Division. Général PAULZE D'IVOY.	1ʳᵉ brigade	Colonel du Bessol.
	2ᵉ —	Lieutenant-colonel de Gislain.
3ᵉ Division. Amiral MOULAC.	1ʳᵉ brigade	Capitaine de vaisseau Payen.
	2ᵉ —	Colonel de la Grange, capitaine de frégate.

Les quatre brigades des deux premières divisions étaient composées suivant les règles admises dès le principe. Celles de la 3ᵉ division étaient un peu différentes. La 1ʳᵉ brigade comprenait un bataillon de chasseurs, un régiment de fusiliers marins et un régiment de mobiles; la 2ᵉ brigade ne renfermait pas de troupes de ligne et se composait d'un bataillon de mobilisés du Pas-de-Calais et de deux régiments de mobiles. Aux sept batteries d'artillerie que l'armée possédait à Amiens, on en avait ajouté quatre autres; en sorte que chaque division fut pourvue de trois batteries et qu'on possédait en outre deux batteries de réserve; de plus un parc de réserve fut organisé.

Le général Faidherbe s'apprêta, dès le 8 décembre, à recommencer les opérations. Il laissa à Lille le colonel de Villenoisy, chef d'état-major général adjoint, avec quelques officiers, et notamment le colonel Rittier et le commandant d'artillerie Queillé, pour poursuivre le travail d'organisation. Ces officiers déployèrent une très-grande activité; ils constituèrent des bataillons et des escadrons nouveaux, qui furent envoyés successivement à l'armée avec de nouvelles batteries. De plus, des détachements de divers corps lui furent expédiés à diverses reprises pour combler les vides faits par le feu et par les fatigues d'une campagne d'hiver.

Le commandant en chef dirigea la 1ʳᵉ division vers Saint-Quentin. L'approche de ces troupes suffit pour faire reculer des détachements ennemis, qui se dirigèrent vers la Fère et Ham. Le général Lecointe arriva à Ham, le 9, à six heures du soir. Il pensa, avec raison, que, pour s'emparer du château, il fallait en brusquer l'attaque et ne pas permettre à l'ennemi de se reconnaître et d'appeler des renforts. Nos lecteurs savent que c'est dans ce château que Louis-Napoléon Bonaparte avait été enfermé par Louis-Philippe, après sa deuxième tentative de révolte à Boulogne-sur-Mer.

Trois colonnes d'un bataillon, appuyées chacune par deux pièces d'artillerie, traversèrent la ville par différents passages et arrivèrent à l'esplanade du fort. L'une d'elles détacha une compagnie vers la gare du chemin de fer, qui fut enlevée avec ses défenseurs. Après une sommation, qui ne fut pas écoutée, on tira quelques coups de canon contre les tours, sans obtenir de résultat. Cependant, vers deux heures du matin, la garnison demanda à capituler. Cette capitulation nous livra deux cent-dix prisonniers, dont douze officiers ou ingénieurs.

Lorsque le général en chef arriva à Ham, le 10, avec le reste du corps d'armée, il trouva, en s'avançant vers le Sud, le pays libre d'ennemis. Le 12 et le 13, il alla reconnaître la Fère, mais il ne s'y arrêta pas, ayant constaté que cette place ne pouvait être enlevée de vive force; mais la présence sous les murs de la Fère de l'armée du Nord, que les généraux ennemis croyaient avoir complétement détruite le 27 novembre, jeta un grand trouble parmi eux. Des mouvements de concentration furent signalés, et le 8ᵉ corps fut promptement rappelé de la Normandie. Le général Faidherbe résolut de se porter sur Amiens, et se prépara à la lutte contre les forces qui venaient vers lui. Il envoya en même temps des postes exécuter des coups de main sur des détachements et des convois ennemis à Chauny, Roye, etc. Le 15, le général Lecointe tomba à l'improviste sur un convoi entre Chauny et la Fère et fit cent prisonniers.

En approchant d'Amiens, on apprit d'une manière certaine que le mouvement sur le Havre était arrêté, que Dieppe était évacué et que Manteuffel abandonnait ses projets sur le littoral pour venir au-devant de l'armée du Nord.

Le commandant en chef établit ses troupes dans une excellente position, sur la rive droite de la Somme, présentant une série de hauteurs dominantes par rapport à la rive gauche. La ligne de bataille adoptée fut la vallée de l'Hallue, où se trouvaient les villages de Daours, Bussy, Querrieux, Pont-Noyelles, Fréchencourt, Béhencourt, Bavelincourt, Contay et Valdencourt.

Le 15, une division nouvelle, uniquement composée de gardes mobilisés, sous les ordres du général Robin, vint rejoindre l'armée. Elle comprenait deux brigades, commandées par les lieutenants-colonels Brasley et Amos, choisis parmi les capitaines de l'armée. Chaque brigade avait sept bataillons, comme celles des autres divisions, avec un effectif de cinq mille hommes. A cette division se trouvaient jointes douze pièces de montagne, servies par des gardes nationaux mobilisés.

L'armée se trouvait ainsi composée de quatre divisions d'infanterie, accompagnées de six escadrons de cavalerie, de soixante-six pièces de campagne et de douze pièces de montagne. L'effectif total s'élevait à quarante-trois mille hommes. Le général Faidherbe pensa qu'une quantité de troupes aussi considérable ne pouvait pas rester en un seul corps d'armée, d'autant moins que de nouveaux corps de toutes armes étaient en voie de formation. Les propositions émises à ce sujet au ministre furent immédiatement accueillies, les promotions nécessaires pour assurer le commandement furent faites, et, à la date du 20 décembre, l'armée fut constituée ainsi qu'il suit :

22e CORPS.
Général de division LECOINTE.

1re *Division.*	1re brigade . .	Lieutenant-colonel AYNÈS.
Général DERROJA.	2e — . .	Colonel PITTIÉ.
	Trois batteries d'artillerie. .	Commandant N.
2e *Division.*	1re brigade . .	Colonel de Ghislain.
Général DU BESSOL.	2e — . .	Colonel N.
	Trois batteries d'artillerie .	Commandant N.
	Une compagnie du génie avec parc.	

23e CORPS.
Général de division PAULZE D'IVOY.

1re *Division.*	1re brigade . .	Capitaine de vaisseau PAYEN.
Amiral MOULAC.	2e — . .	Colonel de la Grange.
	Trois batteries d'artillerie .	Commandant N.
2e *Division.*	1re brigade . .	Colonel Brasley.
Général ROBIN.	2e — . .	Colonel Amos.
	Deux batteries d'artillerie . .	Commandant N.
	Une compagnie du génie avec parc.	

La cavalerie restait attachée au grand quartier général avec deux batteries de réserve.

Dans l'état-major général de l'armée, le général de division Farre passait chef d'état-major général avec le colonel de Villenoisy pour adjoint, le lieutenant-colonel Charon, commandant de l'artillerie, le colonel Milliroux, commandant du génie, le docteur Laveran, médecin en chef et l'intendant Richard, intendant en chef.

Le 20 décembre, à peine les troupes étaient-elles installées dans leurs cantonnements respectifs, qu'une forte reconnaissance de l'ennemi, deux cents hommes environ avec deux pièces d'artillerie, se dirigea sur Querrieux, vers le centre de nos lignes. Les éclaireurs la signalèrent aussitôt. Le 18e bataillon de chasseurs à pied et le 1er bataillon du 33e de ligne se précipitèrent au-devant de l'ennemi, le repoussèrent, malgré sa force supérieure, jusqu'au bois de Querrieux, à quatre kilomètres de distance, et l'obligèrent à une prompte retraite, sans laisser à notre artillerie le temps de venir les appuyer. Ce combat, très-vivement mené, nous fit perdre sept hommes tués et vingt blessés. L'ennemi laissa sur le terrain dix tués, quatorze blessés et quelques prisonniers, et emporta en outre une cinquantaine de blessés sur quatorze voitures.

Le lendemain et le surlendemain que les affaires d'avant-postes eurent lieu, l'ennemi ne paraissait pas encore prêt, lorsque le 23 au matin l'attaque commença. L'ennemi envoya ses premiers coups de canon vers onze heures du matin. La division du Bessol soutint l'attaque avec beaucoup de fermeté. Les masses considérables envoyées par l'ennemi obligèrent nos troupes d'abandonner les villages placés le long de l'Hallue. L'action devint bientôt générale sur une ligne courbe de plus de douze kilomètres d'étendue depuis Daours jusqu'à Contay. Ses hauteurs, couronnées d'artillerie dont la ligne était presque continue sur la rive droite, du côté de l'ennemi, nous opposaient quatre-vingts pièces environ. Sur la rive gauche, nos pièces étaient plus clairsemées, mais nos lignes de tirailleurs établies sur les pentes présentaient à l'ennemi un cordon de feu non interrompu qui ne lui permit pas d'avancer.

La lutte atteignit une vivacité extrême vers la gauche. Les marins de l'amiral Moulac soutinrent bravement le feu. Quatre batteries, dont deux de 12, furent démontées. Plusieurs pièces furent mises hors de service et durent se retirer successivement pour se remettre en état d'agir. A ce même moment, la lutte n'était pas moins vive vers le centre. L'ennemi, massé dans le village de Querrieux, tenta de déboucher par Pont-Noyelles. Il réussit un instant à gravir les pentes et fut sur le point d'enlever deux de nos pièces. Mais il fut arrêté à temps, repoussé jusqu'à la rivière et canonné dans le village de Pont-Noyelles, qui fut incendié. Sur la droite, notre artillerie lutta avec plus de succès contre l'artillerie ennemie sans avoir autant eu à souffrir. Enfin, à l'extrême droite, la division Derroja réussit à empêcher l'ennemi de s'étendre et s'empara, vers quatre heures, du village de Bavelincourt. Pont-Noyelles et Daours furent envahis également avec la dernière vigueur; mais, au milieu de la nuit, les Prussiens, restés en grand nombre dans les maisons, appuyés par de forts détachements qui tournèrent en silence le village, parvinrent à les reprendre pour ainsi dire sans lutte et nous enlevèrent environ deux cents hommes dans chacun d'eux. Malgré ces incidents, les troupes occupèrent les positions du combat qui avaient été choisies et se considérèrent, par cela même, comme victorieuses.

Le lendemain, au jour naissant, toutes les troupes étaient en ligne; les munitions avaient été complétées avec les réserves, et l'armée qui s'attendait à un nouveau combat, se tenait prête à la lutte. Mais l'ennemi ne voulut pas l'entamer, quoique le prince de Saxe fût arrivé avec des renforts. Comme on ne pouvait penser, en raison de la rigueur de la température (huit degrés au-dessous de zéro) à imposer aux jeunes soldats de l'armée du Nord une seconde nuit de bivouac, le général Faidherbe les fit partir dans l'après-midi pour leurs cantonnements en arrière.

Nos pertes, dans la bataille de Pont-Noyelles, s'élevaient à :
141 tués, dont 5 officiers,
905 blessés, dont 45 officiers,
quelques autres prisonniers et un millier de disparus. L'artillerie avait 138 chevaux tués.

La majeure partie des hommes disparus appartenaient à la garde nationale mobile et surtout à la garde nationale mobilisée. Chaque jour, il en rentrait quelques-uns; des exemples furent faits en ce qui concerne les officiers; les coupables furent révoqués.

Quant aux pertes de l'ennemi, il ne laissa qu'un petit nombre de prisonniers; mais les chiffres les plus modérés portent à plusieurs milliers le nombre des hommes mis hors de combat par le feu continu de nos tirailleurs et par l'action de l'artillerie sur les villages et les bois qu'il occupait.

Les troupes étaient fatiguées et un peu désorganisées; le général en chef craignant que l'ennemi se fît envoyer de Normandie ou de Paris les renforts nécessaires à écraser notre armée, crut convenable d'aller chercher des cantonnements plus sûrs sur la rive droite de la Scarpe, entre Arras et Douai, pour donner aux hommes quelques jours de repos bien gagnés et profiter de toutes les facilités que donnait cette situation pour les ravitaillements de toute nature dont l'armée avait grand besoin.

Les positions choisies par Faidherbe étaient très-fortes, et son armée aurait pu y résister à des forces supérieures. Mais l'ennemi ne vint pas l'y chercher et se contenta d'envoyer des coureurs autour d'Arras et jusque sur la route de Lens. Le 31 décembre, toute l'armée quitta ses positions et vint s'établir en avant d'Arras; le 2 janvier, apprenant le bombardement de Péronne, le général en chef fit mettre ses troupes en marche par quatre routes parallèles contre les forces ennemies qui étaient réunies dans la région de Bapaume et de Bucquoy.

La 2ᵉ division du 2ᵉ corps s'empara d'Achiet-le-Grand, occupé par deux mille hommes et trois pièces de canon qui furent délogés après un vif combat, chassés ensuite de Bohicourt et poursuivis jusqu'à Bapaume. L'ennemi éprouva des pertes sensibles et laissa entre nos mains une cinquantaine de prisonniers, dont un officier. Ce combat nous coûta une centaine de tués ou blessés.

Pendant ce temps, la 1re division du 23e corps, commandée par le capitaine de vaisseau Payen qui avait succédé à l'amiral Moulac, avec le titre de général de l'armée auxiliaire, se portait sur Behagnies qu'elle savait occupé par l'ennemi. Mais les troupes ennemies étaient en nombre plus considérable qu'on ne l'avait cru, et, après un combat qui dura toute l'après-midi avec une grande violence, la 1re division fut obligée de revenir à Ervillers, où elle s'établit pour la nuit sans être inquiétée.

L'armée prussienne abandonna dans la soirée les positions de Behagnies et de Sapignies et se porta en arrière sur la ligne formée par les villages de Grevillers, Biefvillers, Favreuil et Beugnâtre, couvrant ainsi les abords de Bapaume.

Le 3 janvier, dès le matin, nous commençâmes l'attaque : la division du Bessol attaqua le village de Biefvillers pendant que la division Derroja se dirigeait vers Grevillers. La 1re division du 23e corps, commandant Payen, entra sans coup férir à Behagnies et Sapignies, se rabattit ensuite sur Favreuil fortement occupé et qu'elle canonna vivement des deux côtés. La 2e division du 23e corps couvrait l'extrême gauche. Les villages furent défendus avec acharnement par l'ennemi : le petit village d'Avesnes fut enlevé au pas de course par la 1re division du 22e corps ; la brigade du colonel Pittié enleva malgré la plus vive résistance le village de Tilloy, sur notre droite, pendant que, sur notre gauche, le général Paulze d'Ivoy s'emparait de Favreuil.

Enfin, à la nuit tombante, nous étions victorieux sur toute la ligne, et l'ennemi était en pleine retraite. On passa la nuit dans les villages conquis ; ces villages étant encombrés de morts et de blessés, le général en chef ne put songer à y établir ses troupes pour quelques jours ; et, prenant en considération la fatigue des soldats et le froid extrêmement rigoureux qu'ils avaient à supporter, Faidherbe résolut de reprendre ses cantonnements à quelques kilomètres en arrière, remettant à quelques jours, si cela était nécessaire, sa marche sur Péronne, dont il croyait l'attaque suspendue. On partit le lendemain pour ces cantonnements.

On peut estimer à plusieurs milliers le nombre des morts et des blessés de l'ennemi ; une partie des troupes qui avaient pris part à la bataille s'étaient même débandées et dirigées en désordre sur Amiens, et dans un ordre du jour, le général von Gœben donnait l'ordre aux chefs de corps de lui signaler les officiers qui avaient fui à Bapaume, pour qu'ils soient immédiatement révoqués.

Quant aux pertes de l'armée du Nord, elles furent de :
  183 tués, dont 9 officiers,
  1,136 blessés, dont 41 officiers,
  800 disparus, dont 5 officiers.

Les disparus étaient tout simplement des déserteurs à l'intérieur, car l'ennemi n'avait pas fait de prisonniers.

Les Prussiens évacuèrent Bapaume dans la nuit du 3 et le lendemain matin, persuadés qu'ils allaient être attaqués. En même temps, ils envoyèrent deux escadrons de cuirassiers blancs en reconnaissance; ces deux escadrons, ayant eu l'idée d'attaquer l'arrière-garde d'une brigade de la division du Bessol, cette arrière-garde, composée de chasseurs à pied, les attendit à cinquante pas et détruisit presque complétement un des deux escadrons: l'autre prit la fuite. Le 4 au soir, assurés que l'armée de Faidherbe s'était éloignée, les Prussiens rentrèrent dans Bapaume.

Le 2 janvier, la ville de Mézières, en grande partie détruite, fut obligée de capituler, après une résistance de plus de trois mois et un bombardement de trois jours. Les Prussiens font 2,000 prisonniers et trouvent dans la ville 106 canons et beaucoup de provisions. Rocroy dut subir le même sort que Mézières; défendue par deux cent soixante-dix hommes, cette place ayant refusé de se rendre, fut bombardée avec une extrême violence. Elle capitula le 3 janvier, après que la plus grande partie de la ville eut été détruite par les obus ennemis.

L'armée du Nord quitta ses cantonnements le 10 janvier, dans le but d'aller reconnaître la situation de la ville de Péronne sur le sort de laquelle on n'était pas suffisamment renseigné. Elle vint s'établir autour d'Ervillers. Dans la nuit du 10 au 11, la division Derroja surprit et fit prisonnières les grand'gardes prussiennes de Behagnies et de Sapignies. Le 11, la même division entra dans Bapaume, que les troupes des généraux von Kummer et von den Gœben venaient d'évacuer. C'est là que le général en chef apprit, à son grand étonnement, la capitulation de Péronne, qui s'était rendue au général von Barnekow.

La ville de Péronne avait été investie le 27 décembre; sommée, le 28 de se rendre, le commandant Garnier répondit qu'il défendrait la place jusqu'à la dernière extrémité. Le bombardement commença à midi. Neuf batteries de campagne, sous le commandement du colonel Kamecki, le même qui présida plus tard au bombardement de Paris, furent employées dans cette attaque. Le tir de l'ennemi se concentra sur les habitations de la ville (vingt hectares environ de superficie), négligeant les faubourgs et ne touchant en rien aux défenses.

Suivant l'habitude des féroces généraux de l'Attila moderne, le premier objectif fut l'église, après l'église, l'hospice, que désignait le pavillon de Genève. Le sauvetage des malades put cependant s'effectuer sans accident. La population civile était terrifiée: toutes les maisons étaient atteintes à la fois. Après vingt-quatre heures de ce tir précipité et incessant, il y eut cessation du feu jusqu'au lendemain. Le 29, au matin, le bombardement recommença, un peu moins violent que le premier jour, mais sans interruption toutefois jusqu'à la fin de la journée du 30 décembre. Le 31 et le 1er janvier, l'ennemi, qui se préparait à recevoir l'armée du Nord en marche sur Bapaume, cessa complétement les hostilités. Le bombardement reprit le 2 vers dix heures du matin et dura jusqu'au 8. Enfin, le 9 janvier, soixante-dix maisons étant complétement rasées, cinq à six cents plus ou moins inhabitables et quelques-unes à peine intactes, un parlementaire arriva: il apportait une lettre du général von Barnekow, annonçant l'arrivée de nouvelles forces et d'un matériel de siége important, et proposant à la place des conditions honorables si elle voulait capituler, la menaçant d'un bombardement avec des pièces de gros calibre si elle persistait dans sa résistance.

Le conseil de défense fut appelé à donner son avis sur la capitulation. M. Peyre, commandant du génie en retraite, M. Poitevin, lieutenant de vaisseau, commandant des marins-canonniers, et M. le sous-préfet Blondin étaient pour la continuation de la résistance. Malheureusement cet avis ne prévalut point, et le commandant Garnier se décida à capituler.

Le général Faidherbe avait, vers le milieu de décembre, écrit au commandant de Péronne pour lui recommander de ne pas imiter les exemples de faiblesse qui avaient été donnés par plusieurs autres commandants de place, en lui faisant observer que, tant que l'armée du Nord tiendrait la campagne, il devait compter sur son appui. Aussi, en présence de cette capitulation inattendue, le général Faidherbe écrivait, le 13 janvier, au ministre de la guerre :

« J'ai décidé que le commandant de place de Péronne serait traduit devant un conseil de guerre, pour rendre compte de la reddition de cette place lorsque ses défenses étaient intactes et qu'une armée de secours était à cinq ou six lieues manœuvrant pour la dégager.

Le 14 janvier, l'armée du Nord, poursuivant sa marche en avant, entra à Albert et se cantonna dans les environs. Le 15, des reconnaissances furent poussées jusqu'à Bray, Hailly et Bouzincourt. Le général Faidherbe reçut, à cette époque, un télégramme du ministère de la guerre qui l'avertissait que le moment d'agir vigoureusement était venu et qu'il importait surtout d'attirer sur l'armée du Nord le plus de forces possible de Paris.

Le général crut qu'il arriverait à ce but en se dérobant à l'armée qui était devant lui par quelques marches forcées vers l'Est et le Sud-est, de manière à arriver rapidement au sud de Saint-Quentin, menaçant ainsi la ligne de la Fère, Chauny, Noyon et Compiègne. Il était sûr d'avoir affaire à des forces considérables ; mais Faidherbe comprit que le moment de se dévouer était venu, et il pouvait espérer d'avoir le temps, lorsqu'il se verrait attaqué par des forces supérieures, de se rabattre vers le Nord, en les attirant à lui, et d'aller les attendre sous la protection des places fortes de Cambrai, Bouchain, Douai et même Valenciennes, où il pourrait leur tenir tête, quel que fût leur nombre, si elles osaient l'attaquer.

L'armée du Nord partit le 16 d'Albert pour Sailly-Saillisel et autres villages autour de Combles ; le lendemain, elle se dirigea sur Vermand. La 2ᵉ brigade de la division Derroja délogea du bois de Buire, près Templeux, quelques bataillons de la division von Barnekow qui s'y étaient établis pour s'opposer au passage de nos troupes. Dans l'après-midi, un détachement prussien composé d'infanterie, de cavalerie et d'artillerie, abandonna le village de Vermand, à l'approche de la première brigade de la même division.

Le 18, l'armée, continuant sa marche dans la direction de Saint-Quentin, fut attaquée plus sérieusement. Dès huit heures du matin, la queue de la division du Bessol fut harcelée par la cavalerie de la division von Gœben. A midi, elle fut attaquée près de Beauvais par l'avant-garde de la division von Kummer.

Une charge de hussards sur un bataillon de mobiles du Gard fut vigoureusement arrêtée par un bataillon de Seine-et-Marne sous les ordres du colonel Brouard. Le général du Bessol, qui était arrivé avec sa deuxième brigade à Roupy, rétrograda avec un bataillon et quatre pièces de canon pour dégager sa première brigade, mais il trouva la chose déjà faite par la division Payen, du 23ᵉ corps, qui, au bruit du canon, était revenue de Vermand vers Caulaincourt et Trescon et se trouvait aux prises avec l'ennemi. La division du Bessol reprit alors sa route vers les cantonnements indiqués.

La première brigade de la division Payen, lieutenant-colonel Michelet, avec les fusiliers marins, avait rompu le premier effort de l'ennemi; bientôt elle fut appuyée par la seconde brigade, commandant de La Grange.

Le général Paulze d'Ivoy, voyant qu'il avait alors sur les bras des forces considérables, les divisions von Kummer et von Gœben, dut prendre une position en conséquence. Il alla occuper avec de l'infanterie les bois qui s'étendent entre Caulaincourt et Vermand, et plaça la batterie Dupuich sur le plateau qui est au nord de ces bois. Dans cette position, il repoussa l'ennemi et tint bon jusqu'à la nuit close. Sa deuxième division, celle des mobilisés du général Robin, venue au bruit du canon, prit part à la fin de l'engagement. Cette division fut laissée en partie à Vermand pendant la nuit, tandis que la division Payen venait prendre son cantonnement à Saint-Quentin même.

Le combat de Vermand nous coûta peut-être cinq cents hommes tués ou blessés. De fortes pertes de l'ennemi peuvent seules expliquer qu'il n'ait pas fait d'efforts plus vigoureux pour nous enlever nos positions devant Vermand.

Les Prussiens disent nous avoir pris un canon ce jour-là; la vérité est qu'ils l'ont repêché du fond d'un abreuvoir de village où la maladresse d'un conducteur l'avait fait verser la veille et où on l'avait abandonné pour ne pas retarder la marche de la colonne.

Le général Faidherbe n'espérait plus pouvoir tenter une marche vers le nord, afin de s'appuyer aux places fortes: ce qui s'était passé le 18 lui avait prouvé que la concentration des forces prussiennes était trop complète pour que cela fût possible.

La situation n'était, du reste, pas mauvaise; avec toutes les ressources d'une grande ville à portée, l'armée trouvait dans les hauteurs qui occupent Saint-Quentin d'excellentes positions de combat.

Saint-Quentin, attaqué le 8 octobre par douze cents Prussiens, avait opposé une courageuse résistance et repoussé victorieusement l'ennemi qui se croyait, grâce à son nombre et à son artillerie, sûr d'entrer dans une ville défendue seulement par des gardes nationaux. M. Anatole de la Forge, nommé préfet de l'Aisne après le 4 septembre, et que l'occupation de son chef-lieu avait empêché de se rendre à Laon, se conduisit avec le plus grand courage. Il fut blessé à la jambe en combattant à la tête de ses administrés. Après un combat de cinq heures, les Prussiens furent obligés de se replier sur Ribemont.

Le 22 octobre, l'ennemi revint en force, et après une canonnade d'une heure, il entra dans la ville, à laquelle il imposa une réquisition de deux millions. Les Prussiens évacuèrent ensuite la ville, en y laissant une garnison. Avant de quitter Saint-Quentin, le fameux colonel von Kablden, qui avait déjà eu l'infâme courage d'écrire la proclamation de Laon que nous avons signalée, faisait afficher sur les murs l'avis suivant :

« *Avis très-important.*

« L'autorité militaire prévient que si un coup de feu est tiré sur un soldat allemand, *six habitants seront fusillés.* »

« Saint-Quentin, le 30 octobre 1870. »

Le 14 janvier, la brigade de l'armée du Nord détachée dans l'Est sous le commandement du colonel Isnard, avait marché de Cambrai sur Saint-Quentin, occupée par les troupes du prince de Saxe. Le colonel Isnard envoya le colonel de Vintimille avec deux bataillons de mobiles par Bohain et Fresnoy-le-Grand. Avec le reste de ses troupes, il passa par Masnières et Bellicourt.

A Bonavy, il rencontra un détachement prussien qui se replia sur le Catelet, où il y eut un léger engagement d'avant-garde. A Bellicourt et à Noroy, on fut attaqué par l'ennemi qu'on repoussa, après lui avoir démonté une de ses pièces.

Le lendemain à la pointe du jour, le colonel Isnard arriva devant Saint-Quentin; il fit prendre position à sa brigade à 200 mètres du faubourg Saint-Jean; il mit en batterie ses deux pièces de campagne et ses quatre pièces de montagne pour répondre au feu de l'artillerie prussienne qui était placée au moulin de Rocourt. Les tirailleurs, suivis du gros des troupes, entrèrent dans le faubourg, puis dans la ville, que les Prussiens évacuèrent sans résistance sérieuse.

Le 19 janvier, au matin, les troupes étaient prêtes à la lutte et avaient pris leurs positions de combat. Voici comment le rapport du général en chef parle de cette bataille, qui fut la dernière opération de l'armée du Nord :

« Le 23e corps, renforcé de la brigade Isnard, s'établit en arc de cercle, tournant le dos à la ville, sa gauche au moulin de Rocourt et sa droite au village de Fayet. Il s'étendait donc du canal à la route de Cambrai. Seulement, il était par inversion : la première division (Payen) formant la gauche, et la 2e division (Robin) formant la droite. La brigade Isnard était entre les deux.

« Le 22e corps s'établit de l'autre côté du canal, s'étendant de Gauchy à Grugis, jusqu'à la route de Paris, face au sud. Notre armée formait ainsi une demi-circonférence autour de Saint-Quentin, au sud et à l'ouest.

« L'ennemi devait arriver sur le 23e corps, à l'ouest, par les routes de Péronne et de Ham, et sur le 22e corps, au sud, par les routes de Chauny et de La Fère.

« Nos lignes de retraite étaient la route de Cambrai par le Catelet, et celle du Câteau par Bohain.

« La brigade Pauly (mobilisée du Pas-de-Calais), qui se trouvait à Bellicourt, était à même de protéger ces lignes de retraite.

« La bataille commença du côté du 22e corps. La 2e brigade de la 1re division (Derroja) était à peine rendue à Gauchy et la 2e brigade de la deuxième division (du Bessol) à Grugis, que de profondes colonnes d'infanterie prussienne, précédées de cavaliers, arrivèrent par la route de Paris vers Clastres. C'étaient les trois divisions von Barneków, prince Albert et comte de Lippe. Une brigade de cavalerie de la garde était commandée par le prince de Hesse.

« L'action s'engagea immédiatement entre les tirailleurs des deux armées, et la batterie Collignon s'établit sur une excellente position près du moulin dit *De-tout-Vent*. On se disputa la possession des hauteurs en avant de Gauchy, et l'ennemi mit aussitôt en ligne de nombreuses batteries. La 1re brigade (Aymés), de la 1re division, qui avait couché à Saint-Quentin, arriva alors au pas de course et vint se placer à la gauche des troupes engagées, étendant ainsi notre ligne de bataille jusqu'à la route de La Fère. Le général du Bessol venait d'être grièvement blessé.

« Pour combattre l'artillerie ennemie, les batteries Montebello et Bocquillon, la batterie Gaignaud de 12, et plus tard la batterie Beauregard, vinrent se placer au centre de la position, près de la batterie Collignon.

« Ces cinq batteries arrêtèrent pendant toute la bataille les efforts de l'ennemi, en lui faisant subir des pertes énormes.

« Pour s'opposer à l'attaque de colonnes considérables arrivant d'Urvillers et d'Isaucourt, le colonel Aymés, avec une partie de sa brigade, s'avança sur la route de La Fère, où il tomba bientôt mortellement frappé. Il était environ trois heures; l'ennemi nous débordant en ce moment vers la Neuville-Saint-Amand, nos troupes se replièrent presque jusqu'au faubourg d'Isle.

« Le commandant Tramon arrêta ce mouvement rétrograde en se mettant à la tête du 68e de marche et en chargeant l'ennemi à la baïonnette.

« On regagna le terrain perdu jusqu'à hauteur des batteries, qui n'avaient pas cessé leur feu.

« Cependant, la lutte continuait avec acharnement à la droite de la division. Les hauteurs avancées de Gauchy furent assaillies six fois par des troupes fraîches qui se renouvelaient sans cesse; six fois nos soldats, animés par le courage et l'intrépidité du colonel Pittié, repoussèrent ces assauts.

« Dans ces attaques, nos soldats se rapprochèrent plusieurs fois jusqu'à vingt pas de l'ennemi, jonchant le terrain de leurs morts. La cavalerie prussienne ne fut pas plus heureuse contre l'élan et la solidité de notre infanterie. Une charge faite par un régiment de hussards fut, en peu de temps, arrêtée et brisée par des feux d'ensemble bien dirigés par le colonel Cottin. Dans cette lutte, les mobiles du 91e et du 40e, malgré l'infériorité de leur armement, rivalisèrent de courage avec les troupes de ligne, animés par l'exemple de la plupart de leurs officiers, et particulièrement de leurs chefs de corps, MM. Povel et de Laprade.

« Mais comment résister indéfiniment à des troupes fraîches amenées incessamment, même de Paris, sur le champ de bataille par le chemin de fer! La 2e brigade, débordée par sa droite, se vit enfin obligée de céder le terrain. Elle battit en retraite en très-bon ordre. Son mouvement entraîna celui de la gauche de notre ligne; et les batteries, après avoir tiré jusqu'au dernier moment pour protéger notre retraite, furent contraintes de se retirer à leur tour par le faubourg d'Isle, sous la protection des barricades établies dans ce faubourg et qui retardèrent la marche de l'ennemi. La nuit, du reste, était venue.

« Au 23e corps, l'action ne s'était sérieusement engagée contre les divisions von Kummer et von Gœben qu'entre neuf et dix heures. La division Robin (mobilisée) avait occupé les villages de Fayet, Francilly, Saleney, détachant un bataillon dans le village d'Holnon en garnissant par des tirailleurs les bois en avant de son front.

« La brigade Isnard s'étendait de Francilly à la route de Savy; la brigade de Lagrange, de la division Payen, formait un échelon à la gauche de la précédente, jusqu'au canal. La 1re brigade (Michelet) de la 1re division était en réserve sur le centre de la ligne de bataille.

« La batterie Halphen avait pris une excellente position à gauche de Francilly, et y combattit d'une manière remarquable pendant toute la journée. Les batteries Dupuich et Dieudonné s'établirent en arrière de la droite de la division Robin, pour défendre la route de Cambrai, par où il était à craindre que l'ennemi tentât de nous tourner et de nous couper la retraite.

« Les batteries de réserve furent placées à gauche du 23e corps, sur les hauteurs dominant la route de Ham. C'est à Ham que le chemin de fer amenait une partie des troupes venant d'Amiens et de Rouen. Il pouvait aussi en transporter par La Fère jusqu'à quelques kilomètres du champ de bataille.

« Pendant la première partie de la journée, la lutte ne consista qu'en un combat de tirailleurs et d'artillerie pour la possession des bois et des villages qui se trouvent entre les deux armées. Mais, vers deux heures, des renforts ennemis venant de Péronne attaquèrent vigoureusement notre extrême droite et enlevèrent le village de Fayet à la division Robin, menaçant ainsi la route de Cambrai. La 1re brigade du commandant Payen, envoyée sur ce point, aborda vivement le village, sous la protection d'une batterie d'artillerie envoyée par le général en chef. En même temps, la brigade Pauly, des mobilisés du Pas-de-Calais, venant de Bellicourt, au bruit du canon, prenait la part la plus honorable à cette opération. On réussit à repousser les Prussiens du village; le 43e mobiles s'y établit et l'occupa jusqu'à la nuit. Quant aux autres troupes, elles prirent position en arrière, sur les hauteurs où se trouvaient les batteries Dupuich et Dieudonné, et empêchèrent l'ennemi de faire des progrès vers la route de Cambrai.

« Sur la gauche, les brigades Isnard et de Lagrange, déployant une grande valeur, pénétrèrent à plusieurs reprises dans le bois de Savy. Mais vers quatre heures, par l'arrivée de la division Memerly, du Ier corps prussien, elles se trouvèrent en présence de forces trop supérieures et se virent obligées de céder peu à peu le terrain.

« Ainsi, à la nuit, du côté de l'ouest comme du côté du sud, nos troupes, épuisées par une journée entière de combat succédant à trois journées de marches forcées et d'escarmouches, par un temps et des chemins épouvantables, se trouvèrent rejetées sur Saint-Quentin par un ennemi dont le nombre augmentait à chaque instant par les renforts qu'il recevait de Rouen, d'Amiens, de Péronne, de Ham, de Laon, de La Fère, et enfin de Beauvais et de Paris.

« La retraite fut alors ordonnée au 22e corps par la route du Cateau, au 23e corps par celle de Cambrai.

« Le général en chef et son état-major, après avoir suivi le 22e corps jusqu'à Essigny, prit, avec la cavalerie, la route intermédiaire qui passe à Montbrehain.

« Les têtes des colonnes prussiennes entrèrent dans Saint-Quentin par les routes de La Fère et de Ham, lançant quelques obus sur la ville (1) et faisant prisonniers tous les soldats débandés, éperdus, éclopés, et quelques compagnies qui se trouvaient cernées.

« Il resta entre leurs mains trois ou quatre petits canons de montagne qui se trouvaient en position au faubourg d'Isle, et qui appartenaient à la colonne auxiliaire qui était entrée à Saint-Quentin l'avant-veille.

« Mais les quinze batteries des deux corps de l'armée du Nord furent ramenées intactes à Cambrai avec leurs caissons et notre convoi.

« L'ennemi eut, dans les journées du 18 et du 19, à Vermand et à Saint-Quentin, environ cinq mille hommes hors de combat, et nous environ trois mille seulement. Cela tient à ce que nos coups portaient sur des masses de troupes doubles des nôtres.

« Grâce aux traînards qu'il ramassa sur les routes le 20 et le 21, l'ennemi dut avoir entre les mains, le surlendemain de la bataille, plus de six mille prisonniers, la plupart mobiles ou mobilisés, mais la moitié se sauva et rejoignit les corps au bout de quelques jours.

« Le 20, un détachement prussien arriva à la suite de nos colonnes jusqu'aux portes de Cambrai et somma en vain la ville de se rendre. Une autre troupe alla bombarder Landrecies et en fut repoussée par l'artillerie de la place.

« Les ennemis se retirèrent alors vers Saint-Quentin, et l'armistice, proclamé le 29 janvier, les maintint bientôt dans la limite du département de la Somme.

« L'armée du Nord, cantonnée à la suite de la bataille de Saint-Quentin autour des villes d'Arras, Douai, Lille, Cambrai et Valenciennes, se réorganisa rapidement, et, dès le 10 février, elle était susceptible de se représenter en ligne avec un effectif presque égal à celui qu'elle avait à Saint-Quentin, grâce à l'incorporation de quelques milliers de mobilisés et à l'activité déployée par les divers services, qu'une apparition à Lille de M. Gambetta, à la fin de janvier, avait entraînés.

« Du reste, ce qui prouve que le général von Gœben savait très-bien que dans cette quatrième bataille il n'avait pas encore réduit l'armée du Nord à l'impuissance, c'est que, dans un ordre du 21, chargeant les généraux de division von Kummer, von Barnekow et von Gœben d'observer Cambrai et Arras, il leur indique les lignes de retraite vers Amiens et Péronne, *dans le cas où ils seraient pressés par l'armée française.*

« Ainsi, cette armée, après avoir livré quatre batailles et plusieurs combats à l'ennemi en deux mois; lui avoir fait subir des pertes qu'on peut évaluer sans exagération à vingt mille hommes, se retrouvait aussi nombreuse et plus aguerrie que jamais (un peu désillusionnée cependant, il faut le dire), lorsque, par ordre du ministre de la guerre en date du 15 février, le 22e corps, fort de dix-huit mille hommes et de dix batteries d'artillerie (deux de 12, deux de 8, et six de 4), fut embarqué à Dunkerque pour aller rejoindre l'armée de Cherbourg.

« Le 23e corps, composé en grande partie de mobiles et de mobilisés, fut réparti dans les places fortes pour en compléter les garnisons jusqu'au licenciement général. »

---

(1) Il importe de relever ici une erreur qui s'est glissée dans le document que nous reproduisons. Il ne s'agit pas de quelques obus seulement, mais bien d'un bombardement qui dura une heure et un quart.

Général Faidherbe (page 231)

Le brave général en chef de l'armée du Nord est né à Lille le 3 juin 1818; après avoir passé deux années à l'Ecole polytechnique, il entra à celle de Metz en 1840. Il servit dans la province d'Oran de 1844 à 1848; à la Guadeloupe de 1848 à 1849, et dans la province de Constantine de 1849 à 1852. En 1852, il fut envoyé au Sénégal comme sous-directeur du génie; en 1854, il fut nommé gouverneur. Il passa dix années au Sénégal et fit des expéditions aussi hardies qu'utiles à la domination française.

En 1865, il revint en Algérie, où il commandait la subdivision de Bone lorsque M. Gambetta eut l'excellente idée de le choisir pour chef de l'armée du Nord. Le général Faidherbe a, dans le monde militaire, une réputation de savoir très-répandue, et dans la campagne du Nord, il nous a donné des preuves d'une habileté extraordinaire et d'une énergie peu commune; tous les projets qu'il a conçus étaient réalisables, et presque tous furent heureusement exécutés.

Tous les soldats de l'armée du Nord parlent de leur ancien général avec la plus grande estime pour son courage et son habileté de stratégiste. Si ces soldats improvisés ont supporté sans se plaindre les plus grandes fatigues, les plus dures privations, c'est parce qu'ils avaient confiance dans leur chef et qu'ils savaient que leur chef avait foi dans le succès. La lettre suivante le prouve :

« Beaurain, le 2 janvier 1871
(7 heures du matin).

« Mon cher monsieur Testelin,

« Nous allons partir pour faire une marche en avant. Nous allons inévitablement rencontrer l'ennemi; il était grand temps de le faire pour rassurer le pays.

« Je trouve bien peu de confiance dans le succès parmi nos grands chefs; la plupart pensent et disent que notre semblant d'armée peut résister aux Prussiens dans une position, mais non point attaquer. Moi, j'ai quelque espoir!

« Tout à vous,
« Faidherbe. »

Si tous les généraux avaient eu, comme Faidherbe, quelque confiance dans leurs troupes, quelque espoir de sauver la France; si tous, surtout, avaient montré le même courage et le même patriotisme, notre malheureux pays aurait pu se relever et chasser l'ennemi même après Sedan, même après Metz!

Après la guerre, le général Faidherbe a été élu conseiller municipal de la ville de Lille, et, aux élections du 8 février pour l'Assemblée nationale, les départements du Nord, du Pas-de-Calais et de la Somme ont voulu honorer d'un triple mandat le vaillant général en chef de l'armée du Nord.

CHAPITRE XIV

LA PROVINCE (Suite).

Les armées de l'Est. — Garibaldi. — Composition de son armée. — Châtillon-sur-Seine. — Dijon. — Combats de Sanhen et de Montbard. — Les Garibaldiens repoussent une attaque de l'ennemi sur Dijon. — Dépêche de M. Jules Favre. — Bourbaki prend le commandement de la première armée du Centre. — Sa marche sur l'Est. — Combats de Châteauneuf et de Nuits. — Belfort. — Bataille de Villersexel. — Évacuation de Gray, Dijon et Vesoul par les Prussiens. — Combats d'Arcy et de Chénebier. — Retraite de Bourbaki sur le Sud. — Le général de Bressoles. — Tentative de suicide du général Bourbaki. — Le général Clinchant prend le commandement de l'armée. — Sa retraite vers la frontière suisse. — Convention passée avec le général Herzog. — L'armée passe la frontière. — Le général de Bressoles se retire vers le Sud. — Pontarlier. — Capitulation de Belfort. — Le général Bourbaki. — Troubles de Lyon. — Le commandant Arnaud.

Dans l'Est, le général Cambriels commandait l'armée dite *Armée des Vosges*. Quand le général Garibaldi fut nommé commandant des compagnies franches et d'une brigade de mobiles, Cambriels donna sa démission; il fut remplacé par le général Michel.

Garibaldi s'occupa immédiatement de la constitution de son armée: de nombreux volontaires vinrent se placer sous les ordres du vieux général, qui eut bientôt des troupes assez nombreuses. Son armée se composait de quatre brigades de fantassins, trois batteries d'artillerie, six escadrons de cavalerie et plusieurs compagnies de corps isolés.

Que l'on se représente les compagnies franches du moyen âge, la singularité de leurs figures et de leur équipement, et l'on n'aura encore qu'une idée imparfaite de l'infinie variété des types et des costumes que l'on trouvait dans l'armée de Garibaldi.

Italiens, Polonais, Espagnols, Grecs, francs-tireurs de toute nuance, basanés du Midi, noirs d'Afrique, blonds de la Vendée, armés de fusils de toute provenance, de revolvers, de poignards et de couteaux; les uns en longues bottes et longs manteaux retroussés sur l'épaule; les autres en vareuses et souliers éculés : tels étaient les soldats du général Garibaldi.

A première vue, cette armée fait pitié; on se dit : « Cela ne tiendra pas, cela se débandera au premier choc. » Mais ce jugement ne résiste pas à une observation prolongée; sous ce désordre apparent, il y a un ordre latent qui se révèle au moment du combat. Le souffle qui les unit est pourtant bien fragile, c'est le souffle d'un vieillard, c'est l'âme de Garibaldi. Ôtez ce lien, l'armée n'existerait plus. Cet ascendant d'un homme sur tant d'hommes différents est une chose merveilleuse et inexplicable. Ils l'aiment tous sans exception, ils l'aiment et le craignent, ils ont confiance en lui.

Garibaldi fixa son quartier général à Dôle. Le 5 novembre, quelques compagnies de ses francs-tireurs repoussent l'ennemi qui tentait de passer la Saône à Saint-Jean-de-Losne, et qui se retire à Bretonnières, près Dijon. Le 19, les Garibaldiens commandés par Ricciotti Garibaldi surprennent les Prussiens à Châtillon-sur-Seine. Les Allemands, au nombre de sept cent-cinquante, sont rejetés hors de la ville, laissant cent-vingt morts, dont deux colonels et un major, et cent soixante-sept prisonniers, dont dix officiers. Tous leurs bagages et soixante-dix chevaux tombèrent, en outre, entre les mains des Français. C'était un brillant début qui inaugurait heureusement en France l'entrée de ces vaillants volontaires.

Chaque jour, les francs-tireurs garibaldiens arrêtaient un convoi, bousculaient une avant-garde, faisaient des prisonniers, tuaient quelques ennemis. Chaque jour, ils harcelaient les Prussiens, qui les craignaient et les évitaient autant qu'il leur était possible. Le 23 novembre, une avant-garde de douze mille Prussiens est repoussée devant Beaune par une embuscade de francs-tireurs; le même jour, Garibaldi quitte Dôle pour Autun, abandonnant ainsi la ligne de l'Oignon, au grand désespoir des populations civiles, qu'il laisse sans défense; à Autun, il surprend le détachement prussien qui occupait la ville; le lendemain 26, Garibaldi, attaqué par cinq mille fantassins, plusieurs escadrons de cavalerie et plusieurs pièces de canon, se défend énergiquement, repousse l'ennemi, le déloge successivement de Pasques, Frenois et Davrois, et le ramène ensuite jusque sous les murs de Dijon.

Enfin chaque jour amenait un fait d'armes nouveau et toujours heureux pour les Garibaldiens. Dans plusieurs combats, dont nous parlerons plus loin, l'armée de Garibaldi rendit de grands services à l'armée de Bourbaki et au corps du général Cremer.

Vers la fin de décembre, on signale un mouvement de retraite très-prononcé des Allemands de Dijon sur Gray et Vesoul. L'avant-garde de Garibaldi entre le 30 décembre à Dijon; Auxerre est également évacué.

A Sanhen, près de Dijon, une colonne ennemie de huit cents hommes est défaite par les Garibaldiens et les gardes nationaux. Le 7 janvier.

GARIBALDI (page 223)

les Garibaldiens attaquent l'ennemi à Semur et le repoussent vers la ligne de Montbard. Le 21 janvier, de fortes colonnes ennemies, avec de l'artillerie, tentent une surprise sur Dijon. Les Garibaldiens repoussent l'attaque après un combat de douze heures et conservent toutes leurs positions à l'entrée de la nuit. Le lendemain, les Prussiens renouvellent leur attaque : accueillis par une vive fusillade des Garibaldiens, ils sont mis en fuite après une lutte de quatre heures, et abandonnent les fortes positions de Hauteville, d'Aix et de Plombières, et y laissent un grand matériel et un certain nombre de prisonniers. Les troupes de Garibaldi montrèrent dans cette lutte un grand héroïsme. La brigade de Menotti Garibaldi a complétement détruit le 61° régiment prussien et lui a pris son drapeau. Une troisième attaque contre la ville, tentée le 23 par les Prussiens, ne leur réussit pas davantage, et ils furent obligés de se retirer vers Messigny, Norges et Savigny.

Le 28 janvier, une dépêche de M. Jules Favre, ainsi conçue, parvient à M. Gambetta :

« Versailles, 28 janvier, 11 h. 15 m. soir.

« *M. Jules Favre, ministre des affaires étrangères, à Délégation de Bordeaux.*

« Nous signons aujourd'hui un traité avec M. le comte de Bismark.
« Un armistice de vingt et un jours est convenu.
« Une assemblée est convoquée à Bordeaux pour le 15 février.
« Faites connaître cette nouvelle à toute la France, faites exécuter l'armistice, et convoquez les électeurs pour le 8 février.
« Un membre du Gouvernement va partir pour Bordeaux. »

Ce que ne disait pas cette dépêche, c'est que l'armistice ne s'appliquait pas aux départements de la Côte-d'Or, du Doubs et du Jura et au siège de Belfort. Aussi, à la grande surprise de Gambetta, l'ennemi y continuait-il ses opérations militaires. Cette rédaction incomplète de la dépêche par laquelle l'armistice était annoncé est cause de la perte totale, pour la France, de l'armée de l'Est. Garibaldi, qui se fiait à l'armistice, fut obligé d'évacuer Dijon devant un retour offensif des Prussiens.

Le vieux général avait rendu de grands services à la défense avec cette armée si peu homogène, composée d'éléments si disparates. La France avait une grande dette de reconnaissance à payer à cet homme infirme, à ce vieillard qui, au moment du danger, lui avait apporté l'aide de sa valeureuse épée. Nous dirons plus tard comment cette dette fut acquittée.

Lorsque Bourbaki quitta le commandement de l'armée du Nord, il revint à Tours. Le 5 décembre, après la bataille d'Orléans et la défaite d'Aurelles de Paladines, on partagea l'armée de la Loire en deux commandements dont l'un, celui de la première armée, fut donné à Bourbaki, et l'autre à Chanzy. Le général Bourbaki avait sous ses ordres : le 15° corps (général Martin des Pallières), le 18° (général Billot), et le 20° (général Clinchant). Le premier jour où il prit son commandement, il commit une faute grave. A l'exception du 15° corps qui avait été fortement armé, ses troupes devaient être en assez bon état. Pourquoi, alors, s'est-il, le 6, retiré de ses positions avancées, avec une précipitation qui ne s'explique guère ; pourquoi était-il passé sur la rive gauche de la Loire, et pourquoi concentra-t-il son monde dans le Cher, aux environs d'Argent et d'Aubigny, et alla-t-il établir son quartier général à Bourges au lieu de se maintenir vers Châteauneuf et Jargeau avec les soixante-dix ou quatre-vingt mille hommes qu'il devait avoir en ce moment sous la main? La route de Montargis à Fontainebleau lui était ouverte, puisque l'ennemi avait tout au plus une dizaine de mille hommes à Orléans et aux environs. Une marche sur Paris aurait amené, sans doute, de nombreuses complications; mais enfin, cela aurait sauvé l'armée de Chanzy.

Quelle est la raison qui a empêché Bourbaki d'agir de la sorte, au lieu d'entreprendre cette déplorable campagne de Franche-Comté dont l'issue devait être si funeste? Bourbaki et le gouvernement de la défense nationale, ou du moins ses délégués à Tours, puis à Bordeaux, seuls le savent. On prétend que le général commandant la 1re armée avait arrêté avec les généraux Chanzy et Faidherbe le plan suivant: l'armée du Nord devait occuper l'ennemi, tout en évitant le combat, et les deux armées du centre, formant ensemble un effectif de deux cent trente mille hommes environ, devaient attaquer des deux côtés l'armée de Frédéric-Charles. Ce plan fut d'abord approuvé par M. Gambetta. Mais on assure que lorsque, le 12 décembre, il alla inspecter l'armée de Bourbaki à Bourges, il aurait donné contre ordre. La première armée devait marcher vers l'Est. A toutes les protestations du général, le ministre resta inflexible : si l'armée n'était pas assez forte, elle recevrait des renforts; si les approvisionnements manquaient, des convois de vivres arriveraient en temps utile.

Si cela est exact, et l'avenir nous l'apprendra, nous ne pouvons nous empêcher de dire, malgré notre admiration pour M. Gambetta, qu'il a commis là une faute des plus graves et des plus incompréhensibles.

Le général Cremer qui, le 4 décembre, avait battu à Châteauneuf (Côte-d'Or), une colonne prussienne forte de sept mille hommes et l'avait vigoureusement poursuivie, engagea le 13, en avant de Nuits, contre l'armée badoise commandée par le général von Werder un combat contre des forces supérieures. Il soutint la lutte jusqu'au soir, mais il fut enfin obligé de se replier à un kilomètre de la ville, que les Badois occupèrent. Les Français eurent deux cent cinquante hommes hors de combat; les Badois avouent avoir eu treize officiers tués, vingt-neuf blessés et huit cents hommes tués ou blessés. Le général Cremer et le prince Guillaume de Bade étaient au nombre des blessés, ce dernier, grièvement, par une balle qui, entrée dans l'œil gauche, est sortie au-dessous de l'oreille du même côté.

Suivant les ordres qu'il avait reçus, et malgré le regret qu'il éprouvait de diriger des opérations dont, à défaut de génie, il avait le bon sens de prévoir les immenses difficultés, le général Bourbaki se mit le 8 en marche sur Belfort.

Belfort était investi depuis le 2 novembre; de nombreuses sorties furent faites par la garnison; le 15 novembre, elle attaqua l'ennemi du côté de Bessoncourt et lui infligea des pertes sensibles; le 3 décembre, une sortie des assiégés fit subir de grandes pertes aux assiégeants; le 15 et le 16, la garnison repousse l'ennemi jusqu'à Bourcoyn; le 20, les Bavarois essayent de s'emparer de la Haute-Perche, montagne située entre Belfort et Vézelois. Reçus par un feu meurtrier, ils reculent, laissant dix prisonniers au pouvoir des assiégés. Le 8 janvier, l'ennemi prend d'assaut la position de Danjoutin, au sud de la place, non sans éprouver des pertes sérieuses, mais il fait sept cents Français prisonniers.

Pendant ce temps, Bourbaki se rapprochait de Belfort. Le 9 janvier, à onze heures du matin, l'avant-garde française rencontre les avant-postes prussiens, aux bois d'Espreis, sur la route de Montbozon à Villersexel, et un combat de tirailleurs s'engage. Au bout d'une heure, nous enlevons à la baïonnette les positions ennemies en avant du village d'Espreis et nous occupons le village lui-même. Les troupes de Bourbaki marchent alors sur Villersexel où les Prussiens étaient retranchés dans les maisons et le château. Notre artillerie fait taire en partie le feu dirigé sur nous de ces positions, d'où nous les délogeons à la baïonnette. Le château est pris et repris; forcés de l'abandonner une seconde fois, les Prussiens y mettent le feu, sans même en enlever leurs blessés. Nous faisons de nombreux prisonniers ce jour-là et le lendemain, où nous achevons de prendre la partie haute du faubourg.

Le mouvement de Bourbaki inspire de l'inquiétude à l'ennemi, qui évacue Dijon, Gray et Vesoul et se retire vers le nord, à mesure que Bourbaki s'avance; Manteuffel, nommé commandant en chef des troupes du district des Vosges, s'approche avec des renforts considérables tirés de l'armée d'investissement de Paris.

Le 13 janvier, Bourbaki enlève à la baïonnette les villages d'Arcey et de Sainte-Marie. Le 15, après une lutte des plus violentes, il occupe Montbéliard, Sar-le-Château, Vyans, Savey, Bians, Corpereaux, Conte-Henaut et Chusey. Le 16, nos troupes se battent de nouveau, emportent la position de Chénebier, mais échouent devant Héricourt. Le 17, elles prennent l'offensive sans pouvoir entamer les lignes prussiennes; le général von Werder, à la première nouvelle du mouvement de Bourbaki vers le nord-est, avait fait exécuter des travaux de retranchement considérables qui devaient lui permettre d'attendre non-seulement les renforts importants qui devaient se joindre à lui, mais encore le mouvement de Manteuffel qui s'apprêtait à couper la retraite des Français. Le général Bourbaki rentre dans les positions qu'il occupait le 14 et s'occupe de refaire ses munitions et ses approvisionnements; l'ennemi avoue avoir eu dans cette journée plus de douze cents hommes tués et blessés.

Le 18, l'armée du général Bourbaki commence sa retraite dans la direction du sud, sur Blamont et Pont-de-Roide; l'arrière-garde tient vigoureusement tête à l'ennemi et l'empêche de couper la retraite de l'armée vers Besançon; le 24, son quartier général est à Pierrefontaine, à un quart de lieue au sud de Blamont. Le général manœuvre pour échapper à l'armée de Manteuffel, qui cherche à le cerner ou à le rejeter sur la Suisse. La retraite se continue en bon ordre; Bourbaki, avec le gros de ses troupes, marche vers Besançon sur la rive droite du Doubs; le général de Bressoles, commandant le 24ᵉ corps, a passé le Doubs à Clervay, avec deux divisions, et descend le long de la frontière suisse, par Marteau, Pontarlier et Hopitaux-sur-Menthe.

Le 26, le général Bourbaki, dans un accès de désespoir, tenta de se suicider; il se tira un coup de pistolet qui lui fit une horrible blessure. Le commandement fut pris par le général Clinchant. L'armée arriva à Pontarlier le 27, tandis que les Prussiens étaient à Salins; de là, ils lui coupaient la retraite vers l'ouest et menaçaient sa marche vers toute autre direction.

Le 28, l'armée se concentre autour de Pontarlier; le 29, notre ligne est attaquée vers ses deux extrémités, à Chaffais et à Pambecours. La nouvelle de l'armistice, imprudemment annoncée à nos troupes pendant l'action, a eu le plus fâcheux résultat. Sur plusieurs points, elles cessent de se défendre, se laissent désarmer et abandonnent leurs positions. Le 30, toujours dans la persuasion qu'elle est comprise dans l'armistice, l'armée évite le combat. Le 31, on se décide à parlementer. C'est dans la nuit seulement que Manteuffel répond que l'armée de l'Est n'est pas comprise dans l'armistice et qu'il se refuse à toute suspension d'armes. Il ne restait plus au général Clinchant qu'à tenter de sauver son matériel et de passer la frontière suisse. Une convention fut conclue avec le général Herzog par laquelle les troupes qui passeront la frontière déposeront leurs armes à l'entrée du territoire suisse. Le général de Bressoles est chargé de protéger la retraite. Manteuffel, oubliant tout sentiment d'humanité, canonne à outrance cette armée que son passage sur un territoire neutre rendait inoffensive pour la Prusse. Le corps de Cremer essaye, sans succès, d'éviter l'entrée sur le territoire étranger, mais deux de ses régiments seuls arrivèrent à Gex; le reste, obligé d'abandonner son artillerie, pénétra en Suisse par le canton de Vaud. L'armée de Clinchant, forte de quatre-vingt-dix mille hommes, entra en Suisse près de Pontarlier, à la suite de divers combats où les Prussiens firent un grand nombre de prisonniers. Le général de Bressoles se jeta avec ses troupes, aussitôt que la retraite de Clinchant fut effectuée, dans les montagnes du Jura, et, plus heureux que Cremer, réussit à échapper à l'armée prussienne et se dirigea vers le sud.

Cette belle armée de Bourbaki, qui, avec celle de Chanzy, était, il y a trois semaines encore, maîtresse de la position du bassin de la Loire se trouve aujourd'hui internée en Suisse ! Tel est le résultat de cette malheureuse expédition dans l'Est; quelque argument que l'on puisse chercher pour atténuer une folie pareille, la campagne de Bourbaki a été désastreuse et n'avait aucune chance de réussite, et celui qui l'a ordonnée, quel qu'il soit, aura à rendre compte de cette tentative aventureuse.

Le 1ᵉʳ février, à midi, les Prussiens entrèrent à Pontarlier et commencèrent le siége des forts de Joux et de Larmont, qui se défendirent énergiquement. Voici les renseignements que donne sur ce siége

M. César Cloutot, rédacteur en chef du *Nouveau Courrier de la Montagne* :

« M. Ploton, chef d'escadron au 16e d'artillerie, officier de la Légion d'honneur, était le commandant supérieur des deux forts précités, et dont la responsabilité lui incombait personnellement. Grâce à une vigoureuse résistance, le siège a été levé après neuf jours d'attaque et un assaut qui a fait subir des pertes considérables à l'ennemi, lequel, dans cette journée, comptait quarante-six officiers parmi les morts.

« Les travaux du génie étaient sous la direction de M. le chef de bataillon Petitmaître.

« Le service de l'artillerie était habilement dirigé. Le 1er février, à une heure quinze minutes de l'après-midi, une batterie prussienne, composée de quatre pièces, envoya les premiers obus sur le fort de Joux, qui n'occasionnèrent que des dégâts insignifiants.

« L'effectif des troupes pour la défense, s'élevant en totalité à quatre cent quatre-vingts hommes, était réparti de la manière suivante :

« Fort de Joux. — 6e bis compagnie du 2e régiment du génie, venue de Montpellier . . . . 110 hommes.
« Pontonniers du 16e régiment d'artillerie . . . . 80 —
« La compagnie de mobilisés du canton de Maîche . 110 —

300 hommes.

« Fortin du Larmont. — Une section de la susdite compagnie du génie. . . . . 20 hommes.
« Section d'artillerie (16e régiment). . . . . 60 —
« Une compagnie d'infanterie du 83e de ligne (29e de marche). . . . . 100 —

180 hommes.

« Ce fortin a été commandé par M. le capitaine Malaspina, du 29e de marche, tandis que M. Merchet (de la Cluse), garde d'artillerie, a constamment pointé lui-même les pièces de canon avec un succès digne d'éloges.

« Le génie, par un heureux stratagème, avait construit d'immenses épaulements en neige qui masquaient les batteries placées à l'ouest du donjon de l'ancien manoir féodal, ce qui a trompé les Prussiens, lesquels ne pouvaient découvrir le point de départ du tir si précis qui a aussitôt foudroyé leurs quatre pièces de canon établies au *tournant de la Cluse*.

« Il est difficile d'évaluer les pertes de l'ennemi, qui doivent être considérables par le désavantage de sa position. Mais, après avoir tenu compte des différentes inductions, le chiffre des morts doit dépasser 3,000, ce qui serait le plus grand revers que l'armée prussienne aurait subi dans les sièges précédents, relativement à l'importance de nos deux forteresses de la frontière franco-suisse.

« Honneur à leurs vaillants défenseurs de 1871 !... »

Le bombardement de Belfort continuait; les forts détachés des Hautes et Basses-Perches furent pris le 8 février par le général von Trescow. La ville capitula le 15 et la garnison obtint les honneurs de la guerre. Cette belle défense, qui fait le plus grand honneur au brave colonel Denfert, fut abandonnée sur l'ordre exprès du gouvernement, et une convention étendit l'armistice aux départements du Doubs, du Jura et de la Côte-d'Or.

Le général Bourbaki, placé à la tête de l'armée de l'Est, est né à Paris, d'une famille d'origine grecque, le 22 avril 1816. Il sortit de Saint-Cyr en 1836, comme sous-lieutenant de zouaves. Il obtint, grâce à son mérite, un avancement exceptionnellement rapide : il fut successivement lieutenant au 1er régiment de la légion étrangère en 1838, capitaine aux zouaves en 1842, chef de bataillon aux tirailleurs indigènes en 1846, lieutenant-colonel en 1850, d'abord au 7e de ligne, puis aux zouaves, colonel aux zouaves en 1851, général de brigade en 1854, et général de division à quarante et un ans.

Il se distingua à l'Alma, à Inkermann et à l'assaut de Sébastopol ; et, pendant la campagne d'Italie, à Magenta et à Solferino. En 1869, il fut chargé du commandement du deuxième camp de Châlons. Il était commandant de la garde impériale.

Bourbaki est un des officiers que l'armée française aimait le plus et en qui elle avait plus de confiance. Son voyage romanesque de Metz à Londres, dont personne ne connaissait exactement ni les détails ni le but, l'exposa aux soupçons des libéraux et des patriotes ; des manifestations hostiles furent faites contre lui, et ce fut, comme nous l'avons dit, ce qui le détermina à quitter le commandement de l'armée du Nord. Le mot de cette affaire restée longtemps énigmatique est enfin aujourd'hui connu. Bazaine complotait, rêvait une restauration bonapartiste. Un homme le gênait : Bourbaki, qui avait deviné ses projets traîtres et ambitieux et qui y faisait l'opposition la plus vive.

De vives altercations avaient eu lieu entre le général et Bazaine ; il fallait s'en débarrasser. M. Regnier, soi-disant envoyé par l'impératrice, arriva à Metz, chargé, disait-il, de ramener Bourbaki en Angleterre où la régente le demandait. Après de longs pourparlers et des refus obstinés, le général, muni d'un sauf-conduit, partit pour Londres, où il acquit rapidement la preuve que Bazaine n'avait voulu que se débarrasser de lui. Furieux, il repartit pour Metz ; mais les Prussiens qui l'avaient laissé si facilement sortir, ne voulurent plus lui permettre de venir reprendre sa place au milieu de ses compagnons d'armes. Le tour était joué !

Bourbaki vint à Tours et offrit au gouvernement ses services, qui furent de suite acceptés.

Si Bourbaki avait réellement conçu, d'accord avec Chanzy et Faidherbe, le plan dont nous avons parlé ; si, comme ses officiers l'affirment, il ne voulait pas entreprendre cette désastreuse campagne de l'Est, on doit regretter que ce brave général n'ait pas eu son libre arbitre ; il aurait, sans nul doute, accompli des merveilles et fait des prodiges de courage.

Nous avons dit que M. Gambetta avait été, au mois de décembre, inspecter l'armée de Bourbaki ; en quittant Bourges, il se rendit à Lyon pour y inspecter le 24e corps. Des troubles graves avaient éclaté à Lyon. Le 19 décembre, un grand nombre d'individus, suivis par un groupe de femmes, de vraies furies, font une manifestation en armes. Il s'agit de chasser de l'Hôtel de Ville le préfet Challemel-Lacour et d'installer la Commune révolutionnaire ; ils veulent mettre à leur tête le commandant Arnaud, chef du 12e bataillon, patriote sincère et ré-

GÉNÉRAL BOURBAKI (page 280)

publicain éprouvé. Ce brave citoyen refuse naturellement un honneur aussi compromettant; il est entraîné par une population furieuse. Le commandant Arnaud croit l'intimider en la menaçant de son pistolet; c'est le signal de sa mort. On se précipite sur lui, et, après un simulacre de jugement devant un tribunal formé au hasard dans la foule, il est condamné et fusillé. Arnaud mourut avec un courage héroïque. La population et la garde nationale de Lyon protestèrent avec indignation contre ce crime odieux; les coupables furent arrêtés et quatre d'entre eux condamnés à mort.

Les funérailles d'Arnaud eurent lieu le 21 décembre; M. Gambetta y assista et prononça un discours sur la tombe de cet honnête républicain.

CHAPITRE XV

LA DÉFENSE DE PARIS

Décret de mobilisation de la garde nationale. — Les forces de Paris sont divisées en trois armées. — Clément Thomas. — Ducrot. — Vinoy. — Engagement de Bondy. — Proclamation du général Trochu et du général Ducrot. — Combat de Choisy-le-Roi. — Sortie de Ducrot sur la Marne. — Combat de Champigny. — Mort du général Renault et du général Laureit de la Charrière. — Combat de Villiers. — Combat d'Épinay. — Le commandant Saillard. — Le plateau d'Avron. — Le général Ducrot repasse la Marne. — Lettre de de Moltke et réponse de Trochu. — Anxiété et impatience de la population parisienne. — Bataille de Paris. — Les marins au Bourget. — La Villa-Evrard; mort du général Blaise. — Le général Noël s'empare de l'île de Chiard. — Commencement du bombardement des forts. — Proclamation du général Trochu.

Nous avons été forcé, pour faire le récit des événements de la province, d'abandonner Paris, après l'émeute du 31 octobre et le rejet de l'armistice.

Paris n'avait jamais été si beau; ce n'était plus la ville folle, la capitale qui attirait les étrangers par ses fêtes splendides; c'était une ville bloquée, cernée, sans gaz et sans spectacles. Et cependant jamais la grande cité n'avait été plus réellement belle, tant elle montrait de résignation, de courage et d'héroïsme dans la crise terrible qui durait depuis le 19 septembre.

Le 6 novembre, le Gouvernement rendit un décret qui mobilisait une partie de la garde nationale. Chaque bataillon devait fournir quatre compagnies, dites *Compagnies de guerre*, de cent à cent vingt-cinq hommes, qui devaient être fournis par les hommes valides des catégories ci-dessous, en suivant l'ordre des catégories et en ne prenant dans l'une d'elles que lorsque la précédente aura été épuisée:

1° Volontaires de tout âge ;
2° Célibataires ou veufs sans enfants, de 20 à 35 ans;
3° Célibataires ou veufs sans enfants, de 35 à 45 ans ;
4° Hommes mariés ou pères de famille, de 20 à 35 ans ;
5° Hommes mariés ou pères de famille, de 35 à 45 ans.

Des plaintes fort sensées furent portées contre les dispositifs de ce décret qui était rendu après *cinquante-deux jours* de siège. En effet, dans les bataillons de création récente, composés en grande partie de jeunes gens et de célibataires, l'effectif demandé aurait été fourni par les deux premières catégories, et tous les gardes nationaux faisant partie d'une des trois suivantes auraient échappé au décret; tandis que dans les anciens bataillons, on aurait été obligé de prendre un grand nombre de pères de famille. Il n'était pas juste qu'il y eût d'une part des célibataires non incorporés, quand, d'autre part, des soutiens de famille seraient appelés sous les drapeaux.

Ces réclamations ne furent pas vaines; le 13 novembre, un nouveau décret parut qui appelait à l'activité les jeunes gens de vingt-cinq à trente-cinq ans, célibataires ou veufs sans enfants, formant la troisième catégorie, habitant ou actuellement en résidence dans le département de la Seine.

Le 6 novembre, les défenseurs de Paris furent, par un décret, divisés en trois armées, qui ont pour commandant en chef le général Trochu, et pour chef d'état-major général, M. Schmitz. Les commandants supérieurs de l'artillerie et du génie sont les généraux Guiod et de Chabaud-Latour qui, par leur entêtement et leur profond respect des traditions militaires, ont, jusqu'à la fin du siège, entravé la fabrication des canons par l'industrie privée et les travaux du génie, et qui ont, pour cela sans doute, été nommés Grands-Croix de la Légion d'honneur.

Voici quelle était la composition de ces trois armées :

Première armée

Commandant en chef : général CLÉMENT THOMAS.
Chef d'état-major général : colonel MONTAGUT.
266 bataillons de garde nationale sédentaire.
Légion de cavalerie : colonel QUICLET.
Légion d'artillerie : colonel SCHOELCHER.

Deuxième armée

Commandant en chef : général DUCROT.
Colonel d'état-major général : général APPERT.
Commandant de l'artillerie : général FRÉBAULT.
Commandant du génie : général TRIPIER.

1er CORPS D'ARMÉE

Commandant en chef : général VINOY.
Chef d'état-major général : général DE VALDAN.
Commandant de l'artillerie : général D'URSEL.
Commandant du génie : général DU POTET.
1re division : général DE MALROY.
2e   —   général MAUDHUY.
3e   —   général BLANCHARD.

2ᵉ CORPS D'ARMÉE

Commandant en chef : général RENAULT.
Chef d'état-major général : général FERRI-PISANI.
Commandant de l'artillerie : général BOISSONET.
Commandant du génie : colonel COSSEIL.
1ʳᵉ Division : général SOUMILLE.
2ᵉ — général BERTHAUT.
3ᵉ — général DE MAUSSION.

TROISIÈME CORPS D'ARMÉE

Commandant en chef : général d'EXEA.
Chef d'état-major général : colonel de BELGARDE.
Commandant de l'artillerie : général FAISSETEAU.
Commandant du génie : colonel RAGON.
1ʳᵉ division : général DE BELLEMARE.
2ᵉ — général MATTAT.
Division de cavalerie : général DE CHAMPÉRON.

Troisième armée
SOUS LE COMMANDEMENT SPÉCIAL DU GOUVERNEUR DE PARIS

1ʳᵉ Division : général SOUMAIN.
2ᵉ — vice-amiral DE LA RONCIÈRE LE NOURY.
3ᵉ — général DE LINIERS.
4ᵉ — général DE BEAUFORT.
5ᵉ — général CORREARD.
6ᵉ — général d'HUGUES.
7ᵉ — contre-amiral POTHUAU.
Cavalerie : { 1ʳᵉ brigade : colonel DE BRAUX.
{ 2ᵉ — lieutenant-colonel BLONDEL.

Le 9 novembre, le commandement de la 3ᵉ armée, que s'était réservé le gouverneur de Paris, fut donné au général Vinoy, qui fut remplacé, comme commandant du 1ᵉʳ corps de la deuxième armée, par le général Blanchard.

Le général Clément Thomas, placé à la tête de la 1ʳᵉ armée, composée de 266 bataillons de garde nationale, est un ancien représentant du peuple de 1848, bien connu pour ses opinions franchement républicaines. Il s'était engagé comme volontaire en 1830, et il était maréchal de logis dans le 9ᵉ cuirassiers quand il trempa dans le complot de Lunéville. Condamné à la détention, il fut enfermé à Sainte-Pélagie, d'où il s'échappa avec M. Guinard et quelques autres. Après la révolution de février, il fut envoyé en qualité de commissaire dans le département de la Gironde, où il fut nommé représentant. Revenu à Paris dans l'intervalle, il avait été élu colonel de la garde nationale. Son attitude, lors de l'attentat du 15 mai, lui valut le grade de général en chef de la garde nationale de Paris en remplacement de M. de Courtais. A l'Assemblée, il eut le malheur d'appeler la croix de la Légion d'honneur « un hochet de vanité; » ces paroles eurent pour lui le retentissement le plus fâcheux, et aux journées de juin, il fut remplacé par le général Changarnier. A l'Assemblée constituante, il vota avec le parti démocratique modéré jusqu'aux élections du 10 décembre. Après l'élection de Napoléon Bonaparte à la présidence, il vota avec la gauche. Expulsé au 2 décembre, Clément Thomas refusa de

GÉNÉRAL CLÉMENT THOMAS

bénéficier de l'armistice du 15 août 1859 et se condamna à un exil volontaire. Après la révolution du 4 septembre, il revint à Paris, où il fut nommé chef d'un bataillon de la garde nationale du quartier de la Bourse. Le général Tamisier ayant, après le 31 octobre, donné sa démission de général en chef des gardes nationales de la Seine, le gouvernement lui donna pour successeur M. Clément Thomas.

Le général Ducrot, placé à la tête de la deuxième armée, était réputé un homme très-énergique : c'est entre ses mains que le maréchal Mac-Mahon, blessé le matin de la bataille de Sedan, avait remis le commandement en chef de l'armée, commandement qu'une heure après l'Empereur donna à M. de Wimpffen. Compris dans la capitulation de Sedan, il refusa de bénéficier de la clause qui laissait libres les officiers qui s'engageaient sur l'honneur à ne pas porter les armes contre la Prusse; il s'évada et arriva à Paris, où un commandement lui fut aussitôt confié.

L'évasion du général Ducrot avait fort irrité la presse allemande, et les accusations contre le commandant de la deuxième armée de Paris amenèrent entre le général Ducrot et le gouverneur de Paris l'échange des lettres suivantes :

« Monsieur le Gouverneur,

« Je viens de lire l'article du *Standard*, que vous avez bien voulu me communiquer. Il résulte de cet article que la presse allemande, inspirée sans doute par les autorités compétentes, m'accuse de m'être évadé alors que j'étais prisonnier sur parole; d'avoir manqué à l'honneur, de m'être ainsi placé hors la loi, ce qui donnerait à l'ennemi le droit de me faire fusiller si je venais à retomber entre ses mains.

« Je me soucie peu de la menace : être fusillé par les balles prussiennes, sur un champ de bataille, ou à la sortie d'une prison, le résultat sera toujours le même. Je n'en aurai pas moins la conscience d'avoir rempli jusqu'au bout mes devoirs de soldat et de citoyen, et, à défaut d'autre héritage, je laisserai à mes enfants une mémoire honorée par tous les gens de bien, amis ou ennemis. Mais ce qui me touche cruellement, c'est l'accusation de félonie portée contre moi! Contre moi, qui n'ai pas hésité un instant à repousser les clauses d'une capitulation qui séparait mon sort de celui de ma troupe, et me donnait le triste droit de venir me réfugier à mon foyer domestique, alors que mes frères d'armes étaient emmenés dans les prisons de l'ennemi, et que mes concitoyens se levaient en masse pour concourir à la défense du pays. Non-seulement j'ai repoussé pour mon compte personnel ces stipulations, mais encore j'ai exprimé hautement mon mépris pour ceux qui les acceptaient, soit avec l'intention de s'y conformer, soit avec celle de n'en tenir aucun compte.

« Je suis sorti de Sedan à la tête de mon corps d'armée; je l'ai conduit et installé dans la presqu'île de la Meuse, où nous avons été parqués; pendant plusieurs jours, j'ai partagé ses misères et ses humiliations; j'ai usé de l'influence morale que me donnait mon titre de commandant de corps d'armée pour chercher à obtenir de l'ennemi quelques ressources pour nos malheureux soldats; j'ai présidé moi-même aux distributions, et je n'ai abandonné l'infect séjour de Glaire que sur l'ordre réitéré de l'état-major allemand, qui m'avait déclaré avoir besoin, pour cause de service, de la baraque où je m'étais réfugié avec tous mes officiers.

« J'ai accepté alors les conditions qui nous étaient offertes relativement aux moyens de nous transporter de Sedan à Pont-à-Mousson; c'est-à-dire que j'ai pris l'engagement sur l'honneur de me rendre librement à mes frais dans cette dernière localité, avec tout mon état-major, un nombre d'ordonnances déterminé, nos bagages et nos chevaux. Un sauf-conduit en règle m'a été délivré, sur lequel j'étais inscrit nominativement ainsi que mes officiers, avec indication numérique des soldats, chevaux et voitures. Il était stipulé que nous devions être rendus à destination, c'est-à-dire à Pont-à-Mousson, le 11 septembre, avant midi, et qu'alors nous devions nous présenter à l'état-major allemand pour nous reconstituer prisonniers.

« Partis de Sedan le 8, nous avons été coucher au delà de Carignan, à Margut, petit village situé à 5 kilomètres de la frontière belge. Au delà de Carignan, la route était complètement libre; nous n'avons rencontré que trois uhlans qui revenaient de Margut et sont passés à côté de nous sans nous adresser un mot. A coup sûr, l'occasion était belle, s'il avait pu nous venir à l'idée de violer notre parole et de nous échapper des mains de l'ennemi. Les communications avec la Belgique étaient si faciles, que nous envoyâmes un habitant nous chercher quelques journaux français, pour avoir des nouvelles dont nous étions privés depuis si longtemps. Mais pas un de nous n'a même eu cette coupable pensée. Le lendemain, nous tournions le dos à la Belgique pour reprendre la route de Pont-à-Mousson, où nous arrivâmes le 11, à dix heures du matin.

« Je m'étais fait précéder par mon officier d'ordonnance, M. le capitaine de Gaston, pour prévenir les autorités prussiennes de notre arrivée, et demander à quelle heure nous devions nous présenter à la gare du chemin de fer. M. de Gaston, de sa propre initiative, avait sollicité du commandant de place allemand l'autorisation pour moi, personnellement, de me reposer pendant quelques instants dans une maison de la ville, en attendant l'heure de l'embarquement. Cette autorisation avait été accordée, et l'on avait fixé à une heure et demie le moment de notre départ. Comme j'étais un peu souffrant et très-fatigué, je profitai de la latitude qui m'était laissée, et je me reposai dans une chambre qui m'était offerte dans la maison même où logeait l'état-major prussien. Pendant ce temps, mon chef d'état-major se présentait avec tout le personnel qui l'accompagnait chez le commandant de la place, et livrait les chevaux et les voitures appartenant à l'État.

« A une heure et quart, je me rendais avec tout mon état-major à la gare du chemin de fer, déjà entourée de postes et de nombreuses sentinelles. Pendant que nous attendions dans la cour de la station, on faisait charger les armes en notre présence au peloton de garde, conformément aux usages de la guerre. Peu d'instants après, nous entrions sur le quai de la voie, et faisions transporter nos bagages devant le wagon destiné à les recevoir. A ce moment, M. le capitaine de Gaston remit à l'officier chargé de l'embarquement le sauf-conduit dont il était resté porteur, lui fit constater ma présence, celle de tout le personnel qui m'entourait, et nous cherchâmes à entrer dans un des wagons du train qui allait partir. Mais tout était rempli par des officiers et des soldats prisonniers arrivés avant nous.

« Je me présentai alors à l'officier chargé de l'embarquement, lui fis observer que nous ne pouvions trouver place dans le train, et qu'il était nécessaire de faire ajouter des voitures. Il me répondit que la chose n'était pas possible, le train étant déjà trop long, mais qu'il en serait formé un autre ultérieurement, dans lequel nous trouverions place.

« J'entre dans ces détails minutieux pour bien constater que j'ai rempli l'engagement d'honneur que j'avais pris de me reconstituer prisonnier au jour et à l'heure fixés ; que c'est à partir de ce moment, c'est-à-dire après avoir repris avec mon état-major le droit qu'a tout prisonnier de guerre de chercher à recouvrer sa liberté à ses risques et périls, que je me suis échappé des mains de l'ennemi. Je ne dirai ni où, ni comment, parce que je pourrais compromettre les braves

GÉNÉRAL DUCROT (page 287)

gens qui m'ont aidé. Mais ce que je puis avouer hautement, c'est que j'ai traversé les colonnes et les postes prussiens sous un costume d'ouvrier; qu'en quelques heures j'ai parcouru, soit à pied, soit en charrette, plus de 100 kilomètres, et que je suis rentré au cœur de la France par la voie d'Épinal, et à Paris par le chemin de fer d'Orléans, car les communications étaient déjà coupées.

« Ce n'est pas pour vous, Monsieur le Gouverneur, que je suis entré dans ces explications. Vous connaissez trop mon caractère pour avoir

19

pu douter un seul instant de ma loyauté et de ma scrupuleuse exactitude à remplir un engagement d'honneur. Mais j'ose espérer que vous voudrez bien à l'occasion prendre ma défense et protester, par voie diplomatique, contre une accusation qui porte atteinte à l'honneur d'un officier général investi par vous d'un commandement important, et qui, jusqu'au dernier jour, vous aidera dans la glorieuse tâche que vous avez entreprise avec l'énergie que peuvent inspirer le dévouement le plus absolu et le patriotisme le plus ardent.

« Veuillez agréer, Monsieur le Gouverneur, etc.

« *Le général commandant en chef les 13e et 14e corps,*

« Ducrot. »

A la lettre du général Ducrot, réfutant les calomnies qu'ont répandues contre lui les journaux allemands, le gouverneur de Paris fit la réponse suivante :

« Mon cher général,

« Votre conduite avant et après la capitulation de Sedan ajoute un trait de plus à tous les traits d'énergique fermeté qui ont marqué le cours de votre carrière. Au milieu d'un désastre qui avait ébranlé les âmes les mieux trempées, vous n'avez voulu avoir avec l'ennemi aucun rapport qui eût le caractère d'une transaction.

« Vous avez donné votre parole d'aller vous constituer prisonnier à Pont-à-Mousson, — rien de plus. Et là, après vous être officiellement constitué prisonnier, dégageant ainsi votre parole, vous avez conçu et réalisé, au prix des plus évidents périls, une audacieuse évasion dont vous avez voulu que Paris bénéficiât immédiatement.

« L'ennemi sait ce que vaut votre concours, et c'est là, au fond, l'unique grief que le sentiment public ait contre vous en Allemagne. Soyez sûr que celui de l'armée prussienne, dont je vais invoquer le loyal témoignage en adressant votre lettre au roi lui-même, vous fera la plus complète justice.

« Nous n'avons pas besoin, pour vous la rendre, de vos affirmations. Recevez cette assurance, dont vous n'avez pas besoin non plus, par le plus ancien et le plus affectionné de vos compagnons d'armes.

« *Le Gouverneur de Paris,*

« Général Trochu. »

Le général Ducrot est le meilleur ami du soldat, mais il est la terreur des paradeurs, des traînards et des officiers de boudoir ; en un mot, c'est la discipline en habit de général. Les Parisiens avaient en lui la plus grande confiance, et ils approuvèrent hautement sa nomination au commandement de la 2e armée de Paris.

Le général Vinoy, auquel fut donné le commandement de la 3e armée, avait été mis à la tête du 13e corps qui fut envoyé à Mac-Mahon vers la fin du mois d'août, qui n'arriva pas à temps pour prendre part au combat de Sedan, et que, par une retraite habile, il ramena de Mézières comme le dernier débris de notre armée. Dans cette retraite, pendant laquelle il fut à chaque pas inquiété, il ne perdit pas un soldat.

Le 24 novembre, les bataillons de marche de la garde nationale reçurent le baptême du feu. Le 72e bataillon de guerre, conjointement avec le 4ᵉ bataillon des éclaireurs de la Seine, alla, à deux heures, occuper militairement le village de Bondy, sous le commandement supérieur du capitaine de frégate Massiou. L'entrain du 72ᵉ bataillon a été tel qu'il a franchi les barricades de Bondy, refoulé l'ennemi d'arbre en arbre sur la route de Metz et le long du canal de l'Ourcq. Le commandant Massiou a été blessé. Paris fut vivement ému de ce premier fait d'armes de ses soldats citoyens. Les militaires de profession qui, depuis l'ouverture de la campagne, ont fait preuve, comme on sait, de si rares talents, laissaient percer une certaine pitié méprisante pour ces soldats improvisés, enlevés au commerce, à l'industrie, aux ateliers, aux lettres et aux beaux-arts. Nos gardes nationaux leur ont montré qu'un bon citoyen sait aussi bien avoir du courage quand il faut se battre qu'un mauvais général a d'ardeur quand il faut se replier.

Quelques combats d'avant-postes eurent lieu sur divers points de Paris jusqu'au 28 novembre. Ce jour-là, la foule lisait sur les murs ces deux proclamations de Ducrot et de Trochu, placardées sur deux affiches jumelles :

« Citoyens de Paris,
« Soldats de la garde nationale et de l'armée,

« La politique d'envahissement et de conquête entend achever son œuvre. Elle introduit en Europe et prétend fonder en France le droit de la force. L'Europe peut subir cet outrage en silence, mais la France veut combattre, et nos frères nous appellent au dehors pour la lutte suprême.

« Après tant de sang versé, le sang va couler de nouveau. Que la responsabilité en retombe sur ceux dont la détestable ambition foule aux pieds les lois de la civilisation moderne et de la justice. Mettant notre confiance en Dieu, marchons en avant pour la patrie.

« *Le gouverneur de Paris,*
« Général Trochu. »

« Paris, le 28 novembre 1870. »

« Soldats de la 2ᵉ armée de Paris !

« Le moment est venu de rompre le cercle de fer qui nous enserre depuis trop longtemps, et menace de nous étouffer dans une lente et douloureuse agonie ! A vous est dévolu l'honneur de tenter cette grande entreprise : vous vous en montrerez dignes, j'en ai la certitude.

« Sans doute nos débuts seront difficiles ; nous aurons à surmonter de sérieux obstacles : il faut les envisager avec calme et résolution, sans exagération comme sans faiblesse.

« La vérité, la voici : dès nos premiers pas, touchant nos avant-postes, nous trouverons d'implacables ennemis, rendus audacieux et constants par de trop nombreux succès. Il y aura donc là à faire un vigoureux effort, mais il n'est pas au-dessus de vos forces : pour préparer votre action, la prévoyance de celui qui nous commande en chef a accumulé plus de quatre cents bouches à feu, dont deux tiers au moins du plus gros calibre ; aucun obstacle matériel ne saurait y résister, et pour vous élancer dans cette trouée, vous serez plus de cent cinquante mille hommes, tous bien armés, bien équipés, abondamment pourvus de munitions, et, j'en ai l'espoir, tous animés d'une ardeur irrésistible.

« Vainqueurs dans cette première période de la guerre, votre succès est assuré, car l'ennemi a envoyé sur les bords de la Loire ses plus nombreux et ses meilleurs soldats; les efforts héroïques et heureux de nos frères les y retiennent.

« Courage donc et confiance! Songez que, dans cette lutte suprême, nous combattrons pour notre honneur, pour notre liberté, pour le salut de notre chère et malheureuse patrie, et, si ce mobile n'est pas suffisant pour enflammer vos cœurs, pensez à vos champs dévastés, à vos familles ruinées, à vos sœurs, à vos femmes, à vos mères désolées!

« Puisse cette pensée vous faire partager la soif de vengeance, la sourde rage qui m'animent, et vous inspirer le mépris du danger!

« Pour moi, j'y suis bien résolu, j'en fais le serment devant vous, devant la nation tout entière: je ne rentrerai dans Paris que mort ou victorieux; vous pourrez me voir tomber, mais vous ne me verrez pas reculer. Alors ne vous arrêtez pas, mais vengez-moi.

« En avant donc! en avant! et que Dieu nous protége!

« Paris, le 28 novembre 1870.

« *Le général en chef de la 2e armée de Paris,*

« A. Ducrot. »

A la lecture de cet appel entraînant dont chaque phrase sonnait la charge, le sang bouillait dans les veines des Parisiens; un souffle de victoire passait sur leur tête; il n'y avait aucun d'eux qui ne comprît tout ce que les opérations militaires ont de gravité pour le pays tout entier; tous brûlaient d'en savoir, d'en apprendre, d'en deviner l'issue, et une foule nombreuse escaladait les cimes escarpées des Buttes-Chaumont, de Montmartre et du Trocadéro et fouillait d'un regard scrutateur les profondeurs de l'horizon.

Le 29, au point du jour, les troupes de la 3e armée, aux ordres du général Vinoy, effectuent une sortie sur Thiais, l'Hay et Choisy-le-Roi et le feu des forts est dirigé sur les divers points signalés comme servant au rassemblement des troupes de l'ennemi. Le 106e bataillon, commandant Ibos, et le 116e, commandant Langlois, se distinguent dans cette journée; aidés des marins de l'amiral Pothuau, ils s'emparent de la Gare-aux-Bœufs de Choisy-le-Roi et s'y maintiennent. A droite, le colonel Valentin, avec une brigade de la division de Maud'huy, attaque le village et emporte les premières lignes; mais il reçoit l'ordre de ne pas continuer son mouvement en avant. Au moment où nos troupes se retirent et où l'ennemi s'avance pour reprendre ses positions, il est accablé sous le feu des batteries des Hautes-Bruyères et de la maison Millaud. En même temps, des wagons blindés amenés sur la voie du chemin de fer, des canonnières postées en amont du Port-à-l'Anglais, les batteries de Vitry, du Moulin-Saquet et quelques pièces du fort de Charenton réunissent leurs feux sur l'ennemi qui subit des pertes considérables.

Des mouvements exécutés depuis deux jours avaient garni de forces importantes la plaine d'Aubervilliers et réuni les trois corps de la 2e armée, aux ordres du général Ducrot, sur les bords de la Marne.

Pendant la nuit du 29 au 30, une effroyable canonnade tient Paris en éveil ; jamais, peut-être, depuis le jour où l'artillerie exerça dans le monde, pour la première fois, ses terribles ravages, jamais oreilles n'entendirent une canonnade pareille à celle qui, durant cette nuit et la journée suivante, tint Paris en émoi.

Le matin, des ponts préparés hors de vue de l'ennemi étaient jetés sur la Marne, sous Nogent et Joinville, et les deux premiers corps de la 2e armée, conduits par les généraux Blanchard et Renault, exécutaient rapidement avec toute leur artillerie le passage de la rivière.

A neuf heures, ces deux corps d'armée attaquaient le village de Champigny, le bois du Plant et les premiers échelons du plateau de Villiers. A onze heures, toutes ces positions étaient prises et les travaux de retranchement étaient déjà commencés par les troupes de seconde ligne, lorsque l'ennemi ouvrit sur nous un feu désastreux. Une légère hésitation se glisse dans nos rangs ; heureusement elle ne dure pas et nos hommes, ramenés à la baïonnette par le général Ducrot, prennent définitivement possession des crêtes. A ce moment le brave général Renault, — Renault l'arrière-garde, comme l'appelaient ses camarades d'Afrique, — reçoit au pied une blessure mortelle, des suites de laquelle il succomba quelques jours après.

L'action qui s'étendait de Bry à Champigny se concentre au-dessus du village de Villiers que nous occupons. Là, les travaux de l'ennemi forment une sorte de camp retranché devant lequel nous luttons, à découvert, contre un ennemi abrité, tant que le jour nous le permet ; à cinq heures, le feu cesse de part et d'autre, on passe la nuit sur les positions attaquées. Le général Ladreit de la Charrière, gravement atteint à l'attaque de Mesly, meurt quelques jours après de ses blessures.

Ce même jour, au sud, Vinoy tentait sur Thiais et Choisy-le-Roi une nouvelle sortie ; au nord, l'amiral La Roncière le Noury, soutenu par l'artillerie de nos forts, avait occupé dans la plaine d'Aubervilliers, Drancy et la ferme de Groslay ; de fortes colonnes ennemies avaient été ainsi attirées sur les bords du ruisseau la Morée, en arrière du pont Iblon. En même temps, l'amiral tente un hardi coup de main sur Epinay : une brèche, pratiquée au mur du parc par l'artillerie de la Briche, de Saint-Ouen et d'une batterie flottante, donne passage à une colonne formée de deux cents marins et du 1er bataillon des mobiles de la Seine. Les marins enlèvent le château et chassent les Prussiens, la hache à la main. Pendant ce temps, les mobiles entraient dans le village par l'autre extrémité et en enlèvent successivement les barricades et les maisons. Après trois heures de fusillade, la petite troupe se replie devant des forces imposantes qui arrivent d'Orgemont. Elle ramène soixante-douze prisonniers, dont un officier d'état-major, deux mitrailleuses, une petite pièce de canon et deux fusils de rempart. Le baron Saillard, commandant du 1er bataillon de mobiles, atteint de trois blessures qui ne paraissaient pas graves au premier abord, ne tarda pas à succomber. La veille de sa mort, il fut nommé commandeur de la Légion d'honneur.

Et la trouée ?

La trouée n'était pas faite ; c'était jusqu'à Chelles qu'il fallait aller percer les lignes ennemies, et nos généraux s'arrêtèrent à la Villa-Evrard. L'occasion était manquée, car l'adversaire allait évidemment concentrer ses troupes sur les crêtes et dans les bois qui lui étaient restés.

Le 1ᵉʳ décembre se passa sans combat ; cependant, notre artillerie, établie sur le plateau d'Avron, inquiète les mouvements de l'ennemi.

Le 2, comme cela était facile à prévoir, les positions du général Ducrot sont attaquées avec la plus grande violence par l'armée ennemie, qui avait réuni des forces énormes et avait appelé des réserves considérables de Versailles et de Ligny ; sur toute la ligne, l'attaque se produisit subitement et à l'improviste sur les avant-postes des trois corps d'armée de Champigny jusqu'à Bry-sur-Marne.

Soutenues par un ensemble d'artillerie considérable, nos troupes, malgré les pertes qu'elles avaient à subir, opposèrent la plus solide résistance. La lutte fut longue et terrible. Nos batteries arrêtèrent les colonnes prussiennes sur le plateau, et, dès onze heures, les efforts de l'ennemi étaient entièrement vaincus. A quatre heures du soir, le feu cessait, et nous restions maîtres du terrain de la lutte.

Le 3 décembre, on apprend avec stupéfaction que, dans la journée, les troupes du général Ducrot ont repassé la Marne, et que ses troupes bivouaquent à Vincennes. Les pertes considérables de l'ennemi l'empêchèrent de s'opposer à cette opération, qui s'accomplit heureusement.

Pourquoi abandonnait-on des positions si chèrement conquises ? Pourquoi reculait-on ? Une terrible anxiété s'empare des esprits, et le dépit des Parisiens est des plus vifs. Le général Ducrot avait dit, dans son énergique proclamation, qu'il ne rentrerait que « *mort* ou *victorieux*. » On était fort aise qu'il ne fût pas mort, mais on se demandait s'il avait été assez victorieux pour revenir sur ses pas. Dans une proclamation qu'il adressa à ses troupes le 4, le général Ducrot disait « qu'il leur avait fait repasser la Marne, parce qu'il était convaincu que de nouveaux efforts, dans une direction où l'ennemi avait eu le temps de concentrer toutes ses forces et de préparer tous ses moyens d'action, seraient stériles. »

Dans ces deux journées du 30 novembre et du 2 décembre, nous avions fait plus de huit cents prisonniers. Les pertes de l'ennemi avaient été considérables ; les nôtres n'étaient pas sans importance. Outre les généraux Ladreit de la Charrière et Renault, nous avions perdu plusieurs vaillants officiers, entre autres, le colonel de zouaves Prévault, Franchetti, commandant des éclaireurs, le comte de Néverlée, officier d'ordonnance du général Ducrot, qui s'était distingué depuis le début du siège par une série d'actes intrépides et audacieux ; le colonel Mandat de Grancey, tué à Villiers à la tête des mobiles de la Côte-d'Or.

Après la désillusion que la rentrée des troupes dans Vincennes et Nogent avait causée aux Parisiens, ils eurent à en subir une autre qui leur fut annoncée ainsi. Le gouverneur de Paris reçoit une lettre dont voici le texte :

GÉNÉRAL VINOY (page 130)

« Versailles, le 5 décembre.

« Il pourrait être utile d'informer Votre Excellence que l'armée de la Loire a été défaite, hier, près d'Orléans, et que cette ville est réoccupée par les troupes allemandes.

« Si toutefois Votre Excellence jugera à propos de s'en convaincre par un de ses officiers, je ne manquerai pas de le munir d'un sauf-conduit pour aller et venir.

« Agréez, mon général, l'expression de la haute considération, avec laquelle j'ai l'honneur d'être votre très-humble et très-obéissant serviteur.

« *Le chef d'état-major,*
« Général DE MOLTKE. »

Communication à laquelle le gouverneur s'empressa de répondre :

« Paris, le 6 décembre 1870.

« Votre Excellence a pensé qu'il pourrait être utile de m'informer que l'armée de la Loire a été défaite près d'Orléans, et que cette ville est réoccupée par les troupes allemandes.

« J'ai l'honneur de vous accuser réception de cette communication, que je ne crois pas devoir faire vérifier par les moyens que Votre Excellence m'indique.

« Agréez, mon général, l'expression de la haute considération avec laquelle j'ai l'honneur d'être votre très-humble et très-obéissant serviteur.

« *Le gouverneur de Paris,*
« Général TROCHU. »

« Cette nouvelle, qui nous vient par l'ennemi, ajoutait le gouvernement en faisant connaître à la population de Paris cet échange de correspondance, en la supposant exacte, ne nous donne pas le droit de compter sur le grand mouvement de la France accourant à notre secours. Elle ne change rien à notre résolution, ni à notre devoir. Un seul mot les résume : Combattre ! »

Ce n'est que le 14 décembre que l'on reçut deux dépêches de Gambetta annonçant l'évacuation d'Orléans. Le ministre de l'intérieur annonce que le gouvernement s'est transporté à Bordeaux, que Chanzy tient, depuis six jours, contre l'armée de Mecklembourg et du prince Frédéric-Charles, que Faidherbe opère dans le Nord et que Bourbaki est à Bourges. Ces nouvelles font une triste impression : on voit s'éloigner le jour de la délivrance. Et tout le monde est d'accord pour adresser des reproches au général Trochu et pour lui représenter les dangers de sa mollesse. Pourquoi, disent tous les journaux, pourquoi ne pas faire des sorties plus fréquentes, tous les jours, sur différents points. Il faut harceler l'ennemi par des attaques incessantes et l'empêcher, par ce moyen, de distraire, des forces de l'armée assiégeante, des troupes qui iraient écraser nos armées de province. Qui dit que cela n'a pas été déjà fait ? Un journal ose dire tout haut ce que bien des gens pensent tout bas et ce qui était malheureusement la vérité : c'est que le gouvernement de la défense nationale, écrasé sous le poids des difficultés, étale dans ses proclamations une espérance mensongère et qu'il sait bien être vaine. S'il n'ouvre pas les portes à l'ennemi, ce n'est que pour donner satisfaction à une vanité purement militaire.

Le 3 décembre, on était revenu : pourquoi ? à cause des fortes gelées, disait-on, et d'une température sibérienne que les soldats ne pouvaient supporter. On resta dans l'inaction jusqu'au 21 décembre : pourquoi ? parce qu'aux fortes gelées du commencement du mois, avait succédé un dégel et un temps pluvieux qui rendaient toute opération impossible. Paris ne se contente pas de raisons pareilles; aussi donnait-il tout haut des marques d'une légitime impatience.

Enfin, le gouvernement se décida à sortir de son inaction. Le 20 décembre, de grands mouvements de troupes ont lieu : les canons roulent sur le pavé, les soldats traversent la rue sac au dos, les bataillons de marche de la garde nationale sont convoqués pour la nuit; l'heure de la bataille va sonner. Paris est ému et un patriotique frisson court à travers la ville.

L'attaque, si impatiemment attendue, commença le 21 décembre au matin, sur un grand développement, depuis le Mont-Valérien jusqu'à Nogent.

Les marins de la garnison de Saint-Denis et le 134º de ligne, sous les ordres de l'amiral La Roncière le Noury, ont commencé l'attaque sur le Bourget. Les marins se tenaient par compagnie, à cent mètres du village, droits, fermes, la hache au poing, le fusil en bandoulière. Tout à coup retentit le cri : En avant! Ce fut alors une course enragée, un élan formidable. Les Bavarois, à l'aspect de ces hommes furibonds qui frappaient à coup de hache, se réfugièrent terrifiés derrière la barricade et ouvrirent un feu meurtrier; mais, à travers une grêle de balles, nos marins escaladèrent la barricade. Ce qui se passa dans ce moment est vraiment inouï. Les Bavarois tiraient à bout portant. Les marins pénétrèrent dans leurs rangs, toujours la hache au poing, et firent un carnage affreux. Les Allemands se dirigèrent, en fuyant, du côté de Dugny. Les soldats du 134º de ligne avaient battu en retraite. Les marins tenaient toujours, lorsque le commandant du fort d'Aubervilliers, croyant le Bourget évacué par toutes nos troupes fit commencer le bombardement du village. Pris entre la fusillade ennemie et les obus français, nos héroïques marins sont obligés de céder le terrain pied à pied. Ils avaient beaucoup souffert : sur six cents qui avaient donné dans l'action, deux cent soixante-dix-neuf manquèrent à l'appel. Quatre officiers de marine ont été tués : MM. le vicomte Duquesne, Laborde, Noran, Pelletreau.

Sur notre droite, la division de Malroy et la brigade Blaise, appartenant à la 3º armée, se sont avancées le long de la Marne, se logeant dans le village de Neuilly-sur-Marne, avec une forte artillerie aux ordres du général Favé. La brigade Blaise a attaqué de front la Villa-Evrard que l'on occupe et qu'on met en état de défense. Le soir, entre huit et neuf heures, dans une villa située à l'extrémité droite du village, deux mobiles descendaient à la cave pour chercher s'ils ne trouveront pas quelques bouteilles oubliées dans un coin. Après avoir descendu quelques marches, ils se trouvent en présence d'une porte en fer. La porte s'ouvre ; deux coups de feu se font entendre, un des mobiles tombe raide mort ; l'autre remonte et donne l'alarme dans le village. Chaque voûte, chaque maison, chaque cave contient des ennemis ; les soupiraux vomissent des balles et chaque pan de mur abrite un prussien. Le général Blaise réunit ses troupes, les met en garde contre une panique irréfléchie et s'avance à travers les rues, lorsqu'il reçoit une balle qui entre dans l'épaule ; il continue sa route inquiétante ; une seconde décharge l'atteint et lui brise l'os du fémur. Il est transporté à l'ambulance où il expire au milieu de la nuit. Animé par le désir de venger leur général et furieux d'avoir été surpris, les mobiles se battent avec un grand courage, repoussent les Prussiens, et les poursuivent, la baïonnette dans les reins, en leur tuant énormément de monde. A onze heures, l'ennemi avait complétement disparu. C'est une impéritie coupable au premier chef de ne pas s'assurer, par tous les moyens possibles, qu'on n'est pas exposé à tomber dans un piège. Ici, il suffisait de sonder les caves et de fouiller les souterrains. La leçon que nous avons reçue à la Villa-Evrard est dure et nous coûte un de nos bons généraux : espérons qu'elle nous profitera.

Le général Ducrot occupe les fermes de Groslay et Drancy ; du côté du Mont-Valérien, le général Noël a fait vers sept heures du matin une forte démonstration à gauche de Montretout, au centre sur Buzenval et Longboyau, en même temps que sur sa droite, le chef de bataillon Faure, commandant du génie du Mont-Valérien, s'emparait de l'Ile-de-Chiard. Au moment où cet officier supérieur y pénétrait à la tête d'une compagnie de francs-tireurs de Paris, il fut blessé très-grièvement. Le capitaine Haas, qui commandait cette compagnie, fut tué.

Les troupes de Ducrot rentrent à Paris. « La continuation d'une gelée excessive rend les travaux impossibles ; plusieurs cas de congélation se produisent, » telle est la raison qui décide le gouverneur à rentrer. Le Bourget n'est pas resté entre nos mains, l'attaque n'a pas réussi, mais parce qu'elle a été, dit le rapport, « contrariée par une brume très-intense. » Le général Trochu n'avait pas prévu le brouillard quand il a conçu son plan. Il n'a vraiment pas de chance : il est toujours arrêté par l'état de l'atmosphère, par la pluie ou la sécheresse, par la gelée ou le dégel, les grands froids, le brouillard ! Trochu veut bien lutter contre les Prussiens, mais il s'avoue vaincu par les éléments et la température !

Il faut enfin en finir. Il faut que le gouvernement de la défense nationale devienne résolument le gouvernement de l'offensive. La période d'atermoiement est finie ; il faut que la période d'action, et d'action vigoureuse, incessante, décisive, recommence, si les hommes qui tiennent dans leurs mains les destinées de la France veulent retrouver leur popularité des premiers jours, s'ils veulent ne pas faillir à la tâche sacrée dont ils se sont chargés : la délivrance de Paris.

Le froid, la neige, la dureté du sol, l'inclémence du ciel, ont pu constituer, dans les premiers moments, de sérieux motifs de temporisation. Mais nos troupes, vers la fin de décembre, étaient aguerries et ne demandaient qu'à marcher. Et d'ailleurs, la température était autrement rigoureuse à Sébastopol et à Cronstadt ; cela avait-t-il empêché nos soldats de bien se battre ?

Voilà ce que le peuple pensait tout haut, vers la fin de décembre. Le gouvernement a tort de ne pas y faire attention : le peuple commente l'inaction des chefs, le peuple murmure.

Le 26 décembre, le général Vinoy fait occuper le parc de la Maison-Blanche par trois bataillons, qui en abattent le mur au sud-ouest. Le lendemain, le bombardement des forts qui était prévu commence avec la plus grande violence. L'ennemi démasque des batteries de pièces à longue portée qui battent les forts de Noisy, de Rosny et de Nogent et la partie nord du plateau d'Avron. Ces batteries sont groupées trois par trois au Rainey, à Gagny, à Noisy-le-Grand et au pont de Gournay. Nos pertes sont nulles dans les forts ; elles sont plus sérieuses au plateau d'Avron, que l'absence d'ouvrage et d'abris nous rend à peine tenable ; depuis un mois que le plateau est en notre pouvoir, on n'avait rien fait pour s'y maintenir ; le 28, le bombardement continue ; les Prussiens visent surtout le fort de Rosny, dont la maison des officiers est rasée par les obus. Le 29, de nouvelles batteries de canons Krupp s'étant jointes à celles qui bombardaient depuis huit jours le plateau d'Avron, force nous est d'abandonner cette position. Les soixante-quinze pièces de marine qui le défendaient et qui, malgré leur fort calibre, n'étaient pas capables de lutter avec les canons Krupp, sont reportées en arrière des forts, qui souffrent peu du bombardement malgré le feu effréné dirigé sur eux. Le bombardement continue sans relâche jusqu'au 31 décembre : nos forts reçoivent une quantité considérable d'obus qui ne causent que des dégâts insignifiants.

Contrairement aux usages reçus de temps immémorial, le bombardement a été commencé par les Prussiens sans avertissement, sans sommation préalable.

Le 31 décembre, le gouverneur de Paris, répondant au sourd mécontentement de la population parisienne, lui adresse la proclamation suivante :

« Citoyens et Soldats !

« De grands efforts se font pour rompre le faisceau des sentiments d'union et de confiance réciproque auxquels nous devons de voir Paris, après plus de cent jours de siège, debout et résistant. L'ennemi, désespérant de livrer Paris à l'Allemagne pour la Noël, comme il l'a solennellement annoncé, ajoute le bombardement de nos avancées et de nos forts aux procédés si divers d'intimidation par lesquels il a cherché à énerver la défense. On exploite devant l'opinion publique les mécomptes dont un hiver extraordinaire, des fatigues et des souffrances infinies ont été la cause pour nous. Enfin, on dit que les membres du gouvernement sont divisés dans leurs vues sur les grands intérêts dont la direction leur est confiée.

« L'armée a subi de grandes épreuves, en effet, et elle avait besoin d'un court repos que l'ennemi lui dispute par le bombardement le plus violent qu'aucune troupe ait jamais éprouvé. Elle se prépare à l'action avec le concours de la garde nationale de Paris, et, tous ensemble, nous ferons notre devoir.

« Enfin, je déclare ici qu'aucun dissentiment ne s'est produit dans les conseils du gouvernement, et que nous sommes tous étroitement unis, en face des angoisses et des périls du pays, dans la pensée et dans l'espoir de sa délivrance. »

Ce sont là des mots et des phrases. Il est vrai que la confiance s'en va, mais à qui la faute ? A Paris toujours résigné dans ses souffrances, plein de patience et de courage ? Non, la faute en est au gouvernement qui s'oublie, au gouverneur qui s'endort, aux généraux qui commettent des fautes successives. Assez de proclamations ! la population parisienne veut des actes.

CHAPITRE XVI

L'AGONIE

1871. — Le cadeau de M. Magnin. — Bombardement de Paris. — Protestation du Corps diplomatique. — Réponse de M. de Bismark. — La force prime le droit. — Le Gouverneur de Paris ne capitulera pas. — Sortie du 19 janvier. — Montretout, Buzenval, la Bergerie. — Fautes commises. — Deux jours d'armistice pour enterrer nos morts. Émeute du 22 janvier. — Mise en liberté de M. Flourens. — Le général Trochu n'est plus gouverneur. — Le *Moniteur* de Versailles annonce la défaite de nos armées de province. — Le bombardement de Paris : les enfants tués à l'asile Saint-Nicolas. — Néron et l'empereur Guillaume. — Résultats du bombardement.

Nous sommes sur le seuil qui sépare l'année 1870 de l'année 1871. Jetons un regard en arrière, et voyons ce que Paris a fait pour sa défense.

Paris a fait de grandes choses : il n'avait pas d'armée, il ne possédait ni canons ni munitions. Des soldats ont surgi du sol et des armes ont été créées comme par miracle. Ses ressources en vivres étaient limitées : il a su y pourvoir et au prix des plus grandes privations, prolonger la résistance.

La grande cité a étonné le monde entier par ce spectacle unique dans les fastes de la guerre, et si le succès n'a pas couronné ses gigantesques efforts, ce n'est pas qu'elle ait manqué de résignation, de patriotisme et de courage. Si Paris a succombé, c'est que Paris civil a été mal administré, comme Paris militaire a été mal commandé.

Cette journée populaire du 1ᵉʳ janvier fut lugubre. On ne songeait guère à rire et à s'amuser en ce moment. Le ministre du commerce ne réussit même point à égayer les Parisiens, en leur faisant, pour la nouvelle année, un cadeau cependant bien précieux. Voici la lettre par laquelle M. Magnin annonçait ce cadeau :

« Monsieur,

« Le Gouvernement a pensé qu'il fallait inaugurer l'année 1871 par une mesure dont chaque citoyen profiterait, et il m'a chargé de la mission très-agréable de donner aux vingt arrondissements de Paris :

« 1° 101,000 kilog. de très-bonne viande de bœuf conservée (au lieu de viande de cheval);
« 2° 52,000 kilog. haricots secs;
« 3° 52,000 kilog. huile d'olive;
« 4° 52,000 kilog. café vert en grains;
« 5° 52,000 kilog. chocolat.
« Vous voyez que nos magasins ne sont pas encore vides, quoique nous y puisions depuis le 19 septembre.
« Nos ennemis ne nous empêcheront pas de fêter la nouvelle année et d'avoir la foi la plus inaltérable dans notre délivrance et dans la régénération de notre patrie.
« J. Magnin. »

L'année 1871 sera-t-elle plus heureuse pour la France que ne l'a été l'année 1870? Apportera-t-elle aux Parisiens l'élargissement de ce cercle de fer qui l'enserre depuis cent cinq jours? Leurs frères des départements viendront-ils leur tendre la main? A Paris, on l'espérait encore : le Français espère toujours et ne se décourage jamais; le Parisien est philosophe, et ne doute de rien. L'adversité ne l'abat point; les plus grands malheurs, il les supporte patiemment; naturellement gouailleur, il rit de tout ; même au milieu des plus grandes épreuves, il est joyeux et gai, et sous ses plus cuisants chagrins, on devine encore le sourire prêt à se faire jour.

Il ne doutait donc pas de la victoire au 1ᵉʳ janvier; seulement il voulait se battre, et ses gouvernants ne paraissaient pas très-disposés à lui donner satisfaction sur ce point.

Le bombardement des forts continuait avec la plus grande violence; les batteries ennemies situées à Chevilly, Thiais, Fontenay, Châtillon, Meudon ouvrent le 5 janvier un feu formidable sur le Moulin-Saquet, les Hautes-Bruyères, Vanves et Issy. Depuis longtemps déjà il était question du bombardement de Paris. L'éventualité d'une semblable entreprise avait servi de texte à bien des conversations et à bien des articles de journaux dès le début du siége, et le gouvernement avait fait afficher, vers la fin de septembre, à l'entrée de toutes les habitations, sur les murailles des cours intérieures des *Instructions sur les précautions à prendre en cas de bombardement*.

Mais on avait tant parlé de bombardement, on avait si souvent lu dans les journaux allemands la chose solennellement annoncée, et si souvent le roi Guillaume avait fait mentir les feuilles prussiennes, qu'on avait fini par ne plus y croire.

« Bombarder Paris! mais ce serait monstrueux, disaient les Parisiens. Non, Guillaume n'osera pas. A quoi cela servirait-il? Croit-il que cela nous fera capituler une demi-heure plus tôt? Certaines places fortes de la province se sont rendues, devant le bombardement, sous la pression de la population civile, mais les commandants de place ont eu tort. Le *moment psychologique* ne viendra jamais pour le Parisien. Nous savons que le bombardement est, pour l'assiégeant, la simple pierre de touche de la *force morale* de l'assiégé. Il espère que dès les premières flammes de l'incendie et les premiers cris des blessés, la population civile voudra que la place se rende. Le bombardement n'est autre chose qu'un appel à la révolte, à l'insurrection de la masse populeuse contre la garnison. Pour nous, si nous nous révoltons contre le Gouvernement, ce ne sera pas pour qu'il capitule, mais pour l'empêcher de capituler. »

Ainsi parlait le Parisien. Le 5 janvier, il s'aperçut cependant pour de bon que les obus passaient par-dessus les murs et tombaient dans Paris. Les forts ne sont plus, seuls, la cible des canonniers prussiens : les maisons particulières, les hospices, les monuments vont être bombardés ; les soldats ne seront pas les seules victimes des bombes lancées par un ennemi sauvage : les femmes, les enfants, les vieillards, la population inoffensive vont être aussi atteints. Si nous avions eu à lutter contre un ennemi humain, ou, tout au moins, observateur du droit des gens, le Gouvernement eût reçu une sommation préalable. Mais le peuple barbare qui assiégeait Paris n'y regardait pas de si près. Il y avait dans la capitale des représentants des puissances étrangères : on devait leur donner, en vertu des principes les plus élémentaires du droit des nations, les moyens d'abandonner, avant le bombardement, une capitale de la résistance de laquelle on ne pouvait pas les rendre solidaires. Mais qu'importe tout cela au roi Guillaume ? Le droit des gens, le droit des nations, de l'humanité lui sont inconnus. Cependant les représentants du corps diplomatique protestent contre le bombardement par la lettre suivante adressée à M. de Bismark :

« Monsieur le comte,

« Depuis plusieurs jours, des obus en grand nombre partant des localités occupées par les troupes belligérantes, ont pénétré jusque dans l'intérieur de Paris. Des femmes, des enfants, des malades ont été frappés. Parmi les victimes, plusieurs appartiennent aux États neutres. La vie et la propriété des personnes de toute nationalité établies à Paris se trouvent continuellement mises en péril.

« Ces faits sont survenus sans que les soussignés, dont la plupart n'ont en ce moment d'autre mission à Paris que de veiller à la sécurité et aux intérêts de leurs nationaux, aient été, par une dénonciation préalable, mis en mesure de prémunir ceux-ci contre les dangers dont ils sont menacés, et auxquels des motifs de force majeure, notamment les difficultés opposées à leur départ par les belligérants, les ont empêchés de se soustraire.

« En présence d'événements d'un caractère aussi grave, les membres du corps diplomatique présents à Paris, auxquels se sont joints, en l'absence de leurs ambassades et légations respectives, les membres soussignés du corps consulaire, ont jugé nécessaire, dans le sentiment de leur responsabilité envers leurs gouvernements, et pénétrés des devoirs qui leur incombent envers leurs nationaux, de se concerter sur les résolutions à prendre.

« Ces délibérations ont amené les soussignés à la résolution unanime de demander que, conformément aux principes et aux usages reconnus du droit des gens, des mesures soient prises pour permettre à leurs nationaux de se mettre à l'abri, eux et leurs propriétés.

« En exprimant avec confiance l'espoir que Votre Excellence voudra bien intervenir auprès des autorités militaires dans le sens de leur demande, les soussignés saisissent cette occasion pour vous prier d'agréer, monsieur le comte, les assurances de leur très-haute considération. »

M. de Bismark s'empressa de répondre à MM. les membres du corps diplomatique. Citant l'opinion de Vattel, il se justifia de ne pas avoir prévenu à l'avance que le bombardement allait commencer. Il dit que, quant à ces circonstances fâcheuses, « la responsabilité en retombe sur ceux qui, d'une capitale de trois millions d'habitants ont fait une place forte de premier ordre, » et il ajoute que, d'ailleurs, la Prusse a toujours permis aux étrangers de fuir Paris, et que ce sont les autorités françaises qui s'y sont opposées.

M. Kern, ministre de la Confédération Suisse, répond au chancelier prussien qu'après avoir pendant un certain temps permis aux étrangers de quitter Paris, la Prusse a, dès le mois de novembre, suspendu ces permissions; que la France ne s'est jamais opposée au départ des représentants diplomatiques et des citoyens des États neutres; enfin, que si Vattel, ce qu'il n'admet pas, lui donne rigoureusement le droit de ne pas dénoncer le bombardement, les règles du droit international moderne lui faisaient un devoir de remplir cette formalité.

Croit-on que cette protestation contre le bombardement, signée par les représentants de toutes les puissances, adressée au chancelier prussien, produira un certain effet et que le quartier général ennemi va arrêter ou suspendre le bombardement? Erreur! Que fait au roi Guillaume l'opinion de l'Europe!

L'Europe! « Il n'y a plus d'Europe, a dit M. de Bismark, il n'y a plus que la Prusse! » Qu'importe à ce pays barbare que l'humanité se révolte, qu'elle invoque le droit, que l'histoire la mette au ban des nations? *La force prime le droit*, répond le même Bismark.

La population de Paris accepta vaillamment cette nouvelle épreuve. L'ennemi, par sa violence, augmenta la résolution de la cité qui veut combattre et vaincre, et loin de l'intimider, accrut son courage, car il redoubla sa haine.

Dans certains quartiers de Paris, des groupes peu nombreux de trembleurs n'osaient pas élever la voix trop haut, mais parvenaient cependant, par leurs balbutiements, à répandre des paniques insensées. Un jour même, le général Trochu crut devoir protester contre les intentions de ces *capitulards* par l'ordre du jour suivant, qui se termine par une phrase devenue célèbre:

AUX CITOYENS DE PARIS.

Au moment où l'ennemi redouble ses efforts d'intimidation, on cherche à égarer les citoyens de Paris par la tromperie et la calomnie. On exploite contre la défense nos souffrances et nos sacrifices.

Rien ne fera tomber les armes de nos mains. Courage, confiance, patriotisme! le gouverneur de Paris ne capitulera pas.

Le Gouverneur de Paris,
Général TROCHU.

« Le Gouverneur de Paris ne capitulera pas. » Fière parole à laquelle répond l'ardent patriotisme de Paris et qui attirera à celui qui l'a prononcée des reproches amers et bien mérités. « Courage, confiance, patriotisme » sont des mots sublimes, si l'on veut. Mais à l'heure qu'il est, devant les obus qui tombent sur les maisons des particuliers, sur les asiles des malades, qui tuent des vieillards, des femmes et des enfants, les mots n'ont plus de valeur, les mots sont usés; encore une fois, ce sont des actes qu'il faut: agissez! Paris le veut ainsi, et il a raison; dans certains quartiers, une effervescence extraordinaire règne; les partisans de la Commune s'agitent; l'acte d'accusation du gouvernement est dressé dans une grande affiche rouge qui, affichée sur tous les murs, est aussitôt lacérée par ordre et dont les auteurs sont emprisonnés. Des manifestations ont lieu; elles échouent, il est vrai, mais que le gouvernement y prenne garde: le malaise moral de la population est arrivé à un degré d'acuité qui n'est que trop justifié par de longues souffrances, et lorsque son espoir d'en sortir sera déçu, il se passera peut-être des choses terribles.

Le bombardement de Paris continua sans interruption, jusqu'à minuit, le 27 janvier. Nous publions plus loin un tableau complet des quartiers et des monuments atteints, et nous donnerons, d'après des chiffres que nous croyons exacts, le nombre des victimes faites dans chaque journée.

Les batteries de l'ennemi lancent toujours sur les forts de nombreux projectiles. Jusqu'au 18 janvier, plusieurs engagements ont lieu entre nos troupes et les assiégeants et plusieurs tentatives faites par l'ennemi pour s'emparer de quelques-unes de nos positions sont vigoureusement repoussées. Enfin, le 18, on apprend qu'une grande sortie va être faite: cet appel, placardé dans Paris, ne fait que traduire les sensations qui sont dans tous les cœurs:

« Citoyens,

« L'ennemi tue nos femmes et nos enfants; il nous bombarde jour et nuit; il couvre d'obus nos hôpitaux. Un cri, Aux armes! est sorti de toutes les poitrines.

« Ceux d'entre nous qui peuvent donner leur vie sur le champ de bataille marcheront à l'ennemi; ceux qui restent, jaloux de se montrer dignes de l'héroïsme de leurs frères, accepteront au besoin les plus durs sacrifices comme un autre moyen de se dévouer pour la patrie.

« Souffrir et mourir, s'il le faut, mais vaincre.

« Vive la République! »

Soldats et gardes nationaux se préparèrent au combat avec un entrain magnifique. Dans l'après-midi du 18, cent soixante-dix mille hommes franchissent les portes et s'en vont camper dans les villages situés entre la ligne d'investissement et les forts.

L'armée était partagée en trois colonnes: celle de gauche, sous les ordres de Vinoy, devait enlever la redoute de Montretout et le terrain avoisinant; celle du centre, commandée par le général de Bellemare, avait pour objectif le plateau de la Bergerie; enfin, la colonne de droite, avec Ducrot, devait opérer sur le parc de Buzenval.

Le 2e régiment de marche de la garde nationale formait avec le 139e de ligne la tête de la colonne lancée à l'assaut de Montretout. Vers neuf heures, l'ordre arrive de monter à l'assaut. En moins d'une demi-heure, la redoute était occupée, et la 1re compagnie du 7e bataillon de la garde nationale choisissait immédiatement ses positions. Le 2e régiment de marche venait de s'essayer par un coup de maître. Le Mont-Valérien envoya de l'artillerie, mais il fut impossible de la mettre en batterie; dans la terre argileuse et détrempée de la redoute, les canons enfonçaient de 40 centimètres. Il y fallut renoncer, et dans la journée l'on dut abandonner Montretout.

Pendant que se livrait l'assaut victorieux de la redoute, le général de Bellemare parvient sur la crête de la Bergerie et s'empare de la maison dite du Curé.

Sur la droite, Ducrot fut le Grouchy de ce nouveau Waterloo. Sa colonne, mal dirigée, alla se butter contre un train d'artillerie; un instant de désarroi suivit et les batteries prussiennes, établies sur les coteaux bordant la rive opposée de la Seine, ouvrirent un feu meurtrier auquel on ne pouvait répondre. Ce ne fut donc qu'après midi que Ducrot entrait en ligne. Il est attaqué sur sa droite, établie à Rueil, par des batteries formidables contre-battues par l'artillerie qu'elle avait à sa disposition et par le Mont-Valérien.

L'action s'engagea vivement sur la route de Longboyau; Ducrot tenta à plusieurs reprises d'enlever les maisons et le mur crénelé du parc qui, depuis midi, arrêtait la tête de la colonne.

Où donc était l'artillerie ?

Égarée! et personne n'eut l'idée de dételer quelques pièces de 4, de transporter canons et affûts, à force de bras, et de jeter quelques madriers pour le consolider! Jamais on n'avait vu encombrement et désordre pareil. Ah! Paris méritait mieux que ces chefs incapables. Sur cent mille gardes nationaux appelés, trente mille à peine avaient été mis en ligne.

Vers quatre heures, un retour offensif de l'ennemi fait fléchir nos troupes qui cependant se portent de nouveau en avant et remontent sur la crête. « Mais, dit le rapport du gouverneur, la nuit arrivait, et l'impossibilité d'amener de l'artillerie pour constituer un établissement solide sur des terrains défoncés arrêta nos efforts. » Il fallut se retirer. Toutes les positions conquises le matin furent abandonnées le soir; on se replia en arrière, dans les tranchées, entre la Malmaison et le Mont-Valérien.

Le général Trochu, qui, du reste, ne se ménagea pas, et qui, vers la fin du combat, ramena la gauche en avant, avait, dans les dépêches qu'il adressa pendant cette journée, montré un pessimisme que les bataillons engagés ne purent comprendre. Suivant son habitude, le gouverneur rejeta sur le brouillard l'insuccès de la journée. Bien que nos pertes eussent été sensibles, on les croyait, avec raison, moindres que celles de l'ennemi; aussi fut-on surpris des termes désolés dans lesquels le lendemain, M. Trochu se félicitait que l'ennemi n'attaquât pas et réclamait un armistice de deux jours pour enterrer les morts, des voitures d'ambulance très-solidement attelées et beaucoup de brancardiers.

Si la bataille du 19 janvier ne donna pas les résultats que Paris pouvait en attendre, elle est l'un des événements les plus formidables du siège, l'un de ceux qui témoignent le plus hautement de la virilité de ses défenseurs, mais qui attestent aussi le plus clairement l'incapacité notoire de ses généraux.

Nos pertes s'élevèrent environ à trois mille hommes tués ou blessés. Parmi les morts se trouvaient le colonel de Rochebrune, qui, dans la dernière insurrection de la Pologne, s'était fait un renom de bravoure et de science militaire; le peintre Henri Regnault, une des jeunes gloires de la France artistique et, Gustave Lambert, homme d'action, qui se proposait d'étendre le domaine de la science et d'en vérifier les prévisions au péril de sa vie, dans l'expédition du pôle Nord.

Le bataillon des mobiles de la Loire-Inférieure, commandé par M. de Lareinty qui, dès le matin, avait occupé la maison Zimmermann, à Montretout, est cerné dans cette position. Abandonné au moment de la retraite, il dut, faute de munitions et de vivres, se rendre avec trois cent cinquante hommes.

Le soir même de cette journée néfaste, le Gouvernement recevait une dépêche de Bordeaux qui lui annonçait que Chanzy, battu près du Mans, avait été obligé de se replier derrière la Mayenne.

L'exaspération fut grande à Paris, quand on apprit le résultat de la journée du 19; le parti qui avait fait le 31 octobre commençait à s'agiter de nouveau. Dans la nuit du 21 au 22, cette agitation se traduisit par des voies de fait. Deux attaques furent dirigées contre Mazas et la mairie de Belleville. Un bataillon dévoué à Flourens se présente à Mazas, où il paraît avoir eu des intelligences, met en liberté plusieurs détenus politiques, parmi lesquels Gustave Flourens, et de là se dirige sur la mairie du 20e arrondissement dans le but d'y installer le quartier général de leur insurrection. L'entreprise des insurgés n'obtient pas un succès de longue durée, mais enfin elle se prolonge assez pour permettre à ces *amis du peuple* de s'emparer de deux mille rations de pain, au risque de livrer au supplice de la faim toute la population indigente de Belleville, de boire une barrique de vin réservée aux nécessiteux et de dévaliser un épicier du voisinage.

Le 22 au matin, l'affiche suivante se lisait sur tous les murs :

« Le Gouvernement de la défense nationale a décidé que le commandement en chef de l'armée de Paris serait désormais séparé de la présidence du gouvernement.

« M. le général de division Vinoy est nommé commandant en chef de l'armée de Paris.

« Le titre et les fonctions de gouverneur de Paris sont supprimés.

« M. le général Trochu conserve la présidence du gouvernement. »

Qu'est-ce que cela veut dire? Le général Trochu cesse d'être gouverneur de Paris; ainsi « *Le gouverneur de Paris ne capitulera pas.* » C'est une dérision; c'est une plaisanterie sinistre.

Dans la matinée du 22, des groupes se forment à la place de l'Hôtel-de-Ville; vers deux heures, elle est remplie, mais les curieux dominent dans la foule. On fait venir de la caserne Napoléon six compagnies des mobiles du Finistère. Des compagnies de gardes nationaux envahissent la place; diverses députations envoient des délégués; l'une d'elles demande la formation d'un comité civil s'occupant de l'administration de la ville et dirigeant les opérations militaires.

Tandis que le colonel Vabre de Legge, gouverneur de l'Hôtel de Ville, et le commandant des mobiles parlementent à la grille, un coup de feu est tiré, qui blesse grièvement un officier de la garde mobile du Finistère, le capitaine adjudant-major Bernard. En le voyant tomber, les gardes mobiles font feu à leur tour, et la place est immédiatement vidée.

Néanmoins, tout n'était pas terminé. La fusillade recommence; elle partait des encoignures des rues qui font face à la place, des angles du quai et de la rue de Rivoli, elle partait surtout des fenêtres de deux maisons voisines du bâtiment de l'Assistance publique. De là, les insurgés continuent le feu sur le palais; la fusillade dure près de vingt minutes. Les mobiles de la Vendée et les gardes républicains arrivent par l'avenue Victoria et ne tardent pas à rétablir le calme. Ce triste combat, engagé au bruit des obus prussiens qui pleuvaient sur la rive gauche et sur la ville de Saint-Denis, fit quinze morts et vingt-huit blessés. A l'Hôtel de Ville, le capitaine Bernard seul a été blessé.

L'ordre est rétabli, tout est rentré dans le calme; la guerre civile est conjurée, et les journées suivantes ne voient reparaître aucune tentative de lutte fratricide. Le Gouvernement ordonne la fermeture des clubs et supprime le *Réveil* et le *Combat*, comme contenant chaque jour des excitations à la guerre civile.

Le bombardement des forts continue. A Saint-Denis, il fait de nombreuses victimes. Les enfants, les femmes, les vieillards servent d'objectif aux obus prussiens.

Le 25, un bruit lugubre se répand et gagne de proche en proche tous les quartiers de la ville. Le *Moniteur officiel de Versailles*, publié par les Allemands, contient dans un numéro reproduit par le *Journal officiel* des nouvelles désastreuses de Chanzy, qui est en pleine déroute, de Faidherbe battu à Saint-Quentin par le général von Gœben, et de Bourbaki en retraite vers le sud. Bien qu'on fasse la part de l'exagération et de la mauvaise foi auxquelles les journaux allemands nous ont habitués, ces nouvelles jettent la consternation dans la ville; on dit que tous les commandants de la garde nationale ont été convoqués chez le général Clément Thomas pour recevoir communication de ces nouvelles; enfin on ajoute que Jules Favre est à Versailles et il débat les conditions d'une capitulation. Le patriotisme de la population n'accepte pas ces nouvelles et les trouve tellement entachées d'exagération qu'elle ne veut même pas se donner la peine de les discuter.

Cependant, tout cela était vrai; le 27, le Gouvernement annonçait officiellement que les clauses de l'armistice étaient arrêtées et qu'il serait signé le lendemain.

Le 28, à neuf heures, nos forts et les commandants des neuf secteurs recevaient l'ordre de cesser le feu, tandis que les armées ennemies, qui savaient que l'armistice serait signé le soir même, épuisaient leurs derniers coups de canon, comme si elles eussent voulu ne perdre ni une charge de poudre ni un obus.

Guillaume, empereur d'Allemagne, car il porte ce titre depuis le 18 janvier, en était arrivé à ses fins. Sedan et son armée livrés par la lâcheté de Napoléon III, Metz et son armée vendus par la trahison de Bazaine, Paris enfin, obligé, par l'incapacité, le manque d'énergie et les fautes grossières de ses chefs, de signer une convention à laquelle on a fallacieusement donné le nom d'armistice, et qui était une véritable capitulation, la France dévastée, ravagée par ses hordes barbares, humiliée par la présence des troupes allemandes, deux cent mille hommes au moins ayant versé leur sang pour lui, voilà, il nous semble, un beau succès, et c'est là pour le nouvel empereur un bel avènement.

Il avait dit un jour, ce monarque, que jamais il ne bombarderait Paris, ne voulant pas être appelé « l'Attila moderne ». Mais il disait cela vers le milieu d'octobre ; il pensait alors que Paris lui ouvrirait promptement ses portes, mais il vit bientôt qu'il se trompait. Or, par quel moyen, alors, pouvait-on se rendre maître de la capitale. Faire brèche aux remparts ? tenter l'assaut ? L'armée prussienne ne l'aurait jamais osé. La famine ? il y avait trois mois et demi que Paris était rigoureusement bloqué : il faudrait encore deux mois, au moins ; c'est trop long. Que faire ? il ne restait plus qu'un seul moyen à employer : la terreur. Alors le vieil empereur s'est dit : Jetons des bombes incendiaires sur les hôpitaux, brûlons les faubourgs, jetons surtout des obus sur les femmes et les enfants ; les hommes qui possèdent seront frappés dans leurs intérêts, les mères viendront éplorées poussant des cris sur les places publiques ; et devant ce concert de pleurs, de récriminations, qui sait ? peut-être même de menaces, le gouverneur capitulera ou la guerre civile énervera la défense.

Vous aviez mal calculé, Guillaume, et Paris se serait enseveli sous ses ruines plutôt que de se rendre. Paris s'est rendu, ou du moins ses gouvernants ont arrêté la lutte, non pas devant votre bombardement sauvage, mais devant le manque de pain.

Guillaume de Prusse, ce roi par la grâce de Dieu, comme il s'appelle, cet empereur par la servilité des rois et des grands ou petits ducs de Bavière, de Wurtemberg, de Bade et autres lieux, a osé ordonner le bombardement de Paris, de cette ville qui rayonne de l'éclat du génie, qui est le foyer des sciences, des lettres et des arts, et qui, pendant toute une série de siècles, a secoué sur l'Europe le flambeau de la civilisation. Il a fait diriger le tir de ses batteries sur les écoles, sur les hôpitaux, sur l'Hôtel-Dieu, sur l'hospice de la Maternité, partout où la charité publique a ouvert un asile à l'enfance, à la misère, à la douleur.

Empereur Guillaume, écoutez bien ceci : Dans la nuit du 8 au 9 janvier, des obus pleuvaient rue de Vaugirard, autour de l'établissement Saint-Nicolas, qui abrite un millier d'enfants. Les obus tombaient sur les maisons environnantes, tantôt à droite, tantôt à gauche. Évidemment vos canonniers maladroits ne pouvaient trouver le point qu'ils cherchaient. Le directeur de cet asile, inquiet du danger, fit lever les élèves pour les abriter dans les caves. Le défilé commençait ; encore deux minutes, et tous étaient sauvés ! A cet instant, un obus effondre le toit, traverse le plancher du grenier et éclate dans le pre-

GUILLAUME Ier

mier dortoir. Il y eut là, Empereur Guillaume, quatre enfants tués sur le coup; sept autres furent blessés grièvement et l'un d'eux mourut le lendemain. Nous ne voulons pas parler de toutes les victimes innocentes faites par les obus allemands pendant le bombardement. Combien d'enfants, combien de femmes, combien de vieillards ont été atteints! Vous êtes un homme pieux, Empereur Guillaume, et vous appelez souvent la Providence à votre secours; eh bien! le sang de ces pauvres enfants innocents, tués à Saint-Nicolas, est venu rejaillir sur votre couronne d'empereur d'Allemagne, et vous êtes à jamais maudit! En l'an de Jésus-Christ 64, Néron fit mettre le feu à Rome; il monta sur le point le plus élevé de son palais, et là, entouré de ses courtisans, il chanta sur son luth les sinistres splendeurs de l'incendie. C'était un fou plutôt qu'un criminel. Rien ne prouve qu'il ait voulu donner à son imagination blasée le spectacle nouveau d'une ville réduite en cendres et d'une population éperdue enfermée dans un cercle de feu. Personne n'a dit qu'il ait poussé dans l'immense brasier des femmes, des enfants, des vieillards.

Vous, vous l'avez fait, Empereur Guillaume; vers la fin de votre vie, vous vous êtes couvert de sang innocent, vous avez ordonné des crimes inutiles. Dieu vous punira, mais en attendant le châtiment suprême, l'histoire exercera sa vengeance. Les poètes et les historiens vous saisiront à la gorge, bandit impérial! et vous cloueront au pilori, si haut et si ferme que le monde pourra vous couvrir de boue et que la postérité n'aura pour votre nom que mépris et exécration.

Nous publions ci-contre les résultats du bombardement de Paris, et nous croyons pouvoir garantir la parfaite exactitude du tableau que nous mettons sous les yeux de nos lecteurs.

Dans ce tableau, ne sont pas compris les dégâts causés aux immeubles des particuliers et le nombre des victimes faites par le bombardement de Saint-Denis.

Les batteries prussiennes de la butte Pinson, Stains, Orgemont, Drancy, Groslay et Garches ont fait pleuvoir pendant huit jours sur la ville une véritable grêle d'obus. Les habitants ont dû se réfugier dans les caves; plusieurs incendies, qui ont été heureusement maîtrisés, se sont déclarés, et de nombreuses victimes ont été faites par les bombes prussiennes. La cathédrale a été naturellement le principal objectif des batteries ennemies et a reçu un très-grand nombre de projectiles; sa flèche est sérieusement endommagée; la prison a été en partie démolie, un grand nombre de maisons particulières ont été atteintes et plusieurs se sont effondrées.

On peut évaluer à quatre-vingt-dix personnes le nombre des habitants de Saint-Denis mortellement atteints et à deux cents celui des blessés.

RÉSULTATS DU BOMBARDEMENT DE PARIS

DATES.	QUARTIERS ATTEINTS.	ÉDIFICES ATTEINTS.	Nombre des immeubles particuliers atteints.	Personnes tuées.	Personnes blessées.	Total des victimes.
Du 5 au 6 janvier	Montrouge, Observatoire, Luxembourg, Val-de-Grâce, Panthéon, boulevard St-Michel, rue Saint-Jacques, rue Gay-Lussac, cimetière de Montrouge, Champ d'Ars, rue d'Enfer, chaussée du Maine, Auteuil.	....	24	5	5	10
Du 6 au 7	Val-de-Grâce, Notre-Dame-des-Champs, Plaisance, Javel, Grenelle et Auteuil.	....	45	4	6	10
Du 7 au 8	Panthéon, Observatoire, Luxembourg, rue de Fleurus, rue Madame, boulevard Saint-Michel, rue du Bac, Grenelle et Auteuil.	....	69	3	12	15
Du 8 au 9	Panthéon, Odéon, Invalides, Observatoire, Vaugirard.	Val-de-Grâce, Sorbonne, bibliothèque Sainte-Geneviève, églises St-Étienne-du-Mont, Sainte-Geneviève, St-Sulpice et Vaugirard, prison de la Santé...	40	12	17	29
Du 9 au 10	Saint-Victor, Jardin-des-Plantes, Val-de-Grâce, Notre-Dame-des-Champs, École militaire, Maison-Blanche et Montparnasse.	Hôpital de la Pitié, Sainte-Pélagie, la maison des frères de la Doctrine chrétienne.	38	12	14	26
Du 10 au 11	Invalides, Panthéon, Saint-Sulpice, Sorbonne, Jardin-des-Plantes, Vaugirard et Grenelle.	École polytechnique, couvent du Sacré-Cœur, hospice de la Salpêtrière, le bâtiment principal de l'Assistance publique, la maison du docteur Blanche.	20	3	10	13
Du 11 au 12	Val-de-Grâce, Notre-Dame-des-Champs, École militaire, Montparnasse et Plaisance.	École normale, église Saint-Nicolas, hospice des Jeunes-Aveugles (cinq victimes), hospice de l'Enfant-Jésus et de la Maternité (cinq sages-femmes tuées)...	45	5	10	15
Du 12 au 13	Jardin-des-Plantes, Notre-Dame-des-Champs et Croulebarbe.	Jardin-des-Plantes, Boulangerie centrale, institution des Jeunes-Aveugles, hôpital de Lourcine, ambulance de Sainte-Périne, ambulance des dames Augustines, hôpital Necker.	36	4	11	15
Du 13 au 14	La Gare, Panthéon, Val-de-Grâce, Sorbonne, Jardin-des-Plantes, École militaire, Grenelle et Javel.	Boulangerie centrale, Sainte-Pélagie, hôpital de la Pitié, école des Sœurs, jardin de Luxembourg, amphithéâtre du Panthéon et de la Sorbonne, Saint-Étienne-du-Mont, collège Henri IV, église Saint-Sulpice, hôtel des Invalides, manufacture des Gobelins, marché Saint-Germain, abattoir de Grenelle.	75	60	48	28
Du 15 au 16	Point-du-Jour, boulevard de Grenelle, île Saint-Louis, Vaugirard et Panthéon.	Hôtel des Invalides, collège Rollin, couvent des religieuses de la rue de Vaugirard, le Jardin-des-Plantes...	61	7	17	24
Du 16 au 17	Jardin-des-Plantes, Salpêtrière, Gobelins, Montrouge, Grenelle, Point-du-Jour, Arsenal et Saint-Germain-des-Prés.	Arsenal, Jardin-des-Plantes, hôtel des Invalides, hôpitaux de la Salpêtrière et de la Pitié, collège Rollin, casernes de Lourcine, Dupleix et Babylone...	25	4	17	21
Du 17 au 18	Notre-Dame-des-Champs, Montparnasse, Jardin-des-Plantes et Grenelle.	Jardin-des-Plantes, hôtel des Invalides, Boulangerie centrale...	32	7	23	30
Du 18 au 19	Montparnasse et Panthéon.	Panthéon....	6	1	9	10
Du 19 au 20	Montparnasse, Panthéon, Saint-Victor et Jardin-des-Plantes.	École polytechnique, hôpital de la Pitié, hospice des Incurables, jardin (r. g.) Luxembourg et Jardin-des-Plantes.	64	9	25	34
Du 20 au 21	Montparnasse, Plaisance, Grenelle, Javel et Point-du-Jour.	Gare de l'Ouest, viaduc d'Auteuil, Boulangerie centrale...	17	4	24	28
Du 21 au 22	Montrouge, boulevard Arago, rue des Cordeliers, rue Port-Royal, rue Fer-à-Moulin.	Collège Rollin, École normale, couvent de l'Enfant-Jésus.	39	11	29	40
Du 22 au 23	Montrouge, Montparnasse, Plaisance et Grenelle.	Collège Rollin, caserne Dupleix.	15	4	10	14
Du 23 au 24	Auteuil, Grenelle, Invalides, Montrouge, Panthéon, Luxembourg, Saint-Jacques.	Luxembourg, Val-de-Grâce, École polytechnique.	44	9	17	26
Du 24 au 25	Grenelle, Vaugirard, Luxembourg, la Glacière et Montparnasse.	Asile Sainte-Anne, Luxembourg, gare de l'Ouest (r. g.).	49	16	19	35
Du 25 au 26	Val-de-Grâce, Montrouge, Montparnasse, Grenelle, Auteuil, la Villette.	Val-de-Grâce, viaduc d'Auteuil, usine à gaz de la Villette.	47	7	22	29
Du 26 au 27	Montparnasse, Luxembourg, Panthéon, Val-de-Grâce et Grenelle.	Panthéon, Luxembourg, hôpital Necker.	30	9	20	29
			787	162	493	655

Reliure serrée

Le 27 janvier, vers onze heures du soir, l'ennemi, qui savait que l'armistice serait signé le lendemain matin, acheva d'incendier Saint-Cloud, dont il ne reste plus aujourd'hui que des ruines.

Le Gouvernement de la défense nationale décréta que tout Français atteint par les bombes prussiennes était assimilé au soldat frappé par l'ennemi, et qu'en conséquence les veuves de ceux qui auront péri par l'effet du bombardement de Paris, les orphelins de pères ou de mères qui auront péri de même, seront assimilés aux veuves et orphelins de soldats tués à l'ennemi.

CHAPITRE XVII

LE DÉNOUEMENT

L'armistice. — Le ravitaillement. — La nourriture des Parisiens pendant le siège. — Mauvaise organisation. — Rationnement de la viande. — La culture maraîchère. — Le pain! — Souffrances de la classe pauvre. — Les cantines municipales. — M. Richard Wallace. — Les classes moyennes — Prix des denrées au 31 décembre. — La charité. — Rôle admirable des femmes. — Les ambulances. — Les frères des Écoles chrétiennes. — Rillons et pigeons! — Réouverture des théâtres. — Des canons! — Les clubs. — Inventions et plans de campagne.

Le 27 janvier, au matin, le Gouvernement publiait dans le *Journal officiel* la note suivante :

« Tant que le Gouvernement a pu compter sur l'arrivée d'une armée de secours, il était de son devoir de ne rien négliger pour prolonger la défense de Paris.

« En ce moment, quoique nos armées soient encore debout, les chances de la guerre les ont refoulées, l'une sous les murs de Lille, l'autre au delà de Laval; la troisième opère sur les frontières de l'Est. Nous avons dès lors perdu tout espoir qu'elles puissent se rapprocher de nous, et l'état de nos subsistances ne nous permet plus d'attendre.

« Dans cette situation, le Gouvernement avait le devoir absolu de négocier. Les négociations ont lieu en ce moment. Tout le monde comprendra que nous ne pouvons en indiquer les détails sans de graves inconvénients. Nous espérons pouvoir les publier demain. Nous pouvons cependant dire dès aujourd'hui que le principe de la souveraineté nationale sera sauvegardé par la réunion immédiate d'une Assemblée; que l'armistice a pour but la convocation de cette Assemblée; que, pendant cet armistice, l'armée allemande occupera les forts, mais n'entrera pas dans l'enceinte de Paris ; que nous conserverons notre garde nationale intacte et une division de l'armée, et qu'aucun de nos soldats ne sera emmené hors du territoire. »

Cette note ne surprit personne : tout Paris s'attendait depuis quelques jours à apprendre d'un moment à l'autre que l'armistice était signé. Et cependant cette nouvelle causa à Paris une grande douleur. Adieu l'espérance! adieu la confiance! La population parisienne avait supporté les épreuves les plus pénibles : les gardes des tranchées par un froid exceptionnel, le rationnement rigoureux d'une nourriture insuffisante et malsaine, les horreurs et les dangers du bombardement.

Elle espérait au moins que tout cela aurait un résultat et elle croyait que la continuation de la lutte amènerait sa délivrance. Hélas! nous marchions à la capitulation, malgré tant de privations, tant de dévouement, tant de souffrances noblement supportées. La montagne d'illusions s'écroule et il ne reste dans les esprits qu'une stupeur extraordinaire.

La population parisienne eut de la peine à se soumettre, une partie de la garde nationale protesta et voulut poursuivre la guerre à outrance. Quelques officiers de la marine et de l'armée, croyant n'avoir pas assez fait pour la défense, en demandaient la continuation; mais il était trop tard, tout était réglé, et, le 28, Paris sut les termes du contrat intervenu entre les parties pour la cessation des hostilités. Le Gouvernement, en publiant le texte de la convention, le faisait précéder des lignes suivantes :

« C'est le cœur brisé de douleur que nous déposons les armes. Ni les souffrances ni la mort dans le combat n'auraient pu contraindre Paris à ce cruel sacrifice; il ne cède qu'à la faim, il s'arrête quand il n'a plus de pain. Dans cette cruelle situation, le Gouvernement a fait tous ses efforts pour adoucir l'amertume d'un sacrifice imposé par la nécessité. Depuis lundi soir il négocie; ce soir a été signé un traité qui garantit à la garde nationale tout entière son organisation et ses armes; l'armée, déclarée prisonnière de guerre, ne quittera point Paris. Les officiers garderont leur épée. Une Assemblée nationale est convoquée. La France est malheureuse, mais elle n'est pas abattue. Elle a fait son devoir, elle reste maîtresse d'elle-même. »

Le texte de la convention était celui-ci :

« Article premier. — Un armistice général, sur toute la ligne des opérations militaires en cours d'exécution entre les armées allemandes et les armées françaises, commencera pour Paris aujourd'hui même; pour les départements, dans un délai de trois jours. La durée de l'armistice sera de vingt et un jours, à dater d'aujourd'hui, de manière que, sauf le cas où il serait renouvelé, l'armistice se terminera partout le dix-neuf février à midi.

« Les armées belligérantes conserveront leurs positions respectives qui seront séparées par une ligne de démarcation. Cette ligne partira de Pont-l'Évêque, sur les côtes du département du Calvados, se dirigera sur Lignières, dans le nord-est du département de la Mayenne, en passant entre Briouze et Fromentel; en touchant au département de la Mayenne, à Lignières, elle suivra la limite qui sépare ce département de celui de l'Orne et de la Sarthe, jusqu'au nord de Morannes, et sera continuée de manière à laisser à l'occupation allemande les départements de la Sarthe, Indre-et-Loire, Loir-et-Cher, du Loiret, de l'Yonne, jusqu'au point où, à l'est de Quarré-les-Tombes, se touchent les départements de la Côte-d'Or, de la Nièvre et de l'Yonne. A partir de ce point, le tracé de la ligne sera réservé à une entente qui aura lieu aussitôt que les parties contractantes seront renseignées sur la situation actuelle des opérations militaires en exécution dans les départements de la Côte-d'Or, du Doubs et du Jura. Dans tous les cas, elle traversera le territoire composé de ces trois départements, en laissant à l'occupation allemande les départements situés au nord, à l'armée française ceux situés au midi de ce territoire.

« Les départements du Nord et du Pas-de-Calais, les forteresses de

Givet et de Langres, avec le terrain qui les entoure à une distance de dix kilomètres, et la péninsule du Havre, jusqu'à une ligne à tirer d'Étretat, dans la direction de Saint-Romain, resteront en dehors de l'occupation allemande.

« Les deux armées belligérantes et leurs avant-postes de part et d'autre se tiendront à une distance de dix kilomètres au moins des lignes tracées pour séparer leurs positions.

« Chacune des deux armées se réserve le droit de maintenir son autorité dans le territoire qu'elle occupe, et d'employer les moyens que ses commandements jugeront nécessaires pour arriver à ce but.

« L'armistice s'applique également aux forces navales des deux pays, en adoptant le méridien de Dunkerque comme ligne de démarcation, à l'ouest de laquelle se tiendra la flotte française, et à l'est de laquelle se retireront, aussitôt qu'ils pourront être avertis, les bâtiments de guerre allemands qui se trouvent dans les eaux occidentales. Les captures qui seraient faites après la conclusion et avant la notification de l'armistice, seront restituées, de même que les prisonniers qui pourraient être faits de part et d'autre, dans des engagements qui auraient eu lieu dans l'intervalle indiqué.

« Les opérations militaires sur le terrain des départements du Doubs, du Jura et de la Côte-d'Or, ainsi que le siège de Belfort, se continueront indépendamment de l'armistice, jusqu'au moment où on se sera mis d'accord sur la ligne de démarcation dont le tracé à travers les trois départements mentionnés a été réservé à une entente ultérieure.

« Art. 2. — L'armistice ainsi convenu a pour but de permettre au Gouvernement de la défense nationale de convoquer une Assemblée librement élue qui se prononcera sur la question de savoir: si la guerre doit être continuée, ou à quelles conditions la paix doit être faite.

« L'Assemblée se réunira dans la ville de Bordeaux.

« Toutes les facilités seront données par les commandants des armées allemandes pour l'élection et la réunion des députés qui la composeront.

« Art. 3. — Il sera fait immédiatement remise à l'armée allemande, par l'autorité militaire française, de tous les forts formant le périmètre de la défense extérieure de Paris, ainsi que de leur matériel de guerre. Les communes et les maisons situées en dehors de ce périmètre ou entre les forts pourront être occupées par les troupes allemandes, jusqu'à une ligne à tracer par des commissaires militaires. Le terrain restant entre cette ligne et l'enceinte fortifiée de Paris sera interdit aux forces armées des deux parties. La manière de rendre les forts et le tracé de la ligne mentionnée formeront l'objet d'un protocole à annexer à la présente convention.

« Art. 4. — Pendant la durée de l'armistice, l'armée allemande n'entrera pas dans la ville de Paris.

« Art. 5. — L'enceinte sera désarmée de ses canons, dont les affûts seront transportés dans les forts à désigner par un commissaire de l'armée allemande (1).

« Art. 6. — Les garnisons (armée de ligne, garde mobile et marins) des forts et de Paris seront prisonnières de guerre, sauf une division

---

(1) Dans le protocole, cette condition du transport des affûts dans les forts a été abandonnée par les commissaires allemands, sur la demande des commissaires français.

de douze mille hommes que l'autorité militaire dans Paris conservera pour le service intérieur.

« Les troupes prisonnières de guerre déposeront leurs armes, qui seront réunies dans des lieux désignés et livrées suivant règlement par commissaires suivant l'usage ; ces troupes resteront dans l'intérieur de la ville, dont elles ne pourront pas franchir l'enceinte pendant l'armistice. Les autorités françaises s'engagent à veiller à ce que tout individu appartenant à l'armée et à la garde mobile reste consigné dans l'intérieur de la ville. Les officiers des troupes prisonnières seront désignés par une liste à remettre aux autorités allemandes.

« A l'expiration de l'armistice, tous les militaires appartenant à l'armée consignée dans Paris auront à se constituer prisonniers de guerre de l'armée allemande, si la paix n'est pas conclue jusque-là.

« Les officiers prisonniers conserveront leurs armes.

« Art. 7. — La garde nationale conservera ses armes ; elle sera chargée de la garde de Paris et du maintien de l'ordre. Il en sera de même de la gendarmerie et des troupes assimilées, employées dans le service municipal, telles que la garde républicaine, douaniers et pompiers ; la totalité de cette catégorie n'excèdera pas trois mille cinq cents hommes.

« Tous les corps de francs-tireurs seront dissous par une ordonnance du Gouvernement français.

« Art. 8. — Aussitôt après la signature des présentes et avant la prise de possession des forts, le commandant en chef des armées allemandes donnera toutes facilités aux commissaires que le Gouvernement enverra, tant dans les départements qu'à l'étranger, pour préparer le ravitaillement et faire approcher de la ville les marchandises qui y sont destinées.

« Art. 9. — Après la remise des forts et après le désarmement de l'enceinte et de la garnison stipulés dans les articles 5 et 6, le ravitaillement de Paris s'opérera librement par la circulation sur les voies ferrées et fluviales. Les provisions destinées à ce ravitaillement ne pourront être puisées dans le terrain occupé par les troupes allemandes, et le Gouvernement français s'engage à en faire l'acquisition en dehors de la ligne de démarcation qui entoure les positions des armées allemandes, à moins d'autorisation contraire donnée par les commandants de ces dernières.

« Art. 10. — Toute personne qui voudra quitter la ville de Paris devra être munie de permis réguliers délivrés par l'autorité militaire française, et soumis au visa des avant-postes allemands. Ces permis et visas seront accordés de droit aux candidats à la députation en province et aux députés à l'Assemblée.

« La circulation des personnes qui auront obtenu l'autorisation indiquée ne sera admise qu'entre six heures du matin et six heures du soir.

« Art. 11. — La ville de Paris payera une contribution municipale de guerre de la somme de deux cents millions de francs. Ce payement devra être effectué avant le quinzième jour de l'armistice. Le mode de payement sera déterminé par une commission mixte allemande et française.

« Art. 12. — Pendant la durée de l'armistice, il ne sera rien distrait des valeurs publiques pouvant servir de gages au recouvrement des contributions de guerre.

« Art. 13. — L'importation dans Paris d'armes, de munitions ou de matières servant à leur fabrication sera interdite pendant la durée de l'armistice.

« Art. 14. — Il sera procédé immédiatement à l'échange de tous les prisonniers de guerre qui ont été faits par l'armée française depuis le commencement de la guerre. Dans ce but, les autorités françaises remettront, dans le plus bref délai, des listes nominatives des prisonniers de guerre allemands aux autorités militaires allemandes à Amiens, au Mans, à Orléans et à Vesoul. La mise en liberté des prisonniers de guerre allemands s'effectuera sur les points les plus rapprochés de la frontière. Les autorités allemandes remettront en échange sur les mêmes points, et dans le plus bref délai possible, un nombre pareil de prisonniers français, de grades correspondants, aux autorités militaires françaises.

« L'échange s'étendra aux prisonniers de condition bourgeoise, tels que les capitaines de navires de la marine marchande allemande, et les prisonniers français civils qui ont été internés en Allemagne.

« Art. 15. — Un service postal pour des lettres non cachetées sera organisé entre Paris et les départements, par l'intermédiaire du quartier général de Versailles.

« En foi de quoi les soussignés ont revêtu de leurs signatures et de leurs sceaux les présentes conventions.

« Fait à Versailles, le 28 janvier 1871.

« *Signé* : JULES FAVRE, BISMARK. »

Paris ne pouvait plus se faire illusion. Paris capitulait ! Une grande émotion règne ; sur les places publiques, on se rassemble, on s'échauffe, on discute, on proteste. Le mot de trahison est prononcé : l'irritation s'accroît contre le Gouvernement et le cri de Vive la République se mêle aux imprécations contre le général Trochu.

Le 29, nos forts et nos redoutes furent évacués et remis entre les mains des commandants prussiens envoyés pour en prendre possession. Ce fut un coup cruel pour nos braves marins qui les avaient si énergiquement défendus. Les nouveaux occupants furent obligés, malgré eux, de rendre hommage à la valeur de la défense, en atteignant à travers les décombres l'intérieur de certains forts — Issy, par exemple, — qui n'étaient plus que des ruines.

L'exécution de deux mesures importantes devait remplir l'intervalle de l'armistice : le ravitaillement de Paris et les élections. Le 30 parut un décret convoquant les électeurs pour le 5 février dans le département de la Seine, et pour le 8 février dans les autres départements ; l'Assemblée nationale, qui sera composée de 753 membres, doit se réunir à Bordeaux le 12 février.

Quant au ravitaillement, il s'effectua dans les proportions les plus larges. Les chemins de fer étaient coupés, la Seine obstruée en plus d'un point ; on se mit immédiatement à l'œuvre avec la plus grande activité. Les premiers convois de vivres parvienrent par le chemin de fer de l'Ouest et du Nord. De nombreux traités passés par le Gouvernement avec les négociants de Paris et des départements assurent la promptitude des arrivages. Les farines, le bétail, le poisson, les victuailles de toute sorte ne sont pas seuls à ravitailler les Parisiens. Des milliers de pains tout fabriqués sont aussi transportés par le chemin de fer.

Les pays voisins mirent autant de bonne volonté que les départements à envoyer des subsistances à Paris. Les Anglais, et notamment la ville de Londres, firent des souscriptions pour envoyer des vivres aux habitants de Paris.

Il était temps, s'il faut en croire le Gouvernement, qui, pour se justifier des accusations portées contre lui, publia le bilan suivant de nos ressources alimentaires :

« Le Gouvernement a annoncé qu'il donnerait la preuve irréfragable que Paris a poussé la résistance jusqu'aux extrêmes limites du possible. Hier encore il y avait inconvénient grave à publier des informations de ce genre. Aujourd'hui que la convention relative à l'armistice est signée, le Gouvernement peut remplir sa promesse.

« Il faut d'abord se remettre en mémoire ce que trop de personnes semblent avoir oublié : c'est qu'au début de l'investissement les plus optimistes n'osaient pas croire à un siège de plus de six ou sept semaines.

« Lorsque, le 8 septembre, le *Journal officiel* répétant une déclaration affichée sur les murailles par M. Magnin, ministre du commerce, affirmait « que les approvisionnements en viandes, liquides et objets alimentaires de toute espèce, seraient largement suffisants pour assurer l'alimentation d'une population de deux millions d'âmes pendant deux mois, » cette assertion était généralement accueillie par un sourire d'incrédulité. Or, quatre mois et vingt jours se sont écoulés depuis le 8 septembre.

« Au milieu des plus dures privations, devenues pendant ces dernières semaines de cruelles souffrances, Paris a résisté aussi longtemps qu'il a pu raisonnablement espérer le secours des armées extérieures, aussi longtemps qu'un morceau de pain lui est resté pour nourrir ses habitants et ses défenseurs. Il ne s'est arrêté que lorsque les nouvelles venues de province lui ont arraché tout espoir, en même temps que l'état de ses subsistances lui montrait la famine imminente et inévitable.

« Le 27 janvier — c'est-à-dire huit jours après la dernière bataille livrée sous nos murs, et presque au moment où nous apprenions les insuccès de Chanzy et de Faidherbe — il restait en magasin 42,000 quintaux métriques de blé, orge, seigle, riz et avoine, ce qui, réduit en farine, représente, à cause du faible rendement de l'avoine, 35,000 quintaux métriques de farine panifiable. Dans cette quantité sont compris 11,000 quintaux de blé et 6,000 quintaux de riz, cédés par l'administration de la guerre, laquelle ne possède plus que dix jours de vivres pour les troupes, si on les traite comme des troupes en campagne, savoir : 12,000 quintaux de riz, blé et farine, et 20,000 quintaux d'avoine. Telle était la situation de nos approvisionnements en céréales à l'heure de l'ouverture des négociations.

« En temps ordinaire, Paris emploie à sa subsistance 8,000 quintaux de farine par jour, c'est-à-dire 2 millions de livres de pain ; mais, du 22 septembre au 18 janvier, sa consommation a été réduite à une moyenne de 6,300 quintaux de farine par jour, et, depuis le 18 janvier, c'est-à-dire depuis le rationnement, cette consommation est descendue à 5,300 quintaux, soit un sixième de moins environ que la quantité habituelle, nous pourrions dire nécessaire.

« En partant de ce chiffre de 5,300 quintaux, le total de nos approvisionnements représente une durée de sept jours.

« A ces sept jours, on peut ajouter un jour d'alimentation fournie par la farine actuellement distribuée aux boulangers; *trois ou quatre* jours auxquels subviendront les quantités de blé enlevées aux détenteurs par tous les moyens qu'il a été possible d'imaginer, et l'on arrive ainsi à reconnaître que nous avons du pain pour huit jours au moins, pour douze jours au plus.

« Il n'est pas inutile de dire que, depuis trois semaines, il n'existe plus de provision en farine. Nos moulins ne fournissent chaque jour que la farine nécessaire au lendemain. Il eût suffi de quelques obus, tombant sur l'usine Cail, pour mettre instantanément en danger l'alimentation de toute la ville.

« En ce qui concerne la viande, la situation peut se caractériser par un seul mot : depuis l'épuisement de nos réserves de boucherie, nous avons vécu en mangeant du cheval. Il y avait 100,000 chevaux à Paris. Il n'en reste plus que 33,000, en comprenant dans ce chiffre les chevaux de la guerre.

« Ces 33,000 chevaux, d'ailleurs, ne sauraient être tous abattus sans les plus graves inconvénients. Plusieurs services indispensables à la vie seraient suspendus : ambulances, transport des grains, des farines et des combustibles, services de vidanges, pompes funèbres, etc. Il nous faudra, d'autre part, beaucoup de chevaux pour le camionnage, quand le ravitaillement commencera. En réalité, une fois ces diverses nécessités satisfaites, le nombre des animaux disponibles pour la boucherie ne dépassera pas 22,000 environ.

« En ce moment, nous consommons, avec l'armée, 650 chevaux par jour, soit 25 à 30 grammes par habitant, après le prélèvement des hôpitaux, des ambulances et des fourneaux. *Vingt-cinq* grammes de viande de cheval, *trois cents* grammes de pain, voilà la nourriture dont Paris se contente à l'heure qu'il est. Dans dix jours, quand nous n'aurons plus de pain, nous aurons consommé 6,500 chevaux de plus, et il ne nous en restera que 26,500. Nous pouvons, il est vrai, y joindre 3,000 vaches réservées pour le dernier moment, parce qu'elles fournissent du lait aux malades et aux nouveau-nés. Mais alors, comme il faudra remplacer le pain absent, la ration de viande devra être quadruplée, et nous serons obligés de tuer 3,000 chevaux par jour. Nous vivrions ainsi pendant une semaine environ.

« Mais nous n'en viendrons pas à cette extrémité, précisément parce que le Gouvernement de la défense nationale s'est décidé à négocier.

« On dira peut-être : « Pourquoi avoir tant tardé? Pourquoi n'avoir pas révélé plus tôt ces vérités terribles? » A cette question, il y a à répondre que le devoir était de prolonger la résistance jusqu'aux dernières limites, et que la révélation de semblables détails eût été la fin de toute résistance. »

La manière dont Paris s'était nourri pendant le siège est des plus curieuses. Le dernier ministre du commerce de l'Empire s'était occupé, avant le 4 septembre, en prévision de l'investissement de la capitale, de la ravitailler, et les boulevards, les squares étaient habités par des bœufs et les vaches fournis par la province. Au mois d'octobre, le Gouvernement déclarait que Paris assiégé avait de quoi se nourrir pendant deux mois au moins, et que, d'autre part, l'autorité compétente avait pris toutes les mesures nécessaires pour assurer une répartition équitable entre tous les citoyens. Des taxes et des arrêtés relatifs à la vente du pain et de la viande de boucherie viennent réglementer l'écoulement de ces produits.

Donc, on avait pour deux mois de pain vers le 15 octobre ; les vins ordinaires ne manquaient pas, car après trois semaines d'investissement, Bercy renfermait encore quinze cent mille hectolitres de vins. En outre, dans le compte des subsistances énoncées par le Gouvernement, n'étaient pas comprises celles de toutes natures qui se trouvaient dans les magasins de nos marchands de comestibles. En faisant le relevé des quantités énormes dont ils étaient détenteurs, il était impossible de croire que Paris pût jamais être pris par la famine.

Mais, du jour de la proclamation du régime républicain jusqu'au moment de l'investissement, le Gouvernement de la défense nationale semble avoir perdu tout soin des mesures à prendre en vue de l'alimentation de Paris : il était facile de doubler le nombre des bestiaux réunis à Paris; les départements de l'Ouest et du Centre auraient fourni des quantités considérables de bœufs et de moutons; œufs, beurres, légumes secs et poissons, fromages et volailles pouvaient affluer de province; des offres même ont été faites au Gouvernement par des propriétaires et des cultivateurs, et elles ont été refusées; enfin, M. Magnin n'a rien fait de ce qu'il était de son devoir de faire, et il a su se montrer moins prévoyant que le ministre Duvernois.

Paris n'était pas rassuré. Certains commerçants maintenaient à des taux exorbitants les denrées de première nécessité, et des spéculateurs sans entrailles se livraient à d'épouvantables agiotages. Le Gouvernement avait institué une commission des subsistances qui n'a jamais rien fait et qui a refusé opiniâtrement d'écouter des hommes autorisés qui faisaient appel à la prévoyance de ses membres. La majorité de la population voulait voir fonctionner un système radical. Divers projets ont été soumis au Gouvernement tendant tous à l'établissement du rationnement immédiat basé sur la réquisition générale de toutes les denrées alimentaires.

Si le rationnement avait été décrété au début du siége, Paris pouvait résister deux mois de plus. Mais le Gouvernement ne voulut rien entendre et laissa gaspiller les ressources alimentaires de Paris : le pain, qui devait bientôt manquer, servait en l'absence du fourrage de nourriture aux chevaux. Le Gouvernement le savait, et le *Journal officiel* publia une note à ce sujet. Mais on ne fit rien pour y mettre obstacle. Le ministre du commerce n'ignorait pas que chaque livre de pain donnée aux chevaux était autant de munitions qu'on enlevait à la défense et autant de jours qu'on retranchait du siége de Paris, et nous ne comprenons pas comment on ne réduisit pas immédiatement le rationnement au minimum. Enfin, aucune mesure n'est prise pour arrêter la dilapidation des subsistances, et les chevaux, les vaches laitières sont clandestinement nourris avec du pain, si bien que, en décembre, la consommation atteint un chiffre supérieur à celui des mois les plus consommateurs des temps de paix. Jamais, à Paris, la consommation n'a englouti autant de pain qu'en décembre 1870.

Le 22 novembre, on se décida à rationner la viande de boucherie; on recevait, pour trois jours, 90 grammes de viande de cheval ou de bœuf conservé. Dès ce moment, commencent aux portes des bouchers des queues lamentables, où on ne parvient à obtenir sa ration qu'après plusieurs heures d'attente. C'est alors qu'on voit, par des longues nuits obscures, des milliers de ménagères se pressant en foule à la grille des étaux, exposées à toutes les intempéries d'une température froide et humide, dont la conséquence était un accroissement considérable dans la mortalité. Pendant que le mari est au rempart, la femme fait la *queue* : c'est là son poste de combat. Enfin son tour arrive, elle se voit mesurer sa maigre ration, au moyen d'une carte ainsi faite, dont à chaque distribution on détache un coupon.

Carte _____ *N°* _____
Boucherie, N° _____
Nom : _____
Domicile _____
Signature : _____

N° D'ORDRE 1 VIANDE 5 PORTIONS	N° D'ORDRE 2 VIANDE 5 PORTIONS	N° D'ORDRE 3 VIANDE 5 PORTIONS
N° D'ORDRE 4 VIANDE 5 PORTIONS	N° D'ORDRE 5 VIANDE 5 PORTIONS	N° D'ORDRE 6 VIANDE 5 PORTIONS
N° D'ORDRE 7 VIANDE 5 PORTIONS	N° D'ORDRE 8 VIANDE 5 PORTIONS	N° D'ORDRE 9 VIANDE 5 PORTIONS
N° D'ORDRE 10 VIANDE 5 PORTIONS	N° D'ORDRE 11 VIANDE 5 PORTIONS	N° D'ORDRE 12 VIANDE 5 PORTIONS

Le nombre des rations à délivrer est indiqué par le chiffre 5 sur le fac-simile qui précède.

30 grammes de viande par jour! c'était peu, et cependant la population parisienne accepta, sans mot dire, ce nouveau sacrifice. Pendant que les privations de toutes sortes lui sont imposées, voici ce que recevaient quotidiennement nos prisonniers prussiens :

Pain.	500 grammes
Vin	un quart de litre
Riz	100 grammes
Eau-de-Vie.	un 16e de litre
Café.	16 grammes
Viande ou lard.	150 grammes

Nos soldats, prisonniers en Allemagne, étaient, pendant ce temps, traités avec la plus grande cruauté, et sont tous revenus de captivité amaigris par les privations, et un grand nombre ont contracté, dans leur exil, des germes de maladies causées par le froid, une nourriture insuffisante et malsaine et les mauvais traitements.

A mesure que l'approvisionnement de la viande diminuait, la consommation des légumes augmentait. Mais les marchands profitaient de la situation pour élever outre mesure le prix des produits. On demanda au gouvernement qu'il fixât la taxe des légumes, comme il avait taxé celles de la viande et du blé; mais le gouvernement fait la sourde oreille. Un agronome distingué, M. Joigneaux, de concert avec la Société des horticulteurs de la Seine, faisait dans l'intérieur de Paris de la culture maraîchère qui donnait de fort beaux légumes. Malheureusement, les produits des chantiers légumiers, établis dans l'avenue Daumesnil et les rues de Neuilly et de Charonne, passaient par les mains de plusieurs marchands avant d'arriver aux Halles, si bien qu'on ne pouvait avoir une petite salade pour deux personnes à moins de trois ou quatre francs.

Les meuneries installées à l'usine Cail, aux gares d'Orléans et de l'Est, à la manutention, avaient remplacé les moulins d'Étampes, de Corbeil et de Pontoise, et fabriquaient un pain noir, atroce mélange, lourd et noir cataplasme, dans la composition duquel entraient toutes sortes de matières : du riz, de l'orge, de l'amidon, de la paille, tout enfin, excepté de la farine.

Le 18 janvier, le gouvernement qui, le 12 décembre, avait dit: « La consommation du pain ne sera pas rationnée », qui, depuis cinq mois, répondait invariablement à tous ceux qui demandaient le rationnement : « le pain? nous en avons plus qu'il n'en faut, » le Gouvernement décrétait ce rationnement, et, pour ne l'avoir pas fait en temps utile, se voyait obligé, sans transition, à n'en plus délivrer à chacun qu'une quantité dérisoire, 300 grammes, que l'on ne recevait que sur la présentation d'une carte spéciale dont voici le fac-simile, et dont on détachait un coupon à chaque distribution.

M
demeurant   n°
a droit à   **Rations de pain, à prendre**
chez M   boulanger, rue   n°

Vu par le Maire
du   * arrondissement,

CARTE DE BOULANGERIE

Avis important. — Toutes RATIONS non réclamées aux jours indiqués ci-dessous seront périmées.

Jeudi 16 Février.	Mercredi 15 Février.	Mardi 14 Février.	Lundi 13 Février.	Dimanche 12 Février.	Samedi 11 Février.
Vendredi 10 Février.	Jeudi 9 Février.	Mercredi 8 Février.	Mardi 7 Février.	Lundi 6 Février.	Dimanche 5 Février.
Samedi 4 Février.	Vendredi 3 Février.	Jeudi 2 Février.	Mercredi 1er Février.	Mardi 31 Janvier.	Lundi 30 Janvier.
Dimanche 29 Janvier.	Samedi 28 Janvier.	Vendredi 27 Janvier.	Jeudi 26 Janvier.	Mercredi 25 Janvier.	Mardi 24 Janvier.
Lundi 23 Janvier.	Dimanche 22 Janvier.	Samedi 21 Janvier.	Vendredi 20 Janvier.	Jeudi 19 Janvier.	Mercredi 18 Janvier.

CARTE RENOUVELABLE

Le Parisien se contenta, sans sourciller, de 300 grammes de ce pain indigeste, accompagné de 30 grammes de viande de cheval. Tout lui était égal, pourvu que Paris fût délivré. Hélas! quelques jours après, l'ennemi occupait nos forts.

La population ouvrière, la classe pauvre de Paris, a supporté de grandes privations, de grandes souffrances; les femmes étaient obligées d'aller faire pendant des heures entières queue chez le boulanger, pour obtenir la ration de pain; queue chez le boucher pour avoir leur part de viande ; queue chez le marchand de bois pour obtenir quelques morceaux d'un bois vert qui devait fumer dans l'âtre sans chauffer. Il était donc impossible à la femme de l'ouvrier de gagner, par aucun travail, de quoi ajouter au salaire de son mari. Et ce salaire, quelquefois, la famille ne le touchait pas. Celui qui faisait partie des compagnies de marche recevait 1 fr. 50 par jour, augmenté de 75 centimes pour sa femme. Combien d'ouvriers ayant deux ou trois enfants se sont trouvés dans cette situation ! Mais, si la classe pauvre a souffert pendant le siége, elle a souffert moins, relativement que la classe moyenne. Le Gouvernement et la charité privée avaient établi des cantines où le pauvre pouvait, à bas prix, trouver des aliments chauds et réconfortants. C'était du 9e arrondissement que, grâce au zèle dévoué de MM. Gennevoy et Arlès Dufour, puissamment aidés par MM. de Rothschild, était partie l'idée de ces cantines renouvelées de 1848. Des offrandes considérables affluèrent dans chaque arrondissement pour la création de ces cantines ; M. Richard Wallace, possesseur d'une immense fortune et un des rares sujets britanniques qui aient partagé avec les Parisiens les rigueurs du siége, se fit inscrire à la mairie du 9e arrondissement pour une somme de dix mille francs par mois. M. Richard Wallace est désigné à la reconnaissance du pays par des dons considérables faits, tant à la Société internationale de secours aux blessés qu'aux divers arrondissements de Paris. Sa noble conduite lui a attiré la gratitude de toute la population parisienne, qui a été unanime à approuver la nomination du généreux Anglais comme commandeur de la Légion d'honneur.

Nous venons de dire que la classe pauvre a moins souffert relativement que les classes moyennes. En effet, parmi elles, les pauvres honteux, tous les petits employés, les petits propriétaires, les petits rentiers, toute cette classe intermédiaire des petits bourgeois de Paris, vivant en famille, avec 1,500, 2,000 et jusqu'à 3,000 francs par an, était obligée de supporter les mêmes souffrances que les pauvres, n'étant pas secourue, n'osant pas demander, forcés de se priver, par le prix des denrées alimentaires, des petites douceurs qui faisaient une des nécessités de leur vie, rationnés sur tout, sans que le peu d'argent qu'ils possédaient pût leur être d'une certaine utilité. Du reste, voici les prix exorbitants auxquels se vendaient les denrées de tout genre, au 1er janvier, grâce à l'arbitraire du vendeur et à la spéculation :

	Fr.	c.
Pommes de terre (le décalitre)	20	»
Une carotte potagère	»	60
Un navet	»	80
Une betterave	1	»
Une tête de céleri	2	25
Un pied de céleri	2	»
Une escarole	1	25
Un poireau	»	40
Le litre d'ognons	4	»
Un chou-fleur	5	»
Un chou ordinaire pommé	3	»
Champignons (la livre)	4	»

	fr.	c.
Conserve de petits pois (400 grammes)	5	»
Conserve de haricots verts	5	»
Huile d'olive (le kilogramme)	10	»
Une livre de lard (très-rare)	7	»
Une livre de jambon (plus rare encore)	15	»
Andouille de cheval (la livre)	6	»
Un œuf de poule	2	»
Une livre de chocolat	5	»
Beurre frais (le kilogramme)	80	»
Fromage (introuvable)	»	»
Graisse de bœuf (le kilogramme)	7	»
Un lapin	35	»
Un pigeon	35	»
Un poulet	60	»
Une oie	140	»
Un dindon	150	»
Un lièvre	70	»
Un chat	20	»
Une livre de chien	4	»
Un rat	2	»

Quant aux condiments nécessaires à la préparation des aliments, ils avaient été remplacés par toutes sortes d'affreux mélanges qui défiaient toute analyse.

Les circonstances commandaient d'ajouter au courage du cœur l'intrépidité de l'estomac. Hardis explorateurs, les Parisiens s'avancèrent dans des régions mal connues encore de l'art culinaire. Dans les dîners où naguère paraissaient les filets de bœuf, les gigots de mouton, les volailles grasses, on ne voyait plus que filet de cheval, foie de chien, râble de chat, pâté de rat, cuisses d'antilope, épaules de bison, côtelettes d'éléphant, casoar farci, salmis d'âne, etc., etc. Tout cela se payait à des prix énormes, et était accaparé par les grands restaurants.

Jamais, pendant ce long investissement, la misère n'a eu plus besoin d'être secourue, mais jamais la charité ne fut aussi inépuisable : partout on remarquait le développement des sentiments du cœur, le besoin de bien faire, de chercher la souffrance pour la soulager ; partout la main était ouverte, toujours prête à se tendre pour soutenir ou pour donner.

Dans toutes les églises on quêtait pour les indigents ; des ventes de charité avaient lieu qui produisaient des sommes énormes. Des souscriptions étaient faites par la presse, et quand les théâtres rouvrirent leurs portes, ils donnèrent des représentations au profit de la classe pauvre, représentations dont les recettes s'augmentaient de quêtes faites dans la salle par les artistes.

Les femmes ont eu un beau rôle pendant le siège. Pendant que les femmes de la classe pauvre perdaient leur temps, comme nous l'avons dit, à *faire queue* pour pouvoir donner à manger à leur famille, et étaient exposées la nuit, pendant des heures entières, au froid, à la pluie, les pieds dans la boue, et compromettaient ainsi leur santé, les dames les plus nobles, les plus riches avaient pris place au chevet des blessés et s'étaient faites infirmières volontaires.

Les unes se prodiguaient auprès de nos braves soldats blessés dans les vastes ambulances établies par la *Société de secours*; d'autres, les *Sœurs parisiennes* et les infirmières de la rue Turbigo, allaient jusque sur les champs de bataille se consacrer aux premiers soins que réclamaient nos soldats tombés au feu. Il est impossible d'énumérer toutes celles qui, de leur hôtel ou du simple appartement qu'elles occupaient, avaient fait un asile hospitalier.

Les *Ambulances de la Presse*, créées par la presse parisienne, rendirent d'immenses services, sous la direction du docteur Ricord, qui, malgré son âge avancé, montra une activité infatigable, une ardeur juvénile et un dévouement qu'on ne saurait trop louer, dans l'accomplissement de la noble tâche qu'il avait entreprise.

Les Frères des écoles chrétiennes montrèrent aussi le plus grand courage. Chaque jour de combat on les voyait relevant des blessés sur le champ de bataille, leur donnant les premiers soins et les transportant dans les voitures des ambulances. Ils faisaient tout cela avec une simplicité admirable, calmes au milieu des balles qui tombaient autour d'eux. Un d'eux fut victime de son courage : le frère Néthelme fut tué au Bourget le 21 décembre. Honneur à ces braves frères! ils ont montré qu'ils entendaient bien la vraie religion.

Enfin, pendant le siége de Paris, tous, petits et grands, hommes et femmes, population civile et soldats, tous ont fait leur devoir, tous, excepté ceux qui avaient le plus impérieux des devoirs à remplir, celui de délivrer Paris, et qui ont échoué dans leur tâche, par leur incapacité et une incurie tellement coupable qu'elle est presque une trahison. La population parisienne, par son courage et sa résignation à supporter les plus grandes privations, méritait des gouvernants plus habiles, et nos soldats, si héroïques devant le danger, méritaient de meilleurs chefs.

Si les souffrances, les privations matérielles des Parisiens ont été, comme nous l'avons dit, terribles; elles ont, au moins, été en partie soulagées. Mais il y avait des souffrances morales plus terribles encore. Il y avait à Paris des hommes qui avaient envoyé leurs familles en province, ne voulant pas leur faire supporter les privations et les horreurs du siége. Il y avait des pères sans nouvelles de leurs enfants, des maris ignorant si leurs femmes qu'ils avaient quittées malades, étaient rétablies ou mortes; des jeunes gens qui étaient inquiets sur le sort de leurs parents absents. Que d'angoisses, que de tourments, que de chagrins! Aussi, chaque ballon qui s'envolait, emportait à la province des lettres anxieuses ; les pigeons qui rapportaient les nouvelles des départements étaient attendus avec une impatience fébrile, et leur arrivée était apprise avec joie. Grâce à un système très-ingénieux de réduction microscopique obtenu par la photographie, ces braves petites bêtes rapportaient sous leurs ailes des milliers de dépêches; chacune des ailes de ces facteurs aériens était devenue une boîte aux lettres! que de gages de tendresse n'ont-ils pas transportés! que de douces paroles sont venues, grâce à ces messagers fidèles, calmer les angoisses de l'absence! Mais, hélas! combien d'entre-eux ne sont pas revenus! La bise, la pluie, l'oiseau de proie lancé par l'ennemi, la balle prussienne, l'obscurité, le froid le guettaient au passage, et souvent le pigeon expédié de province n'est pas arrivé à Paris.

Les théâtres qui avaient fermé, au début du siége, rouvrirent leurs portes vers la fin d'octobre. La foule y accourut. Ainsi, Paris bloqué, cerné, privé de communications avec la province, manquant de tout ce qui constitue le bien-être, allait s'asseoir dans une salle de spectacle, applaudissant les chants patriotiques ou les *Châtiments* d'Hugo, si longtemps proscrits. C'est là, il nous semble, une bravade qui ne manque pas de grandeur, un mépris du danger capable d'impressionner l'ennemi.

Les braves artistes de Paris, toujours sur la brèche, jouaient tantôt pour les pauvres, tantôt pour les ambulances et tantôt pour donner à la défense un canon de plus. Des canons ! des canons ! que les forges retentissent, que la fournaise flamboie ! Tout le bronze à la fonte ! Chaque bataillon de la garde nationale voulut avoir son canon, chaque quartier organisa des souscriptions, et grâce à ces représentations, aux souscriptions faites, aux offrandes reçues, l'artillerie de la défense s'augmenta d'un certain nombre de pièces d'artillerie.

Après avoir détaillé les opérations stratégiques de cette campagne et du siége de Paris, nous avons voulu montrer la vie intime de Paris pendant le siége. Après avoir cherché à décrire Paris aux remparts, nous avons exposé rapidement sous les yeux de nos lecteurs Paris dans son ensemble, dans la rue et aux ambulances, au restaurant et au théâtre, Paris avec ses défenseurs intrépides et ses femmes courageuses, infatigables et dévouées. Encore un mot sur les clubs de Paris, dont les séances ont été très-curieuses pendant le siége, et nous arriverons ensuite au récit des événements qui termineront notre œuvre.

Dans les réunions publiques, on discutait la question de la défense. Ce n'étaient que plans de campagne, exposés par leurs auteurs, qu'engins destructeurs, appareils terribles et foudroyants présentés par leurs inventeurs. C'était un fatras d'idées dangereuses, une série de propositions insensées ou simplement burlesques. L'un avait inventé un rempart mobile en zinc noirci au feu, derrière lequel sont dissimulés cent cinquante mille hommes qui arrivent ainsi presqu'au milieu de l'armée prussienne, se couchant à terre et tirant, à raison de deux coups par homme et par minute, dix-huit cent mille balles, tandis que les projectiles des Prussiens s'aplatissent contre les remparts de zinc ; un autre proposait un marteau de six kilomètres de diamètre, pesant dix millions de tonnes qu'on montrait par ballon jusqu'au-dessus de Versailles où on le laisserait choir pour écraser du même coup le quartier général, les chefs et le gros de l'armée de Prusse. Un entrepreneur se chargeait de décimer tous les régiments bavarois, saxons, wurtembergeois et autres, à l'aide de la petite vérole mise en bouteille et lancée comme un obus dans les rangs ennemis, où elle exercerait de terribles ravages. L'exposition des plans de campagne était surtout curieuse : les armées allemandes devaient être, en moins de temps qu'il en fallait à l'auteur, généralement diffus, pour expliquer son idée, essaillies, écrasées, anéanties.

Les clubs s'occupaient aussi de politique, et on n'y ménageait pas les attaques et les insultes au Gouvernement de la défense nationale. C'est là que les manifestations s'organisaient, et que les émeutiers prenaient leur mot d'ordre : aussi, nous qui sommes ami de toutes les libertés sagement comprises et dont on use avec modération, nous trouvons qu'après l'émeute du 22 janvier, le gouvernement a bien fait de supprimer les clubs, et que son seul tort est de ne pas l'avoir fait plus tôt.

CHAPITRE XVIII

LA PAIX

Le Gouvernement de la défense nationale et la Délégation de Bordeaux. — Actes de M. Gambetta. — Dissolution des conseils généraux et d'arrondissements. — Destitution de magistrats inamovibles. — Décret relatif aux élections. — Protestation de M. de Bismark. — MM. Jules Simon, Pelletan, Garnier Pagès et Arago partent pour Bordeaux. — Démission de M. Gambetta. — Les élections. — Première séance de l'Assemblée. — Démission de Garibaldi. — Prolongation de l'armistice. — M. Thiers, chef du pouvoir exécutif. — Le nouveau ministère. — Les négociateurs partent pour Paris; signatures des préliminaires. — Entrée des Prussiens à Paris; enlèvement des canons du parc Wagram. — Ratification des préliminaires par l'Assemblée. — Il y a encore des impérialistes! — La déchéance de Napoléon III. — Départ des Prussiens de Paris. — L'empereur d'Allemagne. — Signature du traité de paix définitif.

Le Gouvernement de la défense nationale et la délégation de Bordeaux sont en lutte ouverte. M. Gambetta, qui avait déployé une si grande activité pour l'organisation de la défense, reprochait au gouvernement de Paris de n'avoir pas assez fait pour la délivrance de la capitale; il avait raison. Il se plaignait de ce que le télégramme adressé par M. Jules Favre à la délégation pour lui annoncer l'armistice, n'ait pas indiqué ce qui avait été décidé relativement à Belfort et aux départements du Doubs, du Jura et de la Côte-d'Or, et il avait encore raison; car la communication incomplète de M. Jules Favre lui avait fait donner aux commandants des armées de l'Est l'ordre d'interrompre tous leurs mouvements, et les généraux ennemis n'ayant pas agi de même, ces armées avaient été poursuivies, coupées; et si quatre-vingt mille hommes avaient été obligés de passer en Suisse, ce n'était qu'à cause de l'erreur inexplicable de notre ministre des affaires étrangères.

Aussi M. Gambetta, qui a peut-être, qui a certainement commis des fautes, même des fautes graves, mais qui a fait preuve d'un républicanisme dont personne ne doute, d'un patriotisme ardent et convaincu, M. Gambetta reprocha amèrement à M. Jules Favre son étourderie injustifiable. A la nouvelle de l'armistice, il adressa aux préfets une dépêche leur donnant l'ordre de continuer à exercer d'une façon continue les mobilisés qui étaient dans leur département. « Tout retard, disait-il, serait une faute grave, dans le temps de répit que des circonstances douloureuses nous commandent d'utiliser immédiatement pour la défense du pays. » Il développait cette dépêche dans une circulaire adressée aux généraux commandant les divisions territoriales, en insistant surtout sur l'instruction, l'organisation, l'équipement et la discipline des troupes, qui doivent être exercées journellement pendant l'armistice.

Mais, d'un autre côté, M. Gambetta et ses collègues de la délégation de Bordeaux avaient pris plusieurs mesures qui soulevaient un grand nombre de protestations dans presque toute la France. Le 25 décembre, ils avaient dissous les conseils généraux et les conseils d'arrondissement, s'appuyant sur le décret du 13 septembre, par lequel le Gouvernement de la défense nationale avait réglé les mesures financières nécessaires pour assurer les services départementaux, en 1871, et suppléer à l'action de ces assemblées. Les protestations des conseillers généraux et des conseillers d'arrondissement furent nombreuses. Par le fait, nous ne voyons pas que la nécessité d'une pareille mesure se fit bien sentir, en présence de la facilité avec laquelle toutes les mesures financières demandées par le gouvernement ont été votées.

Le 20 janvier, la Délégation de Tours avait déclaré déchus de leurs sièges et exclus de la magistrature treize magistrats inamovibles dont voici les noms :

MM.

Devienne, premier président de la cour de cassation ;
Raoul Duval, premier président de la cour d'appel de Bordeaux ;
De Bigorie de Laschamps, premier président de la cour d'appel de Colmar ;
Massot, premier président de la cour d'appel de Rouen ;
Legentil, conseiller à la cour d'appel de Rouen ;
Vincendon, conseiller à la cour d'appel de Grenoble ;
Dubois, conseiller à la cour de Lyon ;
Dupuy, président du tribunal de Brest ;
Villeneuve, conseiller à la cour de Toulouse ;
Lesueur de Pérès, conseiller à la cour d'appel d'Agen ;
Jeannez, conseiller à la cour d'appel de Besançon ;
Villemot, conseiller à la cour de Besançon ;
Chaulreau, président du tribunal de la Rochelle.

Ces magistrats étaient destitués pour avoir fait partie de commissions politiques, après l'attentat du 2 décembre. Certes, ils étaient condamnables ; leur complaisance à l'Empire, les peines terribles qu'ils avaient infligées à des hommes qui, pour la plupart, étaient des victimes d'une impitoyable colère, et qui étaient poursuivis, non pour des actes, mais pour des opinions républicaines, exigeaient que ces magistrats fussent punis à leur tour ; mais une juridiction spéciale devait leur être acquise, et tout au moins, avant de les condamner, fallait-il les entendre et prononcer leur jugement. L'un des magistrats destitués, M. Devienne, était accusé d'avoir servi d'intermédiaire pour une négociation d'un caractère honteux entre l'Empereur et une fille très-connue à Paris dans un certain monde : le premier président de la Cour de cassation a promis de prouver qu'il n'avait pas joué le rôle qu'on lui attribuait. C'était condamner bien légèrement, il nous semble, que de prononcer une destitution dans ce cas, sans avoir entendu la défense de l'homme incriminé.

Le 31 janvier, M. Gambetta adressa au peuple français une longue dépêche dans laquelle il traitait la signature de l'armistice de *coupable légèreté*. La fin de cette dépêche était un appel à la guerre à outrance et à l'élection d'une Assemblée nationale républicaine, prête à tout, plutôt que de consentir au démembrement de la France.

« Non, dit le ministre de l'intérieur, il ne se trouvera pas un Français pour signer cet acte infâme. Il faut nous serrer tous autour de la République, faire preuve surtout de sang-froid et de fermeté d'âme ; n'ayons ni passions ni faiblesses ; jurons simplement, comme les hommes libres, de défendre envers et contre tous la France et la République.

« Aux armes !

« Vive la France ! vive la République ! »

En même temps, ne recevant pas de nouvelles du membre du gouvernement dont M. Jules Favre, dans sa dépêche du 28, lui annonçait le prochain départ, les délégués du gouvernement de Bordeaux rendent, relativement aux élections, le décret suivant :

« Ne pourront être élus représentants du peuple à l'Assemblée nationale les individus qui, depuis le 2 décembre 1851 jusqu'au 4 septembre 1870, ont accepté les fonctions de ministre, sénateur, conseiller d'État et préfet. Sont également exclus de l'éligibilité à l'Assemblée les individus qui, aux élections législatives qui ont eu lieu depuis le 2 décembre 1851 jusqu'au 4 septembre, ont accepté les candidatures officielles et dont les noms figurent dans la liste des candidatures recommandées par le préfet aux suffrages électoraux, et ont été publiés au *Moniteur officiel* avec les mentions de candidats du gouvernement ou de l'administration, ou de candidats officiels. »

M. de Bismark proteste contre ce décret, adresse à M. Jules Favre une longue note et télégraphie à M. Gambetta :

« Au nom de la liberté des élections stipulées par la convention d'armistice, je proteste contre les dispositions émises en votre nom pour priver du droit d'être élus à l'Assemblée nationale des catégories nombreuses de citoyens français. Des élections faites sous un régime d'oppression arbitraire ne pourront pas conférer les droits que la convention d'armistice reconnaît aux députés librement élus. »

Le gouvernement de Paris annula le décret de la délégation de Bordeaux, et il eut raison. Nous ne comprenons pas comment M. Gambetta, qui a des opinions franchement libérales, ait pu prendre une pareille mesure, qui restreignait le droit des électeurs et qui créait une véritable candidature officielle par exclusion ; aux électeurs appartient la souveraineté : qu'ils l'exercent sans faiblesse et avec intelligence, et la France peut être sauvée ; mais que le premier décret de convocation de l'Assemblée républicaine en 1871 ne soit pas un acte de défiance contre eux.

M. Jules Simon part pour Bordeaux, porteur des pleins pouvoirs du gouvernement, dans le cas où la délégation résisterait aux ordres et aux décrets rendus à Paris. Le lendemain, pensant que l'honorable Jules Simon n'aura peut-être pas l'énergie nécessaire pour faire triompher ses droits, le gouvernement envoie à Bordeaux MM. Garnier-Pagès, Eugène Pelletan et Emmanuel Arago, pour faire appliquer le décret qui annule celui rendu par la délégation.

La délégation ne résista pas. M. Gambetta donna sa démission, et ce fut heureux pour le gouvernement de Paris. Car le ministre de l'intérieur possédait une grande influence, l'estime, et, si nous ne craignions de paraître emphatique, l'admiration de tous ceux qui l'avaient vu à l'œuvre; en outre, il était maître de la presse, des télégraphes et de tous les moyens de publicité; enfin, beaucoup de grandes villes de province, telles que Bordeaux, Lyon, Marseille et Toulouse se prononçaient pour la guerre à outrance et chargeaient M. Gambetta de former un comité de salut public. La position du ministre de l'intérieur était donc excellente et l'incident de Bordeaux eût dégénéré en un conflit sérieux, si M. Gambetta et ses collègues n'avaient donné leur démission par sagesse et par patriotisme. Ce n'est pas le timide Jules Simon, ni le vénérable Garnier-Pagès, ni le philosophe Pelletan, ni l'honnête Arago qui auraient pu avoir raison de la délégation de Bordeaux, s'il leur avait fallu faire usage des pouvoirs dont ils étaient investis.

La délégation du gouvernement de la défense nationale, c'est-à-dire M. Gambetta, — car MM. Fourichon, Crémieux et Glais-Bizoin n'ont joué qu'un rôle effacé, — a rendu d'immenses services. Quelque graves, quelque nombreuses que puissent être les fautes commises par M. Gambetta, nous ne voulons pas nous en souvenir. Tout homme chargé d'innover, de créer, qui a à remplir une tâche aussi lourde que celle qui avait été dévolue à M. Gambetta, arrêté à chaque instant par le mauvais vouloir de certains fonctionnaires qu'il fallait révoquer et remplacer, obligé d'être toujours sur la brèche pour exciter le patriotisme de la province, tout homme, disons-nous, ayant à remplir une pareille mission, doit forcément, inévitablement, commettre des fautes.

Il ne manque pas de gens qui admiraient M. Gambetta en décembre 1870, par exemple, et qui l'attaquent aujourd'hui. Cela n'a rien d'extraordinaire, et il devait s'y attendre. Pendant plus de trois mois, il a été tout-puissant en province; il a exercé une véritable dictature à laquelle la France, subjuguée par sa parole enflammée de patriotisme, n'a fait aucune difficulté de se soumettre. Il n'a pas réussi, malgré son activité prodigieuse et son dévouement entier à la cause de la République; il devait naturellement être voué aux gémonies.

Nous serons plus juste, et si, dans notre modeste sphère, il nous est permis de porter un jugement sur un homme si diversement apprécié, nous dirons :

M. Gambetta est l'homme jeune vraiment intelligent de notre époque;

il a dépensé au service de la France toutes les ressources de son esprit et une énergie vraiment incroyable. Il sera encore utile à son pays, car l'avenir lui appartient. Il a commis des fautes, nous l'avouons; il a peut-être cru qu'il pouvait conduire des armées; il a eu un entourage un peu excentrique, il a nommé des généraux fantaisistes, comme MM. Détroyat, Lissagaray et Perrin; il a rendu des décrets qui touchent de près à l'arbitraire. S'il a vraiment ordonné à Bourbaki sa marche vers l'Est, tant que nous ne connaîtrons pas les raisons qui l'y ont déterminé, et nous doutons qu'elles soient bonnes, il a rendu à la France le plus mauvais des services et il ne pourra pas se dégager d'une responsabilité terrible. Mais nous attendons les explications qu'il ne manquera pas de donner au pays. Jusque-là, sachant ce qu'il a fait, connaissant les prodiges d'organisation qu'il a accomplis, nous respectons en lui le patriote dévoué et sincère, et nous croyons que le gouvernement de Paris est mal venu à lui reprocher ses fautes, lui qui en a commis de si nombreuses et de si graves, qui avait à lutter contre des difficultés bien moins grandes, et qui, s'il a eu plus de sagesse et de prudence que M. Gambetta, a eu certainement, moins de courage et moins d'énergie.

Contrairement à ce que l'on avait pu craindre, les partisans de l'Empire ont été dans les élections du 8 février presque totalement écartés, sauf en Corse. Malheureusement, la plupart des élus appartiennent à différents partis : la Chambre se trouve composée de bonapartistes, en nombre très-restreint — de légitimistes et d'orléanistes qui forment en quelque sorte la majorité; de républicains modérés et de républicains radicaux. A Paris, sur quarante-trois députés élus, la plus grande partie appartient à la liste radicale, comme on peut en juger en lisant les noms des élus :

MM.		MM.	
1 Louis Blanc	216,671	23 Marc Dufraisse	101,192
2 Victor Hugo	214,163	24 Greppo	101,001
3 Garibaldi	200,055	25 Langlois	93,756
4 Edgard Quinet	199,003	26 Général Frébault	93,233
5 Gambetta	191,211	27 Clémenceau	93,013
6 Henri Rochefort	163,243	28 Vacherot	91,394
7 Vice-amiral Saisset	156,347	29 Jean Brunet	93,645
8 Delescluze	153,807	30 Floquet	93,438
9 Joigneaux	153,315	31 Cournet	91,645
10 Schœlcher	149,918	32 Tolain	89,160
11 Félix Pyat	141,118	33 Littré	87,780
12 Henri Martin	139,155	34 Jules Favre	81,436
13 Amiral Pothuau	138,162	35 Arnaud (de l'Ariège)	79,710
14 Lockroy	131,635	36 Ledru-Rollin	76,736
15 Gambon	129,573	37 Léon Say	75,939
16 Dorian	128,197	38 Tirard	75,178
17 Ranc	126,572	39 Razoua	74,513
18 Malon	117,255	40 Ed. Adam	74,217
19 Brisson	115,710	41 Millière	73,143
20 Thiers	102,915	42 Peyrat	72,243
21 Sauvage	102,640	43 Farcy	69,798
22 Martin-Bernard	102,188		

MM. Jules Favre, Ernest Picard, Jules Ferry, Jules Simon et Emmanuel Arago sont nommés en province; MM. Gambetta et Trochu sont élus dans plusieurs départements. Le duc d'Aumale et le prince de Joinville sont envoyés à la Chambre par deux départements.

Le 12 février, une réunion préparatoire de l'Assemblée nationale a lieu à Bordeaux; trois cents députés sont présents; M. Benoist d'Azy, doyen d'âge, prend place au fauteuil de la présidence. La constitution de l'Assemblée est votée sans opposition. Le lendemain, à l'ouverture de l'Assemblée, le président donne lecture d'une lettre du général Garibaldi se démettant du mandat de député que lui ont confié plusieurs départements. Jules Favre dépose entre les mains de l'Assemblée les pouvoirs que lui et ses collègues avaient reçus le 4 septembre, et annonce qu'ils resteront à leur poste jusqu'à ce qu'un nouveau gouvernement soit constitué. Garibaldi veut alors prendre la parole, mais la Chambre ne veut pas l'entendre, parce qu'il a donné sa démission et que, conséquemment, il n'est plus député. Le général n'avait pas, rigoureusement, le droit de prendre la parole, mais les représentants qui l'ont empêché de parler croient-ils qu'ils n'auraient pas bien agi en laissant Garibaldi prononcer les deux mots qu'il avait à dire; il voulait simplement leur faire savoir qu'il donnait sa démission et qu'il quittait la France. Il eût été, ce nous semble, du devoir de l'Assemblée d'écouter ce modeste héros qui avait, malgré son âge avancé, quitté son île pour venir mettre son épée au service de la République française, et ce devoir eût dû leur sembler facile; Garibaldi méritait bien un remercîment.

Le 15 février, l'armistice est prolongé de cinq jours; la vérification des pouvoirs continue, et M. Grévy est élu président à la presque unanimité.

MM. Martel et Benoist d'Azy sont nommés vice-présidents; MM. Bethmont, de Barante, Rémusat et Johnston, secrétaires; MM. Baze, Martin des Pallières et Princeteau, questeurs. Le 17, M. Thiers, sur une proposition faite la veille par MM. Dufaure, Grévy, de Malleville, Vitet et Barthélemy-Saint-Hilaire, est élu chef du pouvoir exécutif à la presque unanimité. Il est chargé de former un cabinet qu'il présidera; le célèbre homme d'État accepta les fonctions qui lui étaient confiées et assura à l'Assemblée qu'il y apporterait tout son dévouement, et que la paix, courageusement débattue, ne sera acceptée que si elle est honorable. Le ministère est ainsi constitué :

Justice, M. Dufaure;
Affaires étrangères, M. Jules Favre;
Intérieur, M. Ernest Picard;
Instruction publique, M. Jules Simon;
Travaux publics, M. de Larcy;
Agriculture et Commerce, M. Lambrecht;
Guerre, général Le Flô;
Marine, vice-amiral Pothuau;
Finances, M. Pouyer-Quertier.

M. Thiers est trop universellement connu pour que nous ayons besoin de lui consacrer une longue notice biographique. Le chef du pouvoir exécutif est né à Marseille en 1797; il arriva à Paris en 1821; fit du journalisme, de la critique d'art, et publia quelques ouvrages qui révélèrent un homme d'État habile et un écrivain de talent.

L'*Histoire de la Révolution française* qui parut de 1823 à 1827 fut accueillie avec sympathie par tout ce qui était jeune et libéral. M. Thiers fonda le *National* avec Mignet et le regretté Armand Carrel;

dans ce journal, il mit la Restauration en état de siège et l'article qu'il publia sur cette maxime constitutionnelle devenue depuis si célèbre: *Le roi règne et ne gouverne pas*, fut un événement.

M. Thiers fut plusieurs fois ministre sous Louis-Philippe; il joua un rôle important de 1832 à 1848. Après la proclamation de la République, il envoya son adhésion au gouvernement provisoire: élu représentant par quatre départements, il mit au service du gouvernement son bon sens pratique, sa raison et sa grande science des affaires. Le coup d'État arriva: M. Thiers fut arrêté, conduit à Mazas, puis éloigné du territoire et accompagné jusqu'à Francfort. Il revint en France en 1852; jusqu'en 1863, il vécut dans la retraite, livré au culte des arts et achevant son *Histoire du Consulat et de l'Empire*.

En 1863, il se présenta aux élections, comme candidat de l'opposition dans le département de la Seine, où il fut élu, quoique sa candidature fût vivement combattue par M. Fialin de Persigny, alors ministre de l'intérieur. Réélu en 1869, M. Thiers occupa à la Chambre le rang important auquel lui donnait droit sa personnalité éminente.

Nous avons dit avec quelle énergie il s'opposa à la guerre, et avec quel dévouement il se mit au service du Gouvernement du 4 septembre pour aller pressentir les véritables dispositions des puissances étrangères à l'égard de la France. La Chambre ne pouvait faire un meilleur choix que M. Thiers pour le placer à la tête du gouvernement. Nul, mieux que lui, ne pourra relever la France de l'abîme sur les bords duquel elle se trouve.

Une commission de quinze membres fut nommée par l'Assemblée pour aller à Paris se tenir en négociations avec les électeurs et faire un rapport à l'Assemblée. Ces membres étaient: MM. Benoist d'Azy, Limayrac, Desseilligny, Victor Lefranc, Laurence, de Lespérut, Saint-Marc Girardin, Barthélemy-Saint-Hilaire, d'Aurelles de Paladines, de La Roncière le Noury, Balbie, Vitet, Saisset, Tesserenc de Bort et Pouyer-Quertier. Pendant les négociations, les séances sont interrompues. MM. Thiers, Jules Favre et les quinze commissaires partent pour Paris.

Les préliminaires de la paix furent signés le 26 à Versailles; ils n'ont plus qu'à être présentés à la ratification de l'Assemblée. La prolongation d'armistice nécessaire pour les négociations n'a pu être obtenue de M. de Bismark qu'à la condition que les Allemands entreraient à Paris et occuperaient une partie de la ville, sinon la Prusse exigerait Belfort. Le Gouvernement annonça cette douloureuse nouvelle à la connaissance de la population parisienne dans les termes suivants:

« L'entrée des troupes allemandes, réglée entre l'autorité militaire française et l'autorité militaire allemande, aura lieu mercredi 1ᵉʳ mars, à dix heures du matin. L'armée allemande occupera l'espace compris entre la Seine et le faubourg Saint-Honoré, à partir de la place de la Concorde jusqu'au quartier des Ternes. »

Cette déclaration était suivie d'une proclamation qui encourageait la population à supporter avec calme et courage cette nouvelle épreuve. Ces exhortations n'étaient pas inutiles; car, au premier moment, une

vive exaltation s'était manifestée sur plus d'un point de la cité. Depuis plusieurs jours, des manifestations avaient eu lieu à la Bastille, à l'occasion de l'anniversaire de la République de 1848.

Elles perdirent peu à peu leur caractère pacifique, et le 26 la foule exaltée, furieuse, reconnaissant un ancien agent de police, l'attacha sur une planche et le jeta à la Seine, où il périt sous les yeux de dix mille indifférents. Cette population qui avait le deuil dans l'âme, la rage dans le cœur avait perdu le sens moral et devenait criminelle!

La conduite des Parisiens fut des plus dignes pendant l'occupation prussienne: ils résolurent de vider jusqu'au fond l'amer calice que l'on approchait encore une fois de leurs lèvres; seulement les gardes nationaux, pour empêcher que les Prussiens prennent les canons et les mitrailleuses, déposés au parc Wagram, dans le quartier qui doit être occupé, va les enlever et les traîne à bras jusqu'à la Bastille. Ah! que les événements douloureux et terribles survenus depuis font déplorer que l'autorité militaire n'ait pas mis elle-même, en temps utile, ces pièces en sûreté!

M. Thiers, de retour à Bordeaux, présenta à l'Assemblée le projet de loi approuvant les préliminaires de paix; il demanda l'urgence, la ratification devant hâter le retour des personnes, l'évacuation de Paris et d'une partie du territoire occupé. Voici le texte des préliminaires qui furent votés par 546 voix contre 107:

Entre le Chef du pouvoir exécutif de la République française, M. Thiers, et :
Le ministre des affaires étrangères, M. Jules Favre, représentant de la France, d'un côté ;
Et de l'autre :
Le chancelier de l'Empire germanique, M. le comte Otto de Bismark Schœnhausen, muni des pleins pouvoirs de S. M. l'empereur d'Allemagne, roi de Prusse ;
Le ministre d'État et des affaires étrangères de S. M. le roi de Bavière, M. le comte Otto de Bray-Steinburg;
Le ministre des affaires étrangères de S. M. le roi de Wurtemberg, le baron Auguste de Waechter ;
Le ministre d'État, président du conseil des ministres de S. A. Mgr le grand-duc de Bade, M. Jules Jolly, représentant de l'Empire germanique ;
Les pleins pouvoirs des parties contractantes ayant été trouvés en bonnes et dues formes, il a été convenu ce qui suit, pour servir de bases préliminaires à la paix définitive à conclure ultérieurement :
Article premier. — La France renonce, en faveur de l'Empire allemand, à tous ses droits et titres sur les territoires situés à l'est de la frontière ci-après désignée:
La ligne de démarcation commence à la frontière nord-ouest du canton de Cattenom, vers le grand-duché du Luxembourg, suit, vers le sud, les frontières occidentales des cantons de Cattenom et Thionville, passe par le canton de Briey en épousant les frontières occidentales des communes de Montois-la-Montagne et Roncourt, ainsi que les frontières orientales des communes de Marie-aux-Chênes, Saint-Ail, atteint la frontière du canton de Gorze qu'elle traverse le long des frontières communales de Vionville, Chambley et Onville, suit la frontière sud-ouest resp. sud de l'arrondissement de Metz, la frontière occidentale de l'arrondissement de Château-Salins jusqu'à la commune de Pettoncourt dont elle embrasse les frontières occidentale et méridionale, pour suivre la crête des montagnes entre la Seille et Moncel, jusqu'à la frontière de l'arrondissement de Strasbourg au sud de Garde.

La démarcation coïncide ensuite avec la frontière de cet arrondissement jusqu'à la commune de Tanconville, dont elle atteint la frontière au nord; de là elle suit la crête des montagnes entre les sources de la Sarre blanche et de la Vezouze jusqu'à la frontière du canton de Schirmeck, longe la frontière occidentale de e

canton, embrasse les communes de Saales, Bourg-Bruche, Colroy-la-Roche, Plaine,
Ranrupt, Saulxures et Saint-Blaise-la-Roche, du canton de Saales, et coïncide
avec la frontière occidentale des départements du Bas-Rhin et du Haut-Rhin jusqu'au canton de Belfort, dont elle quitte la frontière méridionale non loin de
Tourtenans, pour traverser le canton de Delle, aux limites méridionales des
communes de Bourogne et Fro de-Fontaine, et atteindre la frontière suisse, en
longeant les frontières orientales des communes de J n Lerey et de Delle.

L'Empire allemand possèdera ces territoires à perpétuité en toute souveraineté
et propriété. Une commission internationale, composée des représentants des
hautes parties contractantes, en nombre égal des deux côtés, sera chargée, immédiatement après l'échange des ratifications du présent traité, d'exécuter sur le
terrain le tracé de la nouvelle frontière, conformément aux stipulations précédentes.

Cette commission présidera au partage des biens-fonds et capitaux qui jusqu'ici ont appartenu en commun à des districts ou des communes séparées par la
nouvelle frontière ; en cas de désaccord sur le tracé et les mesures d'exécution,
les membres de la commission en référeront à leurs gouvernements respectifs.

La frontière telle qu'elle vient d'être décrite sera marquée en vert sur deux
exemplaires conformes de la carte de l'itinéraire formant le gouvernement général
de l'Alsace, publiée à Berlin en septembre 1870 par la Division géographique et
statistique de l'état-major général, et dont un exemplaire sera joint à chacune
des deux expéditions du présent traité.

Toutefois, le tracé indiqué a subi les modifications suivantes, de l'accord des
deux parties contractantes ; dans l'ancien département de la Moselle, le village
de Sainte-Marie-aux-Mines, près de Saint-Privat-la-Montagne et de Thionville, à
l'ouest de Rexonville, seront cédés à l'Allemagne ; par contre, la ville et les
fortifications de Belfort resteront à la France avec un rayon qui sera déterminé
ultérieurement.

Art. 2. — La France payera à S. M. l'empereur d'Allemagne la somme de cinq
milliards de francs.

Le payement d'au moins un milliard de francs aura lieu dans le courant de
l'année 1871, et celui de tout le reste de la dette dans un espace de trois années
à partir de la ratification du présent article.

Art. 3. — L'évacuation des territoires français occupés par les troupes allemandes commencera après la ratification du présent traité par l'Assemblée nationale siégeant à Bordeaux.

Immédiatement après cette ratification, les troupes allemandes quitteront l'intérieur de la ville de Paris ainsi que les forts situés à la rive gauche de la Seine;
et dans le plus bref délai possible, fixé par une entente entre les autorités militaires des deux pays, elles évacueront entièrement les départements du Calvados,
d'Orne, de la Sarthe, d'Eure-et-Loir, du Loiret, de Loir-et-Cher, d'Indre-et-
Loire, de l'Yonne, et, de plus, les départements de la Seine-Inférieure, de l'Eure,
de Seine-et-Oise, de Seine-et-Marne, de l'Aube, de la Côte d'Or, jusqu'à la rive
gauche de la Seine.

Les troupes françaises se retireront en même temps derrière la Loire, qu'elles
ne pourront plus passer avant la signature du traité de paix définitif. Sont exceptées
de cette disposition la garnison de Paris, dont le nombre ne pourra pas dépasser
quarante mille hommes, et les garnisons indispensables à la sûreté des places
fortes.

L'évacuation des départements situés entre la rive droite de la Seine et les
frontières de l'Est par les troupes allemandes, s'opérera graduellement, après la
ratification du traité définitif et le payement du premier demi-milliard de la contribution stipulée par l'article 2, en commençant par les départements les plus
rapprochés de Paris, et se continuera au fur et à mesure que les versements de la
contribution seront effectués. Après le premier versement d'un demi-milliard,
cette évacuation aura lieu dans les départements suivants : Somme, Oise et les parties des départements de la Seine-Inférieure, Seine-et-Oise, Seine-et-Marne, situés
sur la rive droite de la Seine, ainsi que la partie du département de la Seine et
les forts situés sur la rive droite. Après le payement de deux milliards, l'occupation allemande ne comprendra plus que les départements de la Marne, de la
Haute-Marne, de la Meuse, des Vosges et des Ardennes, ainsi que la forteresse de
Belfort, avec son territoire, qui serviront de gage pour les trois milliards restants,

et et le nombre des troupes allemandes ne dépassera pas cinquante mille hommes. S. M. l'empereur sera disposé à substituer à la garantie territoriale, consistant dans l'occupation partielle du territoire français, une garantie financière, si elle est offerte par le Gouvernement français dans des conditions reconnues suffisantes par S. M. l'empereur et roi pour les intérêts de l'Allemagne. Les trois milliards, dont l'acquittement aura été différé, porteront intérêt à cinq pour cent à partir de la ratification de la présente convention.

Art. 4. — Les troupes allemandes s'abstiendront de faire des réquisitions, soit en argent, soit en nature, dans les départements occupés. Par contre, l'alimentation des troupes allemandes, qui resteront en France, aura lieu aux frais du Gouvernement français, dans la mesure convenue par une entente avec l'intendance militaire allemande.

Art. 5. — Les intérêts des habitants des territoires cédés par la France, en tout ce qui concerne leur commerce et leurs droits civils, seront réglés aussi favorablement que possible lorsque seront arrêtées les conditions de la paix définitive. Il sera fixé à cet effet une époque de temps pendant lequel ils jouiront de facilités particulières pour la circulation de leurs produits. Le gouvernement allemand n'apportera aucun obstacle à la libre émigration des habitants des territoires cédés, et ne pourra prendre contre eux aucune mesure atteignant leurs personnes ou leurs propriétés.

Art. 6. — Les prisonniers de guerre qui n'auront pas déjà été mis en liberté par voie d'échange seront rendus immédiatement après la ratification des présents préliminaires. Afin d'accélérer le transport des prisonniers français, le gouvernement français mettra à la disposition des autorités allemandes à l'intérieur du territoire allemand, une partie du matériel roulant de ses chemins de fer, dans une mesure qui sera déterminée par des arrangements spéciaux, et aux prix payés en France par le gouvernement français pour les transports militaires.

Art. 7. — L'ouverture des négociations pour le traité de paix définitif à conclure sur la base des présents préliminaires aura lieu à Bruxelles immédiatement après la ratification de ces derniers par l'Assemblée nationale et par S. M. l'empereur d'Allemagne.

Art. 8. — Après la conclusion et la ratification du traité de paix définitif, l'administration des départements devant encore rester occupés par les troupes allemandes sera remise aux autorités françaises; mais ces dernières seront tenues de se conformer aux ordres que le commandant des troupes allemandes croirait devoir donner dans l'intérêt de la sûreté, de l'entretien et de la distribution des troupes.

Dans les départements occupés, la perception des impôts, après la ratification du présent traité, s'opèrera pour le compte du gouvernement français et par le moyen de ses employés.

Art. 9. — Il est bien entendu que les présentes ne peuvent donner à l'autorité militaire allemande aucun droit sur les parties du territoire qu'elles n'occupent point actuellement.

Art. 10. — Les présentes seront immédiatement soumises à la ratification de l'Assemblée nationale française siégeant à Bordeaux et de S. M. l'empereur d'Allemagne.

En foi de quoi les soussignés ont revêtu le présent traité préliminaire de leurs signatures et de leurs sceaux.

Fait à Versailles, le 26 février 1871.

A. THIERS.
JULES FAVRE.

V. BISMARK.

Les royaumes de Bavière et de Wurtemberg et le grand-duché de Bade ayant pris part à la guerre actuelle comme alliés de la Prusse et faisant partie maintenant de l'Empire germanique, les soussignés adhèrent à la présente convention au nom de leurs souverains respectifs.

Versailles, le 26 février 1871.

Comte DE BRAY-STEINBERG.
Baron DE WAECHTER.
MITTNACHT.
JOLLY.

Ce ne fut pas sans une vive discussion que ces préliminaires furent votés par l'Assemblée. Plusieurs députés des pays cédés protestèrent. M. Bamberger, député de la Moselle, ayant dit : « Un seul homme aurait dû signer un pareil traité, Napoléon III, dont le nom sera éternellement cloué au pilori de l'histoire. » M. Conti, ancien chef du cabinet du capitulard de Sédan, crut de son devoir de protester. La Chambre l'interrompit presque aussitôt, et M. Gavini, autre Corse, qui voulut défendre l'ex-empereur, ne put pas davantage se faire entendre. M. Thiers, alors, monta à la tribune, et, en quelques paroles énergiques, flétrit l'Empire qui a conduit la France au point où elle en est, et infligea un blâme sévère à ceux qui osent encore aujourd'hui, après la honteuse capitulation de Sedan, se dire hautement impérialistes.

Cet incident eut pour résultat d'amener la proclamation presque unanime de la déchéance de Napoléon III. Ce fut M. Targé qui proposa la motion d'ordre suivante, qui fut adoptée par des acclamations et des applaudissements prolongés, et contre laquelle quatre ou cinq députés seulement se levèrent :

« L'Assemblée nationale clôt l'incident, et dans les circonstances douloureuse que traverse la patrie, et en face des protestations et des réserves inattendues, confirme la déchéance de Napoléon III et de sa dynastie, déjà prononcée par le suffrage universel, et le déclare responsable de la ruine, de l'invasion et du démembrement de la France. »

M. Victor Hugo et M. Louis Blanc prononcèrent de magnifiques discours ; mais le plus émouvant de la séance fut, sans contredit, celui de l'honorable M. Keller qui fit un appel chaleureux en faveur de nos braves Alsaciens.

Malheureusement, la continuation de la lutte était impossible : la Chambre le comprit et elle approuva les préliminaires. Parmi les membres qui votèrent contre l'adoption se trouvèrent : MM. Edmond Adam, Emmanuel Arago, Louis Blanc, Brisson, Delescluze, Dorian, Floquet, Gambetta, Gambon, Greppo, Joigneaux, Langlois, Lockroy, Malon, Peyrat, Pyat, Quinet, Razoua, Ranc, Rochefort, Schœlcher, Tachard, Tolain, Tridon, Victor Hugo, MM. les généraux Chanzy, Billot, Loysel et Masure.

Le 1er mars, les Prussiens entrèrent à Paris, un peu avant dix heures. Pas de mouvement dans les rues, pas un établissement public n'était ouvert ; pas un journal ne parut. Ils entrèrent bêtement, timidement, n'ayant pas l'air rassurés. Ils furent parqués dans le quartier du faubourg Saint-Honoré d'où il leur fut interdit de sortir ; la garde nationale, formant un cordon et établissant des postes aux abords des quartiers *allemands*, veille à l'exécution des conventions. Ils ont voulu occuper Paris ; ils n'en voient rien : ni un théâtre, ni un bal, ni un restaurant. Quelques officiers, conduits au musée du Louvre, ayant eu l'imprudence de se mettre aux fenêtres furent hués et obligés de se retirer. Pour se consoler de cette mauvaise réception, officiers et soldats volent les maisons particulières où ils sont logés.

Le 2 mars, au soir, la notification du vote de l'Assemblée fut faite à Versailles, et le 3 au matin les Prussiens quittaient Paris, déçus par le peu de temps qu'a duré leur occupation, profondément humiliés du triste séjour qu'ils y ont fait, plus semblables à des prisonniers qu'à des triomphateurs. La foule les poursuit de ses huées et de ses sifflets et se porte ensuite dans les quartiers occupés où, comme partout où passe un de ces ignobles Teutons, on trouve des traces de pillage et des souillures indécentes.

Un écrivain a dit, en parlant de leur occupation : « Pendant cinq mois, c'est une traînée de sang que l'on trouvait derrière eux; chez les Parisiens, c'est une traînée ..... d'ordures. Il faut croire que ces Germains, comme le gibier de leurs forêts, tiennent à se faire suivre à la piste. L'odorat hésiterait à bon droit entre un de ces terrains vagues où la municipalité parisienne faisait porter les immondices de nos rues, et les splendides abords du Palais de l'Industrie après quarante-huit heures de séjour de ces hôtes singuliers. »

Quoique, d'après ce récit, les Allemands n'aient laissé à Paris que des souvenirs peu agréables, la capitale de la France n'oubliera pas leur présence dans ses murs. On ne blesse pas impunément la fierté d'un grand peuple, quand on profite lâchement, pour l'humilier, de l'écroulement de sa fortune.

Lorsque les troupes allemandes eurent quitté Paris, leur glorieux souverain qui avait jugé plus prudent de ne pas y entrer avec eux, les passa en revue au Bois de Boulogne.

Le roi Guillaume avait été proclamé empereur d'Allemagne le 18 janvier, dans la grande salle des Glaces du palais de Versailles. Il était parvenu enfin au but qu'il avait toute la vie rêvé: enfin au but de toute sa carrière : *l'unité de toute l'Allemagne.*

Voici, à titre de curiosité historique, le titre que portera désormais le roi de Prusse :

Guillaume Ier, empereur allemand, roi de Prusse, duc souverain et suprême de Silésie et du comté de Glatz, grand-duc du Bas-Rhin et de Posen, duc de Saxe, d'Engern et de Westphalie, de Gueldre, Magdebourg, Clèves, Juliers, Berg, Stettin, Poméranie, des Cattubes et Wender, de Mecklembourg et Grossen, burgrave de Nuremberg, landgrave de Thuringe, margrave de la Haute et Basse-Lusace, prince d'Orange, de Neufchâtel et de Valengin, prince de Rügen, Paderborn, Halberstadt, Monster, Minden, Cammin, Wenden, Schwerin, Ratzebourg, Moers, Eichsfeldt et Erfurt, comte de Hohenzollern, comte-prince de Henneberg, comte de Ruppin, de la Marche, de Ravensbourg, Hohenstein, Tecklembourg, Schwerin, Pyrmont, Lingen, Sigmaringen et Wehringen, seigneur des pays de Rostock, de Stargardt-Lanenbourg, Butow, Halgerloch et Werstein.

N'est-ce pas le cas de retourner la fière devise de Castellane et de dire : *Plus d'honneurs que d'honneur!*

Les Français ne pourront jamais se rappeler tous ces titres, mais s'il en faut au vieil empereur, nous ne serons pas embarrassés pour lui en donner. Nous l'appellerons Guillaume l'incendiaire, Guillaume l'égorgeur de peuples.

Ce souverain barbare est né en 1797. Il a, dit un de ses biographes, plus d'âge que de raison, plus de rhumatismes que de sens commun. Élevé au milieu des camps, il contracta des mœurs de soudard; d'une intelligence plus que médiocre, il ne connaît que la loi du sabre. Sans M. de Bismark et sans M. de Motke, Guillaume serait encore aujourd'hui roi de Prusse et pas autre chose. Ce Géronte allemand, ce huguenot septuagénaire a été entraîné par son chancelier dont le rêve est l'unité de l'Allemagne, sa prépondérance en Europe; et pour arriver à ce but, il n'a reculé devant aucune coquinerie diplomatique, aucun mensonge grossier. Lorsqu'il a entamé cette guerre contre la France, le roi de Prusse déclara qu'il ne faisait pas la guerre à la France, mais seulement à l'empereur. Et cependant, après Sedan, l'empereur étant prisonnier à Wilhemshœhe; le Gouvernement de la défense nationale offrit la paix à Guillaume, et Guillaume refusa.

A lui donc la responsabilité de tout le sang versé! Quand il paraîtra devant ce Dieu qu'il invoque si souvent, ce misérable Tartufe aura à rendre compte les assassinats des enfants, des femmes et des vieillards, des incendies des cabanes après en avoir chassé l'habitant; de combien de lâches attentats, d'exploits sanguinaires sa conscience ne sera-t-elle pas chargée! Il a voulu, ce vieux monarque, une couronne de sang pour couvrir ses cheveux blancs. Il l'a, et aux portes du tombeau il s'est fait un long cortége de cadavres pour passer à l'éternité.

Le traité de paix définitif fut adopté par l'Assemblée à la séance du 18 mai. Il lui réservait le droit d'échanger contre une portion du territoire limitrophe du Luxembourg le territoire cédé par nous dans l'arrondissement de Belfort. Après une assez longue discussion à laquelle prirent part le général Chanzy contre l'échange, et M. Thiers pour l'échange, ce dernier fut adopté par 440 voix contre 98. Voici le texte de ce traité:

Article premier. — La distance de la ville de Belfort à la ligne de frontière, telle qu'elle a été d'abord proposée lors des négociations de Versailles et telle qu'elle se trouve marquée sur la carte annexée à l'instrument ratifié du traité des préliminaires du 26 février, est considérée comme indiquant la mesure du rayon qui, en vertu de la clause y relative du premier article des préliminaires, doit rester à la France avec la ville et les fortifications de Belfort.

Le gouvernement allemand est disposé à élargir ce rayon, de manière qu'il comprenne les cantons de Belfort, de Delle et de Giromagny, ainsi que la partie occidentale du canton de Fontaine, à l'ouest d'une ligne à tracer du point où le canal du Rhône au Rhin sort du canton de Delle au sud de Montreux-Château jusqu'à la limite nord du canton entre Bourg et Félon, où cette ligne joindrait la limite est du canton de Giromagny.

Le gouvernement allemand, toutefois, ne cédera les territoires sus-indiqués qu'à la condition que la République française, de son côté, consentira à une rectification de frontière le long des limites occidentales des cantons de Catenom et de Thionville, qui laisseront à l'Allemagne le terrain à l'est d'une ligne partant de la frontière du Luxembourg entre Hussigny et Roligen, laissant à la France les villages de Thil et de Villerupt, se prolongeant entre Errouville et Aumetz, entre Beuvillers et Boulange, entre Brieux et Lomoringen, et joignant l'ancienne ligne de frontière entre Avril et Moyeuvre.

La commission internationale, dont il est question dans l'article 1er des préliminaires, se rendra sur le terrain, immédiatement après l'échange des ratifications du présent traité, pour exécuter les travaux qui lui incombent et pour faire le tracé de la nouvelle frontière, conformément aux dispositions précédentes.

Art. 2. — Les sujets français, originaires des territoires cédés, domiciliés actuellement sur ce territoire, qui entendront conserver la nationalité française, jouiront jusqu'au 1er octobre 1872, et moyennant une déclaration préalable faite à l'autorité compétente, de la faculté de transporter leur domicile en France et de s'y fixer, sans que ce droit puisse être altéré par les lois sur le service militaire, auquel cas la qualité de citoyen français leur est maintenue.

Ils seront libres de conserver leurs immeubles situés sur le territoire réuni à l'Allemagne.

Aucun habitant des territoires cédés ne pourra être poursuivi, inquiété ou recherché, dans sa personne et dans ses biens, à raison de ses actes politiques ou militaires pendant la guerre.

Art. 3. — Le gouvernement français remettra au gouvernement allemand les archives, documents et registres concernant l'administration civile, militaire ou judiciaire des territoires cédés. Si quelques-uns de ces titres avaient été déplacés, ils seront restitués par le gouvernement français sur la demande du gouvernement allemand.

Art. 4. — Le gouvernement français remettra au gouvernement de l'empire d'Allemagne, dans le terme de six mois à dater de l'échange des ratifications de ce traité :

1° Le montant des sommes déposées par les départements, les communes et les établissements publics des territoires cédés;
2° Le montant des primes d'enrôlement et de remplacement appartenant aux militaires et marins originaires des territoires cédés qui auront opté pour la nationalité allemande;
3° Le montant des cautionnements des comptables de l'État;
4° Le montant des sommes versées pour consignations judiciaires, par suite des mesures prises par les autorités administratives ou judiciaires dans les territoires cédés.

Art. 5. — Les deux nations jouiront d'un traitement égal en ce qui concerne la navigation sur la Moselle, le canal de la Marne au Rhin, le canal du Rhône au Rhin, le canal de la Sarre et les eaux navigables communiquant avec ces voies de navigation. Le droit de flottage sera maintenu.

Art. 6. — Les hautes parties contractantes, étant d'avis que les circonscriptions diocésaines des territoires cédés à l'empire allemand doivent coïncider avec la nouvelle frontière déterminée par l'article 1er ci-dessus, se concerteront, après la ratification du présent traité, sans retard, sur les mesures à prendre en commun à cet effet.

Les communautés appartenant soit à l'Église réformée, soit à la confession d'Augsbourg, établies sur les territoires cédés par la France, cesseront de relever de l'autorité ecclésiastique française.

Les communautés de l'Église de la confession d'Augsbourg, établies dans les territoires français, cesseront de relever du consistoire supérieur et du directeur siégeant à Strasbourg.

Les communautés israélites des territoires situés à l'est de la nouvelle frontière cesseront de dépendre du consistoire central israélite siégeant à Paris.

Art. 7. — Le payement de 500 millions aura lieu dans les trente jours qui suivront le rétablissement de l'autorité du gouvernement français dans la ville de Paris. Un milliard sera payé dans le courant de l'année et un demi-milliard au 1er mai 1872. Les trois derniers milliards resteront payables au 2 mars 1874, ainsi qu'il a été stipulé par le traité de paix préliminaire. A partir du 2 mars de l'année courante, les intérêts de ces trois milliards de francs seront payés chaque année, le 3 mars, à raison de 5 p. 100 p. an.

Toute somme payée en avance sur les trois derniers milliards cessera de porter des intérêts à partir du jour du payement effectué.

Tous les payements ne pourront être faits que dans les principales villes de commerce de l'Allemagne, et seront effectués en métal, or ou argent, en billets de la Banque d'Angleterre, billets de la Banque de Prusse, billets de la Banque royale des Pays-Bas, billets de la Banque nationale de Belgique, en billets à ordre ou en lettres de change négociables, de premier ordre, valeur comptant.

Le gouvernement allemand ayant fixé en France la valeur du thaler prussien à

3 fr. 75 c., le gouvernement français acceptera la conversion des monnaies des deux pays au taux ci-dessus indiqué.

Le gouvernement français informera le gouvernement allemand trois mois d'avance de tout payement qu'il compte faire aux caisses de l'empire allemand.

Après le payement du premier demi-milliard et la ratification du traité de paix définitif, les départements de la Somme, de la Seine-Inférieure et de l'Eure seront évacués en tant qu'ils seront encore occupés par les troupes allemandes. L'évacuation des départements de l'Oise, de Seine-et-Oise, de Seine-et-Marne et de la Seine, ainsi que celle des forts de Paris, aura lieu aussitôt que le gouvernement allemand jugera le rétablissement de l'ordre, tant en France que dans Paris, suffisant pour assurer l'exécution des engagements contractés par la France.

Dans tous les cas, cette évacuation aura lieu lors du payement du troisième demi-milliard.

Les troupes allemandes, dans l'intérêt de leur sécurité, auront la disposition de la zone neutre située entre la ligne de démarcation allemande et l'enceinte de Paris, sur la rive droite de la Seine.

Les stipulations du traité du 26 février, relatives à l'occupation des territoires français après le payement des deux milliards, resteront en vigueur. Aucune des déductions que le gouvernement français serait en droit de faire, ne pourra être exercée sur le payement des cinq cents premiers millions.

Art. 8. — Les troupes allemandes continueront à s'abstenir des réquisitions en nature et en argent dans les territoires occupés ; cette obligation de leur part étant corrélative aux obligations contractées pour leur entretien par le gouvernement français, dans le cas où, malgré les réclamations réitérées du gouvernement allemand, le gouvernement français serait en retard d'exécuter les dites obligations, les troupes allemandes auront le droit de se procurer ce qui sera nécessaire à leurs besoins, en levant des impôts et des réquisitions dans les départements occupés et même en dehors de ceux-ci, si leurs ressources n'étaient pas suffisantes.

Relativement à l'alimentation des troupes allemandes, le régime actuellement en vigueur sera maintenu jusqu'à l'évacuation des forts de Paris.

En vertu de la convention de Ferrières du 11 mars 1871, les réductions indiquées par cette convention seront mises à exécution après l'évacuation des forts.

Dès que l'effectif de l'armée allemande sera réduit au-dessous du chiffre de cinq cent mille hommes, il sera tenu compte des réductions opérées au-dessous de ce chiffre pour établir une diminution proportionnelle dans le prix d'entretien des troupes payé par le gouvernement français.

Art. 9. — Le traitement exceptionnel accordé maintenant aux produits de l'industrie des territoires cédés pour l'importation en France sera maintenu pour un espace de temps de six mois, depuis le 1er mars, dans les conditions faites avec les délégués de l'Alsace.

Art. 10. — Le gouvernement allemand continuera à faire rentrer les prisonniers de guerre, en s'entendant avec le gouvernement français. Le gouvernement français renverra dans leurs foyers ceux de ces prisonniers qui sont libérables. Quant à ceux qui n'ont point achevé leur temps de service, ils se retireront derrière la Loire. Il est entendu que l'armée de Paris et de Versailles, après le rétablissement de l'autorité du gouvernement français à Paris et jusqu'à l'évacuation des forts par les troupes allemandes, n'excédera pas 80,000 hommes. Jusqu'à cette évacuation, le gouvernement français ne pourra faire aucune concentration de troupes sur la rive droite de la Loire, mais il pourvoira aux garnisons régulières des villes placées dans cette zone, suivant les nécessités du maintien de l'ordre et de la paix publiques.

Au fur et à mesure que s'opérera l'évacuation, les chefs de corps conviendront ensemble d'une zone neutre entre les armées des deux nations.

Vingt mille prisonniers seront dirigés sans délai sur Lyon, à condition qu'ils seront expédiés immédiatement en Algérie, après leur organisation, pour être employés dans cette colonie.

Art. 11. — Les traités de commerce avec les différents États de l'Allemagne ayant été annulés par la guerre, le gouvernement français et le gouvernement allemand prendront pour base de leurs relations commerciales le régime du traitement réciproque sur le pied de la nation la plus favorisée.

Sont compris dans cette règle les droits d'entrée et de sortie, le transit, les formalités douanières, l'admission et le traitement des sujets des deux nations, aussi que de leurs agents.

Toutefois, seront exceptées de la règle susdite les faveurs qu'une des parties contractantes, pour des traités de commerce, a accordées ou accordera à des États autres que ceux qui suivent : l'Angleterre, la Belgique, les Pays-Bas, la Suisse, l'Autriche, la Russie.

Les traités de navigation ainsi que la convention relative au service international des chemins de fer dans ses rapports avec la douane, et la convention pour la garantie réciproque de la propriété des œuvres d'esprit et d'art, seront remis en vigueur.

Néanmoins le gouvernement français se réserve la faculté d'établir sur les navires allemands et leurs cargaisons des droits de tonnage et de pavillon, sous la réserve que ces droits ne soient pas plus élevés que ceux qui grèveront les bâtiments et les cargaisons des nations sus-mentionnées.

Art. 12. — Tous les Allemands expulsés conserveront la jouissance pleine et entière de tous les biens qu'ils ont acquis en France.

Ceux des Allemands qui avaient obtenu l'autorisation exigée par les lois françaises pour fixer leur domicile en France, sont réintégrés dans tous leurs droits, et peuvent, en conséquence, établir de nouveau leur domicile sur le territoire français.

Le délai stipulé par les lois françaises pour obtenir la naturalisation, sera considéré comme n'étant pas interrompu par l'état de guerre pour les personnes qui profiteront de la faculté ci-dessus mentionnée de revenir en France dans un délai de six mois après l'échange des ratifications de ce traité, et il sera tenu compte du temps écoulé entre leur expulsion et leur retour sur le territoire français, comme s'ils n'avaient jamais cessé de résider en France.

Les conditions ci-dessus seront appliquées en parfaite réciprocité aux sujets français résidant ou désirant résider en Allemagne.

Art. 13. — Les bâtiments allemands qui étaient condamnés par les conseils de prises, avant le 2 mars 1871, seront considérés comme condamnés définitivement.

Ceux qui n'auraient pas été condamnés à la date susindiquée seront rendus avec la cargaison en tant qu'elle existe encore. Si la restitution des bâtiments et de la cargaison n'est plus possible, leur valeur, fixée d'après le prix de la vente, sera rendue à leurs propriétaires.

Art. 14. — Chacune de ces parties continuera sur son territoire les travaux entrepris pour la canalisation de la Moselle. Les intérêts communs des parties séparées des deux départements de la Meurthe et de la Moselle seront liquidés.

Art. 15. — Les hautes parties contractantes s'engagent mutuellement à étendre aux sujets respectifs les mesures qu'elles pourront juger utiles d'adopter en faveur de ceux de leurs nationaux qui, par suite des événements de la guerre, auraient été mis dans l'impossibilité d'arriver en temps utile à la sauvegarder ou à la conservation de leurs droits.

Art. 16. — Les deux gouvernements français et allemand s'engagent réciproquement à faire respecter et entretenir les tombeaux des soldats ensevelis sur leurs territoires respectifs.

Art. 17. — Le règlement des points accessoires sur lesquels un accord doit être établi, en conséquence de ce traité et du traité préliminaire, sera l'objet de négociations ultérieures qui auront lieu à Francfort.

Art. 18. — Les ratifications du présent traité par l'Assemblée nationale et par le chef du pouvoir exécutif de la République française, d'un côté,

Et de l'autre, par S. M. l'empereur d'Allemagne,

Seront échangées à Francfort, dans le délai de dix jours, ou plus tôt, si faire se peut.

En foi de quoi, les plénipotentiaires respectifs l'ont signé et y ont apposé le cachet de leurs armes.

Fait à Francfort, le 10 mai 1871.

Signé : JULES FAVRE.
Signé : POUYER QUERTIER.
Signé : C. DE GOULARD.

Signé : V. BISMARCK.
Signé : ARNIM.

ARTICLES ADDITIONNELS.

Article premier. Paragraphe premier. — D'ici à l'époque fixée pour l'échange des ratifications du présent traité, le gouvernement français usera de son droit de rachat de la concession donnée à la Compagnie des chemins de fer de l'Est. Le gouvernement allemand sera subrogé à tous les droits que le gouvernement français aura acquis par le rachat des concessions, en ce qui concerne les chemins de fer situés dans les territoires cédés, soit achevés, soit en construction.

§ 2. — Seront compris dans cette concession :

1° Tous les terrains appartenant à la dite Compagnie, quelle que soit leur destination, ainsi que : établissement de gares et de stations, hangars, ateliers et magasins, maisons de gardes de voie, etc.;

2° Tous les immeubles qui en dépendent, ainsi que : barrières, clôtures, changements de voie, aiguilles, plaques tournantes, prises d'eau, grues hydrauliques, machines fixes, etc., etc.;

3° Tous les matériaux, combustibles et approvisionnements de tout genre, mobiliers de gares, outillage des ateliers et des gares, etc.;

4° Les sommes dues à la Compagnie des chemins de fer de l'Est à titre de subventions accordées par des corporations ou personnes domiciliées dans les territoires cédés.

§ 3. — Sera exclu de cette cession le matériel roulant. Le gouvernement allemand remettra la part du matériel roulant avec ses accessoires, qui se trouverait en sa possession, au gouvernement français.

§ 4. — Le gouvernement français s'engage à libérer envers l'empire allemand entièrement les chemins de fer cédés ainsi que leurs dépendances de tous les droits que des tiers pourraient faire valoir, nommément des droits des obligataires. Il s'engage également à se substituer, — le cas échéant, — au gouvernement allemand relativement aux réclamations qui pourraient être élevées vis-à-vis du gouvernement allemand par les créanciers des chemins de fer en question.

§ 5. — Le gouvernement français prendra à sa charge les réclamations que la Compagnie des chemins de fer de l'Est pourrait élever vis-à-vis du gouvernement allemand ou de ses mandataires par rapport à l'exploitation desdits chemins de fer et à l'usage des objets indiqués dans le paragraphe 2, ainsi que du matériel roulant.

Le gouvernement allemand communiquera au gouvernement français, à sa demande, tous les documents et toutes les indications qui pourraient servir à constater les faits sur lesquels s'appuieront les réclamations susmentionnées.

§ 6. — Le gouvernement allemand payera au gouvernement français, pour la cession des droits de propriété indiqués dans les paragraphes 1 et 2 et en titre d'équivalent pour l'engagement pris par le gouvernement français dans le paragraphe 4, la somme de trois cent vingt-cinq millions (325,000,000 de francs).

On défalquera cette somme de l'indemnité de guerre stipulée dans l'article 7.

§ 7. — Vu la situation qui a servi de base à la convention conclue entre la Compagnie des chemins de fer de l'Est et la Société royale grand-ducale des chemins de fer Guillaume-Luxembourg, en date du 6 juin 1857 et du 21 janvier 1858, et celle conclue entre le gouvernement du grand-duché de Luxembourg et des Sociétés des chemins de fer Guillaume-Luxembourg et de l'Est français, en date du 5 décembre 1868, et qui a été modifiée essentiellement de manière qu'elles ne sont applicables à l'état des choses créé par les stipulations contenues par paragraphe 1er, le gouvernement allemand se déclare prêt à se substituer aux droits et aux charges résultant de ces conventions pour la Compagnie des chemins de fer de l'Est.

Pour le cas où le gouvernement français serait subrogé, soit par le rachat de la concession de la Compagnie de l'Est, soit par une entente spéciale, aux droits acquis par cette société, en vertu des conventions sus-indiquées, il s'engage à céder gratuitement, dans un délai de six semaines, ses droits au gouvernement allemand.

Pour le cas où ladite subrogation ne s'effectuerait pas, le gouvernement français n'accordera de concessions pour les lignes de chemins de fer appartenant à la Compagnie de l'Est et situées dans le territoire français que sous la condition expresse que le concessionnaire n'exploite point les lignes de chemins de fer situées dans le grand-duché de Luxembourg.

Art. 2. Le gouvernement allemand offre 2 millions de francs pour les droits et les propriétés que possède la Compagnie des chemins de fer de l'Est sur la partie du son réseau située sur le territoire suisse, de la frontière à Bâle, si le gouvernement français lui fait tenir le consentement dans le délai d'un mois.

Art. 3. La cession de territoire autour de Belfort, offerte par le gouvernement allemand dans l'article 1er du présent traité, en échange de la rectification de frontière demandée à l'ouest de Thionville, sera augmentée des territoires des villages suivants: Rougemont, Leval, Petit-Fontaine, Romagny, Felon, La Chapelle-sous-Rougemont, Angeot, Vauthier-Mont, La Rivière, La Grange, Reppe, Fontaine, Frais, Foussemagne, Cunelières, Montreux-Château, Bretagne, Chavannes-les-Grands, Chavanatte et Suarce.

La route de Giromagny à Remiremont passant au ballon d'Alsace à la France dans tout son parcours servira de limite en tant qu'elle est située en dehors du canton de Giromagny.

Fait à Francfort, le 10 mai 1871.

Signé : JULES FAVRE. Signé : V. BISMARCK.
Signé : POUYER-QUERTIER. Signé : ARNIM.
Signé : DE GOULARD.

Certifié conforme aux originaux.

Le ministre des affaires étrangères,
JULES FAVRE.

Le sacrifice était consommé : l'Alsace et la Lorraine, ces deux pays si français par le cœur, devenaient allemands, et nous devions payer une indemnité de cinq milliards. Il avait fallu s'incliner devant les prétentions exorbitantes et les exigences des vainqueurs. La France se résigna, comprenant qu'il lui fallait cicatriser ses plaies et faire de 1871 la première année de régénération. Elle a été bien durement éprouvée, cette pauvre France ; mais, avant peu de temps, sous le gouvernement fort et libre qu'elle s'est donné, elle se relèvera plus grande, plus forte que jamais, et ceux qui naguère la pillaient et la dévastaient, ainsi que ceux qui ont assisté, impassibles et indifférents à cet égorgement d'un noble peuple, rechercheront son alliance et s'inclineront comme par le passé devant ses décisions.

CHAPITRE XIX

NOS ENNEMIS

Comparaison entre l'armée française et l'armée allemande. — Bravoure des soldats français. — Mauvais chefs. — Privations endurées par nos soldats. — La discipline allemande. — Vols, assassinats, viols commis par l'armée allemande. — Nos prisonniers en Allemagne. — Les francs-tireurs et le landsturm. — Incendie de Bazeilles. — Les princes sont amateurs de nos porcelaines. — Les otages. — Les voyageurs en ballon. — Réquisition imposée à Saverne. — Conduite des Prussiens dans les pays envahis. — Deux faits odieux. — Le jour de la revanche.

Nous avons dit, au commencement de cet ouvrage, quelles avaient été les principales causes du succès de la Prusse : la supériorité numérique d'abord, celle de l'armement, de l'organisation, tous les services auxiliaires de l'armée allemande fonctionnant admirablement, tandis que notre corps médical est insuffisant et que notre intendance est aussi mal organisée et aussi mal dirigée que possible. Nous avons dit quelques mots également sur l'espionnage prussien exercé en France depuis plusieurs années par des officiers supérieurs qui s'étaient introduits comme commis dans nos maisons de commerce ou comme ouvriers dans nos ateliers. Nous avons parlé également de ruses déloyales employées par les soldats allemands et des infamies commises par eux. Nous demandons aux lecteurs la permission de nous étendre plus longuement sur ces divers sujets, afin qu'ils apprennent à bien connaître l'ennemi que nous avons eu à combattre. Nous avons l'intention, du reste, de publier prochainement un travail très-complet sur les exactions et les crimes des soldats prussiens en France. Nous demanderons aux maires des pays envahis de nous faire connaître le chiffre des réquisitions faites dans leurs communes par l'ennemi, la nature et la quantité des objets volés, les cruautés, les violences commises par l'envahisseur. Nous en dresserons alors un compte exact pour tous les départements qui ont été occupés, et, le jour de la revanche, nous le présenterons à cette nation de sauvages, et il faudra qu'elle le paye!

Nous avons prouvé que le rêve de la Prusse était le démembrement de la France, la conquête de l'Alsace et de Lorraine. La nation française n'en doutait pas, et en 1866 la guerre avec la Prusse eût été extrêmement populaire. Mais le gouvernement se contenta de faire des réflexions platoniques sur l'inquiétante extension de la Prusse, et attendit, pour faire la guerre, que la Prusse se soit organisée militairement d'une façon formidable, pendant que nous n'avions rien fait pour nous préparer à la lutte et pour la soutenir avec avantage.

La Prusse n'est pas une nation héroïque : ses officiers et ses soldats n'ont pas la bravoure qui distingue le soldat français. Jamais ils n'ont tenté un assaut contre une de nos forteresses ; rarement on a pu, pendant cette campagne, engager avec eux un combat à l'arme blanche ; ils connaissent et craignent la baïonnette de nos braves fantassins, ainsi que le sabre de nos cavaliers, et ils se soucient peu d'avoir à lutter contre eux. Tous les combats qui ont été livrés ont été surtout des combats d'artillerie. Le soldat français qui s'est signalé en Afrique, qui a donné, en Crimée, en Italie, au Mexique, tant de preuves de courage, a, pendant cette campagne, montré qu'il n'avait pas dégénéré. Partout il s'est battu en héros; les Prussiens eux-mêmes ont été obligés de l'avouer : un de leurs officiers disait que si les soldats allemands avaient l'élan des nôtres, ils pourraient facilement faire le tour de l'Europe et s'en emparer. C'est là une vanterie teutonne, mais enfin, elle contient un aveu qu'il est utile de constater.

Du reste, aucun soldat et aucune nation du monde n'a la fougue, l'élan du militaire français. Qu'on se rappelle la charge héroïque du 8ᵉ cuirassiers et du 11ᵉ régiment de chasseurs, à Freschwiller. Ces braves savaient que le chemin qu'ils prenaient était celui de la tombe. Ils ne doutaient pas qu'ils allaient mourir, mais ils savaient qu'en mourant, ils assuraient la retraite, c'est-à-dire le salut de l'armée, et ils marchaient! Ils tombaient l'un après l'autre, le premier rang qui s'avançait était fauché par une effroyable mitraille, mais aussitôt il était reformé et celui qui le remplaçait subissait le même sort. Ces héroïques soldats étaient écrasés par les chevaux qui passaient sur eux. Mais ils trouvaient encore, avant de mourir, la force de se soulever à demi et de pousser un dernier cri : « Vive la France ! »

Encore une fois, quelle est la nation qui possède de pareils soldats. Et ce sont de tels hommes qui ont été vaincus! Est-ce possible ? Quelle en est la cause, et à qui en est la faute ?

La cause principale en est l'immense infériorité numérique des troupes que nous pouvions mettre en ligne au début de la campagne; la faute en est à ceux qui déclaraient la guerre à l'Allemagne, ne sachant pas qu'elle pouvait mettre sur pied un million d'hommes, tandis que nous n'en avions pas quatre cent mille à leur opposer. Une autre cause de nos revers, c'est l'hésitation et la faiblesse du brave Mac-Mahon, l'incapacité, pour ne pas dire plus, de Frossard et de de Failly, la lâcheté de Sedan et la trahison de Bazaine. Ce sont les bons chefs qui font les bons soldats ; c'est la confiance du militaire en celui qui le mène au feu qui lui inspire de l'ardeur; c'est l'espoir de vaincre qui donne la victoire. Or, notre armée s'est vue livrée, pieds et mains liés, à l'ennemi; elle a vu que, parmi ses chefs, les uns étaient des traîtres, les autres des lâches ou des incapables. Et cela lui enlevait une partie de ses forces. Elle a supporté, grâce à l'incurie de l'Intendance, les plus grandes privations; elle a passé des journées entières sans manger, elle est allée au feu le ventre vide. Le soldat ne vaut rien dans ces conditions-là, et un général qui connaît à fond le caractère du militaire français a dit un jour un mot bien connu : « *Pas de pain, pas de lapins !* »

Et on s'étonne que nos troupiers, désolés d'être mal conduits, irrités de battre en retraite quand ils sont victorieux, indignés d'être trahis, furieux après une journée de fatigues et de combat de ne pas recevoir de nourriture, on s'étonne qu'ils n'observent pas rigoureusement la discipline ! Mais cette discipline si vantée de l'armée allemande résisterait-elle à de pareilles épreuves? Et d'abord, ce qu'on appelle discipline chez les ennemis que nous venons de combattre, n'est, à notre avis, qu'une sorte de servage facile à faire supporter à ces abrutis d'outre-Rhin. Certes, nous reconnaissons que la discipline de nos troupes n'est pas assez sévèrement observée; certes, nous voulons qu'on ramène le soldat à l'exécution stricte de ses devoirs professionnels, mais à aucun prix, nous ne voudrions voir introduire dans l'armée française la discipline allemande. Autres pays, autres mœurs ! Nous ne sommes pas très-contents des nôtres, mais nous ne voudrions pas les changer contre celles des Allemands. Les soldats prussiens se laissent frapper par les officiers et ils n'ont rien à dire; en France, si un chef se permettait de punir de cette manière un de ses hommes, il recevrait le lendemain une balle dans la tête, et ce serait justice.

Que l'officier français travaille, il en a besoin; qu'il s'adonne entièrement à l'étude de son métier, et il deviendra le meilleur officier de toutes les armées de l'Europe; rien ne lui manquera alors, et le cœur moins que le reste; qu'il s'occupe de ses troupes, qu'il veille à ce qu'elles aient le nécessaire, et il s'en fera aimer, il gagnera leur confiance. Il faut qu'une estime mutuelle existe entre l'officier et le soldat; c'est une des premières conditions de succès. Malheureusement il n'en a pas été ainsi; pendant cette campagne, on a vu des soldats mourant de faim, le soir d'une bataille, pendant que les chefs, sans souci de leurs troupes qui jeûnaient, s'asseyaient devant une table luxueusement servie. C'est en agissant de la sorte qu'on enlève le courage du soldat, qu'on aigrit son caractère et qu'on lui donne des idées d'indiscipline et de révolte.

Si les soldats allemands n'ont ni l'élan ni le courage des nôtres, ils n'en ont pas non plus le sentiment de l'honneur militaire. Nous avons dit que des officiers supérieurs prussiens s'étaient abaissés au rôle d'espions de bas étage; et que des soldats, dans différents combats, mirent la crosse en l'air et tirèrent ensuite sur les nôtres qui s'avançaient sans défiance. Mais ce n'est pas là tout : officiers et soldats ont volé à qui mieux mieux ; ils ont pratiqué sur une large échelle le déménagement des maisons qu'ils ont occupées; rien n'a échappé à leurs mains rapaces, et ils ont montré surtout pour les pendules un goût des plus prononcés. Sur les prisonniers faits par nos troupes, on trouvait souvent des bijoux de femme; presque tous avaient plusieurs montres. Dans une lettre adressée à l'un d'eux par sa fiancée, on lisait : « Quand vous pillerez Paris, tâche de prendre chez un bijoutier une paire de boucles d'oreilles. » Très-pratique, Mme Gretchen ! Enfin, les Allemands ont fait la guerre, non en braves soldats, en adversaires courageux et loyaux, mais en Mandrins et en Cartouches, comme de vils espions et des voleurs de bas étage.

Aussi malgré tous leurs défauts, nous préférons l'officier et le soldat français à l'officier et au soldat allemands, parce que la France est une nation civilisée où le sentiment de l'honneur est, en quelque sorte, inné, tandis que ces Germains sont salement cupides, bêtement ambitieux, et que, comme ils sont effroyablement lâches, ils emploient les moyens les plus bas, les ruses les plus viles pour satisfaire leur cupidité et atteindre le but de leur ambition, sans courir de grands dangers.

Les cruautés commises par nos ennemis sont inouïes. Nous avons dit avec quelle humanité les prisonniers prussiens étaient traités à Paris; ils étaient mieux nourris que les Parisiens eux-mêmes. En Prusse, il n'en était pas ainsi. Les prisonniers français étaient traités avec la plus grande dureté; ils mouraient littéralement de faim. « J'ai vu partir, écrivait un officier anglais, correspondant du *Daily Telegraph*, environ sept mille prisonniers pour la Prusse, qu'on faisait accompagner de musique jouant les airs les plus triomphants. Si l'officier restait en arrière, on le frappait à coups de crosse de fusil pour le faire avancer. Bien que beaucoup fussent faibles, malades, à moitié morts de faim, on les forçait de marcher au pas accéléré. Quand j'étais prisonnier de Sykes, je n'étais certainement pas bien traité, non plus qu'en Turquie et en Syrie ; mais jamais, sur mon honneur, je n'ai rien vu d'aussi barbare que le traitement des Français prisonniers des Prussiens autour de Sedan. Je ne puis comprendre que l'armée d'un peuple civilisé puisse traiter ainsi ses prisonniers. Si l'on me racontait les horreurs que j'ai vues, je ne pourrais y croire. J'ose à peine en croire mes yeux. Ayant fait quelques observations à des officiers supérieurs, on me répondit poliment de m'occuper de mes affaires, et ensuite par des torrents d'injures contre la nation française en général et ses soldats en particulier. Dans l'espoir que ma voix sera entendue, j'ai écrit cette lettre, et chacun pourra en vérifier l'exactitude. De la frontière de l'Alsace jusqu'au point où ils sont aujourd'hui, ce n'est que saccage et ruine. »

Nos malheureux soldats sont presque tous revenus aujourd'hui, et dans quel état de fatigues, de délabrement physique et moral ! Tous parlent avec une rage concentrée des mauvais traitements qu'ils ont reçus en Prusse, tous ne rêvent que vengeance. Soyez patients, mes braves, l'heure sonnera d'une revanche terrible et d'un châtiment mérité.

Aux yeux du très-chrétien et très-pieux empereur d'Allemagne et de ses généraux, le patriotisme est un crime qui mérite la mort. Ils n'ont pas voulu reconnaître l'institution des francs-tireurs qu'ils qualifiaient d'innovation sauvage. Ce serait risible, si ce n'était odieux. Les chefs allemands faisaient aux francs-tireurs un crime de défendre leur patrie, et tous ceux qui étaient pris étaient passés par les armes ; ils oubliaient les lois qui régissent leur landsturm, lois édictées par le père de Guillaume. Entre autres articles, nous lisons :

« § 7. Le landsturm est appelée à agir dans le cas d'une guerre défensive où tous les moyens sont permis et légaux — de sorte que les extrêmes sont à préférer, car ils conduisent plus rapidement et plus efficacement au triomphe de la cause juste.

« § 8. A cette fin, la mission du landsturm est de mettre obstacle à l'invasion et à la marche de l'ennemi en l'attaquant constamment en se rendant maître de ses convois, de ses courriers, de ses recrues, *en brûlant ses hôpitaux*, en faisant des attaques nocturnes, en un mot en ne lui laissant aucun repos, le tourmentant sans cesse, ne le laissant pas dormir, en exterminant soit les hommes isolés, soit les détachements là et comme cela est possible. Si l'ennemi a pénétré à cinquante milles (cent lieues) sur le territoire allemand, il ne pourra en tirer aucun profit si le terrain occupé par lui n'est pas large et s'il ne peut pas envoyer par-ci et par-là des détachements pour faire des reconnaissances et des réquisitions sans crainte de les voir exterminer. Cela l'obligerait à marcher sur les grandes routes comme nous l'avons vu faire en Espagne et en Russie — pays qu'on nous oppose comme exemples.

« § 13. *Le landsturm n'a ni uniforme, ni signes particuliers, ces uniformes et ces signes serviraient à le faire reconnaître par l'ennemi et l'exposeraient aux persécutions.* »

Après cette lecture, on reste anéanti de tant d'audace et de tant d'effronterie.

Tout village coupable de s'être défendu était mis au pillage et incendié, et les habitants devaient s'estimer heureux si on ne les fusillait pas. Les atrocités qu'ils ont commises dans certains pays seraient incroyables si elles n'étaient attestées par des personnes de la plus parfaite honorabilité et entièrement dignes de foi. Ainsi, M. le duc de Fitz-James, délégué de la *Société internationale de secours aux blessés*, qui a visité Bazeilles, a, dans une lettre adressée au *Temps*, décrit ainsi ce qui s'est passé dans cette commune :

« Les Bavarois et les Prussiens, pour punir les habitants de s'être défendus, mirent le feu au village. La plupart des gardes nationaux étaient morts, la population s'était réfugiée dans les caves ; femmes, enfants, tous furent brûlés. Sur deux mille habitants, trois cents restent à peine, qui racontent qu'ils ont vu des Bavarois repousser des familles entières dans les flammes et fusiller des femmes qui avaient voulu s'enfuir. J'ai vu, de mes yeux vu, les ruines fumantes de ce malheureux village : il n'en reste pas une maison debout. Une odeur de chair humaine brûlée vous prenait à la gorge. J'ai vu le corps des habitants calcinés sur leur porte. »

A Strasbourg, ils ont forcé les paysans de l'Alsace à creuser des tranchées d'où les boulets allemands frappent et incendient la ville.

Ayant été attaqués dans les environs de Mézières, près de Mantes, par des francs-tireurs qui leur enlevèrent des provisions qu'ils venaient de requérir dans cette ville, les uhlans reviennent et jettent des bombes incendiaires sur cette petite commune qui ne fut bientôt plus qu'un immense foyer dont les flammes s'apercevaient à plus de vingt-quatre kilomètres à l'entour.

Nous pourrions prolonger ces exemples à l'infini. Il n'y a pas une commune où des crimes n'aient été commis par ces misérables. Tout ce qu'ils n'ont pas volé, ils l'ont brûlé, brisé ou détruit; ils ont fait du feu avec des bois de lit, des meubles en acajou; ils ont brisé les glaces, lacéré des portraits de famille; dans les environs de Paris, toutes les maisons occupées ont été complétement déménagées. C'est une dévastation complète. A Garches, à Saint-Cloud, à Sèvres, à Bougival, toute la population qui y était restée a été enlevée de vive force et emmenée à Versailles sans pouvoir rien emporter: leur mobilier a été pillé et détruit.

Ils volent sans scrupules, ouvertement, ils ne s'en cachent pas, ils l'avouent même hautement : à Versailles, des officiers supérieurs, des généraux, laissaient voir à qui voulait s'en donner la peine des objets d'art, pris dans les maisons de campagne des environs. Les porcelaines qui étaient restées à la manufacture de Sèvres ont été enlevées et soigneusement emballées dans des caisses qui portaient sur les étiquettes les noms du *prince royal*, du prince de Reuss, du duc de Saxe, du prince de Wurtemberg, du grand-duc de Mecklembourg. Le château de Compiègne a été complétement déménagé: il ne reste ni rideaux, ni bronzes, ni statues. Les Prussiens ont également envoyé à Berlin les orangers centenaires qui se trouvaient à Saint-Cloud.

Il faudrait un volume entier pour donner le récit complet de tous les assassinats commis par les armées allemandes, la liste des incendies allumés par ces forcenés, des vols dont ils se sont rendus coupables : c'est ce volume que nous voulons faire, comme nous l'avons dit au commencement de ce chapitre. Il faut que ces Vandales soient cloués au pilori de l'histoire, et que l'Europe, au récit de tous leurs forfaits, n'ait plus pour eux que le mépris et le dégoût qu'on éprouve pour les criminels.

Combien de fois, malgré la convention de Genève, n'ont-ils pas tiré sur nos voitures d'ambulance, sur nos convois de blessés! Lorsqu'ils ont bombardé nos villes, et non-seulement les places fortes, mais encore les villes ouvertes, ils ont dirigé le feu de leur artillerie, non pas sur les remparts ou la forteresse, mais sur les propriétés particulières, sur les églises et sur les hôpitaux; ils n'ont pas cherché à tuer les défenseurs, ils ont tiré sur la population civile, sur les enfants, sur les vieillards, sur les femmes!

Notre flotte ayant capturé quelques navires marchands prussiens dont les capitaines étaient retenus prisonniers, les Prussiens emmenèrent en Prusse, comme otages, quarante habitants notables de Dijon, de Gray et de Vesoul, entre autres, le baron Thénard, le célèbre savant, membre de l'Académie des sciences. Ils ne se gênaient nullement pour faire des arrestations arbitraires. M. de Raynal, substitut du procureur de la République à Versailles fut arrêté et emmené en Prusse sous l'accusation d'avoir entretenu des correspondances pour faire parvenir des renseignements à l'ennemi. Or, M. de Raynal s'était borné à faire parvenir à sa famille habitant Paris, une première fois, une carte sur laquelle étaient écrits ces mots: « Je me porte bien, soyez tranquilles; » une seconde fois, une lettre dans laquelle il ne parlait que de lui-même et de ses proches, dont il donnait des nouvelles.

Le comte de Bismark prévint, au mois de novembre, le gouvernement que plusieurs ballons expédiés de Paris étaient tombés entre les mains de l'armée allemande, et que les personnes qui les montaient seraient jugées *selon les lois de la guerre.*

Partout les Prussiens ont fait des réquisitions exorbitantes. Une des plus révoltantes est celle qu'ils ont imposée à la petite ville de Saverne qui compte à peine cinq mille habitants, et dont voici la nomenclature officielle :

- 10,000 pains de 3 kilog. ;
- 60 bœufs de 250 kilog. tués ;
- 8,000 kilog. de riz ;
- 1,250 — de café grillé ;
- 750 — de sel ;
- 500 — de tabac ou 180,000 cigares pour les soldats ;
- 75,000 cigares fins pour les officiers ;
- 10,000 litres de vin pour les soldats ;
- 3,000 litres de vin rouge supérieur pour les officiers ;
- 2,000 bouteilles de Bourgogne ;
- 200 — de Champagne ;
- 120 kilog. de sucre pour les ambulances ;
- 25 — de tablettes de bouillon ou d'extrait de viande ;
- 60,000 — d'avoine ;
- 25,000 — de foin ;
- 25,000 — de paille.

Nos ennemis ne se sont pas bornés à réquisitionner, à voler, à piller, à incendier, à emmener prisonniers en Prusse des hommes qui n'avaient pris aucune part à la lutte, à fusiller les francs-tireurs ou les habitants d'une commune coupable d'avoir défendu leur sol, ils ont passé encore par les armes tout Français, non pas convaincu, mais seulement soupçonné d'égarer l'armée prussienne ou de lui donner de faux renseignements sur la marche de nos armées ou sur la retraite des francs-tireurs. Quiconque détruit des armes, des munitions de guerre, du matériel ou des approvisionnements de l'armée pour empêcher que l'ennemi s'en empare, quiconque ne peut payer immédiatement les réquisitions décrétées, est emmené prisonnier ou passé par les armes.

Depuis la signature de la paix, les Prussiens commettent dans les pays envahis des excès de tout genre. Il n'y a pas de vexations qui ne soient infligées aux habitants des communes qui sont occupées. Si un soldat français ne salue pas les officiers prussiens dans la rue, il est conduit en prison ; si les troupes se trouvent mal logées, si des réclamations sont faites par elles, le maire ou les membres de la commission chargée des logements militaires sont mis en état d'arrestation. Dans certains pays, les habitants sont exposés à plus d'insultes et de vexations depuis la signature de la paix que pendant la guerre.

Avant de terminer, nous allons encore citer deux faits qui appellent sur leurs auteurs toutes les colères de la vengeance divine.

A Forbach, la femme d'un employé de chemin de fer, mère de deux enfants, a dû recevoir, le 6 août, nourrir et loger trois uhlans qui ont eu l'infamie de la contraindre à se livrer successivement à chacun d'eux pendant plusieurs jours, la menaçant, si elle ne cédait à leur brutalité, de tuer ses enfants sous ses yeux.

A Andernay, canton de Remigny (Meuse), un corps de l'armée prussienne est arrivé dans la localité ; un nommé Gillot Bernard, émouleur et limeur de scies, qui y habitait avec sa femme et six enfants, dont l'aînée, une jeune fille, était âgée de dix-huit ans, a fait devant le commissaire de police de Louhans la déclaration suivante :

« Après s'être livrés à tous les excès imaginables, ils ont violé les jeunes filles, et, après avoir accompli leurs actes de bestialité, ils ont tué ces enfants sous nos yeux en les traversant à coups de baïonnette ; *j'ai eu la douleur d'être obligé d'assister à ces massacres sur la personne de ma fille.* Pour mettre le comble à la mesure, les soldats prussiens ont mis le feu à notre village qui a été complétement détruit. »

Voilà les ennemis contre lesquels nous avons eu à lutter. Ils ont commis tant d'infamies pendant cette guerre que les peuples étrangers n'ont plus de sympathie pour l'Allemagne et n'éprouvent pour elle qu'un insurmontable dégoût. La France, au contraire, la France vaincue est aujourd'hui plus que jamais respectée et admirée. Elle se relèvera bientôt plus puissante de toute la grandeur du martyre, et elle continuera, comme elle l'a toujours fait depuis des siècles, à marcher à la tête du progrès et de la civilisation, en attendant le jour où elle pourra se venger de tant d'outrages et où elle se sentira capable de prendre une éclatante revanche.

TABLE DES MATIÈRES

Préface . . . . Pages. 1

CHAPITRE Ier
FRANCE ET ALLEMAGNE

La Maison de Hohenzollern; son esprit de conquête. — Origines de la guerre. — Son opportunité. — Son but. — Préparation à la guerre. — Forces de chacune des deux armées. — Le fusil à tir rapide. — L'artillerie prussienne et l'artillerie française. — Les canons Krüpp. — Les mitrailleuses. — Conduite des puissances étrangères. — Haine de la Prusse contre la France. — Son désir de la guerre. — L'éducation de la jeunesse allemande. — Espionnage. — Preuve que depuis longtemps la Prusse rêvait le démembrement de la France. — Comparaison entre le soldat français et le soldat allemand. — Supériorité de l'officier prussien sur l'officier français. — Les uhlans. — L'intendance. — Le service médical. — L'escadre française cuirassée. — État de la marine de guerre allemande. — La façon dont l'armée allemande fait la guerre. — Son refus de reconnaître les francs-tireurs. — Lettre de Ricciotti Garibaldi. — Exactions, vols, cruautés des Prussiens en France. — Incendies. — Balles explosibles. — Barbarie des ennemis envers les blessés français. — Circulaire de M. de Chaudordy. — La France vaincue est entourée de sympathies; la Prusse victorieuse est méprisée par tous les peuples de l'Europe. 1

CHAPITRE II
PRÉLIMINAIRES DE LA GUERRE

Déclaration de guerre. — Discours de MM. de Gramont et Emile Ollivier, au Corps Législatif. — Conduite de la Chambre. — Casus belli. — Projets de lois votés par le Corps Législatif. — Notification officielle de la déclaration de guerre au roi de Prusse. — Ouverture des hostilités à Forbach. — Rupture du pont du Rhin par les Badois. — Proclamations de l'empereur Napoléon et du roi Guillaume. — Enthousiasme de la population parisienne. — A Berlin! — La *Marseillaise* à l'Opéra. — Cartes de la guerre. — Attitude de la Prusse. — Les engagements volontaires. — Accueil fait à nos soldats dans les gares. — Départ de l'empereur et du prince impérial pour Metz. — Leur suite et leurs équipages. — Plan de campagne des deux armées. — Position des armées française et prussienne, au début de la guerre. — M. de Moltke. — Napoléon III, général en chef. — Le major général Le Bœuf. 22

CHAPITRE III

SARREBRUCK — WISSEMBOURG — FRESCHWILLER — BORNY

Premiers événements de la guerre dans les derniers jours de juillet. — Affaire de Sarrebrück, le 2 août. — Combat de Wissembourg. — Mort du général Abel Douay. — Bataille de Freschwiller. — Les cuirassiers de Reischoffen. — Inaction du général de Failly. — Retraite des 1er et 5e corps sur le camp de Châlons. — Bataille de Forbach, le 6 août. — Général Frossard. — Formation de deux armées distinctes. — Armée de Châlons. — Armée de Metz. — Le nouveau ministère. — Marche des armées prussiennes, du 6 au 14 août. — Bataille de Borny. 40

CHAPITRE IV

GRAVELOTTE — SAINT-PRIVAT — BEAUMONT — BAZEILLES

Bataille de Gravelotte, le 16 août. — Bataille de Saint-Privat, le 18 août. — Les carrières de Jaumont. — L'armée du maréchal Bazaine rejetée sous Metz. — L'armée de Châlons. — Les hésitations sur son emploi. — Sa composition et sa force. — Sa situation morale. — Position des armées ennemies. — L'armée de Châlons se porte en avant, dans la direction de Montmédy. — Journées des 23, 24, 25, 26 et 27 août. — Journée du 28 : engagement de cavalerie à Buzancy. — Journée du 29 : combat de Belval. — Journée du 30 : combat de Beaumont. — Journée du 31 : combat de Bazeilles. 59

CHAPITRE V

SEDAN

Proclamation de Napoléon III à l'armée. — Positions occupées par les deux armées. — Massacres de Bazeilles. — Tentative de trouée dans la direction de Carignan. — Le drapeau blanc est arboré. — Lettre de Napoléon et réponse de Guillaume. — Négociations. — Récit de M. de Bismarck sur son entrevue avec l'Empereur. — Texte de la capitulation. — Proclamation de Wimpffen à l'armée. — Indignation des officiers et des soldats. — Rapport officiel adressé par le général de Wimpffen au ministre de la guerre. — Le prisonnier de Wilhemshœe. 75

CHAPITRE VI
LA RÉPUBLIQUE

Situation de Paris. — Proclamation du général Trochu et de l'amiral La Roncière Le Noury. — Le ministère annonce à la population parisienne le désastre de Sedan. — Séance au Corps Législatif. — La déchéance de l'empereur et de sa dynastie. — La RÉPUBLIQUE ! — Le nouveau gouvernement. — Enthousiasme de Paris. — Fuite de l'impératrice. — La révolution du 4 septembre. — La République, l'Empire. 93

CHAPITRE VII
LE GOUVERNEMENT DU 4 SEPTEMBRE

Biographie des membres du gouvernement 111

CHAPITRE VIII
SITUATION DE PARIS — ENTREVUE DE FERRIÈRES

Organisation de la défense de Paris. — Les fortifications. — Les ministres. — Actes du gouvernement de la défense nationale. — La délégation de Tours. — La mission de M. Thiers. — Entrevue de Ferrières 128

CHAPITRE IX
PARIS — LAON — TOUL — STRASBOURG

Laon. — Explosion de la citadelle. — Investissement de Paris. — Attitude des Parisiens. — Forces de la capitale. — Combat de Mesly. — Combat de Châtillon. — Escarmouches. — Combat de Villejuif. — Engagements de Drancy et de Pierrefitte. — Toul. — Strasbourg 149

CHAPITRE X
L'ARMISTICE

La mission de M. Thiers. — Négociations avec M. de Bismark. — Rejet de l'armistice. — Rapport de M. Thiers. — Circulaires de M. Jules Favre et de M. de Bismark. 192

CHAPITRE XI
METZ

L'armée du Rhin rejetée sous Metz. — État des vivres et munitions de la place. — Sortie du 26 août. — Combat de Sainte-Barbe (31 août et

1er septembre). — Bazaine cache à son armée la proclamation de la République. — Les vivres commencent à manquer. — On entame la cavalerie. — Combat de Lauvalliers. — Combats de Peltre et Ladouchamps. — Départ du général Bourbaki. — Combats de Bellevue et de Saint-Remy. — Le général Boyer part pour Versailles. — Réunion des chefs de corps. — Le général Coffinières de Nordeck. — Fausses nouvelles rapportées à Metz par le général Boyer. — Cet officier repart pour Versailles. — Rupture des négociations. — Plus de pain ! — Le général Changarnier est envoyé près du prince Frédéric-Charles. — Entrevue des chefs d'état-major général Jarras et Stiehle. — Protocole et appendice à la convention militaire. — Les aigles. — Proclamation de Bazaine. — Le général Changarnier cherche à justifier, devant l'Assemblée nationale, la conduite du général en chef. — Le plan de Bazaine; sa trahison. — Proclamation de la délégation de Tours. — État des pertes de l'armée du Rhin. 201

CHAPITRE XII

LA PROVINCE

Neuf-Brisach. — Schelestadt. — Verdun. — Thionville. — Phalsbourg. — Montmédy. — Bitche. — *L'Armée de la Loire.* — M. Gambetta à Tours. — Sa proclamation aux départements. — Arrivée de Garibaldi à Tours, et des députés républicains d'Espagne. — Départ de Garibaldi pour les Vosges. — Les généraux de l'armée de la Loire. — M. de Polhès. — M. de Lamotte-Rouge. — M. d'Aurelles de Paladines. — Prise d'Orléans, par les Prussiens, le 11 octobre. — Décrets du gouvernement de Tours. — Occupation de Vesoul. — Capitulation de Soissons et de Chartres L'armée de Bretagne. — Emprunt de 250 millions. — Prise de Dijon. — Troubles à Marseille, à Grenoble, à Toulouse, à Perpignan. — Le général Walsin-Esterhazy. — Bataille de Coulmiers; reprise d'Orléans par l'armée de la Loire. — Inaction du général d'Aurelles. — Le duc de Mecklembourg s'avance jusqu'au Mans. — Démission de MM. de Kératry et Carné-Kérisouet. — Combats de Beaune-la-Rolande et de Villepin. — Bataille de Montargis. — Bataille et prise d'Orléans par les Prussiens. — Révocation du général d'Aurelles de Paladine. — Prise de Rouen. — L'armée de la Loire est partagée en deux commandements donnés à Chanzy et Bourbaki. — Retraite d'Orléans. — Combats à Saint-Laurent-les-Bois, Beaugency et Josne. — Prise de Blois. — Le Gouvernement se transporte à Bordeaux. — Combat de Freteval. — Lettre de Chanzy. — Arrivée de Chanzy au Mans. — Bataille du Mans. — Retraite de Chanzy sur Laval. — Arrestation du prince de Joinville. — Le général Chanzy. 227

CHAPITRE XIII

LA PROVINCE (SUITE)

L'ARMÉE DU NORD. — Organisation de la défense. — M. Testelin est nommé commissaire de la défense. — Le général Farre lui est adjoint. — Le général Bourbaki est appelé au commandement de l'armée du Nord, qu'il quitte le 19 novembre. — Composition des troupes. — Bataille d'Amiens ou de Villers-Bretonneux. — Attaque et prise de la citadelle d'Amiens. — Capitulation de La Fère. — Faidherbe est nommé général en chef de l'armée du Nord. — Reprise de Ham par les Français. — Division de l'armée en deux corps. — Combat de Querrieux. — Bataille de Pont-Noyelles. — Combats d'Achies-le-Grand et de Behagnies. — Bataille de Bapaume. Bombardement et capitulation de Péronne. — Combat de Vermand. — Saint-Quentin; bataille du 8 octobre; les Prussiens sont repoussés; occupation de la ville par l'ennemi le 22 octobre. — Reprise de Saint-Quentin par les Français le 15 janvier. — Combat de Bellicourt. — Bataille de Saint-Quentin. — Situation dans laquelle se trouvait l'armée du Nord, au moment de l'armistice. — Le général Faidherbe. 256

CHAPITRE XIV

LA PROVINCE (SUITE)

LES ARMÉES DE L'EST. — Garibaldi. — Composition de son armée. — Châtillon-sur-Seine. — Dijon. — Combats de Sanlieu et de Montbard. — Les garibaldiens repoussent une attaque de l'ennemi sur Dijon. — Dépêche de M. Jules Favre. — Bourbaki prend le commandement de la première armée du centre. — Sa marche sur l'Est. — Combats de Châteauneuf et de Nuits. — Belfort. — Bataille de Villersexel. — Evacuation de Gray, Dijon et Vesoul, par les Prussiens. — Combat d'Arcq et de Chenelier. — Retraite de Bourbaki sur le Sud. — Le général de Bressolles. — Tentative de suicide du général Bourbaki. — Le général Clinchant prend le commandement de l'armée. — Sa retraite vers la frontière suisse. — Convention passée avec le général Herzog. — L'armée passe la frontière. — Le général de Bressolles se retire vers le Sud. — Pontarlier. — Capitulation de Belfort. — Le général Bourbaki. — Troubles de Lyon. — Le commandant Arnaud. 272

CHAPITRE XV

LA DÉFENSE DE PARIS

Décret de mobilisation de la garde nationale. — Les forces de Paris sont divisées en trois armées. — Clément Thomas. — Ducrot. — Vinoy. — Engagement de Bondy. — Proclamation du général Trochu et du général Ducrot. — Combat de Choisy-le-Roi. — Sortie de Ducrot sur la Marne. Combat de Champigny. — Mort du général Renault et du général Ladreit de la Charrière. — Combat de Villiers. — Combat d'Épinay. — Le commandant Saillard. — Le plateau d'Avron. — Le général Ducrot repasse la Marne. — Lettre de de Moltke et réponse de Trochu. — Anxiété et impatience de la population parisienne. — Bataille de Paris. — Les marins au Bourget. — La Villa-Évrard; mort du général Blaise. — Le général Noël s'empare de l'île de Chiard. — Commencement du bombardement des forts. — Proclamation du général Trochu 282

CHAPITRE XVI

L'AGONIE

1871. — Le cadeau de M. Magnin. — Bombardement de Paris. — Protestation du corps diplomatique. — Réponse de M. de Bismark. — La force prime le droit. — Le gouverneur de Paris ne capitulera pas. — Sortie du 17 janvier. — Montretout, Buzenval, la Bergerie. — Fautes commises. — Deux jours d'armistice pour enterrer nos morts. — Émeute du 22 janvier. — Mise en liberté de M. Flourens. — Le général Trochu n'est plus gouverneur de Paris. — Le *Moniteur* de Versailles annonce la défaite de nos armées de province. — Le bombardement de Paris: les enfants tués à l'asile Saint-Nicolas. — Néron et l'empereur Guillaume. — Résultats du bombardement. 301

CHAPITRE XVII

LE DÉNOUEMENT

L'armistice. — Le ravitaillement. — La nourriture des Parisiens pendant le siège. — Mauvaise organisation. — Rationnement de la viande. — La culture maraîchère. — Le pain! — Souffrance de la classe pauvre. — Les cantines municipales. — M. Richard Wallace. — Les classes moyennes. — Prix des denrées au 31 décembre. — La charité. — Rôle admirable des femmes. — Les ambulances. — Les frères des écoles chrétiennes. — Ballons et pigeons. — Réouverture des théâtres. — Des canons! — Les clubs. — Inventions et plans de campagne. 313

CHAPITRE XVIII

LA PAIX

Le gouvernement de la défense nationale et la délégation de Bordeaux. — Actes de M. Gambetta. — Dissolution des conseils généraux et d'arrondissement. — Destitution de magistrats inamovibles. — Décret relatif aux élections. — Protestation de M. de Bismark. — MM. Jules Simon, Pelletan, Garnier-Pagès et Arago partent pour Bordeaux. — Démission de M. Gambetta. — Les élections. — Première séance de l'Assemblée. — Démission de Garibaldi. — Prolongation de l'armistice. — M. Thiers, chef du pouvoir exécutif. — Le nouveau ministère. — Les négociateurs partent pour Paris; signature des préliminaires. — Entrée des Prussiens à Paris; enlèvement des canons du parc Wagram. — Ratification des préliminaires par l'Assemblée. — Il y a encore des impérialistes! — La déchéance de Napoléon III. — Départ des Prussiens de Paris. — L'empereur d'Allemagne. — Signature du traité de paix définitif. 361

CHAPITRE XIX
NOS ENNEMIS

Comparaison entre l'armée française et l'armée allemande. — Bravoure des soldats français. — Mauvais chefs. — Privations endurées par nos soldats. — La discipline allemande. — Vols, assassinats, viols commis par l'armée allemande. — Nos prisonniers en Allemagne. — Les francs-tireurs et la landsturm. — Incendie de Bazeilles. — Les princes sont amateurs de nos porcelaines. — Les otages. — Les voyageurs en ballon. — Réquisition imposée à Saverne. — Conduite des Prussiens dans les pays envahis. — Deux faits odieux. — Le jour de la Revanche 350

CHAPITRE Ier

Les armes de la Garde nationale lui sont laissées sur la demande de M. Jules Favre. — Entrée des Prussiens dans Paris. — Proclamation du Comité central. — Enlèvement des canons par les gardes nationaux. — Les buttes Montmartre. — Nomination du Général Aurelles de Paladines. — Journée du 18 mars. — Le 88e. — Arrestation et exécution des Généraux Clément Thomas et Lecomte. — Les insurgés descendent à Paris. — Arrestation du Général Chanzy et de M. Turquet, Député de l'Aisne. — Retraite de l'armée de Paris sur Versailles. — Le drapeau rouge. — Manifestation du parti de l'ordre. — Assassinat de la place Vendôme. — L'Amiral Saisset est nommé commandant en chef de la Garde nationale. — Les Maires et quelques Députés de Paris. — Retraite de l'Amiral Saisset. — Conduite des journalistes et des Gardes nationaux. — Les Élections. — Abstentions nombreuses. — Liste des Membres de la Commune. — Les Étrangers. — Paris diffamé. — 1607 et 1871. — Les Ouvriers. — Griefs de la population parisienne contre le gouvernement de Versailles. — Arrestation. — Les Généraux de la Commune. — Réquisitions. — Décrets de la Commune. — Le Chef de Légion Henry. — Excès de la Commune.

Lorsque M. Jules Favre discuta avec M. de Bismarck les conditions de l'armistice, le chancelier prussien demanda le désarmement de la garde nationale. Le Ministre des affaires étrangères ne voulut pas en entendre parler et pria, supplia tant qu'il obtint que la milice citoyenne conserverait ses armes. C'est donc lui qui est la cause première de tous les maux de Paris, et le 21 mars, il comprenait si bien l'importance de la faute qu'il avait commise, qu'il dit à l'Assemblée : « Je me suis trompé en conservant les armes à la garde nationale. *J'en demande pardon à Dieu et aux hommes.* » Il est bien de faire l'aveu de ses fautes; mais nous ne saurions, malgré la confession de M. Favre, lui donner l'absolution d'une erreur qui a failli perdre la France.

Paris, depuis les élections, était très-agité : des manifestations avaient lieu chaque jour, et, au milieu de la nuit, le rappel était battu sans ordre et les bataillons de la garde nationale descendaient en armes dans la rue. Le 27 février, on apprit que les prussiens entreraient dans Paris le 1er mars. Les chefs socialistes tirèrent bon parti de cette nouvelle. Pendant les deux jours qui précédèrent l'entrée de l'ennemi, des bataillons allèrent prendre possession de quelques-uns de nos arsenaux et des postes où se trouvaient renfermées les pièces d'artillerie fournies pendant le siége par des souscriptions patriotiques, avec des munitions de tout genre. Toutes ces pièces, toutes ces munitions furent enlevées par ces bataillons, sans rencontrer grande résistance et transportées sur les buttes Montmartre et les buttes Chaumont. A toutes les interpellations, les auteurs de ces singuliers détournements commis en plein midi, répondaient : « Nous voulons être sûrs que cette artillerie ne sera pas livrée aux prussiens; et nous agissons d'après les instructions du Comité Central. » Qu'était ce Comité? tout le monde l'ignorait. Le 28, cependant, il commença à donner signe de vie. On vit s'affirmer au grand jour l'influence de cette Société secrète qui avait béatement adopté le nom de *Comité Central de la garde nationale*. Voici l'affiche de ce pouvoir nouveau qui déjà battait en brèche l'autorité régulièrement constituée :

« COMITÉ DE LA GARDE NATIONALE :

« Citoyens,

« Le sentiment général de la population paraît être de ne pas s'opposer à l'entrée des Prussiens dans Paris. Le Comité central, qui avait émis un avis contraire, déclare qu'il se rallie à la résolution suivante ;

« Il sera établi, tout autour des quartiers que doit occuper l'ennemi, une série de barricades propres à isoler complètement cette partie de la ville. Les habitants de la région circonscrite dans ces limites devront l'évacuer immédiatement.

« La garde nationale, de concert avec l'armée formée en cordon tout autour, veillera à ce que l'ennemi, ainsi isolé sur un sol qui ne sera plus notre ville, ne puisse en aucune façon communiquer avec les parties retranchées de Paris.

« Le Comité central engage donc toute la garde nationale à prêter son concours à l'exécution des mesures nécessaires pour arriver à ce but et éviter toute agression qui serait le renversement de la République.

« AVOINE fils, A. ARNAUD, G. ARNOLD, ASSI, ANDIGNOUX, BOUIT, J. BERGERET, BABICK, BOURSIER, BARON, BILLIORAY, BLANCHET, CASTIONI, CHOUTEAU, C. DUPONT, FERRAT, FORTUNÉ, FABRE, FOUGERET, GAUDIER, GOUHIER, GUIRAL, GERESME, GROLLARD, JOSSELIN, JOURDE, LISBONNE, LAVALETTE, LULLIER, MALJOURNAL, MOREAU, MORTIER, PRUD'HOMME, ROUSSEAU, RANVIER, VARLIN et VIARD. »

Ces noms étaient, à l'exception de ceux d'Assi et de Lullier, complètement inconnus du public, très-surpris que ces gens-là donnassent des ordres à la population parisienne.

Après le départ des prussiens, toutes les causes de désordre semblaient devoir disparaître. Mais ce départ précipité ne fait pas l'affaire de la secte socialiste qui a tout préparé pour une explosion prochaine, et pour qu'elle se produise, il faut que Paris soit agité quand même...... et l'agitation continue.

On ne s'était pas inquiété d'abord de l'accumulation sur les buttes Montmartre et les buttes Chaumont des pièces enlevées par la garde nationale et qu'elle gardait jour et nuit. On s'en était même moqué un instant, on plaisantait les gardes du parc *national*. Mais au rire devaient bientôt succéder les larmes ; le vaudeville allait faire place au drame.

Pendant ce temps, les affaires étaient mortes et la reprise du travail était rendue impossible. Le Gouvernement, désireux d'éviter une collision, commença à parlementer avec les gardes nationaux. Il demandait à ce que les canons fussent rendus à l'État, seul détenteur légitime des engins de guerre. Mais, à toutes les démarches, on lui répondait : « Ces canons sont à nous, nous les avons payés de notre argent et nous voulons les garder comme une propriété particulière de la garde nationale. »

Retirés sur les hauteurs de Montmartre, devenues un véritable Aventin démagogique, les gardes nationaux refusèrent énergiquement de rendre leurs pièces. Ils se sentaient forts ; la nomination du général Aurelles de Paladines comme général commandant supérieur avait fait de nombreux mécontents dans les rangs de la garde nationale, et petit à petit, des bataillons presque entiers avaient accepté le mot d'ordre et les principes du Comité Central qui était devenu une puissance avec laquelle il fallait compter.

Après avoir montré une grande patience et avoir épuisé toutes les voies de conciliation, le Gouvernement, voulut, coûte que coûte, arriver à une solution. C'est la journée du 18 mars, six mois jour pour jour, après l'arrivée des prussiens sous les murs de Paris, qu'il choisit pour réprimer l'émeute. Le drame allait avoir pour principale scène cette butte Montmartre, jadis si bien nommée Mont des Martyrs et digne de reprendre aujourd'hui le nom grotesque de Mont Marat qu'elle portait au temps de la terreur. Les bataillons de la garde nationale s'y était organisés militairement ; ils y avaient nommé un commandant supérieur de leurs forces réunies ; quant à leur fameux Comité central, il siégeait au n° 8 de la rue des Rosiers, flanqué d'une Cour martiale et d'un bureau de l'état-major de la place.

A quatre heures du matin, les troupes reçurent l'ordre d'aller occuper les positions qui leur avaient été assignées. Les abords de l'Hôtel de Ville, les Tuileries furent gardés, la place de la Bastille, occupée ; trois bataillons d'infanterie restèrent consignés à la caserne du Prince Eugène. Les rues de Flandre, de Puebla, de Crimée virent arriver de forts détachements d'infanterie ; les alentours des buttes Chaumont étaient garnis de troupes ; la place Clichy, la place Blanche, la place Pigalle, les boulevards de Clichy, des Batignolles et Rochechouart étaient également occupés.

A cinq heures du matin, le 88ᵉ de marche, de la brigade Lecomte, s'élance au pas de charge, franchit les parapets des parcs où l'artillerie n'est que faiblement gardée et s'empare des pièces de canon. Il n'y avait plus qu'à les emmener et le succès était complet. Malheureusement les attelages n'arrivèrent pas en temps opportun. Ce retard fatal perdit tout.

Le 88ᵉ fraternise bientôt avec les gardes nationaux, lève la crosse en l'air, restitue les canons et abandonne ses chefs qui cherchent à le rappeler au devoir.

Jugeant que l'entreprise était manquée et apprenant de mauvaises nouvelles des autres quartiers de Paris, le général Vinoy ne voit plus la possibilité de réussir par le moyen d'un retour offensif et donne l'ordre de battre en retraite.

L'opération n'avait pas mieux réussi à Belleville que sur les hauteurs de Montmartre. Là encore, les soldats fraternisèrent avec les tirailleurs bellevillois qui reprirent possession des buttes Chaumont, dont un détachement d'infanterie s'était emparé le matin, ainsi que des pièces qu'on voulait leur enlever; ils enlevèrent même celles que l'artillerie avait amenées au coin de la rue d'Allemagne pour appuyer le mouvement de l'infanterie. En même temps, les troupes consignées à la caserne du Prince-Eugène se laissèrent désarmer par le peuple qui prit possession de la caserne.

Telle est l'histoire succincte de cette funeste matinée du 18 mars, dont les conséquences devaient être si terribles. La guerre commence et avec elle des épisodes navrants. Vers midi, le général Lecomte, séparé de ses troupes, fut conduit au Comité central de la rue des Rosiers. Peu de temps après, il y fut rejoint par le général Clément Thomas qui avait été reconnu sur la place Pigalle. Le sort de ces deux braves généraux fut promptement décidé. A six heures du soir, ils furent fusillés dans le jardin de la maison. Tous deux firent preuve de la plus héroïque fermeté d'âme. Au lieu de les fusiller par un seul feu de peloton, les bourreaux tirèrent l'un après l'autre : au quatorzième coup, Clément Thomas était encore debout, la quinzième balle seulement, qui l'atteignit au-dessous de l'œil droit, le renversa. La première victime faite par des misérables a été une victime républicaine. Clément Thomas avait toujours affirmé hautement son amour pour la République et c'est à la franchise avec laquelle il exprimait ses opinions qu'il dut l'exil auquel le condamna Bonaparte, après le 2 décembre. Le général Lecomte était un officier de grand mérite qui commandait une brigade de la division Susbielle.

Ce ne furent pas les seules victimes! des gendarmes, des gardiens de la paix, furent arrêtés, conduits à la rue des Rosiers et exécutés.

Immédiatement après la retraite du général Vinoy, l'insurrection perfectionne et étend ses moyens de défense. Partout s'élèvent des barricades, à Montmartre, à Belleville, à la barrière d'Enfer, à Montrouge, etc., et pendant que ces travaux s'exécutent dans les rues, l'insurrection prend vigoureusement l'offensive et descend sur Paris. A quatre heures de l'après-midi, des gardes nationaux de Belleville occupaient l'imprimerie Nationale, l'état-major de la place Vendôme et les gares de chemins de fer. A la gare d'Orléans, ils arrêtaient le général Chanzy et M. Turquet, député de l'Aisne; le général ne fut mis en liberté que huit jours après. Le 19 au matin, les insurgés occupaient l'Hôtel-de-Ville.

Toutes les troupes de l'armée de Paris se trouvaient cantonnées sur la rive gauche de la Seine. Mais les généraux les jugèrent molles, hésitantes, accessibles à la contagion; et ils déclarèrent qu'ils ne croyaient pas pouvoir compter sur elles. Le général d'Aurelles de Paladines avait réuni les chefs de bataillon de la garde nationale et leur avait dit : « Donnez-moi 10,000 hommes qui viennent combattre avec les troupes afin de leur bien faire comprendre leur devoir. » Car, dans les situations semblables, pour que des troupes voient clair dans

LE GÉNÉRAL LECOMTE.

ce qu'elles font, il faut que des citoyens, ne portant pas le même uniforme, soient au milieu d'elles. Le parti de l'ordre, déjà terrorisé, subissait les atteintes d'une lâcheté folle : il ne mit sous les armes qu'un effectif dérisoire. Dans cette situation, il n'y avait qu'un seul parti à prendre : celui d'abandonner Paris à son sort, puisque ses habitants ne voulaient rien faire pour s'y soustraire. C'est ce que fit M. Thiers. Il battit en retraite devant l'insurrection menaçante. Le 19, l'Assemblée, le Gouvernement et l'armée se trouvaient réunis à Versailles qui devint le siége de tous les ministères, de toutes les administrations publiques.

Le Comité Central, dès le 19, commença à couvrir les murailles de proclamations déclamatoires et à remplir le *Journal officiel* dont il s'était emparé, de décrets plus extravagants les uns que les autres.

Sur tous nos édifices, le drapeau rouge remplace le drapeau tricolore; l'insurrection est complétement maîtresse de Paris. A l'École militaire, au Luxembourg, les soldats s'étaient facilement laissé désarmer ; il y eut une grande quantité d'armes volées; les chassepots se vendaient cinq francs, deux francs même.

Cependant Paris s'effraye d'être livré à lui-même : plus d'armée, plus de gouvernement, plus rien pour le guider, personne pour le défendre. Les Parisiens semblent décidés à se défendre eux-mêmes. Le 21, une manifestation composée de trois ou quatre mille personnes parcourt les boulevards aux cris de *vive la République, vive l'Ordre, vive l'Assemblée!* L'amiral Saisset est reconnu par la foule, il est environné par elle, porté en triomphe et supplié de se mettre à la tête des gardes nationaux amis de l'ordre. L'amiral répond qu'il ne peut recevoir un pareil commandement d'un groupe de citoyens, si nombreux qu'il soit, et qu'il n'acceptera que sur l'ordre du gouvernement.

Le lendemain fut terrible! 4,000 personnes environ, parmi lesquelles des mobiles et des gardes nationaux sans armes, descendaient la rue de la Paix, aux cris de *vive la République, vive l'Ordre!* Elles arrivent ainsi jusqu'à la place Vendôme; là, elles furent arrêtées par plusieurs pelotons de gardes nationaux qui croisèrent la baïonnette. Au milieu de la place, un bataillon entier était massé. A peine la tête de colonne touchait-elle à l'entrée de la place que l'on entendit le roulement de tambour qui, en pareilles circonstances signifie : Dispersez-vous.

Néanmoins, animés du vif désir de donner suite à la démarche de conciliation qu'ils tentaient auprès de la garde nationale, les chefs de la manifestation s'avançaient toujours. Au-dessus de leur tête se déployait un drapeau tricolore portant cette inscription :

RÉUNION DES PARTISANS DE L'ORDRE.

On avait tout lieu d'espérer un dénouement heureux; des gardes nationaux élevaient déjà en l'air la crosse de leurs fusils; quelques secondes de plus, et peut-être l'insurrection fléchissait devant le droit, la légalité et la conciliation. Mais hélas! à ce moment, trois ou quatre coups de feu sont dirigés sur la foule qui tient ferme, jusqu'au moment où une effroyable décharge obligea les partisans de l'ordre à reculer et à se soustraire à la mort.

Aussitôt la masse compacte se rompt; des groupes affolés fuient dans tous les sens, tandis que tombent ceux que les balles ont frappés. Quinze cadavres jonchent le sol. Une panique indescriptible s'empare de la ville, tous les magasins se ferment et toutes les rues se vident. Paris venait d'entrevoir enfin le désastre de la guerre civile avec tout son cortége de sanglantes horreurs.

Une des premières mesures prises par le Comité Central avait été de décréter les élections communales pour le 22 mars. Elles furent plusieurs fois ajournées, grâce à l'influence des maires et définitivement fixées au 26 mars.

Dans l'intervalle, l'amiral Saisset avait été placé par le Gouvernement, comme commandant supérieur à la tête de la garde nationale de la Seine, avec le colonel Langlois en qualité de chef d'état-major et le colonel Schœlcher comme commandant d'artillerie. Tous trois étaient députés de la Seine, et on espérait, qu'à ce titre, leurs nominations pourraient produire un effet heureux sur les gardes nationaux qui n'étaient qu'égarés. Mais les maires se rallient au Comité Central ainsi que MM. Lockroy, Floquet, Tolain, Clémenceau, Schœlcher et Greppo, députés de Paris, et la proclamation suivante est adressée à la population parisienne :

« Le Comité Central de la garde nationale, auquel se sont ralliés les députés de Paris, les maires et adjoints, convaincus que le seul moyen d'éviter la guerre civile, l'effusion du sang à Paris et en même temps d'affermir la République, est de procéder à des élections immédiates, convoque pour demain dimanche tous les citoyens dans les colléges électoraux.

« Les habitants de Paris comprendront que, dans les circonstances actuelles, le patriotisme les oblige à venir tous au vote, afin que les élections aient le caractère sérieux qui, seul, peut assurer la paix dans la cité. »

Les maires prêtant leur appui au Comité Central, c'était la complète désorganisation de toutes les forces de l'ordre. L'amiral Saisset informa aussitôt les chefs de corps, officiers, sous-officiers et gardes nationaux qu'il les autorisait à rentrer dans leurs foyers et il partit pour Versailles, sous un déguisement.

Comment! un jour, des hommes sortis on ne sait d'où, s'intitulant les délégués de la garde nationale, s'emparent des Tuileries, s'installent à l'Hôtel de ville, chassent le gouvernement et se mettent à sa place, nomment, révoquent, menacent, arrêtent, fusillent, terrorisent et cela fait, ont le front de venir vous dire : « Maintenant vous allez voter. C'est aujourd'hui samedi, les élections se feront demain dimanche de six heures à minuit. Et il s'est trouvé des maires, des représentants du pays pour pactiser avec eux, des journaux pour conseiller d'obéir à leur insolente injonction! Quel peuple sommes-nous donc? Et comme nous avons dégénéré! Sous la Convention, bien des actes coupables ont été commis, mais les hommes de ce temps-là savaient lutter, les femmes leur donnaient l'exemple, et jusqu'aux jeunes filles, tout était viril et grand. Alors les journalistes s'appelaient Camille Desmoulins, Brissot, Condorcet, ils exprimaient leur pensée hautement, jusqu'au jour où la guillotine les venait interrompre, et ce jour là on les voyait monter sans sourciller sur la charrette commune.

Les journalistes et les gardes nationaux avaient un beau rôle à jouer à Paris. Les journalistes devaient protester sans relâche, jusqu'au bout, contre les actes du Comité Central, jusqu'au jour où ils auraient été frappés dans leurs propriétés et dans leurs personnes. Au lieu de cela, ils ont équivoqué, fait des réserves. Beaucoup de journaux, il est vrai, ont protesté contre les élections et publié une déclaration par laquelle ils considéraient la convocation affichée pour les élections comme nulle et non avenue. Et un des journalistes parisiens, M. Henri Vrignault, rédacteur en chef du *Bien Public*, a donné des preuves d'un courage et d'un sang-froid rares. Poursuivi, traqué de tous côtés, il s'est contenté de se cacher à Paris et n'a pas cessé un instant de protester avec énergie, dans son journal, contre les actes insensés qui se prodiguaient. Les gardes nationaux devaient se joindre aux bataillons de l'ordre et empêcher leurs chefs de transiger, comme ils l'ont fait avec l'insurrection, sous prétexte qu'elle s'était mise d'accord avec les députés de Paris.

Le *Journal officiel de la Commune* donna le 28, le résultat des élections dans les 20 arrondissements. Sur 500,000 électeurs inscrits, il n'y a eu environ que 140,000 suffrages exprimés. Le nombre des abstentions est donc de 360,000. Devant cet éclatant démenti que le suffrage universel leur inflige, les hommes de l'Hôtel de Ville abdiqueront-ils ? Le penser, ce serait ne pas les connaître. Pour ces gens-là, la grosse affaire est d'être au pouvoir : ils l'ont, ils le conserveront et ce qu'il y a de plus triste à dire, c'est que les hommes d'ordre qui forment la majorité le supporteront.

Le 28 mars, le Comité Central remit ses pouvoirs entre les mains de la Commune. Cette cérémonie se fit avec un certain apparat, sur la place de l'Hôtel-de-Ville, en présence de soixante ou quatre-vingt mille gardes nationaux. La Commune était installée.

Dans une de ses premières séances, tenue sous la présidence de son doyen d'âge, Beslay, la Commune s'occupa de la validation des élections qu'elle admet, sans exception, même celle d'un étranger, Frankel, et celle des membres qui n'avaient réuni qu'un nombre de voix inférieur au huitième des électeurs inscrits exigé par la loi.

Voici la liste des Membres de la Commune (1) :

	VOIX			VOIX	
1. A. Adam.	7,273,	réélu.	9. Avrial (Augustin)	16,193	
2. Allix (Jules)	2,028		10. Babick.	10,738	
3. Amouroux (Ch.).	8,150		11. Bergeret (Jules)	14,003	
4. Andrieu (Jules).	1,736		12. Beslay (Charles).	3,714	
5. Arnaud (Antoine)	8,679		13. Billioray (Alfred)	6,100	
6. Arnold (G.).	8,402		14. Blanchet.	3,271	
7. Arnould (Arthur)	8,503		15. Blanqui	15,956,	absent.
8. Assi (Adolphe).	18,041		16. Bouteiller (de).	1,959,	indus.

(1) Cette liste est complète, c'est-à-dire que nous avons donné, par ordre alphabétique, les noms de tous les membres de la Commune. Mais tous les hommes dont le nom figurent dans cette liste, n'ont pas été élus le 26 mars. Des élections complémentaires furent faites le 16 avril, qui envoyèrent siéger à la Commune Andrieu, Arnold, Briosne, Cluseret, Courbet, A. Dupont, Durand, Johannard, Lonclas, Locquet, Pillot, Pottier, Rogeard, Serrailles, Picard, Trinquet, Vésinier et Viard.

17. Brelay	7,025, a refusé	62. Lonclas (A.)	5,810
18. Briosne	2,456, a refusé	63. Longuet (Charles)	1,058
19. Brunel (Antoine)	1,947	64. Malon (Benoît)	4,199
20. Chalain (Louis)	5,515	65. Marmottan (Doct.)	2,675, a refusé
21. Champy (H.)	11,052	66. Martelet	5,927
22. Chardon	4,761	67. Méline	7,251, a refusé
23. Chéron	6,066, a refusé	68. Meillet (Léo)	6,661
24. Clémence	8,163	69. Miot (Jules)	5,520
25. Clément (Emile)	7,121	70. Mortier	19,937
26. Clément (J.-B.)	14,188	71. Murat (A.)	3,052, a refusé
27. Clément (Victor)	5,023	72. Nast (Alfred)	3,691, a refusé
28. Cluseret (Gustave)	8,480	73. Ostyn	5,065
29. Courbet (Gustave)	2,418	74. Oudet	10,065
30. Cournet (Frédéric)	5,540	75. Parent (Ulysse)	4,770, démis.
31. Delescluze (L.-C.)	5,816	76. Parisel (Docteur)	3,367
32. Demay	8,730	77. Philippe	3,483
33. Dereure (Simon)	14,661	78. Pillot (Docteur)	1,748
34. Descamps	5,830	79. Pindy (L.-J.)	7,816
35. Desmarest	5,232, a refusé	80. Pottier (Eugène)	3,352
36. Dupont (A.)	3,450	81. Protot (Eugène)	18,063
37. Dupont (Clovis)	5,661	82. Puget	9,517
38. Durand (Jacques)	2,874	83. Pyat (Félix)	11,813
39. Duval	6,630, tué	84. Ranc	8,950, démis.
40. Eudes (Emile-F.)	17,392	85. Ranvier (Gabriel)	15,127
41. Ferré (Théophile)	13,781	86. Rastoul	10,325
42. Ferry	3,732, a refusé	87. Régère de Balances (J.)	5,026
43. Flourens (Gustave)	13,499, tué	88. Rigault (Raoul)	2,175
44. Fortuné (Henri)	11,354	89. Robinet (Docteur)	3,904, a refusé
45. Frankel (Léo)	4,520	90. Rochard	6,629, a refusé
46. Fruneau	2,173, démis.	91. Rogeard	2,292, a refusé
47. Gambon (C.-F.)	10,734	92. Serraillier (A.)	3,111
48. Garibaldi (G.)	6,964, a refusé	93. Sicard (A.)	1,699
49. Gérardin (Charles)	6,143	94. Theisz (Albert)	15,970
50. Gérardin (Eugène)	8,154	95. Tirard	6,391, a refusé
51. Geresme (Robert, dit)	2,195	96. Tridon (Gustave)	3,918
52. Goupil (Docteur)	5,111, démis.	97. Trinquet	6,771
53. Grousset (Pascal)	13,359	98. Urbain	2,803
54. Johannard (Jules)	2,804	99. Vaillant (M.-E.)	2,115
55. Jourde (F.)	3,949	100. Vallès (Jules)	4,103
56. Langevin (C.-P.)	2,117	101. Varlin (L.-E.)	3,602
57. Lelroit (Charles)	3,226	102. Verdure (A.)	15,657
58. Lefèvre (E.)	2,859, démis.	103. Vermorel (A.)	13,984
59. Lefrançais	8,619	104. Vésinier (Pierre)	2,626
60. Leroy (A.)	5,800, a refusé	105. Viard	6,968
61. Loiseau-Pinson	6,962, a refusé		

On remarquera que cette liste est composée, en général, d'inconnus, à nos yeux, ce n'est pas un reproche à faire aux membres de la Commune et nous pourrions même dire que c'est là leur seul mérite. Mais ils sont plus incapables encore, la lecture des séances prouve leur inintelligence politique. On a vu, en outre, que certains membres avaient obtenu un nombre excessivement restreint de voix et qu'on avait admis à siéger à la Commune des étrangers tel que le hongrois Frankel et l'américain, Cluseret.

Les meneurs de la Commune ne pouvaient faire autrement; le mouvement, ouvertement dirigé par le Comité Central, avait reçu son impulsion de l'Internationale, et il fallait bien donner une satisfaction à ses membres étrangers. Dans cette immense tourbe d'insurgés qui s'était donnée rendez-vous à Paris, on compte des allemands, des américains, des italiens, des polonais, des belges et 8,080 anglais, ainsi que l'a constaté M. de Bismarck dans son discours au Parlement du 2 mai, et M. de Bismarck doit le savoir. Outre l'américain Cluseret, le russe Dombrowski, le lithuanien Brunswick, l'italien Romanelli, le polonais Okolowitz, le belge Spillthorn, et La Cécilia, et Wrobleski, et Wenzel, Hertzfeld, Rozyeski, Sayeck, Prolowitz et cent autres illustres épées étaient venues de tous les coins du monde se mettre au Service de la Commune.

On a tort de rejeter sur *le Parisien*, sur l'homme né à Paris, la responsabilité de tout ce qui se passe dans la capitale. Paris est peut-être la ville de France où il y a le moins de parisiens, et si les émeutes, les troubles, les révolutions y prennent naissance, c'est que comme Carthage et Rome, et les républiques italiennes du moyen-âge, Paris donne asile à la tourbe des déclassés cosmopolites, c'est que Paris est le réceptacle de l'écume de tous les pays, le séjour de prédilection de tous les malfaiteurs. Et, non pas seulement en 1871, non pas seulement depuis un siècle; il en a toujours été ainsi : « Henri IV, dit un écrivain, s'en plaignait un jour à Jacques Séguin, le prévôt des marchands. Il reprochait aux Parisiens leurs désordres, leur turbulence et leurs penchants mauvais. — « Syre, répondit Séguin, on vous a dict que le populaire de Paris estoit turbulent et dangereux : ôtez-vous cela de l'esprit, Syre.

« Voilà vingt années, ou à peu près, que je m'occupe d'administration, or, il m'est de science certaine qu'on insulte méchamment vostre honneste ville de Paris. Elle renferme, il est vray, deux sortes de populaires, bien dissemblables et d'esprit et de cœur. Le vray populaire, c'est-à-dire né et ellevé à Paris, est le plus laborieux du monde, voire même le plus intelligent; mais l'aultre, Syre, est le rebut de toute la France, *chaque ville de vos provinces a son égoût qui amène des impuretés à Paris!* Par exemple, une fille..... à Rouen, vite elle prend le coche et débarque à Paris pour ensevelir sa honte. Elle met au monde un petit estre, et c'est le Parisien qui nourrit l'enfant du Normand : pays on dict : *le Parisien aime la cotte!*...

« Un homme a-t-il volé à Lyon : pour échapper à la police, il vient se cacher à Paris, et comme le mestier de voleur est le plus lucratif par le temps qui court, il coupe les bourses de plus belle ! S'il est pris, voicy ce qui arrive : *c'est le Parisien qui est le vollé qui nourrit le Lyonnais qui est le voleur!*

« Un Marseillais a-t-il assassiné, Paris est son refuge et son impunité; s'il tue encore quelqu'un, c'est-à-dire un Parisien, la province dict : *Il n'y a que des brigands à Paris.*

« Syre, il est temps que tout cela finisse. La ville de Paris ne doit plus estre l'hôtellerie des ribaudes et des bandits de votre province. Que des lois énergiques rejettent cette écume hors de la ville, afin que le flot parisien reprenne sa transparence et sa pureté. »

Le prévôt des marchands obtint gain de cause, et un édit daté du 4 mai 1607 lui prescrivit « d'expulser de la ville tous les mendiants valides, et de renvoyer dans leur pays les ouvriers sans ouvrage. » Défense fut faite de laisser entrer dans Paris tous individus ne pouvant prouver leurs moyens d'existence ou une occupation suivie et lucrative.

On ne saurait trop encourager le Gouvernement actuel à méditer les paroles de Jacques Seguin et le décret que sa réclamation fit rendre. Ce qui se passait en 1607 se passe également de nos jours, et sur une plus large échelle encore.

Les gredins de toute espèce, escrocs, filous de profession, gens en rupture de ban, échappés de bagne viennent habiter Paris où ils trouvent plus de ressources pour exercer leur profession, et où ils se dérobent plus facilement que partout ailleurs aux recherches de la police, si bien faite qu'elle soit. Ces gens-là ont applaudi à l'installation de la Commune. Pensez donc : un Gouvernement qui détruit les dossiers à la préfecture de police a droit au dévouement et à l'admiration de pareilles espèces!

Le décret rendu par Henri IV ordonnait de renvoyer dans leurs villes tous les ouvriers sans ouvrage. En ce temps-là, ce décret n'avait rien d'extraordinaire, mais aujourd'hui il serait inapplicable. Quand M. Haussmann entreprit les immenses travaux de Paris, quoique la population ouvrière de la capitale fût très-considérable, on fut obligé de faire venir de province un grand nombre d'ouvriers, qui quittèrent leurs départements, alléchés par le salaire plus élevé qu'on leur promettait à Paris. Ils travaillèrent dix ans à l'œuvre gigantesque entreprise par le préfet de la Seine; puis M. Haussmann se retira : les travaux se ralentirent et beaucoup d'ouvriers se trouvèrent sans travail. Pouvait-on dire à un de ces hommes : « Retournez d'où vous êtes venu? » En avait-on le droit? Non, certes! car il aurait répondu avec juste raison : « J'ai quitté la place que j'occupais dans un atelier de mon pays pour venir travailler à Paris; il y a dix ans de cela. Depuis dix ans, mon ancien patron a un ouvrier qui me remplace et dont il est content, et qu'il ne renverra certainement pas pour me reprendre. Qu'irais-je donc faire chez moi? Je ne trouverais pas à y gagner ma vie! Donc, je suis venu à Paris, j'y suis et j'y reste. »

L'accumulation des ouvriers à Paris est un mal, car l'ouvrier qui n'a pas de travail, et conséquemment pas de pain, devient méchant. Quand la Commune a commencé à prendre forme, il y avait un nombre énorme de ces ouvriers qui, depuis sept mois, n'avaient pas ou que fort peu travaillé. Le service de la garde nationale les avait tenus d'abord loin de leurs ateliers, qui, du reste, étaient pour la plupart fermés, et ils avaient dû vivre avec leur solde de garde national. Depuis l'installation du Gouvernement de M. Thiers, leur situation ne s'était nullement améliorée, et ils étaient loin, pour la plupart, de voir le terme des misères enfantées par le siège. La question des loyers n'avait pas été réglée par le Gouvernement, et ils apercevaient de loin avec terreur le jour où le propriétaire viendrait leur réclamer quatre ou cinq mois de loyers échus. Ces gens-là furent de la Commune. Ils ne pouvaient faire moins pour un gouvernement qui faisait remise générale aux locataires des termes d'octobre 1870, de janvier et d'avril 1871; qui faisait défense aux maîtres d'hôtel et aux propriétaires de renvoyer leurs locataires « jusqu'à nouvel ordre »; qui suspendait la vente des objets déposés au mont-de-piété, qui ordonnait la restitution des objets engagés pour une somme ne dépassant pas 20 francs et qui payait régulièrement la solde de la garde nationale.

De plus, la population tout entière de Paris avait aussi des griefs contre le Gouvernement de Versailles. La loi Dufaure sur les échéances de commerce, votée à la hâte, n'avait satisfait que les créanciers, et retirait au Gouvernement le concours actif de la classe commerçante. La Commune, elle, avait, aussitôt son installation, prorogé d'un mois les échéances.

Le maintien de l'état de siége, que la Commune, elle, s'était empressée de lever; la nomination du général d'Aurelles de Paladines, connu pour ses opinions peu républicaines et pour son inflexible sévérité, au commandement d'une troupe aussi républicaine, aussi difficile à manier, aussi nerveuse que la garde nationale, n'avaient pas peu contribué à la désaffectionner.

Enfin, la grande ville se croyait le droit de recevoir l'Assemblée nationale; les hommes d'ordre, se sentant la force et la volonté nécessaire pour défendre les représentants du pays contre toute attaque dirigée contre eux, contre toute insulte qui leur serait faite, étaient indignés de la méfiance qu'ils avaient pour la capitale et de l'obstination qu'ils mettaient à siéger à Bordeaux, puis à Versailles. Tous ces griefs avaient contribué à rendre les Parisiens, même les plus dévoués à l'ordre, complétement indifférents. Cette indifférence leur a coûté cher.

Le Comité central avait remis, le 28, entre les mains des membres de la Commune les pouvoirs qu'il exerçait depuis le 18 mars. Pendant cette courte durée de temps, il avait trouvé le moyen de commettre de nombreuses fautes et bien des actes arbitraires.

Chaque jour on arrêtait des personnes soupçonnées d'être en communication avec le Gouvernement de Versailles. Le 22 mars, ce fut le tour de M. Bonjean, président de la cour de cassation et ancien sénateur. Nous dirons plus tard quel est le sort que réservaient ces misérables à cet honorable magistrat. Du reste, non-seulement les membres du Comité central arrêtaient leurs adversaires ou les personnes notables qui leur étaient désignées comme ayant des opinions réactionnaires, mais il ordonnait l'arrestation de ses adhérents et même de ses collègues. C'est ainsi que, le 24 mars, M. Charles Lullier, qui, quelques jours auparavant avait été nommé général en chef des gardes nationales de la Seine, fut arrêté sous le prétexte qu'il avait signé un laissez-passer à M. Glais-Bizoin. Le véritable motif de cette arrestation était que M. Lullier, au milieu de tant de forcenés, était d'une modération qui l'avait rendu suspect. Il voulait que le Comité central s'entendit avec les maires et les députés de Paris pour obtenir de l'Assemblée nationale des franchises communales, et il demandait à chaque séance l'élargissement du général Chanzy. Il n'en fallut pas davantage pour que son arrestation fût décrétée. Quelque temps après, il trouva moyen de s'échapper de sa prison. M. Charles Lullier est un ancien lieutenant de vaisseau, jeune encore, qui fut obligé de quitter la marine à la suite de certains faits graves qui lui furent reprochés. C'est un homme d'un caractère violent et tellement exalté que ses collègues du Comité central disaient qu'il était fou et avaient peur qu'il se jetât par la fenêtre.

Le Comité central fit arrêter aussi un jour le citoyen Chouteau, un de ses membres, sous l'accusation d'être un agent bonapartiste; il fut mis en liberté quelques jours après.

Ce qu'il y avait de plus curieux, c'étaient les nominations faites par le Comité central : tout le monde était général. On voyait le général Brunel (?), le général Eudes (?); le général Duval (?) était chargé d'organiser l'artillerie; le général Henry (?) avait pour mission d'organiser l'infanterie, et l'organisation de la cavalerie était dévolue au général Bergeret (?). Ces officiers supérieurs avaient le droit de requérir tout ce dont ils avaient besoin et de payer en bons.

Le Comité central destitua MM. Wurtz et Colmet-d'Aage, doyens des Facultés de médecine et de droit, et remplaça le premier par M. Alfred Naquet et le second par M. Accolas.

Les membres du Comité avaient fait aussi des réquisitions de toute nature et des perquisitions dans plusieurs établissements de crédit et quelques compagnies d'assurances, espérant y trouver de l'argent. Malheureusement pour eux, les directeurs de ces compagnies n'avaient pas cru leurs caisses en sûreté à Paris, et ils les avaient expédiées à Versailles. MM. du Comité se retirèrent les mains vides comme ils étaient venus.

Aussitôt en fonctions, la Commune s'organisa en dix commissions : commission exécutive, commission militaire, finances, justice, sûreté générale, subsistances, industrie et échange, relations extérieures, services publics, enseignement.

Le plus grand désordre règne à l'hôtel-de-ville : la grande salle est transformée en corps-de-garde. On y boit, on y fume, on y cause bruyamment. Une escouade de quarante cuisiniers et marmitons fonctionne en permanence. C'est que ces braves citoyens, ces *amis du peuple*, n'entendent pas se refuser la moindre chose, et ils s'offrent volontiers les dîners les plus luxueux. La Commune règne dans la salle du Conseil municipal, dont l'entrée est interdite au public. Voici quels sont les insignes qui distinguent les membres du Comité et les membres de la Commune :

Les membres du Comité central ont une écharpe rouge à franges d'argent et portent une décoration ayant la forme d'un triangle, attachée à un ruban rouge et noir; les membres de la Commune portent à leur boutonnière une rosette rouge sur un ruban rouge garni de franges d'or; leur écharpe est la même que celle des membres du Comité, mais elle est ornée de glands d'or.

Quelques jours à peine après la proclamation de la Commune, le service de la poste entre Paris et la France était suspendu : on avait ainsi séparé la capitale du reste du pays. Ce fut une cruelle douleur pour les habitants de Paris que d'être une seconde fois privés des nouvelles de la province.

Le Comité central ne semblait point vouloir disparaître; il s'était installé place du Château-d'Eau, aux *Magasins-Réunis*, et il avait formé dans chaque arrondissement un sous-comité ayant pour but l'organisation de la garde nationale. Pendant ce temps, la Commune rendait décrets sur décrets : la conscription abolie, la réorganisation des services publics, l'interdiction de faire sortir des marchandises de Paris, le maximum des traitements des employés aux divers services communaux, fixé à 6,000 francs par an, tout cela est réglé par des décrets. Trouvant que le Comité central a fait trop de généraux, la Commune prend une mesure radicale et supprime complètement le titre et les fonctions de général. Le citoyen Eudes est délégué à la guerre, Bergeret à l'état-major de la garde nationale, et Duval au commandement militaire de l'ex-préfecture de police. Quant au général Henry, auquel on n'avait pas donné de commandement, il était devenu chef de légion et il envoyait des ordres dans le genre de celui-ci :

COMMUNE DE PARIS

Ordre du Comité central à l'officier qui commande le bataillon de gare Ouest-Ceinture.

« Faire arrêter tous les trains se dirigeant sur Paris à Ouest-Ceinture.

« Mettre un homme énergique à ce poste jour et nuit. Cet homme devra avoir une poutre pour monter la garde. *A l'arrivée de chaque train, il devra faire dérailler le train, s'il ne s'arrête pas.*

« Paris, le 30 mars.

« HENRY, *chef de légion.* »

Cet individu fut fait prisonnier dans la journée du 4 avril. Ce chef de légion était acteur du théâtre Montparnasse et il avait eu l'idée originale de prendre pour chef d'état-major le marchand de sucres d'orge du théâtre.

Enfin la Commune, qui disait vouloir la liberté pour tous, se montrait le plus violent adversaire de la liberté. Elle envoyait, disait-elle, les gardes nationaux se battre hors des remparts pour défendre les droits de Paris, les franchises municipales, la liberté individuelle, la propriété, la liberté de la presse, la liberté de conscience, la liberté du vote, etc., et elle employait les mêmes gardes nationaux à sévir contre Paris; dans Paris elle attaquait les franchises municipales, violait la liberté individuelle par des arrestations fréquentes, immolait la propriété à coups de perquisitions et de saisies, supprimait le *Figaro*, le *Constitutionnel*, l'*Electeur libre* et bien d'autres journaux, fermait et pillait les églises, et effarouchait le vote.

Et au dehors des remparts, comme en dedans des remparts, c'est la garde nationale qui est l'exécuteur de ces hautes et basses œuvres; la garde nationale que l'on envoie là-bas combattre ce qu'on appelle la police de Versailles, et qu'on oblige ici à faire la police de Paris; la garde nationale qui devrait être le premier dépositaire de l'honneur national, et qui s'avilit en prêtant la main aux perquisitions et aux arrestations illégales.

La Commune devait succomber, comme succombe tout gouvernement, devant la lourdeur de ses abus et l'ignominie de ses excès. Dès la fin de mars sa chute était certaine. L'armée de Versailles gagnait du terrain chaque jour et, s'avançant lentement, se préparait à entreprendre un siège en règle.

La lutte était imminente, et personne ne doutait de son issue.

De toute façon la Commune devait être vaincue. En effet, en supposant que le gouvernement de Versailles fût impuissant à faire rentrer la Commune dans le néant d'où elle n'aurait jamais dû sortir, que serait-il arrivé? Il serait arrivé que l'empereur d'Allemagne, créancier de la France pour une somme de cinq milliards, dont il tient énormément à être payé, voyant son gage péricliter, se serait emparé de Paris dont il possédait tous les forts de l'Est et du Nord, aurait jeté à bas la Commune dictatoriale et terroriste, et, voulant des garanties sérieuses pour le payement de sa créance, aurait imposé à la France un gouvernement de son choix.

Voilà cependant où la Commune nous conduisait fatalement! Ses jours donc étaient comptés : elle devait, ou être vaincue par les baïonnettes françaises, ou être renversée par les baïonnettes prussiennes, ce qui eût été notre dernière honte!

CHAPITRE II

VERSAILLAIS ET PARISIENS

Organisation de l'Armée de Paris. — Opérations militaires. — Proclamations et décrets de la Commune. — Les réfractaires. — Sortie des insurgés sur Versailles. — Déroute complète de la Garde nationale. — Proclamation de M. de Galliffet. — Mort de Gustave Flourens. — Le Général Cluseret. — Le bon M. Blanchet. — Évasion de M. Lullier. — Arrestation d'Assi. — Prise de la redoute de Chatillon. — Le Général Duval. — Proclamation de la Commune. — Les otages. — Mac-Mahon, commandant en chef de l'armée de Paris. — Composition de cette armée. — Occupation de Neuilly. — Décret du Général Cluseret. — Arrestation de Bergeret à Issème. — Jeroslas Dombrowski. — Opérations militaires du 9 au 16 avril. — Prise du château de Bécon.

Le 27 mars le gouvernement de Versailles faisait connaître les dispositions d'une nouvelle organisation de l'armée de Paris, due à l'initiative du général Letellier-Valazé, ancien aide-de-camp du général Changarnier en 1818, chef d'état-major du général de Lorencez, au Mexique, nommé, par décret du 24, sous-secrétaire d'État à la Guerre.

Voici comment l'armée avait été répartie :

INFANTERIE

1re DIVISION Général DE MAUD'HUY.	1re brigade... Général WOLFF.
	2e — ... Général HENRION.
2e DIVISION Général SUSBIELLE.	1re brigade... Général PATUREL.
	2e — ... Général BOCHER.
3e DIVISION Général BRUAT.	1re brigade... Général DE SEIGNEURENS.
	2e — ... Général DE LANGOURIAN.
4e DIVISION Général GRENIER.	1re brigade... Général GARNIER.
	2e — ... Général FOURNÈS.

5ᵉ DIVISION Général DE MONTAUDON.	1ʳᵉ brigade... 2ᵉ — ...	Général DUMONT. Général BONNET.
6ᵉ DIVISION Général PELLÉ.	1ʳᵉ brigade... 2ᵉ — ...	Général GANDIL. Général CARTERET.
7ᵉ DIVISION Général VERGÉ.	1ʳᵉ brigade... 2ᵉ — ...	Général DUPLESSIS. Général ARCHINARD.
8ᵉ DIVISION (Réserve) Général FARON.	1ʳᵉ brigade... 2ᵉ — ... 3ᵉ — ...	Général DE LA MARIOUZE. Général DERROJA. Général DAUDEL.

CAVALERIE

1ʳᵉ DIVISION Général DU BARRAIL.	1ʳᵉ brigade... 2ᵉ — ... 3ᵉ — ...	Général CHARLEMAGNE. Général DE GALIFFET. Général DE LAJAILLE.
2ᵉ DIVISION Général DU PREUIL.	1ʳᵉ brigade... 2ᵉ — ...	Général COUSIN. Général D'ARGENTOLLE.
3ᵉ DIVISION Général RESSAYRE.	1ʳᵉ brigade... 2ᵉ — ...	Général DE BERNIS. Général BACHELIER.

Enfin la garde républicaine était immédiatement sous la main du général Vinoy, commandant en chef de l'armée.

La situation de Paris était étrange : les Prussiens tenaient les forts de l'Est et du Nord, le gouvernement légal en était réduit au Mont-Valérien, et les insurgés, maîtres de l'enceinte, s'établissaient fortement dans les forts du Sud. Le 2 avril, le général Vinoy résolut de porter ses troupes sur la presqu'île de Gennevilliers ; on savait qu'il s'y trouvait bon nombre de gardes nationaux qui, après avoir pris et barricadé le pont de Neuilly, s'étaient répandus dans Courbevoie et Puteaux, et poussaient jusqu'à Nanterre et Rueil. Les positions barricadées de Courbevoie furent enlevées par nos troupes, en tête desquelles marchaient les gendarmes, soldats héroïques dont on ne parle jamais assez. Le pont de Neuilly ne tarda pas à être dégagé, et, ayant ainsi balayé les abords de Courbevoie, le général Vinoy fit cesser le feu. Les communeux se vengèrent de ce premier échec en mettant à mort un homme qui s'avançait vers eux, seul et sans armes, et que son uniforme de chirurgien devait mettre à l'abri de toute violence, le docteur Pasquet, très-estimé dans l'armée.

Leur insuccès du 2 avril mit les membres de la Commune en fureur et ils l'exhalèrent dans les affiches suivantes, qu'ils firent placarder à Paris, le 3, au matin :

A LA GARDE NATIONALE DE PARIS.

« Les conspirateurs royalistes ont *attaqué*.

» Malgré la modération de notre attitude, ils ont *attaqué*.

« Ne pouvant plus compter sur l'armée française, ils ont attaqué avec les zouaves pontificaux et la police impériale.

« Non contents de couper les correspondances avec la province et de faire de vains efforts pour nous réduire par la famine, ces furieux ont voulu imiter jusqu'au bout les Prussiens et bombarder la capitale.

« Ce matin, les chouans de Charette, les Vendéens de Cathelineau, les Bretons de Trochu, flanqués des gendarmes de Valentin, ont couvert de mitraille et d'obus le village inoffensif de Neuilly et engagé la guerre civile avec nos gardes nationaux.

« Il y a eu des morts et des blessés.

« Élus par la population de Paris, notre devoir est de défendre la grande cité contre ces coupables agresseurs. Avec votre aide, nous la défendrons.

« Paris, 3 avril 1871.

« *La Commission exécutive :*

« Général EUDES, Félix PYAT, G. TRIDON, général Jules BERGERET, LEFRANÇAIS, E. DUVAL, Ed. VAILLANT. »

« La Commune de Paris,

« Considérant que les hommes du gouvernement de Versailles ont ordonné et commencé la guerre civile, attaqué Paris, tué et blessé des gardes nationaux, des soldats de la ligne, des femmes et des enfants;

« Considérant que ce crime a été commis avec préméditation et guet-apens contre tout droit et sans provocation,

« Décrète :

« ARTICLE PREMIER. — MM. Thiers, Favre, Picard, Dufaure, Simon et Pothuau sont mis en accusation.

« ART. 2. — Leurs biens seront saisis et mis sous séquestre, jusqu'à ce qu'ils aient comparu devant la justice du peuple.

« Les délégués de la justice et de la sûreté générale sont chargés de l'exécution du présent décret.

« LA COMMUNE DE PARIS. »

« Considérant que le premier principe de la République française est la liberté;

« Considérant que la liberté de conscience est la première des libertés;

« Considérant que le budget des cultes est contraire au principe en imposant les citoyens contre leur foi;

« Considérant que le clergé a été complice des crimes de la monarchie contre la liberté, et de la dernière attaque contre Paris :

« ARTICLE PREMIER. — L'Église est séparée de l'État.

« ART. 2. — Le budget des cultes est supprimé.

« ART. 3. — Les biens dits de main-morte appartenant aux congrégations religieuses sont déclarés propriétés nationales.

« ART. 4. — Une enquête sera faite immédiatement pour constater la nature de ces biens, et les mettre à la disposition de la nation.

« LA COMMUNE DE PARIS. »

Enfin la Commune annonçait qu'une pension de jeunes filles de

Neuilly, qui sortait de l'église de Neuilly, avait été littéralement hachée par la mitraille des soldats de MM. Favre et Thiers.

Tout cela eût été grotesque si ce n'eût été odieux. Les zouaves pontificaux de M. de Charrette, pas plus que les Vendéens de M. de Cathelineau ne faisaient partie des troupes qui avaient battu les gardes nationaux; la pension de jeunes filles *littéralement hachée* par la mitraille, à Neuilly, est une invention infâme des communeux. Il tomba bien, ce jour-là, un obus sur l'avenue de Neuilly, au moment où on sortait de l'église, mais il n'atteignit personne; un autre obus tomba également dans le jardin d'un pensionnat de demoiselles, mais les élèves ne s'y trouvaient pas.

Tous ces décrets insensés, ces mensonges odieux, montraient la fureur de gens qui commençaient à désespérer du succès. La Commune ne pouvait pas se faire illusion sur le découragement qui se manifestait jusque dans les rangs des bataillons qui lui étaient les plus dévoués; à l'enthousiasme des premiers instants avait succédé une sorte d'atonie et d'indifférence.

Aussi, les hommes de la Commune cherchaient à augmenter leurs forces de tous ceux qui ne faisaient pas partie des bataillons fédérés. Ils rendaient des décrets déclarant que les employés qui faisaient partie de compagnies spéciales organisées par certaines administrations, telles que la Banque, la Compagnie du Gaz, etc., seraient immédiatement versés dans les bataillons de la garde nationale; mais ce décret resta lettre morte, et pas un de ces employés ne marcha. Ils menaçaient des peines les plus sévères les gardes nationaux qui ne prendraient pas part à la lutte; ils en arrêtaient bien quelques-uns, ils en forçaient plusieurs à marcher, mais la grande majorité résistait. Les réfractaires, à ce moment-là, c'était tout le monde; tous les citoyens auxquels la guerre civile faisait horreur refusaient de prendre les armes contre leurs concitoyens; des hommes dont le courage ne pouvait pas être suspecté, et qui, pendant le siège, avaient bravement fait leur devoir de citoyens, employaient tous les subterfuges imaginables pour se soustraire à l'obligation d'un service à la seule pensée duquel se révoltaient tous leurs sentiments de devoir et d'honneur. Les uns s'enfuyaient déguisés en femmes, les autres travestis en rouliers ou grimés en vieillards; car les passeports ne sont accordés qu'avec la plus grande difficulté, jusqu'au moment où paraît enfin cet arrêté, vrai chef-d'œuvre du jour :

EX-PRÉFECTURE DE POLICE
Délivrance des passe-ports.

« Considérant que l'autorité civile ne saurait, sans manquer à ses devoirs, favoriser l'inexécution des décrets de la Commune;

« Qu'il est aussi nécessaire qu'elle empêche les communications avec des êtres qui nous font une guerre de sauvages;

« Le membre du Comité de sûreté générale délégué près l'ex-préfecture de police,

« Arrête :

« Article premier. — Les passe-ports ne seront délivrés que sur pièces justificatives sérieuses.

« Art. 2. — Aucun passe-port ne sera délivré aux individus tombant sous le coup de la loi militaire.

« Art. 3. — Aucun passe-port ne sera délivré aux individus qui, soit agents de l'ancienne police, soit à elle étrangers, ont des relations avec Versailles.

« Art. 4. — *Les individus qui, rentrant dans les cas prévus par les articles 2 et 3, se présenteraient pour obtenir des passe-ports, seront immédiatement envoyés au dépôt de l'ex-préfecture de police.*

Le membre du Comité de sûreté générale,
Raoul RIGAULT.

Plus ils comprenaient que leur position devenait difficile, plus leur audace augmentait, et plus ils jugèrent la nécessité de brusquer le dénouement; ils résolurent que le 3 avril on tenterait une attaque sur Versailles.

Les gardes nationaux devaient être divisés en trois colonnes :

La première, commandée par le général Bergeret, qui, la veille, disait une dépêche du chef de légion Henry, était *lui-même* à Neuilly, ferait sur la route de Rueil une importante démonstration.

La seconde, sous les ordres de Duval, prendrait par le Bas-Meudon, Chaville et Viroflay. Le fort d'Issy et la redoute des Moulineaux devaient les protéger de leurs feux.

La troisième, enfin, commandée par le général Eudes, opérerait par la route de Clamart, en traversant Villecoublay et Vélizy.

Le 3 avril, dès le point du jour, les insurgés se montraient en force au Nord-Ouest, à Courbevoie, Nanterre et Rueil. Ils sont pleins d'entrain ; leurs chefs leur avaient dit qu'on marchait sur Versailles, que le commandant du Mont-Valérien allait s'empresser de leur ouvrir ses portes, que tous les obstacles étaient d'avance aplanis et la victoire, assurée. A quatre heures du soir, Bergeret, qui, par suite d'une infirmité, ne peut monter à cheval, ce qui est assez gênant pour un général, arrive dans une voiture découverte attelée de deux chevaux, et donne le signal de l'action.

Les insurgés s'avancent, orgueilleux et confiants, pleins d'espérance et de joie. Mais cette allégresse ne devait pas être de longue durée, car les bouches du Mont-Valérien lancèrent bientôt quelques projectiles qui dispersèrent les premiers groupes de gardes nationaux ; la masse de leurs bataillons est ébranlée par l'arrivée en ligne des brigades Daudel, Dumont et Garnier. Les fédérés, stupéfaits, affolés, s'enfuient en désordre, jetant leurs armes, abandonnant deux canons sur la route et criant : A la trahison! Ils arrivent ainsi à Paris, harassés de fatigue, les vêtements débraillés, déchirés et couverts de poussière, et disant qu'ils ont été trahis par leurs chefs, qui les ont menés à la boucherie.

Vers huit heures du matin, les insurgés qui occupaient la gare de Rueil se dirigèrent sur Chatou ; mais le pont ayant été coupé, leur mouvement dut nécessairement s'interrompre. Quelques hommes seulement passèrent la Seine en bateau. Surpris par les escadrons de chasseurs qui descendaient de Saint-Germain, ils furent sur le champ passés par les armes, mesure sévère, qu'expliqua cette proclamation du général de Galifet, publiée quelques heures après dans le village de Chatou :

« La guerre a été déclarée par les bandes de Paris.
« Hier, avant-hier, aujourd'hui, elles m'ont assassiné mes soldats.
« C'est une guerre sans trêve ni pitié que je déclare à ces assassins. J'ai dû faire un exemple ce matin, qu'il soit salutaire; je désire ne pas en être réduit de nouveau à une pareille extrémité.
« N'oubliez pas que le pays, que la loi, que le droit par conséquent, sont à Versailles et à l'Assemblée nationale, et non pas avec la grotesque Assemblée de Paris qui s'intitule Commune.

« *Le général commandant la brigade,*
« GALIFFET. »

Pendant que ces choses se passaient, le reste des gardes nationaux attendaient sur la rive opposée, ne sachant trop que faire, quand ils furent subitement chargés par la gendarmerie à cheval. Le célèbre Gustave Flourens s'étant réfugié dans la maison d'un aubergiste, nommé Dutocq, avec son aide-de-camp Cisani, y fut poursuivi par un gendarme. Traqué dans son réduit, Flourens déchargea à bout portant son revolver, dont la balle blessa le gendarme à l'épaule. Le capitaine Desmarest accourut au secours du soldat, et fendit d'un coup de sabre le célèbre émeutier. Flourens n'avait que trente-trois ans. Il avait mis toute son intelligence au service de mauvaises causes, tandis qu'instruit, érudit, savant, élevé à la bonne école de son illustre père, il eût pu rendre de grands services à son pays. Mais ce révolutionnaire cosmopolite avait au moins une qualité qui manque à la plupart des chefs de la Commune : la bravoure. Son courage était grand, son épée était redoutée, et il a toujours et partout payé vaillamment de sa personne.

Le même jour les fédérés avaient essayé un mouvement parallèle par Clamart et Meudon, sous la protection des forts du Sud; ils occupaient les hauteurs de Meudon, la grande avenue qui, du château, descend à Bellevue et bon nombre de maisons du village. Ils engagèrent l'action vers sept heures du matin, mais ils avaient de tous les côtés affaire à forte partie. Leurs bataillons rencontrèrent à Meudon les troupes de la brigade de la Mariouze, la gendarmerie à pied et les gardiens de la paix; au Petit-Bicêtre, ils trouvèrent la brigade Derroja et deux régiments de fusiliers-marins de la division Bruat; bientôt ils furent obligés d'abandonner Meudon et le Petit-Bicêtre. A trois heures, tous les bataillons engagés depuis le matin dans la partie du Sud regagnèrent en déroute la redoute de Châtillon, laissant entre les mains des troupes de Versailles bon nombre de prisonniers, des bouches à feu, des canons et des fusils.

Le général Cluseret dirigeait les opérations du sud. Ce personnage, fils d'un colonel d'infanterie, est né le 13 juin 1823. Il entra à Saint-Cyr en 1841 : sous-lieutenant en 1843, il était lieutenant en 1848. Aux journées de juin il joua un rôle qui n'est pas sans étonner de la part d'un homme devenu depuis général d'une ville insurgée contre un gouvernement régulier. Cluseret était chef de bataillon de la garde mobile, et ce fut lui qui, à la tête de son bataillon, le 23°, enleva les barricades de la rue Saint-Jacques, aussi fut-il, le 28 juillet suivant, décoré de la Légion d'honneur. Il donna sa démission après le licenciement de la garde mobile, n'ayant pu obtenir de rentrer dans l'armée comme chef de bataillon, et refusant de reprendre les épaulettes de lieutenant. En 1853 il reprit du service comme lieutenant de chasseurs; deux ans après il était nommé capitaine. C'est avec ce grade qu'il combattit en Crimée, où il se battit vaillamment et reçut deux blessures.

Après la guerre il retourna en Afrique, et fut attaché aux bureaux arabes, mais, à la suite d'une affaire peu honorable pour lui, il fut obligé de quitter définitivement l'armée, et il entra comme régisseur chez M. de Carayon-Latour, où son administration ne permit pas qu'on lui conservât longtemps ces fonctions. Il partit pour l'Amérique, où il combattit pour le Nord sous les ordres du général Frémont, puis comme aide-de-camp du général Mac-Clellan.

Après la guerre il revint en France, écrivit dans le *Courrier français* des articles intéressants sur les États-Unis, et entra résolument dans le parti socialiste. Un journal qu'il avait fondé, l'*Art*, lui valut plusieurs condamnations qu'il subit à Sainte-Pélagie, où il lia connaissance avec plusieurs membres de l'Internationale, notamment avec Varlin. En 1869, la *Démocratie*, le *Rappel* et la *Tribune* insérèrent des articles de Cluseret, qui attirèrent à son auteur les persécutions de l'Empire. Un mandat d'arrêt fut lancé contre lui, mais il se fit réclamer par le ministre des États-Unis, M. Washburn, comme citoyen américain. Il dut partir pour l'Amérique, et n'en revint qu'après le 4 septembre; il chercha à soulever Lyon et Marseille, mais les troubles suscités par lui furent promptement apaisés.

Le 3 avril, Cluseret fut placé par la Commune à la tête des affaires militaires. Mais son indépendance lui fit des ennemis, et peu de temps après on trouva un prétexte pour le faire enfermer à Mazas. Il fut relâché quelque temps après.

Cluseret a les qualités de l'Américain, dont il a pris le caractère en même temps que la nationalité. Il en a l'activité, la précision et la rectitude de jugement, mais il en a aussi les manières brusques, le caractère froid et hautain. Un de ses chefs a porté sur lui ce jugement qui ne manque pas de justesse : « C'est un officier de talent, d'un joli physique, mais à qui on peut reprocher d'avoir trop de prétention, se croyant au-dessus du travail et, conséquemment, le négligeant. »

Le 3 avril, en même temps que le général Cluseret était délégué à la guerre, le citoyen Blanchet était délégué à la commission de justice. Pour n'avoir pas besoin de revenir sur le compte de ce communeur, nous allons le présenter de suite à nos lecteurs.

Le sieur Blanchet gémissait à chaque séance de la Commune. Lui reprochait-il les fautes qu'elle commettait, ses perquisitions, ses réquisitions, ses arrestations arbitraires, illégales, odieuses? Pas précisément; ce bon M. Blanchet se plaignait au contraire de ce que l'Assemblée fût trop modérée. L'honnête M. Blanchet voulait qu'on employât les moyens vigoureux. L'ultra-révolutionnaire M. Blanchet reprochait à la Commune de ne pas avoir assez terrorisé Paris et de ne pas pousser assez vigoureusement la chasse contre les réactionnaires et les poursuites contre les réfractaires.

GUSTAVE FLOURENS.

Or, un beau jour, l'on découvrit le passé de ce bon, de cet honnête, de cet ultra-révolutionnaire M. Blanchet; la Commune l'apprit par le rapport suivant que la Commission de sûreté générale lui présenta dans sa séance du 15 mai et qui fut lu par le citoyen Raoul Rigault.

Aujourd'hui, nous avons appelé devant nous le citoyen Blanchet. Depuis longtemps nous étions prévenus que ce nom n'était pas le sien; que sous un autre nom il avait exercé des fonctions et subi une condamnation qui ne lui permettaient pas de rester parmi nous.

Quoiqu'il ait toujours voté avec la majorité et le Comité de sûreté générale, à cause de cela surtout, je n'ai pas gardé de ménagements. (Approbation.) C'est le citoyen Ferré qui a fait l'enquête. Le citoyen Blanchet s'est présenté devant nous; je ne crois pouvoir faire mieux que de vous lire le procès-verbal que nous avons dressé de cette entrevue :

« L'an mil huit cent soixante et onze, le 5 mai,

« Devant nous, délégués à la sûreté générale et membres dudit Comité, est comparu le membre de la Commune connu sous le nom de Blanchet.

« Lequel, interpellé par le citoyen Ferré, a déclaré qu'il ne s'appelait pas Blanchet, mais bien Pourille (Stanislas).

« Sur la seconde interpellation, Pourille déclare qu'il a bien été secrétaire de commissaire de police à Lyon, qu'il est entré, à Brest, dans un couvent de capucins en qualité de novice vers 1860, qu'il y est resté huit ou neuf mois.

« Je partis, ajoute-t-il, en Savoie, où je rentrai dans un second couvent de capucins, à Laroche. Ceci se passait en 1862.

« Revenu à Lyon, je donnai des leçons en ville. On me proposa d'être traducteur interprète au Palais-de-Justice, j'acceptai. On me dit après qu'une place de secrétaire dans un commissariat était vacante, j'acceptai également; je suis entré dans ce commissariat vers 1865, et j'y suis resté environ deux ans.

« Au bout de ce temps, quand je demandai de l'avancement, quand je demandai à être commissaire spécial aux chemins de fer, ma demande étant traitée sans réponse, j'offris ma démission, qui fut acceptée. C'est après ces événements que je vins à Paris.

« J'ai été condamné à six jours de prison pour banqueroute à Lyon. J'ai changé de nom parce qu'il y avait une loi disant qu'on ne pouvait signer son nom dans un journal lorsqu'on a été mis en faillite.

« Nous, délégués à la sûreté générale, et membres dudit Comité, envoyons à Mazas le sieur Pourille.

« COURNET, Th. FERRÉ, VERMOREL, Raoul RIGAULT, A. DUPONT, TRINQUET. »

Ainsi le bon, l'honnête, l'ultra-révolutionnaire M. Blanchet, de son vrai nom Pourille, avait été tour à tour capucin, secrétaire de commissariat de police sous l'Empire, puis avait fait banqueroute. Voilà l'un des hommes qui gouvernaient Paris, voilà l'homme qui était *délégué à la justice!* c'est navrant!

Le 3 avril, au moment où M. Lullier s'évadait de la Conciergerie, M. Assi, le chef des grévistes du Creusot, le président du Comité Central, un des membres les plus influents de la Commune et celui qui avait obtenu le plus de suffrages, y était incarcéré sur l'ordre de ses collègues. Son crime était d'avoir dit que la Commune outrepassait ses pouvoirs, sortait de son droit, et se faisait une situation impossible en se constituant comme gouvernement, au lieu de se maintenir dans ses attributions municipales. Quels charmants collègues! ces pauvres gens se dévorent entre eux. Ce n'est que le 12 avril qu'Assi fut remis en liberté.

Les insurgés étaient restés maîtres de la redoute de Châtillon. M. Thiers l'avait dit le 3 à la Chambre et avait ajouté: « Il était trop tard pour les y attaquer, mais c'est une position où ils ne peuvent pas tenir.

LE GÉNÉRAL CLUSERET

Ils ont évacué toute la campagne environnante jusqu'aux murs de Paris; ils sont partout en fuite, et il suffira demain de quelques coups de canon sur la redoute de Châtillon pour qu'il n'y ait plus un seul insurgé tenant la campagne. »

M. Thiers ne s'était pas trompé; le lendemain, 4 avril, à cinq heures du matin, la brigade Derroja était avec la division Pellé au pied de cet ouvrage dont deux batteries de 12 cherchaient à éteindre le feu; nos braves soldats ne laissèrent pas à l'artillerie le temps d'achever son œuvre, ils gravirent au pas de course les pentes du plateau et chargèrent à l'arme blanche les défenseurs de la redoute, atterrés d'un élan dont ils n'avaient pas soupçonné la puissance. A huit heures tout était fini, la redoute de Châtillon était occupée par l'armée et les insurgés vaincus avaient fui, laissant entre nos mains un millier de prisonniers et sur le sol de nombreux cadavres.

Duval, ce général d'aventure, avait été pris le matin au Petit-Bicêtre avec deux officiers d'état-major de la Commune; tous trois furent immédiatement passés par les armes.

Le général Pellé avait été, à l'attaque du plateau de Châtillon blessé à la cuisse d'un éclat d'obus.

La Commune, persistant dans son système d'odieux mensonges, publiait le lendemain dans le *Journal officiel* les élucubrations suivantes:

« Citoyens,

« Les monarchistes qui siègent à Versailles ne vous font pas une guerre d'hommes civilisés; ils vous font une guerre de sauvages.

« Les Vendéens de Charrette, les agents de Piétri fusillent les prisonniers, égorgent les blessés, tirent sur les ambulances!

« Vingt fois les misérables qui déshonorent l'uniforme de la ligne ont levé la crosse en l'air, puis, traîtreusement, ont fait feu sur nos braves et confiants concitoyens.

« Ces trahisons et ces atrocités ne donneront pas la victoire aux éternels ennemis de nos droits.

« Nous en avons pour garants l'énergie, le courage et le dévouement à la République de la garde nationale.

« Son héroïsme et sa constance sont admirables.

« Ses artilleurs ont pointé leurs pièces avec une justesse et une précision merveilleuses.

« Leur tir a plusieurs fois éteint le feu de l'ennemi, qui a dû laisser une mitrailleuse entre nos mains.

« Citoyens,

« La Commune de Paris ne doute pas de la victoire.

« Des résolutions énergiques sont prises.

« Les services, momentanément désorganisés par la défection et la trahison, sont maintenant réorganisés.

« Les heures sont utilement employées pour votre triomphe prochain.

« La Commune compte sur vous comme vous pouvez compter sur elle.

« Bientôt il ne restera plus aux royalistes de Versailles que la honte de leurs crimes.

« A vous, citoyens, il restera toujours l'éternel honneur d'avoir sauvé la France et la République.

Gardes nationaux,

« La Commune de Paris vous félicite et déclare que vous avez bien mérité de la République.

« Paris, 4 avril 1871.   « *La Commission exécutive,*

BERGERET, DELESCLUZE, EUDES, Félix PYAT, E. DUVAL, G. TRIDON, Ed. VAILLANT. »

« Citoyens,

« Chaque jour les bandits de Versailles égorgent ou fusillent nos prisonniers, et pas d'heure ne s'écoule sans apporter la nouvelle d'un de de ces assassinats.

« Les coupables, vous les connaissez : ce sont les gendarmes et les sergents de ville de l'Empire, ce sont les royalistes de Charette et de Cathelineau qui marchent contre Paris au cri de : Vive le roi ! et le drapeau blanc en tête.

« Le gouvernement de Versailles se met en dehors des lois de la guerre et de l'humanité; force nous sera d'user de représailles.

« Si, continuant à méconnaître les conditions habituelles de la guerre entre peuples civilisés, nos ennemis massacrent encore un seul de nos soldats, nous répondrons par l'exécution d'un nombre égal ou double de prisonniers.

« Toujours généreux et juste même dans sa colère, le peuple abhorre le sang comme il abhorre la guerre civile; mais il a le devoir de se protéger contre les attentats sauvages de ses ennemis, et, quoi qu'il lui en coûte, il rendra œil pour œil et dent pour dent.

« Paris, le 5 avril 1871.

« LA COMMUNE DE PARIS. »

Ces proclamations insensées révélaient les sentiments de terreur qui dominaient la Commune et le Comité de la garde nationale. La Commune avait beau dire qu'elle était assurée du triomphe, alors que ses bataillons rentraient dans Paris repoussés sur toute la ligne, battus, décimés, on s'apercevait que sa voix chantait faux. Elle faisait revivre le régime de la Terreur en ratifiant le système des arrestations faites dans ces derniers jours et en légalisant le système odieux des otages. Les ecclésiastiques étaient arrêtés jusque dans les églises, au milieu des cérémonies de la semaine sainte, la persécution religieuse s'exerçait comme en 1793; ces prêtres arrêtés devaient servir d'otages. Qui emploie de pareilles mesures n'a plus que peu de jours à vivre; on sentait dans tous les actes de la Commune l'effort désespéré du condamné à mort qui essaie de se rattacher à la vie.

Dans la nuit du 4 au 5, les insurgés tentèrent en vain de jeter un pont de bateaux sur la Seine à la hauteur de Sèvres; le 5, les forts d'Issy, de Vanves et de Montrouge ne cessèrent de tirer sur Châtillon, Meudon et le Moulin de Pierre.

Le 6, le Chef du Pouvoir exécutif appela le maréchal Mac-Mahon au commandement de nos troupes. Le duc de Magenta, malgré ses revers était toujours populaire dans l'armée et sa gloire, vaillamment conquise en Afrique, en Crimée et en Italie ne s'était pas éclipsée. L'armée qu'on plaçait sous ses ordres et qui s'augmentait chaque jour de nos malheureux prisonniers revenant d'Allemagne était admirablement équipée, bien pourvue d'artillerie, et — chose incroyable — bien servie par l'Intendance, qui semblait profiter des dures leçons qu'elle avait reçues dans la campagne d'Allemagne. Fortifiée, retrempée dans les malheurs mêmes de la patrie, elle brûlait du désir de prouver à l'Europe qui avait assisté à ses défaites, qu'elle n'avait rien perdu de sa bravoure légendaire et de son antique valeur.

L'armée dont l'illustre duc de Magenta prenait le commandement en chef et qui était répartie en armée active et en armée de réserve, était composée ainsi :

L'armée *active* (général Borel, chef d'état-major général; général Princeteau, commandant l'artillerie, et général de Brettevillois, commandant le génie) se composait de trois corps : deux d'infanterie, un de cavalerie.

Le 1ᵉʳ corps, commandé par le général de Ladmirault, était formé des trois divisions Grenier, de Laveaucoupet et Montaudon, composées chacune de deux brigades, avec deux batteries d'artillerie et une compagnie du génie avec parc. Ce corps avait, pour s'éclairer, la brigade de cavalerie Galiffet, à laquelle était attachée une batterie de 4 à cheval.

Le 2ᵉ corps, placé sous les ordres du général de Cissey, comprenait les trois divisions Levassor-Sorval, Susbielle et de Lacretelle, formées comme les précédentes; le 2ᵉ corps, avait, pour s'éclairer, le 6ᵉ lanciers.

Le 3ᵉ corps (cavalerie), ayant pour chef le général du Barrail, se composait des trois divisions Halna du Fretay, du Preuil et Ressayre; chacune de ces divisions était composée de deux brigades. Le 3ᵉ corps avait en outre une batterie à cheval, du calibre de 4, attachée à chacune de ses divisions.

Le maréchal de Mac-Mahon pouvait, s'il le jugeait à propos, étendre son commandement sur l'armée de réserve, qu'il prenait sous ses ordres chaque fois qu'il jugeait à propos de faire concourir les deux armées à une commune opération. Cette armée de réserve, commandée par le général Vinoy, était formée des trois divisions Faron, Bruat et Vergé. Chacune de ces divisions était composée de deux brigades, de deux batteries de 4 et d'une compagnie de génie avec parc.

Vers la fin du mois d'avril, comme nous le verrons plus tard, l'armée active s'accrut d'un 4ᵉ et 5ᵉ corps, respectivement placés sous les ordres des généraux Douay et Clinchant.

C'est avec ces moyens puissants que le duc de Magenta fut appelé à poursuivre le cours des opérations militaires. Le 6 avril, les gendarmes à pied, soutenus par la brigade Galiffet et le canon du Mont-Valérien, délogèrent quelques centaines d'insurgés qui gardaient Courbevoie, occupèrent la caserne et, poussant vigoureusement en avant, dégagèrent le pont de Neuilly, dont les barricades furent enlevées l'une après l'autre. Les fédérés se replièrent en désordre vers la porte Maillot. Le lendemain 7, une opération fut dirigée sur Neuilly que nous n'avions pas pris, et où il était nécessaire que nous nous établissions solidement. Nos troupes rencontrèrent une vigoureuse résistance; cependant, vers quatre heures et demie du soir, grâce à une compagnie du génie qui se jeta dans les maisons d'angle, et qui, partant de là, chemina à travers les maisons qui, à droite et à gauche, bordent la grande avenue, ouvrant des murs et perçant des créneaux, nous fûmes complètement maîtres de la position.

Ce brillant succès avait coûté cher : les troupes avaient pris quatre canons aux insurgés et les avaient refoulés jusqu'à l'enceinte en leur tuant beaucoup de monde, mais on avait à déplorer la mort des généraux de brigade Besson et Péchot. Le général Montaudon avait été blessé.

Ces succès répétés de l'armée de Versailles calmèrent un peu l'ardeur belliqueuse des insurgés qui décrétaient et proclamaient plus que jamais. Le général Cluseret avait, pour sa part, rendu un décret qui est un vrai chef-d'œuvre du genre. Voici ce morceau :

« Considérant les patriotiques réclamations d'un grand nombre de gardes nationaux qui tiennent, quoique mariés, à l'honneur de défendre leur indépendance municipale, même au prix de leur vie, le décret du 5 avril est ainsi modifié :

« De dix-sept à dix-neuf ans, le service dans les compagnies de guerre sera volontaire, et de dix-neuf à quarante obligatoire pour les gardes nationaux, mariés ou non.

« J'engage les bons patriotes à faire eux-mêmes la police de leur arrondissement et à forcer les réfractaires à servir. »

De son côté, la Commune décrétait que la *déclaration préalable* pour la publication des journaux et écrits périodiques, de même que le *dépôt*, était obligatoire et devait se faire au bureau de la presse, délégation de la Sûreté générale et de l'Intérieur, place Beauveau. Tout cela, au nom de la liberté !

Bergeret *lui-même* subit le sort de Chouteau, de Lullier et d'Assi. Il fut mis en état d'arrestation par ses collègues et remplacé comme commandant de la place de Paris par le Polonais Jéroslas Dombrowski. Après une détention de quinze jours, on ne trouva, paraît-il, aucune charge nécessitant le maintien de son arrestation, et la Commune ordonna sa mise en liberté. Le commandant de l'Hôtel-de-Ville, le colonel Pindy, fut délégué auprès de Bergeret pour le ramener au milieu de ses collègues. À son arrivée dans la salle, l'ex-général salua l'assemblée et d'une voix émue il dit : « La Commune avait jugé à propos de me faire arrêter et elle vient de me faire mettre en liberté ; je tiens à déclarer que je n'apporte aucun sentiment d'amertume, mais au contraire mon dévouement tout entier. »

Étonnant, sublime, ce Bergeret ! il égale en résignation Job qui disait sur son fumier : « Dieu me l'a donné, Dieu me l'a ôté. Que son nom soit béni ! »

L'ex-général fut nommé quelques jours après adjoint à la Commission de la guerre, et quoi qu'il eût dit à ses collègues le jour de sa mise en liberté, il n'a pas certainement dû peu contribuer à l'arrestation de Cluseret. Ah ! Cluseret a fait arrêter Bergeret ; eh bien ! à son tour, Bergeret fait arrêter Cluseret. Partant, quittes.

Qu'était ce Bergeret? c'était un homme de quarante ans, ancien sergent de voltigeurs, devenu ouvrier typographe, très-infatué de son génie militaire, dont il n'a cependant pas donné de preuves. Dombrowski, son successeur, est un déclassé étranger qui a été officier dans l'armée russe, général sous Garibaldi, et qui a commandé une compagnie dans la guerre du Caucase. Plus militaire que Bergeret *lui-même*, — ce qui n'est pas difficile, — Dombrowski n'a nullement les qualités indispensables au chef d'un corps d'armée. Comme honorabilité, nous ne pouvons nous prononcer sur son compte; cependant, il nous est permis de dire qu'en 1870, le général Dombrowski subit un long emprisonnement, comme impliqué dans un procès de faux billets de la banque russe, qui se déroula devant la Cour d'assises de la Seine.

Le 9 avril et les jours suivants ne furent signalés par aucun engagement sérieux et se passèrent en combats d'artillerie. Le 11, les communeux prouvèrent qu'ils ne doutaient de rien, mais montrèrent aussi que leurs pointeurs en étaient encore à l'enfance de l'art. Ils établirent au Trocadéro des batteries destinées à contrebattre le Mont-Valérien, si gênant pour la Porte-Maillot, l'avenue de la Grande-Armée et le rond-point de l'Étoile. La Commune y enterra, dit-on, trois pièces de 24, dont elle força les charges, sans pouvoir obtenir une portée suffisante. Ses projectiles n'atteignirent que Puteaux et Suresnes, et les coups les plus longs ne touchèrent pas le pied des glacis du fort.

Le 14, on s'occupa de contrebattre la batterie des défenseurs d'Asnières, pendant que le général Wolff s'emparait de plusieurs maisons dominant notre tête du pont de Neuilly, dont le feu gênait ses mouvements. Il fit passer par les armes tous les communeux qui s'y trouvaient et s'y installa à son tour très-solidement.

Le 15 et le 16, la canonnade reprit avec une grande violence au Nord-Ouest et au Sud de Paris, sans amener, plus que les jours précédents, des résultats appréciables. Le 15, les fédérés attaquèrent les gendarmes et les marins retranchés dans le parc de Neuilly, mais ils furent vigoureusement repoussés. Dombrowski fut blessé dans cette affaire. La journée du 17 avril devait être plus féconde. Pour la seconde fois on tenta une attaque contre le château de Bécon, situé sur le sommet d'un tertre qui domine la Seine, entre Courbevoie et Asnières, et qui commande la route qui relie ces deux positions. Dans la nuit du 12 au 13, une première tentative avait été repoussée, et le chef du bataillon d'infanterie chargé de l'opération grièvement blessé. L'exécution de l'attaque fut confiée au général Montaudon, qui, dès le matin du 17, ouvrit un feu très-vif sur la position ennemie. Après une heure de canonnade, la brigade Lefèvre reçut l'ordre de se porter en avant; mais son concours fut inutile. Le colonel Davoust, duc d'Auerstaedt, s'élançant à la tête du 36e, emporta le château, où le génie s'empressa d'organiser des épaulements propres à recevoir une batterie.

Cette prise était importante, car cette batterie empêchait désormais la position d'Asnières, qui appartenait aux insurgés, d'inquiéter notre tête du pont de Neuilly.

Le 18, les régiments de gendarmerie à pied enlevèrent les villages de Bois-Colombes et de Gennevilliers, et balayèrent toute la plaine, en faisant essuyer aux insurgés de grandes pertes en morts et en prisonniers. Le lendemain, la division Montaudon s'empara d'Asnières. Les gardes nationaux fuirent avec un entrain merveilleux et passèrent la Seine dans le plus grand désordre.

La prise d'Asnières donnait à l'armée toute la rive de la Seine, et les insurgés, refoulés entre la Seine et l'enceinte, ne possédèrent plus, dès ce moment, que le village de Levallois et une partie de Neuilly.

Les résultats obtenus par l'armée de Paris depuis quinze jours

LE GÉNÉRAL DOMBROWSKI

étaient tellement satisfaisants, qu'on ne doutait plus à Versailles du succès de la nouvelle série d'opérations qui allait s'ouvrir.

CHAPITRE III

LA PARODIE DE 1793

Élections du 16 avril. — Les séances de la Commune deviennent publiques. — Un faux frère. — Le *Journal officiel*. — Vésinier, Lebeau et Longuet. — La Commission exécutive. — Principaux décrets de la Commune. — La Cour martiale. — Loi sur les échéances. — Échange des armes. — Les aérostiers civils et militaires. — Le travail des boulangers. — La Commission des barricades. — La presse. — Suppression des journaux. — Arrestations des prêtres. — Les dames de la Halle. — Le père Caliste. — M. Gustave Chaudey. — Ce qu'on fait des églises. — Composition de l'armée insurrectionnelle.

Nous avons donné dans notre premier chapitre la liste complète des membres qui ont siégé à la Commune, tous n'ont pas été élus au 26 mars; trente-deux parmi eux n'ont été nommés que le 16 avril, dans les élections qui eurent lieu pour remplacer les membres qui avaient été nommés dans plusieurs arrondissements, ceux qui avaient prudemment, sagement refusé ce mandat dangereux, ceux qui avaient donné leur démission depuis le 28 mars, ceux enfin qui, comme Duval et Flourens, avaient été tués par l'armée de Paris. Les abstentions furent encore plus nombreuses le 16 avril que le 26 mars; sauf deux ou trois arrondissements, la proportion des votants fut d'environ 2,000 sur 20,000. Ce fut donc une infime minorité qui compléta le conseil dictatorial de l'Hôtel-de-Ville. Cette minorité était tellement honteuse que, dans la séance du 18, consacrée à la validation des élections, plusieurs membres parlèrent contre, MM. Grousset, Varlin et Billioray, entre autres. M. Arthur Arnould, surtout, déclara qu'à son avis « valider les élections en dehors du huitième des électeurs inscrits, ce serait le plus grand croc-en-jambe que jamais gouvernement ait donné au suffrage universel et que les membres ainsi nommés ne sont pas les élus de Paris. » Mais ces sages paroles ne furent pas écoutées, et après avoir entendu les citoyens Urbain, Ranvier et le citoyen Régère qui dit : « Nous appelons tout le monde au vote. *Tant pis pour ceux qui ne se présentent pas!* » la Commune adopta à la majorité de 26 voix contre 13, les étonnantes conclusions que voici :

« Considérant que, dans certains arrondissements, un grand nombre d'électeurs se sont soustraits par la fuite à leurs devoirs de citoyens et de soldats, et que dans les graves circonstances que nous traversons, nous ne saurions tenir compte pour la validité des élections du nombre des électeurs inscrits, nous déclarons qu'il est du devoir de la Commune de valider toutes élections ayant obtenu la majorité absolue sur le nombre des votants. »

Ainsi ce qui était évident le 26 mars l'est encore davantage le 26 avril : La Commune ne représente qu'une imperceptible fraction des électeurs de Paris, et elle continue néanmoins, au nom du peuple qui la méprise, son œuvre de violence et de tyrannie.

Depuis son installation, la Commune avait tenu ses séances à huis-clos. Ses membres s'étaient érigés en véritable Conseil des Dix et la salle de l'ancien conseil municipal était restée murée comme l'antre redoutable de Polyphème. Le compte-rendu de ses séances était cependant publié chaque soir dans *Paris-Journal* qui fut supprimé par la Commune. Quand *Paris-Journal* reparut, il raconta comment il tenait tous ses renseignements et le compte rendu des délibérations de la Commune d'un des membres de cette assemblée qui les lui vendait, *à raison de quinze francs par jour*. Ce faux-frère n'estimait pas à un haut prix sa trahison envers ses collègues!

Enfin, sur les instances du Comité Central, les membres du nouveau Conseil des Dix, comprenant ce que leur système avait de trop vénitien, se décidèrent, après avoir beaucoup hésité, à donner à leurs séances une publicité retentissante. Et le compte rendu des séances fut publié par le *Journal officiel*. Pauvre *Journal officiel !* il eut aussi bien des malheurs. Quel était son directeur ? On n'osait le dire sans craindre de se tromper; il changeait tous les jours, ou tout au moins toutes les semaines. Un matin on apprenait que le citoyen Vésinier était chargé de le rédiger : ce petit être difforme, tout contrefait, plus que minuscule, énormément bossu, vrai juif errant du journalisme, auteur de livres scandaleux, expulsé de Belgique et de Genève, était, quelques jours après, remplacé par Lebeau. Lebeau ! Lebeau ! qui cela peut-il bien être ? Serait-ce un pseudonyme ? Un écrivain distingué, un politique sérieux, se serait-il caché sous ce nom : Lebeau ? Ma foi, nous n'en savons rien : le nom de Lebeau est inconnu et, si c'est un pseudonyme, le secret a été bien gardé, car personne n'a jamais su qui c'était. Son ignorance en journalisme était probablement égale à l'obscurité de son nom, car il n'y avait pas plus d'une semaine qu'il dirigeait le *Journal officiel de la Commune*, qu'on lui donna pour successeur le citoyen Longuet, membre de la Commune, élu dans le 16ᵉ arrondissement par 1,058 voix.

Longuet est plus connu et plus lettré que Lebeau, quoique celui-ci en ait dit dans une protestation qu'il adressa aux journaux contre sa révocation. Charles Longuet a trente-deux ans ; c'est un étudiant de douzième année, bien connu au quartier Latin, où il a fondé plusieurs journaux qui firent, il y a plusieurs années, quelque bruit dans le monde politique et littéraire.

C'est dans un de ces journaux, la *Rive gauche* que parurent les *Propos de La bienus*, de Rogeard, qui valurent à son auteur et à Longuet d'assez dures condamnations et qui amenèrent la suppression du journal. Ce fut Longuet qui ouvrit la première séance du congrès de Liège, dans un discours où il attaqua si violemment l'Empire que le Gouvernement le poursuivit pour délits de parole, quoique ces actes eussent été commis sur le territoire étranger. Longuet fut longtemps enfermé à Sainte-Pélagie.

Quand arriva le 18 mars, Longuet, qui avait écrit dans le *Peuple* avec Vallès, fut chargé de rédiger les proclamations du Comité Central, puis placé à la direction du *Journal officiel*, à la place de ce brave M. Lebeau. Mais Longuet ne put y rester longtemps : il a toujours végété dans le journalisme, où ses grandes connaissances lui assignaient un rang distingué, à cause d'une paresse insigne. Il en fut de même au *Journal officiel* : il s'acquitta d'abord fort bien de sa tâche, mais un jour arriva où son indolence et ses habitudes invétérées de paresse prirent le dessus, et il fut à son tour remplacé par le premier rédacteur de l'organe de la Commune, par le bossu Vésinier. Longuet a voté et protesté hautement contre toutes les mesures arbitraires et tous les actes criminels de la Commune, car, si sa nature est vive et emportée, il a chez lui un fond de bon sens et une intelligence qu'on ne rencontre que chez un très-petit nombre de ses collègues de la Commune.

Le 19 avril, sur la proposition de M. Delescluze, la Commune procéda à la nomination d'une Commission exécutive, non sans une discussion longue et passionnée. Sont nommés pour composer cette Commission :

Guerre.	Cluseret.
Finances.	Jourde.
Subsistances.	Viard.
Relations extérieures.	Paschal Grousset.
Travail et échange.	Franckel.
Justice.	Protot.
Services publics.	Andrieu.
Enseignement.	Vaillant.
Sûreté générale.	Raoul Rigault.

Citons les principaux décrets rendus pendant ces derniers jours par la Commune : Toutes les poursuites pour échéances sont suspendues jusqu'au jour où paraîtra au *Journal officiel* le décret sur les échéances; la solde des officiers de la garde nationale est fixée; une commission d'enquête est établie, à l'effet de compulser tous les papiers, dépêches que les hommes du 18 mars ont trouvés dans les différents ministères ou à l'Hôtel-de-Ville, et d'y rechercher tous les éléments pour établir la part de responsabilité qui incombe à chacun et ceux qui ont participé aux actes du gouvernement du 4 septembre. Le citoyen Casimir Bouis est nommé président de cette commission. La Commune rend aussi un décret qu'il est intéressant de reproduire :

« Considérant qu'une quantité d'ateliers ont été abandonnés par ceux qui les dirigeaient, afin d'échapper aux obligations civiques et sans tenir compte des intérêts des travailleurs ;

« Considérant que par suite de ce lâche abandon, de nombreux travaux essentiels à la vie communale se trouvent interrompus, l'existence des travailleurs compromise,

« Décrète :

« Les chambres syndicales ouvrières sont convoquées à l'effet d'instituer une commission ayant pour but :

« 1° De dresser une statistique des ateliers abandonnés, ainsi qu'un inventaire exact de l'état dans lequel ils se trouvent et des instruments de travail qu'ils renferment ;

« 2° De présenter un rapport établissant les conditions pratiques de la prompte mise en exploitation de ces ateliers, non plus par les directeurs qui les ont abandonnés, mais par l'association coopérative des travailleurs qui y étaient employés ;

« D'élaborer un projet de constitution de ces sociétés coopératives ouvrières ;

« 4° De constituer un jury arbitral qui devra statuer, au retour desdits patrons, sur les conditions de la cession définitive des ateliers aux sociétés ouvrières et sur la quotité de l'indemnité qu'ont à payer les sociétés aux patrons.

« Cette commission d'enquête devra adresser son rapport à la commission communale des travaux et de l'échange, qui sera tenue de présenter à la Commune, dans le plus bref délai, le projet de décret donnant satisfaction aux intérêts de la Commune et des travailleurs. »

« En présence des nécessités de la guerre et vu les besoins d'agir rapidement et vigoureusement ; en présence de l'impossibilité de traduire devant les conseils de guerre de la légion, *qui n'existent pas encore*, les cas exceptionnels qui exigent une répression immédiate, » le délégué de la Guerre, l'américain Cluseret forme une cour martiale qui sera présidée par lui et qui est composée ainsi :

Le colonel Rossel, chef d'état-major de la Guerre ;
Le colonel Henry, chef d'état-major de la Place ;
Le colonel Razoua, commandant de l'École militaire ;
Le lieutenant-colonel, sous-chef d'état-major du général Eudes ;
Le colonel Chardon, commandant militaire de la préfecture de police ;
Le lieutenant Boursier, membre du Comité Central.

Le 16 avril, enfin, parut la loi sur les échéances dont voici le texte :

« ARTICLE PREMIER. — Le remboursement des dettes de toute nature souscrites jusqu'à ce jour et portant échéance, billets à ordre, mandats, lettres de change, factures réglées, dettes concordataires, etc., sera effectué dans un délai de trois années à partir du 15 juillet prochain, et sans que ces dettes portent intérêts.

« ART. 2. — Le total des sommes dues sera divisé en douze coupures égales, payables par trimestre, à partir de la même date.

« ART. 3. — Les porteurs des créances ci-dessus énoncées pourront, en conservant les titres primitifs, poursuivre le remboursement desdites créances par voie de mandats, traites ou lettres de change mentionnant la nature de la dette et de la garantie, conformément à l'article 2.

« Art. 4. — Les poursuites, en cas de non acceptation ou de non paiement, s'exerceront seulement sur la coupure qui y donnera lieu.

« Art. 5. — Tout débiteur qui, profitant des délais accordés par le présent décret, aura pendant ces délais détourné, aliéné ou anéanti son actif en fraude des droits de son créancier, sera considéré, s'il est commerçant, comme coupable de banqueroute frauduleuse, et, s'il n'est pas commerçant, comme coupable d'escroquerie. Il pourra être poursuivi comme tel, soit par son créancier, soit par le ministère public. »

Le 17, le délégué à la Guerre, considérant qu'il importe d'armer de fusils à tir rapide les compagnies de guerre et que bon nombre de sédentaires se refusent à échanger leurs chassepots contre d'autres armes appartenant aux hommes des compagnies de guerre, ordonne que cet échange ait lieu, et menace tout garde sédentaire qui s'y refuserait à la perte de sa solde et à des poursuites pour refus d'obéissance devant l'ennemi.

Une compagnie d'aérostiers civils et militaires est créée par la Commune; cette compagnie aura pour capitaine le citoyen Claude-Jules Duruof; enfin, la Commission exécutive prétend que toute la corporation des ouvriers boulangers est venue se plaindre à elle de l'obligation qui lui était faite de travailler la nuit. Immédiatement la Commission exécutive décrète : Le travail de nuit est supprimé.

La Commission des barricades, dont M. Gaillard père, le cordonnier célèbre, était président, se réunit le 12 avril. Le citoyen Gaillard père propose que les égouts soient coupés dans le fossé et minés en avant de la barricade. Mais la Commission décide que la conservation des tuyaux du gaz et de l'eau sera assurée jusqu'au moment de l'attaque, aussi bien que celle des égouts qu'il n'est pas utile de couper pour les miner.

« La Commission, dit le compte rendu officiel de cette séance, arrête ainsi qu'il suit l'emploi des égouts pour les mines.

« Elle répudie absolument, comme trop lente, toute construction et fouille de galerie de mine, mais elle admet que des fourneaux de mine seront faits au fond et sur le côté des égouts, et arrête ainsi qu'il suit leur position et leur charge :

« Premier fourneau à 20 mètres en avant du fossé; charge, 40 kilog. de poudre.

« Second fourneau à 12 mètres plus loin; charge, 100 kilog.

« Troisième fourneau à 12 mètres plus loin que le second; charge, 100 kilog.

« Et ainsi de suite si les circonstances le permettent, toujours avec la charge de 100 kilog. Chaque fourneau devra être amorcé séparément.

« La commission décide que le procès-verbal de la séance sera publié et affiché, à *l'exception des mesures qui règlent l'emplacement et la stratégie des barricades.*

Comme de raison, la presse honnête ne se faisait pas faute de discuter et de critiquer ces décrets. Cette discussion et ces critiques n'étaient pas du goût de ces messieurs de l'Hôtel-de-Ville, qui avertissaient, suspendaient, supprimaient. Le *Constitutionnel*, l'*Electeur libre*, le *Figaro*, le *Gaulois*, *Paris-Journal*, la *Liberté* sont les premières victimes de l'arbitraire des membres de la Commune. Puis, après les élections du 16 avril, l'arrêté suivant est enregistré à l'*Officiel* :

« Considérant qu'il est impossible de tolérer dans Paris assiégé des journaux qui prêchent ouvertement la guerre civile, donnent des renseignements militaires à l'ennemi et propagent la calomnie contre les défenseurs de la République, a arrêté la suppression des journaux le *Soir*, la *Cloche*, l'*Opinion Nationale* et le *Bien Public*.

En revanche, on continue à crier dans les rues les feuilles rédigées sous l'inspiration ou par la plume des membres de la Commune. Le *Cri du Peuple*, de Vallès; l'*Affranchi*, de Paschal Grousset ; *Paris libre*, de Vésinier; le *Vengeur*, de Pyat, et quelques autres, parmi lesquels il faut citer le *Mot d'Ordre*, de M. Rochefort; l'*Action*, de Lissagaray, et l'ignoble *Père Duchêne*, des citoyens Vuillaume, Humbert et Vermesch. Ces gazettes prêchaient ouvertement la Terreur.

La Terreur ne régnait pas encore dans Paris, mais la Commune commettait tous les actes qui en sont les précurseurs. Les membres du gouvernement de l'Hôtel-de-Ville commencèrent par arrêter Mgr Darboy, archevêque de Paris, et M. Lagarde, son vicaire général. Ses appartements furent fouillés, les papiers mis sous scellés et tous les meubles emportés. La même nuit, une bande de gardes nationaux se présenta à la Madeleine pour arrêter le vénérable curé, M. Deguerry, qu'ils emmenèrent après avoir tout pillé dans sa maison, et ils emportèrent toute l'argenterie, le linge, la vaisselle et les objets d'art.

Mgr de Ségur fut aussi violemment arrêté, ainsi que les curés de Saint-Augustin, de Saint-Philippe-du-Roule, de Saint-Roch, Saint-Laurent et Saint-Nicolas-des-Champs. Le R. P. Ducoudray, supérieur de l'établissement scolaire des Pères Jésuites, rue Lhomond, fut emmené à la préfecture de police avec sept autres pères. Les pères Olivaint et Caubert, des Pères Jésuites de la rue de Sèvres, eurent le même sort, ainsi que le vénérable supérieur du séminaire Saint-Sulpice, M. Icard, et sept séminaristes.

Le curé de Saint-Eustache avait également été incarcéré. Mais les marchandes de la Halle allèrent le réclamer, la veille de Pâques : « Il nous faut notre curé, dirent les braves femmes; il faut que nous l'ayons demain, ou sinon..... » Cette demande, faite par des femmes bien connues par leur honnêteté et leur énergie, donna à réfléchir aux dictateurs de la Commune, et, dans la nuit, M. l'abbé Simon fut relâché; le jour de Pâques, il célébrait la grand'messe dans son église au milieu de la foule émue de ses paroissiens. Honneur aux *Dames de la Halle !* elles se sont montrées dignes de leur antique renommée.

Les insurgés s'étaient présentés chez les frères de l'École chrétienne, rue Oudinot, pour arrêter le vénérable supérieur, le frère Philippe. Mais celui-ci était parti la veille et il était remplacé par le frère Caliste, vieillard âgé de soixante-quinze ans, qui est emmené en son lieu et place. Les insurgés volent la caisse, qui contenait environ 2,000 francs, deux calices, deux ciboires et un ostensoir. Le frère Caliste ne resta que quelques heures en prison.

C'est ainsi que la Commune entend et pratique la liberté, l'égalité et la fraternité ; c'est ainsi qu'elle remercie des hommes qui, comme les braves frères des Écoles chrétiennes, ont pendant tout le siège montré le plus grand dévouement et donné des preuves du plus grand courage, qui ont soigné plus de 1,300 blessés, qui ont passé les nuits, et exposé leur vie sur les champs de bataille !

La liberté individuelle et le respect de la propriété n'existaient plus. Les habitations particulières étaient pillées : des perquisitions étaient faites dans les hôtels de M. de Galliffet et de MM. Péreire, et l'on y volait tout le vin que contenaient les caves.

M. Gustave Chaudey, rédacteur du *Siècle*, est arrêté dans les bureaux de ce journal et mis au secret à Mazas. Il est accusé d'avoir, le 22 janvier, étant adjoint à la mairie de Paris, ordonné le feu. Quand nous reparlerons des otages, nous dirons quelle fut la fin de cet honnête homme dont les opinions républicaines étaient bien connues.

Nous pourrions citer bien d'autres arrestations arbitraires et odieuses. Qu'il nous suffise de dire qu'à la fin du mois d'avril la Conciergerie renfermait environ cent personnes, dont soixante-dix ecclésiastiques, arrachés à leurs communautés ou au service des paroisses de Paris. Mazas, la Roquette et la Santé en contenaient aussi un grand nombre.

La plupart des églises se trouvent sous séquestre : à la porte de l'église Saint-Laurent on a écrit : *Écurie à louer* ; sur celle de Saint-Pierre, à Montmartre, l'avis suivant est affiché :

« Attendu que les prêtres sont des bandits et que les églises sont des repaires où ils ont assassiné moralement les masses, en courbant la France sous la griffe des infâmes *Bonaparte, Favre et Trochu* (ces mots en énormes caractères romains) ;

« Le délégué des Carrières près l'ex-préfecture de police ordonne que l'église Saint-Pierre (Montmartre) soit fermée, et décrète l'arrestation des prêtres et des ignorantins.

« Le Moussu. »

Le même Le Moussu fut aussi chargé de faire fermer l'église Notre-Dame-des-Victoires. Il envahit l'église, en expulsa brutalement les fidèles, et, après avoir mis en état d'arrestation deux vicaires de la paroisse, les abbés du Courroy et Amodru, et deux membres du conseil de fabrique, il ordonna le sac de l'église. Une rage vraiment infernale fut déployée dans cette orgie communeuse : les tabernacles furent arrachés, les autels démolis, les confessionnaux renversés, les dalles du temple brisées, les caveaux renfermant les ossements desséchés des religieux augustins qui étaient morts dans cet ancien couvent furent violés. En même temps, on volait l'argent des troncs qui servit à payer les frais d'une ripaille à laquelle prirent part des cantinières et des femmes de mœurs douteuses. Alors commença une orgie navrante. Ces parodistes de 93 se revêtirent des vêtements sacerdotaux et simulèrent des cérémonies religieuses où l'odieux se mêlait au grotesque,

La saturnale ne cessa que lorsque la fatigue et l'ivresse eurent couché les pillards sur le carreau.

Ces faits odieux, ces perquisitions, ces arrestations, ces pillages, ces vols n'étaient pas propres à faire respecter la Commune et à lui gagner des partisans parmi les honnêtes gens. Aussi, son armée comptait-elle grand nombre de filous et d'escrocs. Voici la composition de l'armée insurrectionnelle, d'après un relevé statistique tiré des dépositions mêmes des prisonniers faits par l'armée de Versailles : 11 % de repris de justice; 18 % ont déclaré avoir combattu volontairement pour la défense de leurs idées, et 71 % ont prétendu avoir marché par terreur.

Voilà quelle était la situation de Paris le 20 avril. Nous allons faire maintenant le récit des opérations militaires qui s'engagèrent à cette époque.

CHAPITRE IV

SUCCÈS DE L'ARMÉE DE PARIS

Le 4e et le 5e corps. — Suspension d'armes. — Neuilly. — Le fort d'Issy. — Arrestation de Cluseret. — Complot avorté. — Négociations. — Sommation et réponse de Rossel. — Prise du château d'Issy. — Prise du moulin Saquet. — Proclamation de M. Thiers aux Parisiens. — Décret ordonnant la destruction de l'hôtel de M. Thiers. — Article de M. Rochefort. — La batterie de Montretout. — Évacuation du fort d'Issy. — Démission de Rossel; sa fuite. — Affiche du Comité de salut public. — Rossel. — Les soldats de l'armée de Paris. — Anarchie au sein de la Commune. — Le Comité Central reprend la direction des affaires militaires. — La minorité de la Commune. — 67 sur 144. — Arrestations, vols, suppressions de journaux, destructions de monuments. — La chasse à l'homme.

Du 20 au 24 avril les journées se passèrent en importants travaux exécutés par les sapeurs du génie et en diverses concentrations de troupes. Nos prisonniers d'Allemagne avaient été réunis à Auxerre, à Cambrai et à Cherbourg; lorsque ces groupes furent suffisamment compacts, ils furent dirigés sur Versailles, en vertu d'un ordre daté du 21 avril. Ces braves soldats furent répartis en deux corps, (4e et 5e corps de l'armée active).

Le 4e corps, (général Douay), fut formé des divisions Berthaut et L'Hériller. Chacune de ces divisions se composait de deux brigades, de deux batteries de 4 et d'une compagnie de génie. Le corps avait en outre pour s'éclairer deux escadrons de lanciers et le 4e hussards.

Le 5e corps (général Clinchant) comprit les deux divisions Duplessis et Garnier, composées exactement comme les précédentes et eut pour s'éclairer le 6e chasseurs.

Tel était le complément d'organisation de l'armée active. Le 21, les insurgés tentèrent une attaque sur les retranchements de Bagneux. C'était la troisième fois qu'ils essayaient cette attaque qui avait toujours été infructueuse pour eux. Cette fois, l'audace de la petite bande qui, conduite par un sergent, revenait à la charge, ne fut point couronnée de succès, car elle tomba sur une embuscade de nos tirailleurs du 70° de marche et fut en totalité détruite à bout portant.

Le 21, une suspension d'armes de quelques heures, conclue sous les auspices de la *Ligue d'Union républicaine*, permit aux malheureux habitants de Neuilly de s'échapper du fond de leurs tanières et d'aller chercher un refuge à Paris. Les habitants, prisonniers depuis trois semaines, sortirent précipitamment de leurs caves qui ont failli être leurs tombeaux; les dégâts dans Neuilly sont énormes, pas une maison intacte dans certaines rues. Du côté du parc, tout est détruit; partout on voit les traces d'une guerre acharnée.

Le 23, les hostilités recommencent : toutes les batteries de l'armée de Paris sont démasquées, plus de cent cinquante bouches à feu vont concourir à l'attaque des défenses de l'insurrection parisienne. Dès l'ouverture du feu le fort d'Issy, criblé d'obus, est réduit au silence, ses murs d'escarpe et de contrescarpe tiennent à peine et une brèche de cinq mètres est ouverte du côté gauche. Vanves est également dans un état piteux. Pour répondre au tir de Meudon, les marins de la Commune ont mis en ligne les cinq canonnières de la Seine : Ces canonnières se sont embossées à Auteuil, abritées derrière les piliers du viaduc, et tirent avec vigueur sur les positions de l'armée de Paris. Le lendemain, nos batteries écrasent littéralement le fort d'Issy qui est cependant soutenu vigoureusement par les forts de Montrouge et de Vanves. Le Point-du-Jour inquiétait nos positions; la batterie établie à l'octroi près la station du chemin de fer contrebattait Meudon et la lanterne de Démosthène ; quatre locomotives blindées, en panne sur le viaduc, attaquaient alternativement Breteuil, Sèvres et Brimborion.

Au Nord-Ouest le feu n'était pas moins violent. Une batterie établie à l'imprimerie Paul Dupont et une locomotive blindée menaçaient Asnières, et, de Levallois et de la gare de Saint-Ouen, les insurgés canonnaient le château de Bécon.

Malgré tant de dispositions comminatoires les artilleurs éteignent le feu du fort d'Issy, et le génie pousse activement ses cheminements vers le fort qui, réduit au silence, ne fait plus entendre qu'un coup de canon d'heure en heure. Dans la nuit du 26 au 27, on résolut d'attaquer les Moulineaux. Quatre compagnies du 35° d'infanterie auxquelles s'étaient joints 300 hommes du 110° et du 100° fusiliers marins, conduits par le général Faron, enlèvent avec une extrême vigueur la redoute des Moulineaux dont la prise est très-importante, d'abord parce qu'elle gênait le tir des batteries de Versailles, et ensuite parce que des Moulineaux on pouvait désormais cheminer facilement jusqu'au parc d'Issy, qui s'incline vers la Seine en contrebas du fort et échappe ainsi à sa vue.

Dans les journées des 27, 28 et 29 avril, notre artillerie continue son feu; et l'oreille attentive ne fut distraite que par la nouvelle d'une razzia d'insurgés due à l'adresse des tirailleurs du 70°. On résolut de tenter une action vigoureuse dans la nuit du 29 au 30 avril. Cette nuit donc, vers une heure, les troupes tombèrent à l'improviste sur les insurgés qui, surpris par cette brusque attaque, s'enfuirent dans le plus grand désordre, abandonnant canons, mitrailleuses et fusils, laissant de nombreux morts et blessés ainsi qu'une centaine de prisonniers. Les troupes étaient maîtresses du cimetière, des tranchées, des carrières et du parc d'Issy. Pendant ce temps, nos batteries bombardaient avec fureur le fort d'Issy dont le parapet s'émietta; les affûts des canons furent brisés, et artilleurs et gardes nationaux furent obligés de se réfugier dans les casemates.

Le commandant du fort, le célèbre Mégy, disparut dès l'aube sans donner d'ordres, de sorte que la matinée se passa en altercations. Dans l'après-midi le citoyen La Cecilia vient prendre le commandement; il a sous ses ordres les 120e et 191e bataillons et les *vengeurs de Paris*.

L'affaire de la nuit du 29 au 30 avril mit en fureur les chefs de l'insurrection qui décrétèrent *ab irato* la création d'un comité de salut public et l'arrestation de Cluseret. « L'incurie et la négligence du délégué à la Guerre ayant, dirent-ils, failli compromettre notre position du fort d'Issy, la Commission exécutive a cru de son devoir de proposer l'arrestation du citoyen Cluseret à la Commune qui l'a décrétée. » Cluseret fut remplacé par Rossel, colonel du génie.

On ne peut pas refuser à la Commune une certaine puissance d'intuition. Il venait de s'ourdir un complot entre les nommés Bourget, de l'*Internationale*, Billioray, membre de la Commune, et Cérisier, capitaine du 101e bataillon de la garde nationale. Ces braves citoyens, ces honnêtes communeux devaient, moyennant finances, livrer le fort d'Issy au général Valentin; mais l'arrivée de Rossel vint tout déjouer.

Le 30 avril, vers cinq heures du soir, les troupes de Versailles auraient aisément pu se rendre maîtresses du fort. L'ennemi, qui ne possédait plus que 4 canons de 24, avait complètement éteint son feu et les insurgés, arborant le drapeau parlementaire, demandaient à négocier. Le général Faron leur envoya, à six heures et demie, un parlementaire porteur de cette sommation du major de tranchée:

« Au nom et par ordre de M. le maréchal commandant en chef de l'armée, nous, major de tranchée, sommons le commandant des insurgés réunis en ce moment au fort d'Issy d'avoir à se rendre, lui et tout le personnel enfermé dans ledit fort.

« Un *délai d'un quart d'heure* est accordé pour répondre à la présente sommation.

« Si le commandant des forces insurgées déclare par écrit, en son nom et au nom de la garnison tout entière du fort d'Issy, qu'il se soumet, lui et les siens, à la présente sommation, sans autre condition que d'obtenir la vie sauve et la liberté, moins l'autorisation de résider dans Paris, cette faveur sera accordée.

« Faute par lui de répondre dans le délai indiqué plus haut, toute la garnison sera passée par les armes.

« Tranchées devant le fort d'Issy, 30 avril 1871.

« *Le colonel d'état-major, major de tranchée,*

« B. LEPERCHE. »

Les insurgés demandèrent une demi-heure qui leur fut accordée, mais, au bout de ce délai, ils n'avaient pas encore pu se mettre d'accord, bien que l'attitude des gardes nationaux ne laissât aucun doute sur leur résolution de ne pas continuer la lutte. La nuit vint interrompre les négociations entamées : l'ennemi en profita pour renforcer ses défenses, relever la garnison par des troupes fraîches, opérer des échanges de matériel et réoccuper solidement le château d'Issy. Malgré cette violation des lois de la guerre, nos officiers de l'état-major répondirent à l'appel du drapeau parlementaire hissé pour la seconde fois par les insurgés, le lendemain 1ᵉʳ mai, à 10 heures du matin. Ils se trouvèrent en présence du fameux Eudes, qui leur fit part de sa détermination de continuer la lutte à outrance, attendu, ajouta-t-il avec la politesse et l'aménité qui distinguent les communeux, « qu'il ne voulait pas traiter avec des assassins. » De plus, il remit aux officiers français la lettre suivante de Rossel au colonel d'état-major Leperche :

« Mon cher camarade,

« La prochaine fois que vous vous permettrez de nous envoyer une sommation aussi insolente que votre lettre autographe d'hier, je ferai fusiller votre parlementaire, conformément aux usages de la guerre.

« Votre dévoué camarade,

« ROSSEL,

« *Délégué de la Commune de Paris.* »

Dans la nuit du 1ᵉʳ au 2 mai, pendant que nos batteries bombardaient sans relâche et avec fureur le fort d'Issy, le général de la Mariouze, à la tête de deux bataillons, un du 35ᵉ et un du 13ᵉ, emporta le château d'Issy avec la plus grande vigueur. Pendant ce temps, le 22ᵉ bataillon de chasseurs à pied, de la brigade Berthe, s'approchant en silence de la gare de Clamart, l'enlevait à la baïonnette, presque sans tirer. Les insurgés, dans ces deux actions, ont fait des pertes considérables. Ils ont laissé 700 morts et 100 prisonniers.

La journée du 2 fut signalée au sud de Paris par quelques retours offensifs de l'ennemi sans aucune importance. Un détachement d'insurgés, ayant tenté d'enlever l'un de nos avant-postes de Neuilly, y laissa trente-cinq morts et une vingtaine de prisonniers.

Le 4 mai, au matin, on apprenait que dans la nuit, les troupes du général de Lacretelle avait pris d'assaut la position du moulin Saquet. Le moulin Saquet est une grande et forte redoute située à l'extrémité sud-est du plateau de Villejuif et qui domine toute la plaine jusqu'à la Seine. Vers deux heures du matin, quatre compagnies du 39ᵉ de marche, soutenues par les éclaireurs du 41ᵉ et du 74ᵉ, étaient tombées sur la gorge de l'ouvrage, tandis que quelques assaillants résolus escaladaient, sur divers points, les parapets. La garnison de la redoute se composait de deux bataillons du 55ᵉ et du 120ᵉ. Tous ces hommes dormaient profondément et ne purent opposer aucune résistance : 100 insurgés furent tués ; plusieurs officiers et 300 hommes furent faits prisonniers ; nos troupes s'emparèrent de huit canons, de quatre mitrailleuses et de plusieurs fanions.

Dans la nuit du 5 au 6 mai, du côté d'Issy, 210 marins et deux compagnies du 17ᵉ bataillon de chasseurs, conduits par le général Paturel, s'élancent résolûment sur le chemin de fer et sur le passage voûté destiné à relier les deux forts d'Issy et de Vanves. Les marins accueillis par un feu très-vif ont été vaillamment soutenus par les deux compagnies du 17ᵉ chasseurs; la ligne du chemin de fer, ainsi que le passage voûté, sont restés au pouvoir des troupes du général Paturel. La garnison de Vanves cherchait à prendre nos soldats à revers et s'apprêtait à sortir de ces positions, lorsque le colonel Vilmette se jeta sur elle à la tête du 2ᵉ régiment provisoire, enleva les tranchées des insurgés, prit le redan où ils se logeaient, en tua un grand nombre, et fit quelques prisonniers. On tourna aussitôt le redan contre l'ennemi; on y trouva quantité d'armes, de munitions, de vivres et le drapeau du 119ᵉ bataillon insurgé.

Ce succès nous avait coûté malheureusement assez cher. Nos pertes avaient été sensibles, surtout parmi les marins et les sapeurs.

Les succès que les troupes de l'armée de Paris avaient remportés, autorisaient M. Thiers à tenter, sans être accusé de faiblesse, d'arrêter l'effusion d'un sang généreux, et c'est dans ce désir qu'il fit répandre dans Paris la proclamation suivante :

« La France, librement consultée par le suffrage universel, a élu un Gouvernement qui est le seul légal, le seul qui puisse commander l'obéissance, si le suffrage universel n'est pas un vain mot.

« Ce gouvernement vous a donné les mêmes droits que ceux dont jouissent Lyon, Marseille, Toulouse, Bordeaux, et, à moins de mentir au principe de l'égalité, vous ne pouvez demander plus de droits que n'en ont toutes les autres villes du territoire.

« En présence de ce gouvernement, la Commune, c'est-à-dire la minorité qui vous opprime et qui ose se couvrir de l'infâme drapeau rouge, a la prétention d'imposer à la France ses violences. Par ses œuvres, vous pouvez juger du régime qu'elle vous destine. Elle viole les propriétés, emprisonne les citoyens pour en faire des otages, transforme en déserts vos rues et vos places publiques, où s'établit le commerce du monde, suspend le travail dans Paris, le paralyse dans toute la France, arrête la prospérité qui était prête à renaître, retarde l'évacuation du territoire par les Allemands, et vous expose à une nouvelle attaque de leur part, qu'ils se déclarent prêts à exécuter sans merci, si nous ne venons pas nous-mêmes comprimer l'insurrection.

« Nous avons écouté toutes les délégations qui nous ont été envoyées, et pas une ne nous a offert une condition qui ne fût l'abaissement de la souveraineté nationale devant la révolte, le sacrifice de toutes les libertés et de tous les intérêts. Nous avons répété à ces délégations que nous laisserions la vie sauve à ceux qui déposeraient les armes, que nous continuerions le subside aux ouvriers nécessiteux. Nous l'avons promis, nous le promettons encore ; mais il faut que cette insurrection cesse, car elle ne peut se prolonger sans que la France y périsse.

« Le Gouvernement qui vous parle aurait voulu que vous pussiez vous affranchir vous-mêmes des quelques tyrans qui se jouent de votre liberté et de votre vie. Puisque vous ne le pouvez pas, il faut bien qu'il s'en charge, et c'est pour cela qu'il a réuni une armée sous vos murs, armée qui vient, au prix de son sang, non pas vous conquérir, mais vous délivrer.

« Jusqu'ici, il s'est borné à l'attaque des ouvrages extérieurs. Le moment est venu où, pour abréger votre supplice, il doit attaquer l'enceinte elle-même. Il ne bombardera pas Paris, comme les gens de la Commune et du Comité de salut public ne manqueront pas de vous le dire. Un bombardement menace toute la ville, la rend inhabitable, et a pour but d'intimider les citoyens et de les contraindre à une capitulation. Le Gouvernement ne tirera le canon que pour forcer une de vos portes, et s'efforcera de limiter au point attaqué les ravages de cette guerre dont il n'est pas l'auteur.

« Il sait, il aurait compris de lui-même, si vous ne le lui aviez fait dire de toutes parts, qu'aussitôt que les soldats auront franchi l'enceinte, vous vous rallierez au drapeau national pour contribuer, avec notre vaillante armée, à détruire une sanguinaire et cruelle tyrannie.

« Il dépend de vous de prévenir les désastres qui sont inséparables d'un assaut. Vous êtes cent fois plus nombreux que les sectaires de la Commune. Réunissez-vous, ouvrez-nous les portes qu'ils ferment à la loi, à l'ordre, à votre prospérité, à celle de la France. Les portes ouvertes, le canon cessera de se faire entendre ; le calme, l'ordre, l'abondance, la paix rentreront dans vos murs ; les Allemands évacueront votre territoire, et les traces de vos maux disparaîtront rapidement.

« Mais si vous n'agissez pas, le Gouvernement sera obligé de prendre, pour vous délivrer, les moyens les plus prompts et les plus sûrs. Il vous le doit à vous, mais il le doit surtout à la France, parce que les maux qui pèsent sur vous pèsent sur elle ; parce que le chômage qui vous ruine s'est étendu à elle et la ruine également ; parce qu'elle a le droit de se sauver si vous ne savez pas vous sauver vous-mêmes.

« Parisiens, pensez-y mûrement : dans très-peu de jours nous serons dans Paris. La France veut en finir avec la guerre civile. Elle le veut, elle le doit, elle le peut. Elle marche pour vous délivrer. Vous pouvez contribuer à vous sauver vous-mêmes, en rendant l'assaut inutile et en reprenant votre place, dès aujourd'hui, au milieu de vos concitoyens et de vos frères. »

Cette sage proclamation, ces conseils pleins de raison ne furent naturellement pas du goût des membres de la Commune qui y répondirent par le décret suivant :

« Vu l'affiche du sieur Thiers, se disant chef du pouvoir de la République française ;

« Considérant que cette affiche, imprimée à Versailles, a été apposée sur les murs de Paris par les ordres dudit sieur Thiers ;

« Que, dans ce document, il déclare que son armée ne bombarde pas Paris, tandis que chaque jour des femmes et des enfants sont victimes des projectiles fratricides de Versailles ;

« Qu'il y est fait un appel à la trahison pour pénétrer dans la place, sentant l'impossibilité absolue de vaincre par les armes l'héroïque population de Paris,

« Arrête :

« ARTICLE PREMIER. — Les biens meubles des propriétés de Thiers seront saisis par les soins de l'administration des domaines.

« ART. 2. — La maison de Thiers, située place Georges, sera rasée.

« ART. 3. — Les citoyens Fontaine, délégué aux domaines, et J. Andrieu, délégué aux services publics, sont chargés, chacun en ce qui le concerne, de l'exécution IMMÉDIATE du présent arrêté.

Ce décret stupide était signé par Arnaud, Eudes, Gambon et Ranvier, membres du Comité de salut public.

Au commencement du mois d'avril, M. Rochefort, dans cette ignoble feuille qui avait pour titre le *Mot d'ordre*, avait donné à la Commune l'idée de démolir les maisons appartenant aux membres du Gouvernement. Il est vrai qu'à la fin de son article, il trouvait à cette exécution un inconvénient qu'il signalait. Mais M. Rochefort savait bien ce qu'il faisait ; l'idée était donnée, la Commune ne ferait pas attention à l'inconvénient signalé et les démolitions auraient lieu. On peut donc dire que ce sont les insinuations de ce misérable pamphlétaire qui ont donné à la Commune l'idée absurde de rendre le décret ci-dessus. Voici, du reste, l'article de M. Rochefort. Nos lecteurs nous pardonneront les nombreuses citations que nous croyons devoir faire : il faut tout connaître afin de pouvoir bien juger.

« M. Thiers possède place Saint-Georges un merveilleux hôtel plein d'œuvres d'art de toutes sortes. M. Picard a, sur ce pavé de Paris qu'il a déserté, trois maisons d'un formidable rapport, et M. Jules Favre occupe rue d'Amsterdam une habitation somptueuse qui lui appartient. Que diraient donc ces propriétaires hommes d'État si à leurs effondrements le peuple de Paris répondait par des coups de pioche, et si à chaque maison de Courbevoie touchée par un obus, on abattait un pan de mur du palais de la place Saint-Georges ou de l'hôtel de la rue d'Amsterdam ?

« Je connais ces grands politiqueurs qui viennent étaler leur désintéressement sur le tapis vert de la tribune. Les biens de ce monde les touchent infiniment plus que ne le feraient supposer leurs têtes dans les nuages. J'ignore comment ces rêveurs-là s'arrangent, mais après deux mois de ministère, ils ont tous trois cent mille livres de rente. Je suis donc convaincu qu'à la première nouvelle que le marteau de sa porte a été seulement endommagé, M. Thiers ordonnerait de cesser le feu.

« Dût-on nous appeler Tamerlan, nous avouons que ces représailles ne nous répugneraient pas outre mesure, si elles ne présentaient un inconvénient capital. En apprenant que la justice populaire démolit l'hôtel de M. Thiers qui a coûté deux millions, l'Assemblée siégeant à Versailles lui en voterait immédiatement un autre qui en coûterait trois ; et comme ce sont les contribuables qui paieraient la facture, nous nous voyons forcé de déconseiller ce mode d'expiation.

« Henri Rochefort. »

M. Rochefort en arriva à ses fins, mais il fut aussi bon prophète : la maison de M. Thiers fut démolie, et la Chambre vota immédiatement la somme nécessaire à la reconstruction de l'hôtel de la place Saint-Georges, voulant donner un témoignage de reconnaissance à l'homme qui, au prix de sa popularité, avait fait des efforts immenses pour empêcher la guerre ; qui, vieux et fatigué, avait parcouru l'Europe pour rendre quelques amis à la France ; à l'éminent patriote qui a été jugé le plus digne, le plus capable de diriger et de relever notre malheureuse patrie.

Un grand nombre de personnes assistaient à la démolition de l'hôtel Thiers, attirées par le bruit qui avait couru que les membres de la Commune qui ont signé le décret devaient assister à la démolition. On voulait les voir danser en rond autour de l'hôtel, vêtus d'un pagne, armés d'un tomahawk, des plumes autour de la tête et un anneau dans le nez, en chantant leur chant de guerre. Mais ces pauvres idiots ne sont pas venus; ils sont restés dans leur antre, continuant à donner des ordres d'arrestation nocturne, se plongeant jusqu'au cou dans leur bain d'imbécilité se pâmant d'aise en face de la loque rouge qui leur sert de drapeau.

Le lendemain du jour où la proclamation de M. Thiers était répandue dans Paris, c'est-à-dire le 8, à dix heures du matin, la batterie de Montretout ouvrait son feu. Cette batterie, qui demeurera célèbre dans l'histoire du siége de 1871, était en réalité composée de huit batteries et se composait de 70 pièces de gros calibre. L'enceinte de Paris demeurait silencieuse, comme étonnée de ce formidable fracas de détonations.

A la suite du bombardement continu qui l'avait presque entièrement détruit, le fort d'Issy fut évacué le 9 mai, au matin, pendant que s'allumait un incendie au fort de Vanves. Les insurgés, officiers en tête, s'esquivèrent par divers chemins et se replièrent, les uns sur le couvent des Oiseaux, les autres sur le lycée de Vanves. A dix heures du matin, les troupes de l'armée de Paris occupent le fort qu'ils trouvent considérablement approvisionné de munitions, de vivres et surtout de spiritueux. Elles peuvent même constater que le contenu de la plupart des barils était mêlé d'une assez forte proportion d'infusion de tabac. Cet affreux mélange avait pour effet de surexciter les courages, d'allumer des ivresses belliqueuses, mais produisait aussi un résultat fatal. Grâce à la nicotine, tout homme blessé était un homme mort.

Après chaque désastre, la Commune croyait guérir ses plaies originelles en sacrifiant son ministre de la Guerre : à Bergeret sacrifié avait succédé Cluseret; à Cluseret, Rossel; à Rossel devait succéder Delescluze.

Rossel était un officier de talent qui s'était bravement conduit à Metz et qui aurait certainement obtenu rapidement un avancement mérité. Quelle fatale inspiration l'a poussé à quitter les rangs de l'armée où son devoir l'appelait pour devenir chef d'hommes égarés ?

Le fort d'Issy évacué, il eut l'esprit de quitter la scène et trouva plaisant de disparaître en envoyant sa démission à la Commune et en lui jetant, comme un trait de Parthe, ce singulier adieu :

Paris, 9 Mai 1871.

« Citoyens membres de la Commune,

« Chargé par vous, à titre provisoire, de la délégation de la guerre, je me sens incapable de porter plus longtemps la responsabilité d'un commandement où tout le monde délibère et où personne n'obéit.

« Lorsqu'il a fallu organiser l'artillerie, le Comité Central d'artillerie a délibéré et n'a rien prescrit. Après deux mois de révolution, tout le service de vos canons repose sur l'énergie de quelques volontaires dont le nombre est insuffisant.

« A mon arrivée au ministère, lorsque j'ai voulu favoriser la concentration des armes, la réquisition des chevaux, la poursuite des réfractaires, j'ai demandé à la Commune de développer les municipalités d'arrondissement.

« La Commune a délibéré et n'a rien résolu.

« Plus tard, le Comité Central de la fédération est venu offrir presque impérieusement son concours à l'Administration de la guerre. Consulté par le Comité de salut public, j'ai accepté ce concours de la manière la plus nette, et je me suis dessaisi, en faveur des membres de ce Comité de tous les renseignements que j'avais sur l'organisation. Depuis ce temps-là, le Comité Central délibère et n'a pas encore su agir. Pendant ce débat, l'ennemi enveloppait le fort d'Issy d'attaques aventureuses et imprudentes, dont je le punirais si j'avais la moindre force militaire disponible.

« La garnison, mal commandée, prenait peur, et les officiers délibéraient, chassaient du fort le capitaine Dumont, homme énergique qui arrivait pour les commander, et, tout en délibérant, évacuaient leur fort, après avoir sottement parlé de le faire sauter, chose plus impossible pour eux que de le défendre.

« Ce n'est pas assez. Hier, pendant que chacun devait être au travail ou au feu, les chefs de légion délibéraient pour substituer un nouveau système d'organisation à celui que j'avais adopté, afin de suppléer à l'imprévoyance de leur autorité toujours mobile et mal obéie. Il résulta de leur conciliabule un projet au moment où il fallait des hommes, et une déclaration de principes au moment où il fallait des actes.

« Mon indignation les ramena à d'autres pensées, et ils ne me promirent pour aujourd'hui, comme le dernier terme de leurs efforts, qu'une force organisée de 12,000 hommes avec lesquels je m'engage à marcher contre l'ennemi. Ces hommes devaient être réunis à onze heures et demie : il est une heure, et ils ne sont pas prêts; au lieu d'être 12,000, ils sont environ 7,000. Ce n'est pas du tout la même chose.

« Ainsi, la nullité du Comité d'artillerie empêchait l'organisation de l'artillerie; les incertitudes du Comité Central de la fédération arrêtent l'administration; les préoccupations mesquines des chefs de légion paralysent la mobilisation des troupes.

« Je ne suis pas homme à reculer devant la répression, et hier, pendant que les chefs de légion discutaient, le peloton d'exécution les attendait dans la cour. Mais je ne veux pas prendre seul l'initiative d'une mesure énergique, endosser seul l'odieux des exécutions qu'il faudrait faire pour tirer de ce chaos l'organisation, l'obéissance et la victoire. Encore, si j'étais protégé par la publicité de mes actes et de mon impuissance, je pourrais conserver mon mandat. Mais la Commune n'a pas eu le courage d'affronter la publicité. Deux fois déjà je vous ai donné des éclaircissements nécessaires, et deux fois, malgré moi, vous avez voulu avoir le Comité secret.

« Mon prédécesseur a eu le tort de se débattre au milieu de cette situation absurde.

« Éclairé par son exemple, sachant que la force d'un révolutionnaire ne consiste que dans la netteté de cette situation, j'ai deux lignes à choisir : briser l'obstacle qui entrave mon action ou me retirer.

« Je ne briserai pas l'obstacle, car l'obstacle c'est vous et votre faiblesse : je ne veux pas attenter à la souveraineté publique.

« Je me retire, et j'ai l'honneur de vous demander une cellule à Mazas.

« ROSSEL. »

Rossel n'attendit pas la cellule à Mazas. Il sut se soustraire par la fuite, en compagnie du citoyen Charles Gérardin, membre de la Commune, au feu de peloton de la prison de la Santé.

Le Comité de salut public, après la prise du fort d'Issy, comprit le besoin de parler au peuple. Ils rejetèrent bien entendu, toute la responsabilité sur le compte de Rossel.

« La trahison, dirent-ils, s'est glissée dans nos rangs.

« Désespérant de vaincre Paris par les armes, la réaction a tenté de désorgiser ses forces par la corruption. Son or, jeté à pleines mains, avait trouvé jusque parmi nous des consciences à vendre.

« L'abandon du fort d'Issy, annoncé dans une affiche impie par le misérable qui l'a livré, n'était que le premier acte du drame.

« Une insurrection monarchique à l'intérieur, coïncidant avec la livraison d'une de nos portes, devait nous plonger au fond de l'abîme.

« Tous les fils de la trame ténébreuse dans laquelle la Révolution devait se trouver prise sont entre nos mains. La plupart des coupables sont arrêtés. Leur châtiment sera exemplaire. »

Quelle punition pour Rossel ! Cet homme, jusqu'alors honnête, bon soldat, officier vaillant, énergique, instruit, avait l'estime des officiers supérieurs de l'armée, l'amitié de ses camarades. Ceux-ci s'appelaient Lafosse, tué dans la nuit du 5 au 6 mai, Leperche, le major des tranchées devant le fort d'Issy, qui recevait une glorieuse blessure, pendant que Rossel, ce lâche transfuge de l'armée, luttait contre eux, dirigeait les batteries des insurgés contre le corps dans lequel il avait honorablement servi comme officier, tuait ses anciens soldats, ses vieux compagnons d'armes ! Pour son châtiment, les misérables au service desquels il s'était dévoué, qui l'appelaient sauveur, hier, le traitaient de bandit aujourd'hui. Il n'était plus pour eux « le vaillant Rossel, » il n'était plus que « le misérable qui a livré le fort d'Issy. » Il était accusé, injustement, c'est vrai, mais enfin il l'était, d'avoir été payé, d'avoir reçu l'*or de la réaction* pour livrer le poste qui lui avait été confié. Telle est la punition de tous ceux qui s'écartent du droit chemin, du chemin de l'honneur, par folie, par vénalité ou par ambition. Et cette ambition est bien mal comprise, car on arrive bien moins vite au but en employant des moyens déloyaux, contraires à l'honneur, en servant une cause qui ne s'appuie ni sur la loi, ni sur le droit, qu'en suivant avec zèle et dévouement une carrière honorable et en défendant avec énergie le drapeau de l'ordre, de la légalité et de la justice. « *Via recta est brevissima,* » telle est la devise d'un illustre écrivain, d'un ancien homme d'État, M. Guizot, et elle est juste. *La ligne droite est la plus courte,* sur toutes les routes que l'homme a à parcourir dans la vie.

Voyez ces braves soldats de l'armée de Paris qui, par leur courage, leur énergie, ont donné au gouvernement régulier des succès qui ne permettent pas de douter du résultat définitif. Ils affrontent balles et mitraille, ils reçoivent les plus dangereuses blessures, ils voient tomber à côté d'eux leurs camarades frappés à mort. Et cependant il marchent toujours en avant pour sauver la France, pour délivrer Paris. Héros dont le nom est ignoré, ils n'ont d'autre récompense que la satisfaction d'avoir fait leur devoir. Un mot de félicitation qui leur est adressé par leurs chefs les rend heureux et les paye de toutes leurs fatigues, de toutes leurs privations. Les troupes qui avaient pris part à la prise du fort d'Issy arrivèrent le 10 à trois heures à Versailles et entrèrent dans la cour du château. Là, M. Léon de Malleville, vice-président de l'Assemblée, vint avec deux cents de ses collègues saluer les représentants de l'armée et leur adressa des félicitations au nom de l'Assemblée, au nom de la France. Mac-Mahon leur adressa un ordre du jour flatteur dans lequel il leur disait : « Vous avez répondu à la confiance que la France avait mise en vous. »

Voilà la récompense du soldat !

Pendant que nos braves soldats sont félicités, acclamés, choyés, que cette fête patriotique met en émoi tout Versailles, que se passe-t-il à Paris ?

La Commune, aux abois, est en proie à l'anarchie. Le Comité de salut public a été obligé de se retirer pour céder sa place à un autre Comité de salut public qui ne *succera* et ne vivra pas plus que le premier. La défiance, qui a été de tout temps une des plaies du parti républicain, est à l'Hôtel-de-Ville à l'état de fléau. La Commune se défie du ministre de la guerre, la guerre de la marine ; le fort de Vanves se défie de Montrouge qui se défie du fort de Bicêtre. Grousset se défie de Miot, Tridon de Pyat et Rigault de tout le monde. Les divers pouvoirs s'anathématisent les uns les autres, parlent, discutent, affichent, proclament et, en résumé, ne font rien. Après avoir essayé pour le ministère de la Guerre de prendre parmi les militaires, on prend aujourd'hui dans l'élément civil et on nomme Delescluze. Le Comité Central, jusque-là resté dans l'ombre, affirme son existence par une large participation aux actes de la défense et un contrôle actif des faits et gestes militaires. Les communeux, jaloux de conserver, dans toute leur intégralité, les pouvoirs souverains dont ils sont investis, protestent. La minorité de la Commune, qui proteste contre les atteintes dont la liberté individuelle est victime et qui repousse l'autorité dictatoriale du Comité du salut public, se sépare solennellement de la majorité et déclare qu'elle ne viendra plus siéger à l'Assemblée municipale. Cette déclaration publique est signée par vingt-deux membres de la Commune. De ce jour, le Comité Central l'emporte et reprend la direction des affaires militaires. La Commune se meurt, la Commune est morte, et les énergumènes qui continuent à délibérer dans la grande salle du palais municipal, ne représentent plus que l'ombre de cette institution.

Sur 105 membres nommés aux élections du 26 mars et du 16 avril, la Commune n'en compte plus aujourd'hui virtuellement que 47, moins de la moitié ! Et il est facile de comprendre que les esprits les plus bornés, les auteurs des discours les plus échevelés, des propositions les plus arbitraires, des mesures les plus extrêmes, sont compris parmi ces 47 votants :

Amouroux, Arnaud, Assi, Babick, Billioray, Clément, Champy, Chardon, Chalain, Demay, Dupont, Decamp, Dereure, Durand, Delescluze, Eudes, Henri Fortuné, Ferré, Gambon, Geresme, Paschal Grousset, Johannard, Ledroit, Langevin, Lonclas, Mortier, Léo Meillet, Martelet, Miot, Oudet, Protot, Puget, Pillot, Pyat, Philippe, Parisel, Pottier, Régère, Rigault, Rastoul, Sicard, Trinquet, Urbain, Vaillant, Verdure, Vésinier, Viard.

Pour ceux qui ont quitté la Commune, c'est toute une comptabilité à tenir :

Démissionnaires : Adam, Barré, Brelay, Beslay, de Bouteiller, Chéron, Desmarest, Ferry, Fruneau, Goupil, Loiseau-Pinson, Leroy,

Lefèvre, Méline, Murat, Marmottan, Nast, Ulysse Parent, Robinet, Ranc, Tirard.

Ont refusé : Briosne, Garibaldi, Rogeard.
Morts : Duval, Flourens.
Capturé : Blanqui.
En fuite : Charles Gérardin.
Incarcérés : Allix, Pourille dit Blanchet, Brunel, Émile Clément, Cluseret.

Signataires du manifeste : Arthur Arnould, Avrial, Andrieux, Arnold, Clémence, Victor Clément, Courbet, Franckel, Eugène Gérardin, Jourde, Lefrançais, Longuet, Malon, Ostyn, Pindy, Serrailler, Tridon, Theisz, Varlin, Vermorel, Jules Vallès.

Mais qu'importe à la Commune ? Elle continue, avec ses tronçons épars, à agir comme si elle représentait vraiment Paris. Enfin, elle n'a plus que peu de temps à vivre : le monument du 18 mars, sapé à sa base, miné de toutes parts, marche à pas rapides vers la ruine fatale.

Aussi, il faut voir comme elle se dépêche de décréter, de proclamer, d'arrêter, de détruire, de renverser et de fusiller, de nommer et de supprimer, de voler et de piller. Voici quelques-uns des décrets publiés dans le commencement de mai.

Défense est faite aux patrons d'ateliers d'infliger des amendes à leurs ouvriers; les frères et sœurs des écoles chrétiennes sont expulsés de leurs maisons et remplacés par des instituteurs laïques; les huissiers, notaires, avoués, agréés, greffiers, etc., sont nommés par la Commune et reçoivent un traitement fixe.

Des barricades sont commencées dans l'intérieur de Paris; le trésor de Notre-Dame est pillé; tous les vases sacrés des églises sont envoyés à la Monnaie pour être convertis en or et en argent; le général de Martimprey, gouverneur des Invalides, est arrêté : ce vieillard, qui depuis quarante-cinq ans sert la patrie, est jeté en prison, dans un cachot froid et humide. M. Victor Schœlcher, représentant du peuple, proscrit au 2 décembre 1851, demeuré vingt ans dans l'exil, où il a sacrifié une grande partie de sa fortune pour la cause républicaine, revenu en France avec la République, élu député de Paris, le 8 février, par 150,000 suffrages, est arrêté par un lieutenant de la garde nationale, comme étant de connivence avec l'ennemi! Des exécutions capitales et secrètes ont lieu dans une des cours de la prison de la Santé : lugubre et horrible parodie des massacres des Carmes et de l'Abbaye. Un dernier arrêté donne le coup suprême à la presse : le *Petit Moniteur*, la *Petite Presse*, le *Petit Journal*, le *Moniteur universel*, l'*Univers* et quelques autres journaux sont supprimés.

La destruction de la colonne Vendôme, du monument Bréa et de la chapelle expiatoire est décrétée. Celle de ce dernier monument est motivée ainsi qu'il suit :

« Considérant que l'immeuble connu sous le nom de chapelle expiatoire de Louis XVI est une insulte permanente à la première révolution et une protestation perpétuelle de la réaction contre la justice du peuple;

« Arrête :

« La chapelle, dite Expiatoire, de Louis XVI sera détruite. »

En attendant, la chasse à l'homme continue et son produit, assure-t-on, donne une moyenne de cent soldats par jour; les malheureux Parisiens sont obligés de se cacher pendant le jour et d'employer mille subterfuges pour échapper aux poursuites de la Commune.

Heureusement, Paris n'avait plus à supporter longtemps le joug affreux qu'il s'était laissé imposer; nos soldats allaient continuer leur tâche et remplir jusqu'au bout la noble mission qui leur était confiée.

CHAPITRE V

AGONIE DE LA COMMUNE

Le fort de Vanves. — Évacuation du village d'Issy par les insurgés. — Prise du fort de Vanves. — Ordre du jour de Mac-Mahon. — La cartoucherie de l'avenue Rapp. — Complot. — Arrestation de M. Henri Rochefort. — Entrée à Paris. — Les barricades. — Mise en liberté de Cluseret. — Les buttes Montmartre. — Arrestation d'Assi. — Incendies de Paris. — Pétroleurs et pétroleuses. — Prise du fort de Montrouge et des Hautes-Bruyères. — Mort de Delescluze. — La fuite des communeux est rendue impossible. — Les buttes Chaumont. — Les otages. — Gustave Chaudey. — Monseigneur Darboy. — Les dominicains d'Arcueil.

Dans la nuit du 8 au 9 mai, le général Douay, après une vigoureuse attaque de la formidable batterie de Montretout, favorisé en outre par une nuit sombre, avait passé la Seine et vint s'établir en avant de Boulogne, devant le bastion du Point-du-Jour. 1,400 travailleurs guidés par les officiers du génie, exécutèrent une parallèle qui s'étendit de la Seine aux dernières maisons de Boulogne. Grâce à leur activité, ils étaient, à quatre heures du matin, parfaitement couverts et à l'abri des feux de l'ennemi; ils ne se trouvaient plus qu'à 300 mètres de l'enceinte, c'est-à-dire à une distance où ils pouvaient déjà établir une batterie de brèche.

Le fort de Vanves, investi par l'armée de tous les côtés, si ce n'est par la langue de terre qui communique avec la route de Châtillon, était, dans la nuit du 9 au 10, rendu intenable et par le fait de ce blocus, et par le torrent d'obus dont l'écrasaient les batteries de Châtillon, de la Tour-aux-Anglais et du Moulin-de-Pierre. Les artilleurs, ne pouvant plus tenir à leurs pièces, durent se réfugier dans les casemates, où le reste de la garnison n'était retenu que par l'énergie du commandant Durassier, qui, un revolver de seize coups à la main, menaçait de brûler la cervelle au premier qui broncherait. Dans la matinée du 10, un obus vint couper les doigts des deux pieds du terrible commandant : aussitôt les fédérés hissèrent le drapeau blanc. Le feu cessa; le pont-levis fut baissé et un officier suivi d'un détachement de soldats sortant des tranchées se présenta au bord du fossé :

— Que voulez-vous? dit l'officier. — Parlementer et sortir avec de certaines conditions, répondirent les fédérés. — Point de conditions aux insurgés, fit l'officier. Rendez-vous!

Un garde national irrité déchargea son fusil sur l'officier qu'il n'atteignit pas. Immédiatement les soldats firent feu. Les premiers rangs de la troupe fédérée tombèrent. Huit d'entre eux parvinrent à s'échapper par les fossés; quelques-uns furent faits prisonniers et le reste rentra dans le fort.

Nos soldats complétèrent l'investissement en occupant la tranchée de la route de Châtillon. Dans la soirée, la Commune envoya des renforts considérables de ce côté. Dans la nuit du 10 au 11, les fédérés attaquèrent nos troupes qui furent un instant obligées de se replier en tiraillant. Mais, dès le matin, les soldats réguliers revinrent en nombre et attaquèrent le lycée de Vanves, où les gardes nationaux s'étaient retranchés. La lutte fut sanglante : nos soldats reprirent une partie des positions perdues dans la nuit. Le 12, la lutte prit de très-grandes proportions. L'armée fit une fausse attaque sur le fort de Vanves. Tandis que, pour repousser l'assaut qu'on leur faisait craindre, les fédérés concentraient toutes leurs forces de ce côté, plusieurs colonnes de troupes de ligne attaquent le Petit-Montrouge, emportent facilement les premières maisons du village et coupent toute communication entre les forts de Vanves et de Montrouge. A la suite de cette affaire, les insurgés, comprenant qu'ils ne pouvaient plus tenir en dehors de l'enceinte, abandonnent successivement toutes les parties du village qu'ils occupaient encore, laissant entre nos mains un grand nombre de prisonniers.

Le 13 mai eurent lieu de vigoureux engagements soutenus par la division Susbielle, du 2e corps, qui entraînèrent l'évacuation complète du village d'Issy et du lycée de Vanves. La grande rue d'Issy et un grand nombre de rues latérales ne sont plus qu'un amas de décombres; le couvent des Oiseaux et le petit séminaire, dans lesquels les insurgés opposèrent une grande résistance, sont bouleversés de fond en comble.

Dans la nuit du 13 au 14, les défenseurs du fort de Vanves qui avaient compris que la position n'était plus tenable, se déterminèrent à fuir par les souterrains qui conduisent de la poterne aux carrières Dardas et Michau, situées sur le chemin de Paris à Châtillon. Ceux qui parvinrent à déboucher dans ces carrières à ciel ouvert gagnèrent par ce chemin la route de Paris à Chevreuse, traversèrent Montrouge et rentrèrent dans Paris par la place de Châtillon. Mais la plupart des insurgés s'égarèrent dans le dédale des catacombes, et ils ne quittèrent les souterrains que vers huit heures du matin. Pendant ce temps, M. l'ingénieur Descos coupait la communication au souterrain; cette opération eut pour résultat inattendu de faire faire aux troupes de l'armée de Versailles une cinquantaine de prisonniers communeux qui n'avaient pas eu le temps de s'enfuir.

Les troupes trouvèrent le fort de Vanves dans un état déplorable : les casernes étaient incendiées, les casemates éventrées, presque toutes les bouches à feu hors de service. Sur le sol, des blessés râlant encore et des cadavres en putréfaction. « Un spectacle plus affreux, dit un officier supérieur de l'armée, était fait pour nous glacer d'horreur : dignes émules des sauvages du lac Tchad, les insurgés de Paris avaient cloué à un poteau l'un des nôtres, fait prisonnier. Ce malheureux soldat avait payé d'un long martyre l'honneur d'être resté fidèle à son drapeau. »

Dans la nuit du 14 au 15, nos batteries de Courbevoie, de Bécon et d'Asnières canonnèrent vigoureusement Levallois et Clichy, que les insurgés durent évacuer, et qu'ils tentèrent vainement de reprendre au petit jour. Le 15, le fort de Montrouge est criblé d'obus par les batteries de Meudon, de Clamart et d'Issy; à six heures du soir, le fort est en ruines. Du Point-du-Jour à Passy l'enceinte n'est plus tenable pour les fédérés qui sont obligés de se réfugier dans les casemates, et de n'en plus sortir; à Auteuil, une brèche est faite dans les fortifications et les troupes effectuent leur passage sans résistance sérieuse.

Un combat d'artillerie sur toute la ligne, sans grande activité, du reste, a signalé la journée du 16. Le fort de Montrouge est décidément ruiné et ne peut plus résister longtemps. Entre Cachan et Bourg-la-Reine a lieu un combat à la suite duquel les insurgés évacuent précipitamment le village de Cachan, que les Versaillais occupent.

C'est ce jour-là qu'arriva la nouvelle du *renversement* de la colonne Vendôme. A ce sujet, le maréchal Mac-Mahon adressa à l'armée cet ordre du jour :

« Soldats!

« La colonne Vendôme vient de tomber.

« L'étranger l'avait respectée. La Commune de Paris l'a renversée. Des hommes qui se disent Français ont osé détruire, sous les yeux des Allemands qui nous observent, ce témoin des victoires de vos pères contre l'Europe coalisée.

« Espéraient-ils, les auteurs indignes de cet attentat à la gloire nationale, effacer la mémoire des vertus militaires dont ce monument était le glorieux symbole?

« Soldats, si les souvenirs que la colonne nous rappelait ne sont plus gravés sur l'airain, ils resteront du moins vivants dans nos cœurs, et, nous inspirant d'eux, nous saurons donner à la France un nouveau gage de bravoure, de dévouement et de patriotisme. »

Le lendemain 17, comme pour punir Paris de son crime, une horrible explosion qu'on entendit de Versailles, se produisit vers six heures du soir, aux abords du Champ-de-Mars. C'était la cartoucherie de l'avenue Rapp qui venait de sauter. Cette explosion fit environ deux cents morts et quatre cents blessés; quinze cents maisons environ ont été lézardées ou atteintes plus ou moins dans un espace de six kilomètres de circuit. Immédiatement, le Comité de salut public annonce que « le gouvernement de Versailles vient de se souiller d'un nouveau crime, le plus lâche et le plus épouvantable de tous; » que ce sont « ses agents qui ont mis le feu à la cartoucherie de l'avenue Rapp et provoqué une explosion effroyable. » Un certain nombre d'individus ont été arrêtés comme suspects de connivence avec M. Thiers. Ces accusations de la Commune, sottes et odieuses, se lisent mais ne se discutent pas.

Dans la nuit du 17 au 18, le gouvernement de Versailles échoua dans une de ses tentatives de surprise. Les citoyens Bourget, Billioray et Cérisier, déjà nommés, Mortier et Pilotell devaient à une heure après minuit, ouvrir le Point-du-Jour à nos soldats déguisés en gardes nationaux. Mais, à l'heure convenue, l'honnête Cérisier prit peur, se contenta de garder les 25,000 francs qui lui avaient été remis à-compte sur le prix de sa trahison, n'ouvrit rien du tout, et, quand nos troupes se présentèrent, elles furent forcées de se replier sous un feu nourri de mitrailleuses.

Le 18, les troupes du 2e corps repoussèrent vivement l'ennemi jusqu'aux dernières maisons du Petit-Vanves, de Malakoff et du Grand-Montrouge. Le même jour, on prenait le moulin de Cachan, où l'on faisait une cinquantaine de prisonniers.

Pendant ce temps, nos cheminements se poursuivaient avec la plus grande activité, et nos batteries tiraient toujours en brèche. La journée du 21 mai vit commencer le dernier acte de l'insurrection communeuse. La veille, on avait appris l'arrestation de Rochefort, pris à Meaux, avec son secrétaire Mourot, abbé défroqué. M. Henri de Rochefort Luçay était un petit journaliste amusant, un vaudevilliste de beaucoup d'esprit : cela aurait dû lui suffire. Point! sous l'Empire il a voulu faire du pamphlétariat politique : sa *Lanterne* eut autant de lecteurs que l'Empire avait d'adversaires, ce qui n'est pas peu dire ; cependant les hommes sensés trouvaient mauvaise la façon dont les critiques de M. Rochefort étaient exprimées. Le fond était juste, la forme était mauvaise. Puis vint le gouvernement de la Défense Nationale; on fut en quelque sorte forcé de lui donner une place dans ce gouvernement de si triste mémoire. Le 31 octobre arrive : tiraillé entre son devoir de membre du Gouvernement, dont il trahit les secrets, et celui de représentant d'un arrondissement où il accepta le mandat impératif et qui lui reproche de ne pas être assez énergique, il donne sa démission. Arrive la Commune : lui, prudent, ne recherche aucun mandat, ne demande pas à siéger dans cette assemblée, dont il prévoyait évidemment le sort. Il n'est pas ambitieux : il reste rédacteur du *Mot d'Ordre*, et, dans ce journal, chaque jour, il donne aux hommes de l'Hôtel-de-Ville, les idées les plus criminelles, il conseille les projets les plus odieux. Puis, quand il voit que le danger arrive, que la Commune, dont il est le triste compère, est sur le point de sombrer, il fuit. Autant Henri Rochefort, petit journaliste, autant Rochefort, auteur de *la Vieillesse de Brididi*, était aimé, autant le citoyen Rochefort, pamphlétaire, homme politique, patron des communeux, a récolté de mépris et de dégoût pour sa personne. Versailles le hua, quand il y arriva prisonnier. On respecte les hommes qui luttent pour la défense de leurs convictions et qui succombent; on n'a que dégoût et haine pour les hommes qui poussent au crime et qui cherchent à en décliner toute part de responsabilité.

Le 21 mai, vers midi, le capitaine du génie Garnier, de service à la tranchée en voie de construction dans le bois de Boulogne, aux abords de la porte de Saint-Cloud, vit un individu s'avancer sur le rempart, au bastion 62, sous une grêle d'obus, de boulets et de balles, en agitant un mouchoir blanc. Le capitaine Garnier s'avança, et apprit de cet individu, qui était un employé du service des ponts et chaussées, M. Ducatel, que les défenses étaient désertes, et qu'une action de vigueur avait chance de succès. Après une reconnaissance rapide qui lui permit de vérifier l'exactitude de cette assertion, le capitaine Garnier franchit bravement la porte à la tête de ses sapeurs, et s'y établit solidement en attendant des renforts. Le capitaine de frégate Trèves, qui se trouvait là, *par hasard*, s'empressa de télégraphier à Versailles, et fut ultérieurement promu capitaine de vaisseau......, en récompense de la belle conduite du trop modeste Garnier.

La division Vergé, placée provisoirement sous les ordres du général Douay, franchit la porte à trois heures et demie, et prit position au Point-du-Jour. A dix heures du soir elle occupait, de concert avec la division Berthaut, tout le massif compris entre la fortification et le chemin de fer de ceinture. En même temps le général Ladmirault entrait par les portes de Passy et d'Auteuil; puis, pénétrant dans l'avenue de la Grande-Armée, enlevait les barricades et se rendait maître de l'Arc de Triomphe. Le général Vinoy, de son côté, donnait la main au général de Cissey, qui ouvrit la porte de Sèvres. Trois de nos corps d'armée (le 1er et le 2e corps de l'armée active et le corps de réserve) se trouvaient ainsi dans Paris. Le quartier général fut installé à l'église d'Auteuil. Successivement, dans la soirée et dans la nuit du 21 au 22, l'armée envahit Passy, Auteuil, le Trocadéro, Batignolles et les Ternes.

La subite irruption de l'armée dans Paris produit un coup de foudre parmi les défenseurs de la Commune. Le 22, au matin, les Parisiens, en se réveillant, apprenaient avec une joyeuse surprise que les Versaillais avaient forcé les portes : mais cette nouvelle était démentie aussitôt par un redoublement d'arbitraire et par l'arrestation de ceux qui osaient la répandre. Cependant les chefs de l'insurrection, tout en cherchant à tromper la population parisienne, savaient exactement quelle était la position et la jugeaient perdue; les uns songèrent à fuir, — et plusieurs y parvinrent, — les autres, après avoir vainement tenté de sortir en traversant les lignes prussiennes, revinrent pour prendre part, en désespérés, à l'effort suprême, poussés à cet extrême parti par l'impossibilité même de se soustraire aux conséquences de leur politique.

Paris était hérissé de barricades, bien construites et très-intelligemment placées. Mac-Mahon prescrivit aux généraux sous ses ordres de ne chercher à emporter de vive force que les barricades considérées comme clés de position; quant à toutes les autres il est ordonné de les tourner.

Le 22, au matin, l'armée occupe les Champs-Elysées, le Palais de l'Industrie, le faubourg Saint-Honoré, le boulevard Haussmann, l'église Saint-Augustin, la caserne de la Pépinière, sur la rive droite; sur la rive gauche, Vaugirard, Grenelle, le Corps législatif, l'Ecole militaire, les Invalides, les ministères, les rues du Bac, de Grenelle-

Saint-Germain, de Saint-Dominique et le boulevard Montparnasse sont également au pouvoir des troupes.

La Commune s'était réunie, ce jour-là, dès l'aube. En présence des périls nouveaux qui venaient de surgir, elle chercha des chefs habiles, des hommes déterminés. Elle pensa aussitôt à quelqu'un, à Cluseret. Mais, Cluseret, elle l'avait fait arrêter; depuis un mois il était en prison, accusé d'incurie, de négligence! Elle ne demande pas mieux que de le déclarer innocent, pour pouvoir lui confier un commandement. On le cite à la barre de la Commune; on lui reproche d'avoir, par son imprévoyance, causé la chute du fort d'Issy; d'avoir, sans l'autorisation de sa Commune, entamé directement avec l'état-major prussien des pourparlers ayant pour objet la mise en liberté de l'archevêque de Paris, enfin d'avoir des intelligences avec les princes d'Orléans, par l'intermédiaire de Ledru-Rollin.

Cluseret n'eut pas besoin de se défendre pour devenir blanc comme neige, et au sortir de la séance il partait pour Montmartre, dont il était chargé d'organiser la défense; son aide de camp était Eugène Vermesch, dit le *Père Duchêne*. Le Comité de salut public confiait en même temps la défense de Belleville à Dombrowski, et celle de la Villette au général La Cécilia.

En même temps, de l'Hôtel-de-Ville partaient des proclamations incendiaires et des ordres odieux. Le Comité de salut public ordonnait de dépaver toutes les rues, pour deux raisons disait-il : « D'abord, parce que les projectiles ennemis, tombant sur la terre, sont moins dangereux; *ensuite, parce que ces pavés, nouveaux moyens de défense, devront être accumulés, de distance en distance, sur les balcons des étages supérieurs des maisons.* »

Dans une autre affiche, le Comité de salut public disait :

« Tout le monde aux barricades. Tous doivent travailler, *de gré ou de force même*, à les construire; tous ceux qui peuvent manier un fusil, pointer un canon ou une mitrailleuse doivent les défendre.

« *Que les femmes elles-mêmes s'unissent à leurs frères, à leurs pères, à leurs époux. Celles qui n'auront pas d'armes soigneront les blessés et monteront des pavés dans leurs chambres pour écraser l'envahisseur.* »

Le 23 mai, les événements ont suivi la marche que les honnêtes gens étaient en droit de prévoir: il y a 90,000 soldats de l'armée régulière dans Paris. Le général de Cissey est établi de la gare du Montparnasse à l'Ecole militaire et achève de border la rive gauche de la Seine jusqu'aux Tuileries. Les généraux Douay et Vinoy enveloppent les Tuileries, le Louvre, la place Vendôme, pour se diriger ensuite sur l'Hôtel-de-Ville. Le général Clinchant, maître de l'Opéra, de la gare Saint-Lazare et des Batignolles, a enlevé la barricade de Clichy; Il est ainsi au pied de Montmartre, qui a été tourné par le général Ladmirault. La division Montaudon, suivant le mouvement du général Ladmirault, a pris Neuilly, Levallois-Perret, Clichy et attaqué Saint-Ouen, où il a pris 105 bouches à feu et fait une foule de prisonniers. Le nombre de ceux-ci est déjà de 6,000, quant aux pertes faites par les insurgés, elles sont considérables.

A trois heures le drapeau tricolore flotte sur les buttes Montmartre et la gare du Nord; ces positions décisives ont été enlevées par les généraux Clinchant et Ladmirault, qui ont fait 3,000 prisonniers; 120 pièces de canon, de longues files de fourgons tombent entre les mains des troupes.

Le général Douay marche sur la mairie de la rue Drouot, tandis que les généraux de Cissey et Vinoy se portent sur les Tuileries et l'Hôtel-de-Ville.

Le 22, le célèbre Assi, l'ancien gréviste du Creusot, fut surpris au quai de Billy et conduit à Versailles. Il se montra très-arrogant envers le grand prévôt qui l'interrogea à son arrivée et envers M. Ernest Picard, encore ministre de l'intérieur qui assistait à cet interrogatoire. « Osez-donc me fusiller, fusillez-moi! dit-il au ministre. Si nous en sommes là, c'est votre faute à vous, monsieur Picard, et à vos amis; car vous nous avez trompé. Si vous n'étiez pas au pouvoir, vous seriez peut-être arrêté comme mon complice; et en tout cas, vous auriez sollicité l'honneur de me défendre. »

Le 24, les barricades du 20ᵉ arrondissement sont enlevées vers midi avec un entrain magnifique. L'enthousiasme était à son comble. M. Thiers avait dit, la veille, à la Chambre : « Tout fait espérer que si la lutte ne finit pas aujourd'hui, elle sera terminée demain et pour longtemps. » Les Parisiens avaient la même espérance; mais, hélas! ils se trompaient, et ils furent terrifiés en apercevant, le 24, les lueurs d'un incendie.

Paris brûlait!

Et qu'on ne croie pas que ce projet de faire sauter Paris, de le brûler, plutôt que de se rendre, fut le résultat d'une résolution spontanée dictée à des hommes de courage par la volonté de vaincre ou de mourir et de s'ensevelir sous les ruines de la ville qu'ils avaient en vain défendue. Non! il était depuis longtemps dans l'esprit des membres de la Commune, comme le démontre toute une série de faits. Et d'abord, c'est un odieux article de Vallès, annonçant cette sauvage résolution de défendre Paris par tous les moyens, et se terminant ainsi : « M. Thiers, s'il est chimiste, nous comprendra. » Paschal Grousset avait demandé qu'on prît des mesures pour l'anéantissement de tous les titres de rentes appartenant aux Versaillais le jour où ils entreraient dans Paris. Les mesures prises par la Commune et ses adhérents ne peuvent laisser aucun doute sur le projet préconçu à l'avance de l'incendie de Paris : il y avait dans tous les quartiers des mines préparées, des torpilles posées, des fils tendus, des barils de pétrole prêts à être défoncés. Au Panthéon se trouvaient des poudres en quantité telle qu'il avait fallu cinquante charrettes pour les transporter. Quand nos soldats s'emparèrent du monument, l'officier qui les commandait chercha aussitôt la mèche qui devait mettre le feu à la mine. Au moment où il la coupa, elle n'avait plus qu'un mètre de sa longueur non consumé.

Ces divers faits prouvent jusqu'à l'évidence la préméditation de la Commune; mais, du reste, on a trouvé dit-on, des pièces officielles propres à amener la conviction dans les esprits les plus incrédules.

C'est d'abord un lieutenant-colonel Parent, qui télégraphie :

« Incendiez le quartier de la Bourse; ne craignez pas. »

Puis deux ordres non moins significatifs :
Le premier :

« Le citoyen délégué commandant du Château-d'Eau est invité à remettre au porteur du présent les bonbonnes d'huile minérale nécessaires au citoyen chef général des barricades du faubourg du Temple.

« *Le Chef de légion,*
« BRUNEL. »

Le second :

« Le citoyen Millière, à la tête de cent cinquante fuséens, incendiera les maisons suspectes et les monuments publics de la rive gauche.

« Le citoyen Dereure, avec cent fuséens est chargé du 1ᵉʳ et du 2ᵉ arrondissements.

« Le citoyen Billioray, avec cent hommes, est chargé des 9ᵉ, 10ᵉ et 20ᵉ arrondissements.

« Le citoyen Vésinier, avec cinquante hommes, est chargé spécialement des boulevards, de la Madeleine à la Bastille.

« DELESCLUZE, RÉGÈRE, RANVIER, JOHANNARD, VÉSINIER, BRUNEL, DOMBROWSKI. »

Ces noms sont bons à retenir.

Enfin, Ferré, membre de la Commune, signe l'ordre suivant :

« Faites flamber Finances et venez nous retrouver. »

Voici, d'après M. Ernest Daudet, quelle était l'organisation de l'incendie :

« Les maisons suspectes étaient désignées au moyen de pains à cacheter, placés sur la porte dans un endroit convenu. Ces pains à cacheter portaient, sur une de leurs faces, un bonnet phrygien, et au-dessous les deux lettres suivantes : V. P.; ou bien encore B. P. B. Toute maison désignée ainsi par ces initiales, qui sans doute voulaient dire : *Versez pétrole, bon pour brûler,* devaient être préparées pour l'incendie, afin qu'il ne pût y avoir aucun retard, quand l'ordre décisif arriverait.

« On préparait l'incendie comme suit :

« D'abord, des hommes passaient en courant, annonçant que le quartier allait être livré aux flammes, en engageant les habitants à fuir. Dans certaines rues, ils les empêchaient de s'en aller, en leur disant que le danger devant être le même partout et à la même heure, il était inutile de passer d'un quartier dans un autre; qu'il n'y avait qu'à attendre la mort chez soi. Dans la rue de Vaugirard, ils allèrent encore plus loin. Après avoir annoncé le feu aux habitants, ils placèrent des sentinelles sur les trottoirs, avec l'ordre de tirer sur quiconque tenterait de sortir de sa demeure.

« Puis, des femmes ou des enfants passaient, portant un seau, un pot, un récipient quelconque, rempli de pétrole; à l'aide d'une éponge, d'un pinceau, ils enduisaient les portes, les volets du rez-de-chaussée, les boiseries des boutiques. S'ils ne mettaient pas le feu immédiatement, des hommes les suivaient de près avec des torches, qui accomplissaient la sinistre besogne. L'un d'eux, arrêté rue de Poitiers, avoua qu'il recevait dix francs pour chaque foyer d'incendie qu'il allumait.

« Il y avait encore un autre système : il consistait à jeter dans les caves, par les soupiraux ouverts sur les rues, une boîte de fer-blanc ou une bouteille contenant une huile minérale quelconque, du phosphore, de la nitro-glycérine, et portant à son embouchure une mèche soufrée, à laquelle on mettait le feu au moment de la lancer.

« Enfin, restait la bombe à pétrole dont les insurgés firent, durant cette semaine, une consommation considérable. Leurs batteries établies à Belleville, au Père-Lachaise, portaient de la sorte la destruction dans un grand nombre de quartiers. Le feu fut mis ainsi, non-seulement dans des maisons particulières, mais encore dans les monuments. Il fut constaté en outre, qu'aux Tuileries, au Louvre, au Ministère des Finances, à l'Hôtel-de-Ville, les murs et les parquets avaient été enduits de pétrole. »

Un grand nombre de maisons restées debout portent la trace de tentatives heureusement avortées, et on ne peut s'empêcher de frémir en pensant à ce qu'il en aurait été de Paris si la Commune avait eu le temps de terminer ses préparatifs.

L'entrée de l'armée sauva Paris d'une destruction complète.

Pendant plusieurs jours, on vit brûler les monuments de cette belle capitale, de Paris, l'étoile de l'Occident. Les Tuileries, la Légion-d'Honneur, le Conseil d'Etat, le Palais-de-Justice, l'Hôtel-de-Ville, le Ministère des Finances, le Grenier d'abondance et tant d'autres édifices publics et des centaines de maisons particulières devaient être la proie des flammes.

Et ces incendies étaient allumés non-seulement par des hommes, repris de justice, forçats libérés ou échappés du bagne, mais par de hideux enfants pâles et par de vieilles et horribles femmes sans nom. Non-seulement, Paris avait des *pétroleurs*, mais il avait encore des *pétroleuses*, créatures indignes de porter le nom de femmes, des malheureuses qui tuaient et brûlaient. Aux hommes le poignard, la hache et le fusil, les barricades et la fusillade à bout portant. A ces hideuses créatures, la torche et le pétrole enflammé, le soufre, le phosphore et les mèches qui propagent l'incendie.

Des pompiers de province, d'Angleterre et de Belgique accoururent à Paris dès la nouvelle du sinistre et rendirent d'immenses services. Mais, hélas! il était trop tard, et nos plus beaux monuments étaient détruits! La ruine de Paris est loin d'être totale : la grande cité n'est pas ensevelie sous ses décombres, mais les pertes faites sont grandes et surtout pour la plupart irréparables.

« Il ne faut, a dit le *Journal officiel*, ni se dissimuler, ni s'exagérer les pertes.

« Paris a perdu la plupart de ses palais.

« Les Tuileries, le Palais-Royal, l'Hôtel-de-Ville, le palais du quai d'Orsay ne sont plus que des ruines. Il faudrait des millions pour leur rendre la splendeur qu'ils avaient encore il y a trois semaines. Rien que pour réparer les murailles, poser une toiture, relever ou remplacer quelques statues, la Ville devra s'imposer des sacrifices énormes. Il sera sage de le faire pour ne pas laisser aux rues leur aspect désolé. Cette grande ville si riante et si riche, qui attirait les gens du monde, les artistes, les hommes d'étude, et qui avait conquis l'utile royauté de la mode, ne peut rester longtemps ensevelie sous les décombres.

« Elle doit, à tout prix, relever les façades de ses monuments; pour l'intérieur, c'est une perte presque irréparable. On ne refait pas en un jour des chefs-d'œuvre accumulés par des siècles.

« Quand même on trouverait, malgré les charges qui nous accablent, assez de ressources pour refaire les escaliers, peupler les appartements de tableaux et de statues, suspendre des lustres aux plafonds, étaler des tapis sous les pieds, jeter sur les murailles les riches tentures des Gobelins et de Beauvais, on ne referait pas la grandeur historique qui s'attachait à ces appartements et à ces galeries.

« L'histoire perd ses témoins. Nous ne connaîtrons plus nos rois que par les livres. Leur maison, que nous pouvions visiter, qui racontait les détails de leur vie, a tout à coup disparu. Il ne nous reste de l'œuvre de Philibert Delorme que ces murailles crevassées et noircies, derrière lesquelles se sont abrités, après les rois de France, les assemblées révolutionnaires et l'empire.

« L'architecture est l'art français par excellence. Nous avons des maîtres presque partout; en architecture, nous n'avons que des rivaux, et c'est à peine si nous en avons pour l'architecture religieuse. On s'était donné bien du mal pour cacher et alourdir le palais de Philibert Delorme; on avait amplifié, sans trop de succès, notre Hôtel-de-Ville. On les retrouvait pourtant et on les admirait sous ces ornements maladroits. Ils sont perdus. Si quelque jour la France redevient assez riche pour se donner le luxe qui sied à un grand peuple, elle les remplacera, mais elle ne pourra les refaire.

« Quand on apprit que les Tuileries brûlaient, ce ne fut partout qu'un cri d'effroi à cause du Louvre. Les flammes en vinrent bien près, puisqu'elles brûlèrent cette belle bibliothèque qui séparait l'ancien Ministère d'État de la de la caserne des zouaves de la garde. Grâce à Dieu, elles s'arrêtèrent au seuil du musée des antiques.

« Nos beaux marbres, nos grandes toiles sont préservées. Nous n'avons rien perdu, absolument rien. Si l'on excepte un coin du plafond de la galerie d'Apollon, tous les dommages du Louvre sont extérieurs et ils sont médiocres. Une femme, sculptée par Sarrasin, est à moitié détruite; la façade de la galerie de l'Infante a perdu une partie de son entablement; c'est presque tout, avec quelques traces d'obus, et des traces plus nombreuses de balles. On avait tant à redouter, qu'on se prend à se sentir reconnaissant envers la Providence de ne nous avoir pas frappés plus durement.

« Le musée de Cluny, rempli de trésors jusqu'à regorger, étalera encore ses faïences, ses cristaux, ses armures, ses bijoux, ses meubles, toutes ces splendides reliques qu'on ne se lasse pas d'admirer et d'étudier. Le Luxembourg nous rend intactes les toiles de l'école française contemporaine. Le musée de Sèvres, transporté dans Paris quand il était menacé par les Prussiens, a miraculeusement échappé aux communeux. Nous avons perdu les Gobelins avec les magnifiques tapisseries qu'ils contenaient; mais les tapisseries de la couronne nous restent.

« A part la bibliothèque du Louvre et celle du Palais-Royal, d'une importance bien moindre, toutes nos bibliothèques sont sauvées. Nous avons tremblé longtemps pour l'Arsenal, très-voisin du grenier d'abondance, dont l'incendie a duré trois jours. Le feu et la fumée ont passé sur ces livres inestimables et sur ce riche amas de manuscrits, sans les atteindre. Sainte-Geneviève, la bibliothèque de la Sorbonne, la belle collection de M. Cousin, léguée par lui à l'État, celle de l'École normale, dont le fonds principal est un héritage de Georges Cuvier, celle du Sénat devenue publique, celle de l'École de médecine, celle du Corps législatif n'ont pas souffert. Le grand dépôt national de la rue Richelieu, si dangereusement situé et entouré de maisons de tous les côtés, quoique menacé à plusieurs reprises, est sorti sain et sauf de cette terrible crise.

« Nous avons eu le même bonheur pour les archives. Elles sont sauvées; l'histoire de France est sauvée! L'hôtel Soubise, où tous les manuscrits sont réunis dans un ordre admirable, n'est séparé du Mont-de-Piété que par une rue. Les commissaires de la Commune venaient au Mont-de-Piété tous les jours; il y avait là des millions qui les attiraient; ils comprenaient moins la valeur des autres trésors entassés si près de là. Il n'aurait pas fallu beaucoup de pétrole pour les détruire. On les a oubliés.

« On a oublié aussi l'Imprimerie nationale; ou plutôt on a pris ce grand monument de l'art typographique pour une manufacture comme toutes les autres. Le temps a manqué aussi aux iconoclastes. Nos soldats marchaient vite; leurs chefs savaient ce que chaque minute de retard coûtait à la civilisation.

« Enfin, l'art religieux n'a presque rien perdu. La Sainte-Chapelle, la merveille des merveilles, a tous ses vitraux intacts. Elle est restée debout entre l'incendie du palais et celui de la préfecture de police. Saint-Étienne-du-Mont, Saint-Germain-des-Prés, Saint-Séverin, Saint-Eustache nous restent. Saint-Eustache, pourtant, a souffert. Les vitraux de Philippe de Champagne sont perdus, malheur irréparable. A Notre-Dame, tout était prêt pour l'incendie. Les deux ambons, à l'extrémité du bas-chœur, sont brûlés. Les barbares n'ont pas incendié la séculaire forêt qui domine les voûtes; ils n'ont pas fait pleuvoir sur la Cité et l'Hôtel-Dieu cette immense quantité de plomb qui couronne le majestueux édifice. Paris, malgré les Tuileries et l'Hôtel-de-Ville; malgré le Palais-Royal et le palais du quai d'Orsay; malgré les Gobelins, Paris est encore Paris. Il peut, comme la France, ressusciter et grandir, à force de sagesse. »

Le 24 mai, pendant qu'une partie de nos troupes enlevait les barricades du quartier Saint-Sulpice, le général de Cissey dirigeait sur le Luxembourg sa 2ᵉ division (Susbielle). A deux heures de l'après-midi, la brigade Paturel pénètre dans le jardin par la rue d'Assas, emporte l'École des Mines et étend ses tirailleurs le long des grilles de la rue Médicis. Les chasseurs emportent la barricade de la rue Soufflot et veulent descendre le boulevard Saint-Michel au pas de course; mais les communeux renforcés par des troupes débusquées de la Croix-Rouge par le général de Lacretelle, opposent une vigoureuse résistance. Heureusement, vers deux heures, la grande barricade de la rue de Rennes est emportée et nos soldats, se jetant dans la rue de l'École-de-Médecine, descendent jusqu'à la Seine et remontent alors le boulevard Saint-Michel, en prennent à revers toutes les défenses et chassent les insurgés de la place du Panthéon.

Vers sept heures et demie du soir, la canonnade recommença serrée, furieuse, incessante : c'était un roulement continu de coups violents. On se battait partout à la fois, à la Villette, à Saint-Vincent-de-Paul, sur les boulevards, à l'Hôtel-de-Ville, au Luxembourg, au Pont-Neuf éclairé par l'incendie. Les insurgés évacuaient, durant la nuit, tout le centre de la ville pour se réfugier dans la région nord-ouest.

Le 25, vers cinq heures du matin, le combat cessa. On n'entendait plus de mousqueterie qu'à Charonne, à la Bastille et vers la rue Mouffetard. Dans ce dernier quartier, le général de Cissey emportait vigoureusement les deux barricades élevées à l'intersection des boulevards Arago et Port-Royal.

D'autre part, il mettait 25 pièces de 7 ou mitrailleuses en batterie sur les remblais organisés, en 1870, aux alentours de la rotonde du chemin de Sceaux. Dans ces positions, heureusement choisies, l'artillerie du 2ᵉ corps battait admirablement la Butte-aux-Cailles, le boulevard et la place d'Italie et entamait sans peine les barricades de la rue Dubois, de la mairie du 13ᵉ arrondissement, de l'avenue d'Italie et de la route de Choisy-le-Roi.

A dix heures du soir, le général de Cissey télégraphiait à Versailles :

« Le fort de Montrouge et celui des Hautes-Bruyères sont à nous; nous sommes maîtres du Panthéon, de la halle aux vins et de tous les environs. Il ne nous reste plus à enlever que la barrière d'Italie. Je vais prendre et fermer les portes jusqu'à la Seine. Rapprochez vos troupes et occupez Choisy-le-Roi, l'Hay et les environs. Resserrez votre blocus et ne laissez passer personne. »

Dans la même journée, la division Bruat avait pris possession du jardin des Plantes et de la gare d'Orléans, emporta le pont d'Austerlitz, défendu d'une façon formidable. Cette prise fit tomber entre les mains des troupes la gare de Lyon, la prison de Mazas et le viaduc du chemin de fer de Vincennes.

Pendant ce temps la division Vergé s'emparait de la barricade de la rue Castex et débouchait place de la Bastille. Là, les insurgés opposèrent une résistance des plus vives rendue, plus sérieuse encore par l'incendie du Grenier d'abondance et des pâtés de maisons situées au pourtour de la place.

Dans la nuit du 25 au 26, les insurgés furent contraints de lâcher pied; ils tenaient encore dans les Magasins-Réunis, mais, dans la matinée du vendredi, ils se replièrent par la barricade du boulevard du Prince-Eugène et par celle du faubourg du Temple, exécutant leur retraite dans la direction du canal.

Dans la journée du 26, le fort d'Ivry fut pris d'une façon singulière. Un des premiers obus lancé par une batterie de 12 fit sauter le grand magasin à poudre. Le 3ᵉ dragons, du corps de Barail, profita du désarroi, tenta l'assaut fort rudement et enleva le fort en un tour de main.

La situation de la Commune devenait de plus en plus critique; à mesure que sa position s'aggravait, les poursuites, les rigueurs, les arrestations, les incendies, les exécutions augmentaient et relançaient les récalcitrants dans les rues, dans les cafés, dans les maisons.

Delescluze, le nouveau délégué à la Guerre, avait été tué le 25 à la barricade du Château-d'Eau. C'est là que son corps fut ramassé, souillé de boue, noirci au cou par une affreuse brûlure, qu'avait causée la chute d'une poutre en feu, détachée d'une maison contiguë à la barricade.

Delescluze était né en 1809, à Dreux (Eure-et-Loir). Il a été diversement apprécié : les uns l'appelait un sinistre farceur, les autres, un jacobin convaincu. On peut affirmer qu'il y eut une sorte de fanatisme dans sa conduite, et il a prouvé qu'il savait mourir, quand l'heure était venue.

Charles Delescluze était mêlé aux affaires politiques depuis 1830; et, en 1834, il fut arrêté au moment du procès d'Avril. Impliqué, en 1835, dans un complot, il quitta la France et se réfugia en Belgique où il rédigea le *Journal de Charleroi*. En 1841, il prit la direction de l'*Impartial du Nord*, à Valenciennes ; sa rédaction lui attira plusieurs condamnations. En 1848, il fut envoyé à Lille comme commissaire général des départements du Pas-de-Calais et du Nord. Il se présenta

CHARLES DELESCLUZE

dans ce dernier département aux élections législatives, mais il ne fut pas élu. Delescluze revint alors à Paris, fonda un journal la *Révolution démocratique et sociale*, qui fut supprimé en juin 1849. Traduit devant la haute Cour de Versailles, il fut condamné par contumace à la déportation. Il vécut à Londres jusqu'en 1853 ; mais pris de nostalgie, il quitta l'Angleterre à cette époque pour venir en contrebande à Paris, « oubliant, comme il l'a dit lui-même, le péril qui menaçait sa liberté et les surprises qui attendent l'homme en butte aux recherches de la police. »

Il n'y avait pas deux mois que Delescluze était arrivé à Paris, lorsqu'il fut arrêté, conduit à Mazas, condamné pour société secrète à quatre ans de détention, et envoyé à Belle-Isle. Il fut transféré successivement à Corte, à Ajaccio, à Marseille et à Toulon. Le terme légal de son emprisonnement était le 8 mars 1858, mais quelques jours avant cette date, on lui signifia qu'il allait être envoyé à Cayenne pour dix ans. On faisait application à Delescluze de l'article 9 du décret du 8 décembre 1851, qui permettait de transporter à Cayenne, pour cinq ans au moins et dix ans au plus, les membres des sociétés secrètes.

Le 28 juillet 1858, Delescluze partait pour cette terre de supplice, et il a raconté dans un volume plein d'intérêt : *De Paris à Cayenne*, sa triste et douloureuse odyssée.

L'amnistie de 1859 le sauva de la mort lente, mais sûre, que lui réservait son séjour à Cayenne, et il revint en France le 22 septembre 1859.

Jusqu'en 1868 il resta en dehors de la politique. A cette époque, il fonda, après la suppression de l'autorisation préalable, un journal d'abord hebdomadaire, puis bientôt quotidien, le *Réveil*.

Il méprisait l'Empire et avait pour lui une haine légitime. Aussi ses articles furent-ils excessivement violents et lui attirèrent-ils de nombreuses condamnations. La République arriva enfin : Delescluze se montra l'adversaire acharné des hommes du 4 septembre. Au 31 octobre, il fut un instant porté au pouvoir; mais le lendemain matin, le gouvernement de la Défense Nationale redevenu maître, le fit arrêter, en même temps que plusieurs autres chefs du mouvement.

Nommé aux élections municipales de Paris, et élu maire du 19ᵉ arrondissement, Delescluze fut relâché. Mais, après le 22 janvier, le *Réveil* fut supprimé par un arrêté du général Vinoy.

Aux élections législatives, les électeurs Parisiens l'envoyèrent à Bordeaux, mais il donna bientôt sa démission pour venir siéger à la Commune, qui le nomma membre de la Commission exécutive, puis délégué à la guerre en remplacement de Rossel.

Il déploya une activité des plus grandes, et on peut dire qu'il fut le principal pivot de la défense. Ce petit vieillard dont les mains étaient tremblantes, les yeux rougis par les veilles, dont la peau semblait être un parchemin, et dont la personne tout entière paraissait revenir de l'autre monde, ce petit vieillard était plein de virilité et d'énergie.

Delescluze est mort; tant mieux pour lui aux yeux de la postérité qui aura tant de choses à lui reprocher, aux yeux de l'histoire dont il a tant à se faire pardonner; il aura au moins le mérite d'être mort bravement, à son poste de combat.

Tous les journaux qui faisaient quelque opposition à la Commune avaient été supprimés. Le *Siècle*, le *Siècle* lui-même, qui ne touchait qu'avec timidité et d'une main gantée à l'arche sainte de l'Hôtel-de-Ville, ne fut pas mieux traité que les autres. Non-seulement la Commune supprimait les journaux, mais encore elle déclarait que « aucun nouveau journal ne pourra paraître avant la fin de la Commune. » Sous l'Empire il suffisait d'une autorisation, mais l'Empire était décidément trop libéral. Le gouvernement de l'Hôtel-de-Ville défend de penser et d'écrire, il bâillonne la presse, menace de la cour martiale les rares journaux survivants qui oseront attaquer la Commune, et décrète que les imprimeurs seront poursuivis comme complices. Voilà où en était la liberté de la presse en mai 1871!

Les membres de la Commune et ses adhérents sentaient si bien la situation perdue, qu'ils songeaient, dès le 26, à fuir. Mais, fort heureusement pour la garantie des droits de la vindicte publique, la fuite allait devenir impossible. Le même jour, notre ministre des affaires étrangères expédiait à tous les représentants de la France à l'étranger le télégramme suivant :

« Monsieur, l'œuvre abominable des scélérats qui succombent sous l'héroïque effort de notre armée ne peut être confondue avec un acte politique. Elle constitue une série de forfaits prévus et punis par les lois de tous les peuples civilisés. L'assassinat, le vol, l'incendie, systématiquement ordonnés, préparés avec une infernale habileté, ne doivent permettre à leurs auteurs ou à leurs complices d'autre refuge que celui de l'expiation légale. Aucune nation ne peut les couvrir d'immunité, et, sur le sol de toutes, leur présence serait une honte et un péril. Si donc vous apprenez qu'un individu compromis dans l'attentat de Paris a franchi la frontière de la nation près de laquelle vous êtes accrédité, je vous invite à solliciter des autorités locales son arrestation immédiate et à m'en donner avis de suite pour que je régularise cette situation par une demande d'extradition.

La plupart des puissances répondirent qu'elles étaient prêtes à nous seconder dans notre œuvre de répression, et qu'elles allaient prendre des mesures propres à nous faciliter cette tâche.

Les fédérés ne possédaient plus que le Père-Lachaise et les buttes Chaumont; de ces deux positions ils canonnaient les quartiers du centre, cherchant à répandre l'incendie. Vendredi 26, les projectiles tombaient comme grêle sur les environs du Temple, sifflaient au-dessus de la porte Saint-Martin et atteignaient jusqu'aux Halles. Le soir, on crut que tout Paris flambait. Le ciel s'était empourpré d'une sinistre clarté. On eût dit les teintes vives de l'aurore boréale qui, l'automne précédent, avait si bien illuminé Paris. Mais ce n'était plus, hélas! l'effet d'un phénomène magnétique, c'était l'incendie! Après avoir brûlé le Grenier d'abondance, ces misérables mettaient le feu aux bâtiments de la halle aux vins! Ils détruisaient ce qu'ils n'avaient pu boire.

Samedi 27 mai, le silence qui a régné à peu près toute la nuit, sauf les fusillades isolées des avant-postes, est rompu dès le matin. C'est la suprême péripétie de ce drame affreux qui a commencé le 18 mars. Notre héroïque armée va terminer sur les hauteurs de Belleville sa glorieuse campagne qu'elle a entreprise contre les démagogues les plus odieux et les plus scélérats que le monde ait vus.

Les fédérés sont resserrés sur Belleville, dans un demi-cercle dont les deux extrémités s'appuient aux remparts, et dont la partie intermédiaire suit les boulevards, de la Bastille au Château-d'Eau, et longe le canal, du faubourg du Temple à la Villette. Les trois quarts de l'armée sont là, massés, pour en finir d'un seul coup.

Le 27 mai, les marins de la division Bruat poussèrent, d'une part, jusqu'à la porte de Bagnolet ; ils abordèrent, de l'autre, le cimetière du Père-Lachaise et atteignirent la rue de Puebla. Enfin, dans la nuit du 27 au 28, et sous des torrents de pluie, ils prirent possession de la prison de la Roquette, où ils furent assez heureux pour délivrer 169 otages voués à la mort. Mais, hélas! les scélérats auxquels l'armée de

Paris était obligée d'arracher Paris incendié et ensanglanté avaient eu le temps d'en fusiller soixante-quatre, dont nous allons parler tout à l'heure.

Le 28, la lutte fut terminée. Le jeune colonel Davoust enleva une à une les barricades de Belleville, et, grâce à lui, le général Ladmirault occupait les hauteurs. De son côté, le corps du général Douay partait du boulevard Richard-Lenoir pour aborder, par le centre, les mêmes positions de Belleville. Pendant ce temps, le général Vinoy s'emparait du Père-Lachaise et enlevait la mairie du 20e arrondissement.

Rejetés à l'extrémité de l'enceinte, entre l'armée française et les Prussiens, qui leur refusaient passage, les insurgés n'avaient plus maintenant qu'à mourir ou à se rendre. Les débris des dernières bandes sont jetés en bas de Ménilmontant par la division Faron, opérant de concert avec le corps Ladmirault, et rabattus sur le boulevard Richard-Lenoir. Là, ils sont reçus à la pointe du sabre-baïonnette par les 4e et 5e corps (Douay et Clinchant).

L'insurrection était bien décidément étouffée. Le dernier coup de fusil était tiré, et le gouvernement régulier redevenait maître de Paris, grâce à la bravoure de nos héroïques soldats et à l'habile stratégie de leurs vaillants chefs.

Mais dans quel état le communisme nous livrait-il Paris? En ruines! Partout on voit des toits effondrés, des murs abattus, des poutres noircies. Aucun de nos monuments n'a été épargné. Si l'on part du Point-du-Jour, on trouve à chaque pas la marque terrible de cette révolte contre la civilisation et l'humanité. A droite, le Ministère des affaires étrangères criblé de balles et d'obus; à gauche, le palais de l'Industrie, dont la toiture en vitraux a été brisée par les projectiles. De la place de la Concorde, on voit au loin ce qui était les Tuileries : plus rien que des murs noircis, avec leurs fenêtres béantes. La rue Royale est presque entièrement détruite, du côté gauche, en allant à la Madeleine. Place Vendôme, on voit la place qu'occupait la colonne. Pendant soixante ans, cette colonne, fondue avec les canons pris aux armées ennemies, a rendu témoignage du génie de nos généraux et du courage de nos soldats; elle racontait aux fils vaincus et humiliés la gloire de leurs pères. Ce monument, élevé *à la gloire de la grande armée*, est tombé par ordre de la Commune, sur la proposition d'un artiste, Gustave Courbet, à la honte de la race insensée qui a régné à Paris pendant soixante-cinq jours.

Enfin, le Louvre est sauvé, à l'exception de sa bibliothèque; mais les misérables ont brûlé les Gobelins, le Conseil d'Etat, la Légion-d'Honneur, ils ont incendié l'Hôtel-de-Ville!

Voilà Paris! Devant tant de ruines, on se demande avec terreur ce qu'il serait resté de tant de monuments, de tant de grandeurs, de tant de souvenirs; où seraient ces livres, ces manuscrits, ces statues, si heureusement épargnés par le feu, si la vaillante armée de Paris avait mis quatre jours de plus à conquérir cette ville immense et à anéantir une horde de brigands? Chaque heure qui dure laissée à l'insurrection anéantissait une des richesses de l'humanité.

Paris a repris possession de lui-même. Ses habitants peuvent aujourd'hui circuler sans craindre la mitraille et respirer en paix; ils n'ont plus à trembler devant les sbires du Comité de salut public, tristes imitateurs de 93. Il y a tant de vitalité dans ce peuple, qu'on voit bien qu'il va se relever promptement après ces jours d'effarement. Mais, quand les rues seront balayées, quand elles ne sentiront plus le carnage, quand les murs seront reconstruits, les toits rétablis, les monuments réédifiés, que les Parisiens n'oublient pas! A la guerre étrangère nous avons follement ajouté une guerre civile. Il est grand temps de nous arrêter et de nous reposer. Comptons nos morts, guérissons nos plaies, réparons nos ruines; mais, surtout, raffermissons nos esprits et soyons des hommes, si nous voulons être un peuple.

Nous avons conservé pour la fin de cette histoire le récit du plus grand crime commis pendant la Commune: l'exécution des otages. Celui qui eût dit, il y a six mois encore, que la Terreur renaîtrait aurait été traité d'insensé. Et cependant, elle est revenue, barbare, ignoble, toute-puissante! elle a régné de nouveau, comme en 1793, plus atroce qu'en 1793, remplaçant l'échafaud par la fusillade et allumant ces incendies, dont le monde, jusqu'à ce jour, n'avait pas connu l'horreur.

Plusieurs fois, dans leurs proclamations, les membres de la Commune avaient déclaré que si les insurgés pris les armes à la main étaient jugés et exécutés à Versailles, les rebelles exerceraient leurs représailles sur les otages qu'ils avaient entre les mains, non pas même suivant la loi du talion, qui ne leur suffisait plus, mais en assassinant trois victimes pour chaque criminel que la justice aurait frappé.

Personne ne pouvait croire à la réalisation de ces terribles menaces, mais ce que personne n'aurait osé imaginer, c'est qu'à l'heure suprême, on massacrerait les otages sans autres motifs que la vengeance, la haine et l'amour du meurtre. Il en fut ainsi cependant: le 21 mai, lorsqu'il ne fut plus permis de douter que les Versaillais étaient entrés à Paris, Delescluze, remit à Raoul Rigault l'ordre suivant:

« COMMUNE DE PARIS
« *Direction de la Sûreté générale.*

« Le citoyen Raoul Rigault est chargé, avec le citoyen Régère, de l'exécution du décret de la Commune de Paris relatif aux otages.
« Paris, 2 prairial an 79.

« DELESCLUZE, BILLIORAY. »

C'était l'arrêt de mort des otages.

La première victime qui fut choisie par le citoyen Rigault fut M. Gustave Chaudey, avocat, rédacteur du *Siècle*, républicain invariable que, comme nous l'avons dit, la Commune accusait d'avoir fait tirer sur le peuple, à l'Hôtel-de-Ville, le 22 janvier. L'exécuteur des hautes œuvres de la Commune avait pour Chaudey une haine toute particulière dont on ne connaît pas les motifs. On assure qu'il était poussé secrètement par Delescluze; Chaudey, dit-on, avait trouvé dans les papiers de Proudhon, dont il était un des exécuteurs testamentaires, la preuve d'un vol commis par Delescluze, quand il était jeune, dans l'étude de M° Denormandie, avoué. Le délégué de la guerre savait M. Chaudey possesseur de ce secret et il aurait donné à Rigault la mission de l'en débarrasser. Cette histoire est-elle vraie, est-elle fausse? nous l'ignorons; le fait a été nié par plusieurs amis de Delescluze, mais M. Emmanuel Arago en a affirmé catégoriquement la véracité.

Ce fut à onze heures du soir, le 23, que Rigault fit descendre Chaudey dans la cour de Sainte-Pélagie et lui annonça qu'il allait être fusillé. Les gardes nationaux du poste, requis par le procureur de la Commune, se refusèrent à cette odieuse besogne. Rigault alla lui-même hors de la prison chercher des bourreaux plus dociles : il les trouva. Alors, tirant son épée, il donna le signal, les fusils partirent et Chaudey tomba. Il n'était que blessé. Un sergent l'acheva en lui déchargeant dans l'oreille deux coups de revolver.

Le 24, ce fut le tour des otages qui jusqu'alors avaient été détenus à Mazas, mais qui, le 22, en prévision d'une attaque des Versaillais, avaient été transférés à la Roquette. Vers huit heures du soir, on appela les détenus qui devaient être exécutés : Monseigneur Darboy, archevêque de Paris; M. le président Bonjean; l'abbé Allard, membre de la société internationale de secours aux blessés; le P. Du Coudray, supérieur de l'école Sainte-Geneviève; le P. Clerc, de la compagnie de Jésus et l'abbé Deguerry, curé de la Madeleine.

L'escorte était commandée par un capitaine du 180° bataillon. Les épithètes les plus révoltantes étaient adressées, en route, aux prisonniers et particulièrement à l'archevêque. Ceux-ci ne répondaient que par le silence et la prière.

Le P. Allard fut placé contre le mur et fut le premier frappé. Après un feu de peloton, Monseigneur Darboy, était encore debout, la plupart des balles ayant porté au-dessus de sa tête; un second coup ne l'abattit pas davantage. C'est alors que le capitaine qui commandait l'exécution s'approcha et acheva la vénérable victime, qui s'affaissa sur elle-même.

Les six prisonniers furent ainsi fusillés; et montrèrent tous le plus grand calme et le plus grand courage. Les corps de M. Bonjean, de l'abbé Deguerry et du père Du Coudray, portaient des traces d'affreuses mutilations.

Le ministre des Etats-Unis et le général von Fabrice, commandant en chef l'armée allemande en France, s'étaient à plusieurs reprises interposés auprès de la Commune, en faveur de Monseigneur Darboy, mais il leur fut répondu invariablement, à chaque nouvelle demande, qu'on ne le rendrait à la liberté, qu'en échange de Blanqui qui avait été arrêté à Cahors, échange que le gouvernement ne put se résigner à faire.

Le 26 au soir, la scène qui s'était passée l'avant-veille se renouvela et quinze prisonniers parmi lesquels se trouvaient M. de Vraisse, autrefois employé à la préfecture de police, les PP. Olivain, de Bengy, Caubert et Radigue, et M. Seigneuray, jeune séminariste, âgé de vingt ans à peine, fils du directeur du collège de Lons-le-Saulnier furent fusillés.

MONSEIGNEUR DARBOY.

Le 27 et le 28, d'autres exécutions eurent lieu à l'entrée de la nuit. Mais les hommes de la Commune mirent le comble à leurs crimes en fusillant les pères dominicains qui dirigent un collège à Arcueil. Des escouades du 101ᵉ et du 120ᵉ bataillon, commandées par Millière vinrent les y chercher le 19 mai, et emmenèrent avec eux, au fort de Bicêtre, le personnel laïque de la maison, en tout vingt-quatre personnes.

Pendant deux jours, ces infortunés restèrent à Bicêtre, sans nourriture, en butte à des menaces et à des injures incessants. Le 25, les gardes nationaux, obligés d'évacuer le fort, relâchèrent une partie de leurs prisonniers, ramenèrent les autres dans Paris et les fusillèrent, l'un après l'autre, dans une impasse près de la barrière d'Italie. Il y avait cinq dominicains, les pères Captier, Cotrault, Bourard, Delhorme, Chataigneret, deux professeurs laïques, MM. Volant et Gauquelin, et cinq domestiques. Le P. Captier, qui était une des lumières de son ordre, mourut en priant et en exhortant ses compagnons à bien mourir. L'un d'eux, l'abbé Grancolas, parvint à s'enfuir, après avoir reçu une balle dans sa soutane; il se réfugia chez une brave femme qui lui donna les vêtements de son mari et le fit partir.

Ce furent les derniers crimes de la Commune. Elle mourut étouffée par tant de sang innocent qui montait fumant vers les cieux comme pour demander vengeance.

On n'avait aucun reproche à leur faire, à ces prêtres ! Etrangers à toute discussion politique, ils vivaient dans leur cellule, tout appliqués à leurs études et au salut des âmes, quand la Commune, par haine de Dieu et de la religion dont ils sont les ministres, les a lâchement fait mourir.

Espérons que la France sera régénérée par ces holocaustes !

Tel est le récit des crimes et de la chute de l'insurrection, aussi complet qu'il peut l'être, à l'heure actuelle, alors que les journées néfastes que nous venons de raconter sont à peine passées.

Les débats du procès des membres de la Commune viendront prochainement compléter notre récit et rectifier les inexactitudes que nous avons pu commettre. Assi, Jourde, Vermorel, Paschal Grousset, Gustave Courbet, Rossel, et bien d'autres, toute la clique de journalistes obscurs, de plumitifs obscènes, les Maroteau, les Vermesch, les Bouis comparaîtront bientôt devant le Conseil de guerre. Bergeret *lui-même*, est parvenu à s'enfuir ainsi que le citoyen Pyat. La fuite de ce dernier n'a surpris personne et tout le monde était assuré que ce prudent communeux disparaîtrait au dernier moment.

Le général Dombrowski se fit tuer à la barricade située sur le boulevard Ornano, au coin de la rue Myrrha. On ne peut nier que ce personnage ait déployé souvent de l'habileté, toujours beaucoup de courage et en diverses circonstances de l'humanité. Ce fut lui qui fit mettre en liberté la sœur de l'archevêque de Paris.

Beaucoup des hommes marquants de la Commune furent, dans l'exaltation du combat, passés par les armes. Le procureur de la Commune, le sanguinaire Raoul Rigault, fruit sec de l'Ecole de Droit, n'ayant ni noblesse d'âme, ni générosité, ni esprit, sot jusque dans la cruauté, et qui ne se préoccupait que de deux choses : bien vivre et fusiller le plus possible, fut fusillé à son tour dans la rue Royer-Collard. Ce Lucullus assassin, tandis que les gardes nationaux versaient leur sang aux remparts, mangeait à l'ordinaire aux Frères Provençaux, et s'offrait aux frais de la Commune, bien entendu, des repas de soixante et dix francs.

E. BOSJEAN.

Millière, qui, dit-on, commandait les incendiaires du quartier du Panthéon, fut fusillé devant ce monument, à la place même où, quelques jours auparavant, il avait fait mettre à mort trente réfractaires.

Le docteur Tony-Moilin, qui avait tyrannisé, terrorisé devant sa dictature éphémère le quartier Saint-Sulpice, subit le même sort ainsi que Varlin, délégué aux finances, Parisel, Napias, Piquet, Andrieu, Babick, Bousquet et Viard.

Theisz, délégué aux Postes et Beslay, délégué à la Banque, dont les efforts, l'honnêteté et l'intervention ont préservé pendant deux mois ces deux établissements contre les convoitises des insurgés et les tentatives des incendiaires, ont obtenu du Gouvernement le droit de partir pour l'étranger.

Le procès nous donnera sans doute quelques détails sur les véritables meneurs, sur les chefs du mouvement insurrectionnel de Paris. Les uns ont voulu voir derrière les hommes de l'Hôtel-de-Ville, M. de Bismarck ou les agents du parti bonapartiste et ont cherché à entrevoir, sur les pans des murs de nos maisons embrasées, la main qui dirigeait la tourbe de ces scélérats vulgaires. Les autres accusent l'*Internationale*, cette Société puissante, qui dispose de forces nombreuses et qui est répandue dans tous les états de l'Europe et de l'Amérique, dans les grandes cités comme dans les petites communes où elle a beaucoup d'affiliés.

Avant de nous prononcer, attendons, chers lecteurs, les éclaircissements que ne peut manquer de nous donner un avenir prochain, mais préparons-nous à l'avance à lutter énergiquement contre un ennemi terrible qui vient de mettre notre belle patrie, notre chère France à deux doigts d'une ruine complète et que chacun de nous a le devoir de rendre plus grande et plus forte que jamais.

ÉPILOGUE

LA RÉGÉNÉRATION

Le lecteur vient de voir se dérouler devant lui les péripéties de ce drame horrible, de cette phase sanglante et douloureuse de l'histoire de la France. Il a vu notre malheureux pays, à deux doigts de sa ruine complète faire un vigoureux effort pour se libérer de la rançon écrasante qui lui a été imposée par le vainqueur. La France a fait appel à la confiance de ses enfants, et tous, riches et pauvres, sont venus apporter dans les caisses de la République leurs offrandes, qui ont presque atteint le chiffre fabuleux de quatre milliards. Deux milliards ont été dus à la sympathie de l'étranger.

N'est-ce pas que cet élan unanime d'une nation pour refaire sa fortune publique écroulée est un spectacle vraiment grand? Ne montre-t-il pas bien, en effet, tout ce que notre pays contient encore de force et de vitalité? Ne sent-on pas que, s'il le veut sincèrement (et il le voudra), la régénération d'un pareil peuple est facile, et qu'il lui suffira de s'y mettre, comme on dit vulgairement, pour que ce soit bientôt une chose accomplie.

Mais, pour que cette œuvre de régénération soit conduite rapidement et efficacement à bonne fin, il ne suffit pas d'attendre que le Gouvernement adopte dans ses conseils telle ou telle mesure. Non; jusqu'ici, et surtout depuis les vingt dernières années, nous nous sommes habitués, tous tant que nous sommes, vous, moi, notre voisin, tout le monde enfin, à tout attendre de l'État. Nous étions de petits enfants en tutelle auxquels on permettait de s'amuser s'ils étaient bien sages, et nous nous complaisions dans cette indifférence qui nous livrait tout vifs aux caprices de nos gouvernants.

Par ses journaux qu'il avait dans la main, le gouvernement de Napoléon nous fournissait notre pensée selon la formule.

Par les maires, dont il s'était réservé arbitrairement la nomination, il nous procurait une administration municipale toute faite et taillée sur un patron uniforme.

Par ses préfets, apôtres dévoués de l'absolutisme, il convertissait de gré ou de force les départements mal élevés qui avaient quelque désir de marcher un peu tout seuls, et les remettait au pas.

Enfin, par ses députés, qui étaient ses députés à lui, plutôt que ceux du pays, il nous donnait à boire, à manger, à dormir, à respirer, à loger, à voyager à pied, à cheval, en fiacre, en omnibus, en chemin de fer et en bateau, et tout cela, encore, suivant la formule gouvernementale, puisque c'étaient ses députés qui votaient les impôts et les lois régissant toutes ces choses.

Eh bien! nous autres Français, qui avons généralement la prétention de savoir bien faire nos affaires, nous nous laissions tout bêtement conduire par le licol, nous indignant même quelquefois, nous sommes presque honteux de le dire, contre ceux qui, plus rétifs ou plus perspicaces, voyant bien où l'on nous menait, regimbaient contre le conducteur, et lui faisaient de l'*opposition*. Nous avons permis qu'on nous traitât comme un troupeau de bétail : on nous a jetés à la boucherie.

Maintenant que nous en sommes sortis tant bien que mal, si nous ne voulons plus y retourner jamais, il s'agit, et il en est temps, de nous comporter en hommes et non en enfants dont on fait ce que l'on veut.

Plus nous nous montrerons virils, énergiques, intelligents, réfléchis, plus notre gouvernement sera fort, éclairé et sage; car désormais ce sera nous, et il le faut, qui serons notre gouvernement, et non plus celui-ci qui nous façonnera à sa guise. Il faut donc arriver à ce grand résultat de la régénération individuelle, qui est plus essentiel encore que toutes les réformes administratives ou autres, et, pour cela, il est nécessaire à tout Français, riche, pauvre, ouvrier, employé, fonctionnaire ou commerçant, de bien connaître les erreurs qui se sont perpétuées jusqu'à ce jour et les fautes que nous avons sans cesse commises jusqu'à hier encore.

Il nous a donc semblé que ce serait un complément utile à l'histoire de nos désastres de réunir en peu de pages, à la fin de ce livre, quelques réflexions fort simples sur diverses questions qui intéressent la société tout entière et qui peuvent servir à moraliser ou à éclairer les individus.

Ne perdons jamais de vue, même un seul instant, que c'est par la morale et la raison que les peuples deviennent grands et libres, et surtout méditons toujours cette parole de Joseph de Maistre :

« Les peuples n'ont jamais que le gouvernement qu'ils méritent. »

Tâchons donc tous d'en mériter un bon; il n'y a pas une minute à perdre.

DE L'INSTRUCTION POPULAIRE

Une des causes principales auxquelles bon nombre de personnes attribuent nos défaites, est la supériorité individuelle de l'instruction du soldat prussien sur celle du soldat français. Tandis que les quarante-neuf cinquantièmes de l'armée envahissante savent lire, écrire et compter, quatorze cinquantièmes seulement de notre armée, ce qui ne fait guère honneur au gouvernement déchu, possèdent les mêmes connaissances. On en a conclu, avec une logique plus apparente que réelle, que si l'instruction primaire était rendue chez nous obligatoire, de même qu'elle l'est en Prusse, notre infériorité disparaîtrait aussitôt.

C'est à la fois une profonde vérité et une grande erreur, et pour peu qu'on y prête quelque attention, il sera aisé de reconnaître que cette instruction obligatoire, à laquelle on attribue la supériorité de la Prusse sur la France, peut, à un moment donné, devenir, au contraire, une cause très-efficace d'infériorité chez les Allemands.

Il suffit, pour cela, d'examiner par qui, en Prusse, l'instruction primaire est distribuée dans les masses, et quel esprit, quelle méthode président à cette distribution. Dès son établissement en Prusse, l'instruction obligatoire a pris un double caractère, qui, chaque jour, a été s'accentuant davantage. C'est une instruction à la fois politique et religieuse, dont chaque détail est fixé et déterminé par le fameux *Règlement général de 1763*, qui est encore en vigueur. « Les enfants, dit ce règlement que Frédéric II a composé lui-même, afin de se donner un peuple facilement gouvernable et une armée fortement disciplinable, les enfants ne pourront quitter l'école, non-seulement avant d'être instruits des principes essentiels du christianisme, et de savoir bien lire et bien écrire, mais encore avant d'être en état de répondre aux questions qui leur seront adressées d'après les livres d'enseignement approuvés par nos consistoires. »

Ainsi, l'instruction de l'enfant est absolument remise entre les mains des autorités ecclésiastiques, lesquelles sont elles-mêmes entre les mains de l'État. L'instruction est donc distribuée non-seulement par l'État, dans des limites et dans un esprit arrêtés par lui, mais encore pour l'État, et pour la plus grande gloire des intérêts égoïstes et despotiques du gouvernement.

On instruit l'individu, en Allemagne, non pour élever son niveau intellectuel, les pays envahis ont pu facilement s'en convaincre, mais pour le façonner dans un moule, suivant un type défini, grâce auquel on obtient, quand l'enfant est devenu un homme, un véritable automate discipliné, obéissant aveuglément à ceux qui l'ont formé et pourvu de ces rouages qui rendent ses mouvements utiles, quoique inconscients, rouages qui s'appellent *la lecture, l'écriture et le calcul*.

En un mot, en Allemagne, l'instruction obligatoire éteint la pensée, l'initiative et le raisonnement.

Eh bien! le jour où l'Allemagne ne sera plus conduite par le despotisme intelligent d'un Bismarck, tous ces automates que dirige une main puissante et ingénieuse, ne sauront se mouvoir par eux-mêmes; déshabitués dès le bas-âge de penser, de raisonner, d'agir pour leur propre compte, ces hommes sachant lire, écrire et compter, et auxquels on a fait apprendre à dessein la géographie, et surtout celle de la France, ces hommes seront comme des dictionnaires, des exemples d'écriture ou des tables de calcul, dans lesquels tous les mots, tous les les caractères, toutes les opérations sont réunis, mais qui n'acquièrent un sens et une utilité réelle que lorsqu'on les fait sortir des pages qui les contiennent pour les grouper intelligemment.

Conçue dans cet esprit, l'instruction obligatoire devient un danger réel, une cause de décadence future pour un état, et elle ne saurait en aucune façon s'établir en France.

Si nous voulons que l'instruction obligatoire devienne un instrument de civilisation, et non un moyen d'asservissement et de tyrannie, il faut d'abord qu'elle laisse à la pensée et à la volonté de l'individu toute son initiative, et d'autre part qu'elle développe le sérieux dans les mœurs, qu'elle éteigne ces feux follets de vanité et de fatuité qui traversent à chaque instant l'esprit français, qu'elle présente la discipline, non sous la forme d'un fouet ou d'un plat de sabre, comme dans cette belle Allemagne, mais comme une nécessité publique à laquelle on peut se plier sans abdiquer son indépendance privée. Alors, grâce à l'intelligence, à la diversité des aptitudes de notre nation, grâce à sa vivacité naturelle, à son entrain incontestable, et surtout au sérieux qu'elle aura acquis, grâce à une discipline sévère, raisonnée et volontairement exécutée, la France, devenue capable de s'administrer enfin elle-même, verra fleurir et prospérer de sages institutions républicaines, et, défiant désormais par une bonne et juste organisation une nouvelle invasion, reprendra pour ne plus l'abandonner jamais, la première place dans le grand et majestueux cortége des nations.

DE L'ÉDUCATION

Ce n'est pas tout de donner gratuitement l'instruction primaire et de la rendre directement ou par voie détournée obligatoire pour tous. Il faut encore que l'on applique des méthodes d'enseignement réellement pratiques et dont l'usage développe rapidement les aptitudes des enfants; il faut qu'on ne mette entre leurs mains que des livres qui soient absolument à leur portée et qui, sous une forme précise, nette et saisissante, fassent pénétrer profondément dans l'esprit des écoliers les connaissances qui leur sont nécessaires. C'est ce que personne n'a encore pu atteindre jusqu'ici. Une foule de livres d'éducation, pour ne pas dire tous, ne contiennent que des puérilités ou des choses qui dépassent l'entendement de jeunes enfants. Il conviendrait donc de former une collection d'opuscules variés, courts et clairs, où seraient exposés les éléments de toutes les sciences, et de les répandre à profusion dans toutes les écoles. *C'est ce que nous essaierons de faire prochainement.* Il faudrait aussi que, sous prétexte de développer la mémoire, on ne fît pas apprendre machinalement aux écoliers quantité de choses inutiles qui remplissent leur tête de mots qu'ils ne comprennent pas, généralement, sans la meubler, de même qu'une grande quantité de mets différents, pris en trop grande abondance, gonfle l'estomac, le fatigue, et ne concourt point à l'alimentation. Un des meilleurs procédés d'enseignement, et nous le disons avec l'autorité de l'expérience, est la voix du maître, le tableau noir et la mutualité bien surveillée. Rien ne peut les remplacer. La parole de l'instituteur, lorsqu'il sait se faire écouter de ses petits élèves, se grave plus facilement dans la mémoire de l'enfant que les phrases souvent un peu abstraites du livre. Il y a toujours dans le parler de celui qui enseigne, un je ne sais quoi de persuasif et un ton de causerie que ne comporte point le meilleur des livres et qui donne à ce qu'on veut apprendre un tour aimable, familier et intéressant. C'est là, d'ailleurs, le grand art du maître de savoir rendre agréable, non-seulement son enseignement, mais encore sa personne. Il doit, avant tout, se conquérir l'amitié, la confiance de ses écoliers, tout en leur inspirant assez de respect pour ne point perdre sur eux quoi que ce soit de son autorité. Pratiqué dans de telles conditions, l'enseignement oral est excellent, et avec une heure d'entretien avec leurs instituteurs, les élèves auront appris plus de connaissances qu'ils ne l'auraient fait en deux journées de lecture.

Le tableau noir en présence duquel on met l'enfant qu'on interroge, ne doit pas être laissé de côté, et toutes les fois que, sans perdre de temps, on pourra faire écrire aux jeunes écoliers leur réponse, il importera de ne point l'omettre. L'enfant qui est obligé d'écrire sa pensée, de lui donner une forme qui subsiste, et qui l'expose ainsi d'une façon plus directe à la critique de celui qui l'interroge et des auditeurs qui assistent à son examen, s'habitue à la réflexion; il pèse plus mûrement sa réponse, car s'il fait une faute, elle lui semble plus grossière quand il la voit écrite que lorsqu'il se borne simplement à la commettre verbalement. Jamais le proverbe, *les paroles s'envolent, mais les écrits restent*, ne peut recevoir une meilleure application.

Enfin l'enseignement mutuel est d'une application non-seulement facile dans presque tous les cas, mais encore féconde en heureux effets. Quand le maître aura distingué dans sa classe deux ou trois enfants dont l'intelligence lui aura paru plus ouverte que celle des autres et qu'il croira aptes à prendre un certain ascendant sur leurs condisciples, quand il en aura fait de véritables sous-maîtres, en leur donnant chaque jour une petite leçon particulière, qu'il groupe autour d'eux quelques écoliers d'un caractère docile, auxquels ils feront répéter les leçons qui auront été données pendant la classe. Il obtiendra d'excellents résultats, à la condition expresse cependant qu'il exercera une très-grande surveillance sur les uns et les autres de ces enfants. D'abord une grande émulation s'emparera des élèves, car les enfants sont toujours très-désireux d'acquérir une certaine autorité sur d'autres enfants de leur âge, et, pour obtenir cette distinction flatteuse pour leur amour-propre, ils feront des efforts puissants pour augmenter la somme de leurs connaissances et celle de leurs petits camarades. Ce sera pour le professeur une des meilleures manières de récompenser le travail de ses écoliers, et un moyen facile de se procurer d'utiles auxiliaires. En outre, les enfants s'habitueront ainsi à la discipline, et leur initiative privée se développant par suite de la responsabilité dont ils auront compris et accepté le poids, ils feront un fructueux apprentissage de leur métier d'hommes. Ils apprendront de bonne heure cet art si difficile de savoir commander et obéir aussi bien à plus jeunes qu'à plus âgés que soi, et se trouvant ainsi initiés dès leur jeune âge à la science de la vie, pendant le cours ultérieur de leur carrière, ils ressentiront les heureux effets de cette première préparation aux obligations sociales qu'ils devront contracter un jour. Devenus plus grands, ils se souviendront que si l'égalité de l'individu doit être complète au point de vue légal, celui qui est ignorant doit s'incliner devant celui qui sait, et reconnaître sa supériorité. Quel profit en résultera donc dans l'avenir pour la paix et la bonne harmonie de la société!

En outre de l'enseignement qui est pratiqué actuellement dans les écoles primaires, combien d'autres connaissances peuvent être données aux enfants sans qu'il y ait exagération dans leur travail ni excès de fatigue pour l'instituteur! Ainsi, les récréations, pendant lesquelles les écoliers gaspillent leur temps en jeux frivoles ou en bavardages oiseux, qui nuisent quelquefois même à leur esprit et à leur moralité, peuvent devenir une source de travaux intéressants et profitables. Les enfants aiment à jouer aux soldats : c'est un sentiment naturel qui se rencontre chez presque tous les bambins. Pourquoi ne pas utiliser ce goût pour leur apprendre l'exercice et le maniement des armes tout en les amusant? C'est encore un moyen très-pratique de développer le corps et d'accoutumer l'esprit à la discipline, et d'écarter, lorsque la première adolescence arrive, ces conversations et ces préoccupations dangereuses qui flétrissent souvent l'intelligence et le cœur. Devenu homme, l'enfant aura le corps tout préparé aux travaux de son métier de soldat, qu'il remplira plus facilement, avec moins de fatigue et de dégoût.

Une gymnastique peut être installée à peu de frais dans la cour d'une école, et l'enfant, tout en jouant, donnera à ses membres cette souplesse et cette agilité qui, du corps, passent bientôt dans l'esprit. Quand on n'est point embarrassé de sa personne, on est beaucoup plus maître de l'usage que l'on veut faire de ses facultés intellectuelles. Ce n'est pas tout encore. Pendant les heures de loisir ou de promenade, le maître, s'il est zélé et intelligent, s'il aime réellement cette enfance au milieu de laquelle il vit, trouvera le moyen d'inculquer à ses jeunes disciples des notions pratiques d'agriculture, d'horticulture et d'apiculture; il pourra leur faire connaître certaines plantes utiles, leurs propriétés et leur emploi presque journalier; leur enseigner l'usage de tel ou tel instrument. A propos d'un insecte qui traversera la cour ou le chemin, il leur indiquera quels sont ceux qui sont dangereux pour les récoltes et dont il est urgent de se débarrasser. Une nichée découverte pendant une promenade fournira l'occasion de parler des services que les oiseaux rendent à l'agriculture et à la santé de l'homme, et tous ces mille riens serviront, plus qu'on ne le pense généralement, à fonder les premières assises de l'éducation de l'enfant.

Puisqu'on enseigne aux écoliers le catéchisme religieux, il serait bien facile de leur apprendre aussi une sorte de catéchisme social, qui leur serait aussi d'une grande utilité dans la vie.

En tête de nos codes est inscrite cette disposition passée à l'état d'axiome : *Nul n'est censé ignorer la loi*. Eh bien ! donnez dès le jeune âge aux enfants quelques notions de cette loi qu'ils doivent servir et respecter un jour. Il ne s'agit pas d'en faire des avocats et des notaires, mais de leur apprendre les points principaux et usuels du pacte social. Un savant jurisconsulte, M. Picot, a composé l'an dernier un petit livre, tout élémentaire, par questions et par réponses, conçu tout à fait sur le plan et dans l'esprit du catéchisme catholique, auquel il a emprunté son titre. Cet opuscule serait avec fruit étudié et commenté dans les écoles primaires.

Mais, pour réaliser toutes ces choses, il faut commencer par avoir de bons maîtres. Il faut qu'ils soient dévoués, instruits, patients et intelligents. Est-ce donc si difficile à rencontrer chez un peuple aussi généreux que le nôtre? Non, certes! et le jour où le Gouvernement le voudra, les instituteurs auront toutes ces qualités indispensables. L'instituteur, voilà le grand élément de réorganisation sociale; c'est à la formation, au perfectionnement de l'instituteur que doivent tendre tous les efforts de l'État.

Pour obtenir de bons éducateurs de l'enfance, il suffit de rendre leur situation honorée et honorable, et, par conséquent, de les rétribuer ainsi que le méritent les immenses services qu'ils rendent à la Société. Le jour où l'instituteur sera suffisamment rémunéré pour pouvoir vivre indépendant et où une retraite convenable lui sera assurée, ce jour-là l'éducation de l'enfant du peuple aura fait un grand pas, et, par suite, la régénération de notre pays sera à la veille d'être accomplie.

DE LA RÉPUBLIQUE

Nous avons dit en terminant le chapitre précédent que, grâce à l'instruction primaire rendue obligatoire, et intelligemment dirigée, c'est-à-dire, tendant à développer l'initiative individuelle, le respect de la morale, et l'obéissance aux lois qu'impose l'obligation de vivre en société, la France verrait fleurir les institutions républicaines.

Il convient donc d'expliquer ce qu'est la République et de dissiper les malentendus innombrables, grâce auxquels une grande partie de la population des campagnes est encore hostile à cette forme de gouvernement.

Nous ne nous arrêterons pas à réfuter l'un après l'autre les sophismes que tous les partis monarchiques ont successivement employés pour combattre l'établissement du régime républicain dans notre pays. Ce serait un travail tout à fait en dehors du cadre de ce livre, et qui demanderait plusieurs volumes de la capacité de celui-ci. Mais, confiants dans le bon sens et la rectitude d'esprit de nos lecteurs, qui fait le fond du caractère français, nous nous bornerons à esquisser rapidement les nombreux avantages que présente la République pour l'administration et la direction des affaires d'un pays.

Et d'abord, qu'on nous permette une comparaison. Il n'est personne qui n'ait vu de près une ruche, pour peu qu'il ait habité les champs, ou qui, s'il n'a point quitté la ville, n'ait lu quelques détails sur les mœurs des abeilles. Eh bien! tâchons de prendre modèle sur ces intéressantes et infatigables petites bêtes, et, en agissant comme elles, nous aurons bientôt institué chez nous la meilleure et la plus féconde des Républiques.

Que se passe-t-il en effet dans cette ruchée bruyante où l'on sent que circulent à grands flots la vie et l'activité? Tout le monde y travaille. Par un accord tacite, une discipline implacable y règne, à laquelle tout le monde se soumet, et que chacun se charge de faire exécuter strictement par son voisin. Personne ne commande et tout le monde obéit spontanément à la loi commune, personne ne peut s'en écarter, sous peine de mort. Il n'y a point de reine, bien que le mot soit employé improprement : il n'y a qu'une *mère*. L'insecte qui a reçu ce titre, loin de commander est au contraire sous la tutelle des travailleurs qui l'entourent; il est chargé de perpétuer la race et n'a point d'autre fonction.

Qui nous empêche donc d'agir avec autant de sagesse que des bestiales dépourvues d'intelligence! Pourquoi ne nous entendons-nous pas, ne nous unissons-nous pas tous, pour arriver, grâce à un effort commun, à travailler pour le bien du pays, en dehors de toute ambition personnelle, quand chacun de nous, cependant, le désire. Si ce premier principe était admis, si, grâce à une éducation austère, nous l'inculquions de bonne heure à nos enfants, ne voit-on pas que l'autorité despotique d'un monarque serait devenue une rêverie impossible à réaliser, et dont l'inutilité frappe même les plus aveugles. Non-seulement des citoyens marchant avec un tel accord n'auraient point besoin d'un maître pour les diriger, mais encore, aucune volonté ne serait assez puissante pour devenir la maîtresse d'un peuple animé d'un si grand esprit d'union.

Qu'est-ce donc qui nous empêche d'en venir là? Rien. Il suffit d'un peu de bonne volonté; il suffit de ne pas prêter l'oreille aux paroles insinuantes de certaines personnes qui ont intérêt à nous désunir pour conserver leur autorité et leurs privilèges; il suffit de se bien persuader que le travail est une loi nécessaire à laquelle personne ne peut et ne doit se soustraire, et que chacun doit s'appliquer dans la mesure de ses forces et de ses aptitudes.

Il faut encore, tout en revendiquant hautement sa liberté et son indépendance individuelle, se rendre un compte exact du point où elles commencent, des limites où elles s'arrêtent, et surtout respecter scrupuleusement la liberté et l'indépendance de son concitoyen.

Il faut enfin placer l'amour de la patrie au-dessus de toutes les affections, ou plutôt faire converger toutes ses affections vers le culte du pays. Voilà les trois vertus théologales du citoyen. Quand nous pratiquerons ces trois grandes vertus, quand elles seront pour ainsi dire passées dans le sang de nos enfants, nous serons nécessairement des républicains, et nous n'aurons besoin de personne pour nous gouverner. Nous ferons nous-mêmes nos propres affaires, sans avoir besoin d'abdiquer entre les mains d'un despote ou d'un incapable. C'est là qu'il faut que nous en arrivions, lecteurs, si nous voulons que nos affaires soient bien faites et si nous voulons conserver le bien et la vie de nos enfants.

De deux choses l'une, en effet : ou le monarque a une influence réelle sur les destinées du pays, ou il n'en a point. S'il n'est que la représentation fictive d'un pouvoir, à quoi bon consacrer des millions et des millions encore pour l'entretenir lui et sa cour, ses parents, leurs favoris et tout leur train ; à quoi bon faire tant de dépenses pour parer un fantôme inutile, une poupée, un véritable mannequin couronné?

Si, au contraire, l'homme à qui nous aurons laissé prendre l'autorité royale est un habile homme, un finaud, n'est-il point humiliant et cruel de penser que, comme cela s'est fait jusqu'à ce jour, s'il lui prend fantaisie de déclarer la guerre ou de corrompre les représentants du pays, pour voter des impôts arbitraires, il faudra, suivant son gré, laisser là la charrue, le vieux père, enfin, tout ce qu'on a de plus cher, pour prendre le fusil, ou suer sang et eau pour remplir les caisses publiques que ce roi videra ensuite dans la poche de ses amis, ou sur les jupes de ses courtisanes. Bienheureux encore si ce monarque n'emploie pas ces impôts, qu'on a eu tant de peine à payer, pour susciter des embarras sans nombre au pauvre peuple épuisé.

Donc un gouvernement républicain, c'est-à-dire un gouvernement sous lequel tout le monde travaille et se soumet à la loi, renferme tous les avantages que peut donner la forme monarchique, sans faire courir les mêmes dangers au pays. Car un monarque est nécessairement ou un sinécuriste ou un maître, et il ne faut plus, chez nous, ni d'oisifs, ni de despotes. Assez comme cela.

Les uns sont inutiles, les autres sont dangereux. Écartons-les donc tous deux.

Comme l'a très-bien dit M. Gambetta dernièrement aux Bordelais, la République, grâce à l'expérience qui en est loyalement et intelligemment faite depuis dix mois, a perdu cette couleur d'agitation et de désordre, sous laquelle ses ennemis se plaisaient à la peindre. La liberté qu'elle défend est celle de faire tout le bien possible; elle reprouve et proscrit la liberté de faire le mal.

En un mot : La République est le règne de la Justice, et pas autre chose. Nous sommes heureux de voir, par les résultats des élections qui viennent d'avoir lieu, que la province et la campagne surtout commencent à la comprendre ainsi.

Le despotisme de la JUSTICE est le seul que nous devons désormais accepter. Celui-là, chers lecteurs, ne nous trahira jamais.

DES ÉLECTIONS

Le suffrage universel est la grande arme du peuple contre les usurpations du pouvoir. Mais de même qu'avec une arme mal maniée, un combattant peut se blesser en se défendant, de même, en usant maladroitement du suffrage universel, une nation peut marcher à la ruine, à l'asservissement et frapper sa liberté d'un coup mortel. Le scrutin du 10 décembre et le plébiscite du 8 mai, qui, à deux reprises, ont jeté la France pieds et poings liés entre les mains de Napoléon, en sont un lamentable exemple.

Comment donc faut-il user de ce droit si précieux du suffrage? Comment éviter les piéges et les dangers dont est entouré l'exercice de ce droit?

Il faut d'abord que l'électeur se pénètre de cette vérité qui doit le rehausser à ses propres yeux : c'est qu'en votant il fait acte de souveraineté. Eh bien ! il y a dans la vie, bien peu d'actes sérieux auxquels on ne se prépare par des exercices quelconques, destinés à développer les aptitudes particulières dont l'acte que vous voulez accomplir, nécessite l'emploi. Or, quelle est la première condition que doit remplir un homme qui est dépositaire d'une portion de la souveraineté du pays? N'est-ce pas d'être assez instruit pour pouvoir étudier par lui-même, avec ses propres réflexions, dans quel sens il doit faire usage de cette souveraineté. Il doit aujourd'hui choisir un agent entre les mains duquel il remettra une partie de ses intérêts et qui s'appelle conseiller municipal, ou conseiller général, ou député. Ne sent-on pas combien c'est là une chose grave que ce choix duquel peut dépendre la paix et la prospérité de la commune, du département ou du pays? N'est-il donc pas de toute nécessité que celui qui va faire ce choix se mette en état de l'établir en toute connaissance de cause, c'est-à-dire qu'il puisse lire d'abord la profession de foi de celui qui sollicite l'honneur de recevoir son suffrage, puis les divers documents qui lui permettent de se renseigner sur la moralité, la capacité, les tendances de son futur homme d'affaires; il faut qu'il puisse étudier tout cela lui-même, afin de soustraire son esprit à l'influence d'un narrateur peut-être intéressé. Il est bon aussi qu'il se rende compte des diverses circonstances de l'histoire du pays qui présentent de l'analogie avec la situation dans laquelle il est appelé à voter, et qu'il voie bien quelles conséquences peut entraîner le choix d'un représentant de tel ou tel caractère, ou de tel ou tel tempérament. Donc tout électeur doit savoir lire et, s'il ignore l'art de la lecture, son premier devoir est de l'apprendre, s'il veut que son vote soit celui d'un bon et utile citoyen.

Si le sens politique des individus était plus développé chez nous, il serait fort inutile de rendre l'instruction primaire obligatoire. Il suffirait de bien faire sentir à chacun l'importance du suffrage universel, la force qu'il donne à la nation, les garanties dont il entoure sa liberté. Cela étant compris, chacun voudrait s'instruire assez pour ne pas compromettre l'usage d'un droit si précieux.

Il est évident que la lecture entraîne l'écriture, et que la seconde de ces connaissances est la conséquence de la première. Le calcul découle nécessairement de toutes les deux. Donc voilà ce que doit savoir tout individu qui a souci d'être un bon citoyen, et qui veut, par son suffrage, concourir efficacement à la gestion des affaires du pays.

Ce n'est pas tout encore. Si votre fortune ou celle de vos enfants se trouvait engagée dans une exploitation quelconque, ainsi que celle de plusieurs de vos voisins, et qu'il vous fallût choisir quelques hommes pour les charger du soin de gérer cette exploitation, que feriez-vous? À coup sûr vous vous entoureriez de toutes les lumières possibles pour vous guider sur le choix de votre gérant, et surtout, le moment du choix arrivé, vous ne manqueriez point d'accourir à l'heure dite, pour faire connaître le nom de celui qui vous inspire le plus de confiance.

Pourquoi donc, alors qu'il s'agit des intérêts du pays tout entier, alors que, par suite de la faiblesse ou de l'énergie, du savoir ou de l'ignorance de ceux que vous allez choisir, la nation tout entière peut être entraînée à la ruine; pourquoi donc ne prenez-vous pas les mêmes précautions, ne déployez-vous pas la même activité, la même vigilance? Près d'un tiers des électeurs ne se dérange point, comme si c'était du temps perdu que celui qui est employé à remplir un devoir aussi sérieux, aussi sacré, j'ose le dire, que celui de l'élection.

Il y aura toujours assez de voix, sans la mienne, dites-vous! Cette excuse des électeurs négligents est une absurdité. Qui ne sent, en effet, que si un grand nombre de bons esprits tiennent ce langage que leur inspire la paresse ou l'indifférence, les mauvais sujets, qui sont toujours bien unis et bien organisés, peuvent devenir, par suite des abstentions, une majorité redoutable? Et puis, ne concevez-vous pas combien un député qui obtient de trente à quarante mille voix se sent plus ferme, plus sûr, mieux appuyé par ses mandants que celui dont l'élection est due à une faible majorité?

Si vous alliez au combat, diriez-vous : Il y en a assez qui tireront des coups de fusil sans moi? Non, n'est-ce pas? Un fou tiendrait seul un pareil langage. Eh bien, retenez ceci : c'est que l'élection de tel ou tel mandataire est un combat qui a bien plus de conséquence que tout autre, car il s'agit, dans les luttes pacifiques du scrutin, de la vie morale de la nation.

Ce n'est pas un combat qui détruit, c'est un combat qui féconde et qui édifie; c'est la lutte sacrée de la liberté contre l'asservissement; celui qui la déserte ou qui ne se met pas en état de la soutenir avec efficacité, n'importe pour quelle cause, celui-là est un mauvais citoyen, c'est un fuyard, c'est un lâche.

J'admets maintenant que, bien pénétré de cette nécessité absolue d'aller voter, aucun citoyen ne soit disposé à s'abstenir au moment d'une élection; il lui reste encore un autre devoir à remplir, pour que son vote soit véritablement utile. Il lui faut s'affranchir de toute influence extérieure qui ne lui semblerait pas converger exclusivement vers le bien du pays, et il doit s'appliquer à puiser dans ses propres réflexions les motifs qui doivent déterminer son choix. Je sais qu'il est souvent malaisé de se soustraire à la captation, et que les esprits les plus fermes se trouvent souvent entraînés à faire des concessions que leur demande soit l'amitié, soit l'intérêt, soit une foule d'autres circonstances fortuites qui peuvent surgir au moment du vote; mais il faut réagir énergiquement contre ces diverses influences.

L'Empire avait habitué les individus, et particulièrement les habitants des campagnes, à accepter comme mandataire un homme que le préfet choisissait avec soin parmi les serviteurs les plus dociles du pouvoir. Les campagnards qui, avec un sentiment très-juste du devoir, ont un profond respect pour l'autorité, se laissaient bénévolement imposer le choix du souverain, et, au lieu d'avoir un représentant prêt à défendre leurs droits et leurs intérêts, voyaient au contraire ces droits et ces devoirs sacrifiés par un mandataire infidèle, aux caprices ou à l'imbécillité du souverain. Aussi, on sait ce qu'il en est résulté.

Maintenant que le détestable régime des candidatures officielles a disparu avec l'Empire; que chaque Français a dû reconnaître qu'il avait eu tort de ne pas s'occuper suffisamment de politique; de confier sa destinée, celle de ses enfants à un seul homme, et que le gouvernement actuel laisse le suffrage universel prononcer librement son verdict, le danger qui vient d'être signalé est, en grande partie, écarté; mais il y a encore certaines influences de camaraderie ou de clocher dont il faut soigneusement se défier. Qu'à l'approche d'une élection, chaque citoyen fasse en lui-même, isolément, un sérieux examen des capacités et des mérites des candidats qui briguent son suffrage; qu'il se mette dans la situation d'un homme qui serait dans la nécessité de confier à quelqu'un la gestion de son bien; qu'il réfléchisse à ce qu'il a entendu dire des candidats, aux propos qu'ils ont tenus; qu'il tâche de se rendre compte du degré d'énergie, de patriotisme, d'incorruptibilité de leur caractère; qu'il fasse abstraction de toute considération étrangère à la personne de celui entre les mains de laquelle il va confier ses intérêts politiques; alors, sa raison étant éclairée, son choix étant mûri, fort de sa conscience et de son droit, qu'il aille hardiment au scrutin, et, ce devoir solennel accompli, il pourra dire avec autant d'à-propos que l'empereur romain : *Allons, je n'ai point perdu ma journée.*

DE LA LOI DE LA JUSTICE ET DE LA POLICE

Dans les chapitres précédents, nous avons souvent parlé du respect de la loi, et nous avons dit que c'était une condition des plus essentielles à la régénération de notre pays. Qu'est-ce en effet que la loi? C'est un pacte conclu entre tous les citoyens d'une même nation, une obligation mutuelle qu'ils contractent les uns vis-à-vis des autres, une obligation qu'ils s'imposent réciproquement de se conduire de telle ou telle façon, d'agir de telle ou telle manière dans des circonstances déterminées. Lorsque des individus se réunissent pour une exploitation commerciale, ils commencent par rédiger ce qu'on appelle un acte de société. Cet acte définit les diverses attributions des participants à l'affaire, leur impose des devoirs, leur fixe des obligations. Ils ne peuvent, sous peine de dissolution, enfreindre les règles de conduite qu'ils ont adoptées d'un commun accord. Eh bien! la loi est l'acte de société d'une nation. De même qu'une association de commerçants nuit à ses intérêts en n'exécutant pas le pacte qui engage ses différents membres, ainsi un peuple fait péricliter sa prospérité et sa grandeur, si chaque citoyen n'est pas disposé à respecter les différentes clauses du pacte social qui lie les individus dont l'ensemble constitue la nation. Cela est aisé à comprendre, mais n'est point, malheureusement, toujours mis en pratique, grâce à la triste éducation donnée au plus grand nombre.

Au temps où les lois n'étaient que l'expression du caprice d'un despote, et ne représentaient que les fantaisies de son bon plaisir, il était admissible que ces lois fussent considérées comme un joug brutal et comme une chaîne pesante. Mais aujourd'hui que la nation tout entière, par l'organe de représentants qu'elle choisit dans ce but spécial, est appelée à fixer les règles qui doivent présider au fonctionnement de la société, il y aurait contradiction flagrante à vouloir récuser l'autorité de ces règles.

Ce serait une véritable félonie, un acte de mauvaise foi au premier chef. Vous vous engagez par un pouvoir que vous déléguez à un mandataire, à agir de telle ou telle sorte : si vous manquez à votre engagement, ou si vous vous révoltez contre lui, vous commettez une sorte de parjure. Cela prouve une fois de plus quel soin et quelle réflexion l'on doit apporter au choix de ces représentants auxquels vous donnez procuration pour régler vos droits et fixer vos devoirs. Nous le répétons ici de nouveau, vous n'apporterez jamais trop de soins dans ce choix, et n'oubliez pas que le respect de la morale est l'honnêteté des individus, comme le respect de la loi est l'honnêteté des peuples.

Aussi, voyez chez les nations vraiment grandes et libres, avec quelle religion est observée la loi. En Angleterre, par exemple, cet esprit de discipline est poussé à un degré extraordinaire, et le citoyen le plus ignorant comme le plus savant, s'inclinera sans mot dire devant ces mots : La loi ordonne ainsi. Il ne discutera pas, il sent qu'en portant atteinte à la loi, il affaiblirait une autorité qui peut à un moment donné devenir sa sauvegarde et sa protection. Et cependant la législation anglaise est loin d'être empreinte de ce caractère véritablement national qui caractérise la nôtre. Avec combien plus de respect devrions-nous donc écouter les arrêts que prononce cette autorité vigilante et tutélaire, à laquelle nous faisons si énergiquement appel lorsque nous sommes lésés dans l'exercice de nos droits, et que nous récusons cependant si légèrement, lorsqu'elle nous rappelle à l'accomplissement de nos devoirs.

Qu'on ne dise jamais : Je ne me soumets pas à cette loi, parce qu'elle est mauvaise. Si elle est mauvaise, faites la modifier par vos mandataires, par vos représentants que vous avez nommés vous-mêmes, vous en avez le droit; mais jusque-là obéissez-loi strictement, sinon vous tomberez dans une épouvantable anarchie. Car, en appliquant un semblable raisonnement, chacun se croira bientôt en droit d'agir absolument à sa guise, et c'en sera fait à jamais de la liberté et de l'égalité, ces deux grandes conquêtes de notre glorieuse révolution de 1789.

Ce respect que nous devons à la loi doit être évidemment étendu à ceux qui sont chargés de la faire exécuter, et de l'appliquer, en un mot, à ceux qui rendent la justice. Car la justice n'est rien autre chose que la loi mise en action. C'est pour cela que de tous temps les citoyens qui ont eu à remplir des fonctions judiciaires ont toujours revêtu un caractère presque sacré et sacerdotal. La trace de ce caractère sacerdotal se retrouve même dans le costume des juges, qui a quelque analogie avec la robe des prêtres. Avec quel discernement le Gouvernement ne doit-il pas confier une mission si grande et si délicate à des hommes auxquels l'indépendance, l'impartialité, la raison, le sang-froid, l'énergie et surtout les connaissances des hommes et des choses humaines, sont des qualités indispensables! Aussi rien n'a été plus préjudiciable au respect qui doit accueillir les arrêts de la justice, que cette légèreté coupable avec laquelle, sous l'Empire, certains magistrats remplissaient leurs devoirs. Bien plus préoccupés de servir les rancunes du souverain, que d'appliquer la loi dont ils étaient les ministres, ils n'usaient des glorieuses attributions qui leur étaient confiées, que pour exercer de honteuses vengeances, sachant bien que leur ambition serait récompensée de cet acte de lâche et coupable condescendance. Ces hommes, il faut bien le dire, sont en exception, car de l'aveu de tous les peuples, la magistrature française brille au premier rang par son savoir et son intégrité. Il ne faut donc point faire rejaillir sur la justice, les fautes qui sont commises par plusieurs de ceux qui sont chargés de prononcer en son nom, et les esprits sensés et justes doivent faire la part de la faiblesse humaine, et surtout de la détestable influence qu'a exercée le régime corrupteur sous lequel nous avons vécu. Mais avec un gouvernement républicain, loyal et ferme, comme celui qui dirige actuellement les destinées de notre pays, avec un peu plus d'instruction et d'éducation répandues dans les masses, avec moins d'indifférence pour le choix à faire de nos représentants, avec un contrôle sérieusement exercé par une assemblée dont les membres sont les véritables mandataires du pays, et enfin, avec un contrôle sérieux sur les actes des fonctionnaires publics, de semblables méfaits ne sont plus à craindre, et nous devons nous incliner respectueusement devant la justice dont le caractère sacré ne saurait être rendu responsable des erreurs de quelques hommes.

A côté de la justice et de la loi se place une sentinelle vigilante dont le rôle doit être de signaler ceux qui veulent enfreindre le pacte social, et de protéger la société contre les agissements des rebelles qui ne veulent point se soumettre aux engagements réciproques conclus ou acceptés par les citoyens, qui, vivant en commun, forment cette grande famille qu'on appelle une nation.

Hélas! il faut bien le dire, cette sentinelle n'a jusqu'alors été ni respectée, ni estimée, parce qu'elle n'était ni respectable, ni estimable, et parce qu'au lieu de veiller sur la sécurité des individus, elle espionnait leurs actes au profit du pouvoir. Au nom seul de police on détourne la tête avec une sorte de mépris mal dissimulé, car ce mot évoque tout un monde de souvenirs honteux dont on a peine à se défaire.

Mais réfléchissons froidement, sans parti pris et sans arrière pensée, dans l'hypothèse heureusement réalisable, nous l'espérons, d'un gouvernement moral et d'un peuple moralisé. Est-il, franchement, rien de plus indispensable pour la sécurité de la société que l'établissement de la police; de la bonne police, bien entendu? La police n'est-elle pas, en effet, cet œil toujours ouvert au regard duquel le coupable sait qu'il ne peut point se soustraire, et dont la présence suffit quelquefois à l'arrêter sur le penchant du crime? Ces agents, qu'on les appelle sergents de ville, gendarmes, gardiens de la paix ou gardes champêtres, qui parcourent jour et nuit nos rues et nos chemins, n'est-ce point à eux que nous devons de pouvoir à toute heure circuler sans crainte des malfaiteurs? Certes, entre les mains d'un pouvoir corrompu, ils peuvent devenir des agents de corruption et d'oppression, mais obéissant à une autorité honnête et moralisatrice, ils rendent à la société d'incalculables services, et méritent en conséquence d'être entourés de tous les égards. On a dit souvent : Tous ces gens-là sont inutiles; chacun peut bien faire sa police lui-même. C'est une rêverie d'honnête homme, c'est possible, mais c'est une rêverie et pas autre chose. Un chef de maison paye un surveillant pour parcourir son usine et veiller à ses intérêts, aux incendies et aux accidents de toute nature; il n'a pas le loisir, absorbé qu'il est par ses affaires, de tout inspecter par lui-même. Il en est ainsi de la plupart d'entre nous. Nos occupations ne nous permettent pas toujours, non-seulement de veiller sur les autres, mais encore de veiller sur nous-mêmes. Eh bien! il est naturel que nous confiions ce soin à des citoyens que nous rétribuerons à cet effet. C'est pourquoi l'on veut que la police soit véritablement une sentinelle et nullement un espion politique. Il faut que dans chaque ville, dans chaque village, elle soit exclusivement placée sous l'autorité municipale, et que le Gouvernement ne l'ait plus dans sa main comme par le passé. Il faut, en outre, que les agents soient choisis avec soin, qu'ils soient bien rétribués, et qu'ils offrent les garanties morales qui leur ont manqué totalement jusqu'alors, et que l'intelligence, qui trop souvent n'a été que l'intelligence du mal, ne soit pas la seule qualité qu'on exige d'eux.

Nous aurons alors une bonne police qui sera l'utile auxiliaire de la justice et de la loi; elle sera digne d'estime et de considération, et au lieu du mépris et de la haine qu'elle a si souvent recueillis jusqu'alors, elle s'attirera le respect et la reconnaissance de tous les bons et honnêtes citoyens.

DE L'ADMINISTRATION ET DES EMPLOYÉS

Un homme d'esprit a dit : En Angleterre on ne voit que des actionnaires, en Prusse des factionnaires, en France des fonctionnaires. Il est impossible de mieux définir un des travers les plus accentués de notre époque : la manie des places qui a envahi tous les esprits. Avoir son fils au Ministère est une des satisfactions les plus vives que puisse ambitionner un brave père de famille, et devenir sous-chef dans un bureau est le rêve d'une bonne moitié des jeunes français. Il n'est pas un seul petit commerçant qui n'élève son enfant dans la prévision qu'il pourra le faire entrer comme surnuméraire dans une administration quelconque. Il s'impose des sacrifices considérables pour donner à son fils une éducation dite libérale, et quand le jeune homme en question a obtenu la palme de bachelier, il va croupir dans un bureau où il s'empresse d'oublier tout ce qu'il a appris dans le cours de ses études. Il arrive à dix heures à son ministère, il en sort à quatre. Qu'a-t-il fait pendant ces six heures? Il a lu son journal, il a poli ses ongles, il s'est chauffé si c'est en hiver, il a somnolé si c'est en été, il a copié trois ou quatre pages d'un rapport, répondu impertinemment au public qui s'est permis de le déranger, et recommencera les mêmes travaux pendant tous les jours de l'année à l'exception des fêtes et dimanches. La paresse s'installe petit à petit dans le cœur de notre jeune homme, il s'abandonne à ce train de vie commode, s'habitue à gagner très-facilement un modique salaire, fait quelques dettes, qu'il paiera à la fin de l'an avec sa maigre gratification, et attend nonchalamment que la mort ou la maladie d'un supérieur imprime quelque impulsion à l'échelle hiérarchique, et que montant d'un degré, il ait encore moins de travail à faire, moins d'heures à donner à son bureau, et un peu plus d'argent à toucher.

Si vous lui parlez des affaires dont la solution est confiée à ses soins, il sourira en disant que ce n'est pas la peine de s'échiner à travailler pour l'Etat qui ne vous paye pas, et qu'il faut lui en donner pour son argent. Il accomplit son devoir sans zèle, souvent avec dégoût, parle mal du Gouvernement qu'il sert et qu'il discrédite, peste contre la bureaucratie et profite de ses relations pour mettre son fils comme boursier au collège, puis pour le faire entrer à son tour comme surnuméraire dans un bureau. Les administrations publiques se peuplent ainsi de gens aigris, grincheux et mécontents, qui ne font rien qui vaille, et qui mécontentent par leur hauteur et leur manque d'urbanité, les personnes qui s'adressent à eux pour leurs affaires. Qui est-ce qui recueille le fruit de ce mécontentement ? C'est le Gouvernement.

Mal servie, compromise, discréditée par ceux qu'elle emploie, il est grandement temps que l'administration du pays modifie son organisation.

On l'a dit et redit à satiété, le personnel des employés est trop nombreux ; il prive l'industrie, le commerce, l'agriculture et les arts d'une foule d'intelligences qui viennent s'atrophier dans les bureaux. La bureaucratie est une pépinière de gens maussades, nonchalants et à vue étroite qu'il s'agit de cultiver autrement.

Au lieu d'employer dix jeunes gens ayant fait de bonnes études pendant six heures par jour, à faire la besogne qu'un individu intelligent pourrait accomplir à lui seul en quatre heures, confiez le travail à cet individu-là, payez-le comme vous auriez payé quatre des autres, et renvoyez-en neuf planter des choux, vendre du sucre et de la canelle, ou travailler dans une usine ; l'Etat et la Société s'en trouveront mieux. Le premier aura fait une économie et sera bien servi ; la seconde aura acquis neuf intelligences que le travail développera et dont la fortune publique fera son profit.

Au lieu d'admettre dans les bureaux des ministères une foule de jeunes gens sur la recommandation de M. X... ou de Mme Z..., établissez à la porte de chaque grande administration de sérieux comités d'examen devant lesquels les candidats devront d'abord comparaître. Hérissez de difficultés l'accès des ministères, mais rétribuez dignement ceux qui les auront franchis. Lorsqu'on verra que ces places si enviées ne sont plus données par la faveur, et surtout que, le personnel étant considérablement restreint et trié sur le volet, il faudra travailler consciencieusement, le cortège des paresseux et des incapables qui assiège les bureaux administratifs se dirigera d'un autre côté.

On n'assistera plus à ce spectacle ridicule de jeunes gens dont une bonne moitié ne fait rien et laisse à l'autre le soin d'expédier les affaires, tout en émargeant à chaque fin de mois des sommes qui, pour être médiocres, isolément, n'en produisent pas moins un total très-respectable. Les contribuables ne sont aucunement ravis d'entretenir ainsi, de leurs propres deniers, une population d'oisifs qui sont le plus souvent peu gracieux lorsqu'on a recours à leur ministère.

C'est là encore, en effet, un des travers les plus saillants de l'employé, que cette morgue qui le caractérise dans ses rapports avec le public. Il faut que l'administration fasse bien comprendre à ses représentants qu'ils sont payés par les contribuables pour faire les affaires des contribuables, et qu'en conséquence ils sont les serviteurs des contribuables et leur doivent les plus grands égards. Or, c'est tout le contraire qui se passe actuellement. Si le Gouvernement veut se concilier des sympathies, il lui faut se servir d'auxiliaires remplis d'urbanité et qui sachent se mettre véritablement à la disposition du public dont ils doivent faire les affaires. On juge toujours les supérieurs auxquels on a rarement l'occasion de s'adresser, d'après les inférieurs avec lesquels on se trouve en relations plus fréquentes. Eh bien, lorsqu'on verra les employés les plus modestes de la hiérarchie administrative polis, affables, travailleurs, intelligents et intègres, on prêtera volontiers toutes ces qualités excellentes à ceux qui les dirigent, et tout le monde sera satisfait d'un pouvoir qui sait choisir avec tant de tact ceux qui doivent servir d'intermédiaires entre les gouvernants et les gouvernés.

L'OUVRIER ET LE BOURGEOIS

Une des causes les plus sérieuses de l'ébranlement de la société actuelle réside dans l'animosité qui sépare l'homme qui travaille de ses mains, de l'homme qui se sert seulement de ses facultés intellectuelles pour obtenir un salaire. L'ouvrier professe en général un profond mépris pour ceux qui ont embrassé des professions dites libérales, et regarde leurs mains blanches en haussant les épaules, tandis qu'il murmure tout bas le mot de : Fainéant. Son mépris est si réel qu'il réserve le nom de travailleurs à ceux-là seuls qui accomplissent des ouvrages manuels, à l'exclusion des autres, dont l'intelligence est le seul instrument de labeur. Cette animosité irréfléchie grandit chaque jour et a presque atteint la proportion d'une haine invincible; tant qu'elle subsistera, toute régénération sera devenue impossible, ou du moins se trouvera ajournée, car la première condition au prix de laquelle notre pays peut être régénéré, c'est de faire régner l'union entre toutes les classes de la société aussi bien qu'entre les individus. La bête noire de l'ouvrier, si l'on veut bien nous passer la trivialité de cette expression, c'est le bourgeois : il le considère comme un inutile et un *propre à rien*, tandis que lui se qualifie peu modestement de *sublime*. Au lieu de rire de ces prétentions qui, dès le premier abord, paraissent singulières et peu justifiées, il convient d'examiner ce qui les a fait naître et les rend jusqu'à un certain point explicables.

Il est hors de doute que le bourgeois a toujours considéré l'ouvrier comme un être appartenant à une classe inférieure, dont on utilisait le travail, et auquel on donnait en échange un salaire, rogné le plus qu'il était possible. Tandis que la situation de l'ouvrier ne s'améliorait guère, celle du bourgeois allait au contraire toujours en prospérant. La révolution de 1830, faite par la bourgeoisie, établit un régime qui fut tout à l'avantage de cette dernière qui eut le monopole exclusif des faveurs d'un gouvernement qu'elle avait créé.

Richesse, honneurs, rang politique, la bourgeoisie accapara tout. Glorieuse d'avoir fait un roi, vaine des caresses dont elle était l'objet de la part du pouvoir, ravie de sortir de son comptoir pour aller se prélasser dans les fauteuils de la cour la plus débonnaire qu'il y eut jamais, la bourgeoisie crut résumer en elle toutes les forces vives du pays, et accueillit d'un air dédaigneux les doléances et les réclamations de la classe ouvrière; ou, ce qui était encore moins habile, lui fit sentir sa supériorité politique et morale. Au lieu de chercher à établir des liens solides entre elle et les ouvriers, en les traitant en collaborateurs, elle crut avoir tout fait en augmentant leur salaire. Ainsi, lorsque sous Louis-Philippe, M. Leclaire, entrepreneur de peinture à Paris, où il exerce encore actuellement cette industrie, voulut créer la première société de participation, et associer ses ouvriers à ses bénéfices, le règlement, dont il soumit l'adoption au Conseil d'État, fut désapprouvé, et dans le public, son idée fut jugée chimérique et folle. Cependant à force d'instances, il parvint à établir dans sa maison la société qu'il avait rêvée, et qui fonctionne depuis plus de 25 ans.

Il a fait sa fortune, et donné l'aisance à un grand nombre de ses ouvriers. Croyez-vous que si tous les bourgeois, tous les négociants avaient agi de la sorte, l'esprit de haine dont sont animés contre eux les ouvriers et les artisans ne se serait pas modifié. Si certaines maisons, au lieu de réaliser de scandaleux bénéfices, avaient fait participer ceux qu'elles emploient à ces mêmes bénéfices, ce·a n'eût-il pas été le meilleur moyen d'endiguer ce déchaînement de colère qui s'agite autour du capital, et le menace? Ce qu'il fallait, avant tout, c'était tâcher d'arriver à rendre l'ouvrier propriétaire. Car ce sont ceux qui ne possèdent point qui rêvent la liquidation sociale. Or, ce n'est pas en prêchant l'économie et l'épargne à l'ouvrier que vous obtiendrez de lui qu'il prélève sur son salaire quotidien, de quoi se constituer un petit capital, ou s'acquérir un champ ou une maisonnette. Le salaire est parfois médiocre, la vie difficile, les enfants nombreux. Et puis la maladie est là qui fait casser la tirelire; le cabaret est quelquefois tentant, et la faiblesse humaine est si grande! Au lieu de faire des conférences philanthropiques à l'ouvrier, ce qui n'a jamais servi qu'à conduire quelques bavards à l'académie des sciences morales, il fallait, quand il en était temps, car il est bien tard, à cette heure, le rendre petit capitaliste malgré lui, en lui créant par des mesures bien combinées, des intérêts dans la maison où il travaillait.

L'avidité de la bourgeoisie, son amour du gain l'a empêchée de suivre l'initiative intelligente que M. Leclaire avait prise; elle a pensé faire suffisamment pour l'ouvrier en le payant un peu plus cher, sans se rendre compte que ce n'était que strictement juste, puisque tout devenait plus coûteux, et elle s'est endormie sur ses sacs d'écus, pour se retrouver un beau, — non, un triste matin, nez à nez avec la redoutable Internationale.

Voilà la part de responsabilité que doit assumer la classe bourgeoise dans les tristes événements qui se sont préparés depuis vingt ans et qui ont abouti à cette effrayante explosion de la Commune de Paris.

D'autre part il est certain que les artisans ont peu secondé les gens honnêtes et dévoués qui se sont préoccupés d'améliorer leur sort, et qu'ils ont montré une médiocre intelligence de leurs intérêts.

Certes les vices des classes élevées sont souvent hideux, mais les classes inférieures n'ont point le monopole de la moralité, et elles se sont laissé ravager par la paresse et l'ivrognerie, ces deux véritables plaies sociales. On dira peut-être que c'est une bien petite cause pour un bien grand effet, mais c'est le cabaret et l'habitude de « faire le lundi » qui ont contribué pour la plus grande part à la perversion des idées de l'ouvrier. L'artisan, même le plus honnête, lorsqu'il va au cabaret, ne peut s'empêcher de se trouver en contact avec ces beaux parleurs qui déblatèrent contre le travail parce qu'ils sont incapables de tenir un outil. Ces individus, qui n'ont jamais pu conserver un centime dans leur poche, sont les ennemis les plus acharnés de ceux qui possèdent quelque chose; ce sont eux qui crient le plus violemment contre l'exploitation de l'artisan par le patron. A la longue, ces discours, répétés à satiété, se logent dans la tête de celui qui les écoute, y accumulent goutte à goutte leur fiel, et un jour où le patron s'est montré injuste, ou même seulement sévère pour son ouvrier, tout ce fiel inconsciemment absorbé se répand soudain dans le cœur de ce dernier, et y allume une haine inextinguible.

Une fois que ce ressentiment a envahi l'esprit d'un travailleur, il ne connaît plus rien, son jugement se fausse, il lui faut sans cesse alimenter sa colère, et comme les discours qu'il entend tenir au cabaret tendent merveilleusement à ce but, il s'en repaît et s'en abreuve. La femme et les enfants sont délaissés pour la salle enfumée de l'estaminet, où pérore un paresseux et un ignorant, dont la langue est bien affilée ; et comme il faut humecter cette langue qui sait si bien chatouiller les rancunes, et qu'il faut bien se montrer un peu, les épargnes s'en vont petit à petit dans le tiroir du marchand de vin. On rentre chez soi, la tête lourde, la gorge fatiguée d'avoir vociféré contre la tyrannie du capital, et si la femme hasarde timidement une observation, on lui ferme la bouche en disant que « les femelles n'entendent rien à la politique, » et quelquefois un bon soufflet souligne cette réplique. Il n'en faut pas tant pour détruire la paix du ménage, et le mari reste alors livré tout entier à ce monstre qu'on appelle le cabaret et qui le dévorera. A cela, il n'y a qu'un remède : prendre l'enfant lorsqu'il est petit et lui inculquer de saines idées, car ce serait vouloir faire reculer la mer que de tenter de combattre les préjugés et les préventions qui sont logés dans la cervelle des hommes faits. Un de mes amis, que les ouvriers de Paris connaissent bien, à cause des conférences réellement pratiques qu'il faisait toutes les semaines aux malades de l'Asile de Vincennes, M. Henri de Lapommeraye, me racontait ceci : Il avait entretenu un soir ses auditeurs des erreurs et des préjugés qui bouleversent et pervertissent l'esprit des hommes du peuple. Sous le charme de sa parole familière et persuasive, beaucoup paraissaient se convertir peu à peu à des idées saines et logiques, et, la causerie terminée, l'un des plus intelligents s'approcha du jeune orateur : « C'est « bien beau et bien vrai, Monsieur, tout ce que vous nous avez raconté « là, dit-il ; mais pensez donc que nous ne l'avons entendu qu'une fois, « et que tous les jours, quand nous serons sortis d'ici, on nous cornera « aux oreilles tout le contraire. »

Cet aveu est frappant et doit être retenu. Il nous apprend avec quelle persistance, avec quelle énergie il faut réagir contre ces erreurs et ces préjugés qui menacent de dissoudre la société, et ce n'est que par l'éducation première qu'on pourra y parvenir. Commencez par là. Ensuite, pour compléter votre œuvre, honorez le travail de l'ouvrier, et surtout facilitez-lui l'accès de la propriété et du capital, sinon l'édifice social s'écroulera fatalement.

DU LUXE

ET

DES RELATIONS ENTRE LES PAUVRES ET LES RICHES

Une des fautes les moins pardonnables dans lesquelles soit tombé le régime impérial est sans contredit le développement inouï du besoin des jouissances matérielles, développement qu'il a favorisé par tous les moyens imaginables, dont le plus efficace a été l'exemple.

Sous aucun régime la spéculation et l'agiotage n'ont osé se montrer avec tant d'audace et d'impudence; en aucun temps les fastes financiers n'ont retenti du bruit de tant d'élévations impudentes, du fracas de tant de chutes extraordinaires.

Sous prétexte de donner essor aux affaires et à l'industrie, on vit les hommes les plus considérables de l'Empire patronner des entreprises qui devaient aboutir un jour à la ruine de ceux qui y avaient coopéré, et l'on eut devant les yeux ce scandaleux spectacle d'hommes dont les fonctions et les dignités étaient utilisées comme un appât auquel viendraient facilement mordre de naïfs actionnaires.

Quelle fut la conséquence inévitable de ce prodigieux élan donné aux affaires de Bourse, et de cette omnipotence qu'acquirent bientôt les manieurs d'argent? Ce fut de développer un besoin inouï de luxe. Les femmes, voyant avec quelle singulière facilité l'argent affluait dans le secrétaire de leurs maris, ne se préoccupèrent point de quelle source coulait ce pactole, et ne pensèrent qu'à une chose : réaliser en toilette et en ameublement toutes les folies que leur imagination surexcitée put enfanter. Les maris achetaient ainsi à prix d'or, et en satisfaisant les fantaisies de leurs femmes, une liberté dont ils profitaient pour aller se vautrer dans les boudoirs de créatures avec lesquelles ils ne rougissaient pas de se montrer dans les avant-scènes des petits théâtres à la mode. Les femmes saisirent cette occasion de conquérir à leur tour leur liberté, et, par un accord tacite et une convention rédigée sur des billets de banque, Monsieur et Madame firent ménage à part, et vécurent en camarades sans se préoccuper aucunement de leur conduite réciproque.

Cet exemple scandaleux venu d'en haut trouva bientôt des imitateurs dans toutes les classes de la société. Ce luxe, que les hauts personnages de l'Etat affichaient avec tant d'insolence, fut envié par les gens de la classe moyenne, désireux de se procurer aussi ces jouissances matérielles dont ils voyaient se repaître les gros bonnets du pouvoir et de la finance. Ce fut alors une démoralisation générale dont tout Paris fut atteint et qui rayonna jusque dans les villes les plus éloignées de la province. Le désir du luxe envahit tout.

C'est alors qu'on vit apparaître, plus fréquents que jamais, ces procès qui eurent tant de retentissement, et dans lesquels figuraient des caissiers qui détournaient des sommes considérables pour subvenir aux frais de leurs débauches ; des femmes du plus grand monde qui laissaient protester leur signature; des fonctionnaires aux appointements desquels il fallait mettre opposition, etc.

C'est alors qu'on vit des femmes portant les plus grands noms de l'Europe, s'habiller comme des filles et affecter le langage éhonté de ces créatures. L'épouse en proie à cette passion du luxe et de la dépense effrénée, ne s'occupait que de bals, de spectacles et de divertissements, et le mari ne rêvait que demoiselles du demi-monde, cercles, soupers fins, jeux ou paris.

Les enfants s'élevaient comme ils pouvaient au milieu de ce désordre, sous la direction de domestiques qui trompaient leurs maîtres ; les jeunes filles imitaient leurs mères qu'elles ne respectaient plus, et les fils de famille marchaient sur les brisées de leurs pères dont ils tournaient en ridicule l'autorité méconnue. Les employés, les petits fonctionnaires entraînés par ce tourbillon dont ils subissaient le contact, se laissèrent aller à la corruption. Leurs appointements ne suffirent plus à satisfaire le goût du plaisir qui les envahissait, et beaucoup se livrèrent à des spéculations hasardeuses qui attirèrent sur eux la déconsidération. Quel spectacle pour les classes laborieuses? Les ouvriers, qui voyaient autour d'eux s'agiter tout ce monde gorgé de jouissances matérielles, firent de jalouses et trop naturelles comparaisons entre leur pénible situation et celle de ces gens qui dépensaient si facilement un argent qui leur coûtait si peu à acquérir, et sentirent peu à peu leur cœur se gonfler d'envie et de haine pour ces bourgeois qui *s'amusaient* si insolemment, tandis qu'eux suaient sang et eau pour gagner un modeste salaire.

Que l'on s'étonne après cela des colères effrayantes dont l'avénement de la Commune a amené l'épouvantable explosion !

C'est en vain que la charité toujours si vivace et si ingénieuse dans notre pays essayait de panser, par ses délicatesses, les blessures que le spectacle d'un luxe et de jouissances éhontées faisait dans le cœur si susceptible et si ombrageux des pauvres et des travailleurs. Comme Lazare ils s'apercevaient bien qu'on ne leur donnait que les miettes de la table, et ils brûlaient du désir de s'asseoir à leur tour au festin. Voilà ce qui rend irréconciliables, hélas! peut-être à jamais, le bourgeois et l'ouvrier. Voilà quel est le crime de l'Empire : c'est d'avoir déchaîné sur le pays une ardeur maladive et un désir insatiable de jouissance.

Ce qu'il faut donc avant tout, c'est réformer nos mœurs, c'est revenir à la simplicité de la vie de famille qui rend les épouses chastes, les maris fidèles à leur foyer et les enfants soumis à l'autorité paternelle. Certes, le luxe intelligent, la dépense raisonnée ne sont pas répréhensibles, car ils alimentent le travail et l'industrie, mais il faut les limiter à la mesure de nos moyens et de nos revenus. Il ne faut pas que l'esprit en soit possédé au point de nous faire oublier nos devoirs. C'est une banalité, mais que nos femmes se souviennent de cette parole de la romaine Cornélie qui, montrant ses fils, s'écriait : Voilà mes bijoux, à moi!

Quand les classes laborieuses que le travail écrase, et que les difficultés de la vie rendent envieuses, sans qu'on ose, hélas! leur en faire trop de reproches, verront régner au-dessus d'elles les bonnes mœurs et la dignité dans la conduite, dans le maintien et dans le langage, elles seront contraintes d'estimer ceux qu'elles jalousaient naguère et qu'elles regardaient avec mépris; ce sera un acheminement vers cette union tant désirée, et sans laquelle la société marchera fatalement aux abîmes.

Rien n'est contagieux comme l'exemple; la vertu se communique aussi bien que le vice : relevons donc nos cœurs et nos âmes, et répandons à grands flots sur notre pays comme une invincible épidémie de sagesse et de moralité.

LA GUERRE

De tous les fléaux qui ravagent périodiquement notre misérable humanité, il n'en est point de plus épouvantable que la guerre, car il résume en lui tous les autres et les engendre tous. La mort, l'incendie, la peste, la famine l'accompagnent, et si la gloire la suit quelquefois, son char ne s'avance que sur des ruines et des cadavres amoncelés. Le laurier dont le vainqueur se couronne a puisé sa verdeur et sa force dans le sang des malheureux égorgés, et toutes les joies de la victoire seront impuissantes à sécher les larmes des vieilles mères désormais seules, des veuves et des orphelins. Qu'un peuple se défende contre un envahisseur, c'est bien. C'est une cruelle nécessité qu'il faut subir, c'est un devoir sévère qu'il faut accomplir, car on ne peut assister immobile au viol de la mère-patrie.

Mais que sous un prétexte d'ambition ou de conquête un homme aille, le *cœur léger*, prendre deux peuples et les jeter brutalement l'un contre l'autre, en les excitant comme on fait d'une bête fauve, c'est ce qui dépasse l'entendement humain, c'est un phénomène inexplicable qui doit suffire à faire maudire à jamais le despotisme, c'est ce qui doit nous garantir contre cette criminelle nonchalance qui nous pousse à nous jeter dans les bras d'un homme et à lui dire : César, nous voici, conduis-nous à ta guise, nous sommes las d'être libres, et ne savons que faire de notre liberté! Oui, cette abdication d'un peuple est une faiblesse criminelle, et c'est insulter à sa destinée que de se condamner ainsi volontairement à l'esclavage. Eh bien! c'est ce que nous avons fait, et il fallait la terrible leçon qui nous a été infligée pour nous faire comprendre les terribles conséquences de la tyrannie.

Ce sera peut-être une compensation à nos malheurs que cette guerre désastreuse nous ait fait concevoir, d'une part, qu'un peuple s'appartient à lui-même, et, de l'autre, que la guerre est une chose monstrueuse et indigne d'hommes civilisés. Autrefois, lorsque la valeur personnelle concourait à décider du sort des combats, on s'explique que la guerre ait pu exercer un certain prestige sur la multitude, et que le vainqueur fût entouré d'une auréole de gloire. Mais aujourd'hui que la science a remplacé la valeur, que la mécanique et les machines ont détrôné la bravoure et l'audace, que l'espionnage tient lieu de l'honneur chevaleresque du soldat, la guerre apparaît dans toute sa hideur et doit être appelée de son véritable nom : LA TUERIE.

A quoi bon décrire au lecteur le spectacle lamentable d'un champ de bataille, où gisent abandonnés les morts et les mourants. A quoi bon? Le sang des innombrables victimes qui gisent sur le sol de notre patrie mutilée, et qui s'élève encore vers le ciel, parle plus éloquemment que nous. Ces femmes en deuil que nous rencontrons à chaque pas témoignent plus hautement que nous ne pourrions le faire des horreurs de ce fléau épouvantable que des blasphémateurs ont osé proclamer nécessaire.

Pense-t-on, de bonne foi, que si le droit de guerre et de paix, au lieu d'être confié à un homme qui se sert de cette prérogative pour satisfaire son ambition personnelle, était restitué à la nation, qui n'aurait jamais dû s'en dessaisir, pense-t-on que les guerres seraient si fréquentes, et que les peuples s'enverraient eux-mêmes à ces horribles boucheries dont le vainqueur sort aussi affaibli que le vaincu? Non, sans doute. La France, pas plus que l'Allemagne, ne désirait la guerre. Mais les deux gouvernements la souhaitaient. Alors on persuada aux peuples crédules de ces deux pays qu'ils étaient ennemis acharnés, on réveilla de vieilles haines mal endormies, on enivra chaque soldat du désir de venger les injures faites à nos pères, et lorsque, de chaque côté, on eut déchaîné la colère nationale par des menées habilement conduites, on fit se ruer l'un contre l'autre des hommes individuellement inoffensifs, mais que l'habileté de leurs tyrans avait transformés en animaux féroces. On sait, hélas! ce qui en résulta. Ce livre tout entier est écrit avec les larmes et le sang que nous ont coûtés nos désastres, et il n'est pas une pierre de nos murailles, un arbre de nos routes qui ne témoignent de notre misère et de notre infortune. Mais, — et c'est là l'éternel châtiment des vainqueurs, ce n'est pas seulement ceux qui sont abattus qui gémissent des maux de la guerrre. La victoire, si glorieuse et si complète qu'elle puisse être, ne saurait empêcher la mort, la maladie et la ruine de porter leurs mains fatales sur les deux camps à la fois. Voyez, en effet, quel tableau un journal de Berlin trace de l'Allemagne triomphante :

« La guerre, non-seulement a arrêté le travail, mais elle a détruit, ici et là, sur mille points divers, les éléments de l'industrie privée. Les quatre millions de thalers, accordés comme dédommagement des pertes éprouvées, ne représentent que la goutte d'eau qui tombe et s'évapore sur le rocher aride. Nos soldats rentrent dans leurs foyers. Qu'y trouvent-ils? Le dénûment le plus absolu. Leur logis manque de tout; leurs femmes sont dans la misère; leurs enfants sont restés comme abandonnés. Le crédit qui alimentait leur travail n'existe plus. Le petit commerce s'est vu, depuis un an, exploité par l'usurier. Des prêts relativement considérables ont contribué à un mouvement galvanique. Mais voici l'échéance du renouvellement des créances; et le débiteur n'a pour répondre que ses lauriers et sa gloire plus ou moins contestables. Voici venir le boulanger, l'épicier, tous les fournisseurs des éléments de l'existence la plus prosaïque. Comment et avec quoi les satisfaire? Des cris de détresse arrivent de tous côtés. En quelles mains tombera l'indemnité à payer par la France? Les chefs d'États encaisseront, et les classes commerciales, industrielles et ouvrières auront à peine les miettes de ce gros festin. Les souffrances du vaincu ont été terribles, effrayantes; celles du vainqueur dépasseront tout ce qu'on peut imaginer. Et, tandis que la France, vivace et énergique, reprendra sa course ordinaire, l'Allemagne n'aura d'autre perspective que l'émigration. »

Que cette guerre terrible soit donc une leçon décisive donnée aux peuples, et que, désormais instruits par le malheur, éclairés sur les menées ambitieuses des despotes qui les trompent, ils rentrent enfin en possession d'eux-mêmes et s'unissent à jamais par les liens sacrés de la fraternité.

DU SERVICE MILITAIRE

C'est un rêve dont la réalisation doit être poursuivie par tous les hommes de cœur que celui qui consiste à espérer voir un jour établie entre tous les peuples une fraternité si grande que, réunis en une même famille, il n'y ait plus entre eux d'autres combats que les luttes pacifiques du travail et de l'industrie.

Mais en attendant cette heure si lente à sonner, et dont les passions humaines reculent sans cesse l'arrivée, il est nécessaire que chaque nation organise les forces dont elle dispose, et se mette en état de repousser les tentatives d'invasion auxquelles pourrait être conduit un peuple voisin, excité par l'ambition d'un despote enivré de désirs de gloire et de conquêtes.

L'avenir est gros d'orages; la dernière guerre, en renversant l'équilibre séculaire des nations européennes, a ouvert le champ aux haines qui divisaient les peuples du continent et qu'on croyait éteintes, lorsqu'elles étaient à peine assoupies. Trois races se dressent menaçantes l'une devant l'autre; chacune d'elle nourrit le secret espoir de triompher des deux autres, de les subjuguer, de les faire disparaître et de se substituer à elles. Ce sont la race slave, la race germanique et la race latine. Les inimitiés qui les divisent résident dans le sang de chacun des peuples issus de ces trois origines différentes, et des collisions inévitables surgiront fatalement un jour de ces rivalités que des années, des siècles même ne parviendront point à détruire.

Il faut donc que chaque nation se tienne prête à combattre pour se défendre; car ce n'est plus de conquêtes et de gloire qu'il s'agit maintenant pour les peuples : c'est leur existence, c'est leur vie qui, désormais, sont en jeu.

La constitution d'une armée sur une base vraiment nationale est donc la plus urgente de toutes les questions, car c'est grâce à une armée fortement établie, que, d'une part, nous inspirerons le respect à des voisins redoutables, et que, de l'autre, nous pourrons repousser les efforts qu'ils ne manqueront point de tenter un jour contre nous.

Tous les soins de nos législateurs doivent donc se diriger vers ce point : donner au pays une armée nombreuse, sans pour cela priver de bras l'agriculture et l'industrie.

Il serait superflu de chercher à accumuler des arguments pour prouver que l'effectif des troupes doit être aussi considérable que possible. C'est la quantité de soldats plus encore que leur qualité qui a fait la force de la Prusse dans la guerre actuelle, et c'est malheureusement un axiome qu'il faut reconnaître que là où sont le nombre et la discipline, là est aussi la force.

C'est donc une nécessité primordiale que tout homme valide fasse partie du contingent militaire, et en cela l'équité et la raison sont d'accord avec la nécessité.

On ne conçoit pas, en effet, comment il se pourrait que certains hommes se battissent et exposassent leur vie, pendant que d'autres resteraient tranquillement chez eux, bénéficiant de l'héroïsme et du sacrifice de leurs concitoyens. Jusqu'alors, toute la classe aisée s'en remettait aux prolétaires du soin de défendre le pays. Moyennant une somme de deux mille ou trois mille francs, un fils de famille s'exemptait de l'impôt du sang, et envoyait à sa place un pauvre diable croupir dans une caserne ou se faire briser les os à sa place. C'était une iniquité au premier chef. Pourquoi, en effet, ceux qui ne possèdent point, ou plutôt peu de chose, ceux qui ont le plus besoin de rester chez eux pour nourrir la famille, peut-être un vieux père infirme, etc., etc., supporteraient-ils seuls cette pénible charge, cette lourde responsabilité de défendre le patrimoine des heureux, de ceux qui possèdent quelque bien?

Cette inégalité entre ceux qui jouissaient d'une aisance qui leur permettait de se racheter du service militaire et ceux qui, moins fortunés, ne pouvaient se soustraire à l'impôt du sang résultait de ce vice capital de l'organisation de l'armée : la trop longue durée du service effectif.

L'homme qui pendant sept ou neuf ans était retenu sous les drapeaux, était, pendant ce laps de temps, entièrement perdu pour l'industrie ou pour l'agriculture et trop souvent perdait l'habitude du travail. Si, pendant un aussi grand nombre d'années, les fils des bourgeois et ceux des artisans étaient tous pris par le service militaire, il est certain que le pays marcherait à sa ruine. La terre, faute de bras, ne produirait plus et le commerce serait anéanti. Il fallait donc autant que possible laisser à leurs affaires tous ceux qui pouvaient y rester, et on a été fatalement conduit à permettre aux inscrits de se libérer de l'impôt du sang par le versement d'un impôt pécuniaire qui permettrait à l'État d'offrir une prime aux individus dépourvus d'aisance et que l'appât d'une somme assez ronde, relativement à leur position, appellerait ou retiendrait dans les rangs de l'armée.

Ce système était évidemment en contradiction avec le grand principe d'égalité qui fait, chez nous, la base du pacte social. D'un autre côté, on s'aperçut bientôt que l'on ne pourrait guère réunir que cinq ou six cent mille hommes d'effectif, en suivant les anciens errements, tandis que, dans les pays voisins où le recrutement des forces militaires était autrement entendu, on arrivait à mettre aisément sur pied plus d'un million d'hommes.

C'est alors que l'Empire, justement effrayé de l'extension toujours croissante de la puissance de la Prusse, conçut l'idée de la garde nationale mobile. Mais, en même temps qu'il instituait cette nouvelle milice, il commettait la faute très-grave d'accroître encore la durée du service actif, et de ne point organiser, dès le début, l'armée qu'il destinait à la défense du territoire en cas d'invasion.

Cet établissement d'une garde mobile à laquelle personne ne pouvait se soustraire fut généralement accueillie avec défaveur par la population. On était si bien habitué à considérer le service militaire comme une corvée dont il était commode de se débarrasser sur une petite fraction des citoyens, que cette innovation mécontenta les fils de bourgeois qu'elle arrachait brusquement à leur quiétude et à leur égoïsme, en même temps qu'elle irritait les fils des prolétaires, qui ne voyaient en elle qu'un accroissement aux charges déjà si lourdes qui pesaient sur eux.

Mais la triste expérience que nous venons de faire, la dure nécessité où chacun s'est trouvé de défendre, pour son propre compte, le sol de la patrie, a modifié tous ces sentiments, et nous comprenons maintenant combien il est urgent que nous contribuions tous à la composition de l'armée. Le patriotisme que l'Empire avait presque éteint dans le cœur de la nation s'est ranimé pendant cette guerre cruelle; il nous a ouvert les yeux, et aujourd'hui ce n'est plus une question pour personne de savoir si tous les citoyens doivent être soldats.

C'est donc une chose entendue, nous devons, nous voulons tous payer au pays l'impôt du sang.

Il ne reste plus qu'un seul point à fixer; c'est de déterminer la durée du service de façon à ce qu'il n'absorbe point les forces de la nation et qu'il n'immobilise point les bras et les intelligences qui se consacrent à la culture du sol ou aux exploitations industrielles.

Ce problème difficile de concilier la quotité du contingent actif et l'instruction militaire avec les besoins industriels et agricoles du pays et l'intérêt de la fortune publique sera, nous n'en doutons point, résolu à la satisfaction générale, grâce au zèle que les hommes compétents déploient dans l'étude de cette question délicate.

C'est une affaire d'organisation technique et dans le détail de laquelle nous n'avons point à entrer ici, ces quelques pages étant seulement destinées à appeler les réflexions de nos lecteurs sur les grands principes d'ordre moral, dont le triomphe peut seul amener, que personne ne l'oublie, la régénération des individus en même temps que celle de la nation.

Ce qu'il importe, c'est que l'on se pénètre bien de cette obligation naturelle qui nous incombe à tous de participer à la défense du pays, sans distinction aucune de classe, de caste ou de fortune.

Non-seulement les principes d'égalité les plus élémentaires nous imposent cette obligation, mais encore l'intérêt bien entendu du pays doit nous la faire accepter sans aucun regret.

La participation de tous les citoyens au service militaire est, en effet, le meilleur moyen de faire disparaître les préjugés qui divisent les différentes classes de la société, préjugés sur lesquels nous nous sommes déjà longuement étendu, et dont la disparition est si désirable pour tout homme véritablement français.

Quand les fils d'artisans et de pauvres verront les fils des riches et des bourgeois partager avec eux les durs labeurs de la vie militaire, se soumettre à la même discipline, manger le même pain, endurer les mêmes souffrances, ils concevront une estime mutuelle qui sera une heureuse préparation à l'avènement de la fraternité, cette vertu qui est inscrite sur les murailles de nos édifices, mais qui est absente de nos cœurs, où elle serait cependant infiniment mieux placée.

Ce n'est pas tout encore : ce passage successif de toute la jeunesse du pays sous le joug de l'autorité militaire nous inculquera nécessairement des principes d'ordre et de discipline qui nous font encore, à cette heure, si lamentablement défaut.

Mais, pour arriver à ce dernier résultat, il est indispensable que les chefs se conquièrent d'abord l'estime de leurs subordonnés par leur conduite, leur attitude et leur capacité. Il faut que tout le monde sache bien que d'abord les grades sont accessibles à tous, et qu'ensuite c'est au mérite et à la valeur seuls qu'ils seront donnés. Le jour où les soldats sauront que les galons s'acquièrent sur le champ de bataille ou à la suite d'examens passés, et non plus dans les antichambres des ministères ou dans les salons des hommes qui sont au pouvoir, ce jour-là l'obéissance et le respect triompheront de la pétulance de notre caractère et du fond d'insubordination que chaque jeune homme porte toujours en soi.

L'armée peut devenir ainsi la grande institutrice, la grande régénératrice de la nation, en même temps qu'elle en sera la sauvegarde et la gloire.

CE QUE PEUT ÊTRE LA FRANCE

Accablée de malheurs, ruinée, dévastée la France a su lutter courageusement contre l'ennemi, et lorsque succombant sous le nombre il lui a fallu payer la première partie de sa rançon, elle a su trouver plus d'or qu'il ne lui était nécessaire.

Un pays qui est doué d'une si grande vitalité peut-il périr ? Non. Il lui reste encore à accomplir de grandes destinées. Ce fut d'ailleurs de tout temps le privilège de notre nation de frayer les chemins que devaient suivre derrière elle les autres peuples du monde, et de les conduire au devant du progrès et de la liberté. L'Europe entière reconnaît si bien ce rôle de la France, qu'elle n'a pu se défendre d'un certain sentiment de jalousie satisfaite lorsqu'elle a vu notre pays abattu et terrassé.

Mais aujourd'hui ce sentiment disparaît pour faire place à une véritable admiration pour le courage avec lequel nous supportons notre infortune, pour le stoïcisme avec lequel nous la regardons en face, pour l'ardeur avec laquelle nous nous remettons au travail. L'Allemagne victorieuse est humiliée de ce concert d'éloges qui nous entoure ; pas une de ses victoires ne lui a valu autant de félicitations et de marques de sympathie. Elle reste isolée, entourée de son atmosphère de gloire, de sang et de despotisme.

Aussi la France, si elle se met bravement à réformer ses mœurs légères que lui avaient inculquées l'Empire, ne tardera pas à reprendre l'ascendant moral qu'elle exerçait sur les nations ses sœurs.

Nous l'avons dit : il faut d'abord nous unir, il faut que les cœurs des quarante millions de Français battent ensemble et ne forment qu'un seul et même cœur.

Il faut ensuite nous habituer au respect de la loi, et garder avec un soin jaloux notre liberté. Nous devons enfin astreindre nos mœurs à plus d'austérité et de décence, et nous lancer résolument dans la voie du travail.

Il n'est pas, en effet de pays plus richement doté que le nôtre. Aucun peuple n'est plus vif, plus actif, plus intelligent ; aucune contrée n'est plus féconde, aucun sol n'a été ainsi destiné à donner dans une étendue relativement médiocre une si grande diversité de productions.

Utilisons toutes les forces vives de la nation. Plus d'oisifs ! plus d'inutiles ! Que chacun paye sa dette à la mère patrie ! Qu'on supprime les emplois trop nombreux ! Qu'on rende des bras à l'agriculture qui en manque ! Qu'on instruise les enfants, qu'on les moralise pour en faire un jour des hommes vertueux ! qu'on leur enseigne surtout l'amour de la liberté !

Nous verrons alors de quelle vie nouvelle sera animée cette chère et bien-aimée patrie que nous avons vue meurtrie et sanglante, et si monstrueusement blessée qu'on eût dit qu'elle ne se relèverait jamais. Quelle joie de la voir reparaître brillante et sereine, pleine de force et de majesté !

Nos cœurs battent à cette seule espérance ; eh ! bien il dépend de nous de la réaliser. Il nous suffit pour cela de faire abnégation de nos sentiments de vanité et d'ambition personnelle et de consacrer entièrement nos forces et notre intelligence au service de la chose publique, et de n'avoir point d'autre but que la régénération de la splendeur de notre pays. Peu importe le temps qui sera nécessaire pour conduire à bien cette grande œuvre. Plus le travail sera long, et plus il importe de le commencer sans délai. La joie du succès nous dédommagera amplement de nos labeurs et de nos efforts. Ce ne sera plus alors une grandeur factice que celle de la France, non ; car cette grandeur sera basée sur la morale et sur la liberté. Alors, et ce sera un beau jour, un jour de gloire plus pure que celles que peuvent donner les victoires d'un Charlemagne et d'un Napoléon, que celui où redeviendra vraie cette parole du philosophe Grotius : « Après « le paradis, la France est la plus belle des parties. »

HENRY LE VASSEUR

Professeur à la Société pour l'Instruction élémentaire, et à l'Association Polytechnique, rédacteur du *Courrier de l'Aisne*.

DE L'IMPOT

Nous avons parlé souvent du respect à la loi comme d'une de ces nécessités primordiales auxquelles chaque citoyen doit se soumettre sans restriction. Parmi ces lois il en est une fort importante sur laquelle nous appellerons spécialement l'attention de nos lecteurs, parce qu'on se plait généralement à l'éluder, et que loin de s'en cacher, on y met, au contraire, un certain point d'honneur. Cette loi, aux obligations de laquelle chacun essaye de se soustraire plus ou moins complétement, c'est la loi qui fixe la quotité de l'impôt. En France, frauder le trésor public, se dispenser de payer le fisc n'est point considéré comme un acte blâmable par une foule de gens. C'est au contraire, faire preuve d'une habileté à laquelle on applaudit.

C'est là le résultat d'une idée très fausse que l'on se fait de l'impôt et il nous a semblé que dans un ouvrage populaire comme celui-ci, quelques mots à cet égard ne seraient point déplacés. Autrefois, l'impôt était une contribution que le souverain imposait arbitrairement à ses sujets, contribution dont le montant versé dans la cassette royale, servait non seulement aux dépenses publiques, mais encore à satisfaire les caprices de celui qui commandait au pays. L'impôt se payait sous toutes les formes et à une foule de gens: gabelle, dîmes, corvées, droits de péage, etc., à chaque pas se dressait un agent du fisc entre les mains duquel il fallait verser quelque somme d'argent, ou sous l'inspection duquel il fallait accomplir quelque travail pour répondre aux exigences d'un maître puissant, qui ne craignait point de pressurer ses sujets pourvu que ses coffres regorgeassent d'or.

De là cette haine de l'impôt qui est si générale surtout dans les classes peu éclairées. Il semble toujours qu'en prélevant l'impôt l'état commet une exaction, presqu'un vol dont le pauvre peuple est victime. Il convient donc, pour faire disparaître cette erreur d'expliquer et de faire savoir ce que c'est actuellement que l'impôt, afin que chacun se pénètre bien de cette vérité, que c'est un devoir pour tous d'en assurer et d'en faciliter le recouvrement.

Nous avons tous besoin, n'est-ce pas, de soldats pour veiller à l'intégrité du territoire, d'agents pour garantir la sécurité de l'intérieur du pays, de magistrats pour punir ceux qui troublent l'ordre social, ou pour régler nos différents, d'instituteurs pour former notre jeunesse, etc.

Il nous faut aussi des routes pour circuler et des hommes spéciaux pour les entretenir ou pour en tracer de nouvelles.

Il nous faut des canaux, des chemins de fer pour transporter aisément les denrées et les choses qui sont nécessaires à la vie.

Il nous faut dans nos grandes villes de la lumière qui nous permette de ne point arrêter notre journée de travail au moment où le soleil se couche, afin d'accroître nos ressources et notre gain.

Il nous faut des édifices publics, soit pour nous réunir, soit pour abriter les divers services administratifs qui dépendent de l'État ou de la Cité.

Il nous faut, à nous qui sommes un peuple ami des arts et des choses intellectuelles, des musées, des bibliothèques, des collections, etc.

Il nous faut aussi, une foule de choses dont nous sommes tellement habitués à profiter, que nous les prenons comme l'air qu'on respire, sans songer d'où elles nous viennent, ni par quel moyen et à quel prix nous nous les procurons.

Il est de toute évidence, cependant, que toutes ces institutions qui nous rendent la vie facile, les relations sûres, qui nous permettent de vaquer à nos affaires particulières, sans nous préoccuper de quoique ce soit d'autre, il est de toute évidence, disons-nous, que tout cela coûte de l'argent et que chacun de nous doit subvenir aux frais que ces avantages nécessitent. Tous ces agents qui nous évitent la peine à nous, cultivateurs, industriels, marchands, ouvriers, de nous occuper des affaires publiques, ont besoin de recevoir un salaire de l'état, du département ou de la commune. De là, la nécessité d'un trésor public, départemental ou municipal.

Supposons que plusieurs personnes s'associent pour un négoce ou une exploitation quelconque, les charges de l'entreprise seront réparties entre les divers associés au prorata de leurs mises particulières, et les divers commis et employés de l'usine ou de la maison, seront payés par l'ensemble des participants à l'affaire.

Eh bien! il en est de même dans l'État. Les divers agents et les travaux qu'ils exécutent pour le service des citoyens, sont payés par l'ensemble de ces citoyens à chacun desquels on impose une cotisation, une mise de fonds dont la réunion forme le Trésor, et qui permet de subvenir aux frais que nécessite le fonctionnement de cette grande entreprise qu'on appelle le gouvernement d'un pays.

Qu'on se pénètre bien de cette vérité, c'est que le gouvernement n'est pas autre chose qu'une réunion de commis que nous avons l'obligation de payer en échange du soin qu'ils prennent de se charger de tout ce qui intéresse la collectivité des citoyens.

Conçoit-on, maintenant que celui qui refuse de donner sa cotisation, tout en bénéficiant des avantages que lui en assure le versement, commet un véritable vol? Il se met dans la situation d'un individu qui voudrait participer aux bénéfices d'une maison de commerce sans y avoir engagé des fonds. Cette prétention serait évidemment ridicule et exorbitante; elle n'a cependant rien de plus excessif que celle d'un homme qui veut jouir des bénéfices de la qualité de citoyen, et qui refuse de concourir aux déboursés que nécessitent l'obtention et la jouissance de ces avantages.

La répartition des sommes qui sont nécessaires au fonctionnement de divers services publics, la fixation de celles qui doivent être affectées à chacun d'eux constituent, dans leur ensemble, ce qu'on nomme le budget. C'est pour ainsi dire le livre de caisse du pays, livre de caisse dressé par anticipation chaque année, et qui fixe chapitre par chapitre, article par article, quelles doivent être les recettes, et quelles doivent être les dépenses. Chaque service public dit : l'an prochain il me faudrait tant. Les députés se réunissent, examinent ces demandes et répondent à chaque ministre : Vous aurez tant ; prenez vos mesures pour faire vos affaires avec les ressources que nous vous donnons. Voilà, sous une forme vulgaire, ce que c'est que le budget. C'est d'ailleurs ainsi que l'on procède dans tout ménage tenu avec ordre. On commence par estimer à peu de chose près et aussi exactement que possible les sommes dont on pourra disposer et l'on consacre : tant pour la cuisine, tant pour la maison, tant pour la toilette, tant pour les enfants, tant pour les domestiques, etc. Eh bien ! c'est à un travail absolument analogue que se livrent nos représentants. Le chiffre des sommes qui sont nécessaires pour faire marcher ce grand ménage qu'on appelle la nation, est la base de l'impôt. C'est cette somme qu'on répartit entre les divers individus et qui se partage en impôts directs et impôts indirects, les premiers étant payés directement par le citoyen à l'État qui lui en donne quittance, les seconds étant appliqués à la vente ou à la circulation des denrées ou autres matières, et se trouvent payés ainsi d'une façon anonyme et indirecte par tous les individus qui achètent, transportent ou négocient ces substances. Il est donc bien évident, n'est-ce pas, que celui qui se soustrait à l'obligation de payer sa quote part de cette mise de fonds dont l'ensemble forme les finances de l'État, commet un acte frauduleux au préjudice de ses concitoyens, car il fait peser sur eux seuls, la part des frais qu'il occasionne à la société tout entière.

En principe l'impôt étant voté par nos députés, c'est-à-dire par nous-mêmes, puisque nos députés ne sont autre chose que nos représentants, nos fondés de pouvoirs, il est souverainement illogique de se récrier contre soi-même. C'est cependant ce qui se fait souvent, car c'est à qui se plaindra de l'impôt.

Je sais bien qu'une objection m'attend ici, et je vais au devant d'elle. « Nous consentons à payer l'impôt, me dira-t-on, mais à la condition qu'il pèsera également sur chacun. Comment ! moi petit propriétaire foncier je paye une somme relativement considérable, pour un méchant jardin où je récolte à grand'peine les légumes de mon pot-au-feu, tandis que mon voisin qui possède 25 ou 30 mille francs de revenus en rentes sur l'État, ou en obligations, ne contribuera en rien aux charges que nous supportons tous. Moi, mon revenu, c'est mon travail, et on me l'impose tandis que cet oisif qui flâne tous les jours voit son revenu affranchi de toute contribution ! »

Cette objection est juste, et il est évidemment inadmissible que la propriété foncière soit pour ainsi dire une matière imposable jusqu'à saturation, ou plutôt, jusqu'à épuisement. On ne conçoit pas bien comment un petit propriétaire sera tenu de prélever sur les modestes bénéfices de son exploitation agricole, une grosse somme, tandis qu'un homme de lettres, un avocat, un journaliste, un peintre de tableaux, un comédien, un chanteur pourront gagner cent ou deux cent mille francs par an, sans concourir en quoi que ce soit aux dépenses de l'État dont ils profitent plus encore peut-être que le paysan.

On nous répète sur tous les tons : Mais c'est une grosse question d'imposer le revenu : comment établir l'assiette de l'impôt comment ceci ? comment cela ? Nous répondrons tout simplement qu'il y a des gens appelés conseillers d'État, et des citoyens appelés députés qui ont précisément pour mission de préparer des lois, et de résoudre ces questions-là. Ils sont rétribués pour cela beacoup plus que pour se procurer la satisfaction de prononcer des discours à sensation qui ne sont pas du tout les affaires du pays. Qu'ils abordent franchement ces problèmes qu'on déclare insolubles et qu'on enterre po.npeusement en les appelant « de grosses questions »; qu'ils les étudient avec le désir de les résoudre, et non avec celui de ne point leur découvrir de solution, et, outre qu'en ce faisant, ils accompliront strictement leur devoir, ils s'apercevront bientôt que c'est la routine qui seule jette un voile sur cette solution déclarée introuvable.

D'ailleurs, il ne doit jamais être impossible de faire triompher la justice et l'équité, et il faut être aveugle pour oser nier que les charges de l'impôt pèsent inégalement sur les diverses classes de citoyens. Que l'on cherche bien, et l'on trouvera certes moyen de répartir ce fardeau proportionnellement aux charges de chacun. Contrairement à ce qu'on fait souvent en pareil cas, je n'irai point offrir de recette pour obtenir ce beau résultat; ou plutôt, je n'ai point la prétention de préconiser mes idées; ce serait, d'ailleurs, sortir du cadre très-restreint dans lequel je dois me limiter; mais, je le répète, la nation a des mandataires auxquels elle a confié ce soin. Ceux-ci, d'ailleurs, sentent bien l'importance de la question, car plusieurs d'entre eux, comme M. Casimir Périer et M. Roureure, par exemple, se sont préoccupés de la possibilité d'imposer des revenus qui, jusqu'alors, ont échappé aux charges de l'alimentation du trésor public. La commission du budget a reconnu ce principe que le revenu devait être taxé à l'égal de la propriété foncière, et il est probable que la question sera résolue à la satisfaction de tous ceux qui aiment la justice et l'égalité.

Mais, jusqu'à ce moment, il faut faire acte de sacrifice et d'abnégation, et ne point refuser ce que l'on doit sous prétexte que d'autres s'affranchissent de ce devoir. Le pays a, en effet, vous le savez, des besoins impérieux auxquels nous devons parer chaque jour, et, quand il s'agit de faire ce qu'on doit, il ne faut pas s'enquérir si vos voisins se comportent de même ou autrement que vous; il suffit d'écouter la voix de la conscience, qui vous dit : La patrie est ta mère; secours-la, sans t'inquiéter si tes frères sont plus ou moins généreux que toi.

Nous avouerons encore, et c'est encore là un des plus justes griefs de la population contre le régime déchu, que l'Empire, qui faisait faire tout ce qu'il voulait aux députés, avait si mal réglé nos dépenses et gaspillait si légèrement nos revenus que, pour subvenir à toutes ces nécessités factices, on était obligé d'accroître l'impôt au delà du raisonnable. On était mécontent de vider sa bourse dans les caisses de l'État, pour payer les frais d'une folle entreprise, comme celle du Mexique, ou pour entretenir de grasses sinécures, comme celles que l'empereur multipliait à plaisir dans la haute administration. Dans ces circonstances, on conçoit que le payement de l'impôt excite des murmures, car il est douloureux de voir l'État faire un mauvais usage des ressources qu'on a tant de peine à lui procurer.

Mais aujourd'hui il n'en est plus ainsi ; le Gouvernement est entré franchement et résolument dans la voie de l'ordre et des économies. Il supprime les gros traitements et les dépenses qui n'ont pas un but réel d'utilité publique, et comme il est, actuellement, sérieusement contrôlé par nos députés, il n'est pas à craindre qu'il abuse de la fortune publique.

Voilà donc déjà une garantie de sécurité pour les citoyens et une certitude pour eux que nos finances ne seront point gaspillées.

D'un autre côté, nous savons tous que le Trésor est épuisé, que cette guerre désastreuse qui vient de s'accomplir a vidé les caisses de l'État ; que le pays a des plaies nombreuses à panser, des ruines innombrables à faire disparaître ou à relever, et enfin une lourde rançon à payer pour purger son territoire de la présence infamante et coûteuse de l'étranger.

Pour obtenir tous ces résultats, il faut de l'argent. Il est donc nécessaire que les cotisations des citoyens soient portées à un taux plus élevé, pour arriver à faire face à toutes ces implacables nécessités qui se dressent devant nous de toutes parts.

Je suppose que vous fassiez partie d'une société de secours mutuels, par exemple, et que, par suite de circonstances et de malheurs exceptionnels, la caisse de votre société se soit vidée. Cependant un grand nombre de demandes de secours sont adressées au conseil d'administration ; beaucoup d'infortunés souffrent, les uns par le manque de travail, les autres par la maladie ; ceux-ci par le froid, ceux-là par la faim. Que feriez-vous pour secourir toutes ces misères ? Est-ce que vous ne diriez pas tout de suite : « Mais qu'on augmente un peu notre cotisation pendant quelque temps, afin de remplir notre caisse et de porter secours au malheur. Voilà le plus pressé. »

Eh bien, ce que votre bon cœur vous conseillerait en cette circonstance, est-ce que votre patriotisme ne doit pas vous inviter à le faire aussi pour notre pauvre pays qui est si cruellement éprouvé ? Ne devez-vous pas vous soumettre sans murmurer à cette augmentation de l'impôt qui, seule, peut nous sauver ? N'est-il pas consolant de penser que ce petit sacrifice que vous vous imposerez, c'est la France entière qui en bénéficiera ? Tous les jours, vous donnez de bon cœur, même sans en être sollicités, des sommes assez considérables pour des incendiés, des inondés, etc., et lorsque c'est la France, lorsque c'est notre chère et bien-aimée patrie qui vous tend la main et qui vous implore pour sa misère, vous lui refuseriez votre obole ou vous la lui donneriez en murmurant !

Non ! cela serait indigne des grands sentiments qui forment le fond du caractère français. Et cependant, n'entend-on pas de tous côtés s'élever des observations et des plaintes au sujet des nouveaux impôts ? Toutes les industries disent : Non, ne nous imposez pas, Ce serait injuste ; adressez-vous à l'industrie voisine. Et c'est une lutte à qui pourra se soustraire à l'aggravation de l'impôt. C'est par l'impôt seul, cependant que nous pouvons être sauvés ; car l'argent, c'est le nerf de la paix aussi bien que celui de la guerre.

Que l'on songe à tout ce que nous avons à faire pour relever notre malheureux pays de son infortune.

Il faut :

Répandre partout l'instruction ;

Fonder et édifier de nouvelles écoles ;

Former de nouveaux instituteurs et bien les payer ;

Réorganiser complétement l'armée ;

Fabriquer un nouveau matériel de guerre, la majeure partie du nôtre ayant été prise ou détruite ;

Elever de nouvelles fortifications, et des camps retranchés ;

Servir des pensions aux infortunés qui ont été estropiés au service du pays, et aux veuves et aux orphelins de ceux qui sont morts pour nous défendre ;

Relever les ruines dont l'Est a été couvert ;

Reconstruire les édifices détruits pendant la Commune, et faire disparaître ces traces d'événements qui sont une honte pour la France ;

Indemniser tous ces malheureux que la guerre a privés de leurs ressources ;

Donner des semences aux agriculteurs dont l'ennemi a détruit les récoltes ;

Subvenir à l'entretien de l'armée d'occupation, etc., etc. ;

Enfin, et par dessus tout, payer notre rançon, et délivrer nos départements envahis de la présence d'un insolent oppresseur.

Voilà tout ce que nous avons à faire.

Il n'y a pas de dépenses de luxe là-dedans, et on peut être certain que l'argent qui sera affecté à ces dépenses-là, sera bien employé. L'impôt sera lourd, dit-on, raison de plus pour le payer avec exactitude, car c'est la preuve que la France, notre mère commune, a besoin. C'est quelques années de courage et d'économie qu'il nous faut avoir. Avec un peu d'épargne chacun de nous arrivera bien facilement à le payer, cet impôt qui nous effraie tant. Que les femmes se privent de quelques colifichets ; que les hommes, surtout, fassent le sacrifice de quelques soirées passées au café ou au cabaret ; l'argent que ces dépenses inutiles auraient exigé, vous donnera largement de quoi acquitter la note du percepteur.

Si vous étiez sur le champ de bataille, cher lecteur, vous n'hésiteriez point à envoyer des balles à l'ennemi, afin de lui faire le plus de mal possible.

Eh bien! sachez-le, chaque sou que vous mettez dans la caisse de l'État fait plus de mal aux Prussiens qu'une balle de chassepot, car c'est avec ces sous accumulés que vous relevez la France, que vous la faites redevenir la grande nation, et que vous rapprochez l'heure de cette implacable revanche tant désirée, où la justice enfin fera triompher ses droits imprescriptibles.

LES PARISIENS & LES PROVINCIAUX

Les Parisiens se moquent des habitants de la province et la province se méfie des habitants de Paris. Telle est la situation respective de la population de la capitale et de celle du reste de la France.

Voilà encore les effets d'un préjugé qu'il faudrait à tout prix arriver à détruire, et dont malheureusement les excès commis pendant la Commune ajournent peut-être indéfiniment la disparition. Raisonnons un peu, cependant; c'est encore là la meilleure manière de s'entendre et de se mettre d'accord.

La province n'est-elle pas un peu inconséquente, lorsqu'elle accentue aussi vivement son aversion et sa méfiance pour la grande ville.

N'est-ce pas en effet vers ce Paris tant de fois maudit que convergent toutes les ambitions des provinciaux de toute classe qui se sentent quelque intelligence et qui s'attribuent quelque valeur?

N'est-ce pas la province qui alimente le flot toujours agité et sans cesse renouvelé de cette immense population, dont les tressaillements agitent le monde tout entier. N'est-ce point vers ce Paris tant décrié que se tournent tous les regards, que s'adressent tous les vœux lorsqu'il y a quelque grande initiative à prendre?

N'est-ce pas la province qui fournit à l'industrie, aux arts, aux sciences, toutes ces illustrations, toutes ces célébrités, tous ces ouvriers incomparables que les deux continents nous envient?

Et, de bonne foi, n'est-ce pas, dans un autre ordre d'idées, la province qui se débarrasse sur Paris, de tous ces esprits turbulents et dangereux qui, aux heures de crise compromettent trop souvent, hélas! et trop efficacement aussi, il faut bien l'avouer, la sécurité du pays?

Paris n'est-il pas enfin le résumé, la condensation de la province?

N'est-ce pas là que viennent se concentrer à la fois, si le mot n'est point trop trivial, la crème et la lie du reste de la France? N'est-ce point à Paris que vient fleurir ou échouer ce que la province a de meilleur et ce qu'elle a de pire?

En bonne conscience, tout cela est indéniable.

Par réciprocité, Paris doit reconnaître ce qu'il doit au reste de la France, et partager avec elle le bénéfice de sa gloire aussi bien que la responsabilité de ses fautes, de ses erreurs et de ses crimes.

C'est donc un fait incontestable. La province fait Paris ce qu'il est ; elle lui fournit ses grands hommes comme elle lui envoie ses misérables. Paris aurait donc tort de mépriser sa grande pourvoyeuse, et celle-ci serait injuste de laisser à Paris tout seul la responsabilité de ce qui s'y trouve et s'y fait de mauvais.

Les événements si douloureux de la Commune ont accru les sentiments de méfiance que les départements ont toujours nourris pour la capitale, et on a proposé de mettre Paris pour ainsi dire en quarantaine, et dans ce but de transporter ailleurs le siége du gouvernement. La province a applaudi à ce projet; elle n'a vu que la satisfaction de mettre un soufflet sur la joue de ce Paris qui venait d'épouvanter la France, sans songer aux conséquences que pourrait avoir cet acte de décapitalisation. D'abord, pourquoi Paris est-il le rendez-vous des aventuriers de toute classe? C'est avant tout parce que Paris est le siége du gouvernement, parce que les services publics s'y trouvent, que les fonctionnaires de tout rang y sont centralisés, et que tous les puissants de l'État y sont réunis.

Déplacez Paris, c'est-à-dire la capitale de France; tout ce flot d'aventuriers, de solliciteurs, etc. etc., se déplacera aussi, et comme des requins qui suivent un navire, nageront autour de la galère gouvernementale, et l'accompagneront au nouveau port où elle ira jeter l'ancre.

Autour de la nouvelle résidence des pouvoirs publics se reformera petit à petit (Versailles ne nous en donne-t-il pas déjà un exemple en ce moment) cette armée d'ambitieux et de mécontents, de faméliques, guettant qui une faveur, qui une maladresse pour l'exploiter, qui une miette de la table gouvernementale. On retrouvera là, tout comme à Paris, un noyau de révolutionnaires qui ira sans cesse se développant et auquel, tout comme auparavant, viendront se réunir toutes les têtes turbulentes de la province. Le nom de la capitale aura changé, voilà tout. Et, croyez-le, ce travail de reconstruction des mauvais éléments de Paris, dans un autre lieu ne sera pas long. Là où est le corps les corbeaux s'assemblent, dit le proverbe. Eh bien; là où sera le gouvernement, se réuniront les agitateurs.

La province se rend-elle bien compte d'ailleurs de tout ce qu'elle doit à Paris et des ressources considérables qu'elle en tire? Pendant l'investissement de la capitale, si vous alliez faire quelque emplette chez n'importe quel marchand, cent fois pour une, il vous disait que son assortiment était incomplet, faute de pouvoir rien faire venir de Paris.

Donc la province a besoin que l'industrie de Paris soit florissante, puisqu'elle en tire la plupart de ses ressources. Elle ne peut pas plus cesser d'acheter à Paris que Paris ne peut suspendre sa fabrication. D'autre part, c'est, par réciprocité, la province qui fournit Paris de denrées alimentaires, et elle s'en trouve si bien, que les cultivateurs, éleveurs, jardiniers, mareyeurs, etc., conservent pour les Parisiens leurs plus beaux produits.

Si vous appauvrissez Paris, où vendrez-vous toutes ces choses, et si même vous trouvez à les placer, vous en donnera-t-on un prix aussi élevé? Non, de même que Paris est la gloire de la France par ses monuments et ses curiosités, il en est aussi la richesse, parce que c'est le centre où viennent se vendre à des prix fabuleux, tout ce que la province, plus raisonnable, n'oserait acheter. Paris et le reste de la France sont donc unis par les liens intimes de l'intérêt. C'est une solidarité que rien ne peut rompre, sous peine de préjudicier à chacune des parties.

Ce que les provinciaux redoutent surtout c'est la turbulence du caractère parisien, sa susceptibilité, sa mobilité extrêmes. On craint cet esprit d'aventure, qui entraîne toujours Paris à des révolutions que tout le reste de la France est obligé de subir, et dont il souffre. Comme on le disait plaisamment: quand Paris prend une prise, la province éternue. Mais, à qui la faute, si ce n'est aux provinciaux eux-mêmes? Pourquoi imitent-ils les révolutionnaires de Paris, et leur donnent-ils raison en les imitant? On peut le faire, puisque c'est ce qui s'est passé quand Paris a proclamé la Commune. La province s'est séparée de Paris, et l'a laissé dans son isolement. Qui vous empêche de faire de même, si, à l'avenir, Paris retombe dans les fautes que vous lui reprochez? Il est bien juste cependant de reconnaître que, dans les révolutions, ce n'est pas la capitale qui souffre le moins. D'ailleurs, il serait injuste de nier les services que Paris a rendus à la cause de la liberté. N'est-ce pas la grande ville qui a secoué l'apathie des départements en mainte et mainte circonstance? N'est-ce pas elle qui marche en tête de la grande armée du progrès? N'est-ce pas à cet esprit d'entreprise que l'on doit le renvoi des Bourbons, qui nous sacrifiaient au clergé, et des Bonaparte qui nous sacrifiaient à leurs plaisirs? N'est-ce pas son héroïsme et son abnégation qui ont racheté la honte de Sedan? N'est-ce pas Paris enfin qui nous a fait accorder le peu de liberté dont nous jouissons?

Tout cela fait oublier bien des erreurs et bien des fautes.

Quant au crime de la Commune, c'est une monstruosité qu'il ne faut point imputer à Paris seul. Les récents débats montrent la part que l'étranger y a prise. C'est une infamie internationale qui ne se renouvellera plus dans de semblables conditions, car nous ne verrons plus, il faut l'espérer, Paris tout entier armé et sa population condamnée pendant six mois à l'oisiveté la plus complète. D'ailleurs, la province est armée contre Paris, à l'heure qu'il est; la nouvelle loi sur l'organisation des conseils généraux donnant au département une influence politique plus grande, et lui reconnaissant une certaine indépendance, la province n'aura plus besoin de suivre Paris dans les aventures qu'il lui plairait de tenter. La province pourra se constituer à part et laisser la capitale dans son isolement. D'ailleurs, en république, le danger n'est plus le même que sous le pouvoir despotique d'un seul homme.

L'ex-empereur, tué ou enlevé, c'était l'anarchie, parce qu'il résumait en lui tous les pouvoirs du pays, et qu'il les avait absorbés; mais avec le gouvernement républicain, aidé de la décentralisation du pouvoir, les coups de main de Paris n'auraient plus les mêmes conséquences. Paris sait très-bien, et l'insuccès de la Commune le lui a prouvé, qu'il ne tient plus la France dans sa main, et qu'il ne conduit plus la province. Il sait très-bien qu'il lui faut compter avec elle.

Mais ce qu'il faut que les provinciaux reconnaissent, sous peine d'être taxés d'injustice, c'est cette meilleure aptitude de la population parisienne à saisir toutes les grandes idées, cette exubérance de sentiment généreux qui la poussent à applaudir à tout ce qui est vraiment beau et bien, et qui la rendent capable des plus héroïques dévouements. Le siège l'a bien prouvé. Tandis que la province se levait pour marcher au secours de la capitale, celle-ci supportait stoïquement le froid, la faim et la mort, sans se décourager, pleine de confiance en ces provinciaux, dont elle rit quelquefois, mais avec plus d'étourderie que de méchanceté. Voilà des liens que rien ne peut rompre. La province et Paris sont attachés l'un à l'autre par des malheurs, des souffrances, des luttes, des dévouements mutuels. On ne brise point une telle union.

Paris, affligé par le siége, mis à deux doigts de sa perte par les excès commis pendant la Commune, est redevenu sage. Pourquoi le reste de la France lui tiendrait-il rigueur? Puisque l'enfant prodigue est revenu, que la province s'unisse à lui pour tuer le veau gras. Tâchons seulement que ce veau gras là ce soit la monarchie, et que la République honnête et modérée soit invitée au banquet.

TABLE DES MATIÈRES

Pages.

Préface... 1

CHAPITRE Ier
LA COMMUNE

Les armes de la garde nationale lui sont laissées sur la demande de M. Jules Favre. — Entrée des Prussiens dans Paris. — Proclamation du Comité Central. — Enlèvement des canons par les gardes nationaux. — Les buttes Montmartre. — Nomination du général Aurelles de Paladines. — Journée du 18 mars. — Le 88°. — Arrestation et exécution des généraux Clément Thomas et Lecomte. — Les insurgés descendent à Paris. — Arrestation du général Chanzy et de M. Turquet, député de l'Aisne. — Retraite de l'armée de Paris sur Versailles. — Le drapeau rouge. — Manifestation du parti de l'ordre. — Assassinat de la place Vendôme. — L'amiral Saisset est nommé commandant en chef de la garde nationale. — Les maires et quelques députés de Paris. — Retraite de l'amiral Saisset. — Conduite des journalistes et des gardes nationaux. — Les élections. — Abstentions nombreuses. — Liste des Membres de la Commune. — Les étrangers. — Paris diffamé. — 1607 et 1871. — Les ouvriers. — Griefs de la population parisienne contre le gouvernement de Versailles. — Arrestations. — Les généraux de la Commune. — Réquisitions. — Décrets de de la Commune. — Le chef de légion Henri. — Excès de la Commune... 3

CHAPITRE II
VERSAILLAIS ET PARISIENS

Organisation de l'armée de Paris. — Opérations militaires. — Proclamations et décrets de la Commune. — Les réfractaires. — Sortie des insurgés sur Versailles. — Déroute complète de la garde nationale. — Proclamation de M. de Galliffet. — Mort de Gustave Flourens. — Le général Cluseret. — Le bon M. Blanchet. — Evasion de M. Lullier. — Arrestation d'Assi. — Prise de la redoute de Châtillon. — Le général Duval. — Proclamation de la Commune. — Les otages. — Mac-Mahon, commandant en chef l'armée de Paris. — Composition de cette armée. — Occupation de Neuilly. — Décrets du général Cluseret. — Arrestation de Bergeret lui-même. — Jeroslaw Dombrowski. — Opérations militaires du 9 au 1ᵉʳ avril. — Prise du château de Bécon 16

CHAPITRE III
LA PARODIE DE 1793

Élections du 16 avril. — Les séances de la Commune deviennent publiques. — Un faux frère. — Le *Journal officiel*. — Vésinier, Lebeau et Longuet. — La Commission exécutive. — Principaux décrets de la Commune. — La cour martiale. — Loi sur les échéances. — Échange des armes. — Les aérostiers civils et militaires. — Le travail des boulangers. — La commission des barricades. — La presse. — Suppression des journaux. — Arrestations. — Arrestations des prêtres. — Les dames de la halle. — Le père Caliste. — M. Gustave Chaudey. — Ce qu'on fait des églises. — Composition de l'armée insurrectionnelle 32

CHAPITRE IV
SUCCÈS DE L'ARMÉE DE PARIS

Le 4ᵉ et le 5ᵉ corps. — Suspension d'armes. — Neuilly. — Le fort d'Issy. — Arrestation de Cluseret. — Complot avorté. — Négociations. — Sommation et réponse de Rossel. — Prise du château d'Issy. — Prise du Moulin-Saquet. — Proclamation de M. Thiers aux Parisiens. — Décret ordonnant la destruction de l'hôtel de M. Thiers. — Article de M. Rochefort. — La batterie de Montretout. — Évacuation du fort d'Issy. — Démission de Rossel; sa fuite. — Affiche du Comité de salut public. — Rossel. — Les soldats de l'armée de Paris. — Anarchie au sein de la Commune. — Le Comité central reprend la direction des affaires militaires. — La minorité de la Commune. — 47 sur 105. — Arrestations, vols, suppressions de journaux, destruction de monuments. — La chasse à l'homme 40

CHAPITRE V
AGONIE DE LA COMMUNE

Le fort de Vanves. — Évacuation du village d'Issy par les insurgés. — Prise du fort de Vanves. — Ordre du jour de Mac-Mahon. — La cartoucherie de l'avenue Rapp. — Complot. — Arrestation de M. Henri Rochefort. — Entrée à Paris. — Les barricades. — Mise en liberté de Cluseret. — Les buttes Montmartre. — Arrestation d'Assi. — Incendies de Paris. — Pétroleurs et pétroleuses. — Prise du fort de Montrouge et des Hautes-Bruyères. — Mort de Delescluze. — La fuite des communeux est rendue impossible. — Les buttes Chaumont. — Les otages. — Gustave Chaudey. — Monseigneur Darboy. — Les dominicains d'Arcueil 53

ÉPILOGUE

	Pages.
La régénération	77
De l'instruction populaire	80
De l'éducation	81
De la république	84
Des élections	87
De la loi, de la justice et de la police	89
De l'Administration et des employés	93
L'ouvrier et le bourgeois	95
Du luxe et des relations entre le pauvre et le riche	98
La guerre	100
Du service militaire	102
Ce que peut être la France	105
De l'impôt	107
Les Parisiens et les Provinciaux	113

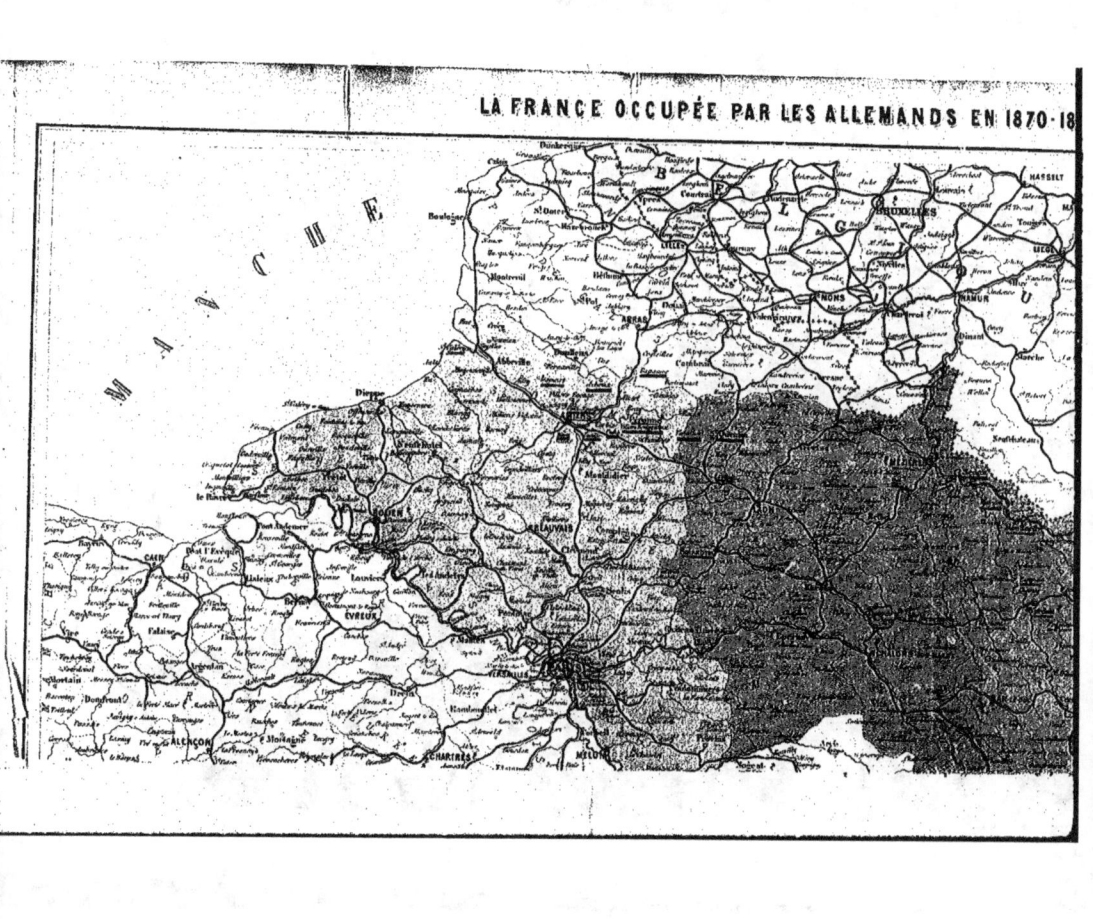

CCUPÉE PAR LES ALLEMANDS EN 1870-1871

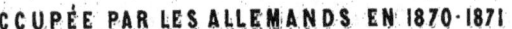

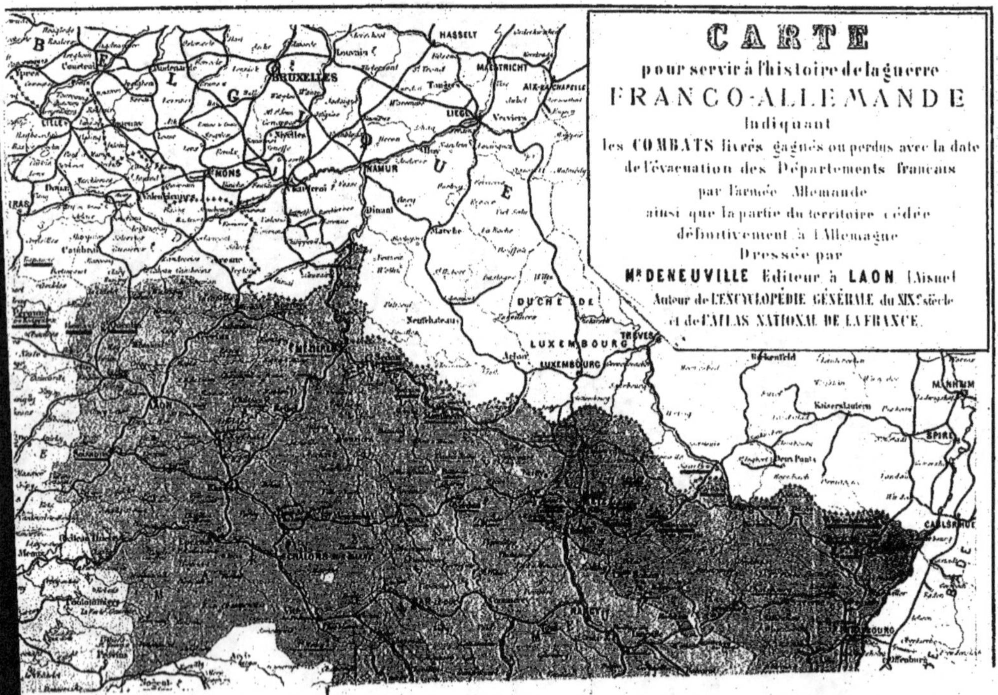

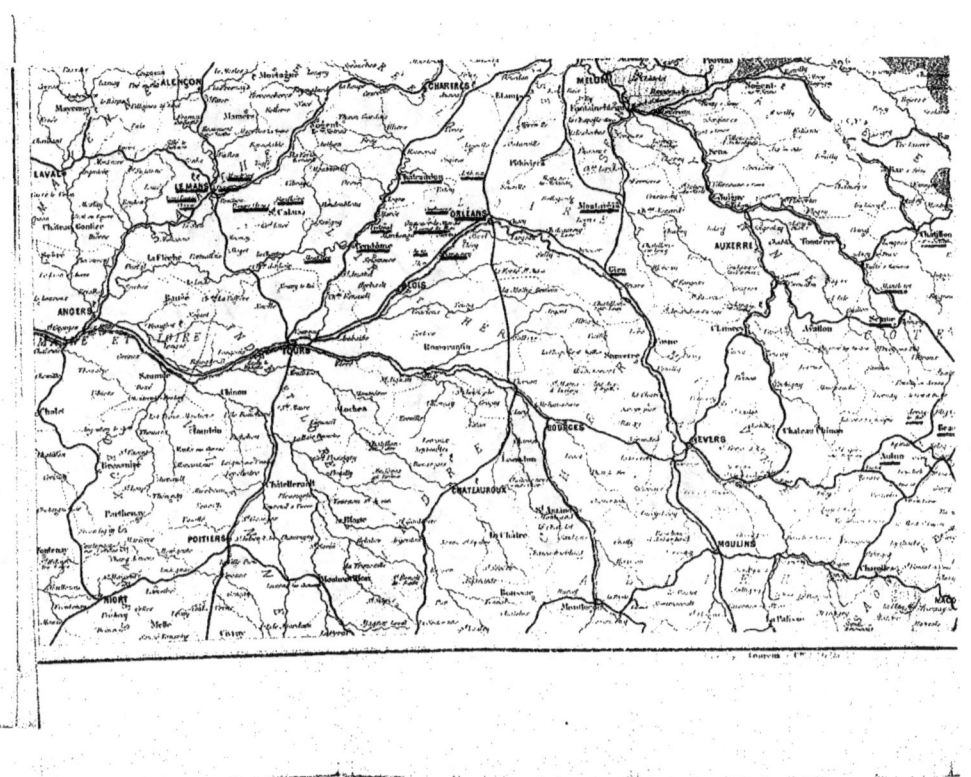

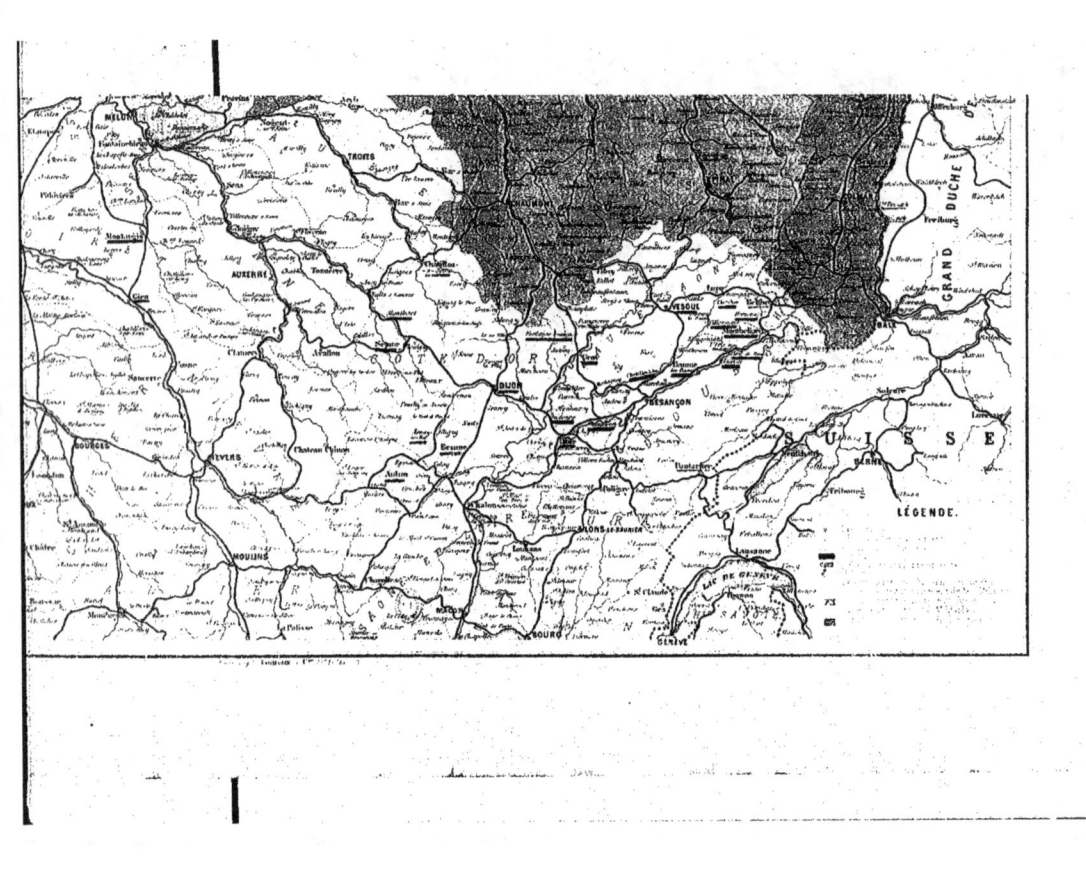

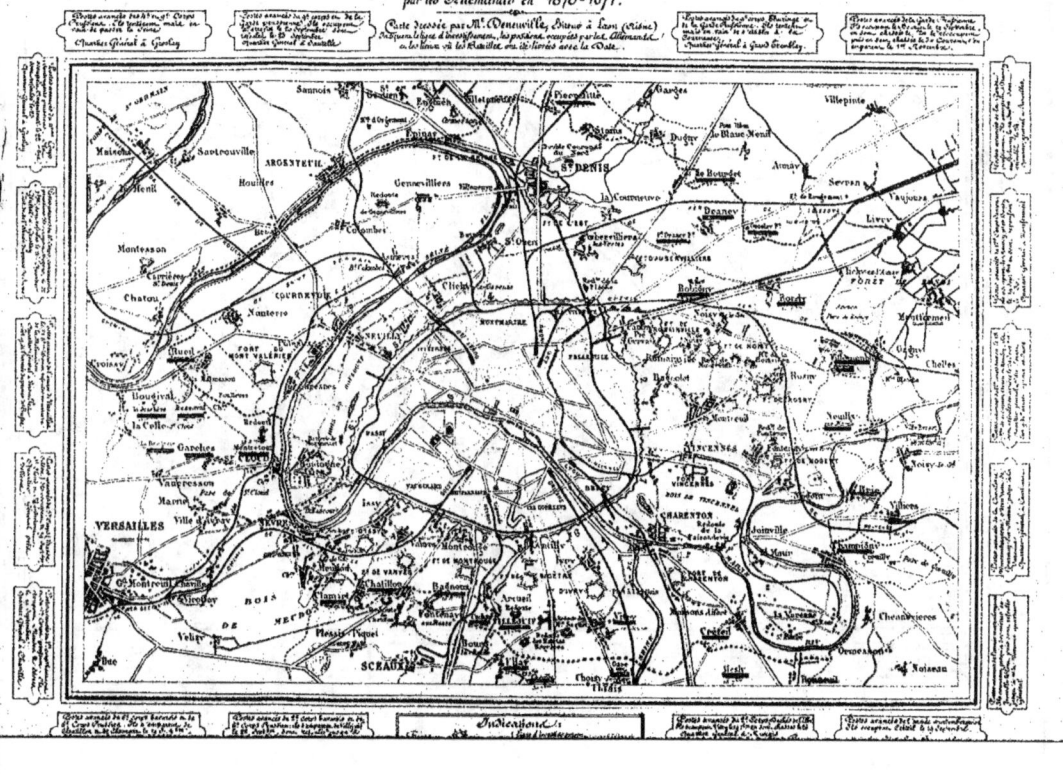

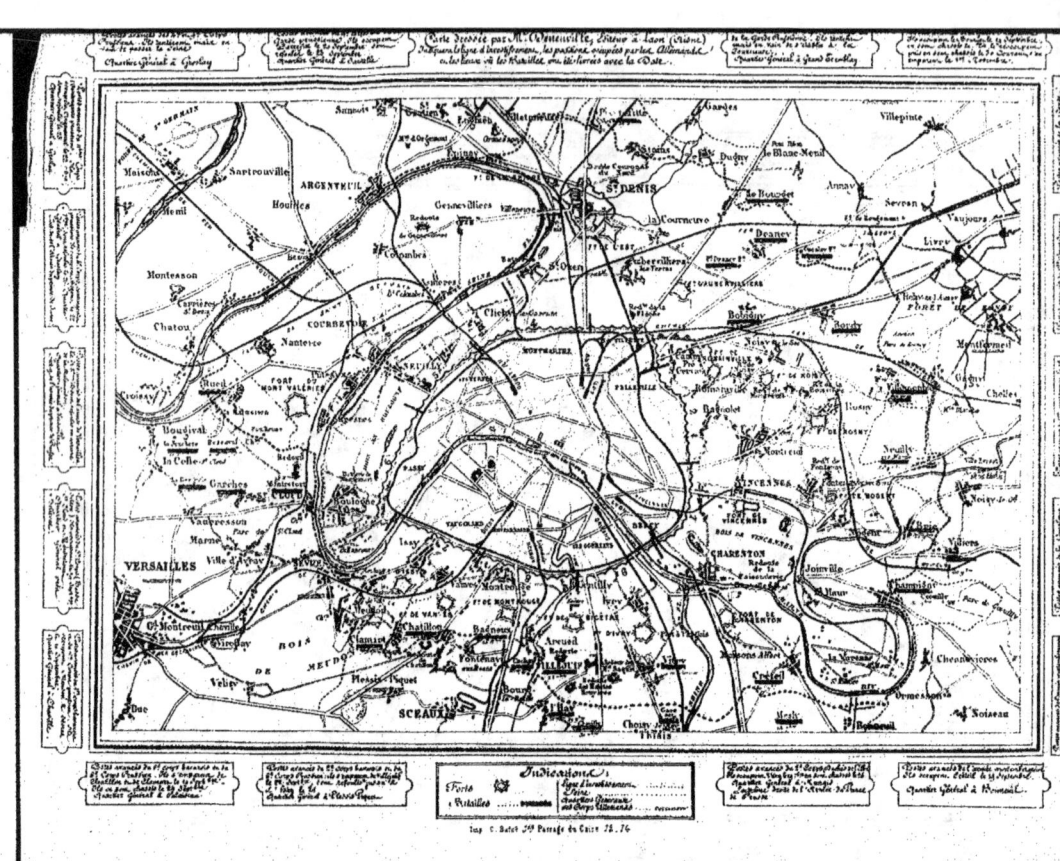

PLAN MONUMENTAL DE PARIS
EXCELLENT GUIDE POUR L'ÉTRANGER
Indiquant
les Monuments, les Rues et les Établissements incendiés, détruits ou endommagés pendant la Commune

augmenté et corrigé

par M. DENEUVILLE Éditeur à LAON, (Aisne)

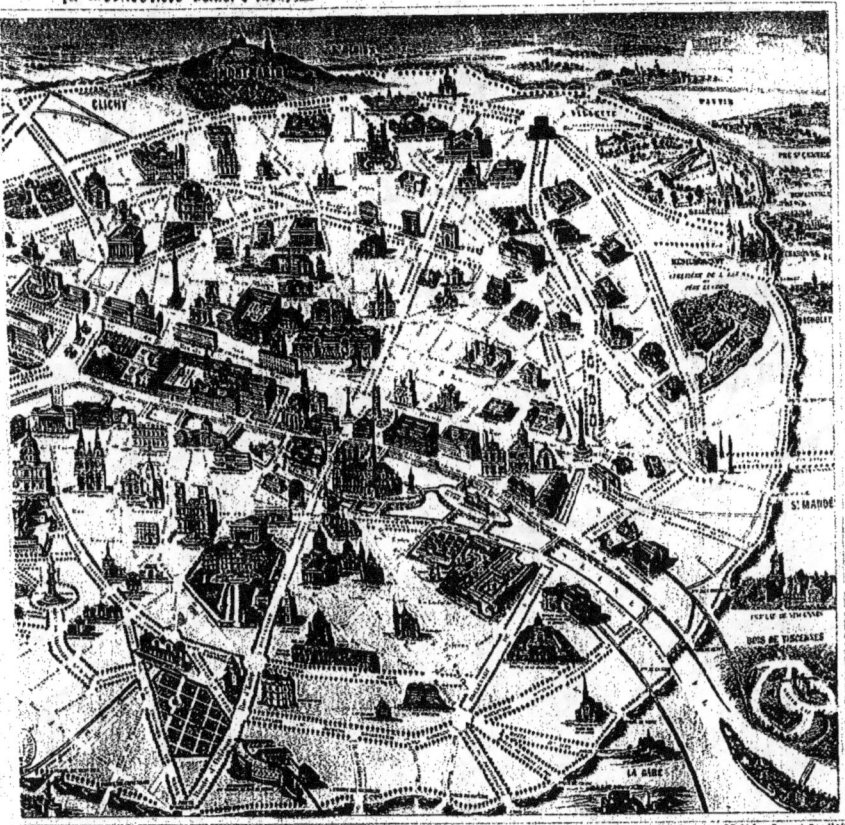

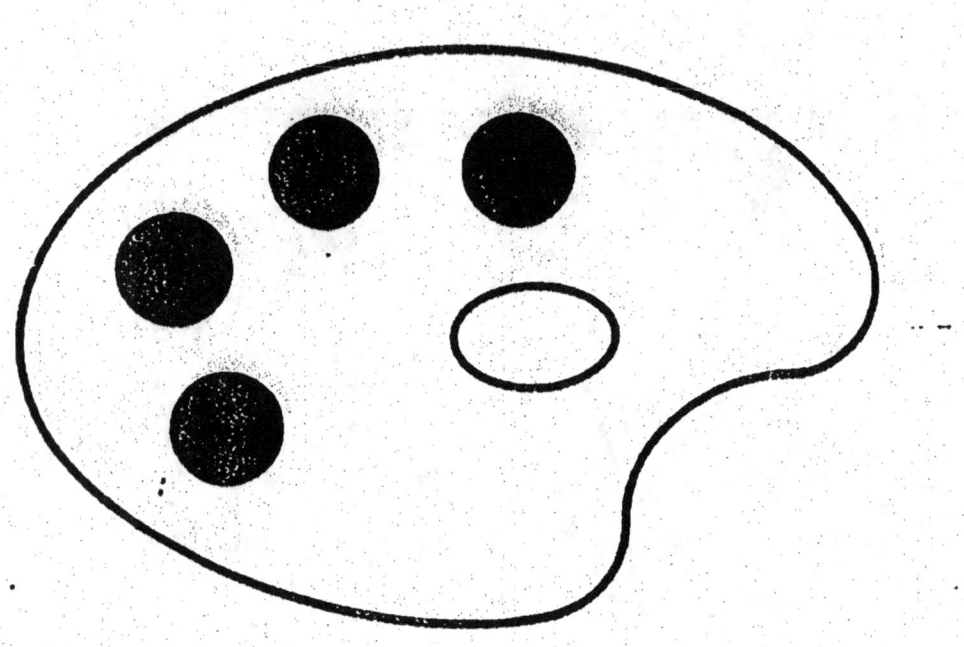

Original en couleur
NF Z 43-120-8

Reliure serrée

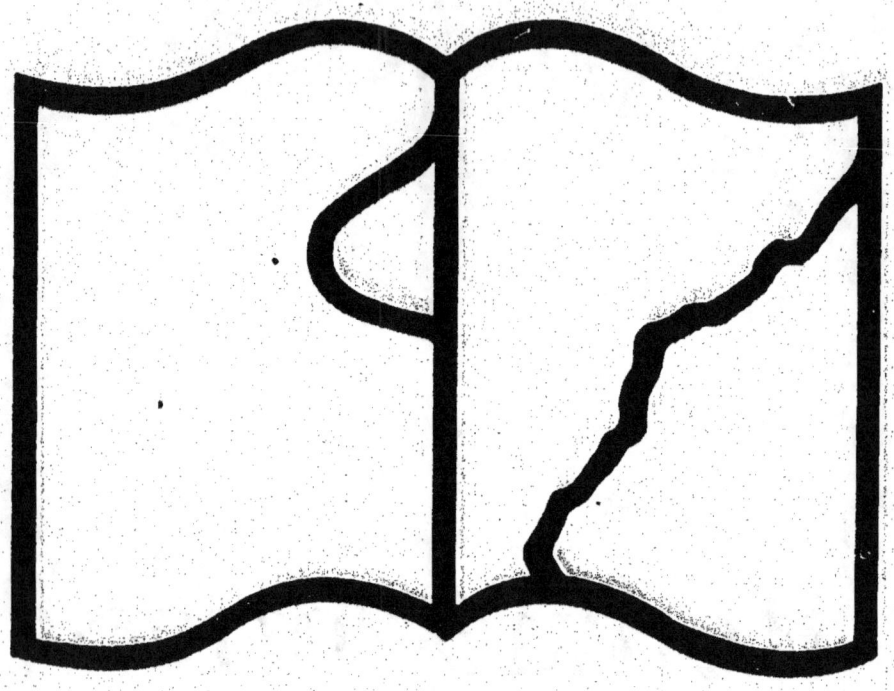

Texte détérioré — reliure défectueuse
NF Z 43-120-11

www.ingramcontent.com/pod-product-compliance
Lightning Source LLC
Chambersburg PA
CBHW071719230426
43670CB00008B/1056